József Kardinal Mindszenty · Erinnerungen

József Kardinal Mindszenty

Erinnerungen

Propyläen

VERLAG ULLSTEIN GMBH FRANKFURT/M. · BERLIN · WIEN
Übersetzung aus dem Ungarischen von József Vecsey
und Felix Eisenring
Mit 107 zum Teil unbekannten Bild- und Textdokumenten
© 1974 by Verlag Ullstein GmbH, Frankfurt/M. · Berlin · Wien
Propyläen Verlag
Alle Rechte vorbehalten
Bildlayout Kurt Weidemann
Gesamtherstellung May & Co, Darmstadt
Printed in Germany 1974
ISBN 3 549 07310 0

INHALT

GEFANGENSCHAFT, BEFREIUNG, ASYL

IM EXIL *391*

CHRONOLOGIE *415*

REGISTER *433*

BILDNACHWEIS *439*

VORWORT

Wenn man das 60. Lebensjahr überschritten hat, wird es Zeit, Memoiren zu schreiben, sofern man der Welt etwas sagen möchte. Was mich persönlich betrifft, sind es die Geschicke meines Vaterlandes und seiner Kirche, die mich zur Feder greifen lassen. Ich kann nicht laudator temporis acti sein wie andere, glücklichere Menschen. In meinen Erinnerungen bilden die Leiden und die notgedrungene Passivität einen größeren Teil als die in Aktivität verbrachten Jahre. In einem dunklen Lebensabschnitt saß ich im Elend, wie der geprüfte Hiob. Ich werde daher nicht nur Erbauliches, nicht nur Erfreuliches berichten; ich werde erzählen vom Leben, vom leidvollen und begnadeten, kurz von der Wirklichkeit.

Während meiner Haftzeit wurde der Film »The Prisoner« gedreht. Autor ist Bridget Roland, Hauptdarsteller Alec Guiness, dem inzwischen die Gnade des Glaubens geschenkt ward.

Der Inhalt des Films »The Prisoner« ist folgender: Ein Kardinal, der ungefähr so groß ist wie ich und noch in voller Kraft, wird nach dem Gottesdienst von zivil gekleideten Polizisten festgenommen. Der Verhaftete wird in vollem Ornat abgeführt. Seine Zelle liegt im engen unteren Raum einer alten Burg. Sie ist aber keineswegs meiner Zelle ähnlich. Nur vergitterte Fenster und das Guckloch in der Tür erinnern mich daran. Hier aber ist ein Diwan zu sehen, ein elegantes Bett. Die Ausstattung ist geradezu luxuriös, ganz anders als in ungarischen Kerkern.

Im Film ist der Ton des Verhörs beinahe vornehm, fast wie in einer guten Gesellschaft. Der Häftling wird sogar mit Eminenz angesprochen. Auf Ohr und Auge dessen, der von ungarischen Kommunisten verhört wurde, wirkt schon die bloße Tatsache seltsam, daß der Wächter überhaupt mit dem Häftling spricht. Im Film sind die Gespräche durchaus gemütlich und heiter. Es wird öfter Kaffee serviert, der zuerst vom Verhörenden gekostet wird, danach trinkt der Häftling. Das Essen ist gut, das Gedeck ausgesucht, die Bedienung zuvorkommend. Die Speisen werden häufig nachserviert, in einem Falle sogar binnen fünf Minuten zweimal. Dies fällt selbst dem Inhaftierten auf, der einen guten Appetit zeigt, wenigstens einen besseren, als Häftlinge ihn sonst besitzen.

Zwar stecken des Kardinals Handgelenke in Handschellen, um seine Staatsfeindlichkeit zu veranschaulichen. Das Verhör wird scheinbar mit Härte geführt und wegen des Widerstandes des Gefangenen von Zeit zu Zeit unterbrochen.

Während des Prozesses sind strenge Sicherheitsmaßnahmen getroffen. Im Verhandlungssaal allerdings drängen sich neugierige Menschen. Jedoch es gibt keine Mitangeklagten. Es fehlt auch die Anklagebank. Der Angeklagte und der Staatsanwalt gehen auf und ab und treffen sich stets wieder bei diesem Spaziergang. Der Kardinal bricht später aber doch ohnmächtig zusammen und legt hernach ein Geständnis ab. Er bezichtigt sich selbst staatsfeindlicher Handlungen. Er wird erst zum Tode verurteilt, dann aber begnadigt. Zuletzt erscheint auch seine weinende Mutter.

Nach dem Urteil verübt der Staatsanwalt Selbstmord.

In meinem Falle wurde später der Justizminister totgeschlagen, in der Gefangenschaft der Geheimpolizei.

Dieser Film wurde von Kritik und Öffentlichkeit freundlich aufgenommen und in der ganzen Welt vorgeführt. Aber ich muß leider feststellen: Der wohlwollende Autor kennt die kommunistischen Gefängnisse Ungarns nicht. Deshalb vermag der Streifen auch kein Bild von der Wirklichkeit zu vermitteln. Das einzige Gemeinsame, das ihn mit dem Geschehen in Ungarn verbindet, ist der Auftritt eines Kardinals.

Ereignisse werden in der Rückschau nicht ungern phantastisch ausgeschmückt in Gelb-, Weiß- und Schwarzbüchern oder auch in Filmen. Es erschienen sowohl von linker Seite als auch von rechts zahlreiche Bücher, die sich mit meinem Fall beschäftigten. So habe ich denn einmal, nach dem Jahre 1956, ein solches Buch erhalten, das zuletzt in englischer und dann in japanischer, chinesischer, spanischer, portugiesischer, arabischer und burmaischer Ausgabe erschienen war.

Meine Memoiren nun wollen die Wirklichkeit zeigen. Es ist das erste Mal, daß ich nach Jahrzehnten des Schweigens spreche.

Der Leser könnte fragen, ob ich wohl alles erzähle. Meine Antwort darauf heißt: Ich werde alles berichten, nur dann werde ich schweigen, wenn es Anstand, männliches und priesterliches Ehrgefühl erfordern. Ich rede aber nicht, um die Früchte meiner Leiden und Wunden zu ernten. Nur deshalb veröffentliche ich all dies, damit die Welt erkenne, welch ein Schicksal der Kommunismus für sie bereithält. Ich will nur zeigen, daß er die Würde des Menschen nicht achtet, und ich will mein Kreuz nur schildern, um die Augen der Welt auf das Kreuz Ungarns und seiner Kirche zu richten.

Wien, am Ostersonntag 1974.

ERSTE UND ZWEITE
GEFANGENSCHAFT

Meine Jugend

Ich wurde am 29. März 1892 in Mindszent, Komitat Vas, geboren. Meine Eltern, János Pehm und Borbála Kovács, besaßen daselbst ein Gut von etwa zehn Hektar. Der Vater war Landwirt und Weinbauer. In der Dorfgemeinschaft wurden ihm wichtige Ämter anvertraut. Schon in jungen Jahren war er Dorfrichter, später Waisenvater, Vorstand der Kirchengemeinde und der Volksschule. – Einer seiner Vorfahren hatte sich bei der Wiedereroberung der Gemeinde Kiskomárom im Kampf gegen die Türken ausgezeichnet und wurde deswegen im Jahre 1733 in den Stand der Freien erhoben. – Die Ahnen der Mutter waren Burgsassen der Grafen Zrinyi im Komitat Zala. Wir stammen demnach aus urwüchsig ungarischen Familien, und alle unsere Verwandten tragen auch echt ungarische Familiennamen: Mátyás, Rigó, Csordás, Molnár, Varga, Zrinyi, Csáki, Takács, Vass, Eőrszily. Sie betätigten sich in den verschiedensten Bereichen des Lebens als Gewerbetreibende, Bauern, Schäfer, Domkapitulare, Kaufleute, Offiziere, Kurialrichter, Pfarrer, Finanzangestellte.

In unserer Familie waren wir sechs Geschwister; zwei davon, Zwillinge, sind schon in den ersten Lebenstagen von Gott heimgeholt worden. Ein drittes Kind starb im achten Lebensjahr. In meinen beiden Schwestern wuchs der Stamm weiter. Meine Mutter sah Enkel und Urenkel, die ihr in harter Zeit der Not und des Kreuzes zu Trost und Freude wurden. Sie waren ihr Glück.

In unserem Heim waltete still die Liebe einer gescheiten und gütigen Mutter. Sie gab uns Wärme, Geborgenheit und zusammen mit Vaters Tatkraft ein leuchtendes Beispiel. Beharrlichkeit und Umsicht meiner Eltern ließen auch höhere Pläne reifen. Ich verdanke es ihnen, daß ich nach Abschluß der Volksschule aufs Gymnasium gehen durfte.

Ich besuchte in Mindszent fünf Klassen der Volksschule. Ein guter Lehrer legte da die Grundlage meines Wissens; die Eltern ergänzten sie zu Hause und halfen oft beim Lernen. Tiefe, lautere Religiosität bewog meine Mutter, mich und andere Dorfbuben im Dienst am Altar zu unterrichten.

Die Kenntnisse, die die Volksschule mir vermittelt hatte, waren nur elementarer Natur und lückenhaft. Im Jahre 1903 kam ich auf die Mittelschule bei den Prämonstratensern in Szombathely. Es dauerte fast drei Jahre, bis ich den Abstand, der mich von den besser vorbereiteten städtischen Mitschülern trennte, aufgeholt hatte. Erst in den oberen Klassen gelang es mir, mich in die Reihen der besseren Schüler vorzuarbeiten. In dieser Gymnasialzeit habe ich viel gelernt und gelesen. Theologie, Literatur, Geschichte fesselten mich ganz besonders. So erreichte ich in der Reifeprüfung denn auch – ein Fach (Physik) ausgenommen – die Noten »sehr gut«. – Beinah wäre ich gezwungen gewesen, schon kurz nach Beginn der Gymnasialzeit die höhere Schule wieder zu verlassen. Gegen Ende des 1. Schuljahres erschien unerwartet meine Mutter in Szombathely und teilte mir tief betroffen mit, daß mein achtjähriger jüngerer Bruder gestorben sei. Der Vater hatte ihn zum Erben unseres Hofes bestimmt, und nun sollte ich zurückkehren, mich in die Landwirtschaft einarbeiten und später das Gut übernehmen. Es gelang mir jedoch, die Mutter umzustimmen, und ich durfte bleiben.

In meiner Gymnasialzeit war ich auch in der Katholischen Jugendbewegung tätig und gewann schon manche Einsichten, die mir später als Seelsorger nützlich wurden. Ich wurde schließlich Präfekt der Jugendkongregation.

Nach dem Abitur trat ich ins Priesterseminar zu Szombathely ein, wo ich mich bald gut einlebte. Es wirkten dort tüchtige und liebenswürdige Professoren. Ich fand an den theologischen Studien große Freude und Genugtuung. – Schon nach dem ersten Jahre wollte mich jedoch mein Diözesanbischof, Graf János Mikes, auf die Universität nach Wien schicken. Ich sollte in der Donaustadt im Seminar der ungarischen Theologiestudenten, im Pazmaneum, wohnen. Ich hatte aber Bedenken, dorthin zu gehen. Der Bischof war darüber nicht nur erstaunt, sondern geradezu unwillig, und in den folgenden Jahren machte sich dieser Unwille noch hin und wieder bemerkbar. – Das Pazmaneum habe ich dann zuerst 1947, als Erzbischof von Esztergom, besucht. Heute, im Exil, bin ich froh, in ebendiesem Hause ein Heim gefunden zu

14

haben. Am 12. Juni 1915, am Fest des Hl. Herzens Jesu, weihte mich Diözesanbischof Graf János Mikes zum Priester.

Mein erster Arbeitsplatz

Mitten im ersten Weltkrieg begann ich als Vikar von Felsőpaty meine Arbeit im Weinberg des Herrn. Pfarrer war dort zu jener Zeit Béla Geiszlinger. Ich verdanke diesem hervorragenden Seelsorger sehr viel. Er vermittelte mir tiefe Einsichten ins Leben des Volkes. So fand ich denn rasch Kontakt mit allen Ständen und Schichten, kümmerte mich auch um gesellschaftliche und materielle Fragen der mir Anvertrauten, nahm teil an der Führung von Hypotheken- und Konsumgenossenschaften. – In dieser meiner Vikarszeit erschien auch mein erstes seelsorgerisches Buch »Die Mutter«. Schon nach einem Jahr konnte davon eine 2. Auflage herausgebracht werden.

Tiefe Freuden schenkte mir das Priesteramt. Mein Unterricht wurde gut aufgenommen, die Predigten fanden Widerhall, es kamen viele Gläubige zur heiligen Beichte und Messe. – Besondere Freude war es für mich, wenn ich auch in scheinbar hoffnungslos mit Gott, der Kirche, (sich selbst) zerstrittenen Fällen durch Zuspruch und Seelenführung frischen Glauben erwecken konnte.

Um ein Beispiel zu nennen, will ich eine Geschichte erzählen: In Jákfa lebte ein 80jähriger, fast tauber, religiös und politisch liberal denkender Gutsbesitzer. Er tat sich recht schwer mit seiner Umgebung. Das war auch begreiflich, denn er erzählte stets dieselben Geschichten. Auch ich mußte sie während eines ganzen Jahres, gleichsam als Nachspeise, manche Sonntage nach dem Mittagessen anhören. Ich wußte, daß er, seine Leiden vorschützend, schon lange nicht mehr zum Gottesdienst erschienen war, und fragte ihn, nachdem ich ihn öfter getroffen, wie er denn mit Gott stehe. Er sagte, daß er das letzte Mal vor sechzig Jahren, vor seiner Hochzeit, gebeichtet und kommuniziert habe. – Ich wagte es, ihn ein wenig zu drängen. Seine Gattin fürchtete darob, daß ich seine Zuneigung verlieren könnte. Ich antwortete ihr, Seelenheil sei wichtiger als Freundschaft. Wider Erwarten wurde die Freundschaft jedoch vertieft und bestärkt; der Mann empfing das hl. Sakrament und erklärte nachher ergriffen: »Ich war kaum einmal so glücklich; erst jetzt verstehe ich richtig, was das Gleichnis meint, das von den Arbeitern spricht, die in der letzten Stunde des Tages noch geworben werden und doch den gleichen Lohn erhalten.«

Zwei Jahre später, als ich im Mai 1919 aus meiner ersten kommunistischen Gefangenschaft nach Zalaegerszeg zurückkehrte, lag auf meinem Schreibtisch ein Telegramm, das mir den Tod des Gutsbesitzers meldete. Seine Enkelin schrieb, es sei Großvaters letzter Wunsch gewesen, von mir bestattet zu werden. Das Telegramm trug das Datum des 9. Februar 1919. Am selben Tag war ich verhaftet worden. – So konnte ich zwar seinen letzten Wunsch nicht mehr erfüllen, aber was ich noch konnte, das hab ich getan: Ich las für den alten Herrn die Seelenmesse und dankte Gott dafür, daß mir damals in Jákfa die Geduld geschenkt wurde, immer wieder seine eintönigen Erzählungen anzuhören, und mir damit die Möglichkeit gegeben wurde, sein Vertrauen zu finden und ihn zu Gott heimzuführen.

Meine erste Gefangenschaft

Ich war nun seit eineinhalb Jahren Vikar. Da wurde ich am 1. Februar 1917 als Religionslehrer ans staatliche Gymnasium zu Zalaegerszeg berufen. Diese Stadt ist Sitz des Komitats Zala, ein wichtiges kulturelles und wirtschaftliches Zentrum. Ich stand damit neuen und großen Aufgaben gegenüber. Es wurde mir allerdings beim Stellenantritt nicht nur das Fach Religion anvertraut, ich sollte auch Klassenlehrer und Lehrer der lateinischen Sprache sein, denn ein Teil der Lehrerschaft war ja des Krieges wegen im Felde. Ich hatte außerdem zwei Jugendkongregationen und die Marianische Frauen-Kongregation zu betreuen. Das war viel Arbeit, aber ich war jung, fand rasch guten Kontakt zu meinen Kollegen und ein freundschaftliches Verhältnis zu manchen höheren Beamten des Komitats und der Stadt. Sie unterstützten mich in meiner Arbeit und öffneten mir den Zugang zum gesellschaftlichen und kulturellen Leben des Ortes. Ich wurde Direktionsmitglied der Kreditgenossenschaft, Gemeinderat und Redakteur am Wochenblatt des Komitats. Diese letzte Stellung machte mir viel Mühe, aber meine Schüler halfen mir tatkräftig bei der Redaktion und dem Vertrieb des Blattes. Unter ihnen tat sich besonders Jenő Kerkai hervor, der später ein im ganzen Land geschätzter und bekannter Jesuit wurde.

Inzwischen waren wir ins fünfte Kriegsjahr eingetreten. Überall machten sich bei der Bevölkerung und im Staatsgefüge Zeichen der Unsicherheit und der Erschöpfung bemerkbar. Eine kleine liberale Gruppe, die sich vornehmlich aus Intellektuellen rekrutierte, verbreitete in der Hauptstadt die Parole: »Frieden und Revolution«. – Die Chancen sol-

1. Vor dem Geburtshaus
in Mindszent 1941.
Sitzend (von l. nach r.): die
beiden Schwestern, die
Mutter, der Vater, József
Mindszenty.

2. Das Geburtshaus.

3. Die Mutter mit den
jüngeren Schwestern des
Kardinals.

4. Pfarrkirche
von Zalaegerszeg.

5. Franziskanerkirche
in Zalaegerszeg.

6. Ernennung
zum Titularabt 1924.

7. Veszprém.

cher Gruppen wurden durch Äußerungen des amerikanischen Präsidenten Wilson stark und rasch verbessert. Wilson verlangte nämlich für die Völker der Donaumonarchie das Recht auf Selbstbestimmung. In der feindlichen Presse wurden die Soldaten an der Front aufgerufen, ihre Waffen wegzuwerfen. So kam es im Oktober 1918 zum totalen Zusammenbruch. Karl IV., König von Ungarn, trat von der Regierung zurück. Graf Michael Károlyi übernahm in der ungarischen Hauptstadt die Führung einer Revolutionsregierung.

Das Volk sah zunächst weitgehend ohnmächtig und passiv den Ereignissen zu und der Zukunft entgegen. Der Zerfall des Landes des hl. Stephan schien unaufhaltbar zu sein.

Auch im Komitat Zala weckten die Umwälzungen das Gefühl eines totalen Ausgeliefertseins. Dann aber wuchs der Widerstand. Wir sammelten uns. In der Zeitung, deren Redakteur ich war, kritisierten wir das Verhalten des neuen Regimes scharf. Als dann die Regierung Károlyi 1919 Neuwahlen ausschrieb, habe ich in unserem Gebiet, auf die Bitten meiner Freunde und vieler Priester hin, die Führung der neugegründeten Christlichen Partei im Wahlkampf übernommen. Ich hielt Reden und erläuterte in Versammlungen und im Komitatsrat unseren Standpunkt oft und eingehend. So gelang es uns, die neugegründete Károlyi-Partei in Stadt und Land wirksam zu bekämpfen. Es konnte andererseits nicht überraschen, daß man mich auch bekämpfte und bald schon mit nicht mehr demokratischen Methoden, aber die allgemeine Stimmung schützte mich. – Meine Gegner bespitzelten mich aber dauernd. Sie mußten Wind bekommen haben, daß ich am 9. Februar 1919 nach Szombathely zu fahren hatte, um dort einige kirchen-offizielle Angelegenheiten zu regeln. Auf der Rückreise wurde ich überraschend von zwei Polizisten festgenommen, die mir erklärten, es sei in Zalaegerszeg gegen mich ein Haftbefehl erlassen worden. Ich wurde ins Komitatshaus gebracht und dem Regierungskommissar des Komitats Vas, Béla Obál, einem lutheranischen Pastor, vorgeführt. Seine erste Frage lautete: »Was haben Sie angestellt, Herr Kollege?« Meine Antwort war: »Das möchte auch ich gern wissen.« – Der Regierungskommissar teilte mir dann mit, es liege ein Haftbefehl vor, mich überall, wo ich zu finden sei, festzunehmen. Man internierte mich nunmehr im Bischofspalais. Den Bischof selbst hatte man, da man ihn schon früher als regierungsfeindlich ansah, in der Benediktiner-Abtei Celldömölk unter Hausarrest gestellt.

Zu meiner Überwachung wurden zwei Polizeiwachtmeister aus Zalaegerszeg hergesandt und ihnen noch der Polizeihauptmann István Zilahy beigesellt. Die Bewachung war aber recht sorglos. Der Polizei-hauptmann suchte an den Abenden das Grandhotel Sabaria auf, während die Wachtmeister sich in Wirtshäusern aufhielten. Man ließ mich allein, so daß ich Gelegenheit fand, aus dem bischöflichen Palast hinauszuschleichen und in die Redaktionsräume der Tageszeitung »Vasvár-megye« zu gehen, wo wir ein Programm für die Frühjahrswahlen ausarbeiteten.

Dort kam mir die Nachricht zu, daß der Regierungskommissar plante, mich von meinem Posten in Zalaegerszeg versetzen zu lassen. Es war offenbar gut gemeint, ja ich mußte befürchten, mein Freund, der Generalvikar Dr. József Tóth, habe versucht, diesen Wünschen zu entsprechen, um mich vor Üblerem, vor Gefängnis, zu bewahren. Ich entwich daraufhin, wieder an einem Abend, zu meinem Bischof nach Celldömölk. Ein Offizier, der ihn bewachte, gewährte mir Einlaß, und ich vermochte Bischof Mikes zu überzeugen, seine Zustimmung zu dieser Versetzung zu verweigern. »Wie du es willst, mein Sohn, soll es geschehen«, sagte er, wohl wissend, daß Gefahr damit für mich verbunden war. Erst gegen Mitternacht bin ich damals von diesem Ausflug zurückgekehrt. Der Polizeihauptmann hatte mich bereits suchen lassen. Er und seine zwei Wachtmeister waren sehr erleichtert, als ich durchs Tor trat. Sie bedankten sich sogar dafür, daß ich überhaupt zurückgekehrt war.

Nach zehn Tagen dieser milden Haft ließ mich der Regierungskommissar von Zala in die bischöfliche Amtskanzlei ans Telefon rufen. Er teilte mir mit, ich würde freigelassen, sofern ich meine oppositionelle Haltung gegenüber der Regierung Károlyi ändere und bereit sei, mich von meinem Wirkungskreis in Zalaegerszeg zurückzuziehen. Ich wies sein Ansinnen zurück und habe meinen Entschluß auch nicht geändert, als er mir drohte, daß ich wegen Widerstandes gegen die Staatsgewalt bis zu fünfzehn Jahre Zuchthaus bekommen könne. So bat er mich, den Telefonhörer meinem Wachtmeister zu übergeben. Er gab ihm offenbar einen kurzen Befehl durch. »Kommen Sie mit, Herr Professor«, sagte der Wachtmeister. Ich mußte meine Sachen zusammenpacken, wurde in ein Gäßchen hinter dem Bischofspalast hinausgeführt, wo mir der Wachtmeister erklärte: »Hochwürdiger Herr, Sie können nun gehen, wohin Sie wollen, nur nach Zalaegerszeg dürfen Sie nicht zurück.«

Ich ließ ihn stehen und dachte: »Mir hat nur der Bischof Befehle zu geben, er allein bestimmt meinen Arbeitsplatz.« So löste ich mir eine Fahrkarte und nahm den nächsten Zug nach Zalaegerszeg. Jedoch in Zalalövő, wo ich umsteigen mußte, erwartete mich die Polizei von neuem und brachte mich ins Bahnhofsgebäude, in dem ich als ihr Ge-

18

fangener die Nacht zubringen mußte. In der Frühe des folgenden Tages beförderten die Polizisten mich dann nach Szombathely, wo ich hergekommen war, zurück. Es wurde gerade Jahrmarkt gehalten. Überall standen Gruppen von Menschen herum, als die beiden Gendarmen mich mit aufgepflanzten Bajonetten durch die Stadt führten. Die Leute blieben empört stehen und fragten laut, daß ich es hören konnte, was für ein Verbrechen dieser Priester begangen habe, ob er jemanden ermordet, geraubt oder Feuer gelegt habe.

Ich war also vorerst wieder für einige Wochen im Palast des Bischofs inhaftiert. – Am 20. März 1919, diesem schändlichen Tag unserer Geschichte, ließ sich Graf Károlyi die Macht von den Kommunisten entreißen, die die Diktatur des Proletariats ausriefen. Man kennt die Geschichte dieser Béla-Kun-Revolte und ihren Terror, der zuerst darin bestand, von Regimegegnern überall im Lande Geiseln zu nehmen. Dieses Schicksal traf auch mich, mitten in der Nacht riß der Polizeiinspektor, der von zwei Polizisten begleitet war, mich aus dem Bett und schrie in schlechtem Ungarisch, aber mit Amtston und wichtiger Amtsmiene: »sie sind verhaftet!« Auf meine Erwiderung, ich sei doch schon seit dem 9. Februar 1919 in Gefangenschaft, weshalb also diese Verschwendung der Staatsautorität, entgegnete er barsch und zugleich verlegen, die Lage habe sich eben wieder geändert. Tatsächlich hatte sich jedoch nur wenig geändert: Der Hund war der gleiche geblieben, nur sein Halsband war röter geworden. Sie führten mich dann durch die Szily-Straße vom Bischofspalast weg zur Polizeistation. Die beiden Polizisten waren meine grimmig aussehenden Begleiter. Vor der Polizeistation nahm der eine aber eine kurze Gelegenheit wahr, sich räuspernd an mich zu wenden. Ich fragte ihn, was ihn bewege. Verlegen antwortete er, daß er es nicht gewohnt sei, Diener Gottes auf diese Weise zu befördern. Früher habe er das mit der Kutsche getan, er sei nämlich Herrschafts-Kutscher in Répceszentgyörgy gewesen. Was konnte ich tun, als ihn zu trösten versuchen. Dann wurde ich in eine Zelle gesperrt, die bislang aufgelesene Prostituierte beherbergt hatte. Erst am nächsten Abend wurde ich zusammen mit allen Neu-Verhafteten aus dem Komitat Vas ins Gerichtsgefängnis überführt. Ich traf dort manche Bekannten: den namhaften Schriftsteller »Abtpfarrer« István Kincs aus Kőszeg, Advokat Lajos Pintér aus Szombathely, den Dechanten von Léka, Mátyás Heiss, den Zisterzienser-Superior Guido Maurer, Stabskapitän László Deme, einen Direktor der Staatsbahnen, Ferenc Üveges, den Gutspächter Frigyes Riedinger, den Gutsbesitzer János Benrieder und andere mehr.

In der Hauptstadt wütete indes der Terror. Der Keller des Parlamentsgebäudes in Budapest wurde zum Richtplatz. Auch von auswärts brachte man Gefangene hierher zur Hinrichtung. Bischof Mikes von Szombathely war ebenfalls zum Abtransport nach Budapest bestimmt. Aber es gelang noch, ihn in einer einsamen Waldhütte zu verstecken. Dort überlebte er die kurze Diktatur des Proletariats. Auch unsern Mitgefangenen Ferenc Üveges wollten die Kommunisten in die Hauptstadt überführen. Wir konnten ihn jedoch mit Hilfe der Wächter selber retten. Der Wachtmeister Talabér, dessen Name hier in der Erinnerung bewahrt werden soll, warf durch ein Fenster die Schlüssel des Gefängnisses zu uns herein. Wir öffneten die Türen, halfen Üveges über die hohe Mauer, und er konnte entkommen. Um die spätere Polizeikontrolle zu täuschen, steckten wir meinen Schuhknöpfer als Dietrich ins Schloß, der denn auch als Corpus delicti beschlagnahmt wurde. Als die Kontrolle kam, um Üveges abzuholen, war Wachtmeister Talabér längst wieder im Besitze seiner Schlüssel, und es fiel auf ihn nie der Schatten eines Verdachtes.

Diese Tage waren höchst nervenzermürbend. Wir wußten ja von den heimlichen Gerichten, die über Tod und Leben der Häftlinge entschieden. – Am Karsamstag gab man meine Mitgefangenen frei. Ich allein blieb zuerst noch zurück.

Zwei Zivilpolizisten überführten mich am 15. 5. 1919 nach Zalaegerszeg. Von der Station Zalaszentiván mußten wir noch neun Kilometer zu Fuß gehen, weil solche Nebenstrecken während der Kommunistenherrschaft nicht befahren wurden. Staubig und erschöpft trafen wir am Bestimmungsort ein. Man brachte mich wieder ins Komitatshaus, in dem jetzt ein Buchdrucker aus Baja, Márkus Erdős, als Präsident des Direktoriums regierte. Er erklärte mir, ich dürfe das Gymnasium nicht mehr betreten, ich dürfte auch mit staatsfeindlichen Elementen nicht verkehren und nicht öffentlich reden und predigen. Als ich mich daraufhin erkundigte, ob denn das Regime die Menschen zum Nichtstun zwinge, schrie er wütend über meine Ironie: »Wir werden unsre Feinde schon zum Gehorsam zwingen.«

– Ich kehrte also nach Hause zurück, zog meine Soutane an und ging zur Maiandacht, die gerade gefeiert wurde. Wie freute ich mich, wieder einmal in der Gemeinschaft der Gläubigen beten zu dürfen. Danach begrüßten wir einander im Kirchgarten, und ich begab mich auch noch in einen engeren Kreis von alten Freunden. Daß ich hierbei auch überwacht wurde und offenbar die mir gesetzten Grenzen überschritten hatte, bewies der Umstand, daß man mich wieder aufs Komitatshaus zitierte.

Dort teilte Erdős mir mit, ich würde auf Grund meines öffentlichen Verhaltens als unverbesserlich aus dem Komitat ausgewiesen. In der Kutsche des Abtes Kálmán Legáth mußte ich die Stadt verlassen, nahm in Zalaszentiván den Zug und fuhr in mein Heimatdorf zu den Eltern für die zwei Monate, die die Béla-Kun-Herrschaft noch währte.

Ein Vierteljahrhundert in Zalaegerszeg

Anfang August 1919, nach dem Sturz der Diktatur des Proletariats, kehrte ich nach Zalaegerszeg zurück. Dort hatte sich inzwischen der Abtpfarrer Kálmán Legáth in den Ruhestand zurückgezogen. Die Pfarrei war frei geworden. Am 20. August wurde ich durch den einstimmigen Beschluß der Pfarrgemeinde-Vertreter zu seinem Nachfolger vorgeschlagen. Der Diözesanbischof Graf János Mikes gab seine Zustimmung. Er betraute mich am 1. Oktober 1919 mit der Leitung der Pfarrei Zalaegerszeg. Die Ernennung rief nicht geringe Überraschung hervor wegen meiner Jugendlichkeit. Ich war erst 27 Jahre alt. Bei meiner Amtseinführung nahm deshalb der Oberhirte das Erstaunen und meine eigene Besorgnis scherzhaft vorweg, indem er sagte, meine Jugend sei »ein Fehler«, der von Tag zu Tag kleiner werde.

Mein Seelsorgebereich umfaßte den Komitatshauptort selbst, der 16 000 Einwohner zählte, dazu fünf Filialgemeinden. Die Stadt, in der ich schon zweieinhalb Jahre lang als Religionslehrer tätig gewesen war, kannte ich gut; dennoch wurde ich erst jetzt auf manche Dinge aufmerksam, die einem zeitgemäßen Wirken und einer Vertiefung des Glaubenslebens hindernd im Wege standen. Die Filialgemeinden mit ihren 4000 Einwohnern befanden sich weitab vom Pfarrei-Mittelpunkt, die nächst gelegene vier, die entfernteste acht Kilometer. Zudem bildeten die Gläubigen keineswegs eine sozial geschlossene Gemeinde. Alle Schichten der ungarischen Gesellschaft waren vertreten. In Zalaegerszeg lebten Beamte des Komitats und der Stadt, Gewerbetreibende, Kaufleute und Fabrikarbeiter; in den Nebengemeinden Zalabesenyő sowie Szenterzsébethegy, in Ebergény, in Ságod und in Vorhota wohnten Bauern und Landarbeiter. Als großen Nachteil empfand ich vor allem den Umstand, daß zwischen den Gläubigen und der Geistlichkeit zu wenig persönlicher Kontakt bestand und daß der Religionsunterricht mangelhaft und unzulänglich war. Kulturelle und kirchliche Vereine, die in andern Orten den Laien die Möglichkeit zur Mitarbeit im Gemeindeleben boten, fehlten hier fast ganz. Tagtäglich bedrückten mich solche und ähnliche Sorgen. Als ich einmal einem Brautpaar von Szenterzsébethegy Eheunterricht erteilt und ihm danach die Urkunden zur Unterschrift vorgelegt hatte, stellte sich heraus, daß weder die Brautleute noch die beiden Trauzeugen des Schreibens kundig waren. Das überraschte mich, weil man im benachbarten Komitat Vas, wo ich geboren wurde und aufgewachsen bin, nur selten jemanden traf, der weder schreiben noch lesen konnte. So mußte ich feststellen, daß das Komitat Zala zu den rückständigsten Komitaten Transdanubiens gehörte. Nicht nur Erzsébethegy, sondern auch andere Gemeinden hatten keinen Lehrer und keine Schule.

An einem der folgenden Sonntage hielt ich in Szenterzsébethegy die Sonntagsmesse und besprach mit den Dorfbewohnern hernach die Schulfrage. Ich erfuhr dabei, daß nur solche Kinder, denen es möglich war, während eines Schuljahres in einem andern Dorf, bei Verwandten oder Bekannten, Unterkunft zu finden, Gelegenheit bekämen, Schreiben und Lesen zu erlernen. – Ich beantragte daher bei der Schulbehörde sogleich den Bau einer Schule in Szenterzsébethegy für 50 bis 60 Schüler. In drei anderen Gemeinden wurden nur einklassige Schulen geführt, auch hier konnten die Zustände nicht befriedigen. Im Einverständnis und mit der Unterstützung der Ortsvorsteher und der Gemeinden gelang es mir, im Laufe von etwa sechs Jahren diese Verhältnisse zu bessern und neue Lehrkräfte heranzuholen. In Ságod erbauten wir sogar eine Schulkapelle. Der Ausbau der Schule und ein gründlicher Religionsunterricht hoben bald spürbar das kulturelle und religiöse Leben der Gemeinde. Als ich später Zeit hatte, die Vergangenheit der Pfarrei etwas näher zu erforschen, ersah ich aus den wenigen und mangelhaften Dokumenten, die zur Verfügung standen, daß ich mit meiner ersten Pfarrstelle noch eine Erbschaft aus der Türkenzeit angetreten hatte. In der ersten Hälfte des 16. Jahrhunderts hatten die Türken die südlichen und mittleren Teile Ungarns erobert. Die nicht besetzten Gebiete wurden deshalb durch Grenzbefestigungen zu schützen gesucht, ein Schutzwall, der jedoch öfters vom Feinde durchbrochen wurde. Die Bewohner der Grenzorte flohen dann – sofern sie noch Gelegenheit dazu fanden –, um nicht als Gefangene verschleppt oder niedergemetzelt zu werden. Häuser, Kirchen, Pfarrhöfe wurden niedergebrannt. So fielen im Jahre 1567 im Gebiet meiner 100 qkm großen Pfarrei mehrere damals selbständige Pfarreien der Vernichtung anheim, unter ihnen Szenterzsébethegy, Zalabesenyő, Ola und Neszele. Zalaegerszeg verdankte es nur seiner Burg, daß es die Türkenzeit überstehen und sich erhalten konnte. Die Kirche konnte natürlich nach der Zurückdrängung der Türken im 18. Jahrhundert nicht alle zerstörten Gotteshäuser und Pfarreien wieder aufbauen. Es fehlten die Mittel dafür, und die wenigen übriggebliebenen oder zurückgekehrten Bewohner benötigten jetzt auch keine kirchliche Organisation im früheren Ausmaß. In Zalaegerszeg und Umgebung wurde deshalb nur eine Pfarrei wiedererrichtet, in die vier ehemalige eingemeindet wurden.

Der Bischof von Veszprém, Márton Biró, beendete um die Mitte des 18. Jahrhunderts den Wiederaufbau der Bezirkshauptstadt und errichtete in ihr ein geräumiges Pfarrhaus und eine schöne barocke Pfarrkirche, die bis heute eine Zierde des Komitatssitzes sind. Der westliche Teil des Komitats wurde 1777 der neuen Diözese Szombathely angeschlossen. Damit wurde Zalaegerszeg nach Szombathely die bedeutendste Stadt in der Diözese. Dennoch traten in der Pfarrei, während der folgenden 150 Jahre, bis zu meinem Amtsantritt, also bis 1919, nur geringe Veränderungen ein. Mein Ziel war ein zeitgemäßes Pfarreileben. Ich bemühte mich daher zuerst, dafür einen geeigneten Rahmen zu schaffen. So versuchte ich gleich, die Schwierigkeiten, die sich aus den großen Entfernungen für die Gottesdienstbesucher ergaben, dadurch zu beheben, daß wir in Ola, einer Vorstadt von Zalaegerszeg und einem Arbeiterviertel, eine neue große Klosterkirche errichteten. Diese wurde den Franziskanern zur Betreuung übergeben.

Es wurde möglich, in den zwei großen Kirchen und in den örtlichen Kapellen an den Sonntagen die Zahl der Messen zu vermehren, umfangreichere Beichtgelegenheiten zu bieten und mehr Religionsstunden in den Schulen abzuhalten. Wir gründeten in der Pfarrei religiöse und kulturelle Vereine. Mit deren Hilfe und durch die Familienbesuche, auf die ich besonderen Wert legte, wurden die Beziehungen zwischen der Geistlichkeit und den Gläubigen enger. Im Pfarreibezirk kannte ich schließlich alle Gemeindemitglieder – auch die Andersgläubigen – beim Namen.

In meiner Arbeit wurde ich von glaubenseifrigen Laien unterstützt. Mit großer Dankbarkeit denke ich an sie zurück und besonders an jene, die ich zu »Hausaposteln« ernannt hatte. Sie riefen die Priester zu den Kranken, waren darum besorgt, daß niemand starb, ohne die Sakramente empfangen zu haben. Sie luden ein zu Exerzitien, theologischen Vorträgen, Volksmissionen und Pfarreiveranstaltungen. Ihre Mitwirkung hatte zur Folge, daß die Pfarrei Zalaegerszeg bald in der Diözese und weithin im Lande bekannt war als ein Vorbild religiösen Lebens.

In den folgenden fünfundzwanzig Jahren leitete ich persönlich die Männerliga und die Marianische Kongregation der Frauen. Das unschätzbare Verdienst dieser beiden Vereinigungen bestand darin, daß durch sie auch die intellektuelle Bevölkerungsschicht angesprochen wurde. In den Kreisen der Handwerker und der Kaufleute arbeitete demgegenüber der Burschenverein besonders erfolgreich. Unsere Jugend war im KIOE = Landesverband der Katholischen Jugend und in der Bewegung der Arbeitermädchen organisiert und wurde dort im kirchlichen und patriotischen Sinne unterrichtet. Besonders hoch habe ich in der Stadt stets die Arbeit der Pfadfinder geschätzt. In den Dörfern entfalteten KALOT = Landes-Sekretariat der Katholischen Agrarjugend und KALASZ = Vereinigung der weiblichen Dorfjugend ihre Fahnen und sammelten die bäuerliche Jugend um sich.

»Nicht nur die Frauen und Kinder, sondern auch die Arbeiter und höheren Angestellten und der überwiegende Teil der Intellektuellen erfüllten regelmäßig ihre religiösen Pflichten, und die Gläubigen aller Gesellschaftsschichten gingen häufig zu den Sakramenten«, wie József Vecsey darüber in seinem Erinnerungsbuch schreibt.

Ich wurde Mitglied des Komitats- und Stadtrates. Mit diesem Amt trat ich naturgemäß im öffentlichen Leben stärker hervor. Trotzdem habe ich mich nie dezidiert in der Tagespolitik betätigt, mit Ausnahme jener frühen und kurzen Zeit, in der ich, nach dem Sturz der Béla-Kun-Regierung, die Komitatsleitung der Christlichen Partei übernommen hatte. Ein Abgeordnetenmandat allerdings hatte ich weder damals noch später übernommen, obschon in Europa nicht selten auch Priester in der Legislative gesessen haben. Ich hatte Verständnis für die zeitbedingte politische Tätigkeit des Bischofs Ottokár Prohászka und unterstützte die Wahl von Abt Géza Csóthy. Ich wehrte jedoch entschieden ab, als meine Freunde mich selbst vorzuschlagen gedachten, weil ich die Rolle des Priesterpolitikers nie besonders hoch einzuschätzen vermochte. Um so entschiedener war ich jederzeit bereit, gegen die Feinde des Vaterlandes und der Kirche in Wort und Schrift zu kämpfen und alle christlichen Politiker durch entschiedene und klare Weisungen, die ich den Gläubigen gab, zu unterstützen. Ich selbst aber wollte nur einfach Seelsorger bleiben. Die Politik eines Seelsorgers war mir nur ein vielleicht hier und da notwendiges Übel im Leben. Weil nun aber die Politik den Altar stürzen und unsterbliche Seelen gefährden kann, sah und sehe ich es als Aufgabe des Seelsorgers an, sich auch auf dem Gebiete der Parteipolitik gründlich zu orientieren. Nur dadurch wird der Priester fähig, den ihm anvertrauten Menschen Wegweisung zu geben und kirchenfeindliche politische Bewegungen abzuwehren. Es wäre bestimmt ein Zeichen großer Schwäche, wollte man die oft so tiefgreifenden politischen und moralischen Entscheidungen allein dem oft irregeführten Gewissen der Gläubigen überlassen.

Am kulturellen Leben der Stadt und des Komitats nahm ich regen und aktiven Anteil, so daß ich für einige Ereignisse dieser Art als Initiator zeichnen kann, wie z. B. für das Jubiläum des Bischofs Márton Biró. Es fing damit ganz einfach an: Bei Familienbesuchen in der nach ihm benannten Straße mußte ich feststellen, daß die Erinnerung an diesen großen Wohltäter der Stadt fast erloschen war. So beantragte ich zusammen mit Richter László Szalay, zu Ehren Márton Birós ein Erinnerungsfest zu veranstalten. Diese Anregung wurde von den Stadtvätern freudig aufgenommen, und man bat mich, die Festrede zu halten. Ich bereitete mich auf die Rede gründlich vor, indem ich nicht nur die Archive von Egerszeg, sondern auch die von Veszprém nach Daten und Angaben über Márton Biró durchstöberte. Es kam so viel Material zusammen, daß ich es in meinem Vortrag gar nicht alles unterbringen konnte. Die Festveranstaltung wurde ein großer Erfolg. Weil ich aber mein Quellenmaterial nicht müßig liegenlassen wollte, beschloß ich, eine Biographie über diesen Bischof zu schreiben. Das Werk konnte aber erst 1934 erscheinen, denn es war natürlich nicht möglich, meine ganze Freizeit dieser wissenschaftlichen Arbeit zu opfern. Das Buch trägt den Titel »Leben und Zeitalter des Bischofs von Veszprém Padányi Biró Márton« und ist in Zalaegerszeg erschienen. Ich hatte die Freude, daß die Fachkritik das Werk günstig aufnahm, und es ist mir eine Genugtuung, daß es sogar jetzt noch – in der Zeit des Kommunismus – für die Forschung als unentbehrlich gilt. Ich möchte hier nur die Meinung von Tamás Bogyay, einem ungarischen Historiker, der jetzt im Ausland lebt, anführen. Im Gedenkband »Kardinal Mindszenty« zitiert er auf S. 85: »Dieses fünfhundertseitige Buch ist das Musterbeispiel einer gewissenhaften und präzisen geschichtlichen Lebensbeschreibung. Man könnte kein klareres Bild über die religiöse, politische, kulturelle, sittliche und soziale Lage Westungarns im 18. Jahrhundert geben. Das Werk ist eine der wichtigsten Quellen für die Deutung von Kardinal Mindszentys geschichtlicher Haltung«. Bogyay fügt hinzu: »Das Werk Mindszentys ist bis heute grundlegend geblieben; auch die im Jahre 1954 erschienene Bibliographie konnte es nicht übergehen.«

Der Satz, der auf meine »Haltung« hinweist, ist insofern zutreffend, als ich während meiner Forschung, durch das Bekanntwerden mit dem Wiederaufbau nach der Türkenzeit, selbst viele Anregungen erhielt. So war ich aufgerufen, nach 150 Jahren einen entsprechenden Wiederaufbau, zuerst in Zalaegerszeg, dann nach 1927 als bischöflicher

Kommissar der Diözese Szombathely auf dem Gebiet des Komitats Zala, später als Bischof der großen Diözese Veszprém in die Wege zu leiten. Auf der Diözesansynode in Szombathely wies ich eindringlich auf die ungünstigen kirchlichen und kulturellen Verhältnisse im Gebiet von Zala hin. Ich tat dies, um Unterstützung für unseren unentwickelten Landesteil zu gewinnen. Es gab Pfarreien, denen siebzehn Filialen zugehörten; Pfarreien, in denen Gläubige 20 bis 30 Kilometer zurücklegen mußten, um ein neugeborenes Kind taufen zu lassen oder einen Todesfall zu melden. Viele Gläubige wohnten 10 bis 15 Kilometer vom Pfarrei-Mittelpunkt entfernt. Es herrschte Mangel an Schulen, und wenn welche vorhanden waren, waren sie oft veraltet und unzeitgemäß. Bei dieser Sachlage konnte selbstverständlich kein zufriedenstellender Religionsunterricht erteilt werden.

Während meiner Darlegungen war der Diözesanbischof anwesend. Er ernannte mich danach, im Jahre 1927, zum Kommissar für den Teil Zala des Bistums. Er wies darauf hin, daß ich als Kenner der Verhältnisse gute Dienste leisten könne. So wurde ich beauftragt, neue Seelsorgestellen und Schulen zu gründen, Hindernisse aus dem Wege zu räumen und der pastoralen Tätigkeit auf allen Gebieten zum besseren Erfolg zu verhelfen.

Schweren Herzens begann ich nach 150 Jahren Stagnation einen Wiederaufbau. Während eines Jahrzehntes konnten wir bei sehr beschränkten Mitteln unter mühevoller Arbeit neun neue Pfarrkirchen und sieben Pfarrhöfe, neun provisorische Gottesdienststationen, elf provisorische Pfarrhöfe und dazu noch zwölf neue Schulen errichten. So · stieg die Zahl der selbständigen Seelsorgezentren von 25 auf 43, und die Zahl der Gläubigen, die auf eine Pfarrei entfielen, verminderte sich von 4300 auf 2500. Die Entfernungen zwischen den Pfarreien und den Filialen verringerten sich wesentlich. Die Gläubigen bekamen auch sehr bald das segensreiche Wirken der Lehrer von zwölf konfessionellen Schulen zu spüren, die sich der Knaben und Mädchen der Gemeinden annahmen und einen Fortschritt sicherten. Bei der Volkszählung von 1940 wurde das Komitat Zala, wenigstens in bezug auf Lesen und Schreiben, nicht mehr als letztes in Transdanubien, sondern als vorletztes, vor dem Komitat Baranya, eingestuft.

Diesen Erfolg verdankte ich großmütigen und opferbereiten Mitarbeitern, u. a. dem Fürsten Pál Esterházy, der für die Bauarbeiten Holz, Ziegel, Kalk und Dachziegel beisteuerte, dem Unterrichts- und Kultusminister Kuno Klebelsberg, der für die neuen Schulen Staatssubventionen flüssigmachte, und dem Vize-Gespan Zoltán Bődy, der uns die

Unterstützung des Komitats sicherte. Zum kulturellen Leben der Stadt und des Komitats trug auch die Zeitung »Zalamegyei Ujság« bei, die wir im Jahre 1919 gründeten. Sie hat sich während meiner Pfarreitätigkeit zur Tageszeitung entwickelt. Dies wurde dadurch möglich, daß wir eine selbständige Druckerei ins Leben riefen, durch die wir uns auch mit der Herausgabe von Büchern befassen konnten, weil dafür in der eigenen Druckerei die Herstellungskosten niedriger waren. Auch meine Biró-Monographie ist in Zalaegerszeg erschienen, ebenso die 3. Auflage meines zweibändigen Werkes »Die Mutter«, von dem schon die Rede war.

Im Rahmen der Pfarrei wurde auch die soziale und karitative Tätigkeit gefördert. Die fachkundige Leitung auf diesem Gebiet war den Schwestern der »Gesellschaft der Sozialen Mission« anvertraut. Umsichtig organisierten sie die Betreuung der Armen, die Seelsorge in den Spitälern, die Bahnhofs- und Gefängnismission. Mit Hilfe der Hausapostel und der Mitglieder der kirchlichen Vereine versuchten wir leibliche und sittliche Nöte im Gebiet der Pfarrei zu beheben. Wir bauten auch ein Altersheim mit 35 Betten für die verlassenen Armen und Alten. Durch dieses Zusammenwirken war es auch möglich, begabten unbemittelten Schülern vom Lande die Aufnahme in die städtischen Mittelschulen zu ermöglichen. Sie wurden im Familienanschluß verköstigt. Für die weibliche Jugend ließen wir eine Klosterschule errichten, in der eine Lehrerinnenbildungsanstalt, ein Lyzeum, eine Bürgerschule, mehrere Fachschulen und Volksschulen untergebracht waren. Die Schule hatte hundert interne Schülerinnen. Das Frauenkloster mit seinen jeweils 70 bis 80 Nonnen gab dem südlichen Teil der Stadt ein neues Aussehen und übte nicht nur auf die weibliche Jugend, sondern auch auf Mütter und Frauen einen wohltuenden Einfluß aus. Natürlich mußten wir auch für materielle Unterstützung dieser neuen Institutionen und Organisationen aufkommen. Deshalb mußten die Vermögens- und Geldangelegenheiten der Pfarrei neu organisiert werden. Die in der Stadt zerstreut liegenden Pfarrgründe verkaufte ich als Bauplätze. Mit dem Erlös erwarb ich das Landgut von Ságod, das in seiner Ausdehnung dreimal so groß wie der frühere Pfarrbesitz war. Der neue, ertragreiche Besitz wurde modernisiert. Dadurch erhöhte sich auch das Einkommen des Pfarrers. Ich verwendete das Einkommen der Pfründen bis auf den letzten Heller zur Finanzierung dieser vielfachen kirchlichen Tätigkeiten. Da die Gläubigen das wußten und Vertrauen hatten, gaben sie auch ihre Spenden für solche Zwecke reichlicher und murrten auch nicht über die Kirchensteuern. Ohne Hilfe der Gläubigen hätten

wir weder die Klosterkirche noch die großangelegte Klosterschule errichten können; ebensowenig wäre es möglich gewesen, das Kulturhaus
zu vergrößern und den Pfarrhof in ein zweistöckiges Gebäude umbauen
zu lassen. Der Ausbau des Tagblattes kostete Geld, auch die Sorge für
die Schüler verschlang keine geringe Summe. Viele Mittel benötigten
die karitative Tätigkeit und die Armenbetreuung.

Sehr unterstützt hat mich in meiner Tätigkeit das Wohlwollen des
Bischofs, der mich zum Titular-Abt ernannte und 1937 für eine römische Auszeichnung vorschlug, so daß ich Päpstlicher Prälat wurde. Ich
nahm diese Auszeichnungen nicht so sehr deshalb bereitwillig an, weil
ich darin die Belohnung für meine Arbeit erblickte, als weil sie meiner
Person größeres Ansehen verliehen. Dieses größere Ansehen erleich-
terte die Zusammenarbeit mit Behörden des Komitates, des Staates und
in vielen Fällen mit der Regierung selbst. Sonst strebte ich nicht nach
Auszeichnungen und habe, um sie zu erlangen, selber nie auch nur
einen einzigen Schritt getan.

Mein ehemaliger Diözesanbischof, Graf János Mikes, lenkte die
Aufmerksamkeit des Nuntius auf mich, und Papst Pius XII. erlangte zu
einer Zeit, als drei Bischöfe auf einmal ernannt wurden, durch eine
Kompromißlösung die Einwilligung der Regierung zu meiner Ernen-
nung zum Bischof. Am 4. März 1944 ernannte mich der Hl. Vater zum
Diözesanbischof von Veszprém.

Bei meinem Abschied von Zalaegerszeg hielt ich in der Pfarrkirche
folgende Predigt:

»Meine lieben Gläubigen!

Drinnen in der Pfarrkanzlei liegt auf dem Tisch ein Dokument zur
Unterschrift bereit, das ich bis zur heutigen hl. Messe und Predigt nicht
unterfertigen wollte, damit ich noch einmal das Recht habe, euch ›meine lieben Gläubigen‹ zu nennen. Das Dokument enthält meine Berufung, meinen Abschied von dieser Pfarrei und von dieser Ortskirche.
Das Gefühl, von euch Abschied zu nehmen, meine lieben Gläubigen,
schmerzt mich sehr. Im Februar 1917, also vor 27 Jahren, kam ein junger Priester nach Zalaegerszeg, um die Jugend des Gymnasiums zu
unterrichten. Mit Sorgen verließ ich den Zug, ob ich den Aufgaben gewachsen sein würde. 27 Jahre sind seither vergangen, und während dieser langen Zeit tat ich alles, was die Kirche einem Priester auf die
Schultern legt: ich verkündete das Wort Gottes, ich feierte die hl. Messe,
und ich spendete die Sakramente.

Ich verkündete das Wort Gottes. Wenn ich jetzt Gewissenserforschung halte, so muß ich Gott für alles danken, was ich durch seine

göttliche Gnade tun durfte. Nur die Daten der Marianischen Kongregation sind vorhanden: da habe ich innerhalb von zehn Jahren 537mal gepredigt.

Ich zelebrierte jährlich allein für meine Pfarrgemeinde 72 Messen und betete täglich das Brevier für die Stadt, für alle lebenden und verstorbenen Gläubigen. In jeder Messe erschien eine große Menschenmenge, und ich bat unseren Herrn Jesus Christus, daß er die Gläubigen segnen, die Ungläubigen hierher führen und die Kinder schützen möge. Nach der heiligen Wandlung ließ ich vor den Augen meiner Seele die Welt des Friedhofs erstehen mit allen Verstorbenen, denen ich die letzten Sakramente gespendet hatte, dazu die früher Verstorbenen und bat unseren Herrn Jesus, daß er den im Fegefeuer leidenden Seelen die Schmerzen lindern möge.

Ich habe die Sakramente gespendet. Ich kann sagen, daß meinen Beichtstuhl keine Spinngewebe einspannen. Kam jemand nicht, so war es nicht mein Fehler. Ich bete jetzt darum, daß bei dem neuen Seelsorger auch jene den Weg zu den Sakramenten finden mögen.«

Hernach kam ich in meiner Predigt auf Briefe zu sprechen, die anläßlich meiner Ernennung eingelaufen waren, und fuhr fort:

»Aus örtlichen Äußerungen glaube ich herauszulesen, daß unsere Seelen wechselseitig nahe verbunden waren. Unter Katholiken kann es keine Trennung geben. Es gibt ja kaum jemanden, der nicht in meinem Beichtstuhl um Absolution gebeten hätte, es gibt kaum eine Familie, die ich nicht gekannt habe, kaum ein Kind, dem ich nicht in die Augen geschaut habe, und es gibt kaum ein Familienleid, das ich mich nicht zu lindern bemüht hätte.

Nun bitte ich euch nur um das eine: Was immer kommen möge, glaubt niemals, daß der Priester ein Feind seiner Gläubigen sein könnte. Der Priester gehört zu jeder Familie, ihr hingegen gehört zur großen gemeinsamen Familie eures Seelsorgers. Im Sinne unseres Herrn Jesus Christus habe ich versucht, den Menschen aller Stände und Klassen zu dienen. Wo ich gefehlt habe, vergebt es mir im Namen des Herrn. Wenn ich jemand gekränkt haben sollte, dann gewiß nur aus leidenschaftlichem Bemühen um das, was mir gut für euch erschien. Wenn ich darin übertrieben habe, so habe ich auch das immer gutzumachen versucht. Denen, die Gott suchen, gereichen auch ihre Fehler zum besten. Ich danke der Stadt Zalaegerszeg, dem Komitat Zala und den staatlichen Ämtern für die Hilfe, die sie mir so oft zuteil werden ließen, und ich danke den Gläubigen für die Opferbereitschaft, mit der sie mir stets zur Seite standen. Ich danke den Handwerkern, den Kaufleuten und den

Bauern für ihre anhängliche Opferwilligkeit.« Ich wurde von Fürstprimas Kardinal Serédi am 25. März 1944 zum Bischof geweiht.

Bischof der Diözese Veszprém

An meinem 52. Geburtstag, am 29. März 1944, kam ich nach Veszprém.
Seit zehn Tagen war Ungarn von den Nazis besetzt. Es herrschte deshalb eine spürbare Unruhe und Unsicherheit im Lande. Die Komitats-
behörde von Zala hatte mir einen Reisepaß ausgestellt, damit ich trotz
öfterer Kontrollen durch die Truppen der Besatzungsmacht meine Residenz erreichen könne. Der düsteren Zeiten wegen verzichtete ich auf
jegliche Feierlichkeit und zog still und fast unbeachtet in meine Bischofsstadt ein. Das Domkapitel empfing mich im bischöflichen Palaste.
Damals wohnte darin auch ein deutscher General. Seine Anwesenheit
war mir unangenehm. Als er nun bald einmal vorbeikam mit der Bitte,
in den bischöflichen Wäldern jagen zu dürfen, entging ihm mein Miß-
mut nicht. So übersiedelte er bereits nach zehn Tagen in ein neues
Quartier.
    Gleich zu Beginn meines bischöflichen Wirkens suchte ich enge Füh-
lungnahme mit dem Klerus. Ich förderte Priesterexerzitien, Einkehr-
tage, Seelsorge-Konferenzen, dann aber auch das Hausapostolat, die
katholischen Vereine und Organisationen in den Kirchengemeinden.
Ich empfahl besonders den systematischen Hausbesuch, die Sorge für
die Kranken und Sterbenden.
    Im Frühling 1944 trat ich die Firmreise an. Damit ergab sich die Ge-
legenheit, in die örtlichen Verhältnisse Einsicht zu nehmen. Sie waren
mir allerdings nicht völlig unbekannt, hatten doch Zalaegerszeg und das
ganze Komitat Zala bis 1777 zum Bistum Veszprém gehört. Als bischöflicher Beauftragter von Zala habe ich die Geschichte dieses Spren-
gels gründlich kennengelernt und die Ergebnisse solcher Forschungen
auch in einem größeren historischen Werk über Bischof Márton Padányi Biró von Veszprém verarbeitet. So konnte ich meine bischöfliche
Arbeit auf manche Kenntnisse stützen, die ich in Zala gewonnen hatte,
ich wußte wo und weshalb seit der Türkenzeit hier vieles im Rückstand war.
    Während meiner Firmreise im Frühling suchte ich festzustellen, ob
neue Seelsorgerposten, Schulen, kirchliche Institutionen zu gründen
seien. Hierin sah ich mich großen Aufgaben gegenüber, nicht zuletzt
deswegen, weil vier meiner Vorgänger in ihr Amt eingetreten waren,
ohne vorher in der Seelsorge gewirkt zu haben. Ich gedachte auch, um

die soziale Lage weiter Bevölkerungskreise zu verbessern, von den 11 000 Joch Ackerland, die dem Bistum gehörten, 7000 Joch abzugeben und an Bauern aufzuteilen. Der Erlös aus dem Verkauf dieses Bodens sollte die Gründung neuer Pfarreien ermöglichen. In dieser Hinsicht hatte die Kirche gerade auch in jenen Gebieten, die nach dem ersten Weltkrieg von Ungarn abgetrennt wurden, zu wenig mit der Zeit Schritt gehalten. Im Jahr 1944 war ich mir schon im klaren darüber, daß der Krieg für Ungarn ein schlimmes Ende bringen und auf die Niederlage die Aufteilung des Großgrundbesitzes folgen werde. Meine Überlegungen gingen dahin, daß der große Landbesitz der Kirche gefährdet sei, während bei rechtzeitigem Verkauf wenigstens die Pfarreien und Seelsorgestellen, die aus dem Gewinn einzurichten waren, erhalten bleiben würden. Leider durchkreuzte aber die Entwicklung der Lage meine Pläne. Die Sztójay-Regierung erließ auf Hitlers Befehl eine Verordnung, die mit Rücksicht auf die Nahrungsmittelproduktion in der Landwirtschaft jeden Versuch einer Veränderung des Großgrundbesitzes zu Kriegsverbrechen erklärte. Trotzdem gelang es mir aber, in kurzer Zeit 34 neue Pfarreien und 11 katholische Schulen zu errichten.

Im Juni 1944 ließ die Sztójay-Regierung die Juden in Ghettos einsperren. Die ungarischen Bischöfe antworteten mit einem energischen Protest und gaben diesem Protest auch in einem Pastoralrundschreiben den Gläubigen und der Öffentlichkeit bekannt. Darin war u. a. zu lesen: »Wenn angeborene Rechte wie das Recht auf Leben, menschliche Würde, persönliche Freiheit, auf freie Ausübung des Glaubens, Arbeitsfreiheit, Auskommen, Eigentum usw. oder auf gesetzlichem Wege erworbene Rechte, entweder von einzelnen Menschen, von menschlichen Gemeinschaften oder selbst von den Vertretern des Staates ungerechterweise beeinträchtigt werden, erheben die ungarischen Bischöfe pflichtgemäß ihr protestierendes Wort und weisen darauf hin, daß die erwähnten Rechte nicht von einzelnen Menschen, nicht von einzelnen menschlichen Gemeinschaften, ja nicht einmal von den Vertretern des Staates, sondern von Gott selbst verliehen wurden. Diese Rechte kann deshalb – ausgenommen der Fall eines gesetzlichen und rechtsgültigen Richterspruches – kein Mensch und keine irdische Macht gerechterweise beeinträchtigen oder wegnehmen.«

Die Budapester Judenschaft verdankt es sicherlich dieser Intervention, daß der größere Teil ihrer Angehörigen vor dem unmenschlichen Tod in den Gaskammern bewahrt blieb. Nachdem die Bischöfe eindeutig ihre Ablehnung ausgesprochen hatten, suchten nunmehr kirchliche Institutionen und viele tapfere Einzelchristen, getaufte wie ungetaufte

Juden vor der Verfolgung zu retten. Das bezeugt sogar ein Bericht des für Judenangelegenheiten verantwortlichen Regierungskommissars, in dem zu lesen war:

»Im Bemühen, die Juden zu retten, stehen leider die Geistlichen jeglichen Ranges an erster Stelle. Sie rechtfertigen ihr Tun mit Berufung auf das Gebot der Nächstenliebe.«

Im Juli 1944 bildete Horthy eine neue Militär-Regierung. Sie versuchte, geleitet vom Ministerpräsidenten Lakatos, der deutschen Besatzungsmacht vorsichtig Widerstand zu leisten und das Land aus dem Krieg herauszuführen. Sowohl mit dem Westen als auch mit den Russen wurden Geheimverhandlungen aufgenommen. Ein Ergebnis dieser Verhandlungen war die Verkündigung des Waffenstillstandes durch Reichsverweser Horthy in einer Rundfunkansprache vom 15. Oktober 1944. Nach der Radiobotschaft wurde Horthy auf Hitlers Befehl sofort verhaftet, der Vertrauensmann der Nazis, Ferenc Szálasi, übernahm die Regierung. Die Russen rückten auf Budapest vor. Plünderungen und Vergewaltigungen bei ihrem Vormarsch verursachten eine Panik. Zehntausende flohen in Richtung Westen.

Auch ich traf damals Sicherheitsmaßnahmen. Ich sandte die kirchlichen Kostbarkeiten, die wertvollsten Kelche und Paramente des Bistums nach Mindszent. Dort wurden sie in den Häusern meiner Eltern und Geschwister versteckt. In dem bischöflichen Palast nahm ich Theologiestudenten, Professoren, Ordensschwestern und auch Privatpersonen auf. Mir selbst blieb nur noch ein einziges Zimmer, in dem ich Priester und Gläubige empfing, mit ihnen ihre Sorgen besprach und in ihren Problemen zu helfen suchte. Auf Hitlers Befehl wurde durch die Pfeilkreuzler jetzt die Jugend der ungarischen Tiefebene, ebenso jene aus Transdanubien in den Kämpfen eingesetzt. Während die Rote Armee sich zur Belagerung von Budapest rüstete, prägte der Pfeilkreuzler-Kriegsminister das Schlagwort »Vernichten oder vernichtet werden«. Er und seine Gefolgsleute glaubten noch immer an den Sieg von deutschen Wunderwaffen. Not und die Stunde der Finsternis lagen über Ungarn. Aus dem Westen drohte die braune, aus dem Osten die rote Gefahr.

Gedenkschrift der Bischöfe Transdanubiens

Im Laufe der Geschichte ist Ungarn oft von schweren Krisen heimgesucht worden. Die schwerste von ihnen allen war aber jene, die am Ende des zweiten Weltkrieges auf uns zukam. Zwar standen allezeit sowohl zu unsrer Rechten als zu unsrer Linken Großmächte, die unsere Selbständigkeit bedrohten. Aber nun begegneten sich deren Nachfolger, Hitler und Stalin, um sich auf unserem Boden die Entscheidungsschlacht zu liefern. Als der eine sich gezwungen sah, in Polen den Rückzug anzutreten, kam sogleich aus den Karpaten der andere. Unsere ungarische Heimat sollte diesen grausamsten Machthabern der neueren Weltgeschichte die Bühne für ihr blutiges Schauspiel abgeben.

Begreiflicherweise fand ich keine Ruhe mehr. Ich reiste in die Hauptstadt, um mich zu informieren. Auf dem Hin- und Rückweg traf ich auf die riesigen Scharen flüchtender Menschen, die sich vor dem Zugriff der Roten Armee zu retten suchten. Überall an meinem Weg befanden sich Zeugen des verlorenen Krieges: Ruinen, verlassene Autos, zerstörte Wagen, führerlose Truppen, verängstigte Soldaten. In Budapest trug ich mich mit dem Gedanken, das Oberhaus zusammenrufen zu lassen, um einen Widerstand nach beiden Seiten zu organisieren. Ich habe jedoch in Budapest keinen anderen Bischof mehr vorgefunden, und die weltlichen Mitglieder des Oberhauses waren viel zu eingeschüchtert, da in diesen Tagen der Nazi- und Pfeilkreuzler-Terror seinen Höhepunkt erreichte.

So verfaßte ich eine Denkschrift an die von den Deutschen abhängige Pfeilkreuzler-Regierung und ging damit zu meinem Freund, dem Diözesanbischof Baron Vilmos Apor nach Győr, um ihm von deren Inhalt Kenntnis zu geben. Ich wollte die Sache des Vaterlandes mit Fürstprimas Kardinal Justinian Serédi besprechen. Aber seine Residenz Esztergom befand sich schon im Mittelpunkt der Kämpfe; außerdem war mir bekannt, daß der im Krieg arg mitgenommene Primas seit längerer Zeit kränkelte. – Bischof Apor meinte nun zwar, wir dürften bei den fanatischen Führern der Pfeilkreuzler kaum mit Gehör rechnen. Um unsere Gläubigen, soweit es möglich war, zu schützen und unsrer Verantwortung für das Land und die Kirche nachzukommen, sollten wir jedoch den Versuch wagen. Wir haben dann unsere Namen als die ersten unter die Denkschrift gesetzt. Auf der Rückreise besuchte ich noch Lajos Shvoy, Bischof von Székesfehérvár. Auch er unterzeichnete, obwohl er unsere Bedenken teilte. Ein Priester meiner Kanzlei, Dr. Lénárd Kögl, fuhr mit einem Motorrad nach Pannonhalma und überbrachte den Text dem Erzabt Chrysostomus Kelemen, der ihn ebenfalls unterschrieb. Das Memorandum wurde anschließend nach Szombathely weitergeleitet. Der dortige Bischof äußerte große Befürchtungen und unterschrieb nicht. Pécs konnte der Bote, des russischen Vorstoßes wegen, bereits nicht mehr erreichen.

33

Das Memorandum, von vier Bischöfen ausgestellt, brachte ich jetzt persönlich nach Budapest und suchte den Stellvertreter des Ministerpräsidenten, Szőllősi, auf. Dem Ministerpräsidenten Szálasi selbst mochte ich das Schriftstück nicht übergeben. So war es mir nicht unangenehm zu hören, daß er zur Zeit abwesend sei. Szőllősi war mir unbekannt, ich wußte von ihm nur, daß er Parteisekretär der Pfeilkreuzler in der ungarischen Tiefebene gewesen war.

Hier nun der Wortlaut der Denkschrift, die ich überreichte:

»Herr Ministerpräsident,

Ihrer Verantwortung bewußt, wenden sich die unterzeichneten Bischöfe Westungarns an Sie, Herr Ministerpräsident, und durch Sie an die jetzigen Machthaber und bitten, das noch unversehrte Westungarn nicht zum Schlachtfeld der Rückzugskämpfe werden zu lassen. Das letzte Stück ungarischer Heimat und zugleich die letzte Hoffnung auf einen künftigen Wiederaufbau würden damit vernichtet.

Dieser Teil unsres Vaterlandes müßte zum Schauplatz einer furchtbaren Zerstörung werden. Die 3 441 853 Einwohner, dazu die Menge der Flüchtlinge, die noch intakten alten Kultur-Städte, die reichen Dörfer, unschätzbare historische und kulturelle Werte, auch die letzten Lebensmittelvorräte sind bedroht. Die totale Vernichtung wäre unser Los, weil die Erbitterung, die nach der Räumung, den Kämpfen und nach einer Besetzung durch den Feind die natürliche Folge ist, ihr Höchstmaß erreichen wird. Der Rest der Bevölkerung würde Opfer des Hungers, der Kälte, der Epidemien.

Sollten sich bei der Belagerung der Hauptstadt Budapest, das 1,16 Mill. Einwohner zählt (Groß-Budapest sogar mehr als $1^1/_2$ Mill.), die Flüchtlinge hier zusammendrängen und sich dazu noch jene aus Ober- und Südungarn sowie aus der Gegend zwischen Donau und Theiß hier einfinden, wäre das Unglück noch weit schrecklicher und die Verantwortung ungeheuer. Wir fragen: Hat der Regierungswechsel die Kriegslage verändert, ist in den vergangenen zwei Wochen Ungarns noch unbesetztes Gebiet wieder größer geworden? Wir würden uns glücklich fühlen, wenn wir sagen könnten, daß das Vaterland wenigstens in den Grenzen des 15. Oktober erhalten geblieben sei.

Darf man es aber, nach den Erfahrungen der vergangenen zwei Wochen, wirklich noch wagen, den Grundsatz zu verkünden: ›Vernichten oder vernichtet werden‹, sofern man sich für Volk und Vaterland verantwortlich fühlt? Ist überhaupt von uns, die wir keine ausgebaute Verteidigungslinie, keine ausgerüstete Armee besitzen, noch ein vernichtender Schlag gegen den Feind zu führen? – Unser Beitrag zum Krieg der Großmächte, während des Herbstes und Winters 1944, blieb offensichtlich nur ein Wunschtraum. Nun aber wartet auf uns die andere Möglichkeit dieses ›Entweder-Oder‹: die eigene Vernichtung. Nach Muhi, Mohács, Világos und Trianon gab es eine Auferstehung; aus dieser Vernichtung wird es aber bestimmt keine mehr geben. Ein einzelner kann sich für sein Volk opfern. Zehntausende unserer Brüder sind schon in diesem Weltkrieg als Helden für das Vaterland gestorben. Es ist aber niemand befugt, eine ganze Nation zum Selbstmord zu zwingen. Gewissen und Verantwortungsgefühl gestatten dies nicht.

Sollte man uns fragen, woher wir das Recht nehmen, solche Worte zu sprechen, antworten wir: Wir sind Ungarn; wir leben und wollen auch weiterhin in untrennbarer Schicksalsgemeinschaft mit unserem Volke leben. Wir sind durch Gott, den hl. Stephan, durch tausendjährige Gesetze zur Einflußnahme auf die Staatsführung bestellt. Leben oder Tod ist heute keine allein politische Frage mehr, sondern vor allem eine sittliche Frage. Deshalb dürfen wir nicht nur, wir müssen sogar im Namen der dreieinhalb Millionen Bewohner Westungarns auf die erwähnten Gefahren hinweisen. Das Gewissen, die Geschichte, Gottes Richterstuhl verpflichten uns dazu.

In der Hoffnung, daß unser ernstes Wort auch ernste Erwägung finden wird, verbleiben wir, Herr Ministerpräsident, ehrfurchtsvoll.
Lajos Shvoy, Bischof von Székesfehérvár
Vilmos Apor, Bischof von Győr
József Mindszenty, Bischof von Veszprém
Chrysostomus Kelemen, Erzabt von Pannonhalma
31. Oktober 1944.«

Ich rechnete bei Überreichung der Gedenkschrift mit meiner sofortigen Verhaftung. Statt dessen stellte mir Szőllősi nur einige Fragen, auf die ich mich aber nicht einließ und antwortete, daß das Memorandum klar sei, ich nichts hinzuzufügen und nichts abzustreichen habe.

Die erwartete Verhaftung erfolgte zwei Wochen später. Offenbar benötigten die Behörden eine Zeitspanne, um ihre Anklage zu formulieren. Sie wagten es natürlich nicht, den Text unserer Denkschrift zu veröffentlichen. Um Aufsehen möglichst zu vermeiden, wurden die vier kirchlichen Würdenträger auch nicht gleichzeitig festgenommen. Als Überbringer war ich der erste, der ins Gefängnis abgeführt wurde; mit meiner Festnahme war der Veszprémer Regierungskommissar, Rechtsanwalt Schieberna, beauftragt worden. Den Vorgang will ich gleich erzählen.

Ohne Rücksicht auf den Protest der Bischöfe verschleppten die Pfeilkreuzler auf Hitlers Befehl im Juni 1944 die getauften und nicht getauften Juden aus Veszprém. Der Pfeilkreuzler-Rechtsanwalt Franz
Schieberna war der eigentliche Urheber und Leiter dieser Aktion. Nachdem er seine unmenschliche Arbeit zu Ende geführt hatte, besuchte er
den Guardian der Franziskaner, bat ihn, seine wahre Absicht und die
Beweggründe verschweigend, am kommenden Sonntag eine hl. Messe
zu lesen und anschließend ein Tedeum singen zu lassen. Durch Wand-
plakate gab er gleich hernach überall bekannt, es werde ein Gottesdienst gehalten als Dank für die so erfolgreiche Befreiung von den Juden. Ich ließ den frommen, aber ahnungslosen Guardian, als ich das
hörte, zu mir rufen und verbot ihm Messe und Tedeum. Parteiführer
Schieberna – seit dem 15. Oktober Regierungskommissar – suchte
daraufhin eine Gelegenheit, sich zu rächen. Er tat es besonders gern,
weil sein jüngerer Bruder, ein Landwirtschaftsbeamter des Bistums, in
ein Disziplinarverfahren verwickelt war, das man allerdings schon vor
meiner Ankunft eingeleitet hatte.

Wenig später bot sich nun den Behörden der gewünschte Anlaß. Es
mußten Militär-Einquartierungen durchgeführt werden. Daher fand auf
Weisung des Evakuierungskommissars im bischöflichen Palais eine Überprüfung der Platzverhältnisse statt. Mein Verwalter, Szabolcs Szabadhegyi, erklärte den Leuten Schiebernas, das Haus sei gänzlich mit
Flüchtlingen und Vertriebenen belegt. Ein heftiger Wortwechsel folgte.
Nun erschien Schieberna selbst und machte Anstalten, den Hausver-
walter festnehmen zu lassen. Da ich das hörte, ging ich hinunter in den
Korridor des Erdgeschosses, trat ans Tor und fragte meinen Hausver-
walter: »Mein Sohn, wer will dich hier verhaften?« Szabolcs Szabadhegyi zeigte auf Franz Schieberna, den ich noch nie in meinem Leben
gesehen hatte. Ich protestierte und versuchte, einige Erklärungen für den
Protest abzugeben. Darauf fiel das entscheidende Wort: »Und ich ver-
hafte auch Sie, Herr Bischof.« Ich ging rasch nach oben, kleidete mich
ins festtägliche bischöfliche Gewand, kehrte zurück und trat zu den Polizisten. Diese versuchten, mich in ihr Auto zu drängen. Es blieb jedoch
beim Versuch. Sechzehn meiner Theologiestudenten beobachteten aus
dem ersten Stockwerk die Ereignisse, kamen mit ihren drei Unterrichts-
leitern zu uns herunter, nahmen mich in die Mitte und vereitelten so
das Vorhaben der unsicher gewordenen Polizei. Es blieb ihr nichts anderes übrig, als mit leerem Kraftwagen vorauszufahren. Wir folgten

zu Fuß, ich in feierlichem Kleid, zur Linken und zur Rechten je eine Reihe der Theologiestudenten und ihrer Professoren. So zogen wir in der spätherbstlichen Dämmerung etwa anderthalb Kilometer durch die Hauptstraße. Die Menschen traten vor die Häuser; aus den Nebengassen eilten andere herbei, die Menge kniete am Rand der Straße nieder und bat bestürzt um meinen Segen. – Eine ebenso große wie traurige Prozession begleitete uns zur Polizeidirektion. Bevor ich das Gebäude betrat, bat ich alle, heimzukehren und die Nacht in Ruhe zu verbringen. Der Polizeihauptmann – ich kannte ihn aus der Zeit meiner Tätigkeit als Religionslehrer – war sehr verlegen. Er ließ mir in seinen Amtsräumen eine Schlafgelegenheit herrichten und sorgte gleicherweise für die drei Priester, die man mit mir verhaftet hatte. Am folgenden Tag befahl Schieberna, auch die Seminaristen festzunehmen, die den Abtransport im Auto verhindert hatten. Die Zahl der Verhafteten stieg damit auf 26.

Erst als die Nacht hereingebrochen war, brachte man uns am zweiten Tag ins Gerichtsgefängnis. Um Platz für so viele Häftlinge zu schaffen, mußte erst eine Anzahl kleiner Übeltäter, Taschendiebe u. dgl., freigelassen werden.

Anschließend wurde öffentlich die Erklärung abgegeben, daß meine Festnahme erfolgt sei, weil ich den Behörden, ihren Beschlüssen und Amtspersonen Widerstand geleistet und versucht hätte, einen Protestmarsch zu organisieren, um die Bevölkerung aufzuwiegeln. Die öffentliche Ordnung und Sicherheit seien durch mich in schwerwiegendem Maße gefährdet worden. Gestützt auf solche Vorwürfe verordnete Schieberna, daß wir zur Verfügung der Staatsanwaltschaft vorerst im Gefängnis zu bleiben hätten. Der Staatsanwalt Dr. Visy jedoch, ein rechtlich denkender Mann, weigerte sich – allen Drohungen des Regierungskommissars trotzend – einen ganzen Monat, eine Anklageschrift zu verfassen. Sowohl in der Presse als auch in der Flüsterpropaganda wurden allerlei Gründe meiner Verhaftung erörtert. Seltsamerweise aber sprach niemand von der Hauptsache, der Denkschrift der Bischöfe, die ich überreicht hatte, und auch die nun ungehindert vorgenommene Besetzung des bischöflichen Palastes fiel unter den Tisch. Viel später, als schon die Kommunisten an der Macht waren, denen meine Verhaftung durch die Pfeilkreuzler nicht in ihr Konzept paßte, verbreitete man das Gerücht, ich sei damals wegen Hamsterei festgenommen worden. Endre Sik, der Außenminister, scheute sich nicht, diese Fabel in einem seiner Bücher aufzugreifen.

Im Gerichtsgefängnis prägte die aufgezwungene polizeiliche Tagesordnung unser Leben, ohne uns jedoch untätig zu machen. Morgens waren hl. Messe, Kommunion und Meditation. Theologische Vorlesungen wurden gehalten, und am 7. Dezember 1944 habe ich, in der katakombenhaften Dunkelheit einer Zelle, neun Theologiestudenten zu Priestern geweiht. Nur eine einzige Kerze, ein einziges Chorhemd, ein einziges Meßgewand standen zur Verfügung, fast jeder hatte als Begleiter einen bewaffneten Wächter. Andererseits fand sich der Gerichtspräsident, der ein redlicher, gläubiger Mann war, bei der Feier ein, und man erlaubte auch einigen gefangenen Laien, an ihr teilzunehmen. Eine bedrückende Stimmung, ob die Zeremonie ohne Störung werde durchgeführt werden können, lag über allen, da in diesen Tagen jeden Augenblick mit Fliegerangriffen, Truppenverschiebungen, Gefangenentransporten gerechnet werden mußte. Aber wir blieben gottlob verschont.

Mitte Dezember erfuhren wir vom Durchbruch der Russen bei Bánhida. Die Veszprémer Pfeilkreuzler zeigten sich jetzt sehr erregt. Sie drohten uns, daß wir bei Annäherung der Russen alle erschossen würden. Die Deutschen vermochten damals die Front jedoch noch einmal zu halten.

Am 23. Dezember 1944 wurden wir dann unter strenger Bewachung nach Kőhida überführt. Der Staatsanwalt hatte sich geweigert, Anklage gegen uns zu erheben. Die Staatsanwälte, welche am Parteigericht zu Kőhida fungierten, kannten in dieser Hinsicht keine Bedenken. Es ist aber auch möglich, daß Szálasi, der mein Haus für sich beschlagnahmt hatte, Wert darauf legte, den richtigen Hausherrn möglichst weit in der Ferne zu wissen. Das Gefängnis zu Kőhida ist früher einmal eine Zukkerfabrik gewesen. Der Staat hatte für die Kinder des Personals und der Beamten nebenan ein Schulhaus bauen lassen. Darin befand sich zu dieser Zeit das Standrecht ausübende Kriegsgericht. Im Hof dieser Schule verließen wir die Transportwagen. Frauen und Kinder kamen herzugelaufen und besahen sich erstaunt den festgenommenen Bischof und seine Priester.

Wir wurden dann im Schulgebäude einquartiert. Unsere Unterbringung bereitete der Gefängnisverwaltung einiges Kopfzerbrechen. Für mich wurde ein Bett hergerichtet, ich verzichtete jedoch darauf, weil ich das Schicksal meiner Gefährten teilen wollte. Daraufhin verfertigten mir meine Kleriker im gemeinsamen Saal aus Landkarten eine eigene Schlafkabine. Am Morgen erhielten wir nur ein einziges Waschbecken und sehr wenig Wasser. Wir gingen daher zur Pumpe, um uns zu waschen. Zum Abtrocknen wurden Taschentücher benützt. Rasch sammelte sich auch hier wieder eine neugierige Menschenmenge an.

Als der Sonntagmorgen anbrach und wir die hl. Messe feiern wollten, fehlten die Hostien. So mußte ich gewöhnliches Brot verwenden.
In die Stille unseres Gottesdienstes tönten Kommandos und Hinrich-
tungssalven. Ich gedachte beim hl. Opfer der Unglücklichen. Obgleich
es Sonntag war – und das Gesetz Hinrichtungen sonntags nicht gestattete –, wurde an diesem Morgen auch Endre Bajcsy-Zsilinsky gehängt.
Seine Gefährten: Feldmarschall-Leutnant János Kiss, Oberst Jenő Nagy
und Hauptmann Vilmos Tarcsay waren bereits am 8. Dezember hingerichtet worden.

Wir durften nur diese erste Nacht im Schulgebäude verbringen. Dann
wies man uns ein altes, muffiges Magazin als Aufenthaltsort an. Spinngewebe hingen an Pfosten und Balken, Ratten huschten in den Ecken.
In dieser Armseligkeit feierten wir Weihnachten. Die Theologiestudenten sangen, ich hielt die Predigt. Ich sprach von der Universalität
der Erlösung und erwähnte beiläufig, daß meine Mutter am Weih-
nachtstage immer auch den Haustieren Speise vom Familientisch gereicht habe. Dann brachte man in zwei großen Kesseln Kartoffeln, die
unser Abendessen sein sollten. Es kamen jedoch zwei Frauen der Be-
wacher, die im Namen aller übrigen Polizistenfrauen uns eine festliche
Weihnachtsmahlzeit spendeten. So wurden wir an diesem Hl. Abend
ihre Gäste. Trotz der Armseligkeit und Not ist das Andenken an dieses
Weihnachtsfest eine meiner schönsten Erinnerungen geblieben. Die tap-
feren Frauen setzten selbstlos die Stellung ihrer Männer, das Brot ihrer
Familien aufs Spiel, um Weihnachtsglück zu schenken. Mit großer Freude aßen wir, dachten aber auch an das Vigilfasten und an unsere hungernden Mitgefangenen, denen wir die Kartoffeln und manche der
gespendeten Leckerbissen zukommen ließen.

In der Kapelle des Gefängnisses hielt ich die Weihnachtsmette. Meine Priester und die jungen Kleriker assistierten. Über dem Frieden dieser Hl. Nacht lag das tiefe Dunkel der Zeit. Schon der Weg zum Gottesdienst brachte uns alles Leid und den Tod von Patrioten zu Bewußtsein, als wir an dem Galgen des Gerichtshofs und an frischen Gräbern
vorbeikamen. Ich bedachte, daß auch unser Staatsoberhaupt Horthy
eingekerkert war, daß drei Ministerpräsidenten, Graf Móric Esterházy,
Miklós von Kállay und Géza von Lakatos, dazu andere Minister, Kurialrichter, Mitglieder des Oberhauses, Abgeordnete, hohe Offiziere,
Künstler, Priester und viele andere unbekannte Helden aus dem Volke
so wie wir hier Gefangene waren. Unter ihnen waren auch Mitglieder
der Linksparteien, z. B. László Rajk, und sogar Atheisten, deren Beten
und Singen mich tief berührte. Die Todesgefahr hat sie alle in die Nähe

Gottes geführt. So feierten wir in gemeinsamem Leiden das Gedächtnis der Menschwerdung unseres Herrn. Miklós von Kállay ließ mich durch einen gefangenen Priester bitten, in das Memento der hl. Messe die Nöte aller guten und ehrlichen Ungarn einzuschließen. So griff das Bitten und Flehen weit hinaus über die Mauern der Gefängniskapelle, es umfaßte Esztergom, Budapest und die Gebiete, durch die die Frontlinie zwischen Deutschen und Russen ging, wo die einen vorgaben zu kämpfen, um uns zu retten, die andern behaupteten zu sterben, um uns zu befreien. – Weinend knieten und standen wir vor dem Altar, auf dem Leib und Blut Christi gegenwärtig waren. Nie und nirgendwo hat mich eine Weihnachtsmette so ergriffen wie diese hier.

Eine neue Unterkunft

Nach der Weihnachtsmette begaben wir uns in das ungeheizte Magazin zur Nachtruhe zurück. Ich hatte wohl zwei Stunden geschlafen, als ich erwachte und zwei junge Kleriker flüstern hörte: »Ich friere wie ein Hund.« Leise rief ich hinüber: »Liebe Kinder, denkt an den Weihnachtsabend der hl. Elisabeth und ihrer Kinder im Stall des Gasthauses zu Eisenach. Vergeßt auch den Stall von Bethlehem nicht.«

Der Nachmittag des Weihnachtsfeiertages brachte Besuche. Prälat Kálmán Papp, Stadtpfarrer von Sopron, hatte Erlaubnis erhalten, zu mir zu kommen. Dr. Aladár Krüger, ein alter Freund, begleitete ihn. Dr. Krüger war Abgeordneter und hatte sich mit dem geflüchteten Parlament hier niedergelassen. Er nahm es auch auf sich, uns vor dem Kriegsgericht zu verteidigen. Mit seiner Hilfe hatte ein Priester meiner Kurie auch ein Gesuch an die Regierung verfaßt. Ich gab, wenn auch unwillig, die Erlaubnis, daß Prälat Géfin, Rektor des Priesterseminars von Szombathely, es der Regierung Szálasi vorlege. Prälat Géfin aber machte mir nachträglich die beruhigende Mitteilung, daß er das Schreiben nicht weiterbefördert habe. Ich war darüber recht froh.

Vorher, in Veszprém, wurden Besuche nicht zugelassen. Bischof Apor sowie Erzabt Kelemen hatten versucht, bei mir vorzusprechen, um ihre Solidarität mit mir zu bekunden und die Mitverantwortung für das Memorandum zu übernehmen, sie wurden aber abgewiesen. Viel später erfuhr ich, daß Bischof Apor sogar die Führer der Pfeilkreuzler selbst und den deutschen Botschafter Weesenmayer aufgesucht hatte.

In den letzten Tagen des Jahres trafen viele neue Gefangene ein. Um Platz zu schaffen, wurden wir nun nach Sopron ins Mutterhaus der

8. Bischof Apor.

9. Bischof Shvoy.

10. Erzabt Kelemen.

Diese drei unterzeichneten
zusammen mit
Mindszenty das Protest-
schreiben gegen die Juden-
verfolgungen an die
ungarische »Pfeilkreuzler«-
Regierung.

11. Der Gerichtshof in
Veszprém. Hier war
Bischof Mindszenty von
den »Pfeilkreuzlern«
eingekerkert.

12. Bischof Mikes.

13. Jusztinián Serédi, der
Vorgänger Mindszentys
als Fürstprimas.

14. Esztergom von der
Donauseite.

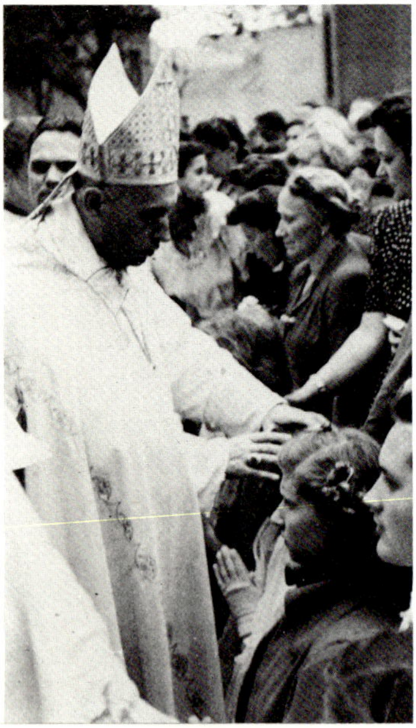

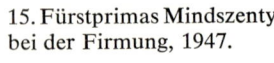

15. Fürstprimas Mindszenty
bei der Firmung, 1947.

16. Papst Pius XII.
Er ernannte Kardinal
Mindszenty zum Erz-
bischof von Esztergom,
zum Fürstprimas von
Ungarn.

Töchter des göttlichen Erlösers überführt. Obwohl wir als Inhaftierte galten, war es den Schwestern erlaubt, uns zu betreuen. Kurze Zeit nach unserer Ankunft lieferte man auch Bischof Lajos Shvoy von Székesfehérvár hier ein, ebenso seinen Bruder General Kálmán Shvoy. Der Bischof war festgenommen worden, weil er den Priestern untersagt hatte, Verkündigung und Predigt im Sinne der Pfeilkreuzler zu modifizieren. Ich befreundete mich gleich mit Bischof Shvoy, eine Freundschaft, die sich später bewähren sollte.

Mitte März 1945 besuchte mich auch mein eigener früherer Bischof und väterlicher Freund Graf János Mikes. Er lebte schon im Ruhestand und wollte mich mit bestem Wohlwollen bewegen, mein Leben durch eine Flucht in den Osten zu sichern. Ich konnte jedoch seinem gutgemeinten Vorschlag nicht zustimmen, weil es keinen Zweifel geben konnte, daß einer, der zu den Bolschewisten überging, um sein Leben vor den Nazis zu retten, ihnen früher oder später eine Gegenleistung zu erbringen haben würde. »Ein Bischof«, sagte ich, »kann nur auf Kosten der eigenen Sache sich dem Kommunismus anschließen.« Die Erfahrungen, die ich selbst nach dem ersten Weltkrieg, in der Zwischenzeit und auch jetzt gemacht hatte, gaben mir darin Gewißheit. Bischof Mikes hatte ausländische Radiosendungen gehört und glaubte, der russische Kommunismus habe sich gewandelt und bedrohe Volk und Kirche nicht mehr. Schon seine damaligen Äußerungen waren ein deutlicher Hinweis auf die leidige Tatsache, daß verantwortliche Führer unseres Volkes die sowjetischen Absichten nicht richtig einzuschätzen wußten. Sie glaubten daran, daß die westlichen Verbündeten der Sowjetunion die Macht hätten, eine ideologische und territoriale Expansion des Bolschewismus zu verhindern. Nun war dieses Hoffen gewiß nicht einfach unverständlich, das Land litt zunächst noch unter der Naziherrschaft und sehnte sich nach Befreiung davon. Wahrscheinlich haben die führenden Politiker sich auch nicht genügend in den Werken Lenins und Stalins ausgekannt und die Praktiken des Bolschewismus zu wenig beobachtet. Ich habe – auch unter dem Horthy-Regime – solche Aufklärungsarbeit immer vermißt. Als wirklich einmal – wenn auch in unzulänglicher Weise – etwas Derartiges unternommen werden sollte, hat man die Aktion mit Rücksicht auf die von Graf Bethlen angebahnten Handelsbeziehungen zur Sowjetunion gleich wieder abgestoppt. Gleich nach meiner ersten Gefangenschaft während der ungarischen ›Diktatur des Proletariates‹ hatte ich mich eingehend mit den päpstlichen Enzykliken und Hirtenbriefen, die dieses Fragengebiet berühren, befaßt. Ich vertiefte meine Kenntnisse über die materialistische Philosophie, indem

41

ich marxistische Literatur des In- und Auslandes las. So wurde mir frühzeitig klar, welch ein Feind der Kirche da vor uns stand, wieviel Terror auf uns wartete. »Jeder Gottesbegriff ist eine unaussprechliche Niederträchtigkeit, eine abscheuliche Selbstbespeiung«, hat Lenin an Gorki geschrieben und eindeutig bekannt, daß das Programm der Kommunisten die Verbreitung der Gottlosigkeit zum Inhalt habe. Wie sie das Individuum und das Privateigentum bekämpfen, so suchen sie die Familie und die Ehe in ihrem Sinne umzugestalten. Opposition wird liquidiert. Die Kampfart der Christenverfolgungen hat sich zwar seit Nero und Julian, dem Apostaten, und den Revolutionen bis zu Stalin in manchem verändert. Ein Schlagwort der Bolschewisten sagt: »Wir nehmen dem Volke nicht die Kirchen, sondern den Kirchen das Volk.« Solche Geschichtsstudien haben mich frühzeitig gelehrt, daß Kompromisse mit diesem Gegner fast immer nur ihm selber genützt haben. Ich achtete und achte jene, die tapfer mit vollem Einsatz ihres Lebens zur Kirche stehen im sicheren Wissen, daß, wenn auch ein Kirchenverfolger den andern ablöst, die Kirche ihre Feinde überlebt. Burgen und Festungen fallen, die Kirche aber, in all ihrer menschlichen Schwäche, wird nie zugrunde gehen. Das Blut der Märtyrer ist von jeher der Same der Kirche gewesen, aus dem sie wieder emporwächst, ihrem Ostertag entgegen. Solche Gedanken bestärkten mich beim Besuch meines alten Bischofs Graf János Mikes, den ich als lieben, väterlichen Freund in dieser Stunde nur enttäuschen konnte. Es war das letzte Mal, daß wir in der Haft, in dieser Massenunterkunft von Sopron zusammentrafen.

Die Schrecken der sogenannten Befreiung brachten ihm den Tod. Nachdem die russischen Truppen das Dorf erreicht hatten, in dem er lebte, versuchten sehr bald betrunkene Soldaten, Mädchen und Frauen zu vergewaltigen. Er hörte Klagen und Schreie, trat vor das Haus, um den Bedrängten zu helfen. In diesem Moment griff er mit der Hand nach seiner linken Seite und fiel leblos auf die Treppe. Man bahrte ihn im Speisezimmer auf. Abends kamen dann die »Befreier« ins Haus, holten Meßwein aus dem Keller, schleppten Mädchen herbei, tranken und tanzten die ganze Nacht hindurch.

In Győr wurde Bischof Apor ein weiteres Opfer der Soldateska. Im Luftschutzkeller seiner Residenz hatten sich verängstigte Frauen und Mädchen versteckt. Der Bischof wollte Eindringlingen den Zutritt verwehren. Da schossen sie ihn nieder. »Der gute Hirte gab sein Leben für seine Schafe.«

Die Russen näherten sich nun auch unserer Ortschaft. Weil man meine Mitgefangenen, Seminaristen und Priester, entlassen hatte, waren wir jetzt fast allein in der Unterkunft: zwei Bischöfe, dazu der Bruder des einen, ein pensionierter General und drei Priester, die freiwillig bei mir zurückgeblieben waren. Ihre Namen sollen festgehalten werden: Ladislaus Lékai, Szabolcs Szabadhegyi und Tibor Mészáros.

Etwa um dieselbe Zeit befand sich auch Ministerpräsident Szálasi in einem Dorf nahe der österreichischen Grenze und bat die Bischöfe von Transdanubien zu sich. Ich konnte in einem ruhigen Augenblick zwei Priester in dieser Angelegenheit zu Fürstprimas Kardinal Serédi senden. Er ließ mich wissen, er lehne – genau wie ich – ein solches Treffen mit unseren Widersachern ab. Die Mitteilung konnte ich aber nicht mehr an Szálasi weiterleiten, weil er sich schon auf der Flucht nach Westen befand. Plötzlich waren dann auch unsere Wachen verschwunden, ohne daß sie noch, wie gedroht, Hand an uns gelegt hätten.

DER KAMPF GEGEN DIE
NEUEN MACHTHABER

Die »Befreier«

Die Rote Armee marschierte in der Osternacht in Sopron ein. Bevor dies geschah, wurde vom Bürgermeister eine Konferenz einberufen, um den würdigen Empfang unserer »Befreier« vorzubereiten. Der Bischof von Székesfehérvár, sein Bruder und ich wurden zu dieser Konferenz eingeladen. Man bat mich, als einer der befreiten Gefangenen eine Empfangsrede zu halten. Ich erwiderte, ein Einwohner Soprons möge den Dank von Sopron zum Ausdruck bringen; zudem sei ich nicht befreit, sondern von den flüchtenden Polizisten einfach hier zurückgelassen worden. So gingen wir nicht zum Empfang und verließen das Haus nicht.

In den folgenden Tagen sah ich durchs Fenster, wie in der Nachbarschaft eingebrochen wurde. Die Soldaten stellten die Männer an die Wand, stöberten versteckte Frauen auf, trugen Wein, Lebensmittel, Familienandenken, Wertgegenstände weg. Die Armeeführung schien offenbar deswegen nicht einzuschreiten, weil sie die ungarische Nation, die gegen sie leider ja auf Druck der Nazis kämpfen mußte, zuerst einmal zu erniedrigen und den Sieger fühlen zu lassen beabsichtigte. Auch die Umgebung von Sopron wurde ähnlich behandelt und von plündernden Truppen heimgesucht.

Unter meinem Fenster verteilten Betrunkene ihre Beute. Natürlich hatte nicht jeder Soldat gerade das gefunden, was er sich wünschte oder brauchte. So begannen sie miteinander zu streiten, es fielen laute, harte Worte, Maschinenpistolen wurden gezogen, Schüsse abgegeben. Der Trieb nach Privateigentum zerstritt die kommunistische Gemeinschaft. Mehrere Verletzte und zwei Tote blieben als Opfer zurück. Schließlich erschienen nüchterne Soldaten von der Wachmannschaft. Sie führten die streitenden Brüder samt der Beute und den Verwundeten ab. Die Leichen ließ man am Straßenrand liegen. Bald nach der Roten Armee kamen auch die ungarischen Kommunisten. Mit Plakaten verkündeten sie als erstes eine Bodenreform und versprachen in großen Worten, daß es keine Armen mehr in Ungarn geben werde. Dieses Propagandamaterial war auf russischen Armeelastwagen hierher gebracht worden.

Ich habe es immer bedauert, daß in Ungarn nicht schon vor dem ersten Weltkrieg eine Bodenreform durchgeführt worden war. Wenn wir dies getan hätten, wäre es 1920 nicht so leicht gewesen, ungarisches Land unter dem Vorwand, daß es sich nur um Großgrundbesitz handelte, in tschechische, rumänische und serbische Hände zu übergeben. – Die jetzige Reform, die vom Feind und seinen Werkzeugen erzwungen wurde, diente jedoch zu offenkundig den Parteiinteressen und der Besatzungsmacht.

Die Heimkehr

Während der Zeit meiner Gefangenschaft verwirklichte sich viel von dem, was ich befürchtet hatte: Städte und Dörfer waren zerstört worden, der Fernverkehr war zusammengebrochen, Post und Telefon außer Betrieb. Der Kontakt zu meiner Bischofsstadt mußte durch einen persönlichen Boten hergestellt werden, was der Russen und ihrer Unberechenbarkeit wegen nicht ohne Gefahr möglich war. Am 20. April 1945 wurde im Bahnhof Sopron aus Viehwagen erstmals ein Zug zusammengestellt, der mir gegen Abend die Möglichkeit bot, wegzufahren. Wir wurden jedoch von Soproner Eisenbahnern vor dem Unternehmen gewarnt. Sie fürchteten, daß die Russen uns aus den Wagen herausholen und verschleppen würden. Einige Stunden später erreichten wir Pápa, die erste Stadt meiner Diözese. Ich erkundigte mich als erstes nach dem Schicksal meiner Priester und Gläubigen und hörte Entsetzliches, wovon ich nur erwähnen will, daß seit dem Einmarsch der Russen ins Spital der barmherzigen Brüder rund tausend Frauen und Mädchen eingeliefert worden waren, von denen achthundert mit Syphilis infiziert waren. Viele Frauen haben damals Selbstmord verübt, andere sind wahnsinnig geworden.

Wir versuchten jetzt, ein Fahrzeug aufzutreiben. Da ließ mich der provisorische Bürgermeister, sein Name war Dezső Sulyok, wissen, der russische Befehlshaber sei sicher gern bereit, dem aus Nazihaft befreiten Veszprémer Bischof ein Auto zur Verfügung zu stellen. Ich müsse nur darum bitten. Auf das Angebot entgegnete ich: »Der Bischof würde sich – nach dem, was hier unseren Frauen und Töchtern angetan wurde – schämen, vom Ortskommandanten ein Auto zu erbitten.«

Es gelang uns schließlich, einen Pferdewagen zu beschaffen. Zwar fürchtete der Besitzer um seine Tiere, aber um »dem Bischof« zu helfen,

17. Die letzten Kriegs-
monate in Ungarn.
Soldaten der Nazi-Wehr-
macht ziehen an
gefallenen Rotarmisten
vorüber. Januar 1945.

18. Gefallene Sowjet-
soldaten.

19. Vor der Einnahme
Budapests durch die
Rote Armee nehmen

die faschistischen
Massenexekutionen von

Juden noch einmal ein
furchtbares Ausmaß an.

spannte er doch an. Ich beruhigte ihn überdies, daß er mich nur bis Farkasgyepű zu fahren brauche, von wo ab ich beim Forstmeister des Bistums meine eigenen Pferde erbitten könne. Aber es fanden sich dort weder Pferde noch Wagen. Die »Befreier« hatten den Forstmeister auch davon befreit. Seine Frau bewirtete uns im völlig ausgeraubten Heim mit einer kargen Bohnensuppe, und wir gingen zu Fuß nach Herend, wo beim Pfarrer übernachtet wurde. Beim Abschied am nächsten Morgen sagte der Pfarrer, daß ich im Bett des russischen Oberbefehlshabers Marschall Tolbuchin geschlafen hätte.

Bei meiner Ankunft in Veszprém war Wochenmarkt. Ein hochgewachsener Mann trug – wie der Gute Hirte – ein Lamm auf den Schultern. Die Frauen fragten ihn, weshalb er es trage, es könne wohl nicht laufen. Ich war bei der Szene stehengeblieben und antwortete: »Weil ihm sonst vielleicht auch dies noch, wie die anderen, weggenommen wird.« Die Umstehenden lachten, dann schauten sie mich aber erschrocken an und erkannten, daß es ihr Bischof war, der aus dem Gefängnis zurückgekommen war.

Die Residenzstadt befand sich in einem unbeschreiblichen Zustand. Die Kathedrale war von einem Trupp weiblicher Soldaten heimgesucht und gänzlich ausgeraubt worden. Paramente und Altartücher hatten sie zerschnitten und für sich verwendet. Wie die Häuser der Bürger, so waren auch die kirchlichen Gebäude und der bischöfliche Palast durchsucht und ausgeräumt worden, wobei wir sogar amputierte Teile menschlicher Körper fanden. Die Speisekammer war leer, und ich war ermattet vor Hunger. Ich tat das Natürlichste; ich fuhr nach Hause zur Mutter. Sie stellte mich wieder ein bißchen auf die Füße, gab mir Lebensmittel für meinen Haushalt mit. Sie konnte dies tun, weil mein Heimatdorf weit weniger gelitten hatte als andere Gegenden. Die Truppen waren hier immer verhältnismäßig rasch durchgezogen. Eine seltene, glückliche Ausnahme im braunen und roten Sturm.

Die Freude des Wiedersehens konnte nur kurz sein. Die Not meiner Diözese rief mich rasch zurück. Im Einspänner besuchte ich das Komitat Somogy von Balaton bis zur Drau. Mein treuer Priester Szabolcs Szabadhegyi kutschierte. Ich fand nichts als verängstigte Menschen, ausgeplünderte und ausgebrannte Häuser, verödete Pfarreien. Sechs Priester des Komitats waren zivile Opfer des Krieges geworden. In Iszkáz hatten die Russen die Kirche aufgebrochen, sich in kirchliche Gewänder gekleidet und auf Pferde geschwungen, um einen Umzug zu halten. Der junge Pfarrer eines anderen Dorfes, der gegen Brutalitäten protestierte, wurde erschossen. Auch die Frau eines Notars, die zuerst von siebzehn Soldaten vergewaltigt worden war, wurde zusammen mit ihrem Sohn, der vor dem Haus angesichts solcher Greueltaten in Schreie ausbrach, erschossen, während der Mann, der seine Frau schützen wollte, wegen Widerstands gegen die Rote Armee als »Kriegsverbrecher« verschleppt wurde. Überall auf dieser Rundreise hörte ich die gleichen Klagen, überall war gemordet, überall vergewaltigt worden. Weder Kinder noch Greise sind verschont geblieben.

Als wir nach Beendigung des Krieges, im Mai, uns zur ersten Bischofskonferenz zusammenfanden, wußten die Oberhirten der zwölf Diözesen nur von Grauen und blutiger Gewalt zu berichten. Hunderttausende waren obdachlos geworden, irrten heimatlos umher oder wurden wie Vieh gegen Osten getrieben. Als ich in einem Dorf im Komitat Somogy einen alten Tagelöhner fragte: »Also Väterchen, auch Sie wurden befreit?«, kam nur die Antwort: »Ja, man hat mich von Hut und Schuhen befreit.«

Die Bischofskonferenz

Im letzten Kriegsjahr hatten wir keine Bischofskonferenz mehr einberufen. Der Kontakt wurde durch persönliche Boten aufrechterhalten. Nun war das ersehnte Kriegsende da. Aber die Sorge und die Not drückten nur noch tiefer. Im Mai 1945 wurde es schließlich möglich, sich ein ungefähres Bild von der Lage des ungarischen Katholizismus zu machen. Selten hat die Kirche unserer Heimat aus so vielen und so schweren Wunden geblutet wie jetzt nach den Tagen des zweiten Weltkrieges.

Der Apostolische Nuntius, Angelo Rotta, war vom russischen Oberkommando des Landes verwiesen worden. Die Besatzungsmacht wünschte keine Zeugen bei ihrer Vernichtungsarbeit. Zu eben dieser Zeit war leider auch der Stuhl des Primas unbesetzt. Aufregungen und Arzneimangel brachen am 29. März 1945 die Lebenskraft des Kardinal-Erzbischofs Serédi. An seiner Stelle hatte nun Joseph Grősz von Kalocsa, der rangälteste Erzbischof, den Vorsitz auf der Konferenz inne. Er war früher als Bischof von Szombathely mein Vorgesetzter gewesen und bat mich jetzt, unseren gemeinsamen Hirtenbrief zu verfassen. Ich versuchte, trotz aller gebotenen Zurückhaltung ein getreues Bild der kirchlichen Lage zu geben. Ich schwieg mich aus über die ungeheuren Verwüstungen, die die Sowjettruppen über das Land gebracht hatten, und kam den Anordnungen der provisorischen Regierung mit einem gewissen Verständnis entgegen. Ich setze den Wortlaut des Briefes auszugsweise hierher:

»In Christus Geliebte,

Seit wir das letzte Mal zu Euch gesprochen, wütete ein furchtbarer Krieg in unserem Vaterland und hinterließ seine Verwüstungen. Wir überlebten eine der größten Katastrophen unserer vaterländischen Geschichte. – Elend und beschämt sitzen wir an der Völkerstraße, mit Leid überhäuft, mit Bitterkeit erfüllt.

Trotzdem danken wir demutsvoll dem barmherzigen Gott, daß wir wieder zu Euch sprechen dürfen und daß der Waffenlärm in Europa verstummt ist. Nun aber hören wir nicht auf zu flehen, daß die Spuren des irrsinnigen Mordens verschwinden und an ihrer Stelle ein gottgefälliger Friede unserem Vaterland die Möglichkeit einer ruhigen Entwicklung zurückgebe.

Wir arbeiten alle an der Beseitigung von Trümmern. Wir dürfen jedoch nicht übersehen, daß die den Seelen zugefügten Schäden weit trauriger sind als die materiellen Trümmer. Die Achtung vor Gottes Gesetzen ist geringer geworden, und brüchig wurde auch einer der wichtigsten Pfeiler des Völkerlebens: die Achtung vor der Autorität. – Die harten Schicksalsschläge haben uns gerade auch deshalb so getroffen, weil die Lenker unserer Geschicke gegen unsere Traditionen aufgetreten sind und mit dem ererbten Glauben gebrochen haben. –

Viele sind der Meinung, daß die Menschen göttliche Gesetze außer Kraft setzen könnten, vor allem der Staat dürfe so etwas tun, wenn er glaube, seine Ziele würden dies erfordern. – Unschuldige Menschen wurden daher interniert, ihres Eigentums beraubt, verbannt, getötet. – Diejenigen, die solche Verordnungen erließen, mitvollzogen oder billigten, haben vergessen, daß wir im Falle eines Widerstreites zwischen göttlichem und menschlichem Gesetze Gott mehr gehorchen müssen als den Menschen. Jene Behörden aber, die sich selbst über Gottes Gesetz stellten und damit Gott die schuldige Achtung verweigerten, haben offenbar nicht erwogen, daß sie dadurch auch ihr eigenes Fundament untergruben.

Auch während eines Krieges bleibt das sechste Gebot in Geltung. Es ist unsere Pflicht, die Reinheit der Ehe auch unter schwersten Bedingungen zu verteidigen. Wenn aber eine Frau Gewalt erlitten hat, innerlich jedoch nicht zustimmte, dann ist sie ohne Sünde. – Wir sind erfüllt von aufrichtiger Anteilnahme für unsere leidgeprüften Frauen und Mädchen, schauen aber auch voll Stolz auf unser Volk, das Frauen und Mädchen befähigte, in der Verteidigung ihrer Ehre Heldinnen zu werden. –

51

Liebe Gläubige: Obwohl die derzeitige Regierung, wie auch ihr Name es besagt, nur eine provisorische ist, ist sie dennoch die einzige Vertreterin des Volkes nach außen und Hüterin der Ordnung nach innen. Deshalb fordert sie mit Recht Respekt und Gehorsam in allen Belangen, die Gottes Gesetz nicht widersprechen. Doch muß dem Gehorsam der Bevölkerung das Verantwortungsbewußtsein der Regierenden vorausgehen.

Von allen Verordnungen der gegenwärtigen Regierung berührt die Bodenreform am meisten die Struktur der Gesellschaft. Über die verfassungsrechtliche und sittliche Seite der Bodenreform haben wir eigens vor der Regierung unsere Auffassungen dargelegt, weshalb wir hier nur die Auswirkung in bezug auf die Kirche streifen. – Die Priesterseminarien und Kirchen sind bisher vom Einkommen aus den kirchlichen Besitztümern erhalten worden. Wer wird sie in Zukunft erhalten? Die Leitung der Kirche erfordert auch eine Beamtenschaft und Kanzleien, was ebenfalls mit großen Kosten verbunden ist. Dasselbe gilt für unsere Schulen und andere Einrichtungen. Können denn die Gläubigen eines armen, ins Elend gestürzten Landes die Lasten für die Erhaltung aller dieser Einrichtungen übernehmen? Wir vertrauen auf Eure Liebe und Opferbereitschaft, liebe Gläubige; dennoch blicken wir besorgt in die Zukunft.

Die materiellen Sorgen und Verluste nehmen aber unsere Aufmerksamkeit nicht so sehr in Anspruch, daß wir nicht auch die vielfachen Sorgen und Schmerzen der Bevölkerung sehen. Das Los unserer vielen Kriegsgefangenen erfüllt uns mit großer Sorge und Anteilnahme. – Obwohl ihnen in diesem Kriege nur Unglück und Niederlage beschieden sein konnten, wartet ihrer bei der Heimkehr gewiß nicht Verachtung und Vorwurf von unserer Seite, sondern Liebe und Ehrfurcht von uns allen. Täglich steigt unser Gebet zum Himmel auf für jene Helden, die ihr Leben für das Vaterland geopfert haben. Es ist nicht so, daß es nur die Zehn Gebote gäbe und dazu nicht noch das Gebot der Liebe bestünde, das uns auch gegenüber unseren Feinden verpflichtet und ohne das wir aufhören würden, Christen zu sein . . . Als berufene Hüter der göttlichen Gesetze, liebe Gläubige, verkünden wir nach wie vor die Achtung, die Ehre und die ewige Gültigkeit aller dieser Gesetze.

Wenn uns die Zukunft unseres Staates am Herzen liegt, müssen wir darauf drängen, daß die Gesetze Gottes nicht nur im Leben des Einzelmenschen, sondern auch in der Gesellschaft und im Staat eingehalten werden. Halten wir fest an unserem Glauben, der unsere Heimat und unser Volk durch tausend Jahre gestützt hat, damit wir die Existenz unseres Volkes und das Weiterbestehen unseres Vaterlandes auch in Zukunft sichern. Es ist keine leere Redensart, sondern eine geschichtliche Wahrheit, wenn wir sagen: Das Schwert hat uns vor Zeiten die Heimat erobert, das Kreuz aber hat sie uns aufrechterhalten. Noch kein einziger Staat konnte bestehen, der nicht auf Gerechtigkeit und Sittlichkeit aufgebaut war. Die Säule der Gerechtigkeit aber ist die Kirche . . .

Demokratie und Freiheit sind die Losungsworte des neuen Lebens. Welch gute Losungsworte! Demokratie bedeutet, daß jedes einzelne Glied des Volkes, jede Klasse oder Schicht mit gleichem Recht mittelbar oder unmittelbar an der Regelung der gemeinsamen Angelegenheiten teilnehmen soll. Mit solchem Recht können vor allem wir Katholiken leben. Wir schöpfen die Grundsätze einer wahren Demokratie aus dem Evangelium, und wir gebrauchen die Demokratie nicht als Deckmantel eigensüchtiger Bestrebungen.

Wo gottesfürchtige Bürger leben, dort wird das Gesetz geachtet, wo das Gesetz geachtet wird, dort ist die innere Ordnung gefestigt, wo die innere Ordnung gefestigt ist, dort ist der Staat stark. Wer konnte die Menschen schon besser zähmen als die Religion, die nicht mit äußeren Mitteln und nicht mit Einschüchterung Ordnung hält, sondern dadurch, daß sie die Überwachung und Zähmung der Triebe und Leidenschaften lehrt. Hütet und sichert deshalb Eure zu einem katholischen Leben notwendigen Rechte in der Kirche, die der geheiligte Ort Eurer Gottverbundenheit ist, in der Schule, die eine sehr wichtige Erzieherin Eurer Kinder ist, in der Gemeinschaft, die die äußere Ordnung und den Rahmen Eures Lebens bestimmt.«

»Die Undankbarkeit«

Im Hirtenbrief hatten wir uns zurückhaltend gezeigt. Das war uns nicht leichtgefallen, da wir ja immer wieder von Gewalttaten hörten und es hinnehmen mußten, daß die uns von der Besatzungsmacht aufgezwungene provisorische Regierung nichts dagegen unternahm. Eingeschworene ungarische Kommunisten, die sich in Rußland aufgehalten hatten, waren mit den Russen zurückgekehrt. In russischen Autos bereisten sie jetzt die ungarische Tiefebene und jene östlichen Gebiete, die bereits im Herbst 1944 besetzt worden waren. Mit volksdemokratischen Methoden ließen sie Mitglieder des provisorischen Parlamentes bestimmen, das auf den 21. Dezember 1944 nach Debrecen zusammengerufen wurde. Von diesen weniger gewählten als ernannten Abgeordneten gehörten 72 der

Kommunistischen Partei, 35 den Sozialdemokraten, 12 der Bauernpartei und 57 der Partei der Kleinlandwirte an. Dazu kamen 19 Gewerkschaftler und 35 Parteilose. Das Parlament wählte eine provisorische Regierung aus eben diesen Gruppen. Auf Wunsch der Russen wurden drei ehemaligen Generälen und einem Grafen Ministerien zugeteilt.

Die Nationalversammlung übergab auch die Landesverwaltung den Parteien. In den Komitaten, Bezirken, Städten und Dörfern setzte man an die Stelle der bisherigen Körperschaften nationale Komitees, die aus den Delegierten der anerkannten Parteien und Gewerkschaften gebildet wurden. Die marxistischen Parteien waren selbstverständlich von Moskau beeinflußt. Die Besatzungsmacht verstand es aber anfangs auch schon, zuverlässige Vertrauensleute in die nicht-marxistische Kleinlandwirtepartei zu entsenden. Inzwischen ordneten auch die Gewerkschaften in ihrem Bereich Neuwahlen an. Massiver Druck sorgte dafür, daß die Kandidaten den Reihen der Kommunisten oder deren Sympathisanten entnommen wurden. Die Mitglieder aller genannten Parteien bildeten nun Ausschüsse und Gerichtshöfe, die »Kriegsvergehen« und »volksfeindliche Verbrechen« aburteilen sollten. In Wirklichkeit hatten sie die Hauptaufgabe, aus den Parteien und Organisationen die Leute auszuscheiden, die den Russen verdächtig erschienen. Von einer Bestrafung wurde jedoch leichthin abgesehen, sofern ein Verurteilter sich bereit erklärte, fortan mit den Marxisten zusammenzuarbeiten. Es war zwar theoretisch möglich, vom örtlichen Rechtfertigungsausschuß ans Volksgericht zu appellieren; in der Praxis war aber schwerlich eine andersartige Beurteilung und Einstufung zu erwarten. Jedermann mußte irgendwo als ein Parteimitglied eingeschrieben sein. Ohne Parteibuch war weder in gesellschaftlichen noch in privaten Angelegenheiten voranzukommen. Erst ein Parteibuch öffnete Türen und Tore. Deshalb wurden auch für mich und meine Begleiter, als ich in der Sache des erwähnten Hirtenbriefes zum ersten Mal wieder nach Budapest fuhr, Parteiausweise der Kleinlandwirtepartei beschafft. Auf der Rückreise aus der Hauptstadt haben russische Soldaten unsere Papiere dann jedoch beanstandet. Sie wollten nur kommunistische Dokumente anerkennen. So mußten wir in die Hauptstadt zurückfahren, um auf anderen Wegen, fernab von der Hauptverkehrsader, meinen Bischofssitz zu erreichen.

Inzwischen wuchs aber auch die Macht der politischen Polizei, die nach russischem Muster organisiert war. Bald ging sie auch gegen Unschuldige vor und versuchte, die Bevölkerung einzuschüchtern und zu einer auf Spitzeldiensten beruhenden Zusammenarbeit zu zwingen.

Im Frühjahr 1945 übersiedelte die provisorische Regierung von Debrecen nach Budapest. Im Sommer darauf suchten mich die Priester István Balogh und Béla Varga auf, die zu den Führern der Kleinlandwirtepartei gehörten, und baten mich, zusammen mit ihnen nach Budapest zu fahren, um dort der Roten Armee und ihrer Führung unseren Dank für die Befreiung auszusprechen. Balogh führte bei dieser Unterredung das erste Wort. Schon während meiner Gefangenschaft – er war damals Pfarrer in Szegedalsóváros – hatte er sich der kommunistischen Regierung in Debrecen angeschlossen und konnte in ihr in den Rang eines Staatssekretärs aufsteigen. Auf einer Pressekonferenz in Moskau hat er später erklärt: »Außer den in einem Kriege unvermeidlichen Ausschreitungen sind kaum größere Greueltaten zu erwähnen. Die Rote Armee war uns willkommen, denn die Deutschen hatten uns jahrelang bedrückt und ausgebeutet.«

Ich sah die beiden Besucher István Balogh und Béla Varga einige Zeit stumm an. Dann erwiderte ich: »Ich bin der jüngste Bischof. Es gibt Hirten, die die Kirche Ungarns besser vertreten können als ich; wenden Sie sich mit Ihrer Bitte an den Bischof von Székesfehérvár oder an die Erzbischöfe von Kalocsa und Eger.« Als beide jedoch mich weiter drängten, erklärte ich, daß es sich um keine alltägliche Angelegenheit handle und ich es mir in Ruhe überlegen müsse. Bei einem späteren Besuch in Budapest traf mich István Balogh, vielleicht durch einen selbstbestellten Zufall, auf der Straße und kam auf sein Ansinnen zurück. »Ich habe es mir gründlich überlegt«, antwortete ich ihm. »Ich kann in dieser Angelegenheit nicht vorstellig werden.«

Wäre ich zu etwas Hoffnung berechtigt gewesen, durch eine solche zwielichtige Handlung die Leiden der Menschen zu lindern, hätte ich den Gang wohl auf mich genommen, um seinem Wunsch zu entsprechen. Es war aber zu befürchten, daß das Volk durch ein solches Tun eines Bischofs über Wesen und Absichten des Kommunismus getäuscht werden mußte.

Die Kirche und die neue Welt

Als die Rote Armee die Grenzen des historischen Ungarn überschritten hatte, bemühte sie sich, der Nation gegenüber ihr bestes Gesicht zu zeigen. Dementsprechend hieß es im Aufruf des russischen Oberkommandos vom Oktober 1944: »Ungarn! Die Rote Armee fordert Euch auf, auf Euren Plätzen zu bleiben und Eure friedliche Arbeit fortzusetzen.

Die Geistlichen und die Gläubigen können ungehindert ihre religiösen Übungen durchführen.«

Diese Äußerung zeigt schon, daß der Kommunismus unter Religionsfreiheit nur freie Ausübung des Gottesdienstes, des Kultes versteht. Was das für eine Freiheit ist, die auch die russisch-orthodoxe Kirche unter Metropolit Sergej genoß, ist indessen hinlänglich bekannt. Sie schließt jegliche kulturelle, gesellschaftliche und karitative Tätigkeit der Kirche aus. Die ungarischen Kommunisten, die die Theorie und die Praxis Moskaus kannten, betonten daheim (der damaligen Lage der ungarischen Kirche entsprechend), daß es nicht ihre Absicht sei, die Kirche aus ihren bisherigen Wirkungsbereichen zu verdrängen. Sie erklärten auch, für alle zwischen Kirche und Staat offenen Fragen würde eine Lösung im Sinn und Geist wahrer Demokratie gesucht. In den engeren Parteikreisen galt jedoch weiterhin der Satz: »Die Religion ist ein schädlicher, ideologischer Oberbau und dient der Verdummung des unterdrückten und ausgebeuteten Volkes.« Aber nur den Parteimitgliedern wurde gesagt, daß noch immer Lenins Ansichten maßgebend seien und demgemäß der Marxismus ein ebenso rücksichtsloser Gegner jeder Religion bleibe, wie es im 18. Jahrhundert der Materialismus der Enzyklopädisten oder im 19. der von Ludwig Feuerbach gewesen ist. Allerdings gab man an Moskaus Gefolgsleute auch Lenins Weisung weiter, aus taktischen Gründen müsse der Kampf gegen die Religion in bestimmten Fällen so geführt werden, daß religiöse Kreise nicht abgeschreckt und wenn möglich sogar Geistliche den kommunistischen Zielsetzungen dienstbar gemacht werden könnten.

Zunächst verhielten sich also die marxistischen Parteien entsprechend diesen taktischen Anweisungen Lenins. Sie sahen sich zu diesem Verhalten auch deshalb genötigt, weil sie sonst weite Kreise des ungarischen Volkes tief verwundet hätten. Kaum einmal im Lauf der Geschichte haben nämlich die Ungarn, Katholiken sowohl wie Protestanten, mit so bewundernswerter Treue zum Christentum gestanden wie gerade in diesen Tagen. Das gute Beispiel der Zeit vorher, Mut und Entschlossenheit der geistlichen Führer während der Nazi-Herrschaft trugen jetzt ihre Früchte.

Eine tiefgreifende Wirkung zeitigte auch der dramatische Aufruf meines Vorgängers, Kardinal-Primas Serédi, der Priester und Ordensleute mahnte, die Gläubigen nicht im Stich zu lassen, auf ihrem Posten zu bleiben, selbst um den Preis des Martyriums. So wurde es möglich, daß in kirchlichen Einrichtungen und Gebäuden Zehntausende während der Schlußphase des Krieges Zuflucht fanden und sich retten konnten.

Später boten Klöster, Seminare und Pfarrhöfe vor allem den Frauen Schutz vor russischen Soldaten. Dies alles hatte das ungarische Volk nicht vergessen.

So hatten sich die Gläubigen überall besonders eng an die Kirche angeschlossen. Die dringendsten Probleme des staatlichen und gesellschaftlichen Notstandes wurden mit Hilfe der Kirche gelöst. Die verarmte, bis auf die Knochen abgemagerte, von Seuchen bedrohte Bevölkerung kam dank der »Caritas« zu Lebensmitteln, Kleidungsstücken und Brennmaterial. Andererseits haben die Gläubigen viele zerstörte Kirchen, Schulen, Klöster, Kulturhäuser und Pfarrhöfe durch freiwillige Arbeitsleistung wiederaufgebaut. Rasch stieg im ganzen Land die Zahl der Kirchenbesucher und des Sakramentsempfanges. Zahlreicher als je ließen Eltern ihre Kinder in katholische Schulen einschreiben. Auch in den religiösen Vereinen blühte neues Leben. Zu kirchlichen Prozessionen und Wallfahrten erschienen Zehn- und Hunderttausende. Sie zogen begeistert mit, um ein Bekenntnis für ihre christliche Überzeugung abzulegen. Die spärlich erscheinenden, oft nur in Vervielfältigung hergestellten kirchlichen Druckerzeugnisse wurden von Hand zu Hand weitergereicht.

Dieser stets wachsende Einfluß der Kirche beunruhigte die Kommunisten. Sie selbst vermochten nämlich damals nur unbedeutende Gruppen um sich zu scharen und waren sich bewußt, daß dieser enge Anschluß an die Kirche auch eine Zurückweisung der materialistischen Weltanschauung bedeutete. So war schon die erste große Prozession vom 20. August 1945 eine unmißverständliche Absage an den Kommunismus.

500 000 Gläubige folgten an diesem Tage der unversehrt gebliebenen rechten Hand des hl. Stephan. Hunderttausende standen Spalier den Prozessionsweg entlang. Budapest bekannte unüberhörbar: »Teuerstes Gut unserer Nation ist das Erbe, das uns der heilige König zurückgelassen hat. Darum halten wir fest am Christentum und sind nicht bereit, dem Atheismus und dem Materialismus in unserem Lande eine Heimstatt zu gewähren.«

In dieser Situation versuchten die Kommunisten, die Gemeinden zu unterwandern. Auch Parteimitglieder besuchten den Gottesdienst, gingen zu den Sakramenten, nahmen mit ihren Parteiabzeichen an den Prozessionen teil. Kommunistische Brigaden kamen, um bei der Wiederherstellung bombardierter Kirchen zu helfen. Für die geleistete Mitarbeit erbaten sie schriftliche Bestätigungen und veröffentlichten diese dann in der Presse als Zeichen ihres Wohlwollens der Religion gegenüber.

In eben diesen Monaten aber wurden der Kirche drei schwere Schläge zugefügt. Mit der Bodenreform wurde den kirchlichen Institutionen die materielle Grundlage entzogen. Es wurde zwar eine Entschädigung für die enteigneten Werte verfügt, aber die Regelung der Entschädigungsfrage wurde niemals auf die Tagesordnung der Parlamente gesetzt. Sie stimmten zwar Subventionen zu, aber eine endgültige Klärung der Angelegenheit schoben sie immer weiter hinaus, um später, in den Verhandlungen zwischen Kirche und Staat, die Kirche besser erpressen zu können. Der Episkopat akzeptierte, trotz dieser Verletzung von Treu und Glauben, die Bodenreform ohne Protest. Er gab im ersten Nachkriegsrundbrief den neuen Besitzern seinen Segen mit der Hoffnung, daß Gott es fügen möge, daß die Vorteile für die neuen Besitzer aus dieser Maßnahme die Kirche über ihre Verluste und ihre Sorgen hinwegtrösten möge. Der zweite schwere Schlag war die Drangsalierung der katholischen Presse. Die Kirche, die vor dem Krieg über eine blühende Presse verfügt hatte, mußte jetzt um neue Herausgeber-Rechte nachsuchen. Diese verlieh allein der Oberbefehlshaber der Roten Armee. Er bewilligte nur zwei katholische Wochenblätter. Seinen Entscheid begründete er mit Papiermangel. Dies, obwohl zur gleichen Zeit die Kommunisten 24 Tageszeitungen, fünf Wochenblätter und Zeitschriften herausbrachten. – Die katholischen Blätter durften außerdem nur eine geringe Seitenzahl aufweisen, sie konnten nicht regelmäßig erscheinen und wurden obendrein zensiert. Das Ziel war natürlich die Verdrängung der Kirche aus dem öffentlichen Leben, die Eindämmung ihres Informationseinflusses, die Lahmlegung ihrer Aktivitäten.

Eine große Gefahr für die Kirche und die Religion überhaupt kam hierzu durch das in Debrecen aufgestellte Parteienprogramm herauf. Es zerstörte die Begründung und Existenzmöglichkeit einer ausgesprochen christlichen Partei. – Auch in Ungarn – wie im übrigen Europa – hatten seit langem katholisch-christliche Parteien eine wichtige Rolle im politischen Leben gespielt. Die christliche Partei hatte ihren Einfluß in Parlament und Volk nach dem Zusammenbruch 1919, in der Zeit zwischen den Weltkriegen, fühlbar geltend gemacht. Nun suchten in Debrecen die christlichen Politiker um die Erlaubnis zur Parteigründung nach. Marxistische Intrige erreichte es aber, daß ihnen nur eine aus sogenannten fortschrittlichen Katholiken zusammengesetzte Fraktion bewilligt wurde, mit der die Bischöfe nicht zusammenarbeiten konnten.

Bald schon – im Sommer 1945 – änderten die Kommunisten auch die Ehegesetze. Die bloße Tatsache des Getrenntlebens sollte künftig ein Scheidungsgrund sein, und dies auch dann, wenn die Ehegatten keineswegs selbst diese Trennung herbeigeführt hatten, also zum Beispiel auch dann, wenn sie durch höhere Gewalt, Kriegsdienst, Gefangenschaft, Gefängnishaft mindestens sechs Monate getrennt gelebt hatten und nicht wieder zueinander wollten. Im Monat August erfolgte dann ein landesweiter, gezielter Angriff auf das Andenken großer geschichtlicher Gestalten unserer Nation. Ihre Leistungen für das Land wurden einer abschätzigen Kritik unterworfen. Es fing damit an, daß der Minister für Volkswohlfahrt im Blatt für die kommunistische Jugend einen Schmähartikel über den hl. Stephan veröffentlichte. Die Lehrer wurden verpflichtet, statt »der veralteten, christlichen Weltanschauung« den Marxismus zur Grundlage ihrer Erziehungsarbeit zu nehmen. Katholische Jugendheime wurden der marxistischen Jugend übergeben. Man richtete sie mit staatlichen Geldern neu ein und funktionierte sie um zu Unterhaltungsinstitutionen. Sie sollten mithelfen, die Jungen und Mädchen den christlichen Idealen zu entfremden. Es muß gesagt werden, daß dies alles langsam vor sich ging, daß die Soldaten der Roten Armee die kirchlichen Einrichtungen zunächst nicht planmäßig zerstörten und auch die ungarischen Kommunisten den offenen Kampf mit der Kirche scheuten. Das ist in einem Rundschreiben des Episkopats auch festgehalten worden, wo es am 24. Mai 1945 hieß:

»Es ist das Gerücht verbreitet worden, die russische Armee habe die Absicht, die Kirche zu zerstören. Das Gerücht hat sich nicht als zutreffend erwiesen. Wir haben im Gegenteil von der Kommandantur viel Aufmerksamkeit gegenüber dem kirchlichen Leben erfahren. Unsere Kirchen stehen noch, die Gottesdienste werden nicht behindert. Aber es erwarten uns möglicherweise schwerere Zeiten.«

Mit diesem letzten Satz wollten wir, als Warnung für die Gläubigen, auf die zwielichtige Verhaltensweise der Kommunisten hinweisen.

Meine Ernennung zum Primas

Aus dem Komitat Somogy kehrte ich am 8. September 1945 an meinen Bischofssitz in Veszprém zurück. József Grősz, Erzbischof von Kalocsa, damals Vorsitzender der Bischofskonferenz, erwartete mich. Er teilte mir mit, der Heilige Vater wünsche, daß ich das Erzbistum Esztergom und damit den ungarischen Primat übernehme. Er hoffe daher, schon am nächsten Tag meine Zusage nach Rom mitnehmen zu können. Ich überlegte lange, bis nach Mitternacht. Dann erbat ich einen Aufschub von 24 Stunden. Es wäre mir leichtgefallen und ich hätte viele Gründe

gehabt, das Angebot abzulehnen. Wenn hundert Jahre zuvor József Kopácsy lange mit sich gerungen hatte, als er denselben Schritt zu tun hatte und Veszprém mit Esztergom vertauschen sollte, wird es einem Kenner der Verhältnisse begreiflich sein, daß auch ich mein Jawort nur zögernd geben konnte.

Nach zwei Tagen willigte ich dann aber doch ein. Entscheidend für
mich war dabei das Vertrauen von Papst Pius XII. Er kannte meine Natur, wußte um meine eher seelsorgerisch als politisch bestimmte Tätigkeit. Er war es, der mich auch für die Übernahme der Diözese Veszprém vorgeschlagen hatte, obwohl die Regierung damals Schwierigkeiten machte. Der Hl. Vater war durch den Nuntius über die Verwaltung
meines Bistums orientiert, dazu über meine Gefängnishaft. Zudem
drängte die Zeit. Der Überbringer wies mich darauf hin, daß dem ungarischen Katholizismus schwere Nachteile erwachsen würden, wenn
der Sitz des Primas, der nun bereits seit einem halben Jahr verwaist
war, weiterhin unbesetzt bliebe. Als ich zusagte, vertraute ich mit ganzem Herzen auf unser Volk, das tapfer seinem Glauben lebte und seine
Anhänglichkeit ans Christentum immer wieder ergreifend bezeugt hatte. Ein wenig hoffte ich auch, Unterstützung bei der Alliierten Kontrollkommission zu finden (SZEB), die nach dem Waffenstillstand die oberste Instanz für die Geschicke unserer besiegten Nation war. In dieser
Kommission saßen neben den Russen auch die Leiter der Militärmissionen der Westmächte.

Während der Woche nach meiner Entscheidung unternahm ich eine
Firmungsreise in der Umgebung von Pápa und besuchte die Pfarreien.
Besonders lagen mir dabei die Angelegenheiten der neu errichteten
Seelsorgerposten am Herzen, um die ich mich fortan nicht mehr würde
kümmern können. Schon auf dieser Firmungsreise erreichte mich die
definitive Ernennung zum ungarischen Primas durch Pius XII. József
Grősz, der Erzbischof von Kalocsa und Verweser des Amtes, veröffentlichte die Nachricht am Morgen des 15. September 1945. Schon im
Laufe des gleichen Tages hielt es die provisorische Regierung für geboten, zu meinem Schutz und meiner Ehre ein mit Fahnen geschmücktes
Militärauto zur Verfügung zu stellen. Mit diesem Wagen fuhr ich zuerst
nach Pápa, wo ich am 16. September 800 Knaben und Mädchen das
Sakrament der Firmung spendete. In meiner Predigt richtete ich, nachdem ich zuerst zu den Firmlingen gesprochen hatte, einen kurzen Aufruf an die Nation, ermahnte alle Gläubigen zur Versöhnung von Ge-
gensätzen und zur gewissenhaften Ausübung der staatsbürgerlichen
Pflichten und Rechte: »Die Kirche wünscht und fordert von jedem

Christgläubigen, daß er seine staatsbürgerlichen Rechte – ohne sich um Einschüchterung zu kümmern – seinem Glauben gemäß ausübt. Jeder christliche Ungar hat die Pflicht, von seinem staatsbürgerlichen Recht Gebrauch zu machen. Jeder katholische Ungar soll sich in der Ausübung dieser Rechte und Pflichten vom Gewissen leiten lassen. Nur so wird erreicht, daß christliche Grundsätze auch künftig unser öffentliches Leben bestimmen.« Ich sprach so deutlich, weil uns die Wahlen des Parlaments, die mit viel politischer List und Zweideutigkeit vorbereitet wurden, bevorstanden, und fuhr dann fort: »Die katholische Kirche erlebte in diesem Lande über tausend Jahre hin manche Stürme. Sie versteckt sich nicht, wenn Stürme im Anzug sind, und steht darum immer mit dem ungarischen Volk und für das ungarische Volk an vorderer Front. Die Kirche erbittet sich keinen weltlichen Schutz, sie birgt sich allein unter die schützenden Flügel Gottes.« – Das Hochaltarbild in der Kirche von Pápa zeigt die Steinigung des hl. Stephanus. Ich wies auf dieses Gemälde hin und bat die Ungarn, einander nicht mit Steinen zu bewerfen, sondern in den Tugenden des Verzeihens und der Liebe dem ersten Blutzeugen der hl. Kirche nachzueifern.

Meinen Worten konnten Freund und Feind entnehmen, daß der neue Primas sich über die schwierige Lage der Kirche und der Nation nichts vormachte und genau wußte, daß er durch die Übernahme des höchsten kirchlichen und staatsrechtlichen Amtes in eben dieser Zeit eine über Menschenkraft gehende Aufgabe auf sich genommen hatte.

Am Nachmittag desselben Tages fuhr ich mit dem gestellten, von einem uniformierten Soldaten gelenkten Militärauto nach Mindszent zu meinen Eltern. In meiner Begleitung befand sich ein Oberleutnant, der ein ehemaliger Schüler von mir war, und der jüngste Priester des Bischofshofes. In den wenigen Stunden, die ich zu Hause verbrachte, vergossen meine alten Eltern viele Tränen, kaum der Freude, sondern vor allem der Sorge. Meine Mutter versprach mir für die schweren vor mir stehenden Zeiten ihr Gebet, und auch mein Vater spürte im Abschied die drohenden Gefahren.

Die ließen denn auch nicht lange auf sich warten. Wir waren kaum zehn Minuten von Mindszent fort, als wir uns schon in Lebensgefahr befanden: Im Dorf Csipkerek, nahe der Hauptstraße Budapest–Szentgotthárd, trafen wir auf betrunkene, plündernde Sowjetsoldaten. Sie hatten eben einen Transportwagen gestoppt und ausgeräumt. Nun befahlen sie auch uns, anzuhalten. Unser Chauffeur bremste kurz. Dann gab ich ihm ein Zeichen zu rascher Weiterfahrt, er trat auf das Gaspedal, und wir rasten an den Russen vorbei. Sie rissen sofort ihre Maschinenpistolen herunter und sandten uns einige Salven nach, die aber ihr Ziel verfehlten.

Als ich anderntags den Vorfall bei der Alliierten Kontrollkommission meldete, würdigte der gerade den Vorsitz führende Russe meine Beschwerde nicht einmal einer Antwort. Ich hatte nicht so sehr meinetwegen interveniert als in der Hoffnung, mit meinem Einspruch auf unerträgliche Zustände als solche aufmerksam zu machen und damit andern helfen zu können. In welch großer Gefahr mußte sich jedermann, der im Lande reiste, immer noch befinden, wenn nicht einmal der Primas des Landes sich unterwegs in Sicherheit bewegen konnte!

Ich schloß nunmehr meine bischöflichen Arbeiten in meiner Diözese ab und begann die Vorbereitungen für die Übernahme des Erzbistums Esztergom. Dessen Generalvikar, János Drahos, suchte mich auf, um die Vorbereitungen für meine Installation zu besprechen. Ich reiste nach Budapest, besuchte aber vorher noch Lajos Shvoy, den Bischof von Székesfehérvár, bei dem ich stets freundschaftlichen Rat und Verständnis gefunden hatte. Auch jetzt besprachen wir meine Sorgen und Pläne. Ich übergab ihm auch für die Zeitung »Uj Ember« einen längst geplanten Grundsatzartikel über die Rolle der Kirchengemeinden in der veränderten Situation. Mit diesem Bischof und Freunde hatte ich schon in der Gefangenschaft die Gedanken dieses Artikels besprochen. Auch er hielt es für eine dringende Aufgabe der Hierarchie, die Gläubigen in fest organisierten Kirchengemeinden zu sammeln. Der Text zeigt, daß wir schon anderthalb Jahrzehnte vor der Eröffnung des II. Vatikanischen Konzils den ungarischen Katholiken, dem »Gottesvolk«, auf seelsorgerischem Gebiete Weisungen aus ähnlichem Geist gegeben haben. Der Aufsatz trug den Titel »Unsere Hauptaufgabe in einem Jahr der Stürme«. Hier ein Auszug des Textes:

»Sturmzeiten begraben menschliche Einrichtungen und Ideen. Neue und andere werden ins Leben gerufen oder doch in den Vordergrund gerückt. Die ungarischen katholischen Diözesen mit ihren weiten Arbeitsbereichen sind wichtige Faktoren des öffentlichen Lebens. Sie stärken das katholische Selbstbewußtsein, sie ermöglichen das Zusammenwachsen des katholischen Volkes, die karitative Tätigkeit, die katholische Bildung, Information, die Mission und die Presse.

In Ungarn bestanden zwar schon vor dem Jahre 1919 geschlossene Kirchengemeinden und Konvente, z. B. in Sopron und Kőszeg. Aber erst mit jenen Jahren begann eine Breitenentwicklung im Leben der Gemeinden. Seitdem – so darf man sagen – hatte jede Pfarrei und jede römisch-katholische Gemeinde, die eine Schule unterhielt, auch ihre

Kirchengemeinde. Das unglückliche Jahr 1919 verlangte dieses engere Zusammenrücken. Das Jahr 1945 fordert dasselbe aus ähnlichen Gründen. Die Kirchengemeinden müssen vermehrt werden, weil die Situation in den neuen Siedlungen dringend auch nach neuen Kirchengemeinden ruft. Selbst in Gebieten, wo 1919 noch keine Eile notwendig erschien, drängt uns das Jahr 1945. Dieses Jahr des Sturmes verlangt aber darüber hinaus auch eine Vertiefung im Leben der bereits bestehenden Kirchengemeinden.

Es ist eine Hauptaufgabe der Kirchengemeinde, die partei- und klassengegliederte Gesellschaft in Christus zu vereinheitlichen und zu versöhnen.

Das herrschende Schlagwort heißt heute: Demokratie, Volksregierung. – Wir in der Kirchengemeinde vertreten weder eine östliche noch eine westliche Form der Demokratie; wir wünschen vielmehr über alle Gegensätze hinweg den Zusammenschluß, die Einheit des Gottesvolkes und die der Familie. Bei uns sind alle Schichten des Volkes vereint, niemand ist ausgenommen, keine einzige Klasse.

Die Struktur der Gesellschaft trennt uns in Bauern, Bürger, Arbeiter usw. Die Kirchengemeinde einigt uns in Christus und in seinem mystischen Leibe der Kirche. Im Gegensatz zu dem soeben abgewirtschafteten totalitären Regime der Faschisten verkündete die Kirche unablässig die Rechte des einzelnen, des Menschen, der Familie.

Heute, im Atomzeitalter, verwirklicht die ungarische Kirche in ihren Gemeinden das Gebet des Meisters, ›daß alle eins seien‹ (Joh. 17, 11). Für dieses einigende Bemühen müßten der Staat, die zerfallene Gesellschaft und jeder einzelne Gläubige der Kirche dankbar sein. Die Kirche betreibt die Verwirklichung des Katholizismus im Rahmen einzelner Ortschaften und Pfarreien.

Das Leben der Gemeinde macht unsere Aufgaben offenkundig: den Gottesdienst, die katholische Schule, Kulturhäuser, Friedhöfe, Betreuung der Familien, der Armen, Kranken, Leidenden, Ringenden und Mutlosen, all jener also, die unserem Herrn in seinem Erdenleben ganz besonders nahestanden . . .«

In Budapest suchte ich meinen Generalvikar auf und begab mich danach zur Katholischen Aktion, um mich mit ihren Führern zu beraten. Ich sprach mit P. István Borbély, dem Provinzial der Jesuiten, und Karmeliterpater Marcel Marton. Mit dem einen verhandelte ich über katholische kulturelle und soziale Organisationen, mit dem anderen über Fragen, die das religiöse Leben der Gläubigen berühren und fördern.

Als Datum der Installation in Esztergom setzten wir den 7. Oktober 1945 fest.

Installation in Esztergom

Am 6. Oktober 1945 traf ich abends in meiner neuen Residenzstadt ein. Aus meinem Heimatort begleitete mich meine Mutter. Aus der Verwandtschaft stieß in Budapest mein Vetter, Dr. Miklós Zrinyi, Richter des Obersten Gerichtshofes, zu uns. Auch aus Zalaegerszeg erschien eine Delegation von alten, treuen Mitarbeitern unter der Führung des Präses der Kirchengemeinde, József Turcsányi Sipos, des Abgeordneten Kristóf Thassy und des Vorsitzenden des Gewerbeverbandes, István Horváth. Veszprém sandte die Mitglieder des Domkapitels und den Dompfarrer, Szombathely den Rektor des Seminars, Géfin Gyula, mit mehreren alten Freunden. Am Abend wurde ich in Esztergom von den Mitgliedern des Domkapitels, von den Leitern und den Beamten der erzbischöflichen Ämter, von der Geistlichkeit der Stadt, von den Benediktinern, den Franziskanern und von den Mitgliedern zahlreicher Frauenorden empfangen. Budapest schickte die Vertreter der Katholischen Landesorganisation, der Verbände und Institutionen. Am folgenden Tage meldete sich auch eine Abordnung der provisorischen Regierung unter Führung des Verteidigungsministers János Vörös.

Esztergom bot damals einen bedrückenden Anblick. Die Basilika, die wie eine schützende Mutter auf die Stadt hinabblickt und ihren Kindern im schweren Granatfeuer Schutz geboten hatte, hatte arg gelitten. Sämtliche Fenster waren zersplittert. Als ich meine Installationsansprache hielt, brach aus den oberungarischen Bergen ein orkanartiger Sturm hervor, fuhr über das Land und tobte durch die Fensterhöhlen des Domes. Gleichsam im Wettkampf mit seinem Wüten und Tosen sprach ich meine Worte in die weite Kirche. – Auch der erzbischöfliche Palast, das weltberühmte christliche Museum, das Seminar, die Lehrerbildungsanstalt, Schulen, Klöster, Pfarrhöfe und verschiedene Privathäuser zeigten die Spuren des Krieges.

Aber in einer solchen Stadt mit ihrer großen Vergangenheit geht das Leben auch in Ruinen weiter.

Unsere Vorfahren bezeichneten Esztergom als die Perle des Landes. Seine Naturschönheit, die zentrale Lage im Karpatenbecken oberhalb der Donau, die Rolle, die Esztergom in der tausendjährigen Geschichte der Nation in religiöser und staatsrechtlicher Hinsicht gespielt hat, haben ihm dieses Attribut verdient. Ottokár Prohászka nannte Esztergom

20. Die sowjetische Armee
auf dem Vormarsch.

1. Die ungarische Haupt-,
tadt kann erst nach
rbitterten Straßenkämpfen
robert werden. Sowjetische
nfanterie kämpft sich in
as Zentrum Budapests
or.

23. Die schlechte Ver-
sorgungslage treibt nach
Kriegsende die

Bevölkerung der Haupt-
stadt auf der Suche nach
Nahrungsmitteln aufs Land.

22. und 24. Das zerstörte
Budapest.

den mit reiner Flamme lodernden Brennpunkt von Christentum und Ungarntum. Hier wurde Stephan, der hl. König, geboren. Hier wurde er getauft. Hier wurde er gekrönt mit der Krone, die Papst Silvester zum Geschenk machte. Hier liegt der Beginn von Ungarns Staatswerdung.

Esztergom war Hauptstadt des Landes auch schon unter Stephans Vater, Fürst Géza, der auf dem Burgberg den königlichen Palast und daneben die dreischiffige ehrwürdige Basilika zu Ehren des heiligen Bischofs und Märtyrers Adalbert erbauen ließ. Esztergom blieb dann noch zweieinhalb Jahrhunderte hindurch die Hauptstadt Ungarns. Auch der Hof Bélás IV. hat sich noch hier aufgehalten, obschon dieser König, durch die Erfahrungen des Tatarensturmes gewarnt, sich einen gesicherteren Ort suchte und die Hauptstadt nach Buda verlegte. Damals schenkte er den Königspalast dem Erzbischof. Die erzbischöfliche Residenz, die ich nun beziehen sollte, war über und über mit Wunden des Krieges bedeckt. Esztergom war Hauptort des mittelalterlichen Ungarn; hier wurden die Gesetze gemacht. Die Stadt war richtunggebend mit ihrer Kultur, ihrer Architektur, ihrer Kunst. Hier befand sich der Mittelpunkt des ungarischen Handels und Gewerbes; hier arbeiteten die Münzpräger. Baumeister, Wissenschaftler, Dichter, Künstler hielten sich in großer Zahl hier auf und nahmen ihren Wohnsitz in der Stadt. Esztergom war aber auch Ausdruck der mittelalterlich-christlichen Staatsauffassung, in der das Sacerdotium und das Imperium, Papst und Kaiser, sich die Hand reichten. Die ungarische Verkörperung dieses Gedankens waren der König von Ungarn und der Erzbischof von Esztergom. Der Primas krönte den König mit der Krone, die der hl. Stephan getragen hatte. Erst mit diesem Augenblick der Krönung wurde der König das Haupt der Nation. Die hl. Krone galt als die Quelle des Rechts und der Macht im Lande. Die ganze Nation, der gekrönte König ebenso wie sein Volk, standen unter der hl. Krone; die hl. Krone vereinigte König und Volk, sie ist symbolischer Ursprung der nationalen Souveränität.

Weil dem Erzbischof von Esztergom das Recht zustand, den König zu krönen, galt er als der Primas unter den Würdenträgern des Staates und der Kirche. Er vertrat den König, wenn dieser vom Lande abwesend war; der König holte sich bei ihm Rat. Wenn der König sich gegen die Verfassung verging, war der Erzbischof von Esztergom verpflichtet, ihn zu mahnen und von ihm die Einhaltung der Verfassungsbestimmungen zu fordern. Die Geschichte erzählt auch, daß die Erzbischöfe von Esztergom bei dieser Pflichterfüllung oft schwere Bedrängnisse und sogar Kerkerhaft erduldet haben. Dafür erinnere ich nur an die mittelalterlichen Erzbischöfe Lukács Bánfy, Jób, Róbert und Ladomér, an János Kanizsay unter König Sigismund, János Vitéz unter Matthias, György Lippay mußte gegen Leopold I. Stellung nehmen, József Batthyány gegen Josef II. und János Scitovszky gegen Franz Josef. Eine solche Haltung entsprach aber den Erwartungen der Nation, sie wurde von Katholiken und auch von Andersgläubigen als selbstverständliche Pflicht des Primas gewertet.

Die Würde, die Rechte und die Pflichten des Primas blieben auch gültig und unangetastet, als nach dem ersten Weltkrieg mit dem Gesetzesartikel vom Jahre 1920 der Rechtsbereich des den König vertretenden Reichsverwesers in der neuen ungarischen Verfassung bestimmt wurde.

Mein Vorgänger, der berühmte Rechtsgelehrte Kardinal Serédi, nahm im Jahre 1942 zu dieser Verantwortung in einer Radiobotschaft Stellung und sagte unter anderem:

»In der Person des jeweiligen Fürstprimas von Ungarn ist auf glückliche Weise die höchste Würde der katholischen Kirche und des ungarischen öffentlichen Rechtes verknüpft, was das christlich-ungarische Königtum symbolisiert.

Diese seltene, bevorrechtete Stellung hat ihren Ursprung in jener geschichtlichen Tatsache, durch die unser erster heiliger König St. Stephan den Fürstprimas – mit der Zustimmung des Heiligen Stuhles – zum Erzbischof der damaligen Hauptstadt Esztergom und zum Metropoliten aller ungarischen Diözesen bestellte. Bald darauf verband der römische Papst mit der Fürstprimaswürde das Amt des päpstlichen Legaten, so daß sich dessen kirchliche Gerichtsbarkeit über das ganze Land erstreckte ... Der Fürstprimas ist demnach durch Gesetzeserlaß König Stephans die erste gemeinrechtliche Autorität nach dem König beziehungsweise nach dem Staatsoberhaupt ...

Die zweifache Würde des Fürstprimas bedeutet für ihn beständige schwere und pflichtbewußte Arbeit in beiden Beziehungen, so daß er sich selbst gleichsam sterben muß, damit er für die ungarische katholische Kirche und für das ungarische Vaterland leben und arbeiten kann.«

Dagegen hat der in Debrecen 1945 tagende provisorische Landtag die verfassungsrechtliche Stellung des Primas nicht behandelt, so daß nicht nur das Volk, sondern auch die provisorische Regierung den in der hier weiter gültigen Verfassung begründeten Rechtsbereich des ungarischen Primas anerkannte. Als ich auf das Begrüßungstelegramm des Ministerpräsidenten der provisorischen Regierung in diesem Sinne antwortete und in meinem Telegramm auf die staatsrechtliche Stellung des ungarischen Primas hinwies, wurde dies von der Regierung, vom provisorischen Landtag, von den Parteien, von der Presse und von der öffentlichen Meinung des ganzen Landes unwidersprochen zur Kenntnis genommen. Mein Telegramm lautete:

»Besten Dank für die warmen Glückwünsche. Der erste staatsrechtliche Würdenträger des Landes steht seiner Heimat zu Diensten.«

In meiner Installationspredigt hob ich hervor, was die Nation als Ganzes 1945 von mir erwarten durfte: »Ich bin bereit, meine Pflicht zu erfüllen.«

Diesen kurzen, geschichtlichen Überblick hielt ich für notwendig, damit der Leser die jetzt folgende Installationspredigt besser verstehe:

Meine lieben Gläubigen,
durch Gottes Gnade bin ich euer neuer Oberhirte geworden. In Gedanken gehe ich nach Rom, zum Haupt unserer Weltkirche, zu dem in Leid und Herrlichkeit regierenden Papst Pius XII. Zu seinen Füßen liegt unsre treue, ringende ungarische Seele. – Heute blickt die Menschheit aus Trümmern empor zum Felsen Petri. Mit Reue und mit Vertrauen. Die dort verkündeten ewigen Wahrheiten könnten die tödlich getroffene Menschheit heilen auf ihrem Jericho-Weg. – Es tut gut zu wissen: Es gibt eine Macht auf dieser Erde, über die die Pforten der Hölle keine Gewalt haben (Matth. 16, 18).

Ich steige auch in Gedanken hinab zum Sarge meines Vorgängers, des Erzbischofs Serédi. Solange er lebte, zeigte er uns den rechten Weg, wahrte er die Würde der Sakramente, setzte sich für den Menschen ein und gebot uns stete Wachsamkeit im Glauben. Aber die Verblendung einiger weniger Führer und die allen Widerstand lähmende Gewalttätigkeit ihrer Gefolgschaften hinderten viele von uns, seiner Mahnung zu folgen. Er war die Stimme eines Rufers in der Wüste (Joh. 1, 23). Und als die schlimmen Früchte reiften, brach im großen Zusammenbruch auch er selbst zusammen.

Ich breite die Fahne aller wahren Christusstreiter, zugleich die Fahne unserer Nation über ihn aus. Er ist wahrhaftig ein Mann Gottes, ein Mann des Vaterlandes ebenso wie der Kirche gewesen. Vom ewigen Felsen und vom frischen Grabe komme ich nun zu euch, meine Gläubigen, und bringe euch des ewigen Hohenpriesters Osterbotschaft in diesem Jahre des Unfriedens: »Der Friede sei mit euch.«

Nun richte ich eine Frage an mich selbst und frage wie einst der hl. Bernhard an der Klosterschwelle: »Weshalb bist du hierhergekommen?« Meine Antwort lautet: Entsprechend einer – allerdings lücken-haften – geschichtlichen Überlieferung komme ich als neunter Oberhirte aus der Stadt der Königin, Veszprém. An der Spitze dieser Reihe steht ein Märtyrer. Ihm folgte Erzbischof Robert, der die abtrünnige politi-sche Führung des Landes mit dem Kirchenbann belegte. Es kam Ferenc Forgách, der Führer der katholischen Erneuerung; ich sehe im Geist dann den reichen, 93jährigen György Szécsenyi als Primas hier ein-ziehen, einen Erzbischof, der Wunderwerke der Wohltätigkeit vollbrach-te. Ich sehe auch Graf Imre Esterházy, der mit erstaunlichem politi-schem Geschick der Pragmatischen Sanktion in Ungarn zur Geltung verhalf, wodurch das Volk über zweihundert Jahre hin Ruhe und poli-tischen Frieden fand. In Ehrfurcht blicke ich schließlich auf Erzbischof József Kopácsy, der unser Nationalheiligtum auf den Trümmern der Vergangenheit erstehen ließ, in dem wir jetzt für das Wohl unseres Vaterlandes beten können.

– Der Fürstprimas des Landes steht also auf dem Posten seiner Vorgänger. Wenn Einsicht und Vernunft des Volkes über den Abgrund der vergangenen Zeit jetzt eine Brücke zu schlagen suchen, wird auch der Pontifex, und das heißt ja wörtlich der Brückenbauer, euer Erz-bischof, der mit neunhundert Jahre alten Rechten zum ersten Würden-träger des Landes bestellt ist, dabei nicht fehlen.

Selbst wenn aber die Weisheit und die Kraft aller Bischöfe Veszpréms in seiner Person vereinigt wären – was gewiß nicht der Fall ist –, wäre dies heute im Jahr 1945 angesichts der sich vor uns auftuenden Ab-gründe viel zuwenig. Ein aus vielen Wunden blutendes Ungarn liegt zerschlagen im größten sittlichen, rechtlichen und wirtschaftlichen Elend seiner Geschichte. Unser Psalm heißt deshalb: »De profundis«, unser Gebet »Miserere«, unser Prophet ist der klagende Jeremias, unsere Welt die Apokalypse. Wir sitzen an den Flüssen Babylons und sollen dabei auf zerrissenen Harfen fremde Lieder lernen.

Das größte Übel war aber nicht einmal der Krieg – auf ein noch größeres weisen die Mitteilungen der Ärzte hin, die da besagen, daß auf Grund der schlechten Ernährungsverhältnisse mehr als die Hälfte der Ruhrerkrankungen bei Kindern und alten Leuten tödlich verlaufen, daß die Zahl der Tuberkulosekranken sich verdoppelt, die der Geschlechts-kranken sich sogar verfünffacht hat. Statt daß die Flöte klagt, erklingt des Zigeuners Geige. Mit leichtfertiger Genußsucht hat eine neue, uns gänzlich fremde Jugendbeeinflussung ihren Anfang genommen. Eine traurige Jugend ist das, die uns in solchem Augenblick zu Tanz und Ausgelassenheit ruft. Möglich, daß auch ihr Blut ungarisch ist, auch ihre Sprache und ihr Name, aber zwischen dem unglücklichen und diesem jauchzenden Ungarn liegen Ozeane. Mitten in Blut und Tränen, auf Not und Trümmern belustigen sich die, die nicht wissen, was sie tun.

Solche Dammbrüche aller gebotenen Sittlichkeit kann nur eine verstärkte Seelsorge beheben. Wo das natürliche und das geoffenbarte Gesetz in den Herzen wankend geworden sind, dort gibt es nur ein Mittel, dem sittlichen Chaos Einhalt zu gebieten: ein vertieftes Glaubensleben. Ich selbst bin jetzt mehr als ein Vierteljahrhundert lang Seelenhirte. Ich will ein guter Hirte sein, der, wenn es sein muß, sein Leben hingibt für seine Herde im Sinn von Joh. 10, 15, für seine Kirche, für seine Heimat.

Liebe Gläubige ... Seien wir jetzt ein Volk des Gebetes. Wenn wir wieder beten lernen, werden wir eine unerschöpfliche Quelle der Kraft und des Glaubens in uns haben.

Wenn mir Gott der Vater und die Mutter Maria helfen, dann will ich gern das Gewissen unseres Volkes sein, will als berufener Wächter an die Türen eurer Seelen klopfen und unserem Volk – im Gegensatz zu überall sich breitmachenden Irrlehren – die alten ewigen Wahrheiten verkünden, die geheiligten Überlieferungen unseres Volkes zu neuem Leben erwecken.

Als O'Connel sein Ende nahe fühlte, machte er sich auf den Weg nach der Ewigen Stadt. Aber er kam nur bis Genua. Dort setzte er in sein Testament: »Mein Herz tragt, wenn ich gestorben bin, nach Rom, meinen Leib aber bringt in die geliebte Heimaterde.« Rom und die Heimat, das sind auch für mich richtungweisende Sterne und Ziele. Ich werde glücklich sein, wenn wir alle mit diesen Wegweisern leben, wenn die ungarische Heimat sich erneuert und ein sittlicher Wandel uns ans glückselige Ufer des ewigen Lebens führt. Amen.

Elend und Caritas

Der Sitz des Primas war ein halbes Jahr unbesetzt gewesen. Dem ungarischen Katholizismus hatte daher gerade in einer höchst kritischen Zeit die zentrale Führung gefehlt. Es kam hinzu, daß Primas Serédi durch die Kriegssituation schon geraume Zeit vor seinem Ende an einer wirksamen Ausübung seines Amtes gehindert worden war. Er konnte die Verbindungen mit dem Lande nicht mehr aufrechterhalten. Weder zu der eingekreisten Hauptstadt noch zu den östlichen Gebieten oder zur großen ungarischen Tiefebene ließen sich noch feste Kontakte herstellen. Sogar Transdanubien war ihm völlig verschlossen, als die Sowjets auch im Westen des Landes ihre Kriegsoperationen begannen. Diese Situation schuf bisher unbekannte Probleme der Kirchenführung. Von Planungen, wie sie in Friedenstagen üblich sind, konnte keine Rede sein. Man bemühte sich recht und schlecht, mit den Sorgen des Augenblicks und der Örtlichkeit fertig zu werden. In Städten und Industriesiedlungen herrschte bittere Not. Die Menschen hungerten. Besonders groß war das Elend in Budapest. Während der Kämpfe wurden in der Hauptstadt rund dreißig Prozent aller Bauten zerstört. Auch von den unzerstörten Häusern konnte ein Viertel nur noch teilweise bewohnt werden. Buda mit der Königsburg lag zertrümmert.

Schon in meiner Installationsrede hatte ich auf diese Zustände hingewiesen. Eine Woche später fuhr ich nach Budapest und sprach in der St.-Stephans-Basilika:

»Meine lieben Gläubigen der Hauptstadt,

durch Gottes Gnade zu eurem Oberhirten bestellt, eile ich nach meiner Installation zu euch in die ungarische Haupt- und Residenzstadt. Dies deshalb, weil hier 750 000 Gläubige meiner Diözese leben und besonders, weil ich über der ganzen Bevölkerung den Leidenskelch schweben sehe. Hier sind die meisten Zerstörungen an Gebäuden und in den Herzen erfolgt. Die Bevölkerung der Hauptstadt hat heldenhaft gelitten und geduldet. Sie hat ein Beispiel dafür gegeben, allen bösen Versuchungen zu widerstehen.

Ich bin gekommen, damit wir uns in die Augen sehen können, Hirt und Herde, damit wir uns gegenseitig in den Herzen lesen und von Gott Kraft erbitten. Mehr als ein halbes Jahr ist es jetzt her, daß sich das Sturmgewitter des Krieges wieder verzogen hat. Wir freuen uns, daß es vorüberzog. Aber das Donautal ist, wenn auch nicht mehr ein Tal des Blutes, so doch ein Tal des Leidens, der Tränen und des Jammers geblieben. Wie ein mächtiger Todesgeier stößt der nahende Winter auf uns nieder, vielleicht wird es der schwerste Winter in der tausendjährigen Geschichte Ungarns werden.

Die Aussicht auf diesen uns bevorstehenden Winter erschüttert zutiefst mein menschliches, christliches und ungarisches Fühlen. Nachdem uns den Sommer über Seuchen wie die Ruhr heimgesucht haben und in der Hälfte der betroffenen Fälle tödlich endeten, was wird erst geschehen, wenn Hunger, Kälte, Inflation, Zusammenbruch öffentlicher Institutionen drohen? Dann ergibt sich ein Zukunftsbild, wie es selbst die Feder des Katastrophenhistorikers Josephus Flavius nicht geschildert hat.

Ich weiß, daß unser selbstbewußtes, edles und stolzes ungarisches Volk nur ungern bittet, nur schweren Herzens seine Wunden zeigt. Darum tritt heute der Fürstprimas des Landes an dessen Stelle mit dem Bettelsack vor die große Welt, vor das Angesicht der Völker und Nationen und schreit seinen Hilferuf in alle Himmelsrichtungen: Rettet das ungarische Volk vor dem Untergang!«

Ich sandte jetzt auch persönlich Beauftragte sowie Bittschriften an die römisch-katholischen Bischöfe und an verschiedene Hilfsorganisationen des Westens. Ich wollte auch die amerikanischen Katholiken, die sich materiell in glücklicher Lage befanden, als Helfer gewinnen und wandte mich daher am 18. 11. 1945 über den Rundfunk an die ungarischen Katholiken in den Vereinigten Staaten. Auszugsweise will ich den Text des Aufrufes hier folgen lassen:

»Ungarische Brüder in Amerika!

Ich hatte eben den erzbischöflichen Stuhl bestiegen, als ich am 14. Oktober – aus der St.-Stephans-Basilika – an der Schwelle des vielleicht schwersten Winters unserer tausendjährigen Geschichte Hilferufe an die Menschen der ganzen Welt richtete. Ich bat sie, den Edelmut ihrer Herzen offenbar zu machen und das ungarische Volk vor der ernsten Gefahr der Vernichtung zu retten.

Das Land steht vor einer Hungersnot, es fehlt an Fleisch, Butter, Fett. Nach amtlichen Feststellungen sind 400 000 Säuglinge rachitisgefährdet. Mein bittendes Wort fand weithin in der Welt Verständnis. Aber es wurde immer wieder die berechtigte Frage gestellt, ob die helfenden Gaben auch an die richtige Adresse gelangen würden. Ich versichere nun, daß die Hilfeleistung gut organisiert sein wird, jede Institution, ja jeder einzelne Spender kann sich ausbedingen, daß die Kirche solche Geschenke verwaltet. Hilfeleistungen können über das ›Rote Kreuz‹ oder über jeden andern einwandfreien Weg an uns überwiesen werden. Wenn irgendwann einmal, dann ist das Wort heute wahr: Zweifach gibt, wer schnell gibt. Die Dankestränen von Eltern und Kindern, der Segen des himmlischen Vaters werden Güte und Wohlwollen belohnen.«

Eine solche Besorgnis im Hinblick auf die Verteilung der Spenden war allerdings keineswegs völlig unbegründet. Die marxistischen Parteien wollten bei der Verteilung der Auslandsspenden eine Kontrolle ausüben. Sie gaben vor, zu verhindern, daß die Kirche etwa mit diesen Gütern auch »Pfeilkreuzler«, »Volksfeinde« und »Kriegsverbrecher« unterstütze. Der wahre Grund war jedoch die Tatsache, daß aus dem sowjetischen Bereich so gut wie keine Hilfeleistung kam und daß daher die Sendungen des Westens der ungarischen Bevölkerung zeigten, von woher allein brüderliche, christliche Hilfsbereitschaft erwartet werden könnte.

Um diesen Eindruck zu verwischen, fingen die Kommunisten an, von sowjetischen Hilfeleistungen zu sprechen. So erschienen in den Zeitungen Berichte mit unkontrollierbaren Angaben über großzügige Hilfsaktionen der Roten Armee; Diósgyőr, Miskolc und Ózd hätten von der Roten Armee 50 000 Zentner Mehl erhalten. Der Bericht war in der Sache nicht unrichtig, aber man »vergaß« zu sagen, daß dieses Mehl oder die noch häufiger genannte »Kartoffelspende für Budapest« Gaben der ungarischen Erde selbst und nicht der russischen gewesen sind.

Wir gingen aber nicht nur betteln, wir riefen auch das Volk zur Selbsthilfe und zu höchstem Krafteinsatz auf. Die Kleinbauern auf dem Land hatten immer noch gewisse Mengen Lebensmittel vor dem Zugriff retten können, und vereinte Anstrengungen vieler Helfer schafften es im ersten Nachkriegssommer, soweit der Krieg das Säen nicht verhindert hatte, eine gute Ernte einzuholen. Vor Weihnachten bat ich deshalb in einem Aufruf die Bauern: »Schenkt ein Paket für das hungernde Budapest!« Ich bat auch, Kinder aus der Hauptstadt aufzunehmen. Diese Aktion brachte im Winter 1946 74 742,57 kg Lebensmittel ein und verschaffte 1500 gefährdeten und hungernden Kindern einen Landaufenthalt. Ich dankte mit folgenden Worten: »Die Spitze des Wohltätigkeitszuges wird angeführt von Gläubigen aus Recsk und Prónayfalva. Doch auch alle anderen Diözesen nahmen am Wettkampf der Liebe teil und ebenso alle Schichten des Volkes. Die jungen ›Gardisten‹ des Heiligsten Herzens Jesu, die marianischen Kongregationen, die Jungmädchenvereine und viele andere haben ein herzbewegendes Beispiel des Opferwillens gegeben. Sie teilten ihre dürftige Habe, weil die Liebe zum Nächsten, zu ihren Landsleuten und Glaubensbrüdern sie dazu drängte. – Ein einziges Paket rettete oft ein Menschenleben, trocknete Tränen und gab neuen Lebensmut.«

Am 15. November rief ich die Budapester Geistlichkeit zusammen und am nächsten Tag den Zentralausschuß der Kirchengemeinden der Hauptstadt. Dem Klerus sagte ich unter anderem folgendes:

»Wir trafen uns, um die großen Fragen unseres priesterlichen Lebens zu besprechen. Für unsere tausendjährige ungarische Geschichte ist das Zusammengehen von Priester und Volk stets kennzeichnend gewesen. Der ungarische Priester – um mit einem Worte Pázmánys zu sprechen – trat, inmitten der Zeitverhältnisse, nie auf der Stelle, sondern er zog vorwärtsschauend immer die nötigen Folgerungen aus großen Ereignissen. Diese Folgerungen gaben ihm Ansporn zu neuen Gedanken, neuen Entschlüssen und zu neuer Tätigkeit. Nach den Schlachten bei Muhi und Mohács zogen sich die ungarischen Priester mit dem Rest des Volkes in die sumpfigen Gebiete, in die Tiefe der Wildnis zurück. Sie beteten gemeinsam, nährten sich gemeinsam von Wurzeln und den Früchten des Waldes.

Vor einem Jahr tauchte im Lande überall die Frage auf: Sollen die drei Millionen Menschen aus der Hauptstadt und aus Westungarn in die Heimatlosigkeit nach Westen ziehen, oder sollen sie auf ungarischem Boden bleiben? Die Kirche entschied: ›Wir bleiben, wo wir sind.‹ Und der ungarische Priester und das ungarische Volk blieben!«

Die Leiter der Kirchengemeinden mahnte ich: »Wir müssen alle Kräfte zusammennehmen. Die Betreuung der Armen hat vor allen anderen Dingen Vorrang. Unser Glaube und unsere Liebe werden gemessen an der Rettung der Geschlagenen, am Erfolg unserer Hilfeleistungen. Die Unterstützung aus dem Ausland genügt nicht. Auch wir haben alle Reserven einzusetzen. Wer zwei Mäntel hat, möge einen davon dem geben, der keinen hat. Wer eine Schnitte Brot besitzt, gebe die Hälfte dem, der keine besitzt.«

Zwei Tage später nahm ich an der Festveranstaltung der Budapester Caritas teil. Ich führte das Beispiel der hl. Elisabeth aus dem Haus der Árpáden an und rief die Bevölkerung des ganzen Landes zu tatkräftiger Caritasarbeit auf. Die beiden katholischen Wochenblätter veröffentlichten meine Ansprachen, und so erreichte meine Stimme das ganze Land:

»Wir dürfen uns nicht nur auf äußere Hilfeleistung verlassen. Wie sehr auch die Not in jedem Hause spürbar ist, es müssen doch die Türen unseres Heims der großen Schicksalsgemeinschaft aufgeschlossen werden. Wie sehr jeder auch im Verbrauch von Mehl, Holz und Bekleidung sparen muß, für gegenseitige Hilfe gibt es doch immer wieder eine Möglichkeit. Quelle teilnehmender Hilfe ist niemals der Geldbeutel selbst, die Schublade, der Holzkorb oder die Garderobe, sondern immer zuerst das mitfühlende, menschliche Herz. Dieses weiß, Geld und Gut für den Nächsten zu beschaffen. Vieles ging auf ungarischer Erde verloren, aber die ungarischen Herzen, die um ein gutes Wort auch das Hemd herschenken, diese leben Gott sei Dank noch.«

Für die ungarische Caritas konnte ich im Dezember 1945, zur Zeit meiner Romreise, sehr ergiebige Quellen erschließen. Der Hl. Vater, Papst Pius XII., empfing mich mit unbeschreiblicher Liebenswürdigkeit. Als ich ihm von der schweren Lage der Ungarn berichtete, bahnte er mir in jeder Richtung einen Weg zu Helfern. Im Vatikan erfuhr ich, daß in einem Hotel vier amerikanische Kardinäle abgestiegen seien. Ich kannte sie nur dem Namen nach, darunter den rangältesten, den ebenso vornehmen wie liebenswürdigen Kardinal Stritch. Telefonisch erkundigte ich mich, ob sie mich am Abend empfangen würden. Sie sagten gern zu, und ich beschrieb ihnen in einer zweistündigen lateinischen Rede das Elend Ungarns und vor allem der Hauptstadt. Sie hörten mir mit großem Interesse und warmer Anteilnahme zu. Sie waren ohnehin nicht besonders glücklich über das amerikanisch-russische Bündnis. Dann standen die vier Kardinäle auf, bedankten sich bei mir für die authentische Information, versprachen mir die Unterstützung der NCWC und legten zuletzt noch ihre Geldbörsen vor mir auf den Tisch. Von ihren Spenden kaufte ich noch in Rom vier Lastwagen, die für die Tätigkeit der Caritas in unserem Land, besonders für die Abwicklung des Verkehrs zwischen der Hauptstadt und dem Land, einen wahren Segen bedeuteten.

Die amerikanische Spende wurde bei uns als deutlicher Hinweis auf die umfassende Solidarität der Weltkirche gewertet. Das paßte dem Bolschewismus nicht ins Konzept. Es konnte daher kaum überraschen, daß der marxistische Verkehrsminister den Tranport der amerikanischen Hilfsgüter von Wien nach Budapest verweigerte mit der fadenscheinigen Begründung, es stünden dafür nicht genügend Eisenbahnwagen zur Verfügung. Hinter dieser Behinderung versteckte sich jedoch ein Erpressungsmanöver. Die ungarischen Kommunisten forderten nämlich einen Anteil an den amerikanischen Spenden, da sie aus der Sowjetunion auf solche Hilfe nicht zählen konnten.

So gab ich am 23. Oktober 1946 zu dieser Frage eine Erklärung ab und schrieb im »Magyar Kurir«:

»Mit Ungeduld erwarten die ungarischen Katholiken den Entscheid über die Weiterleitung der in Wien liegenden amerikanischen Liebesgaben. Am 8. August begann die erste Küche der Actio Catholica ihre Tätigkeit, um die Lebensmittel aus amerikanischen Sammlungen an die Hungernden weiterzuleiten. Durch inzwischen erfolgte Neugründungen solcher Küchen sind 14 000 Hungernde zu einem wohlschmeckenden warmen Essen gekommen. Nun warten diese Hungernden verzweifelt und vergeblich auf ihre Mahlzeit, wenn es nicht gelingt, die 750 Tonnen Liebesgaben rechtzeitig herbeizuschaffen, oder wenn diese Lebensmittel gar anderswohin umgeleitet werden sollten. Es ist dringend nötig, daß die Liebesgaben der amerikanischen Katholiken unverzüglich ins Land gelangen.«

Vorerst konnten wir die Schwierigkeiten beheben und die Gefahren, die der Caritas drohten, abwehren, weil auf die Initiative des Budapester Berichterstatters beim Osservatore Romano die gesamte ausländische katholische Presse jede kommunistische Manipulation mit den Caritasspenden verurteilte.

Zwei Jahre später warfen die Kommunisten, um die kirchliche Caritas auszuschalten, den Angestellten der amerikanischen Hilfsorganisationen und den Beamten unserer Caritas jedoch Mißbräuche und Spionage vor und nötigten so die NCWC, die Hilfsaktionen einzustellen.

Eine Woche in Budapest

Nur wenige Tage nach meiner Installation hatte ich mich, wie schon berichtet, nach Budapest begeben, wo ich eine Woche verbrachte. Meine Vorgänger hatten die Erzdiözese mehr von Esztergom aus regiert. Ihr höheres Alter wird dabei eine Rolle gespielt haben, manchmal hat sie auch Krankheit an ihre Residenz gefesselt. Ich hielt mich auch später oft in der Hauptstadt auf, weil sich da die Zentren des pastoralen und kulturellen Lebens des ungarischen Katholizismus befinden. Hier wohnen die meisten Gläubigen der Erzdiözese. Das Palais des Primas, das eigentlich nur ein größeres Bürgerhaus ist, war vom Kriege stark beschädigt worden, es wies nur zwei bewohnbare Räume auf. Ich durfte mit meiner Unterkunft gleichwohl zufrieden sein, denn die Wohnverhältnisse in der Hauptstadt waren um diese Zeit noch unbeschreiblich elend, so daß ich Professor Mihály Marcell von der Universität, der mich bedauerte, mit den Worten tröstete: »Es ist ganz in Ordnung, daß der Primas eines Landes, das in Trümmern liegt, ebenfalls nur in einer Ruine haust.«

Am 14. Oktober sprach ich in der Basilika über die Not von Budapest. Wenige Stunden später mußte ich am Treffen der Jugend teilnehmen. Das Jugendsekretariat der Katholischen Aktion hatte zu einem Landesjugendtag aufgerufen und lebhafte Unterstützung beim Episkopat gefunden. Überall marschierten daher die katholischen Jugendlichen zu Tausenden auf. Die Glaubensmanifestation wurde ein unmißverständliches Bekenntnis zur Kirche und eine deutliche Absage an den Kommunismus. Die Jugend sowohl wie ihre Eltern und Erzieher wurden hellhörig gemacht für die Gefahren, die uns bedrohten. Schon geraume Zeit hatten die Marxisten versucht, die Jugend mit lockeren Vergnügungen für sich zu gewinnen, was ihnen nach Kriegsende auch hier und da gelang. Schon in meiner Installationsrede hatte ich diese Fragen berührt und griff sie jetzt, als die Jugend der Hauptstadt sich vor mir auf dem mächtigen Platz der Basilika zu Zehntausenden versammelt hatte, wieder auf:

»Es ging einer über die Erde, der als einziger von sich sagen konnte: ›Ich bin der Weg, die Wahrheit und das Leben. Wer mir nachfolgt, wandelt nicht in der Finsternis.‹ Christus ist der Weg, den ihr gehen müßt. Er ist die Wahrheit, die ihr aufnehmen sollt. Er ist das Leben, wie ihr es auch in äußersten Wirrnissen einer Zeit führen sollt. Der hl. Paulus sagt: ›Niemand kann ein anderes Fundament legen als das, das unser Herr Jesus Christus gelegt hat‹, und wenn ein Engel vom Himmel herniederstiege und uns von diesem Fundament entfernen wollte, wir dürften ihm nicht folgen. Dabei denke ich natürlich nicht, daß geflügelte Engel heute die ungarische Jugend in Versuchung führen. Es gibt aber viel Geistesverwirrung und Haß, ein Vulkan hat sich aufgetan. Dennoch glaube ich an den Endsieg der Liebe und verkünde daher mit festem Vertrauen: Unser Ideal ist ein Ungarn, dessen Fundament der Glaube und das sittliche Leben bilden, dessen Stütze die Vaterlandsliebe von Jungen und Mädchen ist, die sich als gläubige Ungarn bekennen. Jeder von euch sei ein Eckstein, eine sichere Säule der Heimat, und ihr alle mitsammen das, was ihr im Lied gesungen habt: ›Eine reine, heldenhafte, heilige Jugend‹.«

Zwei Tage später erteilte ich den Mädchen in der Pfarrei der Dominikaner das Sakrament der hl. Firmung und bat auch hierbei die Jugend, sich gläubig und rein zu bewahren.

Am 17. und 18. Oktober hielten wir ebenfalls in Budapest die erste Bischofskonferenz unter meinem Vorsitz ab. Wir hatten uns mit vielen bedrückenden, das ganze Land und den ganzen Katholizismus betreffenden Problemen zu befassen. Am 21. Oktober, einem Sonntag, nahm ich an der St.-Lukas-Gilde, einer katholischen Ärztekonferenz, teil. Ich zelebrierte dort für die Budapester Ärzte die hl. Messe und freute mich, Gelegenheit zu finden, mit einigen Gedanken auf die Frage von Arzt und Kranken eingehen zu können:

»Der wahre Arzt sieht sein Tun an den Leidenden als ein priesterliches Werk, als einen Gottesdienst an . . . Vom Schutzpatron der Ärzte, dem hl. Lukas, lesen wir in der Hl. Schrift, daß er den Aposteln ein ›sehr lieber Arzt, treuer Begleiter und Helfer‹ gewesen sei. Die drei Tugenden: Liebenswürdigkeit, Treue und Hilfsbereitschaft sind hervorragende Charaktereigenschaften eines Arztes. Jede ist eine Fackel, eine Richtlinie für den christlichen Arzt. Der gute Arzt ist zwar wissenschaftlich geschult, er hat aber auch ein großes Herz, das mit den

Kranken leidet, die er vielleicht gar nicht kennt. Wie oft schon sind Ärzte im pflichtbewußten Einsatz Opfer ihres Berufes geworden. – Die Tätigkeit des Arztes ist geradezu ein Mutterberuf: den Kranken mit Sorgfalt ausfragen, ihm geduldig zuhören, ihm helfen. Wie viele zerschlagene Seelen, wie viele erkaltete Herzen konnte ein gläubiger Arzt durch taktvolle Worte noch in der letzten Stunde mit Gott aussöhnen!«

Die Bischofskonferenz

Zur ersten unter meinem Vorsitz abgehaltenen Bischofskonferenz waren alle Diözesanbischöfe erschienen. Sie begrüßten mich herzlich und versicherten mich ihrer Bereitschaft zu brüderlicher Zusammenarbeit. In diesem Zusammenhang möchte ich besonders Erzbischof József Grősz, die Bischöfe Lajos Shvoy, Dr. József Pétery, Dr. István Madarász und den Benediktinerabt Dr. Krysostom Kelemen erwähnen.

Es waren übliche administrative Angelegenheiten zu besprechen, vor allem aber die Leistungssteigerung der Caritas auf Landesebene. Manche Pläne, die wir später verwirklichten, hatten auf dieser Konferenz ihren Ursprung. Wir befaßten uns auch eingehend mit dem jetzt drängend gewordenen Problem, wie die finanzielle Lebensgrundlage der Geistlichkeit und der kirchlichen Institutionen zu sichern sei. Die Bodenreform, die der sowjetische Oberbefehlshaber angeordnet hatte und in radikaler Weise auch durchführen ließ, brachte die Kirche in eine äußerst schwierige Lage. Wir standen vor ernsten Sorgen. Nach der Verwirklichung der Bodenreform verblieben den Diözesen und kirchlichen Institutionen nur noch jeweils hundert Joch Grundbesitz. Selbstverständlich war es nicht möglich, damit Kathedralen, bischöfliche Amtsstellen, Seminare zu unterhalten. Auch fehlte jetzt allen übrigen Organen der pastoralen Tätigkeit und der kirchlichen Administration, wie zum Beispiel der Presse, den Verlagen, den Verbänden, ein tragender finanzieller Unterbau.

Wir haben das Vorhaben einer Bodenreform nie kritisiert, aber wir beanstandeten die Art, in der eine fremde Macht sie uns aufzwang. Wir mißbilligten, daß offensichtlich nur Parteigesichtspunkte berücksichtigt wurden, und wir rügten die nachlässige Unbekümmertheit der Regierung in Fragen der Entschädigung für kirchliche Güter. – Ich teilte den Mitgliedern der Bischofskonferenz mit, daß ich – wegen der kirchenfeindlichen Haltung der Kommunisten – aus Protest mein Gehalt als Bischof von Veszprém zurückgewiesen und auch als Erzbischof von Esztergom das »staatliche Gehalt« abgelehnt hätte. Alle meine Mitbrüder wollten sich nun in gleicher Weise verhalten. Ich riet ihnen davon jedoch ab.

Etwa ein Jahr später behauptete dann das Zentralblatt der Kommunistischen Partei, daß das Finanzministerium sehr große Summen für den Wiederaufbau der Kirchen zur Verfügung stelle; zudem erhalte Mindszenty, der Erzbischof von Esztergom, ein offener Feind der Demokratie, von diesem demokratischen Staat ein Monatsgehalt, welches das des Ministerpräsidenten um ein Vielfaches übertreffe.

Erst aus meiner Entgegnung auf diesen Angriff erfuhr das Land, daß ich die staatliche Besoldung abgelehnt hatte: »Sie sind nicht richtig orientiert ... Obwohl der Staat im Bodenreformgesetz für die Konfiszierung der kirchlichen Güter eine Entschädigung auszuzahlen versprach, hat er bis jetzt dafür noch nichts gegeben. Was das Kultusministerium als ›persönliche Gehälter‹ der Kirche überweist, steht in keinem Verhältnis zu den früheren Einkünften aus den kirchlichen Gütern ... Zu den materiellen Lasten der kirchlichen Institutionen steuert der Staat zwar etwas bei, aber nur wenig, auf keinen Fall genug. József Mindszenty, dem Bischof von Veszprém und späteren Erzbischof von Esztergom, wurde in der Tat eine staatliche Besoldung angeboten, aber er hat nie einen Heller angenommen. Auch ist es nicht wahr, daß der Erzbischof ein ›offener Feind der Demokratie‹ sei. Er ist ein Anhänger der echten Demokratie, aber er ist kein Freund dessen, was sich Demokratie nennt, aber keine Demokratie ist, sondern nur ein schwach übertünchtes Überbleibsel aus dem noch nicht erklärten Bankrott totalitärer Regime.«

Zunächst waren die kirchlichen Institutionen vom finanziellen Zusammenbruch in der Tat noch nicht bedroht. Die Gläubigen taten das meiste hiergegen, indem sie die Pfarreien, Klöster, Seminare und vor allem die konfessionellen Schulen nicht nur mit Naturalien, sondern auch mit Geldbeträgen unterstützten. In diesem Buch soll all jenen mutigen und opferbereiten Menschen mit den Worten ein Denkmal gesetzt werden, die ich am Ende des schwierigen ersten Schuljahres nach dem Kriege gesprochen habe: »Am 29. Juni 1946 nahm ich an der Sitzung des Elternvereins im Herz-Jesu-Kloster teil. Der Rechenschaftsbericht, der dort abgegeben wurde, hat mich tief erschüttert. Ich hörte, daß das Kloster und die Schule, die durch die Kriegsereignisse schwer beschädigt waren, von Handwerkern aus der Elternschaft ohne Entgelt wiederhergestellt worden sind. Hernach wurde das ganze Haus von Männern und Frauen aus allen Bevölkerungskreisen gesäubert. Man hat mir auch

die Schulheftreserven für das kommende Jahr gezeigt. Obwohl wir erst den 29. Juni schrieben, war schon ein Vorrat an Brennmaterial vorhanden, der für das ganze Schuljahr die Heizung sicherte. In einer Gartenecke stand eine Schulküche, die während des abgelaufenen Jahres täglich einundfünfzig unbemittelten Schülerinnen ein warmes Essen gespendet hat. Es sind für bedürftige Kinder auch siebenundvierzig Paar Schuhe gesammelt worden. Ich sagte mir: »Wir werden nicht zugrunde gehen, auch wenn wir noch schwere Heimsuchungen zu ertragen haben. Wo Schicksalsschläge eine so hochherzige Seelenhaltung und so viel Begeisterung wecken, kann man für sie nur Gott danken . . .«
Während der Konferenz beschäftigten wir uns auch mit der Organisation von Elternvereinen. Wir gründeten sie zum Schutz der Jugend und der konfessionellen Schulen. Es gab dafür eine Landes- und eine Diözesananleitung. Lokale Gruppen arbeiteten in jeder Kirchengemeinde. Ihnen ist es zu verdanken, daß trotz der ständigen Angriffe der Kommunisten die katholischen Schulen noch drei Jahre lang aufrechterhalten werden konnten.

Unser Rundbrief zu den Wahlen

Am zweiten Tag der Bischofskonferenz stand unser Rundbrief zu den bevorstehenden allgemeinen Wahlen auf der Tagesordnung. Ich hatte einen Entwurf mitgebracht und legte ihn jetzt den Diözesanbischöfen vor, um Abschnitt für Abschnitt mit ihnen zu erörtern. Wir alle hielten die umfassenden Darlegungen für nötig und befürworteten eingehende Hinweise auf Tatsachen, an denen schwere Mißbräuche aufgezeigt werden konnten. Die offene Sprache und ein entschiedenes Eintreten für ein politisches Programm auf christlicher Grundlage fanden ebenfalls Zustimmung. Der russische Oberkommandant, Marschall Woroschilow, mischte sich drastisch in die Innenpolitik des Landes ein, um den marxistischen Parteien den Weg zu bahnen. So wollte er uns jetzt unmittelbar vor den Parlamentswahlen eine gemeinsame Liste aller Parteien aufzwingen, weil die Kommunisten trotz ihrer Hoffnungen bei den vorangegangenen Gemeinderatswahlen in Budapest schlecht abgeschnitten hatten. Der einzigen bürgerlichen Partei, der Kleinlandwirtepartei, die auch die Kirche unterstützte, versprach man aus diesem Eintopf zuerst 40 Prozent, schließlich 47,5 Prozent der Mandate. Der Druck der sowjetischen Seite war sehr stark. Erst als die westliche Presse die russische Einmischung zu kritisieren begann, wies die Leitung der Klein-

landwirtepartei das Angebot Woroschilows zurück. In unserem Hirtenbrief ging es uns nun vor allem darum, den Gläubigen eine klare Deutung der Lage zu geben und der weit um sich greifenden Orientierungs-
losigkeit ein Ende zu setzen. Ich ließ also den Rundbrief drucken und
am 1. November in allen Kirchen des Landes verlesen. Dieser Aufruf
hat die Wahlen entscheidend beeinflußt. Ich hörte, daß sich sogar im
kalvinistischen Debrecen das Volk auf den Plätzen und am Markt den
Hirtenbrief der katholischen Bischöfe vorlesen ließ. Überall im Land
wurde dieser Brief als erste mutige Erklärung über die öffentlichen Mißstände und gegen die verschleierten Diktaturbestrebungen der Kommunisten angesehen. Ich zitiere hier aus dem Schreiben:

In Christus geliebte Gläubige,
der Weltkrieg ist zu Ende. Der Waffenlärm ist überall verstummt.
Die Menschheit steht nach dieser furchtbaren Katastrophe und der er-
schreckenden Verwilderung vor schweren Aufgaben. Sie muß eine haß-
erfüllte, entsetzliche Vergangenheit ablegen und unter vielen Opfern
eine neue Welt aufbauen. Uns ungarischen Katholiken stellt sich der
auf uns fallende Anteil dieser Aufgabe.
In unserem letzten Rundbrief hatten wir schon davon gesprochen,
wie diese Vergangenheit zu bewältigen sei. Unser jetziger Aufruf wid-
met sich der Frage, wie wir die überall sehnlich erwarteten friedlicheren
und geordneteren Zeiten gestalten können. Wir stehen vor entscheidenden Wahlen, sie werden unsere Zukunft bestimmen. Das ist der Grund,
weshalb wir jetzt wieder das Wort ergreifen. Wir wollen uns nicht in die
Wahlkämpfe einmischen; wir unterstützen keine einzelne Partei, aber
wir möchten die Grundsätze von Wahrheit und Pflicht verkünden, damit
jeder gläubige Katholik befähigt wird, ihnen gemäß seine Wahl zu
treffen.
Die bevorstehende Neuordnung unseres Staatslebens wird nur auf
den Grundsätzen der Demokratie möglich sein. Wir haben schon im
vorangegangenen Hirtenbrief den demokratischen Gedanken ver-
trauensvoll begrüßt. Die Welt hat genug gelitten unter aller Art Tyrannei. Eine Tyrannei hat den mörderischen Krieg bis zur äußersten Sinn-
losigkeit fortgesetzt. Sie trat viele Jahre hindurch die heiligsten Rechte
der Menschheit mit Füßen, sie unterdrückte alle Gewissensfreiheit, miß-
achtete Familie und Elternrechte.
Die Demokratien wollten mit dieser Menschenverachtung ein Ende
machen. Sie wollten aber keineswegs anstelle schrankenloser Alleinherrschaft eines Führers die ebenso schrankenlose Alleinherrschaft eines

anderen stellen. Sie wollten keine Demokratie, die die selbstsüchtige und zügellose Herrschaft einer Menschengruppe durch die Gewalttätigkeiten einer anderen Menschengruppe ablöst. Der Grundpfeiler einer wahren Demokratie ist die Anerkennung unverletzlicher Grundrechte jedes Menschen, an denen sich keine menschliche Macht vergreifen darf.

Unsere Freude würde groß sein, wenn die Auffassung von Demokratie den weisen, wohlüberlegten Grundsätzen entspräche, die Papst Pius XII. schon in seiner Weihnachtsbotschaft von 1942 als Grundlage einer kommenden Gesellschaftsordnung hingestellt hat. Wir sind überzeugt, daß diese Grundsätze die Menschheit dem Ziel ihrer Humanisierung näherbringen würden, und wir sind deshalb auch davon überzeugt, daß sie dem heiligen Willen des allmächtigen Gottes entsprechen. Solche Freude und solches Vertrauen veranlaßten uns im letzten Rundbrief auch, dem Entstehen einer ungarischen Demokratie unsere Zustimmung zu bezeugen. Wir hegten damals – auf Grund mancher Ereignisse – aber auch Befürchtungen, daß die Entwicklung der Dinge anders verlaufen könne, unterdrückten das indessen, um zuerst das Gute des neuen Anfangs zu sehen. So trauten wir dem Verständnis, das die Vertreter der Demokratie in höflichen Worten, in Versprechungen, ja sogar hin und wieder auch in Taten der Kirche und ihrer Arbeit gegenüber bekundeten. – Übelstände werteten wir als Auswüchse, die mit der Neuordnung früher oder später aufhören würden. Unser Warten war lang und geduldig. Nicht selten fühlten wir uns gedrängt, ein Wort zu sagen, wir wollten jedoch die Entwicklung nicht stören. Jetzt vor den Wahlen können wir aber nicht mehr schweigen. Wir müssen deutlich erklären, daß ein christlicher Wähler seine Stimme nicht einer Partei oder Gruppe geben kann, die wieder neue Unterdrückung und Gewaltherrschaft bringt und dabei oft genug jedes Menschen- und Naturrecht außer Kraft setzt. In großer Sorge müssen wir dem Ausspruch des englischen Außenministers zustimmen, der da sagte, man habe den Eindruck, in Ungarn werde ein totalitäres Regime nur durch ein anderes abgelöst. Wir bedauern es sehr, uns dieser Äußerung anschließen zu müssen; es ist schon genug Schande über unser Land gekommen, als vor einem Jahr die Schwäche der damaligen Regierung der hitlerischen Besatzungsmacht freie Hand ließ. Heute sollten solche Fehler der Vergangenheit vermieden werden.

Im einzelnen berührt uns die Tatsache sehr schmerzlich, daß die provisorische Regierung die Unauflöslichkeit der Ehe, für die die Kirche von Anfang an gekämpft hat und die uns nach wie vor als ein sicheres Unterpfand für eine Wiedergeburt Ungarns erscheint, angetastet hat.

Die Regierung übertrat dabei die Grenzen ihrer Zuständigkeit und hat die Gefühle der christlichen Gläubigen unbeachtet gelassen.

Wir müssen auch erwähnen, daß die Verordnung zur Bodenreform Bestrebungen verraten hat, bestimmte Gesellschaftsklassen zu liquidieren. Nicht daß wir die Bodenreform selbst der Kritik unterstellen wollten, es hat sich aber ein rachsüchtiger Geist in ihr offenbart. Noch mehr erfüllt uns jedoch eine Gesinnung mit Sorge, die das neue System mit seinen Neigungen zu Gewalttätigkeiten hervorgebracht hat. Überall im Land und besonders in bestimmten Gebieten ist mit einem Mal die Neigung feststellbar, auf einen leeren Verdacht hin, wegen einer privaten Auseinandersetzung, wegen persönlicher Beleidigung oder geheimer Parteimachenschaft Menschen zu verhaften. So wurden Geistliche wegen einer St.-Stephans-Predigt eingesperrt. Der Leiter der Politischen Polizei erklärte, daß sie nach Sibirien verschickt würden, falls sie weiterhin gegen das derzeitige System direkt oder indirekt Stellung beziehen sollten. – So etwas mögen Übergriffe einzelner gewesen sein, die Übergriffe häufen sich jedoch. Das könnte aber nicht geschehen, wenn die Parteien vom Geist der Gesetzesachtung durchdrungen wären.

Wir rufen Euch, geliebte Gläubige, deshalb auf, Eure Stimme solchen Kandidaten zu geben, die für Sitte, Recht, Gerechtigkeit und Ordnung eintreten und fähig sind, ihre Überzeugungen den derzeitigen traurigen Zuständen gegenüber aufrechtzuerhalten. Fürchtet keine Drohungen. Gewalttätigkeit und Willkür werden immer nur um so größer, je weniger Widerstand sie finden. Es liegt in der Natur jeder Tyrannei, heute vom Bürger die Zustimmung durch die Stimmabgabe zu fordern, morgen ihn der Zwangsarbeit zu unterwerfen, übermorgen ihn in einen Krieg zu führen und ihn zuletzt dem Tod auszuliefern.

Ein ungarischer Vater, eine katholische Mutter, die sich verantwortlich fühlen für das irdische und ewige Wohl ihrer Kinder, können nicht unentschieden sein vor dieser Wahl.

Im Namen der ungarischen Bischöfe   József Mindszenty
Fürstprimas, Erzbischof von Esztergom

Die Kleinlandwirtepartei ging aus den Wahlen mit 57,7 Prozent aller Stimmen als Sieger hervor. Sie hatte in ihrem Programm die Verteidigung und Verwirklichung christlicher Prinzipien versprochen. Das Ergebnis war ein mit elementarer Kraft hervorbrechender Protest gegen den Führungsanspruch des Kommunismus. Die Kommunistische Partei erhielt nur siebzehn Prozent der abgegebenen Stimmen, aber auch von diesen einen Teil nur durch Bestechung, Wahlbetrug und Terror.

In ihren Hoffnungen getäuscht, griffen die Kommunisten nach den Wahlen den Hirtenbrief der Bischöfe heftig an. Sie beschuldigten den gesamten Episkopat, daß er eine »demokratische« Umgestaltung des Landes zu verhindern trachte. Es hieß, daß er bestrebt sei, den kirchlichen Grund und Boden wieder aus den Händen der kleinen Bauern zurückzuholen. Zu unserem größten Erstaunen schlossen sich auch die Landesführer der Kleinlandwirtepartei solchen ungerechtfertigten Unterstellungen der Kommunisten an. Die hier zutage tretende Schwäche der Parteizentrale blieb auch künftig ihr Charakteristikum.

Die neue Regierung

Die Führer der Kleinlandwirtepartei hatten sich – gedrängt von Woroschilow – verpflichtet, nach den Wahlen vom 4. November der Bildung einer Koalitionsregierung zuzustimmen. Nach der Neubestellung des Parlamentes erklärten denn auch die Russen, sie würden aufgrund dieser »Vereinbarung« nur eine Regierung anerkennen, in der die Kleinlandwirtepartei und die Linke in einem Verhältnis 50 zu 50 sich in die Ministerien teilten. Zudem forderten sie für die Kommunisten den Posten des Innenministers. Damit sollte ihnen die Kontrolle über die inneren Angelegenheiten des Landes in die Hand gespielt werden. Die Kleinlandwirtepartei gab dem sowjetischen Druck nach. Ministerpräsident wurde Zoltán Tildy. In der Regierung saßen mit ihm acht Vertreter der Kleinlandwirtepartei, drei Sozialdemokraten, drei Kommunisten und ein Mitglied der Bauernpartei. Diese Regierungsbildung wurde für das ganze Land zu einer großen Überraschung. Viele merkten erst jetzt, welches Unheil drohte, weil man die Leitung der einzigen zugelassenen bürgerlichen Partei nicht gewandten, sondern teils unerfahrenen Politikern überlassen hatte. Schon sehr bald gingen bei mir Informationen ein, daß die »Politische Polizei« belastendes Material gesucht und auch »gefunden« habe, um gegen manche Führer der Kleinlandwirtepartei Anklage wegen »Kriegsverbrechen« und »Volksfeindlichkeit« erheben zu können. Diese wurden durch Drohungen so eingeschüchtert, daß sie sich bald bereit fanden, Beschlüssen zuzustimmen, die den Kommunisten den Weg zur Macht freigaben.

Am 16. November 1945 machte Zoltán Tildy als Ministerpräsident seinen offiziellen Besuch bei mir. Béla Varga begleitete ihn. Ich empfing sie zurückhaltend und erwähnte andeutungsweise die Schwäche der Parteiführung und die daraus möglicherweise erwachsenden Gefahren. Sie rechtfertigten ihr bisheriges Verhalten mit dem Hinweis auf die Drohungen Woroschilows und äußerten die Meinung, nach Friedensschluß werde es wohl möglich sein, eine freiere Politik zu führen.

Tildy erkundigte sich dann nach dem Zeitpunkt meiner Romreise und bat mich, Papst Pius XII. den Wunsch der Regierung nach Wiederaufnahme der diplomatischen Beziehungen zu unterbreiten und ihn zu bitten, den früheren, allgemein geschätzten Nuntius Angelo Rotta wieder nach Ungarn zu entsenden. Nachdem die Russen eben diesen Nuntius bei ihrer Besetzung des Landes verwiesen hatten, fand ich eine solche Bitte seltsam und konnte mich des Verdachtes nicht erwehren, daß man bestrebt sei, im Vatikan einen guten Eindruck zu erwecken und auf diese Weise die von mir zu erwartenden Informationen über die Religionsfeindlichkeit der Regierung abzuschwächen. Den Verdacht ließ ich mir jedoch nicht anmerken und versprach, das Begehren weiterzuleiten. Tildy zeigte sich erfreut und sichtbar erleichtert. Dann wechselten wir das Thema. Ich sagte, es seien Gerüchte im Umlauf, daß von den Marxisten die Abschaffung des Königtums und die Ausrufung der Republik geplant werde. Tildy wußte von diesen Bestrebungen. Ich legte meinen grundsätzlichen Standpunkt dar, mahnte ihn, dem Druck der Sowjets nicht leichthin nachzugeben und sich darauf zu berufen, daß keine einzige Partei im Wahlkampf von einer Verfassungsänderung gesprochen habe. Sofern jedoch die Kommunisten in dieser Frage eine Entscheidung herbeiführen wollten, habe man das Volk darüber zu befragen. »Sie fordern die Republik nur, weil sie sich von deren Einführung weitere Vorteile versprechen«, sagte ich, schaute bei diesen Worten Tildy an, und er erklärte: »Ich teile Ihre Ansicht.« Zusammen mit Béla Varga versprach er mir, daß die Parteiführung der Kleinlandwirte sich mit allen Kräften diesen kommunistischen Bestrebungen entgegenstellen werde.

So fuhr ich am 30. November etwas beruhigter nach Rom. Dort blieb ich etwa drei Wochen. Während meiner Abwesenheit empfahl jedoch Tildy der Parteiführung – entgegen allen Versprechungen – das Gesetz zur Einführung der Republik. Eine Parlamentsgruppe protestierte dagegen, und dem Protest schlossen sich viele Parteiorganisationen an. Sobald ich aus Rom zurückgekehrt war, besuchte mich Béla Miklós, der ehemalige Ministerpräsident der »provisorischen Regierung«, der jetzt als Kandidat für das Amt eines Präsidenten der Republik aufgestellt war. Er bat um meine Unterstützung. Ich erklärte ihm meinen Standpunkt in der Verfassungsfrage, den er so weit respektierte, daß er seine Kandidatur zurücknahm und sich aus dem öffentlichen Leben zurückzog.

Vor allem mahnte ich nun aber Tildy und Béla Varga brieflich an ihre Versprechen. Da mir die Originalfassung meiner Schreiben nicht mehr vorliegt, kann ich hier daraus nur zitieren, was die Politische Polizei selbst im Jahre 1949 in ihrem »Schwarzbuch« gegen mich veröffentlicht hat: Danach schrieb ich an Tildy:

Herr Ministerpräsident,

amtlich wurde ich zwar nicht informiert, doch weil das Gerücht sich hartnäckig hält, bin ich gezwungen, darauf einzugehen und, sofern es der Wirklichkeit entsprechen sollte, Einspruch zu erheben: Ich höre von einem Plan der Volksvertretung, schon in nächster Zeit Verfassungsreformen vorzunehmen, das tausendjährige ungarische Königtum abzuschaffen und die Republik auszurufen. Sollten diese Gerüchte den Tatsachen entsprechen, erhebe ich – obwohl amtlich noch nicht informiert – kraft der staatsrechtlichen Stellung, die seit 900 Jahren dem Fürstprimas zukommt, Einspruch gegen diese Vorhaben.

Esztergom, den 31. Dezember 1945   József Mindszenty
                              Fürstprimas, Erzbischof von Esztergom

Meinen Bemühungen war natürlich kein Erfolg beschieden. Auch die landesweite Empörung fand keine Beachtung. Tildy wollte Staatspräsident werden. Seine Familie war schon 1919 dem kommunistischen Regime hörig. Er selbst hat sich damals, als protestantischer Geistlicher, in den Priesterrat wählen lassen. Sein Schwiegervater, ein Schuldirektor, ist nach dem Zusammenbruch des Béla-Kun-Regimes hingerichtet worden. Vielleicht liegt in diesen Zusammenhängen die Erklärung dafür, daß die Kommunisten gerade Tildy die Präsidentschaft der Republik antrugen und daß er bereit war, ihren Wünschen zu entsprechen. Seine verfassungsrechtlichen Bedenken waren jedenfalls geschwunden, er verfolgte jetzt nur noch seine persönlichen Ziele.

Begegnung mit Pius XII.

In früheren Lebensjahren hatte sich mir kaum eine Gelegenheit zu Auslandsaufenthalten geboten. Als junger Geistlicher konnte ich im Jahre 1924 einmal Lourdes besuchen, was – besonders der Besuch der Gnadenstätte – ein großes Erlebnis für mich gewesen war. Als Pfarrer blieb mir aber keine Zeit mehr, mich in der Fremde umzusehen. Aus Anlaß meiner Ernennung zum päpstlichen Prälaten im Jahre 1937 wäre ich gern nach Rom gefahren, aber die Schatten des Nationalsozialismus lagen schon über unserer Heimat, und als Pius XII. mich 1944 zum Bischof von Veszprém ernannte, tobte seit fünf Jahren der Weltkrieg. Außerdem herrschte in jenen Tagen in Ungarn die deutsche Besatzungsmacht. Jetzt war ich Primas und Erzbischof von Esztergom geworden. Dieses Amt verpflichtete mich, so bald als möglich, trotz aller Schwierigkeiten und des Argwohns der Russen, mit Rom Kontakte aufzunehmen. General Key, der Leiter der amerikanischen Militärmission, nahm mich und meinen Sekretär am 30. November 1945 im Flugzeug bis Bari mit. Von dort benutzten wir einen Autobus nach Rom. Wir kamen sehr verspätet an. Der Hl. Vater hatte seine Adventsexerzitien bereits begonnen. Als er jedoch von unserer Ankunft hörte, unterbrach er die geistlichen Übungen und empfing mich am 8. Dezember 1945 mit großem Wohlwollen. – Ich hatte Pius XII. immer schon als eine überragende Persönlichkeit geschätzt und gewürdigt, jetzt durfte ich es selbst erfahren, welch einen gütigen Hl. Vater Gott uns in ihm geschenkt hatte. Ungarns Kirche und der Katholizismus in unserem Lande waren ihm genau bekannt. Pacelli war 1938 als päpstlicher Legat zum Eucharistischen Kongreß nach Budapest gekommen und ist uns seitdem herzlich verbunden geblieben. So freute ihn die Aussicht auf eine Neugestaltung und Vertiefung der Beziehungen zwischen Rom und Ungarn.

Durch meine Berichte an das päpstliche Staatssekretariat und an die verschiedenen Kongregationen war dem Hl. Vater die traurige Lage der ungarischen Kirche bekannt. Er zeigte Sorge und Mitgefühl für unser Volk und tiefe Genugtuung über mein Kommen. Er lobte auch das ungarische Volk, das im Schatten aller Nöte und Leiden derart treu seinem Glauben lebe. Als ich bemerkte, Ungarn freue sich, daß Seine Heiligkeit und der Vatikan, St. Peter und Rom überhaupt vor den schlimmsten Auswirkungen des Krieges bewahrt geblieben seien, fragte Pius XII.: »Ihr, die ihr so viel gelitten habt, habt noch die Kräfte, euch darüber zu freuen?« Ich antwortete: »Wir tun es wahrhaftig, denn wir hoffen, daß von hier aus der verwundeten Menschheit und auch dem gebrochenen Ungarn Hilfe und Heil zukommen werden.« Dann erzählte ich ihm vom derzeitigen kirchlichen Leben Ungarns, sprach auch über die Besetzung zweier vakanter Bischofssitze und brachte die Bitte des Ministerpräsidenten Tildy um Wiederaufnahme der diplomatischen Beziehungen vor. Der Papst wollte sogleich die Rückkehr des Nuntius Angelo Rotta nach Budapest veranlassen. Als ich ihm gegenüber jedoch mein Mißtrauen und meinen Verdacht äußerte und ihm dann die religionsfeindliche Haltung der Kommunisten schilderte und meiner Überzeugung Ausdruck gab, daß eine sofortige Wiederentsendung des Nuntius den gegenwärtigen Verhältnissen wohl kaum Rechnung tragen würde, faßten wir den Beschluß, daß ich nach meiner Heimkehr zuerst das Land über meinen Rombesuch und auch über eine eventuelle Wiederaufnahme der diplomatischen Beziehungen orientieren und die Folgen einer solchen Ankündigung abwarten solle. Schließlich bat ich den Hl. Vater um wirksame Unterstützung für ungarische Staatsangehörige, die in österreichischen und deutschen Flüchtlingslagern ihr Leben fristen mußten.

Ich traf in Rom auch selbst mit ungarischen Emigranten zusammen und verhandelte über deren Schicksal mit Baron Gábor Apor und dessen Mitarbeitern. Am 9. Dezember las ich in der Kapelle des päpstlich-ungarischen Instituts die hl. Messe für unsere Flüchtlinge. In einer Ansprache sagte ich: »Liebet einander, liebet die Kirche, die Säule der Wahrheit, die liebende Mutter, liebet die aus tausend Wunden blutende Heimat. Helfen wir, wo immer wir können. Der Sturm, der über die Welt hinwegfegte, fuhr auch ins Geäst des ungarischen Baums und zerstreute seine Blätter. Hütet jeden verwaisten Ungarn.«

Diese Worte wurden später immer wieder von den Flüchtlingen zitiert. Nach meiner Heimkehr übersandte ich dem Ministerpräsidenten die Antwort des Hl. Vaters zur Nuntiusfrage.

Am Ende meiner Audienz hatte mir der Hl. Vater mitgeteilt, daß im bevorstehenden Konsistorium mein Name auf der Liste der zu kreierenden Kardinäle stehen werde. Im Februar des nächsten Jahres erfolgte dann meine Ernennung zum Kardinal. Ich ließ sogleich bei den Behörden um die Ausfertigung eines Reisepasses nachsuchen. Die Zustellung verzögerte sich aber. Wir drängten beinahe täglich bei den zuständigen Regierungsorganen auf rasche Erledigung der Formalität. Der vorgesehene Reisetag stand nahe bevor, als endlich die Nachricht kam, daß ich wegen des Passes persönlich in der Hauptstadt vorzusprechen habe. Die Hinhalterei war nichts als der Ausdruck einer ungebührlichen Wichtigtuerei. Nie hatte sich vorher jemand erlaubt, einem meiner Vorgänger eine solche Zumutung anzutragen. Ich fuhr darum nicht nach Budapest und änderte meinen Entschluß sogar dann nicht, als mein bischöflicher Vikar János Drahos mich mit dem Argument umzustimmen versuchte, wenn ich nicht nach Rom führe, würde ich vielleicht die ungarische Kirche einer großen Auszeichnung berauben. Der vorgemerkte Abreisetag, der 17. Februar 1946, kam heran. Nachdem der Paß immer noch nicht eingetroffen war, machte ich in der näheren Umgebung von Esztergom Pfarrei- und Schulbesuche. Währenddessen rief Ministerpräsident Ferenc Nagy telefonisch an und fragte, da er mich nicht erreichte, Mgr. Drahos: »Ja, fährt denn der Primas nicht nach Rom?« Der Generalvikar entgegnete ihm: »Wie könnte er es tun, da er ja keinen Paß hat.« Darauf Nagy: »Bitte senden Sie sofort einen Boten zum Primas mit der Nachricht, die Regierung bitte ihn, sogleich nach Rom zu fahren, er werde den Reisepaß vorfinden, wenn er in Esztergom eintreffe.« Mit leiser Ironie gestattete sich Drahos die Frage: »Muß er denn nicht wegen der Papiere persönlich in Budapest vorsprechen?« und erhielt die Antwort: »Keineswegs, aber bitte, veranlassen Sie nur, was ich Ihnen sagte.« Der Bote erreichte mich in Visegrád. Die plötzliche Bereitschaft der Regierung überrascht nur, wenn man nicht weiß, daß der ungarische Gesandte in Rom, sozusagen in letzter Minute, nach Budapest telegrafiert hatte, es seien im Vatikan von den 32 neuernannten Kardinälen schon 31 eingetroffen. Nur der Primas von Ungarn fehle, und die Weltpresse frage, was das zu bedeuten habe.

Es war General Key, der mir schon während meiner ersten Romreise behilflich gewesen war, gelungen, sich über den Stand der Reisepaßangelegenheit auf vertraulichem Wege jeweils orientieren zu lassen. Als ich nach Esztergom zurückkam, wartete er deshalb bereits mit einem Flugzeug auf einer Wiese am Stadtrand. Mit dieser Maschine wurde ich mit meinem Sekretär Zakar nach Rom geflogen. Wir landeten dort am Mittag des 18. Februar 1946. Zum Empfang hatten sich Mitglieder der ungarischen Kolonie im Vatikan und zahlreiche Journalisten eingefunden. Im päpstlich-ungarischen Institut bezogen wir unser Quartier. Nachmittags machte ich mehrere offizielle Besuche. Am nächsten Tage empfing mich der Hl. Vater in Privataudienz. Ich mußte ihm über den Grund meiner Verspätung berichten. Wahrscheinlich hat ihn dann die Einsicht in unsere Verhältnisse, die ihm durch meine Schilderung möglich geworden war, bewogen, mich im Konsistorium zu umarmen und auf ungarisch zu sagen: »Es lebe Ungarn!« Als er mir den Kardinalshut auflegte, sprach er mit bewegter Stimme: »Unter den 32 wirst du der erste sein, der das Martyrium erleidet, dessen Symbol diese rote Farbe ist.«

Zur Titularkirche erbat ich – anstatt der mir vom Hl. Vater zugeteilten St.-Gregor-Basilika – Santo Stefano Rotondo, ein Gotteshaus, das dem Andenken des Diakons St. Stephan geweiht ist und das in früheren Zeiten die Kirche der Ungarn in Rom gewesen war. Pius XII. erfüllte meine Bitte gerne. Am 28. Februar übergab er mir persönlich das erzbischöfliche Pallium. Am 4. März empfing er mich nochmals zu einer einstündigen Audienz. Das war meine letzte Begegnung mit Pius

XII. Seine väterliche Güte und sein Mitgefühl begleiteten mich aber weiter auf meinem Wege. Stets trat er in Schwierigkeiten für mich ein, wies, wo er es konnte, die Machenschaften der Kommunisten und auch die der sogenannten »fortschrittlichen Katholiken« mit aller Entschiedenheit zurück. Ich denke mit großer Dankbarkeit daran, wie er für mich eintrat, als ich eingekerkert und vor Gericht gestellt wurde und ebenso an die liebevollen Worte seines Telegramms, das er mir 1956, nach meiner Befreiung, sandte.

In Rom besuchte ich alle anwesenden Kardinäle. Der Kardinal von Rosario lag schwer krank in einem römischen Spital darnieder. Während meines Besuches kamen wir auf die Lage Ungarns zu sprechen. Der Todkranke, der eine große Verehrung für die Gottesmutter hegte, tröstete mich: »Wie gut, daß Ungarn seit nahezu tausend Jahren unter dem Schutz Mariens steht. Das wird dem ungarischen Volk Kraft, Vertrauen und Trost schenken.«

Mehrmals verhandelte ich in Rom mit den Führern der ungarischen Kolonie über meine römischen Pläne, über Angelegenheiten ungarischer Flüchtlinge. Ich habe Flüchtlingslager in Bologna, in Reggio Emilia, in Rimini und in San Pastore besucht. Die Heimatlosen empfingen mich mit Liebe und Zuversicht, und ich trachtete danach, bei den Behörden und Hilfsorganisationen für sie alles, was ich nur konnte, an Unterstützung zu erreichen.

Voll Erschütterung durchwanderte ich auch die kilometerweiten ungarischen Heldenfriedhöfe in der Umgebung von Udine, wo so viele unserer Toten fern von ihrer Heimat und ihren Familien in italienischer Erde ruhen.

Am 18. März 1946 brachte mich ein amerikanisches Flugzeug zurück ins Vaterland. Es war ein erhebendes Gefühl, nach einem Monat Abwesenheit über den blauen Spiegel des Plattensees zu fliegen und nach Ungarn heimzukehren.

Die Verfolgten

Auf der Herbstkonferenz befaßten wir uns auch mit dem Los der sogenannten »Kriegsverbrecher« und »Volksschädlinge«, die man eingekerkert hatte. Manche der Verhafteten wurden von Volksgerichten abgeurteilt, andere aber ohne Richterspruch in Lager eingewiesen. Der größere Teil dieser Menschen war unschuldig und war nur deshalb eingesperrt worden, um sie einzuschüchtern und für eine Zusammenarbeit mit den Kommunisten gefügig zu machen. Selbstverständlich befanden sich in den Gefängnissen aber auch zweifelhafte Figuren des vorangegangenen Regimes, die ihre Position mißbraucht, ungerechte Anordnungen ausgeführt oder verderbliche Befehle weitergegeben hatten.

Im Sommer 1945 hatten die drei Siegermächte auf der Potsdamer Konferenz Anordnungen zur Aussiedelung der deutschen Minderheit getroffen. Woroschilow drängte nun bei der provisorischen Regierung auf einen dementsprechenden Erlaß. Als Drohungen dieser Art bekannt wurden, versuchten viele sie dadurch abzuwenden, daß sie sich der marxistischen Partei anschlossen. Wer dies nicht tat, machte sich durch ein solches Verhalten als »Kriegsverbrecher« oder Nazi verdächtig, und der Weg war dann nicht mehr weit, daß sein Besitz beschlagnahmt wurde und Internierung oder Gefängnis auf ihn wartete.

Wir Bischöfe konnten solchen Ereignissen nicht tatenlos zusehen, es war unsere Pflicht, die Nation und die Welt auf diese Zustände aufmerksam zu machen. Im Rundschreiben vom 17. Oktober sagten wir:

Unserer Christenpflicht gemäß haben wir seinerzeit unser Wort zum Schutz getaufter und ungetaufter Juden erhoben. Darum können wir auch jetzt nicht schweigen. Wir denken in erster Linie an Heimsuchungen, die nicht mehr der Krieg mit sich gebracht hat, sondern die in Haß und Rachsucht der Nachkriegszeit ihren Ursprung haben.

Deshalb müssen wir heute zugunsten der staatstreuen Deutschen ungarischer Nationalität ein offenes Wort reden. Wir wollen nichts von dem entschuldigen, was Deutsche von außerhalb unserer Grenzen ebenso wie solche, die in Ungarn lebten, dem Lande an Schaden oder Verbrechen zugefügt haben. Wir verurteilten dies frühzeitig und verurteilen es heute genauso entschieden. Aber wir sind auch verpflichtet, Stellung zu nehmen gegen Verallgemeinerungen.

Die unterschiedslose Vertreibung der deutschstämmigen Volksgruppen von Haus und Hof läßt sich weder mit menschlichen noch mit christlichen Grundsätzen vereinbaren. Soweit Schuldige bestraft werden, schweigen wir dazu. Es sind jedoch auch viele Mitbürger für schuldig erklärt worden, denen in Wahrheit kein Vergehen nachgewiesen werden konnte. Mehr noch: Allein die Tatsache, daß sie ihre Muttersprache reden, ist ihnen als ein Vergehen an der ungarischen Nation angerechnet worden. Dazu ist zu sagen: Als die in der Tschechoslowakei wohnenden Ungarn ein gleiches Schicksal zu erdulden hatten, empfand jedermann ein solches Vorgehen der dortigen Behörden als empörend und unerträglich.

Nach meiner Rückkehr aus Rom nahm ich eine Einladung der Arbeiterschaft von Csepel an und las am 23. Dezember in der dortigen großen Pfarrkirche die hl. Messe. Csepel ist eine typische Fabrikstadt mit 50 000 Einwohnern. Sie wurde von den Kommunisten als ihre Hochburg gewertet. Mein Besuch in der Stadt und der überaus begeisterte Empfang durch Zehntausende von Arbeitern waren deshalb eine bittere Überraschung für die Kommunisten. Die Bewohner von Csepel hatten übrigens ihre Verbundenheit mit dem Christentum schon öfter zum Ausdruck gebracht; im Jahre 1945 wurden hier zwei neue Mittelschulen gegründet, deren Führung die Stadt dem Benediktinerorden und den Schwestern aus Sopron anvertraute. Weil nun die Kommunisten immer wieder auf ihre von der Arbeiterschaft gestützte Vorherrschaft in dieser Stadt pochten, hielt ich dafür, daß Csepel der richtige Ort sei, um die Aufmerksamkeit der Öffentlichkeit auf das Los der Verfolgten zu lenken und in meiner Predigt dem blinden Haß die Liebe des Christen entgegenzustellen. Ich sagte unter anderem:

Liebe Gläubige, meine lieben Brüder,
ich entsprach gerne eurer Bitte. Der Friede sei mit euch. – Ich kam nach Csepel, in das Diözesangebiet des Bischofs von Székesfehérvár, aber ich bin hier bei euch zu Hause, genau wie es meine achtundsiebzig Vorgänger im Amt des Fürstprimas während tausend Jahren auf jedem Stück unseres Landes waren, ob sie nun das Volk bekehrten, ob sie das Schwert führten, Gesetze erließen oder ihrer Hirtenpflicht entsprechend auf Fehler und Mißbräuche in Staat und Kirchengemeinde hinwiesen. Wie jeder katholische Priester komme ich zuerst als Gesandter Christi. – Wenn ich Christus den Gekreuzigten predige (1. Kor. 1,23), spreche ich nicht von Haß, sondern von Liebe. Eine Lavaglut des Hasses hat seit einem Jahrzehnt die ganze Welt überflutet und bedroht auch heute noch unser aller Leben. Wir verkünden demgegenüber die Liebesbotschaft Christi und seiner Kirche. Fundament und Quelle dieser Liebe ist Gott selbst, der nach 1. Joh. 4, 16 die Liebe ist. Im Spiegel des Vaterunsers sind wir alle des einen Vaters Geschöpfe und Kinder, Brüder und Glieder des obersten Hauptes und geheimnisvollen Leibes Jesu Christi (1. Kor. 6,15). Wer haßt, gehört nicht zu Christus und besitzt auch nicht die rechte Menschenwürde. Wir lieben auch unsre Feinde, wie wir dies von Jesus und dem hl. Diakon Stephan gelernt haben. Wenn überhaupt irgendwann und irgendwo im Leben kann der Mensch gerade in einer solchen Haltung seine innere Größe zeigen und sich selbst besiegen.

Um die Weihnachtszeit besuchte ich dann zwei große Internierungslager in Buda und in Csepel. Ich tat dies aus seelsorgerischen Erwägungen, jedoch auch in der Hoffnung, mein Besuch werde einiges zur Linderung der Not beitragen. Mitgefühl und Dank waren weitere Beweggründe. Ich war ja vor Jahresfrist, gerade zu Weihnachten, zusammen mit meinen 26 Priestern und Seminaristen selbst Häftling eines Gefängnisses gewesen.

Den Besuch und den Zeitpunkt meines Eintreffens hatte ich schriftlich vorher gemeldet und gebeten, sofern die angegebene Stunde nicht genehm wäre, mich einen besser gelegenen Zeitpunkt wissen zu lassen. Ich war aber ohne Antwort geblieben. So erschien ich nun offensichtlich unerwünscht vor den Toren des Lagers und erklärte, daß ich so lange zu warten beabsichtige, bis mir Einlaß gewährt werde. Als daraufhin in der Umgebung die Kunde laut wurde, der Primas von Ungarn warte vor dem Lagertor auf die Erlaubnis zum Eintritt, eilte die Bevölkerung von allen Seiten herbei. Das war der Lagerleitung höchst peinlich, und sie öffnete mir. Ich besuchte zuerst die Massenquartiere und besah mir dann viele Einzelzellen. In Buda erbat ich mir, daß die riesige Menge der Gefangenen auf dem Kommandoplatz versammelt werde, damit ich ein paar Worte an sie richten könne. Die in ihrer Kraft gebrochenen Männer hoben die Köpfe, in ihren Blicken leuchtete ein Licht der Freude und Hoffnung auf. In meiner Person war die Kirche zu ihnen gekommen, in ihr Elend und in ihre Erniedrigung. Nach diesen Lagerbesuchen schrieb die marxistische Presse, der Erzbischof von Esztergom halte es offensichtlich mit den Kriminellen, und fügte böswillig hinzu, daß er in den Weihnachtstagen des Vorjahres den Besuch bei den Naziopfern unterlassen habe. Da aber jedermann im Lande wußte, daß ich in jenen Tagen selbst ein Gefangener der Nazis gewesen war, brauchte ich gar nicht zu antworten.

Soweit ich eine Erlaubnis dazu bekam, ging ich in Budapest auch in die Gefängnisse selbst und dort von Zelle zu Zelle. Die Häftlinge brachen oft in Tränen aus und baten zuweilen auch dann, wenn sie einer anderen Konfession angehörten, um meinen Segen. In einem dieser Kerker traf ich auch den greisen ehemaligen Armeebischof István Zadravecz in einem beklagenswerten Zustande.

Durch diese Gefängnisbesuche bildeten sich mancherlei herzliche menschliche Beziehungen. Die Angehörigen mehrerer Gefangener sprachen in Esztergom oder Buda bei mir vor, um sich zu bedanken, und es wurden manche Gefangene, obwohl ich mit den Besuchen keinerlei Bekehrungsabsichten verband, katholisch.

Nach diesen Besuchen schrieb ich an die Regierung, um für die Häftlinge je nach dem Grade ihrer Vergehen die Amnestie, eine bedingte Entlassung oder doch eine menschlichere Behandlung zu erbitten. Da sich in den Gefängnissen natürlich auch Parteigänger des eben abgetretenen Regimes und Kollaborateure der deutschen Besatzungsmacht, Pfeilkreuzler, befanden, schloß meine Bitte auch diese ein. Mein Brief wurde bald in der Presse publiziert und dem Schreiben eine mir fremde Absicht untergeschoben.

Angriff gegen das Gebet

Der Kommunismus hat kein einfaches, sondern ein sehr vielfältiges Gefüge. Wichtige Faktoren dieser Bewegung sind: Ideologie, Parteiorganisation, Gesinnungstreue. Er ist eine Art Religion – freilich im negativen Sinn – mit Dogmen und Führungshierarchie. Die Ideologie könnte kurz etwa folgendermaßen dargestellt werden:

Materie ist die einzige Realität, die von Beginn an da war und ewig da sein wird. Aus ihr entwickelte sich das Weltall, die Pflanzen, die Tierwelt. Am Ende der Entwicklung steht der Mensch. Die kommunistische Weltanschauung kennt keinen Gott, keine unsterbliche Seele. Die Materie hat das Sein aus sich, sie benötigt keinen Schöpfer. Die in der Welt herrschende Ordnung und Zweckmäßigkeit ist das notwendige Resultat einer dialektischen Entwicklung und nicht etwa das Werk irgendeines »Weltgeistes«. Diese Entwicklung erfolgt zwangsläufig in stets aufsteigender Linie, sie ist in der dialektischen Spannung begründet, die durch die der Materie innewohnenden Widersprüche entsteht. Mit dem Attribut »dialektisch« grenzen die Kommunisten ihren Materialismus gegen den sogenannten »mechanischen Materialismus« der Enzyklopädisten des 18. Jahrhunderts ab. Nach der alten Theorie haben sich das Weltall und in ihm das Leben sowie der Mensch durch langsame, schrittweise, quantitative und räumliche Metamorphosen der Materienpartikel entwickelt. Im Gegensatz zu der mechanischen Theorie der Deterministen weisen die Marxisten darauf hin, daß der Materie, außer ihrer quantitativen und räumlichen Ausdehnung, auch Bewegung zukomme. Die immerwährende Bewegung befähigt die Materie zur Entwicklung und zur Metamorphose. Von der Art ihrer Zusammensetzung bestimmt, vollbringt die Materie verschiedene Bewegungen. Auf der niederen Stufe ist für sie nur eine chemische und physische Bewegung eigentümlich, danach wird sie differenzierter und lebt. Auf

93

einer noch höheren Stufe ist sie die Trägerin des Selbstbewußtseins. Die neuen Seinsstufen, Leben und Selbstbewußtsein, entstehen aber nicht durch Änderungen, die nach einem langsamen, ausgeglichenen Ablauf eintreten, sondern sie entfalten sich geradezu sprunghaft aus dem günstigen Augenblick, in dem die gestaute, quantitative Änderung in eine qualitative Änderung umschlägt. Wenn man fragt, in welcher Weise die Kommunisten ihren dialektischen Materialismus zu begründen suchen, wird man finden, daß sie viele ihrer Behauptungen als unumstößliche Lehrsätze betrachten, die keiner Beweise bedürfen. Zudem glauben sie auch, daß ihre Behauptungen durch die Naturwissenschaften ausreichend gestützt seien. Sie stellen in dieser Hinsicht aber keine sehr großen Ansprüche, sie verweisen zum Beispiel einfach darauf, daß viele Dinge auf chemischem Wege hergestellt werden können, daß kochendes Wasser sich in Dampf umwandle und so weiter. Auf die Praxis eines Jahrhunderts zurückblickend, kennen die Propagandisten des Kommunismus die menschlichen Wunschträume und berücksichtigen diese in ihrer Propaganda. Arbeitern versprechen sie die Verstaatlichung der Betriebe, Landarbeitern die Aufteilung des Grundbesitzes. Sie organisieren und propagieren soziale Hilfe für Unzufriedene und Unterdrückte. In jeder Gesellschaftsschicht gibt es Menschen mit Herz, die sich auf die Seite der Armen und Notleidenden stellen und eine gerechte gesellschaftliche Ordnung wünschen. Diese Menschen werden unbeabsichtigt oft zu Handlangern der Kommunisten. Ihre Mitarbeit bringt der marxistischen Bewegung propagandistischen Gewinn. Nicht selten werden solche Sympathisanten mit leeren Verheißungen über die menschliche Gleichheit, die restlose Beseitigung irdischen Elends, den Wohlfahrtsstaat und eine glückliche, klassenlose Gesellschaft in einer freien Welt gewonnen. Gleichwohl kann die kommunistische Ideologie nur dort eine dauernde Wirkung erzielen, wo die religiösen Grundlagen eines Volkes angekränkelt sind und Vernunft, Gottesglaube und Moral solchen Ideen ungenügenden Widerstand leisten.

In christlichen Kreisen können marxistische Lehren immer erst Fuß fassen, wenn die Religion die bestimmende Kraft im Gesellschaftsleben eingebüßt hat. Es ist bekannt, daß Menschen, die in ihrer Weltauffassung unsicher geworden sind, nach neuen tragfähigen Grundlagen des Lebens Ausschau halten. Der Marxismus erscheint in solchen Fällen als Rettung, weil der Verunsicherte hofft, daß ihm der dialektische Materialismus auch die Fragen beantworten werde, die von der Religion und Metaphysik im Geheimniszustand gelassen und nicht beantwortet werden. In einer Nation, die in ihrem Glauben noch fest verwurzelt ist, findet daher der Kommunismus wenig Möglichkeiten, sein Ziel zu verwirklichen. Unsere in Moskau geschulten und jetzt aus Rußland zurückgekehrten kommunistischen Landsleute wußten genau, daß unser Volk sich ihren Lehren gegenüber abweisend verhalten würde. Sie verschwiegen daher ihre Herrschaftspläne und beteuerten, es sei keineswegs ihre Absicht, die marxistischen Lehren irgend jemandem aufzuzwingen. Von Menschenrechten und Gewissensfreiheit sprachen sie ganz im Ton und Stil der westlichen bürgerlichen Politiker. Es gelang den Sendboten der Sowjets daher, sogar religiöse Menschen irrezumachen. Sie maskierten den Kommunismus als eine echte demokratische Partei. Aus ihren Reden und Schriften konnte der Schluß gezogen werden, daß auch strenge Katholiken ohne Bedenken mit Kommunisten zusammenarbeiten und ihnen ihre Stimme geben dürften. Die dadurch entstandene schwierige Lage wurde Thema unserer bischöflichen Konferenzen. Ich besprach mich auch mit der Führung der Actio Catholica. Es galt, den Lockungen des Marxismus zu widerstehen und die Machtübernahme durch extreme linke Parteien zu verhindern. Als deshalb mit der Regierungsbildung und der Gesetzesvorlage über die Proklamierung der Republik offenkundig wurde, daß uns nur noch eine kurze Zeit bleiben würde, entschloß ich mich, unser Volk auf eine harte Zeit der Bedrängnisse, der Not und der Schwierigkeiten vorzubereiten. Ich bat den Prälaten Zsimond Mihalovics, den Leiter der Actio Catholica, Pläne zur Intensivierung des religiösen Lebens und des christlichen Bewußtseins im ganzen Volke auszuarbeiten. Wir versuchten, im Geiste der Fatimabotschaft eine Sühnebewegung ins Leben zu rufen. Wir wollten – da Gottes Hand schwer auf uns allen lag – Buße tun, um Barmherzigkeit zum Himmel rufen und gleichzeitig um Kraft zur Ertragung der Schicksalsschläge bitten. Es war aber auch nötig, auf unberechtigte Anschuldigungen zu antworten, die zum Teil auch aus dem Ausland kamen und die von den Kommunisten aufgegriffen wurden, um die sowjetischen Willkürakte und Unterdrückungen zu rechtfertigen. So erklärte ich am Silvesterabend, dem 31. Dezember 1945, in einer Radioansprache an die Nation:

»Am letzten Abend des Jahres müssen wir auch Rechenschaft ablegen, Rechenschaft über begangene Fehler, über versäumte gute Taten. Ich rufe das ganze Volk zu dieser Gewissenserforschung auf. Im eben zu Ende gehenden Jahre hat man uns aber immer wieder auf die Sünden unserer Vergangenheit hingewiesen. (...) Es mußte der Eindruck entstehen, wir seien nicht nur der Abschaum Europas, sondern ein Auswurf der Welt, ein verworfenes Volk mitten unter einer Schar von Engeln. Das geschah, obwohl wir in der Kriegszeit am meisten Hilfswillen für die von den Deutschen unterjochten Länder Belgien, Frankreich, Dänemark, Holland, Griechenland gezeigt hatten, obwohl wir – trotz der Entrüstung der Nationalsozialisten – versucht haben, den französischen und polnischen Gefangenen eine menschenwürdige Behandlung zuteil werden zu lassen. Ich darf hierzu vielleicht auch erwähnen: Bei uns, in Balatonboglár, hatte das einzige freie Gymnasium, das dem polnischen Volk noch geblieben war, seinen Standort. Reichlich abgespielt tönen die Platten mit dem Sündenregister, das uns von bestimmten Kreisen des Auslandes vorgehalten wird. Von ungarischen Zungen dem ungarischen Volke vorgeworfen, zeigt dieses Sündenregister unsere Vergangenheit in einer verzerrten Perspektive und sät Zwietracht, wie sie den Interessen bestimmter Kreise willkommen ist. Mein christliches sowohl wie mein ungarisches Gewissen verbieten es mir, solche Pauschalanklagen zu übernehmen . . .«

Drei Wochen später, am 20. Januar 1946, habe ich in der Dominikanerkirche bei einer Festfeier zu Ehren der hl. Margrit aus dem Hause der Árpáden wiederum über die Buße gesprochen und gemahnt, das Beispiel dieser liebenswürdigen Heiligen und ihr Opfer für die Nation nachzuahmen:

»Wir befinden uns in großer Bedrängnis. Wir stehen vor dem Friedensschluß, vor großen Prüfungen in der demokratischen Welt. Die Augen des ganzen Volkes sollten sich jetzt auf unsere ›teure Perle‹ (das lateinische Wort margarita bedeutet: Perle) richten, damit ihr großes Sühnewerk ein reinigender Quell für Ungarn werde und für die ungarische Erde ein Segensstrom, der alle Spuren von Blut und Tränen zu beseitigen vermag. – Sehr vieles ist vergangen. Christus aber lebt, siegt und herrscht. Die Kraft des Glaubens und des Gebetes ist ungebrochen. Büßendes, sühnendes, läuterndes Ungarn, Pannonia sacra, komm und erlöse das sündige Ungarn.«

Mein Hirtenbrief für die Fastenzeit äußerte ähnliche Gedanken:

»Sühne wird erfordert, wo immer und wann immer die Sünde sich zeigt und ausbreitet, wo auch deren Folgen, die Strafen des zürnenden Gottes, spürbar werden. – Wir wollen daher durch Gebet und Reue und freiwillig übernommene gute Werke unserem Mitgefühl für den leidenden, geschmähten und verspotteten Christus Ausdruck geben. Wie einst Veronika mit ihrem Schweißtuch, so möchten auch wir ihm Trost spenden durch liebevolle Teilnahme an seinem Schmerz Tun wir daher in dieser Weise der göttlichen Gerechtigkeit Genüge und stellen wir die verletzte sittliche Ordnung wieder her! – Die Sühne beginnt – in der

25. Kundgebung in Budapest
am 1. Mai 1945.
Mátyás Rákosi spricht zu
den Demonstranten.

26. 1.-Mai-Demonstration
1945. Auf dem Transparent
wird die Bodenreform
gefeiert. Mit solchen Bildern
versuchten die neuen
Machthaber den Eindruck
zu erwecken, daß ein
Gegensatz zwischen
Kardinal Mindszenty und
der Mehrheit des
ungarischen Volkes bestehe.

27. Massenkundgebung auf
dem Kossuthplatz anläßlich
der Ausrufung der Republik
am 1. Februar 1946.

30. Kardinal Mindszenty
auf dem Marianischen
Weltkongreß in Ottawa /
Kanada, 1947 (rechte Seite)

28. Ferenc Nagy.

29. Zoltán Tildy.

31. und 32. Grundstein-
legung in Máriagyüd 1948
während des Marianischen
Jahres.

33. In Hamilton,
Ontario/Kanada, rechts der
Sekretär des Kardinals,
András Zakar.

34. Auf der Kanzel.

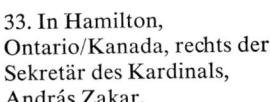

Gemeinschaft mit Jesus Christus – mit der Sündenvergebung, findet ihre Fortsetzung im Leiden, ihre Vollendung im Opfer. – Nach der Niederlage bei Sedan erbaute das reumütige Frankreich in Paris auf dem Berge der Märtyrer dem heiligsten Herzen Jesu eine mächtige Basilika, Sacré Coeur. Wir sind heute arm, und es ist uns nicht möglich, einen prunkvollen Dom zu erbauen. Wir können nur unsere im Krieg zerstörten Kirchen unter großen Anstrengungen als Sühnekirchen neu aufbauen. Aber auch jede verschont gebliebene Kirche und Kapelle, jede Familie, jede gläubige Seele soll eine Stätte der Sühne werden. Statt Dornen und Nesseln der Sünde müssen Zypressen und Myrten der Sühne sprossen wie bei Js. 55,13 geschrieben steht.«

Man darf ohne Anmaßung behaupten, daß die mahnende Stimme der Kirche überall im Lande gehört wurde. Viele Menschen – auch Nicht-katholiken – schlossen sich unserer Bußbewegung an. Das Volk war bereit, in der Nachfolge Christi ein schweres Kreuz auf sich zu nehmen und es auch zu tragen. Gerade in dieser Zeit habe ich, wie ich mich zu erinnern glaube, in meinen Reden gern ein Gleichnis von Amboß und Hammer gebraucht. Ich hatte als Kind öfter den Dorfschmied besucht und richtete mein Augenmerk dabei weniger auf den Hammer, der immer nur zuschlug, als vielmehr auf den Amboß, der nie zurückschlug, mir aber, nach jedem Schlag, den er empfangen hatte, härter und widerstandsfähiger vorkam. Mein Wort »Je härter der Hammer, desto standfester der Amboß« wurde aus solchen Zusammenhängen ein geflügeltes Wort in Ungarn.

Das Echo auf unseren Aufruf zur Bußfertigkeit übertraf jegliche Erwartung. In den Tagen zwischen dem 2. und 9. Februar 1946 wurden in allen Kirchen des Landes Novenen verrichtet. An manchen Orten vermochten die Gotteshäuser die Menge der Gläubigen nicht mehr zu fassen. Ich selbst hielt am neunten Tag in Budapest, in der Kirche der »Ewigen Anbetung«, die Andacht. Ich sagte: »Nur eine betende Menschheit kann eine bessere Welt bauen. Ich denke jetzt nicht bloß an die Gestaltung des Äußeren: an Häuser, Brücken, Straßen, Kabelanlagen und dergleichen, sondern ich denke an mitmenschliche Beziehungen und an das Innenleben. – Wir müssen in unser Planen und Schaffen opferbereite Begeisterung und die Macht des Gebetes einfügen. Das Gebet kann körperliche und geistige Kräfte steigern, ja es ist eine Macht, die sogar die Naturgesetze zu überwinden vermag.«

Als ich nach Beendigung der Andacht aus dem Kirchenportal trat, wurde ich von den draußen harrenden Gläubigen herzlich begrüßt. Zugleich schrien aber auch einige: »Szálasi, Szálasi«, das war der Name des Pfeilkreuzlerführers. Die »Politische Polizei« hatte ihre Spitzel unter die wartende Menge gemischt, deren Zwischenrufe einen Vorwand für Verhaftungen schaffen sollten. Die Abendzeitungen berichteten denn auch prompt, daß der Primas mit Hilfe von Pfeilkreuzlern unter dem Deckmantel einer kirchlichen Feier eine antidemokratische und antirepublikanische Demonstration veranstaltet habe. Das habe Entrüstung in weitesten Bevölkerungskreisen hervorgerufen. Die Arbeiter der Hauptstadt mußten zu einer Gegendemonstration in den Straßen Budapests aufmarschieren. In die Reihen dieser lautlos und bedrückt dahinziehenden Arbeiterschaft mischten sich bezahlte Hetzer und brüllten: »Arbeit und Brot – den Strick für Mindszenty.« Hinterher brachte die Presse Artikel über die »spontane« Kundgebung, die durch meine herausfordernde antidemokratische Haltung hervorgerufen worden sei.

Damit war der Zeitpunkt gekommen, von dem an ich in der Presse und in Massenversammlungen pausenlos angegriffen wurde. Der wahre Grund für diese Anfeindungen war der Aufschwung des religiösen Lebens, das Wachsen des christlichen Selbstbewußtseins. Als dann Anschuldigungen auch in ausländischen Zeitungen erschienen, äußerte ich mich in unserem kirchlichen Organ »Uj Ember«. Einen Auszug aus meinen damaligen Worten (vom 10. Februar 1946) will ich hier wiedergeben:

»Die Priester wie die Gläubigen der katholischen Kirche in Ungarn erwarten von den Journalisten, daß sie ihre Berichte für in- oder ausländische Zeitungen der Wahrheit und den Tatsachen gemäß abfassen. Das ist eine Forderung sowohl der Kirche wie des Landes und der Nation. In jüngster Zeit wird jedoch so oft von diesem Grundsatz abgewichen, daß man an Absicht denken muß. Der Fürstprimas sucht keineswegs Streit mit den weltlichen Behörden. Er erfüllt nach seinen Kräften und mit ganzer Hingabe seine apostolischen und staatsbürgerlichen Pflichten. In ihrem Dienst wacht und arbeitet, ringt und kämpft er, aber immer nur im Interesse der Wahrheit. Darum folgt ihm die öffentliche Meinung auch so deutlich, wie sie es getan hat. Wenn die weltliche Macht, demokratischen Grundsätzen gemäß, die Freiheit und die Rechte der Kirche achtet, kann es deshalb auch nicht zu irgendeinem Konflikt kommen, dessen Gespenst von der Presse an die Wand gemalt wird . . .«

Seit dem 1. Februar 1946 war nun also Ungarn eine Republik; Staatspräsident war Zoltán Tildy, Ministerpräsident Ferenc Nagy. Auch eine andere schwerwiegende Regierungsumbildung war vorgenommen worden. Lászlo Rajk ersetzte in der Leitung des Innenministeriums den humaneren Imre Nagy. Die drei Linksparteien schlossen sich im Parlament zu einem Linksblock zusammen. Dies geschah auf russischen Druck hin, sobald es klar war, daß viele Abgeordnete der Sozialdemokraten und der Bauernpartei sich weigerten, einfach nur die Rolle von »Jasagern« im Parlament zu spielen. Nach der Bildung dieses Blocks wurde die Parteidisziplin härter. Von freier Meinungsäußerung und freier Stellungnahme konnte keine Rede mehr sein. Die Kommunisten drängten bei der Regierung darauf, dem Parlament eine Gesetzesvorlage zum Schutze von Staatsordnung und Republik zu unterbreiten. Offensichtlich hofften sie, damit ihren Polizeiaktionen und Erpressungen eine legale Grundlage geben zu können. Das Volk hat dieses Gesetz sehr bald das »Scharfrichtergesetz« genannt. Durch seine Anwendung wurde es nämlich leicht möglich, eine große Zahl von Persönlichkeiten des öffentlichen Lebens unter Strafverfolgung zu stellen. Als ich später selbst vor Gericht zu erscheinen hatte, stützte der Staatsanwalt seine Anklage ebenfalls auf dieses Gesetz und erreichte beim Volksgericht meine Verurteilung zu lebenslänglichem Zuchthaus.

Eine Widerstandsgruppe unter Dezső Sulyok versuchte, das Gesetz zu bekämpfen. Die Ausrufung Ungarns zur Republik hatte diesem Politiker einige bittere Enttäuschungen eingebracht. Zunächst war er gegen die Einführung der neuen Staatsform aufgetreten. Dann hatten ihm aber die schlau berechnenden Kommunisten die Ministerpräsidentschaft in Aussicht gestellt. Daraufhin gab er seinen Widerstand auf und suchte nun möglichst viele Abgeordnete davon zu überzeugen, daß in unserer Lage und bei dem offenkundigen Druck der Russen der Übergang zur republikanischen Staatsform unvermeidlich sei. Er erklärte sich schließlich sogar bereit, den entsprechenden Gesetzesentwurf vor den Abgeordneten selbst vorzutragen. Die Kommunisten fühlten sich aber später, als sie am Ziel waren, nicht mehr an ihr Versprechen gebunden und verhalfen nicht Sulyok, sondern Ferenc Nagy zu dem wichtigen Amt. Der bescheidene Mann aus den Kreisen der Kleinlandwirte war aber mit den Regierungsgeschäften kaum vertraut, und es gelang den Russen, ihn dazu zu bewegen, jenes »Landesverteidigungsgesetz« zum Schutz von Staat und Republik vorzulegen. Den Widerstand, der sich in der

Parlamentsfraktion seiner eigenen Partei bemerkbar machte, überging er, indem er sich einer schon alten Taktik bediente. Man verbreitete das Gerücht, daß das Land im Fall der Nichtannahme von russischen Vergeltungsmaßnahmen bedroht werde. Die Zustimmung jedoch lasse uns kostbare Zeit gewinnen und ermögliche ein Hinüberretten der Mehrheitspartei in bessere Tage. Wenn erst einmal ein Frieden geschlossen sei, könnten wir all das wieder beseitigen, was uns heute aufgezwungen werde. Mit solchen Illusionen erreichte Ferenc Nagy, daß am 12. März 1946 das »Scharfrichtergesetz« angenommen wurde. Unter Führung von Dezső Sulyok versuchte eine kleine Gruppe dagegen zu opponieren. Sie griff in der Parlamentsdebatte auch den Leiter der »Politischen Polizei«, László Rajk, an und verurteilte dessen unmenschliche Methoden. Die Folge war, daß Dezső Sulyok und zwanzig weitere Abgeordnete auf Druck der Sowjets aus der Kleinlandwirtepartei ausgeschlossen wurden.

Weil aber allmählich keine wirklichen »Kriegsverbrecher« und »Volksfeinde« mehr aufzutreiben waren, wurde der Kreis der »Strafwürdigen« erweitert; es wurden neue Kategorien antirepublikanischer Verfehlungen aufgestellt. Innenminister Rajk ordnete Ende April des Jahres 1946 Hausdurchsuchungen an, und zwar in den Mittelschulen. Die Polizei erschien während der Unterrichtsstunden, schaute sich Bücher und Hefte der Schüler an und wühlte in deren Mappen. Dann nahm sie ein Dutzend Schüler mit und zwang sie unter Drohungen zur Abfassung von Protokollen, in denen Katecheten und Ordenslehrer der Staatsfeindlichkeit beschuldigt wurden. Während dieser Durchsuchungen versteckten die Polizisten auch Gewehre und Patronen in den Gebäuden und »entdeckten« diese hernach in Anwesenheit der Schuldirektion. Natürlich erschienen in der linksorientierten Presse sogleich Berichte über diese »Schulzustände« und Anklagen gegen die Lehrer. Die kirchlichen Schulen wurden als »Brutstätten der Reaktion« bezeichnet.

Als ich von diesen Vorkommnissen hörte, veranlaßte ich bei den Leitern der katholischen Schulen die Überprüfung jedes einzelnen Falles. Der Unterrichtsminister Dezső Keresztúry selbst half mit bei diesen Untersuchungen, und so mußte auch von amtlicher Seite festgestellt werden, was der Öffentlichkeit ohnehin klar war: Das ganze Unternehmen war nichts als ein organisierter Angriff auf die katholischen Schulen und den Religionsunterricht. Wir Bischöfe veröffentlichten am 4. Mai ein Rundschreiben, das unsere Weisungen für alle Schulfragen wiedergab und allen, die in unseren kirchlichen Schulen eine Gefahr für die Demokratie sehen wollten, die Antwort erteilte. Wir erklärten darin:

»... Sie dürfen beruhigt sein: Schulen und Religionsunterricht der Kirche werden niemals einer echten demokratischen Gesinnung entgegenwirken. Die Kirche hat vielen unbemittelten Kindern durch Stipendien das Studium und den gesellschaftlichen Aufstieg ermöglicht. Manche, die heute der Kirche fernstehen, verdanken ihren Erfolg und ihre Stellung im Kulturleben der Kirche. Ist dies nicht ein Zeichen dafür, daß eine katholische Erziehung niemandem Fesseln anlegt? Freiheit entspricht dem demokratischen Geist. Aber gibt es dort wirkliche Freiheit, wo Katholiken keine eigenen Schulen mehr haben dürfen, wo nur Staatsschulen geduldet werden, Schulen, durch die oft genug eine Minderheit ihre Weltanschauung der Mehrheit aufzuzwingen versucht? Heute ist diese Partei an der Macht, morgen jene, und jede möchte mit Hilfe der Schule ihre Herrschaft festigen. Das ist keine Demokratie, keine Freiheit ...«

Dazu veröffentlichte auch noch die katholische Generaldirektion der Schulen am 11. Mai 1946 die folgende Erklärung:
»Im Zusammenhang mit den sich häufenden Angriffen gegen katholische Mittelschulen wurden überall und sofort amtliche Untersuchungen eingeleitet. In den meisten Fällen geschah dies, bevor in den Zeitungen Berichte erschienen. In fünf Fällen konnten die Untersuchungen inzwischen abgeschlossen werden, und zwar an den Gymnasien der Benediktiner in Esztergom, der Prämonstratenser in Keszthely, der Piaristen in Nagykanizsa, der Zisterzienser in Pécs und der Piaristen in Vác. Die Anklagen erwiesen sich als gänzlich unbegründet. In zwei anderen Fällen – im Budapester Gymnasium der Piaristen und im Gymnasium der Franziskaner zu Esztergom – ist die Untersuchung noch im Gange. Doch jetzt schon kann festgestellt werden, daß auch diese Anklagen zumindest voreilig und übertrieben waren. Gleichwohl seien alle Direktoren katholischer Schulen hiermit aufgefordert, die ihnen anvertraute Jugend sorgsam zu staatsbürgerlichem Verhalten anzuhalten, damit – wie bisher – Disziplin und Ordnung die Kennzeichen unserer Internate seien und keine Veranlassung zur Einmischung von außen geboten wird.«
Die Empörung über die Polizeiaktionen war sehr groß. Trotzdem scheute sich die Polizei nicht, weitere Hausdurchsuchungen vorzunehmen und dabei natürlich auch weitere »Entdeckungen« zu machen. Es wurde deutlich, daß die Kommunisten von der Partei der Kleinlandwirte die Zustimmung zur Verstaatlichung der Schulen und zur Unterdrückung des öffentlichen Religionsunterrichtes erzwingen wollten. Die

Zusammenarbeit von Presse und Politischer Polizei war jedoch nicht immer genau abgestimmt, so daß es geschehen konnte, daß in der Budapester Presse der Bericht über eine »Verschwörung« und Durchsuchung im Gymnasium der Zisterzienser zu Baja erschien, bevor überhaupt die Hausdurchsuchung stattgefunden hatte. Weil der Bericht sehr eingehend und mit »genauen« Daten versehen war, wurde die Sache zum landesweiten Skandal. Das Thema »Schülerverschwörung« verschwand darauf wieder aus den Zeitungen.

Der Elternverband

Nach ihrer Bloßstellung durch die Panne in Baja unterließ die Polizei zwar ähnliche Schikanen, die Schulfrage war damit aber keineswegs erledigt. Von nun an wurde die Notwendigkeit einer einheitlichen Erziehung befürwortet und dazu erklärt, daß solche Reformen neue Schulbücher, die Abschaffung des obligatorischen Religionsunterrichtes und die Verstaatlichung der kirchlichen Schulen erforderten. Man berief sich darauf, daß diese Reformen in westlichen demokratischen Staaten längst verwirklicht seien. Das gleiche sei auch in Ungarn notwendig, da die kirchlichen Schulen, im Gegensatz zu den staatlichen, ein »antidemokratisches, reaktionäres« Erziehungssystem bevorzugten.

Wir hatten unsere Gründe, zu fürchten, daß die Führung der Partei der Kleinlandwirte wieder nachgiebig sein werde, und mobilisierten im Interesse unserer Schulen die Eltern selber.

Wir organisierten Vorträge, Konferenzen, Kurse für die Eltern und die Lehrer der Ordensschulen. In großen Volksversammlungen antworteten wir auf die Vorwürfe von Parteien und Presse. Diese Bewegung unter den Eltern zwang die Marxisten, ihre Taktik zu ändern. Nun machten sie die Schulfrage zu einem inneren Problem der Parteien. Auf diese Weise gelang es ihnen, das Gefüge der Kleinlandwirtepartei zu erschüttern. Sie drängten seit einiger Zeit auch mehr und mehr darauf, daß bestimmte Regierungsfragen einfach durch Absprachen der Parteiführer untereinander gelöst würden. Die Regierung sollte, auf die zwischenparteilichen Verhandlungen gestützt, Beschlüsse unter Umgehung des Parlamentes fassen. Die Führer der Kleinlandwirte erkannten weder die unheilvolle Rolle, die jetzt die Kollaboranten in ihren eigenen Reihen spielten, noch die Machenschaften der politisch viel besser geschulten Marxisten. Solche Mißstände empörten aber die Wähler. Provinzorganisationen der Partei forderten die Einstellung derartiger

Absprachen und eine Behandlung der Regierungsgeschäfte ausschließlich durch das dafür zuständige Parlament. Dieses Verlangen verstärkte sich noch erheblich, als bekannt wurde, daß der Elternbund die kulturpolitischen Forderungen der Kommunisten zurückgewiesen habe.

Dieser Elternbund war sehr rege. Er hatte sich schon bei den ersten Beschuldigungen wegen »Schülerverschwörungen« zu Wort gemeldet und nahm jetzt durch seine Vertreter an allen einschlägigen Untersuchungen teil und wies ungerechtfertigte Vorwürfe nachdrücklich zurück. Ich selbst habe öfters die Protestversammlungen des Elternbundes besucht und in Ansprachen die Themen »Erziehungsrecht der Kirche« und »Wert der christlichen Schulen« behandelt.

So äußerte ich mich am 21. Mai 1946 in der St.-Stephans-Akademie, dem Forum christlicher Wissenschaftler, Künstler und Schriftsteller, zur christlichen Erziehung folgendermaßen:

»Der Familie wurde Aufgabe und Recht der Kindererziehung unmittelbar vom Schöpfer gegeben. Dieses Recht der Eltern hat den Vorrang gegenüber dem Recht jeder anderen Gesellschaftsinstitution. Keine irdische Macht – auch der Staat nicht – ist befugt, dieses Recht den Eltern streitig zu machen. Die Kirche steht seit den frühesten Zeiten in der Frage der Kindererziehung auf dem Standpunkt des Naturrechtes, und dieses Recht verpflichtet die Kirche selbst so streng, daß auch sie keine Änderung an ihm vorzunehmen vermag. Das Erziehungsrecht der Familie ist ein Urrecht, das aus der Tatsache der Elternschaft hervorgeht. Dieses Recht kann der Familie nicht genommen werden, es kann höchstens davon die Rede sein, daß außerfamiliäre Institutionen die Eltern in der Erfüllung ihrer Erziehungspflichten unterstützen. Das getaufte Kind gehört in solchem Sinne nicht allein den Eltern, sondern auch der Kirche, weil es durch die Taufe in der übernatürlichen Ordnung auch ihr Kind geworden ist, und weil die Kirche, die Braut Christi, durch die Vermittlung des Sakramentes sogar das Amt der Mutter bekleidet. Die Kirche nimmt den Platz der Mutter in der übernatürlichen Ordnung ein, wie ihn die Eltern in der natürlichen Ordnung innehaben. Es ist darum ihre Aufgabe und ihr Recht, ein Lehramt auszuüben, und sie weist jeden Eingriff, jede Behinderung und Einschränkung bei der Ausübung dieses ihres Rechtes zurück. Der Zweck des Staates ist es, die irdische Wohlfahrt des Bürgers zu sichern. Die Schulbildung ist aber nicht nur ein unabdingbares Zubehör des menschlichen Wohlergehens, sondern auch dessen Voraussetzung. Daher hat auch der Staat bei fortschreitender Zivilisation die Pflicht sowohl wie das Recht zur Mitwirkung und Unterstützung der elterlichen Erziehung. Ein grundsätzliches

Interesse von Kirche wie Staat an den Schulen steht deshalb außer Frage. Die Ansprüche der beiden Institutionen sind jedoch oft sehr verschieden, ja sie widerstreiten einander nicht selten, besonders seit die weltanschauliche und religiöse Spaltung aller Völker eine geschichtliche Tatsache geworden ist. Das Wirken dieser zwei Sphären kann darum seither nur auf gegenseitiger Achtung der Rechte beruhen. Uns beschäftigt in erster Linie die ungarische Lösung dieser Fragen. Wir wünschen keine Änderung der Verhältnisse, die sich bei uns aus der Geschichte ergeben haben, und würden uns einem solchen, unseren Traditionen gefährlichen Umstellungsversuch widersetzen. Wir würden das tun im Bewußtsein, daß das christliche Volk des ganzen Landes diese Traditionen mit äußerster Erbitterung verteidigen würde. In der Schulfrage sind sich alle christlichen Ungarn einig.«

Die hier als Möglichkeit angedeutete solidarische Haltung der Reformierten war mir inzwischen bekannt geworden. Ich hatte den Bischof der Calvinisten, László Ravasz, in dieser Angelegenheit aufgesucht, wir hatten über die allgemeine politische Lage des Landes und die der ungarischen Christenheit gesprochen und waren uns völlig einig im Willen, die bildungspolitischen Absichten der Kommunisten entschieden zurückzuweisen und die national eingestellten Politiker in ihrer Haltung zu ermutigen und zu unterstützen. Bischof Ravasz befürwortete in diesem Zusammenhang auch die Bestrebungen des Katholischen Elternbundes. Der Bischof erwiderte bald meinen Besuch, was den Anstoß dazu gab, daß ich am 25. Mai 1946 in einer Ansprache bei den Zisterziensern in Buda die Tatsache erwähnte, daß auch die ungarischen Protestanten das »Regnum Marianum« von St. Stephan in hohen Ehren hielten. Mit einem historischen Rückblick sagte ich hierzu: »Als unsere Nation in der Schlacht bei Mohács vernichtend geschlagen worden war, viele Männer, Frauen und Kinder verschleppt wurden, verließen die übriggebliebenen Ungarn das offene Land und versteckten sich in der Einöde der Sümpfe oder in den Schluchten der Wildnis. Sie hatten oft weder Kleidung noch Schuhe, noch Vieh und kein Brot. Sie lebten von Wurzeln und Waldfrüchten. In der Erinnerung an eine gute Vergangenheit, im Elend und Leiden ihrer Gegenwart, in der Hoffnung auf eine bessere Zukunft sangen sie ein neues Lied, ein Lied, das Generationen und Jahrhunderte überdauerte und das bei ihnen nie verstummen wird:

>Ach Mutter, du Zuflucht der Sünder,
erhöre die Not deiner Kinder!
Patronin, wir falten die Hände,

des Vaterlands Elend bald wende.
Wir flehn um des Himmels Erbarmen.
Vergiß nicht der Ungarn, der armen.‹

Das ist nun alles sehr schön, könnte jemand sagen, aber bewirkt nicht dieser Marien-Gedanke eine Spaltung der nationalen Einheit? Ich glaube nicht, die Mutter in der Familie und die Gottesmutter im Leben des Volkes bedeuten nicht Trennung, sondern sind das Band einer einigenden Liebe. – Ich bedaure es tief, daß es blutige Kämpfe zwischen Protestanten und Katholiken in der Geschichte gegeben hat. – Ich wünsche, daß die Konfessionen sich allein im edlen Wettstreit der Vaterlandsliebe messen. In der Marienverehrung wird ein ernsthaft Gläubiger – auch wenn er nicht Katholik ist – keinen Stein des Anstoßes, sondern nur eine starke religiöse und sittliche Kraft sehen können.«

Die Protestanten verstanden meine Worte und Absichten richtig. Sie erschienen zahlreich zu unseren Veranstaltungen und kamen besonders zu den Kongressen und Wallfahrten des Marianischen Jahres.

Am 30. Mai 1946 nahm ich an der großen Versammlung des Elternbundes in Kalocsa teil. In meiner Ansprache wies ich Beschuldigungen zurück, daß die Ordensschulen die ärmeren Volksschichten vernachlässigen würden. Ich erklärte:

»Als ich von Budapest wegfuhr, lagen mir während der Reise diese Anklagen im Ohr. Als ich nun hier ankam, erbat ich mir deshalb von den Leitern der hiesigen katholischen Schulen sofort alle auf diese Beschuldigungen bezüglichen Unterlagen. Die Tatsachen sehen folgendermaßen aus:

a) Im Jesuitengymnasium stammen vierzig Prozent der Schüler aus gehobenen Kreisen, wobei die Kinder von Beamten eingerechnet sind. Sechzig Prozent kommen aus bescheidenen Verhältnissen: Arbeiter, Kleinbauern und so weiter.

b) In der römisch-katholischen Hauptschule ist das Verhältnis 35:65.

c) In der römisch-katholischen Lehrerbildungsanstalt 17,5:82,5.

d) Die Kindergärtnerinnenschule besuchten in fünf Jahren 233 Schülerinnen aus gutsituierten, 366 Schülerinnen aus ärmeren Kreisen.

e) In der römisch-katholischen Lehrerbildungsanstalt und am Mädchen-Lyzeum beträgt dieses Verhältnis 104:488.

So also sieht das Bild in Kalocsa in Wahrheit aus. – Wir verteidigten in den vergangenen Jahren das Naturrecht, als wir die verfolgten Juden schützten. Niemand kann es uns verübeln, wenn wir uns jetzt auch für unsere Kinder auf das Naturrecht berufen. Es ist unsere feste Überzeugung, daß uns in diesem Kampfe auch Andersgläubige unterstützen werden. Die Reformierten und die Evangelischen haben mir bereits ihre Solidarität zugesichert.«

Die Kundgebung von Kalocsa richtete dann im Namen von 12 000 Eltern das nachstehende Memorandum an den Ministerpräsidenten Ferenc Nagy (zitiert nach Új Ember, vom 9. Juni 1946):

»Herrn Ministerpräsidenten
Ferenc Nagy, Budapest.

Im Anschluß an die Großkundgebung von 12 000 katholischen Eltern in Kalocsa hielten die Vereinigung katholischer Eltern und örtliche Vereinsmitglieder am 30. Mai 1946 eine Konferenz ab. Die Konferenz beschloß, Ihnen folgendes Memorandum zu unterbreiten:

1. Wir geloben und erklären feierlich, beim wirtschaftlichen und sittlichen Wiederaufbau des Vaterlandes unsere volle Kraft einzusetzen.

2. Ohne Zögern wollen wir mit den Sünden und Verfehlungen der jüngsten Vergangenheit brechen.

3. Wir werden aufmerksam darüber wachen, daß jeder Ungar jene sittlichen Kräfte hochhalte und ehre, die unser Land in den schwersten Zeiten seiner Geschichte schon so oft gerettet haben.

4. Gerade deshalb stellen wir mit Sorge fest, daß die Bekenntnisschulen – in erster Linie die katholischen Schulen – und der Religionsunterricht immer planmäßigeren und unziemlicheren Angriffen ausgesetzt werden, obwohl das Gesetz und die alliierten Mächte die Glaubensfreiheit und die Freiheitsrechte der Bürger garantieren.

5. Wir protestieren deshalb gegen jeden Versuch, der unsere Schulen ihres katholischen Charakters berauben und die Verpflichtung zum Besuch des Religionsunterrichtes aufheben möchte.

6. Wir ersuchen Sie deshalb, Herr Ministerpräsident, unsere katholischen Schulen, zu denen die überwältigende Mehrheit des Landes in Stolz und Liebe steht, gegen diese grundlosen Angriffe zu verteidigen.

7. Wir stehen auch darum fest zu unseren Schulen, weil wir mit ihnen Ungarn einen zuverlässigen Träger wahrer demokratischer Entwicklung sichern wollen.«

Wir baten den Nationalratsabgeordneten unserer Stadt und unseres Bezirkes, József Sisitka, unser Memorandum persönlich dem Ministerpräsidenten zu überbringen.

Drei Tage später, am 2. Juni 1946, sprach ich in Budapest. Die Lehrerbildungsanstalt der ›Englischen Fräulein‹ feierte ein Jubiläum. Ich äußerte mich wiederum zu den Schulproblemen und sagte: »Wenn in den vergangenen fünfzig, besonders jedoch in den letzten fünfundzwanzig Jahren ausländische Pädagogen studienhalber zur Einsichtnahme in unsere Verhältnisse nach Ungarn kamen, wurde vom Unterrichtsminister regelmäßig und beinahe ausschließlich auf die Ordensschulen hingewiesen, obwohl ja auch viele staatliche Schulen vorhanden waren. Dazu erübrigt sich jeder Kommentar.«

An diesen Jubiläumsfeierlichkeiten nahm auch mein einstiger Schüler aus Zalaegerszeg, Dezső Keresztury, teil, der inzwischen Unterrichtsminister und ein bedeutender Schriftsteller und Kulturpolitiker geworden war. Er wurde sehr herzlich empfangen. Wir wußten, wie tapfer er gegen die kulturpolitischen Absichten der Marxisten kämpfte. Daher war es mir eine Freude, als ihn am 12. Juni 1946 eine Delegation des Elternbundes aufsuchte und ihm ein Memorandum überreichte, auf das er sich zum Schutz »demokratischer Prinzipien«, wenn auch im Gegensatz zu den Weisungen seiner Partei, berufen konnte. Es lautete:

»Herr Kultusminister,

die unterzeichneten Leiter und Mitglieder der Katholischen Organisation in Budapest sowie die Eltern protestieren:

1. Wegen andauernder, tendenziöser Angriffe gegen die katholischen Schulen. Wir wollen keinen wirklich Schuldigen verteidigen. Aber wir hatten gehofft, daß der Herr Kultusminister, nach Ablauf der Untersuchungen, den wahren Sachverhalt feststellen und beim Innenminister und in der Presse gegen die falschen Unterstellungen und gegen die Gewalttaten Einspruch erheben werde. Bedauerlicherweise ist dies nicht geschehen. Deshalb bitten wir, zu bedenken, welchen sittlichen und erzieherischen Schaden eine solche Hetze verursacht.

2. Die katholische Mehrheit des Landes, ja jeder gläubige Mensch ist überzeugt, daß die konfessionellen Schulen, in denen künftige Generationen Glauben, Moral und Achtung vor ihren Mitmenschen erlernen, nach der prozentualen Zusammensetzung der Bevölkerung zu unterstützen sind.

3. Wir erwarten deshalb, daß auch in Staats- und Gemeindeschulen der Religionsunterricht als Pflichtfach erhalten bleibt und daß auch in diesen Schulen der Unterricht und die Erziehung mit der christlichen Weltanschauung übereinstimmen.

4. Wir fordern, daß die Lehrbücher, dazu die Äußerungen und das Verhalten der Lehrer nicht das religiöse Empfinden verletzen. Unsere ungarische, geschichtliche Vergangenheit darf nicht verunglimpft werden.

5. Als Eltern beanstanden wir die erzwungene Teilnahme von Schülern an Aufmärschen, Versammlungen und Vorträgen, durch die die Jugend in Gegensatz gebracht werden soll zu unserer Weltanschauung.

6. Wir fordern, daß der katholischen Jugend die Mittel der Aus-

landshilfe im gleichen Maße zugeteilt werden wie allen übrigen Jugendlichen.

7. Wir verwahren uns dagegen, daß im Stadttheater, das auch aus
den Steuergeldern katholischer Bürger erhalten wird, Theaterstücke aufgeführt werden, die den Tatsachen unserer Geschichte widersprechen
und allein der Propaganda dienen. Solche Propaganda ist den Partei-
versammlungen zu überlassen.«

Dem Elternbund gelang es auf diese Weise, die Aufmerksamkeit der
Öffentlichkeit auf die hier drohenden Gefahren zu lenken und die Eltern zum Schutz der Ordensschulen und der christlichen Erziehung zu-
sammenzuschließen. Ein Erfolg dieser aufopfernden Tätigkeit war es,
daß im folgenden Schuljahr noch mehr ungarische Eltern als bisher ihre
Kinder in Ordensschulen einschreiben ließen. Es war geradezu ein
Volksbegehren für unsere vielgelästerten Schulen und unsere angeblich
so veralteten Erziehungsmethoden. Als Folge dieser Aktivität wuchs
auch der Widerstand in der Partei der Kleinlandwirte.

Inzwischen hatte sich die Parteiführung der Kleinlandwirte in Fragen
des fakultativen Religionsunterrichtes und der Vereinheitlichung der
Unterrichtsbücher zu Zugeständnissen bereit gefunden. Gestützt auf die
Proteste des katholischen Elternverbandes vermochten dann aber die
Abgeordneten der Partei die kommunistischen Pläne zunächst doch zu
vereiteln.

Es soll nicht verschwiegen werden, daß Unterrichtsminister Keresztury eine anerkennenswerte Haltung in diesen drangvollen Tagen eingenommen hat und daß er schließlich lieber auf seinen Ministersessel
verzichtete, als eine Marionettenrolle in der Koalitionsregierung zu übernehmen.

Mord auf der Ringstraße

Mitten im Sommer 1946 wird ein russischer Soldat in der Hauptstadt
getötet. Die Mitteilung darüber wird zuerst im Radio durchgegeben.
Die Zeitungen bringen anderntags die Nachricht unter auffälligen Ti-
teln. Die Berichte sagen, auf der Teréz-Körut sei ein ›ermordeter‹ So-
wjetsoldat gefunden und unmittelbar danach auf dem Dachboden einer
Hausruine die Leiche eines jungen Mannes in der Uniform des KALOT
(des Landesverbandes katholischer Jünglinge) entdeckt worden. Die
Untersuchung habe ergeben: Der Schuß, dem der tapfere Soldat zum
Opfer gefallen ist, wurde aus einem Fenster der Hausruine abgefeuert.
Der Täter sei nach seiner verbrecherischen Handlung auf den Dach-

boden geflohen, wo die Polizei ihn aufspürte und er, um der Festnahme zu entgehen, sich selbst erschossen habe.

Die Wirklichkeit, von der keine Zeitung berichten durfte, sah jedoch folgendermaßen aus: Auf der belebten Ringstraße war ein russischer Soldat von einem seiner eigenen Kameraden niedergeschossen worden, und zwar unter den Augen der Passanten. Etwa zur gleichen Zeit hatte die Geheimpolizei einen jungen Mann im Gefängnis in der Andrássystraße während eines Verhörs zu Tode gefoltert. In großer Eile brachte man seine Leiche in die Hausruine. So wurde es möglich – wegen der Nähe der Fundorte beider Leichen – einen Zusammenhang zu konstruieren, den Jugendlichen zum Attentäter abzustempeln und den Russen gleichzeitig zum Opfer zu machen. Mit der Behauptung, der »Mörder« sei Mitglied des »reaktionären katholischen Jugendverbandes« gewesen, bot sich eine willkommene Gelegenheit, gegen den Jugendverband selbst einzuschreiten. Der Öffentlichkeit konnte jedoch die plumpe Verlogenheit dieser Geschichte nicht lange verborgen bleiben. Schon der Hinweis auf eine Kalot-Uniform verriet den wahren Sachverhalt, weil Kalot-Mitglieder niemals Uniformen getragen haben. Da sich die Politiker unter dem Druck von Erpressern befanden, sah sich der Sozialdemokrat Arpád Szakasits als stellvertretender Ministerpräsident veranlaßt, beim Staatsbegräbnis des Soldaten das Bedauern und das Mitgefühl der Regierung auszusprechen. Ministerpräsident Ferenc Nagy wurde am 7. Juli 1946 zu Swiridov, dem russischen Kommandanten, befohlen. Dieser forderte als Vergeltungsmaßnahme die Auflösung sämtlicher Jugendverbände. Die Regierung gab sogleich die Verordnung Nr. 2333/1946 ME heraus, die László Rajk, den linientreuen Innenminister, bevollmächtigte, alle gewünschten Vergeltungsmaßnahmen durchzuführen.

Am 20. Juli 1946 hielten wir eine Bischofskonferenz, um die Lage nach Erlaß der genannten Regierungsverordnung zu erörtern. Wir faßten den Entschluß, energisch zu protestieren. Ich schrieb daher an Ferenc Nagy einen Brief, machte ihn auf die Unrechtmäßigkeit der behördlichen Erlasse aufmerksam und ersuchte ihn, die Behandlung dieser Sache auf den Weg der Gerechtigkeit und des Gesetzes zu verweisen. Hier des Text des Briefes an Ministerpräsident Ferenc Nagy:

Herr Ministerpräsident!

Die Bischofskonferenz sieht sich genötigt, wegen neuerlicher schwerer Verletzung der Religionsfreiheit – die sowohl in den heimischen Gesetzen als auch in verschiedenen internationalen Vereinbarungen garantiert ist, aber auch aus dem demokratischen Regierungsprinzip folgt – das Wort zu ergreifen; vornehmlich wegen des Vorgehens, das die religiösen Verbände traf und bedroht. Die ungarische Regierung hat mit der Verordnung ME Nr. 2333/1946 die Verbände der obersten Kontrolle und der Zuständigkeit des Innenministers überwiesen. Damit ist der Innenminister – mit Ausschluß der anderen Minister – allein zuständig, den Gesetzesartikel XVII vom Jahre 1938 über die Ahndung von Mißbräuchen der freien Verbände durchzuführen. Der genannte Herr Innenminister geht bereits danach vor und verfügte auch schon die Auflösung der Verbände, darunter auch katholische Verbände. Die zitierte neue Verordnung beinhaltet nur eine Gesetzesabänderung hinsichtlich des vollstreckenden Ministers. In allen anderen Belangen ist daher das angeführte Gesetz noch in Kraft. Von den nach regelrechten Statuten wirkenden Verbänden werden jene verboten und aufgelöst, die »im geheimen statutenwidrige Tätigkeit ausüben« (§ 2, 2. Abschnitt).

Es ist ein elementares Erfordernis, daß die Frage nach geheimer, statutenwidriger Tätigkeit in jedem Fall gründlich untersucht werde und daß hierfür unzweifelhafte Beweise vorliegen müssen. Wenn die Staatsgewalt gegen einen solchen Verband auf diesem Wege und auf dieser Grundlage vorgeht, ihn vielleicht notfalls auflösen muß, so wird dies jedermann billigen.

Im Falle der jetzigen Auflösung weiß man aber nicht, ob diese vorhergehende gründliche Untersuchung geschehen ist und ob sie zu solchen Beweisen geführt hat, die die schwere Strafe der Auflösung rechtfertigen. Überaus beunruhigend wirkt die Tatsache, daß in der öffentlichen Meinung ganz andere Umstände als Grund und Hintergrund der Maßnahme aufscheinen.

Der Umstand, daß vorher katholische Schulinstitute und Erziehungsanstalten von gewisser Seite vor der Öffentlichkeit verdächtig gemacht wurden und daß die verschiedensten Untersuchungen diese absichtlich überspitzten Anschuldigungen nicht oder nur zu einem so geringen Teil beweisen konnten, daß sie kaum unsere Aufmerksamkeit verdienen, dieser Umstand muß die ganze öffentliche Meinung, der wir Bischöfe nun pflichtgemäß Ausdruck verleihen, sehr bekümmern und beunruhigen.

Man kann dieser Beunruhigung – für deren Folgen wir von vornherein jede Verantwortung ablehnen – nur vorbeugen, wenn das Wirken eines zufällig in Verdacht geratenen Vereines – noch bevor Maßnahmen erfolgen – durch eine gründliche und unparteiische Untersuchung geklärt und die Öffentlichkeit darüber auf entsprechende Weise informiert wird. Sonst ist das Vorgehen willkürlich und eine Verletzung der Freiheit. Es war auf alle Fälle stets das verwerfliche und zu verurteilende Vorgehen jeder Diktatur, unter allgemeinen Vorwänden und auf Grund einer gelenkten Verdächtigung ohne konkrete Beweise willkürlich zu handeln. Dagegen ist von katholischer Seite immer Einspruch erhoben worden, und wir sind auch jetzt gezwungen, feierlich zu protestieren, daß so weitgehende Maßnahmen getroffen werden auf Grund eines bisher nicht erwiesenen Verdachtes, der unseren Verbänden oder gar nur dem einen oder dem anderen Verbandsmitglied angedichtet wird. Wir können in diesem Punkt auch vor der Öffentlichkeit nicht schweigen.

Aber vor allem anderen wollen wir unseren Standpunkt dem Herrn Ministerpräsidenten bekanntgeben und ihn bitten, in dieser Frage dem Verlauf der Angelegenheit den gesetzlichen und gerechten Weg weisen zu wollen.

Empfangen Sie, Herr Ministerpräsident, den Ausdruck meiner Hochachtung.

Im Namen der ungarischen Bischöfe: József Mindszenty e. h.
Kardinal-Fürstprimas, Erzbischof von Esztergom.

Im Land zweifelte niemand, daß die »Vergeltung« einfach als kommunistische Reaktion auf die Tatsache zu werten war, daß sich die ungarische Jugend von den durch die Marxisten gegründeten und staatlich finanzierten Verbänden fernhielt. Unsere Vereine wurden also aufgelöst, ihr Vermögen, Häuser und Heime wurden enteignet und den marxistischen Jugendorganisationen übergeben. Die Führer unserer Vereinigungen wurden zur Kollaboration mit den Jugendorganisationen der Parteien gezwungen. Als erstes ging man gegen unseren »Verein ungarischer Pfadfinder« vor. Unter dem ähnlich klingenden Namen »Bund ungarischer Pfadfinder« wurde eine Neugründung ins Leben gerufen, an deren Spitze Führer traten, die den Wünschen der Machthaber gefügig waren. Unser Verein wurde orientiert, daß die neue Vereinigung einen Anschluß unserer Gruppe begrüßen würde. Dieser »Einladung« war aber die Erklärung beigefügt, daß die Zielsetzung der Neugründung von der der bisherigen Pfadfinderschaft wesentlich abweiche. So ließ ich durch Actio Catholica mitteilen, bevor wir uns zu einer Zusammenarbeit entschlössen, seien folgende Fragen zu klären:

1. müßten uns die Grundzüge der endgültigen, vom Innenminister akzeptierten Statuten vorgelegt werden;

2. müsse feststehen, daß die internationale Pfadfindervereinigung dieser Neugründung die Mitgliedschaft gewähre;

3. müßten die katholischen Erziehungsgrundsätze anerkannt werden;

4. müsse der Bund sich dafür verbürgen, daß in der Pfadfinderschaft und vor den Pfadfindern die Kirche nicht angegriffen werde;

5. seien die Pfadfinderführerposten der Mitgliederzahl der einzelnen Gruppen entsprechend zu besetzen;

6. müsse die zuständige kirchliche Behörde dem Anschluß zustimmen.

Gleichzeitig bildeten wir innerhalb der Actio Catholica eine übergeordnete Pfadfindergemeinschaft aller katholischen Gruppen. Sie sollte es möglich machen, gemeinsam den kommunistischen Bestrebungen entgegenzutreten. Der Innenminister verbot aber jegliche Tätigkeit dieser Arbeitsgemeinschaft. Außerdem sorgten jetzt regierungsfreundliche Mitglieder dafür, daß verschiedene, nur dem Namen nach existierende kleine Gruppen in den Verband aufgenommen werden mußten. So sollte auf dem soeben einberufenen Landeskongreß einer faktischen Minderheit die Mehrheit der Delegiertenstimmen zugespielt werden.

Als ich von all diesen Manipulationen Kenntnis bekam, ordnete ich an, daß unsere Pfadfinder die Entwicklung der Dinge abwarten und an den Bedingungen der Actio Catholica festhalten sollten. Ein Jahr später gab die neue Vereinigung bekannt, sie werde sich den kommunistischen Pionieren anschließen. Das war die Liquidation der ungarischen Pfadfinderschaft.

Die Gleichschaltung und Auslöschung der Kalot war ohne große Schwierigkeiten zu bewerkstelligen, weil die Kommunisten hier eine taktisch günstigere Ausgangslage hatten. Bei Kriegsende schon hatten die ungarischen Kommunisten erklärt, daß zusammen mit allen faschistischen Vereinigungen auch Kalot aufgelöst werde. Um das zu verhindern, begab sich 1945 ein Jesuit vom Führungsstab von Kalot zu den Russen und trug ihnen die Zusammenarbeit an. Auf diese Weise konnte er Kalot ein Jahr retten, bis 1946 der Regierungserlaß über Jugendorganisationen herauskam, der Kalot wieder in Gefahr brachte. Der Pater intervenierte von neuem und bekam folgende Bedingungen:

1. Der Verein ändert seinen Namen, die Bezeichnung katholisch wird gestrichen.

2. Es muß eine neue zentrale Führung eingesetzt werden, bestehend aus Kandidaten, die den Kommunisten genehm sind.

3. Kalot muß in seinen Statuten der veränderten politischen und gesellschaftlichen Lage Rechnung tragen.

4. Die Vereinigung muß mit MIOT zusammenarbeiten (MIOT war eine von den Kommunisten gegründete Organisation).

Die Führung von Kalot fragte nicht lange nach der Meinung der Bischöfe, sondern handelte nach eigenem Ermessen. Sie nahm die Bedingungen trotz aller Proteste und des energischen Widerstands der Lokalverbände an. Das war das Ende einer früher zukunftsfrohen und hoffnungsvollen Jugendorganisation.

Um das Schicksal der Internierten

Auf der Bischofskonferenz vom 20. Juli 1946 befaßten wir uns auch mit dem Schicksal der Insassen der Internierungslager. Im Auftrag des Episkopates schrieb ich in dieser Angelegenheit an Ministerpräsident Ferenc Nagy. Wir verlangten eine allgemeine Amnestie und begründeten u. a. unser Begehren folgendermaßen:

»Obwohl der Krieg in manchen Gegenden später als bei uns zu Ende gegangen ist, sind dort die Verhältnisse bereits viel friedlicher als in unserem Land. In Deutschland und Italien waren die unheilvollen Lehren der nun gestürzten Mächte viel tiefer verwurzelt, trotzdem wird dort nicht in so niedriger Weise Vergeltung geübt wie in Ungarn. – In der französischen Zone Deutschlands wurde den ehemaligen aktiven Nazis sogar eine weitgehende Amnestie gewährt. Zweihundertfünfzig Menschen wurden freigelassen, obschon fünfzig von ihnen von einer fremden Militärbehörde verurteilt worden waren. Wenn man in Deutschland, obwohl es dort sicherlich viele Kriegsverbrecher und Volksfeinde gab, Zurückhaltung im Aussprechen von Todesurteilen übte, wenn die siegreichen Franzosen, trotz wild aufflammendem Haß, den Deutschen gegenüber den Weg des Verzeihens gefunden haben, dann sollten auch in Ungarn, diesem Nebenschauplatz politischer Verfehlungen, Ungarn gegen Ungarn Worte des Verzeihens und der Versöhnung finden. – Die Regierung aber sollte, unbekümmert um die Verhetzung durch eine kleine Minderheit, einen Weg der nationalen Einigung und Befriedung suchen. Die Meinung, nur volle Kerker, Gefängnisse und Lager könnten Ruhe und Ordnung sichern, läßt sich nicht halten und ist beinah eine Ehrverletzung unserer Polizei. Wir sind der Ansicht, daß nach einem landweiten Verzeihen das ganze Volk beruhigter und zufriedener sein wird als bisher. Der neu auflodernde Antisemitismus, der schon wieder verschiedene Bevölkerungsschichten in seinen Bann zieht, würde sicherlich rasch an Kraft einbüßen. Die Gefängnisse sind da für Diebe, Räuber und Mörder und für Leute, die sich mit Bestechungen und Schiebereien emporarbeiten möchten. – Es sollten also jene entlassen werden, die seit Monaten eingesperrt sind und bisher vor kein Gericht gestellt wurden. Es sollte auch jenen die Freiheit wiedergegeben werden, die nicht wegen persönlicher Verfehlungen, sondern nur wegen ihrer früheren Stellung verurteilt wurden. Ganz ohne Zweifel aber wäre eine Haftentlassung von Kranken, Alten, Müttern und Ärzten der Verbesserung der Stimmung im Lande nur förderlich . . .«

Als der russische Oberkommandierende vom Inhalt unseres Schreibens erfuhr, forderte er den Ministerpräsidenten auf, die Geistlichkeit öffentlich zu rügen. Ohne unsere Darlegungen zu erwähnen, erhob Ferenc Nagy auf einer Pressekonferenz – zur großen Überraschung des Landes – folgende Anklagen:

1. Bischöfe und Geistlichkeit weigern sich, mitzuarbeiten an der friedlichen Entwicklung des Vaterlandes und dahingehende Bemühungen der Sowjettruppen zu unterstützen.

2. Sie dulden in den Reihen ihrer Vereinigungen antisowjetische und antidemokratische Elemente und verhindern deren Umtriebe nicht.

3. Sie rühmen zwar den Wert der Demokratie, zeigen sich aber keineswegs dankbar gegenüber der Roten Armee.

Ich antwortete dem Ministerpräsidenten Ferenc Nagy in einem Brief am 10. August 1946 auf diese Vorwürfe:

»Die Gefühle, mit denen die ungarischen Bischöfe die siegreiche Besatzungsarmee empfangen haben, zeigten sich im Hirtenbrief vom 24. Mai 1945. Wir haben darin festgestellt: Die Befürchtung, daß die russischen Truppen die Absicht hätten, die Kirche zu vernichten, hat sich als unzutreffend erwiesen. Ja, wir haben sogar bemerkenswerte Aufmerksamkeiten von seiten der Befehlshaber gegenüber dem kirchlichen Leben erfahren. Die Kirchen stehen noch, und wir halten ungehindert Gottesdienst. – Das waren die Erwägungen, welche die Stellungnahme der kirchlichen Amtsträger der Besatzungsarmee gegenüber bestimmt haben. Von diesen Überlegungen ausgehend, übte die Kirche auch große Zurückhaltung angesichts der Verfehlungen, die im Zusammenhang mit der Besatzung vorkamen und, wie sogar eine Regierungserklärung zugegeben hat, jetzt noch da und dort vorkommen. Es konnte und kann niemand von uns erwarten, daß wir allgemein bekannte Ereignisse einfach in Abrede stellen oder vertuschen. Wir machten hin und wieder darauf aufmerksam und baten um ein ordnendes Eingreifen. Im übrigen enthielten wir uns aller Äußerungen, die die Besatzungsarmee oder

114

das demokratische Staatsdenken hätten beleidigen können. Sollten in dieser Hinsicht konkrete Anklagen vorgebracht worden sein, möchte ich sie kennenlernen. Die Äußerung der Regierung sagt darüber nichts Bestimmtes aus. – Die Regierung erwartet von uns die Anerkennung einer Dankesschuld. Kann man aber solches von uns verlangen, wenn uns fortwährend schwere Beleidigungen zugefügt werden? Wir haben den Herrn Ministerpräsidenten, beziehungsweise die Regierung, durch unsere Briefe darüber informiert. Wir erwähnen nur, daß keine diplomatische Beziehung zum Heiligen Stuhl besteht. – Wir erwähnen weiter die Angriffe gegen unsere Schulen und Erziehungsinstitute, das Vorgehen gegen unsere Verbände unter Hinweis auf ein Verbrechen, dessen wahre Sachverhalte völlig im dunkeln geblieben sind, dann das Verbot von Prozessionen, die Verhaftung von Priestern, das Verzögern von Untersuchungen, die Unmöglichkeit der Herausgabe einer Tageszeitung und die Verhinderung einer Parteigründung. Von den fortlaufend erscheinenden Anschuldigungen in der Presse – und gerade auch im Blatt der Roten Armee – gar nicht zu reden. Im Trommelfeuer derartiger Vorwürfe ist es uns nicht möglich, den Wunsch der Regierung zu erfüllen. Erst wenn der uns zugefügte Schaden gutgemacht wird und wir unsere Seelsorgerarbeit frei ausüben können, sind wir vorbehaltlos zu einer harmonischen Zusammenarbeit bereit.

Ich bitte, dies zur Kenntnis zu nehmen und die daran Interessierten verständigen zu wollen. Im Hinblick darauf, daß die Regierungserklärung der Öffentlichkeit bekanntgegeben wurde, bitten wir, daß auch der Text unserer Antwort im ganzen Umfang dieser Öffentlichkeit zugänglich gemacht werde. Uns selbst stehen nur die Spalten zweier Wochenblätter und die Möglichkeit, uns in einem Hirtenbrief zu äußern, zur Verfügung.«
Mein Brief wurde nie veröffentlicht.

Getarnte Glaubensverfolgung

In unseren Briefen an den Ministerpräsidenten bezeichneten wir die Angriffe auf die Jugendverbände als eine schwerwiegende Verletzung der Religionsfreiheit. Die Linkspresse und die marxistische Parteiführung jedoch wollten ihre Maßnahmen als dringend nötige gesellschaftspolitische Reformen gewertet wissen. Dies selbstverständlich besonders auch im Hinblick auf die freie Welt und die Westmächte, deren Militärmissionen noch in Ungarn weilten. Ab Sommer 1946 wurde das kirch-

115

liche Leben aber auch auf verschiedenen anderen Gebieten eingeengt. Am 20. Juni 1946 sahen wir uns zum Beispiel gezwungen, die übliche Fronleichnamsprozession zu unterlassen. Die Behörden erlaubten uns nicht, die gewohnte Wegstrecke zu benützen, im letzten Moment wurden uns lediglich die Nebenstraßen im Umkreis der Basilika freigegeben. Offenbar fürchteten die Behörden das Bekenntnis der Massen, die sich jeweils zur Prozession einfanden.

Diese Religionsverfolgung erwähnte ich in meiner Rede anläßlich der Vollversammlung der St.-Stephans-Gesellschaft vom 7. November 1946. Aus taktischen Gründen wies ich vor meinem Zuhörerkreis nicht so sehr auf die Praktiken der Sowjets, sondern nur auf jene der Nazis hin. Mein Vortrag hat vielen Abgeordneten der Kleinlandwirtepartei und ihren lokalen Parteileitern dennoch die Augen geöffnet. Sogar manche Mitglieder der Sozialdemokraten und der Bauernpartei sind von der Wahrheit der Argumente beeindruckt worden. Ich will deshalb einige Stellen aus meinem Vortrag hier festhalten:

»In weiten Teilen der Welt ist man heute bereit, der Kirche die volle Freiheit zuzugestehen. Wie die weltliche Freiheit, so ist auch die Freiheit der Kirche nicht immer dort am größten, wo von ihr oft und sehr laut gesprochen wird. Kirchen- und Menschenfreiheit werden gewöhnlich gleichzeitig in Fesseln gelegt. Sprechende Beweise dafür sind die ersten drei Jahrhunderte unserer Zeitrechnung, die Französische Revolution und die Epoche Hitlers.

Die Kirche hat im Lauf der Geschichte nicht bloß ihre Lehre verteidigt, erweitert, verkündet, sondern sie hat auch ihre Rechtsansprüche geltend gemacht – ganz besonders aber hat sie immer wieder darauf hingewiesen, daß sie dem Staat nicht unterworfen ist. Die Päpste haben wiederholt jene Lehren (Caesaropapismus, Gallikanismus, Febronianismus, Josephinismus, staatliches Rechtsmonopol, staatliche Allmacht – Etatismus und so weiter) verurteilt, nach denen die Kirche nur ein Anhängsel und eine Dienerin des Staates zu sein habe. Sie hat sich jederzeit der staatlichen Einmischung widersetzt, ob es sich nun um Glaubensfragen oder um die kirchliche Verwaltung handelte.

In unserer Epoche hat der Kampf gegen die Kirche neue Formen angenommen. Früher wurden die Gläubigen der Kirchen beraubt. Jetzt aber nimmt man den Kirchen die Gläubigen. Das Hitlertum – nach Kardinal Faulhaber eine satanische Bewegung – hat in seiner zwölfjährigen Herrschaft alles versucht, die Kirche in dieser Weise auszuschalten. Es begann mit einer Täuschung, dem Abschluß des Konkordats. Sehr bald danach wurde die Kontaktaufnahme zwischen Rom und den Bischöfen erschwert, die Orientierung des Auslandes über die wahren Verhältnisse im Dritten Reich unterbunden. Man zog die Schlinge dieser planmäßigen Kriegführung immer enger. Das Ziel war die Entchristlichung des öffentlichen Lebens. Zur Vorbereitung dieses Endkampfes wurden Presse, Theater, Kino, Radio, Ausstellungen, Litfaßsäulen, Parteiorganisationen und Sprechchöre eingesetzt. Für die Kirche jedoch hob man die Presse-, Rede- und Versammlungsfreiheit auf, Brief-, Telefon- und Urnengeheimnis existierten nicht mehr. Neue Sekten, abtrünnige Priester, traten zusammen mit den Parteiagitatoren gegen die Kirche auf. Die Kirchenaustritte wurden gefördert. Mit einem dummdreisten Wortschatz (Blut, Rasse, Volk, Staat, Führer, schwarze Front) hetzte eine großsprecherische Propaganda gegen Rom, gegen die deutschen Bischöfe, den deutschen Klerus und gegen treukatholische Laien. Das Gesetz bot keinen Schutz mehr, Rechtsmittel standen nicht mehr zur Verfügung.

Zunächst waren die Verfolger noch vorsichtig, später aber brutal, hinterhältig, blutgierig. Auf öffentlichen Versammlungen wurden die Bischöfe als Lügner, Gauner und Vaterlandsverräter hingestellt. Es kam zu Anpöbelungen auf offener Straße, zu Tätlichkeiten und Ausweisungen. – Das erzbischöfliche Palais in München wurde gestürmt und immer wieder durchsucht. Devisen- und Sittenprozesse sollten mithelfen, die Parteiziele zu verwirklichen. Man untergrub die wirtschaftlichen Fundamente der Kirche, man bekämpfte die ›politisierende‹ Kirche unter dem Vorwand, Bischöfe und Priester sympathisierten mit den ›Roten‹. Die Regierung, das Innen- und Justizministerium, Polizei, Gestapo und Partei behinderten die Verkündigung, die Gottesdienste, die Seelsorge, die kirchliche Tätigkeit in Schule, Seminar und Caritas. Die Behörden drängten kirchlich gesinnte Lehrer zum Austritt, man schaffte die Kreuze und das Schulgebet ab, Religionsunterricht und Herausgabe von Hirtenbriefen wurden eingeschränkt. Mit unzutreffenden Erklärungen versuchte man die Bevölkerung zwischendurch wieder zu beruhigen. So behauptete der Reichsminister für Kirchenfragen, Kerrl, noch im Jahre 1937, daß keinem einzigen Priester seines Berufes wegen Schwierigkeiten entstanden seien, keine einzige hl. Messe verhindert, keine einzige katholische Lehre verboten worden sei. Verschiedene Vereine wurden als staatsfeindlich bezeichnet, weil in ihnen organisierte ›Verschwörer im Dienste Moskaus‹ zusammenkämen. Nur wenn ein über jeden solchen Zweifel erhabenes Mitglied für das Präsidium aufzutreiben war, konnte der Verein auf Wiederzulassung rechnen. Die Verbote betrafen auch Gesangsstunden, ja sogar Bibelabende, wenn sie nicht einen Monat vorher gemeldet worden waren. Allein in der Erzdiözese Breslau hat man 1941 insgesamt sechzig Klöster und kirchliche Internate beschlagnahmt, 1600 bayerische Klosterschwestern sind damals heimatlos geworden. Schließlich gingen die Behörden zum Äußersten über und schlossen zahlreiche Kirchen, verschleppten viele Priester nach Dachau und in die anderen Konzentrationslager. Am 15. März 1945 befanden sich in diesen Lagern 1943 deutsche und ausländische katholische Priester, darunter ein Erzbischof, zwei Bischöfe, zwei Äbte, vier Prälaten, 482 Pfarrer und 342 Kapläne.

Nachdem der Boden so vorbereitet war, wollte man nun die Jugend der Kirche entfremden. Der Hitlerjugend war von Anfang an eine Teilnahme an der Fronleichnamsprozession untersagt. Jetzt wurde die Jugend während der Zeit des Sonntagsgottesdienstes zu Turnveranstaltungen befohlen. Bormanns Geheimerlaß zur gänzlichen Vernichtung der Kirche, die Geheimanweisungen der Gestapo, in denen die Staatsfeindlichkeit der Kirche als Beweggrund für solche Vernichtungsmaßnahmen angeführt wurde, zeigen, daß Voltaires glühender Kirchenhaß hier noch weit übertroffen wurde.

Heute stellt sich nun die Frage: Soll dieser teuflische Kampf gegen die Kirche weitergehen? Wird ein anderer diesen inzwischen so scharf verurteilten Kampf Hitlers fortsetzen?

Wir gedenken mit großer Bewunderung des heldenhaften Mutes der deutschen Bischöfe, Priester und Gläubigen. Vornehmlich aber müssen wir auf die Treue der Jugend hinweisen. – Die eindrucksvolle Geschlossenheit der Bischöfe, die Festigkeit des Klerus, der Bekennermut der Gläubigen, das Pflichtbewußtsein der Jugend geben heute den deutschen Katholiken ein Recht zu dem Wort: ›Das Kreuz steht, das Hakenkreuz gehört der Vergangenheit an.‹ In diesem Augenblick der Rückschau machen wir für unser Land und seine Kirche die Feststellungen:

1. Es gibt Bewegungen und Ideen, die zwar mit dem Losungswort ›Freiheit‹ zur Welt kommen, dann aber, wenn sie erst einmal ihre Fahnen entfaltet haben, sich bald als amtliche Totengräber der Freiheit entpuppen. Die Kirchenverfolgung hat einen Januskopf mit zwei Gesichtern: das eine Antlitz kündet glorreiche Freiheit an, das andere hat den finsteren Blick des Tyrannen.

2. Verschiedene Chartas sichern heute auf der ganzen Welt Religionsfreiheit zu, so auch bei uns. Am 30. Januar 1946 hat das Parlament jedem Staatsbürger die unveräußerlichen Menschenrechte garantiert. Es wurden unter anderem die folgenden ausdrücklich erwähnt:

persönliche Freiheit, Vereinsversammlungsrecht, Meinungs- und Glaubensfreiheit, Anteilnahme am Staats- und Verwaltungsleben, Recht auf Arbeit, auf Sicherheit, Lebensunterhalt und Bildung. Man erklärte: ›Dieser Rechte kann niemand ohne ein vorangegangenes, gesetzliches Verfahren beraubt werden.‹ Und ein marxistischer Abgeordneter betonte: ›Wir begrüßen wärmstens die Vorlage dieser Rechtsgrundsätze. Sie ist eine erhabene Deklaration der Menschenrechte.‹

Das Kreuz der Kirche ist ein irdisches Erbe. Ihr wirkliches, vollkommenes Osterfest kommt nicht auf dieser Erde, sondern erst, wenn der Faden der Weltgeschichte reißt und die Welt gerichtet wird, wenn die Feinde der Kirche und ihre Kinder gerichtet werden, wenn das Kreuz aufleuchtet und die ewigen Pforten sich auftun (Ps. 23, 7), wenn die streitende und leidende Kirche zur triumphierenden Kirche wird. Bis dahin stärken uns die Offenbarungsworte: ›Seid getrost, ich habe die Welt überwunden‹ (Joh. 16, 33). Die Pforten der Hölle werden die Kirche nicht überwältigen.«

Die kollektive Verantwortung

Als der zweite Weltkrieg zu Ende ging, wurde Kaschau provisorischer Amtssitz der tschechoslowakischen Regierung. Präsident Benesch erklärte alsbald, die Tschechoslowakei sei Heimat ausschließlich nur noch für Tschechen und Slowaken. Er gab mit dieser Äußerung den Anstoß zur planmäßigen Aussiedelung der Ungarn und Sudetendeutschen. In jener Zeit lebten in der Südslowakei, in einem weiten Grenzgebiet, das früher ein Teilstück des ungarischen Reiches gewesen war, etwa 650 000 Ungarn. Die Regierung in Kaschau gedachte nun, 200 000 von ihnen zu reslowakisieren. Etwa 100 000 sollten gegen Slowaken, die bisher bei uns in Ungarn gelebt hatten, ausgetauscht und die restlichen 400 000 zur Assimilierung in der ganzen Tschechoslowakei verstreut angesiedelt werden.

Zunächst entzog man den Ungarn die Staatsbürgerschaft. Es folgte die Entlassung sämtlicher Ungarn aus dem Staats- und Gemeindedienst. Ihre Gehälter und Pensionen wurden nicht mehr ausbezahlt, ihre Betriebe und Unternehmen ohne Entschädigung enteignet. Sie durften künftig weder in der Industrie noch im Handel tätig sein. Häuser und Besitz mußten sie an slowakische Partisanen abtreten. Alle ungarischen Volks- und Mittelschulen wurden geschlossen. Ein Erlaß verbot, den Religionsunterricht in ungarischer Sprache zu erteilen; vielerorts war sogar das Singen ungarischer Kirchenlieder untersagt. In den Gotteshäusern durfte das Evangelium nicht in unserer Sprache verlesen werden. Es konnten keine ungarischen Zeitungen und Bücher mehr gedruckt werden. Zahlreiche ungarische Priester wurden ausgewiesen, damit das Volk eine Herde ohne Hirten werde. Nur wer bereit war, sein Ungarntum zu verleugnen, sich slowakisieren zu lassen, durfte mit Nachsicht rechnen. Im Sommer 1945 bat die tschechoslowakische Regierung die Großmächte in Potsdam um Genehmigung der Aussiedelungspläne. Die Konferenz billigte zwar die Aussiedelung der Sudetendeutschen, nicht aber die der Ungarn. Trotzdem wurden von ihnen kurz danach etwa 20 000 verjagt. Unsere Regierung jedoch wagte nicht, für die Verfolgten einzutreten, denn die Russen befürworteten die Haltung der tschechischen Behörden. So hätten natürlich auch die ungarischen Kommunisten eine Intervention zugunsten der Flüchtlinge keineswegs gebilligt. Das Verhalten der Sowjetunion ist leicht aus ihrer Absicht zu erklären, die Gegensätze zwischen den Nationalitäten ihrer Vasallenstaaten wachzuhalten. Und dies gemäß dem alten Grundsatz: »divide et impera«. Die erwähnten Umstände bürdeten also allein der Kirche die Aufgabe auf, den Bedrängten zu helfen. Im Sommer 1945 suchte mich – ich weilte noch in Veszprém – Vince Tomek, der spätere Piaristengeneral, auf. Er berichtete über die Lage und bat, ich möge mich bei den slowakischen Bischöfen für die Verfolgten einsetzen. Ich gab ihm den Rat, bei Erzbischof Grősz vorzusprechen. Er meinte aber, weil ich selbst während des Krieges inhaftiert gewesen sei, wäre mein Wort von größerem Gewicht. So schrieb ich denn, seinem Wunsch gemäß, an die slowakischen Bischöfe. Ich erhielt aber nie eine Antwort und erfuhr auch nicht, ob irgend etwas im Sinne unserer Bitte unternommen worden war. Ausgewiesene Priester setzten mich erst später davon in Kenntnis, daß die Kirchenleitungen der Slowakei in verschiedenen Fällen den Verfolgten Unterstützung gewährt hatten.

Nach meiner Amtsübernahme in Esztergom am 15. 10. 1945 kam ich in einem Rundschreiben, aus dem ich einen Abschnitt zitieren will, auf das bittere Los dieser Menschen zu sprechen:

Meine lieben Gläubigen,
Gottes Hand lastet auf uns (1. Kön. 5, 6). Wenn unser Schmerz aufschreien könnte, würde seine Stimme bis zum Himmel dringen, über all jene Kreuzesnot hinaus, die auf den Einzelmenschen, den Familien, den Dörfern und Städten unserer Heimat liegt.
Trotzdem müssen wir gestehen: Unser Kreuz ist nicht das schwerste, unsere Wunde nicht die brennendste.

Aus dem nördlichen Teil unserer Diözese, mit dem wir seit mehr als 900 Jahren durch Glaubensgemeinschaft verbunden sind, kommen Nachrichten, die von unsäglichen Leiden, von Haß und Rache sprechen. Die gleichen Peinigungen, die die unglücklichen Juden in den Konzentrationslagern zu erdulden hatten, werden erneut angewandt. – Im Laufe des Sommers hörten wir von Quälereien, Einkerkerungen, Einweisungen in die Lager. Es wird kein Grund genannt, es gibt kein Verhör.

In den Dörfern und Städten verhaften bewaffnete Gendarmen Ordensschwestern und Priester oder jagen sie hinaus über die neugezogene Grenze. – Seit Monaten, besonders nachts, zittern Abertausende von Menschen verängstigt und erwarten, daß das harte Schicksal auch nach ihnen greift. Unter ihnen sind alle Altersklassen vom Kind bis zum Greis vertreten, ganze Familien mit vier, fünf Kleinkindern, die vertrieben werden. Es wird ihnen nicht gestattet, das Nötigste an Habe mitzunehmen.

Für jene aber, die nur zurückbleiben können, weil inzwischen eine weltweite Empörung die Regierung zu einiger Zurückhaltung gezwungen hat, ist zu befürchten, daß sie in ihren ausschließlich ungarischen Gemeinden keine ungarischen Schulen mehr besitzen werden und daß kein ungarischer Priester sie mehr betreuen kann. Die feierlich der ganzen Welt verkündeten Menschenrechte werden ihnen vorenthalten, darunter auch die durch die Atlantik-Charta garantierte Glaubensfreiheit. Und dies im 20. Jahrhundert. Mit der Verfolgung der Priester will man den Hirten schlagen, auf daß sich die Herde zerstreue (Mt. 26, 31). Und diese Herde ist das unglückliche ungarische Volk.

Liebe Gläubige, ich weise nicht auf solche Vorkommnisse hin, damit die Flamme des Hasses in Euch emporlodere. Der Entzug der Freiheitsrechte, die Bedrückung der Schwachen ist eine himmelschreiende Tat. Mein Ziel ist, in Euch Mitgefühl und Nächstenliebe zu erwecken.

Wenn Euch Eure Pfarrer diesen Brief vorgelesen haben, dann betet gemeinsam für die leidenden Brüder und um die Bekehrung jener, die so unmenschlich vorgehen. Auch sie sind erlöst durch Christi Blut. Betet um Wahrheit und Leben, um eine Zukunft, in der Gerechtigkeit, Frieden und Liebe herrschen.

Esztergom, am 15. Oktober 1945   József Mindszenty e. h.
                              Fürstprimas, Erzbischof von Esztergom.

Als gegen Jahresende die tschechoslowakische Regierung endlich über den Bevölkerungsaustausch zu verhandeln begann, hatte sich die Lage etwas gebessert. Es wurde vereinbart, daß immer eine den ausgewiesenen Ungarn entsprechende Zahl ungarischer Slowaken aus unserem Land in die Tschechoslowakei übersiedeln sollte. Doch zeigte sich bald, daß nur verhältnismäßig wenige Tschechoslowaken bereit waren, Ungarn zu verlassen. Da wandte sich die Tschechoslowakei erneut an die Großmächte und unterbreitete der Pariser Friedenskonferenz die Bitte um Erlaubnis zu einer Groß-Aussiedelung von 200 000 Ungarn. Diesem Wunsche wurde nicht entsprochen. Im ungarischen Friedensvertrag wurde aber dann bestimmt, die interessierten Länder sollten in eigenen Verhandlungen die diesbezüglichen Fragen selbst lösen. Inzwischen begann die tschechoslowakische Regierung, die Ungarn in den von den Sudetendeutschen verlassenen Gebieten anzusiedeln. Daraufhin strömten die Flüchtlinge in großen Scharen über die Grenze. Damit standen uns nun zahlreiche Berichte von Augenzeugen über die Vorgänge zur Verfügung, und es war möglich, in zwei Wochenschriften die Bevölkerung zu informieren. Um auch die Aufmerksamkeit der freien Welt auf diese Not hinzulenken, sandte ich an die Kardinäle Griffin in London und Spellman in New York Telegramme und übergab deren Text einer Nachrichtenagentur. So gelangten Hinweise auf das tragische Schicksal der Ungarn in der Slowakei auch in die internationale Presse aller Schattierungen. Die tschechische Regierung suchte sich nunmehr mit der Behauptung zu rechtfertigen, es handle sich hier gar nicht um Deportationen, sondern nur um die Ausführung öffentlicher Arbeitsprojekte. Ich antwortete auf diese unrichtige Darstellung des Sachverhaltes am 21. Dezember 1946 und erklärte:

»Es liegt uns fern, uns in die gewöhnlichen internen Angelegenheiten fremder Staaten einzumischen. Hier geht es jedoch keineswegs bloß um innerstaatliche Angelegenheiten. Niemand wird sich täuschen lassen durch den Hinweis auf ein Gesetz, das zu Arbeiten im Interesse des Staates verpflichtet. Wir und alle ungarischen Katholiken rufen laut nach Gerechtigkeit. Wir fordern die Entsendung einer unabhängigen, internationalen Kommission, die die Tatsachen sachlich feststellt und für die Vereinten Nationen die Grundlagen schafft, die Menschenrechte zu wahren und den Frieden zu sichern. S. O. S. Gebe Gott, daß alle die, in deren Hand sich Macht befindet, die aber doch dem Allmächtigen verantwortlich sind für deren Gebrauch, unseren Hilferuf hören.

Esztergom, am 21. Dezember 1946

Im Namen des ungarischen Katholizismus, entsprechend dem Beschluß der ungarischen Bischöfe

József Kardinal Mindszenty e. h.

Inzwischen hatte ich um eine Einreisebewilligung in die Tschechoslowakei ersucht. Ich wollte für die Verfolgten bei kirchlichen und weltlichen Behörden Fürsprache einlegen. Als ich nach längerer Wartezeit noch immer ohne Antwort blieb, schrieb ich an den Erzbischof Beran von Prag, der mich am 21. Dezember 1946 über die Stellungnahme der Regierung orientierte. Ihre Erlaubnis knüpfte sie an die Bedingung, mein Besuch habe als rein kirchliche Angelegenheit zu gelten, und ich selbst habe mich dabei jeglicher Äußerung, die nicht rein religiöser Art sei, zu enthalten. Damit hatte ich gerechnet. Die Regierung war also nicht gewillt, eine Kontaktaufnahme mit Ungarn, die ins Sudetenland umgesiedelt worden waren, zu gestatten und das Betreten der ehemals ungarischen Dörfer zu erlauben. Wenigstens aber hatte ich erreicht, daß die Welt sich erneut mit dem Schicksal der Leidenden befaßte und das zynische, unmenschliche Verhalten wiederum anprangerte.

Am 5. Februar 1947 schickte ich an König Georg VI. und an Präsident Truman ein Telegramm. Der Text lautete:

Mit tiefer Hochachtung und vertrauensvollem Flehen mache ich auf die grausame Verfolgung aufmerksam, die 650 000 Ungarn, die seit zwei Jahren im Staatsgebiet der Tschechoslowakei leben, zu erdulden haben. Kollektiv, ohne irgendeinen Richterspruch, werden sie aller Menschenrechte, des Eigentums, der Muttersprache, der religiösen und kulturellen Freiheit beraubt. Diese Rechte wurden von den Großmächten und von den Vereinten Nationen als heilig und unverletzlich deklariert und von ihnen garantiert. Seit dem 16. November nun sind unter dem Vorwand einer Arbeitsdienstleistung Kinder, Greise, bettlägerige Schwerkranke und werdende Mütter mit Waffengewalt deportiert worden. Man zwang selbständige Kaufleute, selbständige Kleinbauern und Priester, ihren tausendjährigen Heimatboden zu verlassen. Sie wurden in Viehwagen abtransportiert. In Gebieten, die 500 bis 600 Kilometer weit von ihrer Heimat entfernt sind, hat man sie als Dienstboten eingesetzt. Bei einer Kälte von 20 Grad sind unterwegs viele Kranke und Säuglinge gestorben. Vor zwei Jahren bemühte sich die Kirche, die Deportierung von Juden zu verhindern. Heute bitte ich Sie, dieser Deportierung, die gegen Gottes ewige Gesetze und gegen die Menschlichkeit verstößt, Einhalt zu gebieten, Ihr protestierendes Wort zu erheben und den himmelschreienden Qualen Hunderttausender ein Ende zu machen.

József Mindszenty e. h.
Kardinal, Fürstprimas von Ungarn.

Trotz der unmißverständlichen Verurteilung in der öffentlichen Meinung der ganzen Welt hörten die Verfolgungen und die Umsiedlung nicht auf. Tausende suchten daher wieder Zuflucht im Rumpfungarn. Das brachte für uns alle schwere Probleme mit sich. Es war keine leichte Aufgabe, so vielen mittellosen Menschen Wohnraum, Nahrung und Arbeitsplätze zu verschaffen. Vorerst war die Caritas der Kirche ihre einzige Hoffnung. Das Bemühen der Beamten des Außenministeriums erreichte dann, daß später auch die ungarische Regierung, allerdings unter dem Druck der Öffentlichkeit, sich mehr um das Los dieser verfolgten Ungarn kümmerte. Am 27. Februar 1946 wurden Verhandlungen aufgenommen, die zu einem Abkommen über den Bevölkerungsaustausch führten und vorübergehende Erleichterung brachten. Nachdem jedoch im folgenden Jahr die Russen die Fraktion der Kleinlandwirte entscheidend schwächten und eine Regierungsumbildung durchsetzen konnten, kam die Regierung immer stärker unter den Einfluß der Kommunisten. Das mußten sogleich auch die Ungarn in der Slowakei fühlen. Schon im Sommer 1947 jagte man wieder eine große Zahl von ihnen über die Grenze, und unsere Regierung wagte nicht, gegen dieses Vorgehen zu protestieren, sondern deportierte jetzt ungarische Volksdeutsche mit »Erlaubnis« der Sowjetunion nach Ostdeutschland, um Platz zu schaffen. Die Gewissenlosigkeit und der Zynismus, mit denen man dieses Unternehmen betrieb, verbreiteten Schrecken in ganz Ungarn. Ich sandte daher folgendes Telegramm an den Ministerpräsidenten Lajos Dinnyés:

»Herrn Ministerpräsident Lajos Dinnyés, Budapest.

In der Umgebung von Bátaszék und auch anderwärts werden Deutsche ausgesiedelt. Es ist zu befürchten, daß dabei die Mitglieder des ›Volksbundes‹ und der ›S. S.‹ wegen ihrer Mittellosigkeit nicht betroffen, aus materiellen Gründen aber gerade die Mitglieder der Treuebewegung deportiert werden. Um der Gerechtigkeit und der Ehre des ungarischen Volkes willen ersuche ich – im Geiste des heiligen Stephan – um Einstellung dieser Deportierungen bis zu einer unparteiischen Überprüfung, damit ich nicht gezwungen bin, mich an die Weltöffentlichkeit zu wenden.

Kardinal Mindszenty, Fürstprimas.«

Zwei Wochen später erließ ich folgendes Manifest:

»Ich habe mich zu einem ungewohnten Schritt entschlossen. Der außerordentliche Ernst und das Bedrückende der in Frage stehenden Sache zwingen mich dazu. Nachdem ich alle Möglichkeiten amtlicher und sonstiger Intervention genützt habe, möchte ich durch die Presse die Aufmerksamkeit aller Gesellschaftsschichten sowie der zuständigen Behörden Ungarns und des Auslands auf die grausame Art und Weise der Um- und Aussiedelung lenken. Es gibt Menschen, die glauben, in solchen Methoden sei nun der Schlüssel zum sicheren Frieden gefunden, obwohl sich ja bereits die gefahrvollen Folgen zeigen. Tausende werden nur wegen ihrer Abstammung und Muttersprache von ihren Wohnstätten verschleppt, wo ihre Ahnen schon seit Jahrhunderten lebten. Ihr Vermögen wird beschlagnahmt, sie selbst sind zum ruhelosen Wandern und zum Elend verurteilt. Verweilen wir einen Augenblick bei diesen Ereignissen. – In der Tschechoslowakei will man etwa 600 000 Ungarn deportieren, die seit tausend Jahren eine nördlich der Donau lebende Gemeinschaft bildeten. Man will sie von der Scholle vertreiben, die ihnen sowohl im alten als auch im neuen Staate, der nach dem zweiten Weltkrieg entstand, zu eigen war. Die Begleitumstände solcher Aussiedelungen bleiben wegen strenger Geheimhaltung verborgen, ebenso die Vorkommnisse bei der Deportierung von Tausenden aus ihrem Geburtsort nach Deutschland. Diese Unternehmungen, die für kurze Zeit unterbrochen waren, sind jetzt erbarmungslos wiederaufgenommen worden. Und all dies geschieht zu einer Zeit, in der man immer wieder von Demokratie, Menschenwürde, persönlicher Freiheit und Sicherung eines Lebens ohne Furcht spricht. Das Herz eines jeden ehrlichen Menschen, der die Menschheit wirklich liebt, leidet und blutet angesichts dieser Geschehnisse.

Mein eigenes Gewissen und die bedrängenden Klagen meiner Mitbürger veranlaßten es, mich mit diesem Aufruf an die Weltöffentlichkeit zu wenden.«

Auch in der Tschechoslowakei übernahm 1948 die kommunistische Partei die Macht. Die Kommunisten in Prag und Budapest behandelten das Problem nun auf Parteiebene – und zwar sehr zum Nachteil der Verfolgten und der ungarischen Nation. Die Konferenz des Bischofskollegiums protestierte deshalb am 27. August 1948 gegen die Vereinbarung. Im Namen der Bischöfe sandte ich an den Außenminister ein Telegramm, dessen Text ich hierher setze:

»An den Außenminister, Budapest.

Die tschechoslowakisch-ungarische Parteivereinbarung vom August versucht, unter Außerachtlassung der Menschenrechte, die weitere Vertreibung von 15 000 Ungarn aus ihren uralten Heimen, Gütern und Rechten mit dem Anschein der Gesetzlichkeit zu umkleiden.

Vor Gott und vor der Geschichte protestiere ich gegen die Peinigung unseres unschuldigen Volkes. Die Vereinbarung gründet weder auf

Sachkenntnis noch auf den Weisungen des Gewissens. Sie steht im Dienst fremder Ziele und schadet den ungarischen Interessen. Die neuen, entsetzlichen Leiden schreien zum Himmel. Ich zitiere die Urheber vor Gottes Richterstuhl.

József Mindszenty e. h.
Fürstprimas.«

Die Kommunisten antworteten mit einer Erklärung des Ministerrates. Sie behaupteten, die ganze Angelegenheit hätte eine günstige Lösung erfahren, wenn nicht mein Chauvinismus und meine Einmischung ein Hindernis gewesen wären. Wir antworteten auf diese Äußerungen am 28. Oktober 1948:

»Die zuständige kirchliche Stelle teilt dem Ministerrat folgendes mit: Der Kardinal Fürstprimas überläßt alles, was er pflichtgemäß für die Leidenden getan hat und noch tut, dem Urteil des Landes und der Welt. Dieser Urteilsspruch wäre möglich, sofern die Regierung sich bereit zeigen wollte, die Veröffentlichung der beanstandeten Schriftstücke zu erlauben. Dadurch würde nämlich für jedermann ersichtlich, daß der Fürstprimas keineswegs eine bevorstehende günstige Lösung der Probleme des slowakischen Ungartums verhindern möchte, sondern daß er bittet und drängt, eine wirklich günstige Wendung herbeizuführen. Die vorgebrachten Anklagen würden hernach hinfällig sein, und es würde sich erweisen, ob sein Aufruf als chauvinistische Hetze bezeichnet werden darf oder nicht. Verteidigung der Menschenrechte ist gewiß kein Chauvinismus. Von allem Anfang an gab es in dieser Frage nur einen Chauvinismus auf der Gegenseite. Und dieser wurde wegen der Deportierung, wegen der Vorenthaltung grundlegender Rechte, wegen Vermögensberaubung auch von seiten der ungarischen Regierung wiederholt verurteilt. Der Kardinalprimas gehörte nie und gehört auch jetzt nicht unter die Anhänger und Förderer dieser Art von Chauvinismus.

Was aber den erwähnten Rahmen der priesterlichen Tätigkeit des Fürstprimas betrifft, erinnern wir an die wiederholte Erklärung der Parteien von der unabhängigen Front, derzufolge die Kirche das Recht hat, zu allen Fragen des öffentlichen Lebens Stellung zu nehmen.«

Die Kommunisten schickten sich jetzt an, mit den verschiedensten Mitteln meine Verhaftung vorzubereiten.

Ich wertete die Vertiefung des religiösen Lebens im ganzen Lande als die wirksamste Verteidigung gegen den atheistischen Materialismus. Anläßlich meiner Inthronisation sagte ich daher in meiner Predigt: »Wenn in den Herzen das natürliche und geoffenbarte Gesetz ins Wanken geraten ist, gibt es nur ein Mittel, diesem Dammbruch in der Gesellschaft Einhalt zu gebieten: ein vertieftes Glaubensleben.« Darum nahm ich gerne an den Festlichkeiten anderer Diözesen teil, sofern ich von den betreffenden Oberhirten eingeladen wurde. Es wurde mir damit Gelegenheit gegeben, mich mit den Priestern zu besprechen. Ich konnte ihnen die Probleme des ungarischen Katholizismus und meine Richtlinien zu deren Lösung aufzeigen. Darüber hinaus konnte ich vor Tausenden, ja Zehntausenden von Menschen persönlich die Auffassung und den Standpunkt der Kirche in weltanschaulichen und kirchenpolitischen Fragen darlegen. Die öffentliche Meinung des Landes wurde beeinflußt. Die gesamte Bevölkerung erkannte die Probleme und erfuhr die Ansicht der Kirche. Auf diese Weise wurde der Zusammenschluß der Gläubigen und des Klerus zur Verteidigung des Glaubens und der kirchlichen Institutionen gefestigt.

Die Kommunisten merkten, welche Erfolge meine pastoralen Reisen zeitigten. Rákosi beanstandete deshalb, daß ich mich mehr im Kreise meiner Gläubigen in der Hauptstadt aufhalte als in Esztergom. Darauf gab ich ihm in Csepel vor Tausenden von Arbeitern die Antwort: »Ich bin auch bei euch hier zu Hause, wie seit beinahe tausend Jahren achtundsiebzig meiner Vorgänger im Amte des Fürstprimas auf jedem Fleck ungarischen Bodens zu Hause waren.«

Im Jahre 1946 übte ich in anderen Diözesen zehn Mal kirchliche Funktionen aus. Am 28. April überbrachte ich József Pétery, dem Bischof von Vác, nach meiner Romreise das Pallium, das ich aus der Hand des Hl. Vaters erhalten hatte und das den Bischöfen dieser Diözese bereits seit 1754 als besonderes Privileg zugestanden war. Die Gläubigen füllten in dieser Stunde die Kathedrale bis zum letzten Platz. Zu ihnen sprach ich nun über die Treue der Kirche:

»In kritischen und unruhigen Zeiten wird die Kirche verschieden beurteilt. Ihr mütterliches Antlitz weist jedoch Züge auf, die stets unverkennbar sind. Ich denke da zum Beispiel an folgende Tatsachen: Unsere Kirche ist, im Laufe einer zweitausendjährigen Geschichte, nie das Opfer innerer Anarchie geworden. Sie hat immer wieder versucht, die Menschenwürde zu verteidigen. Nie hat sie die Wahrheit preisgegeben; nie hörte sie auf, den Menschen ihre mütterliche Güte zu schenken. Stets galt ihre größte Liebe den Schwachen. Jederzeit schützte sie Kinder und Frauen, immer war sie Mutter für alle Bedrängten.

In der Türkenzeit wurden durch eben diese Kirche zur Rettung der Gefangenen zwei Mönchsorden ins Leben gerufen, und zwar die Trinitarier und die Nolasker. Die Trinitarier kauften im Laufe von drei Jahrhunderten um den Preis von rund fünfeinhalb Milliarden Franken etwa eine Million Gefangene aus den Händen der Türken los, und nicht selten geschah es, daß auch das Blut der Mönche im Lösepreis mit inbegriffen war. 7115 Mönche erlitten in diesem Zusammenhang das Martyrium. Sie begaben sich freiwillig in die Gefangenschaft, um ihre Brüder aus Not und Leid loszukaufen.«

Ohne mich ausdrücklich an die Marxisten zu wenden, antwortete ich in meiner Ansprache auch auf den Vorwurf, die Kirche habe sich wenig um das Volk gekümmert und sie stehe immer auf der Seite der Ausbeuter. In meinen Erwiderungen konnte ich mich auf Tatsachen stützen. Ich habe während meiner Seelsorgerjahre die Überzeugung gewonnen, daß man in apologetischen und weltanschaulichen Diskussionen immer mit Tatsachen argumentieren muß. Ich sammelte daher mit viel Mühe, meistens in meiner Freizeit, aber immer mit Lust an der Sache, geschichtliche Hinweise und historische Berichte. Diese Arbeit hat sich sehr gelohnt, die Kenntnisse, die ich damit erwarb, leisteten mir ausgezeichnete Dienste bei der Erfüllung meiner Aufgaben und Pflichten. Zudem lehrten mich diese historischen Studien, daß im Kampf der Ideen abstraktes Räsonieren und trockene Theorie nur von geringem Nutzen sind. Auch sah ich ein, daß eine unsichere Führung und ein ständiges Erwägen aller nur denkbaren Möglichkeiten und Gefahren den Erfolg immer wieder verhinderten. Ich sagte mir, daß gerade entschlossenen Kommunisten gegenüber eine zaudernde, unsichere Haltung unheilvoll sein würde. Und ich meine bis zur Stunde, daß jene Christen unsere Position bedeutend schwächen, deren wichtigste Sorge es zu sein scheint, darüber nachzusinnen, ob die gegen die Kirche vorgebrachten Einwände nicht doch irgendwann und irgendwie einmal zutreffen könnten. Die heute so überbordende moderne »Selbstkritik« dient zu oft nur den Interessen unserer erbittertsten Feinde. Auch ist es wenig geschulten Köpfen, darunter oft auch Theologen und Intellektuellen, gar nicht möglich, die »Fehler und Schwächen« der Kirche in den richtigen Proportionen zu sehen und sie in die Zeitumstände hineinzustellen; es fehlt ihnen hierfür das Auge des Historikers.

Am 16. Juni 1946 weihte ich in Sopron den bisherigen Stadtpfarrer

Kálmán Papp zum neuen Bischof von Győr. In meiner Ansprache schilderte ich den hl. Ambrosius als ein leuchtendes Vorbild für unsere stürmischen Zeiten:

»Die Zeit dieses Bischofs war erfüllt von Partei- und Klassenkämpfen. Er selbst aber gehörte weder den Parteien noch den Klassen an. Obwohl von vornehmer Abstammung, schonte er die Vornehmen, die sich mit den Stammbäumen ihrer Pferde und Hunde brüsteten, aber die Armen vergaßen, in keiner Weise. Er rügte jedoch auch die Armen, die kein Kleid und für den nächsten Tag keinen Bissen Brot hatten und trotzdem in den Wirtshäusern und Schenken herumlungerten, nur darauf bedacht, was sie sich ohne Arbeit mit Leichtigkeit von anderen aneignen könnten. Er war allen alles, gehörte selbst aber niemandem als nur der Wahrheit. Im Kampf zwischen Christentum und Heidentum wankte er nicht; er wollte in den Augen des Senats kein ›Realpolitiker‹ sein.«

Solche Gedanken formten auch mein eigenes Verhalten als Oberhirte. Ich wertete die Wahrheitsliebe als wichtigste Tugend eines Bischofs; eine Eigenschaft, die weder aus Furcht noch wegen Lob und Vorteil preisgegeben werden darf, an der sogar unter Gefährdung des Lebens festzuhalten ist. Die Liturgie der Bischofsweihe betont denn ja auch, der Oberhirte dürfe unter keinen Umständen das Licht als Schatten, den Schatten aber als Licht, das Gute als schlecht, das Schlechte jedoch als gut bezeichnen. Ich habe, dieser Mahnungen eingedenk, die Leitung der ungarischen Kirche übernommen. Als dann der Kulturkampf begann, war ich mir sogleich klar darüber, daß hier in einem entscheidenden Ringen Christentum und Kommunismus ihre Kräfte messen würden. Wir konnten nicht lange fragen, ob uns wohl der Sieg beschieden sein werde; mir schien vielmehr, es sei uns vor allem die Aufgabe gestellt: auf dem Platze auszuharren, die Christenheit zu alarmieren, die Menschheit auf die Bedrohung durch den Kommunismus aufmerksam zu machen. Ich war überzeugt: uns ist die Pflicht übertragen, Zeugnis zu geben; in der Kirche die Hoffnung auf bessere Tage, die alles schenken können, was uns entrissen wurde, aufrechtzuhalten und niemals unter Mißachtung religiöser Interessen Opportunisten zu sein.

Am 30. Mai 1946 nahm ich an der Großkundgebung der katholischen Elternvereinigung in Kalocsa teil, worüber ich schon früher gesprochen habe, am 25. August an den St.-Stephans-Feierlichkeiten in Székesfehérvár, am 8. September an der Pilgerfahrt der 250 000 griechisch-katholischen Gläubigen nach Máriapócs, am 15. September fuhr ich nach Zalaegerszeg und am 23. September nach Szeged. Hier feierten wir das 900jährige Jubiläum des Gründers der Diözese, des hl. Bischofs Gerardus (Gellért). Auf dem Domplatz von Szeged, wo sich eine ungeheure Menschenmenge eingefunden hatte, wurde ich von Bischof Endre Hamvas begrüßt. In seinen an mich gerichteten herzlichen Begrüßungsworten wies er die Verleumdungen, die gerade über mich verbreitet wurden, mit aller Entschiedenheit zurück. Ich antwortete:

»Solange im ungarischen Volk der Glaube lebt, wird dieser der Nation auch Kraft schenken, sich wieder zu erheben. Was meine bescheidene Person betrifft, so betrachte ich mich als nichts anderes denn als Diener meiner Nation und meines Volkes. Meinen Dienst aber will ich erfüllen, was immer für einen Preis er von mir fordern mag. Euch hingegen sage ich folgendes: Seid unerschütterlich in der Anhänglichkeit an die Kirche, in der Achtung der moralischen Grundsätze und im Festhalten an eurem Ungarntum.«

Ungarntum und Christentum haben sich im Laufe von tausend Jahren ganz eng miteinander verbunden. Mit dieser Einheit konnte man stets in Katastrophenzeiten rechnen. Wir haben daher auch die nationalen Gedächtnistage ins kirchliche Leben eingebaut, und das Volk wußte, daß die Großen der Nation zugleich mit der Verteidigung des Glaubens die Interessen des Landes wahrnahmen, seinen Nutzen und sein Glück förderten. Für den angestammten christlichen Glauben Leid und Not auf sich zu nehmen, das bedeutete zugleich auch Kreuzträger fürs Vaterland zu sein. Ein oft zitiertes Wort sagt: »Religion ist Privatsache.« In Pécs nun nahm ich am 20. Oktober 1946 Stellung zu dieser Ansicht:

»Ob wir unser Haar in einer Bürstenfrisur oder gescheitelt tragen, ob wir Fleisch essen oder Vegetarier sind, mag Privatsache sein. Das berührt einen anderen Menschen und die Gesellschaft nicht. Aber es ist für den Staat schon keine Privatsache mehr, ob ich in meinem Garten mehr als zweihundert Stück Tabakpflanzen stehen habe; ob wir die Treber und die Zwetschgen in unserem Kleinkessel mit oder ohne Finanzamt brennen. Ich denke, daß es für die Gesellschaft wenigstens ebenso wichtig ist, ob es einen Gott und eine unsterbliche Seele gibt; ob die beiden eine Beziehung zueinander haben; ob es Mitmenschen gibt oder ob wir nur ein Rudel heulender Wölfe sind. Wer die Beiseitestellung der Religion im öffentlichen Leben einführen will, der möchte sein eigenes minderwertiges Privatleben im öffentlichen Leben zur Geltung bringen. Es hat also einen Grund, warum man außerhalb der Kirchenmauern nicht sollte verkünden dürfen: du sollst nicht töten, du sollst nicht Unkeuschheit betreiben, du sollst nicht lügen und verleumden. Die ›Vortrefflichkeit‹ des oben angeführten Satzes läßt sich, wie die Güte eines Baumes, an den Früchten erkennen. Wo Religion Privatsache ist, dort erstickt das Leben in Korruption, Sünde und Grausamkeit. Ich habe mich ausgiebig mit Geschichte befaßt. In besonderer Weise interessierten mich jene Zeitabschnitte, auf deren Stirne man zu schreiben versuchte: Religion ist Privatsache.

Auch Hitler und seine Anhänger erklärten die Religion zur Privatsache. Das Ergebnis hieß: Dachau, Auschwitz, das Reich der Kerker, Gaskammern, Gestapo und so weiter. Der Vorläufer dafür war Nietzsche mit seinem Jenseits der veralteten Begriffe von Gut und Böse, mit ›Gott ist tot‹. Ein herrliches Menschenleben ohne Gott: Alte, Kranke, Lahme werden von den Ärzten offiziell, auf staatlichen Befehl hin, getötet. Die Juden werden in die Gaskammern getrieben, sechzig Millionen Soldaten stehen an den Fronten, zehn Millionen deckt die Erde, zwanzig Millionen Menschen irren heimatlos auf den Straßen Europas umher. Eine ganze Welt wird wahnsinnig in diesem Tränental. Dann kommt ein kleiner Revolver: Hitler erschießt sich, weil die ›Privatsache‹ so gut gelungen ist ... Verschwunden sind inzwischen die Propheten, die verkündet haben, daß Religion Privatsache sei; geblieben ist jedoch die Konkursmasse dieses Grundsatzes. Die unglückliche Menschheit ist nur neugierig, wer Hitlers Konkursmasse übernehmen und was für ein Glück daraus noch ersprießen wird.«

Unter Intellektuellen ist die Meinung vielfach verbreitet, man könne in den Fragen des öffentlichen Lebens einen neutralen Standpunkt einnehmen. Der Historiker, belehrt durch die Geschichte, urteilt jedoch anders. Tatsache ist und bleibt nämlich: In der menschlichen Gesellschaft ist nach wie vor das Allerwichtigste der Glaube an einen transzendenten Gott und an ein Leben im Jenseits. Die Geschichte beweist auch, daß keine Macht existiert, die in das menschliche Leben tiefer eingreifen und die Seelen tiefer berühren könnte als der Glaube. Die Religion beeinflußt, ihrem Wesen gemäß, das ganze Leben des Individuums; sie lenkt somit auch seine Tätigkeit in der Öffentlichkeit und in der Gesellschaft. Vom Einfluß der Religion, die das Gewissen formt, kann nicht einmal die parteipolitische Stellungnahme des Menschen frei sein: insbesondere dann nicht, wenn weltanschauliche Parteien miteinander wetteifern und kämpfen. Die Haltung, die dem Menschen am besten entspricht, ist die seinem Gewissen gemäße Stellungnahme gegenüber den Tatsachen des Lebens.

In diesem Problemkreis gibt es noch einen anderen Gesichtspunkt, der dem erfahrenen Seelenhirten ständig vor Augen steht. Er ist sich bewußt, daß die gesellschaftlichen und staatlichen Einrichtungen, die seine Gläubigen umgeben und in denen diese sich bewegen, deren Glaubensleben fördern oder benachteiligen können. Wer diese Tatsache der Wirklichkeit gemäß beurteilt, wird mit größter Vorsicht auf die »Mündigkeit« und Selbständigkeit der Gläubigen bauen. Der echte Seelsorger – auch wenn er als ein veralteter Typ bezeichnet wird – fühlt sich für die ihm anvertrauten Seelen verantwortlich, und aus diesem auf ihm lastenden Verantwortungsbewußtsein heraus entspringt das Bemühen, von den ihm Anvertrauten jede Gefahr und jedes Hindernis abzuwenden.

Erweckung der christlichen Vergangenheit

Sowohl der Nationalsozialismus als auch der Bolschewismus behaupteten, in unser Land eindringen zu müssen, um eine fehlerhafte Vergangenheit durch eine glückliche, neue Welt ersetzen zu können. Die Kommunisten verkündeten ihrer Doktrin gemäß, daß die Vergangenheit kompromißlos liquidiert werden müsse. Deshalb hatte ich in meiner Inthronisationsrede erklärt: »Ich will das Gewissen meines Volkes sein; als berufener Wächter klopfe ich an die Türen eurer Seele; im Gegensatz zu den jetzt aufkeimenden Irrtümern verkündige ich meinem Volk und meiner Nation die ewigen Wahrheiten. Auferwecken will ich die geheiligte Überlieferung unseres Volkes, ohne die vielleicht ein einzelner, aber niemals die ganze Nation leben kann.« Die Marxisten werteten die ganze ungarische Geschichte als Irrweg. Diese ihre Auffassung legten sie der unerfahrenen Jugend vor. Sie wollten offensichtlich unseren jungen Leuten Nationalgefühl und Selbstbewußtsein rauben, um sie dann leichter für ihre Pläne gewinnen zu können. Ich berief mich jedoch auf die Werte der tausendjährigen christlichen ungarischen Vergangenheit. Ich wünschte sehnlichst, gerade in der Zeit der nationalen Katastrophe eine ungebrochene, selbstbewußte ungarische Jugend vor mir zu sehen, die auf dem sicheren Boden einer festen religiös-sittlichen Grundlage stand. Wie im 17. Jahrhundert Pázmány und seine Priester jene Jugend erzogen hatten, die Buda zurückeroberte und nach dem Abzug der Türken das Land wiederaufbaute, so erblickte auch ich eine wichtige kirchliche Aufgabe darin, unsere Jugend auf die Verteidigung unseres Vaterlandes und unserer christlichen Kultur vorzubereiten. Eine Woche nach meiner Inthronisation benützte ich daher gleich die erste günstige Gelegenheit, vor der Basilika der Hauptstadt zu Zehntausenden Jugendlichen zu sprechen. Ich stellte die Frage: »Wohin soll die ungarische Jugend gehen?« und gab folgende Antwort: »Sollen wir uns vielleicht jenen anschließen, die – wie sie beteuern – die Vergangenheit gänzlich hinwegfegen wollen? Nun, langsam mit dem flinken Besen! Der Besen soll – so meine ich – für den Mist und die Korruption Verwendung finden. Das schönste Bild unserer Vergangenheit ist das Bild unserer Mutter, und diesem dürfen wir uns nur mit geneigtem Haupte, nicht aber mit dem Besen nähern. Wir lassen nicht zu, daß das prägende Wissen und das Charakterbild unserer Lehrer weggefegt werde, sie müssen ja Richtung geben für die Zukunft. Als schwach wird sich dieser Besen erweisen angesichts der zwei Steintafeln der Zehn Gebote Gottes. Wir werden nicht zulassen, daß jemand gegen unsere zweitausendjährige Mutter, die Kirche, und gegen unsere tausendjährige Mutter, das ungarische Heimatland, den Besen ergreift.«

In Stadt und Land wies ich immer auf die jeweiligen lokalen geschichtlichen Gegebenheiten und Ereignisse hin, die eine Lehre in sich bargen. Es ist ein sehr menschlicher Zug, daß jeder auf die Geschichte und die Vergangenheit seiner Familie, seines Heimatortes oder seiner Nation stolz ist. Der Historiker weiß, daß zwischen der Gegenwart und der Vergangenheit der einzelnen Gemeinschaften eine organische Verbindung besteht. Daher kann die Geschichte auch zur Weckung des religiösen Selbstbewußtseins und zur Vertiefung des Glaubenslebens verwendet werden. Früher waren natürlich die gesellschaftlichen Verhältnisse und auch die Voraussetzungen menschlicher Einrichtungen und der kirchlichen Aktivitäten andere. Aber wenn auch die Bedingungen verschieden waren, so erscheinen die Grundprobleme des menschlichen Geistes doch in allen Epochen als die gleichen. Die Tatsache, daß ich sehr oft in meinen Ansprachen auf geschichtliche Vorkommnisse und historische Stätten Bezug nahm, machten mir die Kommunisten zum Vorwurf. Sie nannten mich deshalb »ein Überbleibsel aus der Feudalzeit, einen engstirnigen, reaktionären Bischof, der sich mittelalterlicher Kampfmethoden bediene«. Die mit böser Beharrlichkeit verbreitete Propaganda hat ihre Wirkung getan. Sie hinterließ ihre Spuren sogar in christlichen Kreisen. Viele, die uns von Haus aus wohlgesinnt waren, hatten ja meine Äußerungen weder selbst gehört noch im Original gelesen. Ich führe deshalb – zur Illustrierung, nicht zur Verteidigung – zwei meiner Predigten an, die auf geschichtliche Zusammenhänge eingehen. Die eine dieser Ansprachen hielt ich am 26. Mai 1946 anläßlich der Firmung in Szentendre, die andere am 4. Mai 1947 vor 15 000 Wallfahrern in Szentgotthárd. Ich überlasse es dem Leser, zu entscheiden, ob ich in überholten Vergangenheiten stehengeblieben bin.

Gelobt sei Jesus Christus!

Meine lieben Gläubigen von Szentendre,

ein sehnsüchtiger Wunsch drängte mich, zu euch zu kommen, die ihr eine der größten Gemeinden in meiner Diözese seid. Ich verlangte, zu euch zu kommen, nicht nur um euren Kindern für den sittlichen Kampf der Jugend die wirksame Hilfe des Hl. Geistes zu spenden, sondern auch, um euch, die Jungen und die Alten, euch alle, von Angesicht zu Angesicht zu sehen und, wie die alte Kirchensprache sagt, die kanonische Visitation zu halten. Zum erstenmal in meinem Leben bin ich hier in Szentendre. Nun komme ich zu euch als euer von Seiner Heiligkeit Papst Pius XII. ernannter neuer Oberhirte. Bei der Vorbereitung meines Besuches bei euch wollte ich auch die religiöse Vergangenheit dieses Ortes kennenlernen. Daher ließ ich mir aus dem Archiv die alten Visitationsprotokolle bringen, wobei ich vornehmlich die Jahre 1732 bis 1781 durchsah. Was ich auf diesen vergilbten alten Blättern vorfand, interessiert nicht nur mich, sondern sicherlich auch euch, denn ihr seid ja in diesem Boden von Szentendre verwurzelt. Die Geschichte spricht über eure Vorfahren, eure Blutsverwandten, über das Glaubensleben eurer Ahnen.

Die erste Aufzeichnung über eure Vorfahren, die ich fand, sagt, daß sie 1741 die Kirche aus eigener Kraft renovierten. Die Kirche steht mitten im Friedhof, was nach mittelalterlichem Brauch die Liebeseinheit im Glauben ausdrücken soll; wenn die Gläubigen in die Kirche gehen, sollen sie immer auch einen Blick auf das Reich der Toten werfen und zugleich der ewigen Seligkeit und der leidenden Seelen im Fegefeuer gedenken. Hygienische Gründe trennen heute die Kirche vom Friedhof; aber es wäre nicht gut, wenn dies in irgendeiner Form die Zusammengehörigkeit, die Einheit von Kirche und Friedhof in den Seelen der Gläubigen störte.

Durch das Opfer des Volkes wurde also die Kirche errichtet. Über die Entfernung von zweihundert Jahren hinweg sehe ich das hingebungsvolle, sorgende Planen, sehe ich die Opfer an Arbeit, sehe ich die rege Geschäftstätigkeit eurer Ahnen. Legen wir jetzt einen Palmenzweig der Pietät, das Zeichen gesegneten Angedenkens, auf ihre Gräber und seien wir stark in dem, worin sie uns ein Beispiel gegeben haben. Aus der zweiten Notiz, die ich vorgefunden habe, sehe ich, daß eure Ahnen vor zweihundert Jahren nicht nur die Toten, sondern auch die Sterbenden und die Kranken sehr geliebt haben. Die kanonische Visitation aus der Zeit Karls III. berichtet nämlich, daß man in eurer Kirche nach den heiligen Messen für die Sterbenden und die Kranken, die namentlich genannt wurden, gebetet hat. Der Augenblick des Sterbens ist ein wichtiger Augenblick. Wie der Augenblick des Sterbens die Seele antrifft, in welchem Zustand sie in der Todesstunde ringt, das entscheidet ihr ewiges Los. Umgebt auch ihr die Sterbenden mit gläubiger Gesinnung, laßt sie unbedingt der Gnaden der Sterbesakramente teilhaftig werden. Und wenn jemand plötzlich sterben sollte, eilt auch dann noch, um den Seelsorger zu rufen, denn der tatsächliche Tod ist nicht identisch mit dem Augenblick, den wir als den Augenblick des Todes erachten.

Eine weitere Notiz betrifft die Kranken. Der Text der heutigen hl. Messe mahnt uns, für die Waisen und Witwen Sorge zu tragen und die leiblichen und geistlichen Werke der Barmherzigkeit zu üben. Die Gesinnung einer Familie offenbart sich in der Achtung vor den Kranken. Den Wert einer Kirchengemeinde erkenne ich auch an der Sorge, die sie für die leidenden Kranken aufwendet.

Die folgende Aufzeichnung besagt, daß die Gläubigen eifrig waren, daß sie das Gotteshaus, die Prozessionen und die Wallfahrten liebten. Die Gläubigen waren also eifrig und liebten das Gotteshaus. Vergeßt an Sonn- und Feiertagen daher nicht, daß ihr in zweihundertjährige Fußspuren tretet, daß euch eure Ahnen nicht nur ein materielles, sondern auch ein geistiges Erbe hinterlassen haben. Einst kamen sie hierher zu den Frühmessen, zu den Fronleichnams- und Auferstehungsprozessionen und zur Mitternachtsmette. Sie zogen einst hierher und knieten an der Kommunionbank nieder, um den Leib des Herrn zu empfangen. Solch heilige Gewohnheiten dürfen nicht aufgegeben werden, sie müssen weiterleben.

Die Protokolle berichten aber – und ich habe mich daran nicht gestoßen –, daß es in Szentendre vor zweihundert Jahren auch laue Menschen gegeben hat. Der Ungar sagt, daß unsere Finger nicht alle gleich sind. Auch der Eifer besitzt verschiedene Grade. Deshalb wollen wir nicht die Rolle der Lauheit wählen. Der Hl. Geist erklärt: ›Du bist weder kalt noch warm; o wärest du doch kalt oder warm! Aber da du lau bist und weder kalt noch warm, werde ich dich aus meinem Munde ausspeien‹ (Offenbg. 3, 15 - 16). Die Lauheit, die Gleichgültigkeit in Glaubenssachen ist ein sehr schädlicher Seelenzustand und verursacht große Übel.

In eurem Visitationsprotokoll stieß ich auch auf den katholischen Schulmeister, der euren Kindern vor 200 Jahren Schreib- und Rechenunterricht und gemeinsam mit dem Geistlichen auch Religionsunterricht erteilt hat. Vor zweihundert Jahren gab es hier also eine eigene katholische Schule. Man pflegt zu sagen, daß die konfessionellen Schulen die

Menschen zur Uneinigkeit erziehen. Unsere Ahnen waren weise Menschen. Ich sehe, daß es hier im Ortsgebiet die Schulen verschiedener religiöser Bekenntnisse gibt. Gerade deswegen besuchten die Kinder schon in alter Zeit ihre eigene Bekenntnisschule, damit keine religiöse Gleichgültigkeit und keine Uneinigkeit in der Schule sei. Nachdem die Kinder die Grundelemente des Glaubens gut gelernt haben, sollen sie davon nichts verlieren, sondern die Liebe, die sie aus der Offenbarung kennen, soll in ihrem eigenen Leben wachsen, und sie sollen den Geist der Kirche verkünden. Wir, die Kirche nämlich, haben niemals auch nur einen einzigen Angehörigen eines anderen Bekenntnisses oder einer anderen Rasse gekränkt oder gehaßt; wir betrachten alle Menschen als unsere Nächsten, die unserer Liebe wert sind. Nur die Sünde und das Böse müssen wir verachten und verurteilen. Wenn also eure Ahnen so weise waren und hier den einzelnen Konfessionen entsprechend Schulen errichtet haben, so klammert euch gerade deshalb an eure katholischen Schulen, damit eure Kinder nicht nur im Religionsunterricht, sondern in jedem Unterrichtsgegenstand den Geist eures heiligen Glaubens in ihre Seele einatmen können. Wie ihr selbst keine haßerfüllten Menschen seid, so sollen auch eure Kinder gerade aus der Offenbarung und in der konfessionellen Schule den Geist der Liebe lernen.

Die Zahl der katholischen Gläubigen ist sehr stark angestiegen. 1781 gab es hier 2351 Katholiken, nach der Volkszählung von 1941 sind es jetzt ungefähr 7500. Ich kann wohl annehmen, daß am Familienleben nicht der Wurm der Sünde nagt. Wenn es vielleicht hie und da nicht so wäre und die ›Modekrankheit‹ die eine oder andere Familie befallen hätte, so weise ich diese Familien auf das Beispiel der Ahnen hin, die diese ›Krankheit‹ nicht kannten und ihr niemals Einlaß in ihre Familien gewährten.

Die Reinheit der Jugend an Leib und Seele ist unerläßlich. Unerläßlich ist aber auch ein tadelloses Familienleben. Das im Mutterschoß empfangene Leben ist bereits eine eigene Person und ist ebenso berechtigt zu leben wie das Kind im Arm der Mutter, wie das in der Wiege oder wie wir selbst. Ja, Sünde ist sogar das sogenannte ›Aufpassen‹, die Machination, die darauf abzielt, daß aus den Rechten keine Pflichten erwachsen. Wo ein Recht ist, da gibt es auch eine Pflicht. Und jene, die ›achtgeben‹, beflecken das Heiligtum der Familie, machen es zu einer Lasterhöhle. Die ehrbaren Ehepartner werden zu Gefährten der Sünde, und eine solche Familie segnet Gott nicht.

Meine lieben Gläubigen. Beschließen wir die Betrachtung der Vergangenheit. Die Ahnen lebten in der Liebe zur Kirche, zur Bekenntnisschule, zum Friedhof; sie lebten in der Achtung des Heiligtums der Familie. Diese vier Orte, diese heiligen Orte grenzen aneinander. Die Schwelle der Kirche, der Schule, des Friedhofs und der Familie liegen nahe beieinander. Wo man heute, im 20. Jahrhundert, diese vier liebt, dort ist das Glaubensleben in Ordnung. Ich bitte euch, dafür zu sorgen, daß eure Ahnen, welche euch vom Friedhof her unterweisen, nicht Rufer in der Wüste bleiben. Tut das, was eure ehrbaren Eltern, Großeltern und Ahnen getan haben. Wenn ihr so handelt, dann wird einst, wenn nach zweihundert Jahren hier in der Kirche neue Menschen stehen werden, ein neuer Oberhirte zu ihnen kommen und aus unserer Zeit tröstende Schriften zitieren, wie auch ich euch aus zweihundertjähriger Vergangenheit tröstende Erinnerungen bringen konnte.

Die Hauptsache jedoch ist und bleibt, daß wir uns auf diese Weise die ewige Seligkeit sichern können. Ich sprach von Jahrhunderten. Die Vergänglichkeit wird auch uns hinwegnehmen; jeder einzelne von euch wird in das Reich der Toten, auf den Friedhof getragen werden, und auch mich wird man hinaustragen; wir werden aus diesem Erdenleben scheiden. Dieses Erdenleben ist ja auch nichts anderes als ein großer Wartesaal. Wir Menschen kommen und gehen auf dieser Erde und haben hier keine bleibende Stätte. Unsere Seele aber lebt, sie ist das Bleibende, das Ewige. Diese eine unsterbliche Seele müssen wir aus der großen Vergänglichkeit herausretten und dies durch den Glauben, durch ein sittliches Leben und den Gebrauch der Sakramente.

Erneuert anläßlich der Firmung eurer Kinder jene guten Vorsätze, die ihr bei eurer Firmung gefaßt, und die Gnade, die ihr erhalten habt. Damals habt ihr versprochen, Kämpfer des Hl. Geistes zu sein. Setzt diesen Dienst kraft der heutigen Erneuerung fort, bis sich der Sarg über euch schließt und ihr Gott von Angesicht zu Angesicht schauen könnt. Amen.

Und jetzt ein Teil aus meiner Predigt in Szentgotthárd:

Einst wachten über das Leben aller ungarischen Landstriche die Burgen. Diese Gegend hier bewachten, verteidigten und sicherten Németújvár, Szalónak, Körmend und Csáktornya. Diese Burgen gehören der Vergangenheit an. Nur Märchen und Efeu erzählen auf ihren Ruinen von ihrem einstigen Ruhm, von vergangenen Geschehnissen und einstiger Bedeutung. Aber ohne Festungen kann auch die heutige Generation nicht leben. Und Gott sei Dank: Unsere Burgen, unsere Festungen sind vorhanden, nämlich: unsere Heimatkirche, unsere katholischen Schulen, das Heiligtum der Familie und der geweihte Friedhof.

137

Was das Herz im Leben des Menschen, das bedeutet die Kirche im Leben der Stadt und des Dorfes: Sie ist ›Haus Gottes und Pforte des Himmels‹ (Gen. 28, 17, I). Das Gotteshaus ist die Stätte des Gebetes und des heiligen Opfers. Das Gotteshaus ist die Festung der Seelen, der höchste Ausdruck der Gemeinschaft der Gläubigen. Unsere Mutter, die Kirche, weiht es durch eigene Gebete und mit dem Leib und Blut Christi. Im Laufe von Jahrhunderten wurde das Gotteshaus aber weiterhin geweiht und geheiligt durch die Andacht, die Taufe, die Buße, die Kommunion und den Lebensbund unserer Väter, Großväter, Urgroßväter und Ururgroßväter. Wenn wir die Kirche betreten, soll uns Gottes Gegenwart berühren. Das ausgetretene Pflaster aber soll uns an den Gebetsgeist der Ahnen erinnern.

Die Zwillingsschwester der Kirche ist die katholische Schule. Deren Wiege hat die Mutter Kirche auch im Gotteshaus, an den Stufen des Altars geschaukelt. Als der heilige König Stephan für je zehn Dörfer den Bau eines Gotteshauses anordnete, gab er dem ungarischen Volk auch Schulen.

Als noch niemand anderer daran dachte, lernten unsere Ahnen unter der Führung der Kirche in der Nähe des Altars, der Kanzel und des Taufbeckens Religionslehre, Lesen, Schreiben und Rechnen, den Ackerbau und das Gewerbe. Und als die Zahl der Gläubigen immer mehr wuchs und die Schule aus der Kirche auszog, ging sie nicht weit weg und nahm als heiliges Erbe der Ahnen das Evangelium und die zwei steinernen Tafeln mit. Entweder bleibt die Schule im Geiste der Kirche eine heilige, seelenfördernde Kraft oder sie sinkt ab und verkommt, wird zur Fronwerkstätte des Bösen. In dem Maße wie sich die Schule von der Kirche entfernt, nähert sie sich – wie die geschichtliche Erfahrung zeigt – der Welt der Gefängnisse und Zuchthäuser, der Sünde und der Verdammnis. Die Schule ist die Heimstätte der Tugend und des Wissens. Wenn die Tugend in ihr nicht mehr gelehrt wird, dann bewahre uns Gott auch vor ihrer Wissenschaft!

Die dritte Festung ist das Heiligtum unserer Familie, in dem sich, im Geiste des Haussegens, Generationen gegenseitig ablösen. Der Vater erhält sein Ansehen, seinen Wert vom himmlischen Vater, die Mutter von der allerseligsten Jungfrau Maria, das Kind von Jesus. In der gläubigen Familie sieht jeder ständig über dem Haupt des andern das himmlische Antlitz dessen, der ihm seinen Wert verleiht. Sooft am Familientisch gemeinsam gebetet wird, geht die Welt der Heiligen Familie strahlend über den Familienmitgliedern auf. Im Spiegel von Nazareth sind Vater und Mutter heilig. Darum ist das Kind ein unermeßlicher, unsterblicher Wert, darum ist es der kostbarste Augenstern der Eltern, ja der ganzen Nation ...

Die Familie ist eine unglaublich starke Festung, wenn ihre Schwelle in die Kirche und in die geheiligte Welt der katholischen Schule mündet. Diese drei sind unser Festungsgürtel. In diesem Festungsgürtel leben, wachen und kämpfen wir, bis wir alle auf den ebenfalls geweihten Friedhof kommen.

Dieser Friedhof ist Schlaf- und Ruheplatz, Gottes unermeßlicher Acker für unübersehbare Generationen, bis über ihnen die Trompete des Jüngsten Gerichtes ertönt und für die Menschen das Osterfest anbricht, die Auferstehung Wirklichkeit wird.

Mag dieser Ort übersät sein mit weltberühmten Grabdenkmälern aus Marmor oder mit Grabkreuzen aus Eichen- oder Akazienholz, über dem Staub unserer lieben Toten schwebt die Mahnung der drei ersten Heiligtümer. Der Friedhof, die Kanzel der Kirche, das Katheder der katholischen Schule, die lange Reihe katholischer Familien – sie alle rufen uns aus der Welt der Toten, der Welt der Lebenden ununterbrochen zu: ›Ihr Enkel, vergeßt nicht die Botschaft der früheren Generationen: Klammert euch an eure Festungen!‹

Welche Flut sich auch immer über die Erde wälzen mag, die Kirche, die katholische Schule und die Familie sind stets heilig. Bleibt deren unerschütterliche Wächter!

Der entscheidende Schlag gegen die Kleinlandwirtepartei

Eine Folge der pastoralen Tätigkeit der Kirche war auch das Erwachen des nationalen und christlichen Selbstbewußtseins. Unsere Gläubigen waren daher keineswegs bereit, ruhig und untätig zuzuschauen, wenn die kirchlichen Institutionen bedrängt und das religiöse Leben behindert wurden. Die Gläubigen standen bereit zur Abwehr. Wir haben bereits gesehen, daß die Proteste des gesamtungarischen Elternverbandes die Angriffe auf unsere katholischen Schulen zurückzuweisen vermochten. Ich habe ebenfalls erwähnt, daß dieser starke Verband die kommunistischen Pläne zur Abschaffung des Religionsunterrichtes und die Einführung einheitlicher Lehrbücher in den Schulen vereitelte. Dieser Erfolg wurde durch die härtere Haltung der Kleinlandwirtepartei möglich. Ihre Parlamentsabgeordneten und ihr mutiger neuer Generalsekretär Béla Kovács traten seit Frühjahr 1946 unter dem Druck der öffentlichen Meinung den Kommunisten immer stärker entgegen.

Zunächst zeigten sich die kommunistischen Kader etwas zurückhaltender. Die Verhärtung der Mehrheitspartei schien sie überrascht zu haben. Im Parlament führten sie nun vorerst nur leichte, unbedeutende Geplänkel. Im Hintergrund jedoch versuchten sie, durch die verschiedensten Machenschaften die Lage zu ändern. Mitläufer und Unruhestifter sollten die Interessen der Linken unterstützen. Abgeordnete sollten ausgeschlossen und damit die Einheit der bürgerlichen Parteien zerstört und ihre Stimmenmehrheit herabgesetzt werden. Diese Mittel führten jedoch nicht zum gewünschten Erfolg. Deshalb griffen die Kommunisten zur Gewalt. Im Dezember 1946 wurden Politiker der Kleinlandwirtepartei und Offiziere, die dieser Partei nahestanden, verhaftet. Als der Ministerpräsident und der Verteidigungsminister die Angelegenheit der Inhaftierten überprüfen wollten, verhinderte der russische Militärkommandant Swiridow jegliche Untersuchung. Er erklärte die Angelegenheit zu einer Sache der geheimen Staatspolizei, da die Inhaftierung unter dem Vorwand einer antirepublikanischen Verschwörung vorgenommen worden war. Chef der geheimen Staatspolizei war der Kommunist László Rajk, der die Bemühungen des Ministerpräsidenten durchkreuzte. Inzwischen brachte man die »Geständnisse« der Inhaftierten mit viel Lärm vor die Öffentlichkeit. In diesen sogenannten »Geständnissen« wurde zugegeben, daß in Kreisen der Kleinlandwirtepartei eine antirepublikanische Verschwörung organisiert worden sei. Verschiedene leitende Persönlichkeiten der Partei – unter ihnen ein Minister – wurden daraufhin verhaftet. Auf Antrag von Tildy und Ferenc Nagy hob der Immunitätsausschuß des Parlamentes die Immunität der Verhafteten auf. Als ein Teil der amerikanischen und westeuropäischen Presse die Glaubwürdigkeit der »Geständnisse« bezweifelte, wurde Zoltán Tildy, der Präsident der Republik, gezwungen, den Polizeibericht zu bestätigen. Tildy gab am 16. Januar 1947 über die Verschwörung folgende Erklärung ab:

»Die Polizei hat ihre Pflicht getan und gute Arbeit geleistet. Ich bin sicher, daß ein ungarisches Gericht, im Interesse des ungarischen Volkes, ein gerechtes Urteil fällen wird.«

Es war alles klar: hier wollte man einen Schauprozeß nach sowjetischem Muster vorbereiten. Tildys leichtfertige Nachgiebigkeit hatte mich entsetzt. Ich wies drei Tage hernach, am Fest der hl. Margarethe, in einer Ansprache auf den im Lande herrschenden Haß, auf den Geist der Rache und der Vergeltung, auf die rücksichtslose Anwendung des Grundsatzes »Aug um Auge, Zahn um Zahn« hin und betonte, daß dabei auch »unschuldige Augen verlöschen und Zähne, die nicht beißen, zerschlagen werden könnten«. Inzwischen verwickelten die Kommunisten unter Berufung auf die »Geständnisse« der Verhafteten auch den Generalsekretär der Kleinlandwirtepartei, Béla Kovács, in die ›Verschwörung‹. Rákosi suchte den Ministerpräsidenten Ferenc Nagy persönlich auf und übergab ihm »Beweise« gegen den Generalsekretär. Rákosi forderte von Nagy die Entlassung des Generalsekretärs, zugleich verlangte er, daß die Kleinlandwirtepartei gerügt werde. Nagy entsprach diesem letzteren Ansinnen und gab am 28. Januar 1947 folgende Erklärung ab:

»Ich muß gestehen, daß tatsächlich eine Verschwörung gegen die Demokratie und gegen die Regierung im Gange war. Die Verschwörer haben eine umfangreiche Organisation geschaffen und sich in die großen politischen und gesellschaftlichen Organisationen, vor allem in die unabhängige Kleinlandwirtepartei eingeschlichen.«

Auf diese Erklärung berief sich die Kommunistische Partei, als sie wenig später die Aufhebung der Immunität einer weiteren Zahl von Abgeordneten der Kleinlandwirtepartei forderte. Ferenc Nagy entsprach auch diesem Begehren, wie er sagte jedoch in der Hoffnung, daß das Gericht sie freisprechen werde. Die Geheimpolizei legte den Abgeordneten jedoch schon am Tor des Parlamentsgebäudes, unter persönlicher Überwachung von Gábor Péter, Handschellen an. Allein die Immunität von Béla Kovács wurde nicht aufgehoben. Ein Mitglied der Kleinlandwirtepartei stellte mit verzweifeltem Mut sogar den Antrag, daß zur Untersuchung der angeblichen Verschwörung eine aus fünfundzwanzig Mitgliedern bestehende Parlamentskommission gebildet werde. Rákosi sah deutlich, daß dies den Schauprozeß unmöglich machen würde. Darum setzte er den Antrag unter Berufung auf die Russen von der Tagesordnung ab. Er empfahl sogar, Béla Kovács solle sich – unter Beibehaltung seiner Immunitätsrechte – freiwillig bei der Polizei melden, damit man ihn über die Angelegenheit der Verschwörung befragen könne. Als er dies auf den Ratschlag von Tildy und Ferenc Nagy tatsächlich tat, empfing ihn jedoch nicht die ungarische Polizeibehörde, sondern die russische Militärkommandantur, die ihn verhaftete. Am 2. März wurde darüber folgende Bekanntmachung veröffentlicht:

»Die sowjetischen Besatzungsbehörden haben am 25. Februar 1947 in Budapest den ehemaligen Generalsekretär der unabhängigen Kleinlandwirtepartei, Béla Kovács, wegen aktiver Teilnahme an der Aufstellung geheimer sowjetfeindlicher, bewaffneter Terrorgruppen und wegen seiner Mitwirkung an der Spionage gegen die Sowjetarmee verhaftet. – Béla Kovács beteiligte sich aktiv an der Aufstellung solcher geheimen,

141

antisowjetischen bewaffneten Truppen, deren Mitglieder auf ungarischem Gebiet Terrorakte und Morde an Angehörigen der Sowjetarmee verübten.«

Jetzt griff das amerikanische Mitglied der Alliierten Kontrollkommission, General Weems, ein. Er überreichte im Namen seiner Regierung am 5. März 1947 folgende Note an Swiridow:

»Die Regierung der Vereinigten Staaten sieht sich veranlaßt, ihrer Besorgnis über die zur Zeit in Ungarn ausgebrochene politische Krise Ausdruck zu geben. Die Ereignisse weisen auf eine ausländische Einmischung in ungarische innere Angelegenheiten hin, die es einer ungarischen Minderheit ermöglichen soll, der vom Volk gewählten Mehrheit ihren Willen aufzuzwingen. Die ungarischen Kommunisten und die anderen Mitglieder des Linksblocks haben, da sie ihre Ziele auf dem ordentlichen, verfassungsmäßigen Wege nicht erreichen konnten, versucht, mehrere Abgeordnete der Kleinlandwirtepartei in eine Verschwörung gegen die Republik hineinzuziehen. Dadurch, daß sie forderten, die Immunität mehrerer Abgeordneter der Kleinlandwirtepartei aufzuheben, beabsichtigten sie, die parlamentarische Mehrheit der Partei zu schwächen. Die Polizei- und Verwaltungsbehörden verwendeten ihre Macht nicht dazu, durch ein rechtmäßiges, sofortiges Gerichtsverfahren die den Staat bedrohende Gefahr abzuwenden, sondern vielmehr dazu, um gegen ihre politischen Gegner einen allgemeinen Angriff zu starten. Die in Ungarn stationierte sowjetische Oberkommandantur hat nun durch unmittelbare Einmischung in Ungarn eine Krise verursacht. Die Regierung der Vereinigten Staaten ist auf Grund bisheriger Nachrichten dahingehend informiert, daß die Anschuldigungen und Beweise in der Sache Béla Kovács jeder realen Grundlage entbehren. Nach Meinung der Regierung der Vereinigten Staaten bedeuten die Ereignisse eine unberechtigte Einmischung in die inneren Angelegenheiten Ungarns.«

In seiner Note machte General Weems auch den Vorschlag, daß im Zusammenarbeit zwischen den Vertretern der drei Großmächte Rußland, England, Amerika und des ungarischen Ministerpräsidenten, des Parlamentspräsidenten, des Innenministers sowie des Justizministers die »Verschwörung« untersucht werden müßte.

Auf die amerikanische Note, deren Veröffentlichung den ungarischen Zeitungen verboten worden war, antwortete Swiridow am 9. März folgendes:

»Herr General,
in Beantwortung Ihres Briefes vom 5. März 1947, in dem Sie den

Standpunkt Ihrer Regierung in bezug auf die letzten politischen Ereignisse in Ungarn darlegen, beehre ich mich, Ihnen folgendes mitzuteilen:

Die demokratische Staatsordnung und die Regierung Ungarns wurden von den gegen die Verfassung und die Republik gerichteten Verschwörungen bedroht, nicht aber von den Linksparteien. Diese kann man nicht beschuldigen, die unabhängige Kleinlandwirtepartei ihrer gesetzlichen Macht berauben und eine Diktatur der Minderheit einführen zu wollen, da die Linksparteien auf dem Boden der Verfassung Ungarns stehen.

Die Tatsache einer gegen die Verfassung gerichteten Verschwörung und die daraus für die junge ungarische Demokratie erwachsende Gefahr werden auch von der Kleinlandwirtepartei zugegeben. In diesem Sinne äußerte sich die Partei selbst einige Male in der Presse, auch Ferenc Nagy, der Führer der Partei. An der Tatsache, daß es unter den führenden Politikern der unabhängigen Kleinlandwirtepartei mehrere gibt, die an der Verschwörung teilgenommen haben, sind weder die Polizei noch die im Linksblock zusammengefaßten Parteien schuld. Die unabhängige Kleinlandwirtepartei anerkannte selbst die Schuld aller aus ihren Reihen hervorgegangenen Verschwörer und stimmte freiwillig zu, daß deren Immunität aufgehoben und diese vor Gericht gestellt würden. Darum, Herr General, entbehrt die Behauptung, die Linksparteien hätten versucht, die Politiker der unabhängigen Kleinlandwirtepartei auf ungerechte Weise in die Verschwörung hineinzumanipulieren, jeglicher Grundlage.

Es ist allgemein bekannt, daß die Untersuchung der Verschwörung abgeschlossen ist und die Angelegenheit vom unabhängigen, demokratischen Gericht der ungarischen Republik behandelt wird. Aus diesem Grunde kann ich Ihren Vorschlag, die allgemeine Lage und die Frage der Verschwörung gemeinsam zu untersuchen, nicht annehmen, da dies eine grobe Einmischung in die inneren Angelegenheiten der ungarischen Republik und in die Rechte der ungarischen Volksgerichte bedeuten würde.

Ihre Intervention in der Angelegenheit Béla Kovács kann ich nur als den Versuch betrachten, sich in das legale Recht der sowjetischen Besatzungsbehörden einzumischen, das den Schutz der auf dem Boden Ungarns stehenden sowjetischen Streitkräfte gewährleisten soll. Aus diesem Grunde kann ich mich mit einer derartigen Intervention der Regierung der Vereinigten Staaten nicht einverstanden erklären.

Die Verhaftung von Béla Kovács, die wegen eines gegen die sowjetischen Besatzungstruppen gerichteten Vergehens erfolgte, kann nicht als eine Einmischung seitens der sowjetischen Besatzungsbehörden in die inneren Angelegenheiten Ungarns betrachtet werden.

Empfangen Sie, Herr General, den Ausdruck meiner aufrichtigen Hochachtung.

V. P. Swiridow,

Feldmarschall-Leutnant.«

Die »Verschwörer« wurden vor ein Volksgericht gestellt. Die erschöpften, eingeschüchterten und offensichtlich gefolterten Angeklagten sagten gegen sich selbst aus. Auf Grund der erpreßten Geständnisse wurden die Urteile gefällt: Drei unschuldige Männer wurden zum Tode verurteilt, die übrigen zu mehr als zehn Jahren Zwangsarbeit.

Eine weitere amerikanische Note vom 17. März stellte unter anderem fest:

»Die Regierung der Vereinigten Staaten kann sich auf Grund aller zur Verfügung stehenden Angaben der in Ihrer Mitteilung enthaltenen Auslegung der ungarischen politischen Ereignisse nicht anschließen. Der Regierung der Vereinigten Staaten ist es klar, daß die unter der Führung der ungarischen Kommunistischen Partei stehenden Minderheitsgruppen mit politischen, außerhalb des verfassungsmäßigen Rahmens liegenden Schachzügen die Macht zu erlangen versuchen. Nach Meinung der Regierung der Vereinigten Staaten bedeutet dies eine offensichtliche Gefahr für den Bestand der ungarischen Demokratie. Die Regierung der Vereinigten Staaten ist der Auffassung, daß für die Mächte, die den Vertrag von Jalta unterzeichnet haben, in der Untersuchung der ungarischen Lage die Pflicht eines gemeinsamen Vorgehens besteht.

Das ist in diesem Fall besonders wichtig, da, vom Standpunkt Ungarns aus gesehen, in einer so bedeutsamen, grundlegenden Frage die Ansichten der sowjetischen und der amerikanischen Regierung voneinander abweichen.

Nach meiner Ansicht – die im Gegensatz zu der von Ihnen geäußerten Meinung steht – kann man nicht behaupten, daß eine solche Untersuchung die gesetzlichen Rechte des ungarischen Gerichtes verletzen würde oder daß das von meiner Regierung für den Fall Béla Kovács bekundete Interesse eine Verletzung jenes Rechtes der sowjetischen Besatzungsbehörden bedeuten würde, nach dem sie, im Interesse der Sicherheit der Besatzungstruppen, entsprechende Maßnahmen treffen müßten.«

Swiridow gab auch auf diese zweite amerikanische Note eine ähnlich zynische Antwort wie auf die erste.

35. und 36. Massenver- von kommunistischer und erfolgte die Verstaat-
sammlung in Budapest sozialdemokratischer lichung der Schulen.
anläßlich der Vereinigung Partei, 1948. Kurz darauf

37. Gyula Ortutay.

38. Kardinal Mindszenty auf der Anklagebank am ersten Prozeßtag vor dem Budapester Volksgericht, 3. Februar 1949.

39. Während der Vernehmung.

40. und 41. Gegenüber-
stellung Kardinal
Mindszentys mit Professor
Jusztin Baranyay,
angeklagt wegen des
Versuchs, eine pro-monar-
chistische Bewegung zu
gründen. Prof. Baranyay
wurde zu 15 Jahren
Gefängnis verurteilt.

42. In dieser Blechkapsel sollen sich angeblich die Kardinal Mindszenty belastenden Dokumente befunden haben.
Das Bild zeigt den Sekretär des Kardinals, András Zakar, und den Archivar János Fábián (r.).

43. Dieses gefälschte Papier wurde als das handschriftliche Geständnis József Mindszentys verbreitet.

Ferenc Nagy bildete wenig später seine Regierung um: Er wurde genötigt, zwei »Mitläufer« aufzunehmen. Um nicht einem Kommunisten die Ausführung eines Angriffes auf die katholischen Schulen übertragen zu müssen, wurde Gyula Ortutay zum Kultusminister ernannt. Als Verteidigungsminister sollte Lajos Dinnyés amtieren. Bereits zwei Monate später jedoch wurde er Nachfolger des Ministerpräsidenten Ferenc Nagy. Es ergab sich nämlich bei den Untersuchungen der Geheimpolizei nach zwei Monaten, daß der Ministerpräsident höchst persönlich an der »Verschwörung« gegen seine eigene Regierung beteiligt war. Allerdings wurde ihm dies – wahrscheinlich um ihn zu schonen – erst während eines Auslandsaufenthaltes zur Kenntnis gebracht. Als er auf einem längeren Urlaub in Zürich weilte, teilte man ihm am 28. Mai 1947 aus Budapest mit, auch er sei – wie aus einer Mitteilung des sowjetischen Oberbefehlshabers hervorgehe – an der von Béla Kovács organisierten Verschwörung beteiligt. Am gleichen Tage noch besprach er sich telefonisch mit Rákosi. Nach der Unterredung dankte er ab. Tildy nahm die Abdankung an. Jetzt wurde Dinnyés sein Nachfolger. Dessen Marionettenregierung leistete am 1. Juni 1947 den Amtseid.

Nach diesen Ereignissen flohen viele führende Mitglieder der Kleinlandwirtepartei aus dem Lande. Den ungarischen Marxisten war es mit der Hilfe der Russen gelungen, die Kleinlandwirte im Parlament von 57,7 Prozent auf einen Anteil von 44,2 Prozent zurückzudrängen. Die Kleinlandwirtepartei war damit ihrer Mehrheitsstellung beraubt.

Unterhandlung wegen des Religionsunterrichts

Der Vorwand der »Verschwörung« ermöglichte der Polizei die Verhaftung von Mitgliedern und Führern der Kleinlandwirtepartei. Woche für Woche folgten neue Verhaftungen. Die belastenden »Geständnisse« der früher Verhafteten zogen in einer Kettenreaktion weitere Festnahmen nach sich. Es hing vom Wohlwollen der Kommunisten ab, wer auf freiem Fuß blieb und wer ins Gefängnis gebracht wurde.

Nach zwei Monaten lähmte alle die Furcht. Der Widerstand brach zusammen, und am 11. März 1947 kamen die Führer der Kleinlandwirtepartei zu einer Besprechung mit den Marxisten zusammen. Die Hauptpunkte ihrer Vereinbarung waren folgende:

1. Abschaffung des obligatorischen Religionsunterrichtes und Einführung neuer Schulbücher in allen Schulen.

2. Vorbereitung eines Übereinkommens zwischen Kirche und Staat, in dem alle offenen Fragen geregelt werden sollen.

3. Die Parteiführer verpflichten sich, in Zukunft alle diejenigen aus der Partei zu entfernen, die die friedliche Zusammenarbeit unter den Parteien hindern.

4. Im Zeichen der Planwirtschaft wird ein dreijähriger Wirtschaftsplan ausgearbeitet.

Während der Unterredung gaben die zwei geistlichen Führer der Kleinlandwirtepartei, Béla Varga und István Balogh – wahrscheinlich nach hartem Drängen der Marxisten –, das Versprechen ab, bei der Bischofskonferenz die Ersetzung des obligatorischen Religionsunterrichtes durch einen fakultativen zu erwirken. Bischof László Bánáss, ein Mann, der sich nicht ungern vordrängte, wurde in dieser Sache ebenfalls befragt. Er äußerte die Meinung, die Bischofskonferenz werde bestimmt im Interesse der demokratischen Neuordnung Verständnis zeigen. Auf diese Bemerkung stützte sich Ferenc Nagy, als er auf der zwischenparteilichen Konferenz die »beruhigende« Erklärung abgab, die Kirche werde der Verwirklichung der zwischenparteilichen Abmachungen keinerlei Schwierigkeiten bereiten. Am folgenden Tag erklärte ein kommunistischer Abgeordneter im Parlament: »Der Regierungschef teilte auf der gestrigen Parteikonferenz mit, daß der Gesamtepiskopat die Einführung des fakultativen Religionsunterrichtes ohne jeden Widerstand zur Kenntnis genommen hat.«

Nachdem ich davon erfahren hatte, schrieb ich an den Präsidenten der Nationalversammlung einen Brief, daß sowohl Ferenc Nagy als auch der kommunistische Abgeordnete den Sachverhalt unzutreffend wiedergegeben hätten; die Bischofskonferenz habe dem Plan keineswegs zugestimmt, sondern dagegen Stellung genommen. Sie habe sogar Protest eingelegt und diese Einsprüche schon vor der oben erwähnten falschen Verlautbarung zum Ausdruck gebracht. Ich bat um eine Berichtigung durch eine Präsidialerklärung in der Nationalversammlung.

In unseren Reihen war nur eine unbedeutende Gruppe, die sogenannten progressiven Katholiken, mit der Aufhebung des obligatorischen Religionsunterrichtes in den Schulen einverstanden. Sie empfahlen auch jetzt eine Verständigung mit den Kommunisten um des »Friedens« willen. Ich erinnere mich, daß mich in dieser Zeit ein Ordensoberer aufsuchte und mir die Argumente Béla Vargas wiederholte. Er sagte, es könnte für das ganze Land von großem Nutzen sein, wenn die Bischöfe in ihrer Gesamtheit den Beschlüssen der zwischenparteilichen Konferenz ihre Zustimmung nicht versagen würden. Er war sehr überrascht, als ich ihm die einhellige Meinung der Bischöfe darlegte und erklärte: »Die Oberhirten dürfen auf das gesetzlich gesicherte Obligatorium des Religionsunterrichtes nicht verzichten. Sie werden in ihrer Haltung bestärkt durch den deutlich geäußerten Willen der Gläubigen und die wiederholten Kundgebungen der öffentlichen Meinung. Die Bischofskonferenz kann nur mit Befremden feststellen, daß die Unterrichtsfrage in den politischen Kampf einbezogen und zum Gegenstand des Tauziehens zwischen den Parteien gemacht wurde. Derartiges nützt nur den Kommunisten und bringt sie ihrer Alleinherrschaft täglich näher.«

Im ganzen Lande wurde inzwischen protestiert. Unüberhörbar forderte man überall die Beibehaltung des obligatorischen Religionsunterrichtes. Tausende von Protest-Telegrammen und Briefen liefen täglich beim Präsidium der Katholischen Aktion ein. Als Absender zeichneten Katholiken und Protestanten, Priester und Laien, Studenten und Professoren, kirchliche Verbände und verschiedene soziale Vereinigungen. Mit der Führung der evangelischen und der reformierten Kirche arbeiteten wir auch jetzt eng zusammen. Es geschah sogar, daß sie ihre Proteste an meine Adresse sandten mit der Bitte, das Schreiben an die Regierung weiterzuleiten. Ich erhielt zum Beispiel vom Presbyterium von Nyirmegyes folgendes Telegramm:

»Ihrem in der Angelegenheit des Religionsunterrichtes und der Herausgabe neuer Schulbücher bezogenen Standpunkt schließen wir uns begeistert an und wünschen vollen Erfolg.« Aus Szarvas, einer überwiegend protestantischen Stadt in der Großen Ungarischen Tiefebene, wurde eine mit 700 Unterschriften versehene, im Namen aller christlichen Bekenntnisse abgefaßte Zuschrift mit der Bemerkung an die Katholische Aktion gesandt, es möge dem Fürstprimas folgendes zur Kenntnis gebracht werden:

»Bezüglich Ihrer offiziellen Stellungnahme den erwähnten kirchlichen Angelegenheiten gegenüber stehen auch die evangelischen Christen wie ein Mann hinter Ihnen.«

In den Städten demonstrierten die Jugendlichen für den obligatorischen Religionsunterricht in den Schulen. In Szeged, wo die Polizei auf Anordnung der Kommunisten die Demonstration mit Waffenanwendung erstickte, zogen die Studenten mit den Parolen: »Obligatorischer Religionsunterricht: Wir wollen Religionsunterricht!« vor das Gebäude der obersten Schulbehörde.

Damals verurteilte ich auch in einer Ansprache anläßlich der Jubiläumsfeierlichkeiten der Stadt Győr das unverantwortliche Feilschen um die religiös-sittliche Erziehung der Jugend. Vor 60 000 Zuhörern sagte ich, von lebhaftem Beifall unterstützt:

»Nach dem Kinde strecken sich heute Hände aus, die nicht Jesu Hände, nicht die Arme der Kirche sind, sondern unberufene, für die Erziehung nicht geeignete Krallen ... Wir alle haben uns schon damit abgefunden, daß unsere Kinder nach uns ein schmäleres, materielles Erbe von uns erhalten, als wir, ihre Eltern einst übernommen hatten; aber wir fühlen die heilige Verpflichtung, den bereits lebenden und auch den noch nachkommenden Kindern all das Geistesgut zu sichern, das wir einst erhalten haben ... Die das nicht wollen, kommen nicht in guter Gesinnung, sondern schleichen sich mit gefährlicher Absicht an die Wiegen und an die Schulbänke heran ... Dieselbe Hand, die den Eingang zum Religionsunterricht enger macht, reißt die Türen zu den Besserungsanstalten, zu den Gefängnissen und Zuchthäusern sperrangelweit auf ... Religionsfreiheit versprechen und Einrichtungen der Religionslosigkeit schaffen, bedeutet den Höhepunkt der Heuchelei.«

Der nächste Tag, der 26. März, brachte den Kommunisten eine peinliche Überraschung. Vom »Roten Csepel«, wie die Kommunisten diese Fabrikstadt bei Budapest nannten, erschien eine aus zweihundertfünfzig Personen bestehende Abordnung der Arbeiterschaft im Amt des Ministerpräsidenten, um im Namen von Zehntausenden von Arbeitern gegen die beabsichtigte Abschaffung des Religionsunterrichtes als Pflichtfach zu protestieren. Die Abgesandten trugen im Namen der Pfarrgemeinden ihren Standpunkt in der Frage des Religionsunterrichtes vor.

Die Katholiken betonten, daß sie um höherer Werte willen bereit seien, auch weiterhin persönliche materielle Nachteile auf sich zu nehmen, aber sie duldeten nicht, daß ihre Kinder der seelischen Erziehung beraubt würden, deren bestes Mittel der obligatorische Religionsunterricht in der Schule sei.

Die evangelische Abordnung gab der Erwartung Ausdruck, daß die öffentliche Meinung berücksichtigt werde; was den Religionsunterricht anlange, fordere der überwiegende Teil der Bevölkerung die Beibehaltung des obligatorischen Religionsunterrichtes in der Schule.

Der Sprecher der reformierten Kirchengemeinde legte dar, daß gerade die demokratische Gesellschaft eine Jugend benötige, die eine religiös-sittliche Erziehung erhalten habe. Nur eine solche Jugend könne einst die neuen verantwortungsvollen Aufgaben erfüllen. Zum Schluß überreichte die Abordnung dem Ministerpräsidenten Nagy ein Memorandum. Es trug die Unterschriften von 10 000 Arbeitern aus Csepel.

Am 12. April 1947 gab ich im Namen der Bischofskonferenz einen Hirtenbrief heraus. Ich setzte mich eingehend mit den kommunistischen Argumenten gegen einen obligatorischen Religionsunterricht auseinander. Ich wies auf die versteckten Hintergedanken hin und legte unmißverständlich den Standpunkt der Kirche dar, der sich auf jahrhundertealte Erfahrung stützt.

Einleitend führte ich die traurigen Umstände auf, die bewirkt hatten, daß die christliche Erziehung der Jugend zum Gegenstand des parteipolitischen Schacherns geworden war. Dann erklärte ich:

»Das Bestreben, den obligatorischen Religionsunterricht einzustellen, erfüllt uns mit banger Sorge. Wir bangen vor allem deshalb, weil der plötzliche Eifer in dieser Frage – zu einer Zeit, da viele dringendere Probleme des Landes einer Lösung bedürfen – in uns das Gefühl erweckt, einem versteckten Kulturkampf gegenüberzustehen. Auf Schritt und Tritt hören wir und lesen wir die Parole: ›Zuerst Demokratie, dann Sozialismus!‹ Wir sind der Meinung, daß hinsichtlich des Religionsunterrichtes viele folgendes Ziel verfolgen: zuerst fakultativen Religionsunterricht, dann gar keinen Religionsunterricht und schließlich Unterricht in der materialistischen Weltanschauung! Wir fühlen uns im Geiste der uns von Gott auferlegten Berufung verpflichtet, gleich anfangs schon unser Wort zu erheben. Weitere Angriffe auf die christliche Erziehung sollen uns nicht unvorbereitet treffen oder uns gar in die Nähe der Glaubenslosigkeit abdrängen.

Die zwischenparteiliche Vereinbarung fordert die Abschaffung des obligatorischen Religionsunterrichtes im Interesse der Gewissensfreiheit. (Wollen wir der Quelle aller Freiheit, der Religion gegenüber, die Freiheit verteidigen!?) Die Gewissensfreiheit wird – wie wir dies vor einem Jahr im Hirtenbrief über die Erziehung darlegten – durch den obligatorischen Religionsunterricht genausowenig verletzt wie durch den verpflichtenden Geschichts-, Geographie- oder Naturkundeunterricht oder durch einen verpflichtenden weltlichen Unterricht in der Sittenlehre oder durch die staatsbürgerliche Erziehung. Der Religionsunterricht überläßt es nämlich der Freiheit eines jeden Menschen, die in der Religionsstunde gehörten Wahrheiten anzunehmen oder nicht, diesen entsprechend zu handeln oder nicht. Die Erfahrung zeigt, daß manche von ihrer Freiheit auch Gebrauch machen und trotz des obligatorischen Religionsunterrichtes glaubenslos werden. Bei den katholischen Eltern kann die Frage der Gewissensfreiheit, als Gegenargument gegen den obligatorischen Religionsunterricht, nicht verfangen. Indem sie nämlich die Kinder taufen lassen, übernehmen sie freiwillig, also in aller Freiheit, auch die Verpflichtung zur religiösen Erziehung ihrer Kinder und somit zu deren Teilnahme am Religionsunterricht. Sie haben kein Recht, die Erfüllung dieser Verpflichtung später zu verweigern, genauso wie ein ehrlicher Mensch eine freiwillig übernommene Verpflichtung nicht hernach, unter Berufung auf die Gewissensfreiheit, einfachhin ablehnen kann. Wer die Freiheit in Gegensatz stellt zu den einmal übernommenen Verpflichtungen, der denkt gar nicht daran, welch eine Bresche er in die Grundlage der Gesellschaftsordnung schlägt. Wir verstehen auch nicht ganz, warum man die Gewissensfreiheit dort verteidigen muß, wo sie von keiner ernsten Gefahr bedroht wird, anstatt sie dort zu sichern, wo Gewalt und Zwang sie einschränken. Es sind uns viele diesbezügliche Klagen von Gläubigen zugegangen. Sie erklären, daß sie gezwungen werden, einer Partei beizutreten, die in ihrem Innersten ihrer Überzeugung ganz fernsteht, wenn sie der politischen Verfolgung, der Eintragung auf der B-Liste oder irgendeinem Stellenverlust, im besten Fall einer Versetzung, entgehen wollen. Hier also ist die Gewissensfreiheit gefährdet und nicht im Religionsunterricht, den die Kinder und Jugendlichen nie als Zwang empfunden haben. Und wir sehen eine Gefahr für die Gewissensfreiheit auch in dem Plan des staatlichen Lehrbuchmonopols, das geeignet ist, die Weltanschauung der regierenden Partei den Jugendlichen aufzuzwingen. Die Gegner des obligatorischen Religionsunterrichtes berufen sich nun auch auf das westliche Ausland. Wir sehen im Ausland nicht einfach ein Ideal, das in allem nachzuahmen wäre. Wir halten nicht jede geistige Strömung und jede Stellungnahme für wert, importiert zu werden, nur weil sie aus diesem Ausland kommt. Wir hatten und haben immer wieder Gelegenheit, die Ergebnisse unserer sittlichen Erziehung mit denen des Auslandes zu vergleichen. Der Vergleich fiel nicht schlechthin zu unserem Nachteil aus. Hinsichtlich der geistigen Geschenke des Auslands halten wir es deshalb mit dem Apostelwort: ›Prüft alles; was gut ist, das behaltet!‹ (I. Thess. 5, 21). Aus blinder Auslandsanbeterei ist uns schon genug Unheil erwachsen; besinnen wir uns endlich auf uns selbst und auf unsere eigenen Interessen! Doch, abgesehen von diesem unserem Standpunkt, wissen wir, daß auch im westlichen Ausland, bei gebildeten Nationen, in mehreren Ländern, der obligatorische Religionsunterricht besteht . . .

(Hier zählte ich 13 Staaten auf und erwähnte, daß in anderen Ländern, unter der Führung ernster Pädagogen, gesellschaftliche Bestrebungen im Gange waren, um die religiös-sittliche Erziehung der Jugend institutionell zu sichern.)

Vergessen wir auch nicht, daß es etwas anderes ist, den fakultativen Religionsunterricht dort einzuführen, wo bisher überhaupt kein Religionsunterricht war, als den obligatorischen Religionsunterricht zum fakultativen zu degradieren, so daß ihn die Schüler nicht mehr ernst nehmen, die Schulbehörden ihn aus dem normalen Stundenplan herausstreichen und verkümmern lassen und im Zeugnis den Gegenstand Religion vom ersten auf den letzten Platz verweisen. Es gibt Leute, die die Streichung des obligatorischen Religionsunterrichtes im Namen des Fortschritts verlangen. Wir werden nicht überrascht sein, wenn diese, im Namen ebendesselben Fortschritts, die vollständige Streichung des Religionsunterrichtes verlangen werden. Bei den genannten Beispielen haben wir gesehen, daß man zum Beispiel im fortschrittlichen England den Religionsunterricht nicht zurückzudrängen, sondern auszudehnen wünscht. Wir verstehen auch nicht, was für einen Fortschritt es bedeuten kann, wenn die Jugend die Zehn Gebote nicht kennt, wenn sie keinen Begriff vom bedeutsamsten Buch der Welt, der Hl. Schrift, hat, wenn sie weder das Leben noch die Lehre der hervorragendsten Persönlichkeit der Weltgeschichte, Jesu Christi, kennt; wenn sie verständnislos vor den biblischen Bildern berühmter Museen steht, weil sie nicht weiß, was diese darstellen; wenn sie niemals vom verlorenen Sohn, vom Barmherzigen Samariter und so weiter hört. Und welcher Fortschritt ist es, vom pädagogischen Standpunkt aus, wenn wir, statt alle Fähigkeiten der Kinder und Jugendlichen auszubilden, gerade ihre wichtigste Fähigkeit, nämlich die Gewissensbildung, vernachlässigen, ohne die sich der Mensch in sittlichen Fragen nicht richtig orientieren kann? Wenn wir einfach jene unersetzlichen, gemütsbildenden Mittel beiseite legen, die uns die biblischen Ereignisse und die kirchlichen Feste bieten? Wenn wir die großen Fragen in der Kindesseele unbeantwortet lassen: Woher ist die Welt? Woher ist der Mensch? Welches Ziel hat der Mensch? und so weiter. Schließlich haben wir wegen der Angriffe auf den obligatorischen Religionsunterricht auch deshalb Sorge, weil wir um die Sittlichkeit fürchten. Religion und Sittlichkeit stehen im Bewußtsein der Menschen in so innigem Zusammenhang, daß wir, obwohl die Erfahrung auch Ausnahmen kennt, einem religiösen Menschen in der Regel mehr Vertrauen schenken.

Nur einen einzigen Fall wollen wir hier anführen: Während des Krieges drang ein verstört dreinblickender Soldat in ein Haus ein. Indem er die erschrockenen Hausbewohner beiseite schob, warf er sich im Zimmer auf eine Schlafstelle hin, öffnete seinen Rock und schlief ein. Unter dem geöffneten Rock leuchtete eine Marienmedaille hervor. Da gingen die Hausbewohner beruhigt an ihre Arbeit, indem sie sich sagten: »Wir brauchen uns nicht zu fürchten; er scheint ein gläubiger Mensch zu sein. Er soll schlafen.« Wir behaupten keineswegs, daß jeder Ungläubige schlecht ist. Es wäre traurig, wenn in der menschlichen Natur das sittliche Empfinden gänzlich verlorengehen könnte! Es wird immer Menschen geben, die sich, auch inmitten größter Verkommenheit, aufgrund einer besonderen Gabe zum Guten hingezogen fühlen, das heißt, mit einem sittlichen Empfinden gesegnet sind, wie andere dem künstlerisch Schönen gegenüber einen ästhetischen Sinn besitzen. Der Verfall des allgemeinen sittlichen Niveaus ist jedoch ohne religiöse Erziehung unvermeidlich. Es ist kein Zufall, daß diejenigen, die die Ausführung hitlerischer Greueltaten auf sich nahmen, zuerst ihren Glauben verleugnen mußten. Auch das ist nicht zufällig, daß mit der Glaubenslosigkeit der Zerfall der Familie Hand in Hand geht und daß dadurch die Jugendkriminalität in erschreckendem Maße zunimmt, darunter sogar die Prostitution Halbwüchsiger. Darf man angesichts dieser Tatsachen den obligatorischen Religionsunterricht beseitigen? Dadurch gehen zuerst gerade solche Kinder der religiösen Erziehung verlustig, die sie daheim am wenigsten bekommen. Und werden nicht gerade die Kinder der ärmsten Volksschicht leiden, sie, die am ehesten des religiössittlichen Schutzes bedürfen? Müßte man nicht gerade durch allgemeine Vermittlung und Steigerung der religiösen Kräfte dem Verfall Einhalt gebieten? Die zwischenparteiliche Konferenz, die über den fakultativen Religionsunterricht verhandelte, hat auch einen Dreijahresplan für die Wirtschaft erarbeitet. Wir kennen diesen Plan und die Äußerungen dazu. Es werden darin unsere materiellen Kräfte und unsere Produktionsmöglichkeiten, die zu erwartenden Einnahmen und Ausgaben ins Kalkül gezogen; nur eines wird ausgelassen: die sittlichen Faktoren. Wir fürchten aber, daß jeder Wirtschaftsplan mißlingen wird, ja daß sogar der Aufschwung der Nation schließlich ausbleiben wird, wenn Pflichtbewußtsein und Gottesfurcht, Achtung vor Gesetz und Arbeitsdisziplin, der Gerechtigkeitssinn anderen gegenüber und die Liebe zur Zusammenarbeit schwinden. Mit einem Wort: Uns steht der Zusammenbruch bevor, wenn nicht die von religiösem Empfinden getragene Ehrlichkeit, sondern Selbstsucht und Betrug, maßloses, persönliches Begehren und Parteiinteressen, Zwietracht und Streit vorherrschen.

Um der Erhaltung unserer Nation willen, zur Sicherung unseres wirtschaftlichen und sittlichen Aufstiegs halten wir an dem obligatorischen Religionsunterricht fest. Wir halten in der gleichen Weise fest daran, wie die Ärzte auf der verpflichtenden Pockenimpfung beharren. Wir wollen nicht, daß sittliche Infektionsherde durch Individuen und Gruppen verbreitet werden, die ohne die Kenntnis Gottes und Christi und ohne die Hoffnung auf das ewige Leben aufwachsen. Man möge nicht sagen, daß es trotz religiöser Erziehung doch Verbrecher gebe und sich die Sittenlosigkeit ausbreite. Es gibt ja auch trotz der Anstrengungen der Ärzte Krankheiten, und es treten von Zeit zu Zeit Seuchen auf. Aber wie diese Umstände die ärztliche Tätigkeit nur steigern, um der Gebrechlichkeit des Leibes entgegenzuwirken, so steigert auch die Vermehrung der sittlichen Nöte und der Sünden die Notwendigkeit religiöser Erziehung zur Stärkung der Seelen gegen die Versuchungen der Welt . . . Wir sind überzeugt, daß von sich aus nur wenige katholische Eltern ihre Kinder dem Religionsunterricht entziehen würden. Darüber hat uns auch die sozusagen einstimmige Stellungnahme der Eltern in dieser Frage Gewißheit gegeben.

Sie wollen alle, daß ihr Kind die Zehn Gebote Gottes lerne und daher auch: ›Du sollst Vater und Mutter ehren!‹ Wir fürchten jedoch, daß im Falle der Einstellung des obligatorischen Religionsunterrichtes, unter Mißachtung der so sehr gepriesenen Gewissensfreiheit, auf einzelne Gruppen unserer Gläubigen, vielleicht gerade auf die ärmsten, ein Druck ausgeübt wird, daß sie ihre Kinder dem Religionsunterricht fernhalten. Dadurch würden jene noch ärmer gemacht, denen man das Bewußtsein ihrer Menschenwürde und die Quelle ihres Trostes raubt. Sehr teuer und bitter wird das Brot sein, das die Eltern mit dem Glauben ihrer Kinder bezahlen müssen. Liebe Gläubige! Oft wirft man der Kirche vor, daß sie ihren Gläubigen die Seligkeit in der anderen Welt verspreche, ›während wir‹ – sagen die Materialisten – ›die Menschen auf dieser Welt glücklich machen wollen. Damit sie aber wirklich glücklich werden können‹ – fahren sie fort –, ›muß man ihre Aufmerksamkeit von der anderen Welt ablenken und sie auf die irdischen Güter konzentrieren. Die Religion und der Religionsunterricht, die den Blick himmelwärts lenken, müssen aufhören, damit die Menschen dann um so ungestörter die irdischen Güter genießen können.‹ Von daher also stammt der Widerstand gegen den Religionsunterricht. Tatsächlich findet man die wirklich glücklichen Menschen aber nicht unter denen, die in irdischen Freuden schwelgen; denn die vergänglichen und unsicheren Güter sind die Quellen vieler Täuschungen und bitterer Ernüchterungen. Die der religiösen Schranken entledigten Triebe und Leidenschaften haben schon unendlich viel Not und Elend verursacht. Uns hingegen, die wir glauben, verbietet niemand die ehrsamen, irdischen Freuden und das Glück. Wenn wir dieses aber trotz allem nicht finden, so bleibt uns die Hoffnung auf die ewige Seligkeit, was unsere Seele mit Frieden und Ruhe erfüllt. Die Ungläubigen suchen um jeden Preis die irdische Seligkeit als die einzige Möglichkeit des Menschen; sie erreichen aber weder diese noch die Seligkeit im Jenseits. Wir suchen in erster Linie die ewigen Güter; die irdischen werden uns, dem Versprechen des Herrn gemäß, dazugegeben werden (Mt. 6, 33). Auch unsere Kinder wollen wir sowohl hier auf Erden als auch in der anderen Welt glücklich machen, alles Gründe, daß wir in der Frage des obligatorischen Religionsunterrichts fest bleiben.«

Bei diesem Widerstand mußten die Parteien auf die Einführung des fakultativen Religionsunterrichts und einheitlicher Lehrbücher vorerst verzichten. Das Gesetz über den obligatorischen Religionsunterricht wurde erst nach zwei Jahren außer Kraft gesetzt. Der Widerstand der Kirche hatte deutlich gezeigt, wie tief der Glaube in der Seele des ungarischen Volkes verwurzelt ist. Rákosi sah ein, daß die Kirche in diesem Kampf zunächst gesiegt hatte. Lügnerisch und hinterlistig behauptete er jetzt, die Partei der Kleinlandwirte – und nicht etwa die Kommunisten – hätten den Plan ausgeheckt; die Kommunisten wünschten, entsprechend den demokratischen Prinzipien, im Namen der Gewissensfreiheit, nur einen »freien« Religionsunterricht; jedoch solange das ungarische Volk »aus hundert Wunden blutet, sollte man das Aufwerfen solcher Fragen vermeiden, die den Keim zu neuen Unruhen und Zwistigkeiten ausstreuen können.« Der Generalsekretär der Kommunistischen Partei gab diese Mitteilung zur Eröffnung der bereits ausgeschriebenen Nationalratswahlen ab. Im nachfolgenden Teil, der sich mit den Parlamentswahlen von 1947 befaßt, wird der Leser feststellen können, welch arglistige Heuchelei diese Erklärung gewesen ist.

Die zweiten Nationalratswahlen

Nach der Dezimierung der Kleinlandwirtepartei beherrschten die Kommunisten den Nationalrat. Es war ihnen daher möglich, am 25. Juni 1947 ein neues Wahlgesetz durchzubringen. Es wurde vom kommunistischen Innenminister vorbereitet und vorgelegt und war nichts anderes als eine Vorentscheidung der Nationalratswahlen, die am kommenden 31. August abgehalten werden sollten. Die Wahlen wurden veranstaltet, weil die Kommunisten ihre jetzt erreichte Machtposition, die bisher ungesetzlich gewesen war, wenigstens dem Scheine nach legalisieren wollten. Sie hofften, damit ihr Ziel, einen Kommunismus nach sowjeti-

154

schem Muster, rascher verwirklichen zu können. Das neue Wahl-rechtsgesetz forderte eine Neuaufstellung der Wählerlisten. Bei der Ausfertigung des Wählerregisters, die der kommunistische Innen-minister »überwachte«, wurden massenhaft die Namen solcher Bürger ausgelassen, von denen bekannt war, daß die marxistische Partei in kei-ner Weise mit ihrer Sympathie rechnen konnte. Nahezu eine Million Personen verschwanden auf diese Weise aus den Listen. Sie wurden einfach ihres Stimmrechtes beraubt. Unter den Betroffenen befanden sich viele Priester, Ordensmänner und Ordensfrauen. Unmittelbar vor der Ausschreibung der Wahlen wurde dazu die ›Freiheitspartei‹ aufge-löst, die sich während des Winters und Frühlings, als die Krise der Kleinlandwirtepartei in vollem Gange war, im ganzen Lande mit großem Erfolg gefestigt und organisiert hatte. Begeisterte Massen schlossen sich ihr überall an. Die Meinungsforscher rechneten mit einem mindestens 60- bis 65prozentigen Sieg bei den neuen Nationalratswahlen. Sogar die Bischöfe waren geneigt, ihren Gläubigen die Unterstützung der Frei-heitspartei zu empfehlen. Die Popularität dieser Partei zeigte sich auch darin, daß ihre Zeitung »Holnap« in einer Auflage von 300 000 Exem-plaren erscheinen konnte. Eines Tages verweigerten nun die Drucker, auf Weisung der Gewerkschaft, die Herstellung des Blattes der Frei-heitlichen Partei. Das war eine tödliche Bedrohung der Partei. Ihr Vor-sitzender, das Nationalratsmitglied Dezső Sulyok, protestierte erfolglos. Obwohl eine Welle der Empörung durchs Land ging, verlangten die Kommunisten unter immer massiveren Drohungen, Sulyok solle seine Partei noch vor Ausschreibung der Neuwahlen auflösen. Aber weder er selber noch die Parteileitung war bereit, diesem Verlangen zu ent-sprechen. Nun griff – wie im Fall der Kleinlandwirtepartei – die Poli-zei ein und verhaftete unschuldige Menschen. Daraufhin löste Dezső Sulyok, um weiteren massenhaften Inhaftierungen und Verschleppun-gen zuvorzukommen, die Partei auf; die Kommunisten waren an ihr Ziel gekommen.

Als dies geschehen war, sorgten die Kommunisten in raffinierter Taktik dafür, daß anstelle der Freiheitspartei sechs andere Oppositions-parteien an den Wahlen teilnehmen konnten. Vier von ihnen wiesen weltanschaulich ein christliches Programm vor. Der russische Komman-dant erteilte – im Gegensatz zu seinem Verhalten zwei Jahre früher – jetzt jedem Antragsteller die Erlaubnis zu einer Parteigründung und zur Teilnahme bei den Wahlen. Mir sind Fälle bekannt, wo einzelne sogar gegen ihren eigenen Willen aufgefordert wurden, eine Partei zu gründen. So bereiteten die Kommunisten die Zersplitterung der Stimmen einer zahlenmäßig erdrückenden Opposition vor. Zu gleicher Zeit vereinigten sich aber die marxistischen Parteien auf Druck der Kommunisten zu einer Wahlgemeinschaft. Weil sie wußten, daß die marxistischen Parteien, trotz all dieser Intrigen, bei der bestehenden Kräftesituation keine absolute Mehrheit erlangen könnten, setzten sie sogar die Kleinlandwirtepartei unter Druck, dieser Wahlunion beizutreten. Die vier Regierungsparteien (die Kommunistische, die Sozialdemokratische, die Nationale Bauernpartei und die Kleinlandwirtepartei) gründeten so die »Ungarische Unabhängigkeitsfront«. Am 30. Juli 1947 veröffentlichten sie ihr Programm, in dem man folgendes feierliche Versprechen lesen konnte:

»Die Parteien der ›Ungarischen Unabhängigkeitsfront‹ werden gemeinsam die freie Ausübung des religiösen Glaubens und die christliche Überzeugung des ungarischen Volkes schützen.

Gemeinsam wachen sie über die Unverletzlichkeit der Unabhängigkeit der ungarischen Nation und des ungarischen Staates.

Gemeinsam werden sie jede fremde Einmischung in die inneren Angelegenheiten Ungarns zurückweisen.

Gemeinsam übernehmen sie die Verteidigung der Freiheit und Unversehrtheit der Privatinitiative, des Privateigentums, soweit es aus Arbeit entstanden ist, und des Eigentums des kleinen Mannes.

Im Interesse der Freiheit und der Ehrlichkeit der Wahlen werden sie alles tun, daß das ungarische Volk seine staatsbürgerlichen Rechte frei ausüben und seinen Willen frei äußern kann.«

In dieser Situation beschloß die Bischofskonferenz, bei den Wahlen keine Partei zu unterstützen. Wir gaben am 25. Juli 1947 nachstehende kurze Erklärung ab:

»Nach eingehender Erwägung der derzeitigen politischen Lage und der möglichen Entwicklung im Zusammenhang mit den bevorstehenden Wahlen stellen die ungarischen katholischen Bischöfe fest, daß sie von einer ausdrücklichen Unterstützung einer bestimmten Partei Abstand nehmen müssen. Den Gläubigen hingegen legen sie ans Herz, sofern ihnen das geänderte Gesetz ihr Wahlrecht belassen hat, dieses in gewissenhaftem Verantwortungsbewußtsein auszuüben ... Die ungarischen Bischöfe bitten Gott, er möge dem ungarischen Volk in diesen für Volk und Vaterland so kritischen Zeiten seine Hilfe angedeihen lassen.«

Vor dem Wahltermin verminderten die Kommunisten ihre kirchenfeindlichen Angriffe und unterließen sie schließlich ganz. Für die Öffentlichkeit gänzlich unerwartet begannen sie sogar, der Kirche und

Religion gegenüber ein gewisses Wohlwollen zur Schau zu stellen. Nicht nur in Volksversammlungen, sondern auch in ihren Zeitungen betonten sie jetzt immer wieder, daß sie bei der Durchführung der Bodenreform sehr vielen Geistlichen Grund und Boden hätten zukommen lassen, daß Kommunisten, die auf die Dörfer hinausgezogen waren, sich um den Wiederaufbau vieler kirchlicher Gebäude, Schulen, Gotteshäuser und Pfarrhöfe bemüht hätten. Sie wiesen darauf hin, daß durch Vermittlung der kommunistischen Parteiführung die Glocken, die von den Faschisten verschleppt worden waren, zurückgebracht wurden. In einem Dorf, im Komitat Zala, erklärte Mátyás Rákosi, der Generalsekretär, in einer Volksversammlung: »Wir bringen die von den Faschisten gestohlenen Glocken wieder zurück; die Glocke soll ja, durch ihren Klang, die gläubigen Seelen zum Lobe des Herrn aufrufen. Ich bin glücklich, daß ich persönlich an der Zurückgewinnung eurer Glocken mitwirken konnte.« Noch am gleichen Tage machte in einem anderen Dorf ein Reporter eine Aufnahme, die Rákosi zeigte, der einem katholischen Pfarrer die Hand reicht. Das Bild wurde als Postkarte im ganzen Lande verbreitet. Es sollte Symbol und Beweis sein für das gute Einvernehmen zwischen Kirche und Kommunistischer Partei.

Wir sahen uns genötigt, die Gläubigen auf diesen Widerspruch und seine Hintergründe im früheren und jetzigen Verhalten der Kommunisten hinzuweisen. Unser Wochenblatt »Új Ember« stellte daher im Sommer in einer Nummer die Frage, ob diese Haltungsänderung nur eine scheinbare und rein taktische sei. Die Tageszeitung der Kommunisten erwiderte prompt: »Hier kann nicht von Taktik die Rede sein, sondern es handelt sich um die Erkenntnis jener Tatsache, daß die Kirchen und die Volksdemokratie den Weg finden müssen, der zum Ausgleich, zum Verständnis und zum Ausbau eines dauernden guten Verhältnisses führt.«

Daraufhin wurde in unserem Wochenblatt auf ungelöste Fragen hingewiesen, durch die das Verhältnis zwischen Kirche und Staat belastet war. Als derartige ungeregelte Angelegenheiten erwähnte unsere Zeitung die Behinderung der katholischen Presse. Wir hatten nur einen Bruchteil unserer früheren so bedeutsamen Presseorgane zurückerhalten, und die Papierzuteilung für unsere zwei Wochenblätter war nicht genügend. Es wurde auch darauf hingewiesen, daß Prozessionen und kirchliche Caritas einschränkenden Bestimmungen ausgesetzt seien, kirchliche Leiter, Institutionen und Schulen sich durch dauernde Angriffe und Verleumdungen verfolgt sähen. Das Blatt stellte fest:

»Der Unterschied zwischen der früheren und der jetzigen Haltung

ist so groß, daß in sehr weiten Schichten des katholischen Volkes mit
Recht die Meinung entstehen konnte, es handle sich bei dem seit einigen
Monaten an den Tag gelegten Verhalten nur um Taktik.«

Auch ich habe in der einen oder anderen meiner Reden dieses ge-
heuchelte Wohlwollen und diese aufdringliche Freundlichkeit berührt.
Ich habe auch mit Ironie nicht gespart, wie etwa in meiner Rede vor
den Arbeitern in Angyalföld, wo ich unter Hinweis auf das Evangelium
sagte:

»Der Heiland warnte uns vor jenen falschen Propheten, die in
Schafskleidern kommen, inwendig aber reißende Wölfe sind. Die Stunde der Versuchung ist angebrochen, wenn die Wölfe ihr Kostüm wechseln, wenn sie gestern das böse Lamm noch zerrissen und verschlangen,
heute aber versuchen, ihre Gutartigkeit mit einem als Tarnkleid benützten Lammfell zu beweisen. Wir brauchen kein Wolfsfell, aber auch
kein Lammfell, unter dem sich die Wölfe verbergen.«

Die ungarischen Bischöfe hatten dann sehr bald Gelegenheit, festzustellen, daß es nur taktische Nachgiebigkeit vor den Wahlen gewesen
war. Der Erzbischof von Eger, Gyula Czapik, führte als Beauftragter
der Bischofskonferenz mit Bevollmächtigten der Regierung Orientie-
rungsgespräche. Er wies auf die veränderte Haltung der Kommunistischen Partei hin und brachte den Wunsch nach Genehmigung einer
katholisch-orientierten Tageszeitung vor. Die Gesprächspartner erklärten, daß innerhalb einer Woche sowohl die Genehmigung als auch eine
größere Papierzuteilung gewährt werden würden. Die Bischöfe warteten jedoch vergeblich auf die Verwirklichung dieser Zusagen. Die Kommunisten verweigerten ihre Zustimmung. Inzwischen erhielten nun die
Wähler die Möglichkeit, Einblick in die neuen Wählerlisten zu nehmen.
Sie konnten so die groben Gesetzwidrigkeiten bei der Aufstellung der
Listen erkennen. Im Interesse und anstelle meines verbitterten und seiner politischen Rechte beraubten Volkes, das seine Anklage nicht zu
äußern vermochte, protestierte ich deshalb in einem Brief an den Ministerpräsidenten gegen diese Mißbräuche:

»Herr Ministerpräsident!

Die ungarischen Bischöfe erheben, ohne sich in den politischen Streit
oder in Parteikämpfe einmischen oder sich dazu äußern zu wollen, als
von Gott berufene Wächter über Sitte und Gerechtigkeit ihre mahnende
Stimme gegen den Ausschluß eines bedeutenden Teiles der Staatsbürger
von der Ausübung des Wahlrechtes.

Die Lage ist um so herausfordernder, als es sich nicht nur um eine
Beeinträchtigung des auf Grund demokratischer Gleichberechtigung je-

dem Bürger zukommenden Rechtes handelt, sondern auch um die Aberkennung der in der neuen ungarischen Verfassung verankerten Rechte des Staatsbürgers. Besonders schwerwiegend finden die ungarischen Bischöfe jene in vielen Fällen unwahren und ehrenrührigen Behauptungen, die sehr oft als Vorwand für diese Rechtsbrüche dienen. Es ist unerläßlich, daß die ungarische Regierung noch rechtzeitig einen Weg findet, um diese Gesetzwidrigkeiten wiedergutzumachen und das Land davor zu bewahren, daß Sauberkeit und Gültigkeit der Wahlen in Zweifel gezogen werden können. Empfangen Sie, Herr Ministerpräsident, den aufrichtigen Ausdruck meiner Hochachtung.

Esztergom, am 14. August 1947.

Im Namen der ungarischen Bischöfe

József Mindszenty, e. h.«

Es geschah auch, daß man, um die Gläubigen irrezuführen, Priester, ohne ihr Wissen und ohne ihre Einwilligung, in die Listen der marxistischen Parteien als Kandidaten aufnahm.

Um die Menschen zu täuschen, ließ sich die Regierung in diesem Jahr bei der Prozession mit der rechten Hand des hl. Stephan vertreten; sogar der Gesandte der Sowjets sprach am St.-Stephans-Tag der ungarischen Nation seine Glückwünsche aus. Dann kam der 31. August, der Tag des Wahltheaters. Die verbitterten Menschen wollten ihren Protest zuerst durch Fernbleiben von den Wahlurnen zum Ausdruck bringen. Aber auf unseren Aufruf hin ging ein Großteil der Gläubigen doch zu den Wahlen, gab aber die Stimme für eine der Oppositionsparteien ab. Wir hielten die Teilnahme für dringend nötig, weil ja nur so in diesem politischen Wirrwarr, in diesen Zeiten der Intrigen, klar zum Ausdruck gebracht werden konnte: Die Nation ist nicht geneigt, freiwillig den Kommunismus einzuführen. Das neue Wahlgesetz bestimmte, daß die Wahlberechtigten mit den von der zuständigen Behörde ausgestellten Wahlkarten auch außerhalb ihres Wohnortes ihre Stimme abgeben konnten. Diese Neuerung fügte sich vortrefflich in die Pläne der Kommunisten ein. Ihre Parteigänger trieben sich tagsüber in großer Geschäftigkeit in verschiedenen Wahllokalen herum und gaben ihre Stimme in mehreren Wahlkreisen ab. Vom frühen Morgen bis zum späten Abend fuhren sie sogar in Gruppen von vierzig bis fünfzig Leuten, als »Ausflügler« getarnt und mit den entsprechenden Ausweisen versehen, in staatlichen Autobussen und Betriebslastwagen von Ort zu Ort, um in besonders ausgesuchten Wahlkreisen ihre Stimmen abzugeben. Erhob aber in einem Dorf oder einer Stadt eine Wahlbehörde Einspruch gegen dieses Vorgehen, dann erschien sogleich auch die Politische

Polizei und ermöglichte die gesetzwidrige mehrfache Stimmabgabe. Diese Machenschaften und die Benützung von Wahlausweisen, die im Innenministerium gefälscht worden waren, brachten den Kommunisten eine große Menge falscher Stimmen. Überdies waren die Vertreter der Politischen Polizei bei der Auszählung besorgt, daß das Endergebnis die Erwartungen der Kommunisten erfüllte. Wenn zum Beispiel wegen der herumreisenden Wähler die Zahl der abgegebenen Stimmen und die der Wahlkarten sich nicht deckten, wurden zur »Berichtigung« oppositionelle Stimmzettel ausgeschieden und vernichtet und so Übereinstimmung hergestellt.

Als das Resultat veröffentlicht wurde, ergab sich: Von fünf Millionen Stimmen waren der Kommunistischen Partei 22 Prozent zugefallen; die vier Regierungsparteien zusammen hatten 60 Prozent erhalten: die Kommunisten 22 Prozent, die Sozialdemokraten 14 Prozent, die Nationale Bauernpartei 9 Prozent, die Kleinlandwirte 15 Prozent. Die Oppositionsparteien hatten 40 Prozent errungen. Die nicht-marxistischen Parteien (sofern man die Kleinlandwirtepartei miteinrechnet) verfügten demnach zusammen immer noch über 55 Prozent der Stimmen. Die kommunistischen Rechtsbeugungen verursachten aber selbst innerhalb der Koalitionsparteien äußerste Erregung. Im ganzen Lande wurden Untersuchungen über Wahlschwindel und Listenmißbräuche aufgenommen. Die Führung der bedeutendsten Oppositionspartei, der Ungarischen Unabhängigen Partei, forderte die Annullierung der Wahlen. Daraufhin beschuldigten die Kommunisten die Unabhängigen, sie hätten in mehreren Wahlkreisen ihre Kandidaten mit gefälschten Unterschriften aufgestellt. Dieser Vorwurf stützte sich ebenfalls auf das neue Wahlgesetz. Es schrieb nämlich den neu zu gründenden Parteien die Sammlung von Empfehlungsunterschriften vor. Wollte eine neue Partei in einem Wahlkreis einen Kandidaten aufstellen, dann konnte sie dies nur tun mit schriftlicher Empfehlung der Wähler. Nun wurden fünfhundert Mann Staatspolizei eingesetzt, um die Echtheit der Unterschriften auf den Empfehlungslisten der beschuldigten Partei zu überprüfen. Und – wie nicht anders zu erwarten – »entdeckte« man 11 000 »gefälschte« Unterschriften. Aufgrund dieses Polizeiberichtes verlangten jetzt die vier Regierungsparteien – einem kommunistischen Antrag folgend – vom Wahlgericht die Nichtigkeitserklärung für sämtliche Mandate der Ungarischen Unabhängigen Partei. Das erwähnte Wahlgericht war ebenfalls ein »Geschenk« des neuen Wahlgesetzes; es bestand nicht aus unabhängigen Richtern, sondern aus den Delegierten der Parteien – die Zusammensetzung der Körperschaft entsprach jener des Parlamentes. Somit hatten auch hier die vier Regierungsparteien eine 60prozentige Mehrheit inne. Niemand war daher überrascht, als das Gericht dem Ansinnen der Kommunisten weitgehend entsprach und die Mandate der Abgeordneten der Ungarischen Unabhängigen Partei bis auf vier annullierte.

Die Nationalversammlung war damit zum gefügigen Werkzeug der diktierenden Kommunisten geworden.

Begründung meiner Haltung

Um meine Haltung, die sich auf die historischen Gegebenheiten stützte, zu erklären, möchte ich hier einen kurzen Überblick über die Geschichte meines Vaterlandes geben. Wir Ungarn sind finn-ugrischer Abstammung. Unsere Ahnen kamen um 890 vom Don-Kuban-Kaukasusgebiet in unsere jetzige Heimat. Es gelang ihnen schon nach wenigen Jahren, das ganze Karpatenbecken zu erobern. Sie drängten nach Westen und kamen schließlich bis zu den Ufern der Enns. Ein halbes Jahrhundert wohnten sie dort in engster Nachbarschaft mit christlichen Völkern, waren aber nicht bereit, ihre eigenen Gebräuche und Sitten aufzugeben. Hin und wieder erschienen zwar Missionare im Land, aber ihrer Arbeit war wenig Erfolg beschieden. Unsere Väter waren kriegerische Leute; sie überfielen Dörfer und Städte, Siedlungen und Klöster. Ihre Feldzüge führten sie tief hinein nach Westeuropa. Das wurde ihnen zu Unglück und Glück zugleich. Am 10. August 955 erlitt das ungarische Heer auf dem Lechfeld eine blutige Niederlage, Volk und Land aber wurden damit offen für das Christentum. Fürst Géza (970 bis 997) ließ sich – allerdings vornehmlich aus politischen Gründen – als erster taufen. Er rief auch Glaubensboten ins Land. Der Fürst war nun wohl »Christ«. Aber wie alle Menschen in Übergangszeiten blieb er auch geprägt von seiner Vergangenheit: Es wucherte in seiner Seele neben der aufkeimenden Christlichkeit noch das alte Heidentum. Dem Fürsten zur Seite stand seine gleichgeartete Frau: kriegerisch und ebenfalls bereit, einen Religionswechsel ins politische Planen einzubauen. Ihr Sohn jedoch, König Stephan, der Vater, Apostel und Heilige, führte unser Volk nicht nur ohne Vorbehalt hinein in die europäische Schicksals- und Brudergemeinschaft, sondern ließ es auch schöpfen an einem damals lebendig sprudelnden Quell des Christentums; er vermittelte Ungarn den Geist von Cluny und lebte selbst in diesem Geiste.

Der irdische Wohlstand wuchs, das religiöse Leben blühte. – Im

Jahre 1000 erhielt König Stephan (997 bis 1038) von Papst Silvester die später so berühmt gewordene Stephans-Krone und das Recht, Bistümer und Klöster zu stiften. Basiliken und Kirchen wurden gebaut, überall im Lande errichteten Priester und Ordensleute Schulen. Kurz vor seinem Tode, am 15. August 1038, weihte der später heiliggesprochene König Volk und Land der Mutter unseres Herrn, Ungarns ›großer Frau‹. Unsere Heimat wurde damit als erstes Land – 900 Jahre bevor die Botschaft von Fatima erging – der Gottesmutter anvertraut. Und es hat sich hernach durch Jahrhunderte auch amtlich als »Land Mariens« bezeichnet. Inzwischen brachte aber bereits das Jahr 1046 wieder dunkle Zeiten. Man suchte die Christianisierung gewaltsam wieder abzuschütteln. Bürgerkrieg, Raub und Brandschatzung überzogen das Land. Da schenkte die göttliche Vorsehung unserer Heimat den heiligen Ladislaus. Gesetz, Tugend und Kirche erstarkten wieder unter ihm, das Glaubensleben vertiefte sich. Bekenner und Märtyrer wurden zu Vorbildern des eigenen Lebens genommen, die heilige Mutter und unser Herr und Erlöser wurden innig verehrt. – Ladislaus war fähig als Feldherr, weise als Herrscher, weitschauend als Gesetzgeber.

Nach Ladislaus schenkte die erste königliche Dynastie der Árpáden der Kirche und dem Lande noch dreizehn Vertreter, die heilig- oder seliggesprochen wurden. Ich nenne nur Stephan, Emmerich, Elisabeth und Margarete; die letztgenannte spielte in der Tatarenzeit eine bedeutende historische Rolle. Die Niederwerfung der Ungarn durch die Tataren im Jahre 1241 kann als eine Folge des Glaubensschwunds gedeutet werden. Die Schlacht von Muhi dürfte der erste große Friedhof des katholischen Ungarn gewesen sein. Aber auf dem Weg zu diesem Friedhof lachte ein ausgelassenes Volk, das in Prahlerei, Weltlichkeit und Sittenverderbnis schwelgte. Selbst in der Fastenzeit dachte das Volk nicht mehr an Christi bitteres Leiden, und als die Fastenzeit vorüber war, standen sich am Flusse Sajó 50 000 Ungarn und 100 000 Tataren gegenüber.

Über die Leichenberge unserer Kämpfer stiegen östliche Barbaren, um nach Europa vorzustoßen. Das Schlachtfeld wurde zum riesigen Friedhof, das Reich eine Beute der Tataren.

In dieser grauenhaften Not bot die bedrängte Königsfamilie ihre Tochter Gott dem Herrn als Sühnopfer an, und Margarete schloß sich dann willig dem Gelübde der Eltern an. Sie trat in einen Konvent der Dominikanerinnen ein und vergaß dort in drei Jahren ihre königliche Abstammung, um mit dem Erlöser den Kreuzweg zu gehen in niedrigem Küchendienst, in der Pflege ansteckender Kranker, in hartem Fasten und durchbeteten Nächten. Ich bin überzeugt, daß dieses Leben der ganzen Nation reichen Segen gespendet hat. Nach einem Jahr der Bedrückung zogen die Tataren wieder ab. Ihr Großer Khan war gestorben. So hatte der Herr über Leben und Tod der Nation die Möglichkeit zur Wiedergeburt geschenkt. Ordnung, Gesetz, Ehrlichkeit und Friede zogen erneut ins Land. Und als König Béla IV. in seinem Palast neben dem Kloster seiner Tochter im Sterben lag, war sein Reich nicht nur gerettet, es war geachteter, größer und gefestigter denn je. Die übernatürliche Hilfe, die allein zu dieser Wendung hatte führen können, verdanken wir sicher der heiligen Margarete.

Auf das Haus der Árpáden folgte das der Anjou. Unter Karl Robert (1308 bis 1342) und unter Ludwig dem Großen (1342 bis 1382) wurde Ungarn eine führende Macht Europas. Diese Großmachtstellung vermochte die Nation auch noch unter Sigismund von Luxemburg zu halten. Sein Feldherr János Hunyadi, der spätere Reichsverweser Ungarns, den Papst Kalixt III. »Kämpfer Christi« nannte, erreichte durch seine entscheidenden Siege, daß die immer erneut vorgetragenen Angriffe der Türken scheiterten. »Wäre in jenen trüben Zeiten nicht ein Hunyadi gewesen«, schrieb Bonfini, »dann hätte nicht bloß für Ungarn, Österreich und Deutschland, sondern für die ganze Christenheit die letzte Stunde geschlagen.« Nach noch einem glanzvollen Höhepunkt unter König Matthias (1452 bis 1490) brach dann jedoch unter den Jagellos (1490 bis 1526) die ungarische Macht wieder zusammen. Die Türken siegten 1526 bei Mohács. Die Hauptstadt Buda fiel 1541 in ihre Hände. Damit begann für Teile von West- und Nordungarn und für die ganze ungarische Tiefebene die Türkenherrschaft, die hundertfünfzig Jahre lang dauerte.

Stets, wenn ich von Esztergom nach Budapest fuhr und auf dem Weg dorthin die Burg von Visegrád sah, dachte ich schmerzlich an jene Zeiten zurück, in denen hier fünf europäische Herrscher mit dem ungarischen König zusammentrafen, um miteinander über das Schicksal Europas zu beraten. – Mir scheint, daß es für die Niedergangszeiten in unserer Geschichte eine eindeutige Erklärung gibt: Pannonien war einst ein blühender Garten, gepflegt und behütet durch die Allerseligste Jungfrau. Immer dann aber, wenn Pannonien sich der Obhut der Hohen Frau zu entziehen suchte und tatsächlich entzog, stand die Nation am Abgrund, und das Schlachtfeld wurde zu ihrem Grab.

Auch die späteren Tage bestätigen diesen Zusammenhang. Die Untreue gegenüber Maria und Gräber wie jene von Mohács haben zutiefst schicksalhafte Zusammenhänge. Das Land Mariens wurde schließlich von Marienverehrern, vor allem durch Kongreganisten, aus der Türkenherrschaft wieder befreit. Die Offiziere der Armeen, die die Fremden aus unserer Heimat vertrieben, waren zumeist Kongreganisten. Als am 2. September 1686 unter der Festung Buda die Kriegsposaunen erschallten und die Festung von den Kongreganisten mit dem Hilferuf an Ungarns Große Frau erstürmt wurde, hißten die Sieger gleich nach der Eroberung auf der Festungsspitze die Marienfahne. Damals hat auch Fürst Esterházy sein wundervolles Gebet verfaßt, das mit den Worten beginnt: »Gedenke unser bei Gott, glorreiche Mutter, Ungarns Große Frau.«

Aus solchen Gedankengängen heraus rief ich einmal unserer Jugend zu: »Vor zehn Tagen stand ich bewegten Herzens in der Kapelle der Franziskaner zu Szécsény, wo der Verehrer Mariens, Rákóczi, im Jahre 1795 täglich der heiligen Messe beiwohnte und mit seinen Edelknaben den Rosenkranz betete, um den Schutz von Ungarns Großer Frau zu erflehen. Prägt euch dieses Bild in die Seele ein und folgt diesem Beispiel.«

In der Notzeit des Freiheitskampfes von 1848 bis 1849 war es wiederum ein Marienverehrer, Ferenc Deák, der dem Land den Frieden schenkte, indem er die Nation mit der Dynastie versöhnte. Er wies energisch die Aufforderung zurück, an einer Verschwörung teilzunehmen. Ein Wort von ihm besagt: »Weshalb denn Gift verwenden, wo ein unfehlbar wirksames Heilmittel vorhanden ist.« Sein Heilmittel, sein Ratgeber und Freund, das war sein Gewissen. Und dieses Gewissen ließ er formen und schulen bei unserer Mutter, bei unserer Großen Frau. Darum trug er bis an sein Lebensende das Skapulier, empfahl immer wieder Land und Volk der Heiligen Jungfrau und betete vor den Parlamentssitzungen den Rosenkranz.

Die Neuzeit brachte mit kirchenfeindlichen und liberalen Ideen die Gleichgültigkeit und die Gottlosigkeit zu uns. Die Sitten zerfielen, das Sakrament der Ehe wurde mißachtet, die eheliche Gemeinschaft gefährdet. Daß die kranke Nation trotz aller Heimsuchungen aber weiterlebte und wuchs, war sicher eine Gnade, die uns Maria erbetet hat.

Im 20. Jahrhundert senkten sich das Grauen und die Nacht zweier Weltkriege auf unsere Heimat hernieder. Sowohl die Friedensverträge von Trianon wie Paris ließen ein zerschlagenes Ungarn zurück. Von den vielen brennenden Wunden der ungarischen Nation ist eine der schmerzlichsten, daß die Pariser Friedenskonferenz den berechtigten ungarischen Ansprüchen gegenüber eine schroffe Gefühllosigkeit bekundete. Anstatt den Friedensvertrag von Trianon zu überprüfen, der ja

164

auch von den Parlamenten und Regierungen der Großmächte als fehlerhaft und ungerecht erachtet wurde, raubte der am 10. Februar 1947 unterschriebene Friedensvertrag Ungarn neuerdings Gebiete und legte dem Lande Reparationen auf, die es zugrunde richten.

Der Friedensvertrag von Trianon im Jahre 1920 beließ Ungarn von seinen 282 870 Quadratkilometern nur 92 833, von seinen 18 264 533 Einwohnern aber nur 7 980 143. Mit gefälschten statistischen Angaben und Landkarten erreichten Benesch und Masaryk damals, daß die siegreichen Großmächte Ungarn als »schwachen und friedlosen Nationalitätenstaat« zerstückelten. Der englische Ministerpräsident Lloyd George sagte einmal: »Natürlich waren wir voreingenommen und parteiisch zu jenen Nationen, die auf unserer Seite kämpften. Dem verdanken wir Danzig, den Korridor und einige Ungarn zugefügte Wunden. Hier liegt die Ursache vieler Ungerechtigkeiten. Einzelne Teile Ungarns sprachen wir auf Grund vermeintlich unumstößlicher Statistiken der Tschechoslowakei zu. Seitdem traf aber der Gegenbeweis ein: Diese Gebiete haben lauter ungarische Abgeordnete in das tschechische Parlament entsandt.« (Session des englischen Unterhauses 1935/36, Band 315/201 ff.)

Aufgrund der Volkszählungsangaben von 1910 waren in dem wirtschaftlich und geographisch einheitlichen, geschichtlichen Ungarn 54,5 Prozent der Bevölkerung Ungarn, 64,7 Prozent beherrschten die ungarische Sprache. Der Friedensvertrag von Trianon zerstückelte das Land als Nationalitätenstaat. Entgegen dem Wilsonschen Selbstbestimmungsgrundsatz wurden zwei Drittel des Landes ohne Volksabstimmung abgetrennt. Von den 10 283 390 Einwohnern, die Ungarn entrissen wurden, waren 30,2 Prozent Ungarn und nur 27,4 Prozent Rumänen, 16,7 Prozent Slowaken und 4,1 Prozent Serben. Es wurde tatsächlich ein tausendjähriger Staat zerstückelt, damit man zwei nationale Staaten – Rumänien und Serbien – zu Nationalitätenstaaten verwandeln und einen dritten Nationalitätenstaat, die Tschechoslowakei, gründen könne. Die Pariser Friedenskonferenz ließ den Friedensvertrag von Trianon nicht nur in Kraft, sie entriß uns sogar neues Gebiet, das die Tschechoslowakei als Brückenpfeiler am rechten Donauufer erhielt. Die Pariser Friedenskonferenz beließ dreieinhalb Millionen Ungarn unter fremder Herrschaft und sicherte ihnen nicht einmal die Minderheitsrechte. Darüber hinaus setzte sie Reparationen fest, die die Kraft des Landes überstiegen und unter deren Titel die Russen Ungarn wirtschaftlich beinahe zugrunde richteten. Der neue Friedensvertrag beließ die Abkommen von Jalta und Potsdam in Kraft, die Ungarn auch politisch zur Beute des Bolschewismus machten. Dies geschah mit Ungarn trotz des vielerwähnten zweiten Punktes der Atlantischen Charta: »Wir wollen keine Gebietsbestimmung, die sich mit dem frei geäußerten Wunsche der interessierten Völker nicht deckt.«

Am 9. Februar 1947 schrieb ich: »Die ungarischen Katholiken sehen schmerzerfüllt, daß die internationale Rechtsprechung bei der Beurteilung der Kriegsverantwortung gerade Ungarn am härtesten getroffen hat . . .« Am 10. Februar 1947 wurde der Friedensvertrag unterzeichnet. Wir hielten damals Anbetungsstunde in der Sankt-Stephans-Basilika zu Budapest. Ich schloß mit der Bitte: »Es ist Dein göttlicher Beschluß, daß menschliche Verordnungen vergänglich sind. Da dem auch heute so ist, rufen wir aus der Abgrundtiefe unseres Schicksals mit demütigem und ununterbrochenem Gebet zu Dir, dem gerechten Gott, und zu Ungarns Großer Frau, dem Spiegel der Gerechtigkeit.«

Der Friedensvertrag von Paris legte uns übermäßige, erdrückende Zahlungsverpflichtungen (Wiedergutmachung) auf, wonach die Wirtschaft Ungarns ganz von der Sowjetunion abhängig gemacht wurde. Überdies gingen die Hoffnungen um, daß nach Wiedererlangen unserer staatlichen Souveränität die Rote Armee unser Land verlassen sollte. Der Friedensvertrag schrieb vor, daß alle Besatzungstruppen innerhalb neunzig Tagen nach Inkrafttreten des Vertrages Ungarn verlassen müßten, doch wurde der Sowjetunion das Recht eingeräumt, »in Ungarn Truppen zu belassen, die zur Aufrechterhaltung der Verkehrslinie zwischen der sowjetischen Armee und den Besatzungstruppen in Österreich erforderlich sind«. Die Russen verblieben deshalb in unveränderter Anzahl im Land, ohne sich auch nur im geringsten durch irgendein internationales Abkommen hinsichtlich der Truppenstärke oder des Rechtsbereichs der Kommandantur binden zu lassen. Dies hatte die nachteilige Folge, daß der Oberkommandant der Roten Armee – durch rücksichtslose Einmischung in innerstaatliche Angelegenheiten – die Diktatur der ungarischen Kommunisten unterstützte. Dies allein ermöglichte den weiteren Aufbau der Tyrannenherrschaft.

Nun faßte ich den Entschluß, die Nation strikt auf den Weg der heiligen Mutter zu führen, um unser Volk den Lebensquell aller Völker, den Erlöser Jesus Christus, wiederfinden zu lassen.

Das Marianische Jahr

Wie ich bereits früher erwähnte, war es mein dringender Wunsch, das historische Regnum Marianum zu festigen. In meinen Reden und Hirtenbriefen kam ich nicht selten auf dieses Anliegen zu sprechen. Ich betonte, daß die Übergabe von Land und Krone an die Gottesmutter am 15. August 1038 ein Vertrag sei, der uns alle verpflichte.

Die Bischöfe Ungarns kündeten daher am 14. August 1947 das ungarische Marianische Jahr an. Sie erklärten: »Wir Ungarn sind mit der jungfräulichen Mutter durch unsere geschichtliche Vergangenheit verbunden ... Sogar die protestantischen Landesherren von Siebenbürgen ließen das Bild Mariens auf ihre Münzen prägen; so unauslöschlich war die Tatsache im öffentlichen Bewußtsein verwurzelt: Ungarn ist das Reich Mariens ... Das Bündnis des heiligen Stephan ist auch heute noch gültig ... Wir sehen in den geschichtlichen Ereignissen Gottes Fingerzeige. Gerade deshalb verlieren wir in Gefahr und Sturm die Hoffnung nicht. Darum rufen wir euch, liebe Ungarn, jetzt auf ... wie eure Ahnen ... das Schicksal mit ungebrochenem Vertrauen durch die jungfräuliche Mutter in die Hand Gottes zu legen. Deshalb soll das Jahr 1947/48 ein Marienjahr werden.«

Ich eröffnete am 15. August 1947 in Esztergom dieses Hl. Jahr. Alle Bischöfe Ungarns und 60 000 Wallfahrer hatten sich zur Feier eingefunden. In der Festansprache erklärte ich: »Wie unsere Ahnen in den Jahren 1038, 1317, 1679 und wiederum 1896 Ungarns Großer Frau den Treueid leisteten, so wollen wir es heute tun in der abgrundtiefen Not der Jahre 1947/48. Durchdrungen vom Bewußtsein, daß nur jene Nation mit einem Weiterleben rechnen darf, die ehrfurchtsvoll auf ihre Ahnen blickt, wollen auch wir mit den Erfahrungen der Vergangenheit in die Zukunft schreiten. Die Lehren dieser Vergangenheit sind Wegweiser für die Zukunft.« Zwei Tage später hielt in Csongrád die Diözese Vác ihren Marientag. Ich feierte das Pontifikalamt und sagte in der Predigt: »Die Marientage müssen das katholische Selbstbewußtsein stärken; bleibt Katholiken und Ungarn! Hütet euch vor falschen Propheten! Sie säen Haß und ernten die Früchte ihrer eigenen Interessen. Seid Ungarn, das Volk des hl. Stephan und der Gottesmutter.« 70 000 Menschen aus den Ortschaften der Großen Ungarischen Tiefebene haben sich damals in Csongrád zu einer Gemeinschaft des Betens und Hoffens zusammengefunden.

Dann fuhr ich nach Szombathely. Am 6. September traf ich dort ein. Ich nahm am zweitägigen Marianischen Kongreß teil. Am ersten Tag ermunterte ich nach dem Pontifikalamt eine Gruppe katholischer Männer: »Wenn heutzutage etwas vonnöten ist, dann ist das die klare Sicht und die Willenskraft der katholischen Männer. Die Menschen verfechten verschiedenste Ansichten, sogar solche, die überhaupt kein Gestern haben. Um so mehr ist es nötig, sich für das Glaubensbekenntnis einzusetzen, das durch Christi Blut besiegelt, durch des Herrn Auferstehung bekräftigt wurde und das in zweitausendjähriger Menschheitsgeschichte und in tausendjähriger ungarischer Geschichte uns seine beglückenden Früchte schenkte.«

Am folgenden Nachmittag versammelten sich mehr als 100 000 Menschen. Ich äußerte vor diesen unübersehbaren Scharen einige Gedanken zur Jugenderziehung. Ich sagte: »Heute beeinflussen heidnische Gefühle und Anschauungen die Seele der Jugend, um die Selbstlosigkeit, die Glaubenstreue, die Vaterlandsliebe und die körperlich-seelische Reinheit niederzutreten ... Ungarische Jugend, sei auf der Hut, denn es gibt viele Sümpfe im ungarischen Land! Doch solche Warnungen richte ich in diesem Marienjahr nicht nur an die Jugend Westungarns, sondern an die gesamte ungarische Jugend. Ich rufe Eltern, Erzieher und alle, die Verantwortung tragen, auf, solche Mahnung zu beherzigen.«

Danach ermunterte ich die Geistlichkeit, Wallfahrten zu den Gnadenstätten unserer Hohen Frau zu führen. Mein Aufruf fand ein gewaltiges Echo. Am 18. August 1947 meldete der »Magyar Kurir«, daß am 15. August nahezu anderthalb Millionen Gläubige zu den Gnadenorten der Gottesmutter gepilgert seien; am 8. September 1947, am Feste Mariä Geburt, zählte man an diesen hl. Stätten 1 768 000 Menschen; 1 112 000 hl. Kommunionen wurden daselbst gespendet. Am 14. September war ich – zusammen mit 100 000 Männern aus der Hauptstadt – als Pilger in Máriaremete. Und dort gab ich zu bedenken: »Der Satan ist keineswegs der Kinderschreck der Weltgeschichte – der Satan ist lebendige Wirklichkeit. Er ist der Böse, der Lügner, der Verführer und Zerstörer der Menschheit ... Wo immer aber ein Mensch sich vor Gottes Macht und Hoheit beugt, da wächst er in seiner eigenen Würde. Ich fürchte daher nicht im geringsten, daß menschliche Größe durch die Ansprüche Gottes beeinträchtigt wird. Mir bangt um den Menschen eher des Menschen wegen ...«

Am 20. September empfahlen sich in Eger 120 000 dem Schutz und Schirm von Christi Mutter. Auch hier mahnte ich, tröstete und suchte die mir Anvertrauten in ihrer christlichen Haltung zu festigen. Ich ermunterte sie zu tapferem Vertrauen. Ihr Hoffen und ihre Bereitschaft vervielfachten meine eigenen Kräfte. So wuchsen wir alle, unter der Obhut Unserer Lieben Frau, tagtäglich mehr und mehr zu einer zwar leidenden, aber doch gottfrohen Gemeinschaft zusammen.

Die ersten Oktobertage brachten die erhebenden Feiern des »Nationalen Marianischen Kongresses« in Budapest. Am 4. Oktober sprach ich daselbst zu 150 000 Jugendlichen, abends zu 90 000 Arbeitern. Zur Festversammlung am 5. Oktober vereinigten sich 250 000 Gläubige. Anderntags sprach ich vor den Vertretern der dreitausend katholischen Kirchengemeinden. Ich stellte fest: »Unsere Zeiten sind sehr ernst ... Die katholischen Pfarrgemeinden müssen in solchen Zeiten des Kampfes wach sein ... Wir tun niemandem etwas zuleide, wir werden es auch in Zukunft nicht tun. Wenn jedoch der Versuch gemacht wird, Gerechtigkeit und Liebe, unsere tragenden Fundamente, zu zerstören, dann tritt der Fall einer gerechten Selbstverteidigung ein ...« Am letzten Tag des Kongresses hielten auf dem Platz vor der St.-Stephans-Basilika die katholischen Eltern ihr Treffen ab; 200 000 sind damals gekommen. Sie bezeugten eindrücklich den Willen des Volkes, sich unter dem Schutzmantel der Madonna zu bergen.

Daher erklärte ich mit großer Freude in der Neujahrsbotschaft 1948: »In der zweiten Hälfte des Jahres 1947 erklang das Lob Mariens ununterbrochen entlang der Theiß, in Szombathely, in Eger, in der Hauptstadt ... In diesen schweren Zeiten war das eine unserer wenigen Freuden. Es tut wohl, in der Seele solche Erinnerungen wachzurufen ... Wir wären erst dann wirklich arm und beweinenswert elend, wenn dieser Lichtglanz unter dem Kreuze fehlte ... Wird dieses Licht uns auch ins neue Jahr begleiten? ... Es ist ein schmerzlicher Gedanke, ... es könnte, durch unsere Gleichgültigkeit und Zulassung, der Vertrag des hl. Stephan gelöst und vernichtet werden. Die Lösung dieser Verbindung wäre ... der Tod der Nation, der Abgrund, aus dem es kein Entfliehen mehr gäbe.«

Die Marienfeiern ließen einen Segensstrom hervorbrechen, der ein reiches Aufblühen des religiösen Lebens bewirkte. Davon sprach eine offizielle Mitteilung vom 24. März 1948. Sie sagte: »Man kann erfreulicherweise feststellen, daß die Katholiken diesem Gebot der Verpflichtung zum Sakramentenempfang in der österlichen Zeit im laufenden Jahre in unerwartetem Maße entsprachen. Seit dem 18. März steht besonders die Geistlichkeit in den Städten einem großen Andrang Beichtender gegenüber ... Dasselbe gilt für die Kommunikanten.«

Wir waren nun sogar gezwungen, die Gläubigen ausdrücklich darauf hinzuweisen, daß die Erfüllung der österlichen Pflicht noch bis zum 23. Mai möglich sei.

Während der Wintermonate sind Großkundgebungen nicht möglich. Es wurde aber überall viel gebetet in Stuben und Kammern und bei marianischen Feiern in den Gotteshäusern des ganzen Landes. Im Frühjahr jedoch strömten die Wallfahrer wieder zu den Feiern in die verschiedenen Städte und Heiligtümer der Heimat. Wann immer möglich, war ich mit dabei, predigte und zelebrierte das heilige Opfer.

Nun machten sich auch die Gegner und Widersacher bemerkbar. Ich sah mich daher, zwei Tage nach der am 9. Mai 1948 in Törökszentmiklós abgehaltenen Feier, genötigt, ein Protestschreiben an den Kultusminister zu senden. Ich wies eindringlich darauf hin, daß bereits drei ländliche Versammlungen gewaltsam gestört worden seien, und ersuchte um sofortige Abhilfe. Trotz der Schwierigkeiten, die man uns bereitete, wurden die betenden und pilgernden Scharen immer größer. Mit tiefer Freude durfte ich darum in Baja am 12. Juni 1948 vor 150 000 Gläubigen feststellen: »Noch nie haben die Menschen so sehr nach der Wahrheit gehungert und gedürstet, noch nie sind so viele zum Tisch des Herrn getreten wie heutzutage. Wir spüren, daß das Altarssakrament Ungarns Lebenskraft ist. Das irdische Brot kann man uns zwar nehmen, aber das Brot der Engel bleibt uns.« Die Fronleichnamsprozessionen wurden in diesem heiligen Jahr zu einem stürmischen Gebetsruf unseres Landes. Es nahmen an ihnen 2 356 000 Menschen teil; schließlich vereinigte das zehnjährige Jubiläum des Budapester Eucharistischen Weltkongresses am 30. Mai 1948 etwa 250 000 Gläubige. Papst Pius XII. richtete damals eine Radiobotschaft an uns.

Die Bedrängnisse wuchsen. Die Kommunisten wagten zwar nicht, die Feiern zu verbieten, aber sie suchten sie zu verhindern und ihre Durchführung zu stören. Die üblichen Fahrpreisermäßigungen wurden verweigert, die Zahl der Züge vermindert. Die Installation von Lautsprechern wurde da und dort verboten; in gewissen Gegenden untersagte man Massenansammlungen und Reisen unter dem Vorwand von Seuchengefahr; hin und wieder wurden zur Wallfahrtszeit Pferdeschauen ausgeschrieben, um die Benützung von Fuhrwerken und Kutschen unmöglich zu machen. Am 13. Juni 1948 löste die Polizei sogar die Fatima-Prozession in Budapest auf.

Bezeichnend für die Sachlage war folgendes Ereignis: Am 12. September 1948 beging die Benediktinerkirche Celldömölk ihr Zweihundertjahrejubiläum. Am 10. September erklärte eine amtliche Bekanntmachung, an verschiedenen Orten des Komitats seien Fälle von epidemischer Gehirnhautentzündung und von epidemischen Rückenmarkleiden festgestellt worden. Jegliche Wanderung von Ort zu Ort sei daher verboten. Das Volk war empört. Die Behörden erneuerten daraufhin ihr Verbot und taten zugleich kund, die Andacht innerhalb des Gotteshauses werde von dieser Verordnung nicht betroffen. Am Festtag selbst kontrollierte bewaffnete Polizei die Kirchgänger. Wer sich nicht als ortsansässig ausweisen konnte, wurde weggeschickt. Ein Polizeikordon umzingelte die Kirche. Während des Gottesdienstes versprühte die Feuerwehr in der Umgebung des Klosters eine gelbe Flüssigkeit. Als am Ende der weihevollen Feststunde die Geistlichkeit in Prozessionsordnung aus dem Portal trat, wurde auch sie mit diesen »Chemikalien« besprengt.

Hernach folgten noch die erhebenden Feiern von Bodajk und Pálosszentkut. Ich war tief ergriffen, denn selbst wenn wir die Sonn- und Festtage hätten verdoppeln können, wäre es Ungarns Bischöfen nicht möglich gewesen, all den vielen Einladungen zu entsprechen. An den Feierlichkeiten und den Wallfahrten des Marienjahres hatten insgesamt 4 600 000 Gläubige teilgenommen.

Mariens Banner wurde durch das geprüfte Land getragen, die Große Frau wachte; aber auch der Gegner plante und wollte nicht untätig bleiben.

Die Bekenntnisschulen werden verstaatlicht

Die letzte Etappe des Schulkampfes wurde durch einen gezielten Großangriff der Presse eingeleitet. Alte Beschuldigungen, deren Haltlosigkeit längst erwiesen war, wurden neuerlich vorgebracht. Zugleich verlangte die kommunistische Presse lautstark die sofortige Behebung der Mißstände. Selbstverständlich versuchte die Kirche, sich zu rechtfertigen und zu verteidigen. Sie antwortete klar und deutlich auf die Verleumdungen. Ihre Abwehrhaltung wurde als volksfeindlich bezeichnet. Die staatlichen Behörden verbreiteten sowohl in Ungarn als auch im Ausland die Behauptung, die Bischöfe seien gar nicht bereit zu einer friedlichen Koexistenz; sie würden nur unter bestimmten, jedoch kaum erfüllbaren Voraussetzungen sich an den Verhandlungstisch setzen; die Republik hingegen wünsche in entgegenkommender Weise in den Meinungsverschiedenheiten einen Ausgleich zu finden.

Nachdem man, während einer gewissen Zeit, mit solchen und ähnlichen Sprüchen die Öffentlichkeit bearbeitet hatte, machte Kultus- und Unterrichtsminister Gyula Ortutay im April 1948 das Vorhaben einer Verstaatlichung der Bekenntnisschulen bekannt. Ich gab eine erste Antwort im Hirtenbrief vom 11. Mai. Ich stellte fest, daß sich nun die Befürchtungen, die ich 1946 in einem Hirtenschreiben äußerte, leider offensichtlich als richtig erweisen würden. Ich bat Gläubige und Lehrkräfte, zu ihren katholischen Schulen zu stehen, sich ganz hinter die Kirche zu stellen, und dankte für die bisherige Treue.

Trotzdem erklärte der Kultus- und Unterrichtsminister auf einer Pressekonferenz am 15. Mai, der Entschluß der Regierung sei unwiderruflich. Er gab gleichzeitig bekannt, sowohl in den alten als auch in den neuen Staatsschulen werde der Religionsunterricht Pflichtfach bleiben. Abschließend beschuldigte er die kirchlichen Behörden, auf »fortschrittliche Priester« und auf Lehrkräfte einen terrorartigen Druck auszuüben.

Eine weitere Antwort meinerseits war der Hirtenbrief vom 23. Mai. Ich erwähnte darin den Minister ausdrücklich und stellte fest: »Anläßlich der Nationalversammlung vom 23. Februar sagte dieser Minister bei der Behandlung der Fragen seines Ressorts: ›Die katholische Kirche spiele in der Geschichte unseres Unterrichtswesens eine außergewöhnlich große Rolle. Die ungarische Demokratie wolle, in richtiger Erkenntnis der gesellschaftlichen und geschichtlichen Lage, die Bekenntnisschulen der Kirche nie wegnehmen!‹ (Nationalratsprotokoll vom 23. Februar 1948)

Wenn nun in einem Zeitraum von nicht ganz drei Monaten eben dieser Minister ›die außergewöhnlich große Rolle‹ der Kirche im Unterrichtswesen vergessen hat, dann kann sein Versprechen, den obligatorischen Religionsunterricht beizubehalten, die verantwortungsbewußten Eltern und die Bischöfe nicht beruhigen. – Und wenn der Herr Minister offen anerkannte, daß die Religion in unserem Volke tief verwurzelt ist (Nationalratsprotokoll vom 23. 2. 1948), dann muß er auch die unmißverständliche Erklärung dieses Volkes hinnehmen, daß es die Erziehung seiner Kinder in Bekenntnisschulen in den religiösen Bereich miteinbezieht. Religion kann man nicht einfach in zwei Wochenstunden hineinpressen; sie muß den ganzen Unterricht befruchten.

Die grundlose Anschuldigung ›einer unverantwortlichen Verbreitung von Schreckensbotschaften‹, eines Einschüchterungsfeldzuges und eines seelischen Terrors weist die Kirche entschieden zurück . . .«

Ich verschwieg nicht, daß es gerade der Staat sei, der die Bürger terrorisierte. Lehrkräfte wurden ja mit »dreißig Silberlingen« zum Eidbruch verführt; Gläubige zwang man zum Eintritt in die Kommunistische Partei; Studenten, die öffentlich für die Beibehaltung des obligatorischen Religionsunterrichtes warben, wurden interniert.

In Anbetracht der kritischen Äußerungen, die unseren Bekenntnisschulen gegenüber gemacht wurden, bemerkte ich im Hirtenschreiben: »Wenn schon von ›Schlamperei‹ gesprochen werden muß, dann möchte ich eben diesen Staat auf seine eigenen Besserungsmöglichkeiten hinweisen. Es bietet sich ihm ein weites Betätigungsfeld an auf jenen Ge-

172

bieten, wo er ohne Konkurrenz dasteht, nämlich bei den Universitäten. Laut Mitteilung des Herrn Ministers herrschen dort eine ausgesprochene Nachlässigkeit und ein katastrophaler geistiger Tiefstand (Nationalratsprotokoll vom 23. Februar 1948). – Ein Universitätsprofessor, der bestimmt nicht als Reaktionär bezeichnet werden kann, äußerte sich im Parlament dahin, daß ›die Universitätsbildung auf ein Niveau abgesunken ist, das jeder Beschreibung spottet. Die Universitätsjugend siecht verzweiflungsvoll in tiefstem Elend dahin‹ (Nationalratsprotokoll vom 2. Februar 1947) . . .«

Der Staat reagierte unverzüglich auf meinen Brief. Die Angestellten der Ämter, Betriebe und Fabriken wurden unter Androhung der Entlassung oder durch politische Verfolgung gezwungen, den Regierungsplan für die Verstaatlichung der Schulen zu unterschreiben. Und jetzt verbreitete man auch das Gerücht, die Bischöfe seien sich in dieser Frage nicht einig. Man erklärte in Presse und Rundfunk, der Landklerus leiste Widerstand und habe sich geweigert, die Hirtenbriefe bekanntzugeben; Priester, die versucht hätten, die Hirtenschreiben zu verlesen, seien durch Zwischenrufe der Gläubigen unterbrochen worden; die Lehrer würden mit großer Begeisterung ihre Zustimmung geben; Verhandlungen mit der Kirche seien bereits aufgenommen worden.

In einem Rundschreiben äußerte sich die Bischofskonferenz vom 29. Mai zu solchen Behauptungen. Sie stellte fest: »Uns ist nichts bekannt von ›so vielen ungehorsamen Priestern‹. Wenn sich einer oder zwei unter Tausenden befinden, so bedenken wir, daß auch unter den zwölf Aposteln ein Ungetreuer war . . . Hunderte von Briefen bezeugen, daß die Gläubigen überall dankbar dafür sind, daß von den Bischöfen eine klare Wegweisung gegeben wurde. – Mehrere unserer Lehrer haben sich – allerdings durch Irreführung und Gewaltanwendung – gegen ihren der Kirche geleisteten Eid geäußert. Viele Staatsangestellte aber gaben ein überaus erfreuliches Beispiel heldenhafter Treue. In einem Staatsbetrieb nahmen ausnahmslos alle Mitarbeiter für die Bekenntnisschule Stellung. Das Telegramm über diesen einstimmigen Beschluß wurde jedoch gegenteilig formuliert . . . Zur nicht geringen Schande unseres Landes erzielen Lüge und Irreführung Erfolge wie noch nie in der Vergangenheit unserer Geschichte.«

Ich selbst sandte am 29. Mai zwei Briefe an Minister Ortutay. Im zweiten schrieb ich u. a.: »Gestatten Sie mir, Herr Minister, Ihre Aufmerksamkeit auf Übergriffe zu lenken. Gerade heute – am 29. Mai – müssen wir feststellen, daß der heftige Kampf der Regierung gegen unsere Schulen und deren Lehrkörper seinen Höhepunkt erreicht hat . . .

In den Lehranstalten sprechen sogenannte Studienaufsichtspersonen vor, die unsere Lehrkräfte durch Drohungen, Täuschungen und Lügen zum Ungehorsam gegen ihre gesetzliche kirchliche Behörde zwingen . . . Der Kirchenhaß nimmt im Parlament, im Rundfunk, in der Presse und in den Ämtern immer mehr zu. Entgegen den Bestimmungen des Friedensvertrages werden Beamte ihrer religiösen Überzeugung wegen entlassen, ebenso Schüler aus den Volkskollegien. Das Ausmaß der Bedrängnisse anläßlich der Marienfeierlichkeiten erinnert an das Elend der Hitlerzeit . . . Die Presse zeigt sich immer feindseliger. Es scheint fast, daß der Kirche diesem Lügen- und Verleumdungsfeldzug gegenüber kein Gesetzesschutz mehr zugestanden wird . . .«

Gemäß Anweisung der Marxisten sollten nun landauf und landab »Lokale Nationalausschüsse« in Resolutionen an die Regierung das Verlangen nach Schulverstaatlichung zum Ausdruck bringen. Kontrolliert von der Politischen Polizei, entsprachen die Ausschüsse – welche sich fast durchweg aus Vertretern der Koalitionsparteien zusammensetzten – dieser Anweisung.

Selbstverständlich wurden wiederum die verschiedensten »Geschichten« und Gerüchte zusammengetragen und publiziert, um Geistliche und Schulen belasten zu können. Eine ganz üble Beschuldigung wurde in der Presse unter dem Titel »Der Mord von Pócspetri« veröffentlicht.

Nach Aussagen von Augenzeugen hatte sich etwa folgendes zugetragen: In Pócspetri hielt am 3. Juni 1948 um 20 Uhr der politische Gemeinderat eine Sitzung ab, um die Frage der Verstaatlichung zu besprechen. Da dies der Vortag des ersten Monatsfreitags war, saß der Ortspfarrer während des Nachmittags im Beichtstuhl. Um 19 Uhr hielt er seine Andacht, jedoch ohne Predigt. Nach diesem Gottesdienst zogen viele Gläubige zum Gemeindehaus, um zu hören, welche Beschlüsse man dort gefaßt habe und welche Entscheidungen gefällt worden seien. Sogleich erschien auch die Polizei. Sie forderte zur Räumung der Straße auf. Die Leute weigerten sich wegzugehen. Die Erregung wuchs von Minute zu Minute. Jemand holte den Pfarrer, damit er das Volk beruhige. Aber bevor der Geistliche zu den Anwesenden sprechen konnte, umzingelten diese die Polizei. Ein Schutzmann versuchte mit dem Gewehrkolben dreinzuschlagen. Die Menge wich zurück. Der Gewehrkolben, der nun nicht traf, schlug hart auf dem Boden auf. Die Waffe entlud sich; der Polizist wurde selbst tödlich getroffen.

Die Berichte der Polizeibehörde und des Innenministeriums behaupteten hernach, der Polizist sei das Opfer eines Anschlages geworden. Den Gemeindesekretär Miklós Királyfalvy stempelte man zum Attentäter, den der Pfarrer zum Mord angestiftet habe. – Der Sekretär wurde später hingerichtet, der Geistliche zum Tode verurteilt und dann begnadigt.

Nach den Ereignissen von Pócspetri schickte mir Minister Ortutay einen Brief. Er erklärte, die ganze Sache sei auf die aufwiegelnde Rede des Dorfpfarrers zurückzuführen. Er meinte auch: »Der Fall Pócspetri ist eine ernste Warnung für die Kirche. Ich glaube kaum, daß die römisch-katholischen Bischöfe die Verantwortung für weiteres Blutvergießen übernehmen wollen ...«

Ich schrieb am gleichen Tag, also am 4. Juni 1948, zurück:

»Herr Kultus- und Unterrichtsminister!

In Ihrem vom 4. d. M. datierten Brief wünschen Sie, Herr Minister, daß die Kirche, bezüglich der im Brief genannten Geschehnisse in der Gemeinde Pócspetri, geeignete Schritte unternehme.

Ich erhielt über diesen Vorfall, Herr Minister, erst durch Ihren Brief Kenntnis. Eine andere Mitteilung ist mir nicht zugegangen. Ich bin demnach nicht in der Lage, zum Geschehen Stellung zu nehmen. Dagegen weiß ich, daß die angekündigte Schulverstaatlichung im ganzen Lande eine große Erregung ausgelöst hat. – Beruhigend wirken könnte hier einzig und allein die Bereitschaft der Regierung, die Verstaatlichungsfrage von der Tagesordnung zu streichen, wie dies vom Bischofskollegium am 29. Mai brieflich vorgeschlagen wurde.

Ihre Behauptung, Herr Minister, daß gegen Ihre Regierung eine zentral gesteuerte Agitation geführt werde, entbehrt jeder Grundlage. Ich weise diese Behauptung ganz entschieden zurück.«

Die Spannung im Volk wurde immer größer. Am 7. Juni 1948 berichtete der »Magyar Kurir«: »Millionen von Ungarn protestierten gegen die Verstaatlichung ... Die Actio Catholica übermittelte dem ›Magyar Kurir‹ ein Verzeichnis der Telegramme und Protestschriften, die täglich haufenweise in der Zentrale der Actio Catholica eintreffen.« In der Zeitung wurden 300 Städte und Dörfer namentlich erwähnt, aus denen Proteste eingereicht worden waren. Die gleiche Zeitung brachte am 10. Juni 1948 eine Aufzählung weiterer 257 und am 13. Juni eine Liste von 350 Ortsnamen. Dazu wurde der Wortlaut vieler scharf formulierter Telegramme veröffentlicht.

Am 14. Juni 1948 beschloß der Ministerrat die Verstaatlichung.

Am 16. Juni wurde das Gesetz dem Parlament vorgelegt, als dringlich erklärt und in einer einzigen Sitzung angenommen. Für das Gesetz sprachen: Josef Bognár und Jenő Katona, beide Kleinlandwirtepartei; György Parragi, Balogh-Partei, und László Bóka, Ungarische Arbeiterpartei. – Dagegen äußerten sich: István Barankovics, Führer der Demokratischen Volkspartei, und Margit Slachta, Präsidentin der Christlichen Frauenvereinigung. Sie legte 2449 Protestbriefe und Telegramme vor.

Von 362 Parlamentsmitgliedern sprachen sich 230 für, 60 gegen das Gesetz aus; 70 Abgeordnete enthielten sich der Stimme. Um das Abstimmungsergebnis richtig werten zu können, darf nicht übersehen werden, daß dieses Parlament im Jahre 1947 auf unrechtmäßige Weise gewählt worden ist.

Das neue Gesetz verstaatlichte 4885 Schulen, von denen 3148 der katholischen Kirche gehörten.

Wir Bischöfe protestierten, erwartungsgemäß allerdings ohne Erfolg.

VERHAFTUNG, VERHÖR, SCHAUPROZESS

Übereinkommen um jeden Preis?

Der Kampf gegen die katholischen Schulen hatte für die Kommunisten recht ungünstige Folgen. Man wußte überall, daß der diesbezügliche Gesetzesantrag nur von einem Parlament ratifiziert werden konnte, das seine Zusammensetzung den verschiedensten Wahlmachenschaften verdankte. Zudem war der Eiserne Vorhang nicht ganz geschlossen; das Ausland erhielt noch Kenntnis von den Vorgängen. Selbstverständlich sorgten auch wir dafür, daß vor allem die katholische Presse des Westens in den Besitz des notwendigen Dokumentationsmaterials gelangte. Es war mir noch möglich, zahlreiche westliche Journalisten zu empfangen und sie eingehend zu unterrichten. Die Welt erhielt damit eine richtige Einsicht in die Methoden der bolschewistischen Kirchenverfolgung. Diese Informationen und die Bestürzung über den eben erfolgten Staatsstreich in der Tschechoslowakei gaben der antikommunistischen Bewegung in der freien Welt einen gewaltigen Auftrieb. Das bewog den Weltkommunismus zur Tarnung seines Kulturkampfes. Da ich jedoch immer wieder auf kirchenfeindliche Unternehmungen hinwies, wurde ich von ungarischen und ausländischen Kommunisten als einer der Hauptfeinde gewertet, den man aus dem Wege räumen müsse. Man wußte, daß ich entschlossen war, mit Gottes Hilfe im Kampf auszuharren, selbst um den Preis meines Lebens. Sofort nach der Verstaatlichung der Schulen wurden daher Pläne geschmiedet, die auf meine Entfernung aus der Leitung der Kirche hinzielten. In diesem Sinne war auch, wie man mir sagte, bereits ein Auftrag an den neuen Innenminister János Kádár im Sommer 1948 ergangen.

Jetzt verdichteten sich die Angriffe auf meine Person. Überall und beinah zu jeder Stunde des Tages verkündeten es Lautsprecher auf Straßen, Plätzen und in den Betrieben, behaupteten es Redner in Volksversammlungen, sagten es Zeitungsschreiber: »Die feindselige, antidemokratische Haltung des Primas ist der Grund der Zerrissenheit und des Unglücks unseres Volkes; er fordert die konfiszierten Güter zurück, verweigert die Anerkennung der Republik, organisiert die Gegenrevolution und verhindert einen Ausgleich zwischen Kirche und Staat.«

In Wirklichkeit zeigten sich die Bischöfe durchaus offen für eine Besprechung aller Probleme zwischen Kirche und Staat. Sie wünschten eine Wiederherstellung der Beziehungen zum Hl. Stuhl, ein Übereinkommen hinsichtlich der kirchlichen Vereine, Verbände und der Presse. In der neuen Situation erwogen die Bischöfe sogar den Gedanken, den Vorschlag einer Trennung von Kirche und Staat nicht nur zu überprüfen, sondern ihm sogar zuzustimmen, sofern der laizistische Staat die innere Freiheit der Kirche anerkenne, sie in keiner Weise störe und ihre Selbstverwaltung respektiere.

Die Kommunisten dachten aber an ein Übereinkommen nach sowjetischem Muster. Die Bischöfe sollten die illegale Machtstellung der Kommunistischen Partei anerkennen, ohne Widerstand auf ihre Schulen, Erziehungsanstalten, kulturellen Einrichtungen verzichten und sich den Interessen des kommunistischen Staates unterordnen. Wir waren indessen mit der bolschewistischen Kirchenpolitik zu gut bekannt und auch mit der Lage der Kirche in der Sowjetunion, um uns täuschen zu lassen. Wir wußten um die Methoden, die zur Vernichtung der griechisch-katholischen Kirche in den annektierten Gebieten der westlichen Ukraine und im Gebiet der Subkarpaten angewendet worden waren. Ich war informiert über die Situation, in die die Kirche innerhalb der Sowjetunion hineingedrängt worden war.

Ich will hier eine Übersicht über den Kampf geben, der damals schon ein Vierteljahrhundert zwischen Kirche und Bolschewismus tobte. Der Leser wird dann den Standpunkt der ungarischen Bischöfe besser verstehen.

Der bolschewistischen Religionsphilosophie gemäß werden die großen religiösen Gemeinschaften nur durch die Unterstützung des Staates, durch den Religionsunterricht in den Schulen, durch die gesellschaftlichen Kontakte des Klerus und durch kulturelle und karitative Tätigkeiten am Leben erhalten. Folglich stirbt jede Religion, wenn ihr die Unterstützung des Staates entzogen und sie aus den Gebieten der kulturellen und karitativen Tätigkeit verdrängt wird. Dieser Auffassung entsprechend, haben 1917 die sowjetischen Volkskommissare Kirche und Staat bald getrennt, die Kirche ihres Vermögens beraubt und ihr durch Verstaatlichung ihrer Schulen und Institutionen sowie ihrer Presse jeden gesellschaftlichen Einfluß zu nehmen versucht. Diese Maßnahmen trafen natürlich vor allem die mächtige russisch-orthodoxe Kirche. Von dem versammelten Synod beauftragt, protestierte Patriarch Tikhon mutig und energisch gegen diese ungesetzlichen Verfügungen. In einem Rundschreiben forderte er die Gläubigen auf, sich der Durchführung dieser Maßnahmen zu widersetzen. Zwischen der Kirche und den neuen Machthabern entstand ein Kampf, der ein volles Jahr dauerte. Die Kirche verteidigte sich gegen die Willkür der staatlichen Behörde zäh und vermochte mancherorts Plünderungen des Pöbels zu verhindern. Schließlich sah sich die Sowjetmacht gezwungen, den Pressionen ein Ende zu setzen, weil sich mehr und mehr der Druck konterrevolutionärer Kräfte bemerkbar machte. – Zur Bürgerkriegszeit war Patriarch Tikhon bemüht, die vollständige Neutralität der Kirche zu wahren. In der auf den Krieg folgenden großen Hungersnot scheute er keine Anstrengungen, um das Elend zu lindern. Aus Rom und von der Anglikanischen Kirche trafen gerade auf seinen Hilferuf hin bedeutsame Spenden ein. Er gab auch die Erlaubnis, zur Behebung der Not kirchliche Wertgegenstände zu veräußern. Als die Sowjetmacht ihres Sieges über die Konterrevolutionäre sicher war, begann sie die Kirche abermals anzugreifen. Der marxistischen Theorie entsprechend zerschlug man, nachdem man die Kirche weithin ihrer Mittel beraubt hatte, ihre innere Organisation.

Am 10. Mai 1922 wurde über Patriarch Tikhon Hausarrest verhängt. Zugleich leitete man ein Gerichtsverfahren gegen ihn ein. Die Anklage behauptete, er habe sich zur Zeit der Hungersnot geweigert, die kirchlichen Kleinodien zur Verfügung zu stellen. Tatsächlich jedoch wurde durch seine Anordnungen nur bestimmt, es seien jene heiligen Gefäße zurückzubehalten, die unbedingt bei der Spendung der heiligen Sakramente benötigt würden. Schon vor diesen Ereignissen war auf Anregung der Bolschewiken sowie unter Mithilfe liberaler und reformsüchtiger Priester ein nationaler Priesterrat gegründet worden. Zu dessen Leiter wurde der berüchtigte Priester Vvedenszky aus St. Petersburg bestimmt. An der Spitze einer Delegation begab er sich zum inhaftierten Patriarchen und verlangte, von ihm mit der Führung des Patriarchats betraut zu werden. Zuerst weigerte sich der Patriarch, dies zu tun. Dann betraute er auf eine genau festgesetzte kurze Zeit Vvedenszky mit der Führung der Amtsgeschäfte. Auf diese Weise legalisierte sich der Priesterrat, und die Bewegung infiltrierte unter dem Namen »Lebendige Kirche« allmählich die ganze Organisation der orthodoxen Kirche. Dies wäre ohne Unterstützung der Sowjetbehörden nicht gelungen, und gerade diese Unterstützung war es, die dem Terror und der Erpressung Tür und Tor öffnete.

Die Mehrheit der Oberhirten widersetzte sich der »Lebendigen Kirche«. Der Metropolit von St. Petersburg exkommunizierte Vvedenszky. Daraufhin wurde der Metropolit verhaftet, zum Tode verurteilt und schließlich hingerichtet. Andere hohe Geistliche, zahllose Seelsorger, ja sogar viele einfache Gläubige wurden ins Gefängnis geworfen, zu Kerker oder Tod verurteilt.

Am 29. April 1923 versammelten sich die Führer der »Lebendigen Kirche« zur Synode, die folgende Beschlüsse faßte: die Kirche unterstützt bedingungslos die Sowjetmacht, die Rechtsbefugnis der Hierarchie wird eingeschränkt, die des Seelsorgerklerus hingegen erweitert, den Laien wird eine bedeutsamere Rolle eingeräumt, die Verbreitung der liberalen Richtung der Theologie wird gefördert, die Wahl von verheirateten Priestern zu Bischöfen wird ermöglicht, ebenso die Wiederverehelichung verwitweter Priester. Die Synode hob das Patriarchat auf und versetzte Tikhon in den Laienstand.

Die Durchführung dieser Beschlüsse hätte den totalen Zerfall der orthodoxen Kirche herbeigeführt. Die zerstörerischen Pläne konnten sich aber nicht voll auswirken. Es herrschte gerade eine schwere Wirtschaftskrise, und das Regime war durch deren Folgen gehemmt. Um die allgemeine Unzufriedenheit ein wenig zu dämpfen, zeigte man sich in kirchlichen Fragen entgegenkommend. Tikhon wurde wieder an die Spitze der Kirche gestellt. Aber er hatte eine Gegenleistung zu erbringen: Er mußte Selbstkritik üben und seine gegen die Sowjetmacht begangenen »Sünden« bekennen. Dann erkannte er an, daß der oberste Gerichtshof die Strafe mit ›legalen‹ Mitteln festgesetzt habe, und bat um die Einstellung des Gerichtsverfahrens und um den Erlaß der ›verdienten‹ Kerkerstrafe. Er versprach, daß die orthodoxe Kirche künftig der Sowjetmacht in keiner Weise mehr Widerstand leisten und sich von Emigrantenkreisen, monarchistischen, gegenrevolutionären Elementen der Weißen distanzieren werde.

Der Patriarch hoffte offensichtlich, mit diesem demütigenden Schritt, der seinem Ansehen großen Schaden zufügte, die Kirche vor dem Allerschlimmsten zu bewahren. Die Staatsmacht schien sich einstweilen damit zu begnügen, daß sich die Kirche auf den Standpunkt einer friedlichen Koexistenz stellte. Die Schikanen gegen die kirchlichen Behörden hörten auf, aber der geheime Terror gegen die Religion und die Erpressungen dauerten an. Viele Gläubige gerieten ins Wanken, die Treuen aber wurden gestärkt und bildeten die Säulen der Kirche in den folgenden, noch schwereren Zeiten. Die Hoffnung des Patriarchen Tikhon, die Organisation der Kirche retten zu können, zerschlug sich. Ja, sogar ihn selbst entfernte man bald wieder von der Spitze der Kirche.

Krank wurde er in ein Spital eingeliefert, wo er am 7. April 1924 starb. (Ein Gerücht, das lange Zeit umging, wollte wissen, er sei vergiftet worden.)

Nach seinem Tod wurde die Wahl eines neuen Patriarchen verhindert. Dem Metropoliten Sergej von Nowgorod gab man schließlich die Erlaubnis, stellvertretend die Führung des Patriarchats zu übernehmen. Er durfte aber seinen Sitz nicht nach Moskau verlegen. Dem Wunsche seines Vorgängers entsprechend, wollte auch Sergej die Freiheit der Kirche wahren. Aber gerade dieses Bemühen brachte ihm eine vierteljährige Gefangenschaft ein. Der Preis für seine Freilassung war eine Loyalitätserklärung. In dieser versicherte er seiner orthodoxen Kirche, daß sie fortan durch die Unterstützung der Sowjetmacht für die Kirchenverwaltung und für das Glaubensleben Frieden und Freiheit erhalten werde.

Im Text der Erklärung ist der Einfluß der sowjetischen Behörden deutlich spürbar, besonders in jenem Teil, der sich mit den Mißerfolgen seines Vorgängers befaßt. In diesem Zusammenhang wird nämlich gesagt, daß für die Unmöglichkeit einer Einigung zwischen Staat und Kirche vor allem die Führer der Kirche verantwortlich seien; sie hätten die gegenrevolutionären Strömungen in der Kirche nicht unterdrückt. Sergej rief Klerus und Volk zur vertrauensvollen Zusammenarbeit mit der Sowjetmacht auf. Er hoffte, daß dieses Verhalten der Kirche Gesichertheit und Freiheit bringen werde.

Zwei Verfügungen aus dem Jahre 1929 brachten dem Metropoliten Sergej eine große Enttäuschung. Die eine stellte das Pfarreileben ganz und gar unter die Kontrolle des Sowjetstaates. Mit der anderen wurde jede religiöse Propaganda, wie es hieß, zur strafbaren Handlung erklärt. Das bedeutete, daß nicht nur die Glaubensverbreitung, sondern auch die Verteidigung des Glaubens strafbar wurde.

Ebendiese Zeit brachte auch die Sozialisierung der Landwirtschaft. Man führte sie hart und grausam durch mit zehn Millionen Toten. Im Zuge der zwangsweisen Kolchosierung der Bauern wurden auch die Dorfpfarreien vernichtet, den Seelsorgern die Mittel ihres Lebensunterhaltes entzogen, Kirchen geschlossen und niedergerissen. Die Ausstattung der Gotteshäuser, Ikonen, Bücher und heilige Gefäße, verschleuderte oder zerstörte man. Dieser dritte Sturm des Vandalismus endete erst 1932. Als die westliche Welt sich empörte, gab Sergej unter Druck und Zwang folgende öffentliche Erklärung ab:

1. Die sowjetische Verfassung garantiert jedem Staatsbürger die Gewissensfreiheit.

2. Die Verurteilten wurden wegen konterrevolutionärer Tätigkeiten bestraft.

3. Niemals wurde jemand in der Sowjetunion wegen seiner religiösen Überzeugung irgendwie benachteiligt.

4. Berichte im Ausland über derartige Nachrichten sind Verleumdungen.

Eine merkliche Erleichterung in der Gesamtlage trat erst ein, als sich die Sowjetunion 1934 entschloß, die großrussische Tradition wieder zu erwecken und dabei auch der Kirche eine bestimmte Rolle zuzuteilen. Die Schikanen der Behörden wurden jetzt eingestellt. Die Liga der Gottlosen jedoch eröffnete einen neuen Kampf gegen den Gottesglauben. Mit der Überheblichkeit, die schon Voltaire gezeigt hatte, prophezeite man, daß es bis 1937 in der Sowjetunion ohnehin keine Priester mehr geben werde und daß die Kirchen dann aus Mangel an Gläubigen leerstehen würden. Es ist bekannt, daß diese atheistische Prophezeiung schon durch die Statistik desselben Jahres 1937 widerlegt worden ist. Sie zeigte, daß sich von den Bewohnern der Sowjetunion in den Städten immer noch 30 Prozent und auf dem Lande 70 Prozent zum Gottesglauben bekannten.

Die Sowjetmacht startete daraufhin im Jahre 1937 ihren vierten Großangriff gegen die orthodoxe Kirche. Er beraubte die russische Kirche jeder äußeren Unterstützung, zerstörte ihre Organisation, erstickte ihre innere Freiheit und unterstellte den einzigen kirchlichen Gottesdienst, der noch erlaubt war, einer staatlichen Kontrolle. Weder durch friedliche Koexistenz noch durch bedingungslose Mitarbeit oder vollkommene Unterwerfung war es also möglich gewesen, diese verhängnisvolle Entwicklung aufzuhalten. Der Bolschewismus ist seinem atheistischen Wesen nach ein Feind des Gottesglaubens und wird durch einen inneren Zwang, gleichsam aus Furcht vor dem Geist und der Seele, zum Kampf gegen die Religion getrieben. Sein kirchenfeindliches Antlitz verbirgt er nur, wenn ihn seine Machtinteressen dazu zwingen.

Als Hitler am 21. Juni 1941 die Sowjetunion angriff, forderte der Metropolit Sergej die Gläubigen in einem Rundschreiben auf, am Kampf zur Rettung des Vaterlandes teilzunehmen. In einem feierlichen Gottesdienst betete er um den Sieg der Roten Armee. Diese Haltung überraschte sogar die Bolschewiken, und Stalin witterte angeblich einen Betrug. Aber schon im Herbst desselben Jahres belohnte er die Hilfe der Kirche damit, daß die Liga der Gottlosen aufgelöst und jede religionsfeindliche Propaganda eingestellt wurde. Man übte sogar Nachsicht, wenn sich Priester und Gläubige nicht an staatliche Verordnungen hielten, die die kirchlichen Anschauungen und Gesetze verletzten. Sergej ordnete auch eine Kollekte zugunsten der Roten Armee an. Die eingegangene bedeutende Summe wurde der Regierung als Spende der Kirche überreicht. Zwischen der Kirche und dem Staat begann damit der Dialog, der am 4. September 1943 zu einer Begegnung zwischen Sergej und Stalin führte. Daraufhin wurde die Wahl Sergejs zum Patriarchen gestattet, und am 12. September 1943 wurde er in sein Amt in Moskau eingesetzt.

Die Nachricht über diese Aussöhnung von Regime und Kirche wurde überall verbreitet. Das war für die Sowjetunion, die mitten in ihrem Krieg auf Leben und Tod sehr auf die innere Einigkeit der gesamten Bevölkerung angewiesen war, von größter Wichtigkeit. Die Kommunistische Partei ergriff bereitwillig die ausgestreckte Rechte der orthodoxen Kirche. Im Ausland erweckte diese Einigung Hoffnungen, daß der Kommunismus sich demokratischen Prinzipien öffne und seine Verbürgerlichung zu erwarten sei. Davon konnte jedoch in Wirklichkeit keine Rede sein. Die Kirche erhielt ihre innere Freiheit nicht zurück, sondern wurde einem staatlichen Kirchenamt unterstellt, also in das System eines atheistischen Staates hineingezwängt. Ihre Institution mit allen Einschränkungen und Hindernissen ließ sich nicht einmal mit dem Cäsaropapismus der Zaren vergleichen. Die Zaren waren ja oft selbst gläubig gewesen und hatten die Interessen der Religion wahrgenommen, während die Kommunisten im Grunde immer auf die Liquidation des Glaubens bedacht sind. Trotzdem wurde das neue gegenseitige Verhältnis von der Kirche gutgeheißen. Nach dem Tode Sergejs wurde wieder eine Synode zusammengerufen, die den Leningrader Metropoliten Alexej zum Nachfolger wählte. Die Synode approbierte die neue administrative Verfassung der orthodoxen Kirche: Die Synode wählt den Patriarchen aufgrund einer vorangehenden Übereinkunft mit dem Staatsamt für kirchliche Angelegenheiten. Zur Jurisdiktion des Patriarchen gehört zwar die Ernennung und Absetzung der Bischöfe, aber ebenfalls erst nach Absprache mit dem Staatlichen Kirchenamt.

Der Staat hatte sich damit voll und ganz den gewünschten Einfluß gesichert. Zudem brachte diese Ordnung der Dinge dem Staat einen gewichtigen Vorteil: Künftig hatte vor der Öffentlichkeit bei Einsetzung unwürdiger oder bei Absetzung würdiger kirchlicher Persönlichkeiten nur die Kirche selbst die Verantwortung zu übernehmen, und der Unwille des Volkes richtete sich nicht mehr gegen den Staat.

Es wurde nun auch über die Verfolgungszeit und die Märtyrer allgemeines Schweigen gebreitet. Während des Krieges erschien in guter

185

Aufmachung ein mehrere hundert Seiten umfassendes Jahrbuch der orthodoxen Kirche, in dem ein nicht gezeichneter Artikel die Märtyrer sogar als politische Verbrecher denunzierte. Im Vorwort schrieb Sergej selbst: »Was unsere Feinde Kirchenverfolgung nennen, betrachtet die Gemeinde der orthodoxen Gläubigen als Rückkehr zum Geist der apostolischen Zeiten.«

Aus einer Dokumentation, die auf vertraulichem Wege zu uns gelangt war, wußten wir auch, mit welchen Mitteln die griechisch-katholischen Gläubigen der Westukraine und der Subkarpaten nach dem Kriege der russisch-orthodoxen Kirche einverleibt wurden. Wir erfuhren von der Gefangennahme des Lemberger Erzbischofs Slipyj und der gleichzeitig mit ihm verhafteten hohen Geistlichen, der Priester der bischöflichen Kurie, der Domherren, der Leiter der Seminarien, der Theologieprofessoren und vieler ausgezeichneter Seelsorger. Wir lernten auch die Methoden kennen, mit denen ein Teil der Priester in die sogenannte Unionsbewegung hineingezwungen wurde, um der Eingliederung, die unter Mitwirkung der Behörden durchgeführt worden war, den Anschein der Legalität zu verleihen. Außerdem erhielt ich einen detaillierten Bericht über den angeblichen Autounfall des griechisch-katholischen Bischofs Romza von Munkács, aus dem hervorging, daß der Unfall zur Liquidierung des Bischofs arrangiert worden war. Man hat ihn beseitigt, weil er jahrelang den Eingliederungsversuchen der Sowjets erfolgreich Widerstand geleistet hatte. Des weiteren hörten wir aus Siebenbürgen von Verfolgungen, denen sowohl die römisch- als auch die griechisch-katholische Kirche in Rumänien ausgesetzt war. Auch löste das Land sein mit dem Heiligen Stuhl abgeschlossenes Konkordat.

Wir gaben uns also keinen Illusionen hin und vermochten den »guten Nachrichten«, die von einer Demokratisierung des Bolschewismus erzählten, nur wenig Glauben zu schenken. So bemühten wir uns mit aller Kraft, das religiöse Leben unserer Gläubigen zu vertiefen und ihr christliches Selbstbewußtsein zu stärken. Die ungarischen Bischöfe konnten die Zukunft des ungarischen Katholizismus nicht auf die Basis einer nach sowjetischem Muster zustande gekommenen Übereinkunft stellen. Dennoch sandten wir – auf Drängen der Kommunisten – im Februar 1948 eine Delegation zu Vorbesprechungen, die die eigentlichen Verhandlungen vorbereiten sollte. Wir bestanden aber auf der Erfüllung folgender Bedingungen:

1. Herstellung diplomatischer Beziehungen zwischen dem Hl. Stuhl und Ungarn.

2. Genehmigung der Herausgabe einer christlichen Tageszeitung und Zuteilung der erforderlichen Papiermenge.

3. Wiederherstellung der aufgelösten Vereine und Verbände, Herausgabe ihrer beschlagnahmten Häuser und ihres Vermögens.

4. Einstellung der glaubens- und kirchenfeindlichen Angriffe der marxistischen Parteien.

Nachdem Mátyás Rákosi von diesen Bedingungen gehört hatte, erschien er selbst als Vertreter des Regimes zu den Vorverhandlungen; den anwesenden Bischöfen wurde erklärt, daß die Regierung eine Einladung zu Besprechungen zu gegebener Zeit schicken werde. Diese Einladung traf aber nicht ein. Statt dessen ging man daran, in den Kreisen des niederen Klerus und der Jugend eine Bewegung für die Einigung von Staat und Kirche zu organisieren.

Aus der nachstehenden, am 26. April 1948 von mir veröffentlichten Erklärung kann der Leser Wesen und Umfang dieser mit Intrigen organisierten, aber erfolglos gebliebenen Bewegung erkennen.

In das politische Leben, in die Presse, den Rundfunk, vor allem in die Kreise der studierenden Jugend wurde die Parole gestreut, der Friede zwischen Kirche und Staat sei um jeden Preis herzustellen.

Gegen den Frieden, wenn es ein wirklicher Friede ist, erhebt nun gewiß niemand Einwände. Die Kirche hat Frieden von allem Anfang an für wünschenswert gehalten. Ihn zu verwirklichen, sind aber nicht leere Worte und zweifelhafte Unterschriften, sondern ernste Voraussetzungen und Mittel notwendig. Über die allgemein bekannten Forderungen der Kirche: diplomatische Beziehungen zum Vatikan, überparteiliche katholische Tageszeitung, wiederhergestelltes katholisches Vereinsleben, Aufhebung der Zensur und so weiter wurde überhaupt nicht gesprochen. Die Methoden und Mittel, die man auf dem Gebiete der Selbstverwaltung anwandte, konnten nicht als Zeugnisse für den Frieden betrachtet werden.

Die Kirche kennt auch weder links- noch rechtsgerichtete Katholiken, sondern nur römische Katholiken, die ein und denselben Glauben bekennen, nach den gleichen Gesetzen leben, dieselben Sakramente empfangen und die geistige Leitung der in Eintracht mit dem Lehramt des Papstes, des Stellvertreters Jesu Christi auf Erden, lebenden Bischöfe bereitwillig respektieren.

Dem Frieden dienen auch nicht diffamierende Redensarten wie: »Ein Großteil der konfessionellen Schulen veranstaltet eine Hetzjagd gegen die Arbeiter- und Bauernjugend« oder: »Laßt uns die Reaktion, die unter dem Deckmantel der Kirche lebt, verjagen.« Es wurde sogar be-

187

hauptet, daß die Kirche mit seelischem Terror arbeite. In Wahrheit war sie nur schmerzerfüllter Zeuge von Terrorakten. Auch die ständigen Schmähungen des Papstes waren nicht dazu angetan, Frieden herbeizuführen. Statt solcher Schmähungen erwartete das ungarische Volk Taten wie die Verbesserung der allgemeinen Lebensbedingungen, die Ausmerzung der Korruption, die Beseitigung der inzwischen schon drei Jahre andauernden Rechtlosigkeit der ungarischen Bevölkerung in der Slowakei und die Heimkehr unserer Väter, Söhne und Brüder aus der sowjetischen Gefangenschaft.

Mit einer Verspätung von drei Monaten, nachdem die Verstaatlichung der Schulen schon angekündigt war, erhielten die Bischöfe am 15. Mai 1948 die Einladung zu den besagten Verhandlungen. Am 19. Mai 1948 teilten wir dem Kultusminister mit, daß wir »grundsätzlich zu Verhandlungen bereit seien. Sofern man die Bedingungen hierfür erfülle, würden wir nicht säumen, unsere Delegierten zu ernennen«. Außerdem verlangten wir, daß die Verstaatlichung der Schulen von der Tagesordnung abgesetzt werde.

Minister Ortutay beantwortete diesen Brief erst am 14. Juni, als der Ministerrat den Gesetzentwurf über die Verstaatlichung der Schulen schon angenommen hatte. Der Minister wich in seinem Brief der Erfüllung unserer Bedingungen dadurch aus, daß er sie »als wesentliche Materie« der Verhandlungen bezeichnete. Er stellte aber auch eine Gegenforderung und erwartete eine Erklärung der ungarischen Bischofskonferenz ähnlich jener der protestantischen Kirchenleitung, in der vor Beginn der Verhandlungen die Anerkennung der Ungarischen Republik ausgesprochen worden war. Dazu bemerkte er in seinem Brief: »Die Regierung der Republik ist der Meinung, daß an den Anfang der Verhandlungen keine Bedingungen an den Staat gerichtet werden können, sondern zuerst die Anerkennung der Ungarischen Republik ausgesprochen werden muß.«

Von der ungarischen reformierten Kirche hatten sie diese nun auch von uns gewünschte Deklaration dadurch erzwungen, daß sie zunächst einmal alle rechtmäßigen Leiter der Kirche, unter ihnen auch Bischof László Ravasz, von ihren Ämtern entfernten und eingeschüchterte oder geltungssüchtige Renegaten an ihre Stelle setzten. Aber auch die neuen Männer waren nur unter Druck bereit, am 21. Mai 1948 das »Übereinkommen« zwischen der Reformierten Kirche und der Republik zu unterzeichnen. Weil nun aber in der katholischen Kirche nicht einfach durch »Neuwahlen« Bischöfe ausgewechselt werden konnten, standen dem Staat keine willigen Partner für sein Übereinkommen zur Ver-

fügung. So unterblieb unsere Anerkennung der illegalen, mit Gewalt-
maßnahmen errungenen Machtstellung der Kommunistischen Partei.
Wir folgten darin Papst Pius XI., der 1922 auch nicht bereit gewesen
war, einer in die Sowjetunion entsandten Vatikanischen Mission diplomatischen Charakter zu verleihen, wie dies von der Sowjetmacht gefordert worden war. Es hätte ihre Anerkennung bedeutet.

Den Entschließungen der Bischofskonferenz entsprechend, gab ich
Ortutay folgende Antwort:

»Herr Minister!

Im Zusammenhang mit Ihrem Brief vom 14. d. M. drücke ich vor
allem mein Bedauern darüber aus, daß der Inhalt Ihres Schreibens
einen tatsächlichen Fortschritt in der schwebenden Frage unmöglich
macht. Die Verantwortung für die Verschleppung wollen Sie, Herr
Minister, auch in diesen Ihren Zeilen wieder von sich und der Regierung abwälzen, doch weder das Bischofskollegium noch ich können diesen Versuch, uns die Verantwortung zuzuschieben, annehmen. Als Voraussetzung für den Verhandlungsbeginn hatten wir zur Grundlage und
zur allgemeinen Beruhigung eine vorausgehende Klarstellung von drei
Fragen erbeten. Bis heute haben wir dazu noch keine sachliche Antwort erhalten. Der Abschnitt in Ihrem letzten Brief, der besagt, daß die
Verhandlungen selbst reichlich Gelegenheit bieten würden, die aufge-
worfene Schulfrage, unsere Proteste und alle unsere anderen Forderungen zu besprechen, kann uns bei allem guten Willen und Verständnis keine Beruhigung sein. Um nur eine unserer Bitten zu erwähnen,
die wir zur Voraussetzung für einen Verhandlungsbeginn gemacht haben: Wir forderten, daß die Frage der Verstaatlichung unserer Schulen
von der Tagesordnung abzusetzen sei. Statt dessen wird diese Frage im
Parlament vordringlich behandelt; unsere Schulen und deren Vermögen
wurden schon vor unseren Verhandlungen beschlagnahmt. Die Schulen
wurden von Polizeieinheiten besetzt, die rechtmäßigen Eigentümer in
ihrem eigenen Besitz wie Diebe behandelt. Das ist ein beleidigendes und
demütigendes Vorgehen. Es geschieht jener Kirche gegenüber, die im
Laufe der Jahrhunderte für die Kultur der Nation so viele Opfer gebracht hat. Ein solches Vorgehen ist nicht die Erfüllung der von uns
gestellten Bedingungen, sondern deren schroffe Abweisung. Nach alldem kann man nicht mehr gut von einer ernsten Möglichkeit sprechen,
erfolgreiche Verhandlungen zu führen ... Die richtige Reihenfolge wäre gewesen, daß die Verhandlungspartner wenigstens den Verhand-
lungsstoff vorher festlegten und sich bis zum Abschluß der Besprechungen in ihren Äußerungen Zurückhaltung auferlegten.

Es wird uns gegenüber immer wieder darauf aufmerksam gemacht, daß wir es seien, die vorher gewisse Garantien geben müßten, obwohl die Verantwortung in den fraglichen Punkten nicht uns zugeschrieben werden kann. Wenn bei den vorausgegangenen vertraulichen Besprechungen unsererseits Bereitschaft zum Gespräch zum Ausdruck kam, dann konnte dies doch nur so gemeint sein, daß wir auf ein Verständnis unseres Standpunktes hofften. Aber alles, was inzwischen geschehen ist, zeigt unmißverständlich, daß man unseren Standpunkt nicht in Betracht zieht.

In Ihrem eigenen Namen, Herr Minister, und im Namen der Regierungsdelegation stellen Sie uns in Aussicht, während der Verhandlungen für die begründeten Wünsche der Kirche volles Verständnis aufbringen zu wollen. Dieses Versprechen nehmen wir zur Kenntnis. Wir müssen aber darauf bestehen, daß als Bekundung dieses Verständnisses und zur Beruhigung der Atmosphäre die Verstaatlichung unserer Schulen von der Tagesordnung wieder abgesetzt werde.

Indem ich Sie von dieser Entscheidung der Bischofskonferenz unterrichte, bin ich mit aufrichtiger Hochachtung

Budapest, am 15. Juni 1948.   Mindszenty József e. h.
                                           Kardinal-Fürstprimas
                                           Erzbischof von Esztergom.«

Später, ich war bereits in Gefangenschaft, kam es doch zu einem Übereinkommen. Es unterstellte die Kirche weitgehend der staatlichen Überwachung.

Meine Verhaftung

Die Angriffe und Verleumdungen gegen meine Person dauerten nun den ganzen Sommer hindurch an. Als unmittelbarer Auftakt zu meiner Verhaftung wurde im Herbst eine neue Kampagne unter der Parole entfacht: »Wir vernichten den Mindszentysmus! Davon hängen das Wohl des ungarischen Volkes und der Friede zwischen Kirche und Staat ab.« Die studierende Jugend und die Arbeiter aus den Betrieben wurden gegen mich auf die Straße beordert. Kommunistische Agenten führten die Demonstranten vor das Bischofspalais und forderten von den Bischöfen, mitzuhelfen, mich, »den starrsinnigen und politisch kurzsichtigen« Kardinal-Primas, von der Spitze der Kirche zu entfernen. Die Oberhirten wiesen ein solches Ansinnen zurück. Dessenungeachtet berichtete die Presse, daß auch Mitglieder des Bischofskollegiums »meine volksfeindliche und antidemokratische Haltung« verurteilten. Auf diese unwahren Gerüchte antworteten die Bischöfe in meiner Abwesenheit auf einer am 3. 11. 1948 abgehaltenen Konferenz folgendermaßen:

»Die Bischöfe nehmen mit größtem Befremden und tiefer Betrübnis die unwürdigen Angriffe wahr, die in letzter Zeit regelmäßig in Presse, Rundfunk und Versammlungen gegen den Kardinal-Primas Mindszenty vorgebracht werden. Indem das Bischofskollegium, auch im Namen des Rechtes auf Religionsfreiheit, gegen diese Angriffe protestiert, versichert es Seine Eminenz des Vertrauens, des Mitgefühls. In der Verbundenheit mit seinen Bestrebungen und Arbeiten zugunsten der Kirche und des ungarischen Volkes identifizieren sich die Bischöfe mit ihm.«

Wie seinerzeit vor der Verstaatlichung der Schulen erschienen auch diesmal ganze Heere von Agenten in den Ämtern und Betrieben, um von den Angestellten und Arbeitern Unterschriften unter einen Text zu erreichen, der die Forderung enthielt, mich vom Amt zu entfernen und vor ein Volksgericht zu stellen. Die unter kommunistischer Aufsicht stehenden Gemeinde-, Stadt- und Komitatsverwaltungen verlangten in Schreiben an den Ministerrat und das Parlament, »im Interesse und auf Wunsch des Volkes«, meine exemplarische Bestrafung. Auf diese unverschämte Verfälschung der öffentlichen Meinung antwortete ich am 18. November in einem Aufruf an das Volk:

»Seit Wochen werden in allen Ortschaften Rumpfungarns gleichlautende ›Beschlüsse‹ gegen mich eingebracht. Sie verurteilen meine in den Jahren 1947–1948, anläßlich der Marienfeiern, in den Brennpunkten des Landes ›angestiftete Gegenrevolution und Volksfeindlichkeit‹. Sie beklagen das Ausbleiben eines Abkommens zwischen Kirche und Staat und fordern die Unterbindung meiner ›schädlichen Aktivität‹.

Ziel der Marienfeiern waren die Vertiefung der Marienverehrung und die Stärkung des religiösen Selbstbewußtseins. Bei den Marienfeiern kam niemals ein politisches Thema zur Sprache. Dagegen verkündeten wir dort neben den Tugenden Mariens die Zehn Gebote Gottes, die Menschenwürde, die Liebe und die Gerechtigkeit und spornten an zur Marienverehrung.

Die Marientage haben das mit ihnen verfolgte Ziel erreicht. Das zur Stellungnahme aufgeforderte Bischofskollegium hat dies in seinem Dankschreiben am 3. November festgestellt. Es hat sich auch hinter mich gestellt gegenüber den im Zusammenhang mit den Marientagen gegen mich erhobenen Vorwürfen.

Dasselbe taten und tun auch jene Millionen Menschen, gegen deren heldenhafte und aufopferungsvolle Standhaftigkeit man – allerdings erfolglos – Mittel anwandte, die mit der in den demokratischen Gesetzen verankerten Religionsfreiheit nicht zu vereinbaren sind.

Was den rechtlichen Wert der ›Beschlüsse‹ betrifft, muß folgendes festgestellt werden: Trotz offizieller Versprechungen haben freie Wahlen seit dem Zweiten Weltkrieg – die Hauptstadt ausgenommen – bis heute nicht stattgefunden. Den Beschlüssen in den Komitaten, den Städten und Gemeinden fehlt demnach in Wirklichkeit die rechtliche Grundlage. Es ist als hinterlistiges und unwürdiges Vorgehen zu bezeichnen, wenn man versucht, Erklärungen von Personen, die mit Verlust ihrer Existenz und ihrer persönlichen Freiheit bedroht sind, als Beispiele für das Denken und Wünschen einer zum Schweigen verurteilten, von den Regierungsgeschäften ausgeschlossenen Öffentlichkeit auszugeben. Eine demokratische Redefreiheit besteht bei diesen Beschlüssen jeweils nur auf dem Papier, weil jeder Widerspruch ausgeschlossen ist und der, der von dem gesetzlich verankerten Recht auf Kritik Gebrauch macht, die Entlassung oder andere Nachteile zu gewärtigen hat. Das Leid dieser Menschen schmerzt mich tief. Meine ganze Anteilnahme haben die, die den Mut aufbringen, sich der Tyrannei zu widersetzen. Solch wunderbare Beispiele von Mut und Treue bewegen mich tief. Was die ›Beleidigungen‹ betrifft, ist man mir, von allem Anfang an und auch jetzt, eine Widerlegung meiner Vorwürfe schuldig geblieben. Wir haben die Regierung aufgefordert, meine beanstandeten Briefe zu veröffentlichen und sie dadurch dem Lande, ja, der Welt zur Beurteilung zu unterbreiten. Dies geschah jedoch nicht. Man klammert sich auch weiterhin an unzutreffende Verallgemeinerungen.

Was das Fehlen eines Abkommens zwischen Kirche und Staat, besser gesagt zwischen der Kirche und den Parteien, anbelangt, so weiß jedermann, daß die Kirche erst mit dreimonatiger Verspätung die Einladung zu einer Verhandlung erhielt, zu der sie ihre Bereitschaft in aller Öffentlichkeit zu wiederholten Malen bekundet hatte. So lange wurden alle Besprechungen, die die kirchlichen Fragen betrafen, nur als Vorbesprechungen deklariert, bis die wesentlichste und wichtigste dieser Fragen, nämlich die Schulfrage, bereits einseitig entschieden sein konnte, als endlich die Einladung eintraf. Danach wurde der Kirche die Rolle des Sündenbocks zugewiesen.

Ich betrachte mit Gelassenheit die künstlich aufgepeitschten Wogen der Erregung. Dort, wo ich Wache zu stehen habe – nicht durch die Gunst der Parteien, sondern durch die Gnade und das Vertrauen des

. Der Primas von Ungarn ▪icht sein Schlußwort vor ▪ Urteilsverkündung. ▪nten die Mitangeklagten ▪n l. nach r.): Professor

Baranyay, András Zakar, Fürst Pál Eszterházy, Miklós Nagy, Sekretär der Actio Catholica, und Dr. Béla Ispánky.

45. Abführung ins Gefängnis nach dem Urteilsspruch.

46. Das Sammelgefängnis in Budapest.

47. András Hegedüs, ungarischer Premierminister, bei einer Rede im Nationalrat. Neben ihm Mátyás Rákosi.

48. Auf der Sitzung des Zentralkomitees der Ungarischen Arbeiterpartei vom 17. bis 23. Juli 1956 tritt Rákosi als Parteivorsitzender zurück. Sein Nachfolger als Erster Sekretär wird Ernő Gerő (Mitte). Rechts Imre Nagy.

49. Die katholischen Bischöfe von Ungarn leiste[n] unter staatlichem Druck am 21. Juli 1951 den Loyalitätseid. Es spricht Erzbischof Czapik, nach der Verhaftung von Kardinal Mindszenty und Erzbischof Grősz Vorsitzender der Bischofskonferenz.

51. Imre Nagy 1955 vor
seinem Ausschluß aus dem
Zentralkomitee und der
Entbindung vom Amt des
Ministerpräsidenten.
Neben ihm Rákosi.

50. Imre Nagy bei seiner
ersten Ansprache als ungarischer Ministerpräsident am
4. Juli 1953. Der Wechsel
der Regierungsführung
bedeutete den Beginn des
»Neuen Kurses«
(1953–1955).

52. Feierliche Bestattung des
rehabilitierten László Rajk
und dreier anderer
kommunistischer Führer
auf dem Friedhof Kerepes
am 6. Oktober 1956.
L. Rajk war 1949 als
»Titoist« zum Tode ver-
urteilt und hingerichtet
worden.

53. László Rajk.

Apostolischen Stuhles –, sind schäumende Wogen nichts Ungewohntes. Die Geschichte ist wechselhaft. Zwei meiner Vorgänger sind auf dem Schlachtfeld gefallen. Zweien wurde das Vermögen beschlagnahmt. János Vitéz wurde eingekerkert. Martinuzzi fiel durch die Hand von Meuchelmördern, die durch die damaligen Machthaber gedungen worden waren. Der große Pázmány wurde verbannt. Karl Ambrus wurde bei seinen Krankenbesuchen selber das Opfer einer verheerenden Seuche. Keiner meiner Vorgänger stand aber so bar aller Hilfsmittel da wie ich. Alle meine 78 Vorgänger zusammengenommen wurden nicht so oft von bewußt ausgestreuten, hundertmal widerlegten und doch hartnäckig weiter verbreiteten Lügen umbrandet wie ich.

Ich stehe da für Gott, Kirche und Vaterland, denn diese Pflicht hat mir der geschichtliche Dienst an meinem in der großen Welt so verlassenen Volke auferlegt. In Anbetracht der Leiden meines Volkes ist mein eigenes Schicksal belanglos. Ich beschuldige meine Ankläger nicht. Wenn ich hie und da genötigt bin, die Lage zu beleuchten, so ist dies nur der hervorbrechende Schmerz, die hervorquellende Träne und die geknebelte Stimme meines Volkes. Ich bete um eine Welt der Wahrheit und der Liebe. Ich bete auch für diejenigen, die nach den Worten meines Meisters nicht wissen, was sie tun; ich verzeihe ihnen von ganzem Herzen.«

Selbstverständlich löste mein Aufruf bei der Behörde keine Freude aus. Die Ausgabe des »Ungarischen Kuriers«, die diesen Aufruf brachte, wurde beschlagnahmt. Aus den Pfarreien aber, in denen die Verlesung durch die Polizei verhindert worden war, berichtete die Presse entgegen der Wahrheit, daß die Geistlichen nicht bereit gewesen seien, meinen Rundbrief zu verlesen. Sie seien nicht gleicher Meinung mit mir und würden meine Haltung verurteilen.

Am Morgen des 19. November 1948 wurde mein Sekretär, Dr. András Zakar, als er von der hl. Messe in das erzbischöfliche Palais zurückkehren wollte, von der Straße weg verschleppt. Die Polizei brachte ihn direkt in die berüchtigte Andrássystraße Nr. 60.

Jetzt wurde auch meine eigene Verhaftung durch sogenannte »offene Briefe« vorbereitet, die man von kollaborierenden und progressiven Katholiken unterzeichnen ließ. Mit Trauer mußte ich feststellen, daß es gelungen war, auch Zoltán Kodály zusammen mit Gyula Szekfü und József Cavallier zur Unterzeichnung zu bewegen.

Nach der Veröffentlichung ihres Briefes wurden die drei zu mir nach Esztergom geschickt. Ich empfing sie am 8. Dezember in Gegenwart meines Generalvikars Dr. János Drahos.

Sofort nach ihrem Eintritt zog sich Kodály wortlos in die entfernteste Fensternische zurück. Er wollte mir damit zu verstehen geben, daß er mit diesem traurigen Schauspiel nichts zu tun habe. Er spielte die Statistenrolle offensichtlich nicht freiwillig.

József Cavallier, zwischen den beiden Weltkriegen Mitarbeiter an der katholischen »Uj Nemzedék«, erklärte als Sprecher der Dreiergruppe die Beweggründe, die sie nach Esztergom geführt hatten. Als gute Katholiken möchten sie sich nicht dazu hergeben, mit den übrigen Unterzeichnern, die wegen der Schulverstaatlichung von der Kirche in den Bann getan seien, gemeinsame Sache zu machen. Ich wunderte mich darüber, daß dieser Mann, der schon zum ungarischen »Gesandten beim Hl. Stuhl« ernannt war, sich derart schlecht im Kirchenrecht auskannte, und bemerkte: »Auch auf die Teilnahme an einer Intrige gegen einen Kardinal der katholischen Kirche folgt die Exkommunikation.« Cavallier, einst Journalist, jetzt Marionette in den Händen der Kommunisten, hat seinen Posten als »Gesandter« beim Hl. Stuhl nie angetreten, wohl aber dessen Gehalt bezogen.

Er sagte nichts mehr, übergab aber das Wort Gyula Szekfü, dem ehemaligen Gesandten in Moskau, einem katholischen Geschichtsschreiber und Mitarbeiter Bálint Hómans, der im kommunistischen Kerker schmachtete. Szekfü wurde in der Nazizeit mehr nach links gedrängt. So ist es Rákosi gelungen, ihn als Gesandten für Moskau akzeptabel zu machen! Er gab auch ein Büchlein heraus, das der Verherrlichung der Sowjetunion diente. Er hat damit vor der Welt seinem Ruf als Gelehrter viel geschadet.

Szekfü führte also jetzt das Wort. Er behauptete, daß die Zukunft des Katholizismus und der Nation eine ehrliche Anerkennung der jetzigen Machtverhältnisse erfordere, also der mit illegalen Mitteln erreichten Diktatur der Kommunistischen Partei. Der ungarische Katholizismus könne sich ruhig auf diesen Standpunkt stellen, weil der Kommunismus kein Feind der Religion mehr sei. Auch in der Sowjetunion habe die Religionsverfolgung aufgehört, und die orthodoxe Kirche diene in friedlicher Harmonie zusammen mit dem atheistischen Staat dem Wohle des Volkes.

Ich erwiderte, wir wüßten genau, in welcher Abhängigkeit sich die orthodoxe Kirche trotz des Krieges und ihrer Loyalität befinde. Es sei uns bekannt, wie die Sowjetunion mit den alten Mitteln der Glaubensverfolgung die griechisch-katholische Kirche in der Westukraine und im Gebiet der Subkarpaten unterjoche. Ich brachte auch meine Argumente hinsichtlich der ungarischen Situation vor und hielt es für gut, das alles noch am selben 8. Dezember 1948 schriftlich niederzulegen und zu veröffentlichen.

Aus meiner Antwort auf die »offenen Briefe«:

»Die Briefe verlangen eine Änderung meines Standpunktes und meiner Haltung, denn die großen Schäden für die Kirche seien eine Folge dieser Haltung. Demnach wäre ich eigentlich schuld an dem schweren Kreuz, das der ungarischen Kirche nun aufgebürdet ist. Da gibt es einen besonderen Umstand zu erwägen: ... Die Briefschreiber drücken ihr Bedauern darüber aus, daß nicht auch in Ungarn eine kirchenpolitische Lage herrsche wie in anderen osteuropäischen Staaten. Die ungarische Kirche sei, im Vergleich zu der in der Tschechoslowakei, in Jugoslawien, Rumänien, Bulgarien und Polen, rückständig, so klagen bei uns die Presse und die Politiker, die aus den erwähnten Ländern zurückkommen. Es wird erklärt, dort seien die kirchlichen Führer – die Erzbischöfe Beran, Sapieha und Cisar – ›demokratischer‹. Der eine sei Partisan gewesen, der andere habe die Volksdemokratie mit einem Tedeum begrüßt, und der dritte habe die Bischöfe sogar in einem Festzug zur Eidesleistung geführt. Im Sinne der Briefe dürften wir demnach auf blühende Zustände der Kirche in den dortigen Ländern schließen. Trotzdem werden aber Erzbischof Beran und Kardinal Sapieha bereits als Verräter gebrandmarkt. Auch in Rumänien sind vier Bischöfe eingekerkert ... Die ›Briefeschreiber‹ vergessen, daß es einen materialistischen Atheismus gibt, dessen kirchenfeindlicher Charakter weder in meiner Person noch in der Kirche begründet ist.«

Nun wartete auch ich auf meine Verhaftung. Ich rief deshalb meine 74jährige Mutter nach Esztergom in der Meinung, sie werde den schweren Schicksalsschlag in meiner Nähe vielleicht leichter ertragen, als wenn sie die Kunde davon in ihrer fernen Heimat erreiche. Es war für mich eine große Sorge, ihr diese schwere Prüfung irgendwie zu erleichtern. So hatte ich schon mehrmals mit ihr von der drohenden Gefahr meiner Verhaftung gesprochen, und es war eine Beruhigung für mich gewesen, daß sie erklärte, sie werde in den Fußstapfen der Mater dolorosa den Kreuzweg gehen. Irgendwie hoffte sie – mit anderen Verwandten und Bekannten –, ich würde ins Ausland reisen, um mich der Verhaftung zu entziehen. Aber zuletzt machte sie sich doch mit dem Gedanken vertraut, daß ein Hirte seine Herde nicht im Stich lassen dürfe.

Jetzt traf ich auch meine letzten Verfügungen. Ich ordnete an, in welcher Reihenfolge, nach meiner Einkerkerung, sich die drei vom Domkapitel ernannten Persönlichkeiten der Generalvikare folgen sollten. Ich erklärte, daß ich auch in der Gefangenschaft nie freiwillig abdanken oder gar ein ›Geständnis‹ irgendwelcher Fehlhandlungen ablegen werde. Sollte man ein solches später trotzdem vorweisen, müsse es als gefälscht oder als Folge der Folter und Zerbrechung meiner Persönlichkeit gewertet werden. Mit diesem Hinweis, der bereits im November 1948 niedergelegt wurde, hoffte ich die Wirkung eines Schauprozesses abzuschwächen und seine Veranstalter zu entlarven.

Ich bestimmte auch, daß diese meine Erklärung nach der Verhaftung sowohl den Bischöfen als auch dem Domkapitel zu übergeben sei.

Am 16. Dezember hielten wir in Esztergom die letzte Konferenz der Bischöfe unter meinem Vorsitz. Die Polizei bespitzelte schon seit geraumer Zeit den Weg, der zu meinem Hause führte, und meine Besucher mußten sich ausweisen.

Beinah wie Gefangene überwacht, kamen wir also zur Besprechung zusammen. Wir veröffentlichten eine gemeinsame Erklärung, weshalb ein Übereinkommen zwischen Kirche und Staat nicht zustande gekommen sei. Ich bat die Oberhirten, ein Übereinkommen auch nach meiner Verhaftung nicht zu unterschreiben. Dazu empfahl ich ihnen, lieber auf die Gehälter der Priester, auf die Staatssubventionen zu verzichten und dem ungarischen Volk zu vertrauen, das seine Priester nicht im Stich lassen werde. »Wir können arm sein, aber wir müssen unabhängig bleiben. Eine Kirche, die nicht unabhängig ist, kann in einem atheistischen Staat nur die Rolle eines Sklaven spielen.«

Nach dem Mittagessen, an dem auch meine Mutter teilgenommen hatte, verabschiedeten sich die Oberhirten einer nach dem anderen. Nach dieser letzten Zusammenkunft mit den Bischöfen blieb ich allein.

Als die Wagen der Bischöfe nach der Konferenz wegfahren sollten, sperrte die Polizei den Weg. Die Wagen wurden untersucht, die Insassen mußten sich ausweisen. Offensichtlich vermutete man, der Primas mache den Versuch, sich in einem der Wagen davonzumachen. – Also war ich jetzt schon Gefangener.

Es war etwa 13.30 Uhr am 23. Dezember 1948, als Polizisten mein Haus umzingelten. In einer großen Autokolonne waren sie – unter Führung des Polizei-Obersten Gyula Décsi – erschienen. Ohne Erlaubnis, ja ohne behördlichen Auftrag brachen sie in das erzbischöfliche Palais ein und machten sich an eine Durchsuchung. Als mein Kanzleidirektor die behördliche Bevollmächtigung verlangte, rechtfertigten sie sich damit, daß diese Hausdurchsuchung in Zusammenhang stehe mit der Sache des Sekretärs Dr. Zakar, der sich bereits seit mehr als einem Monat in ihrem Gewahrsam befand. Trotzdem besetzten sie das ganze Haus und durchsuchten, außer dem Zimmer von Dr. Zakar im ersten

Stock, beide Stockwerke, das Erdgeschoß und das ganze Kellergeschoß. Sie durchwühlten sämtliche Kanzleien, das Archiv, die Bibliothek, alle meine Wohnräume. Die Haussuchung dauerte fünf Stunden. Während dieser Zeit schloß man mich mit meiner Mutter und drei Priestern der erzbischöflichen Kurie in ein kleineres Speisezimmer ein. Wir beteten dort in aller Stille mehrmals den Rosenkranz.

Weshalb wohl gaben sie sich diese Mühe, weshalb auch dieser Zeitaufwand? Die Schriftstücke, die sie im Schauprozeß benötigten, waren ja bestimmt schon in ihren Händen. Möglich ist, daß sie in der Hoffnung, die später berühmt gewordene Metallkapsel zu finden, die lange Zeit hier verbrachten. Diese Metallkapsel, ein »mystischer« Gegenstand, blieb als geheimnisvolles Beweisstück im Gedächtnis vieler Menschen haften, in Gestalt einer Fotografie, auf der zwei Priester der Kurie neben einer Blechkapsel aus dem Archiv zu sehen waren.

Im erzbischöflichen Archiv im zweiten Stock des Palais gab es viele solche Blechkapseln von verschiedener Länge und Breite. In diesen wurden die Grundbuchauszüge von den erzbischöflichen Gütern vor Staub und Verwitterung geschützt und aufbewahrt, ebenso die Pläne und Grundrisse der Gebäude und Abbildungen der verpachteten Ländereien und der darauf stehenden Gebäude. Es lagen dort natürlich auch leere Kapseln als Vorrat für weitere Pläne und Auszüge. Nach der Hausdurchsuchung meldete die Polizei, daß in einer solchen Kapsel, im Keller vergraben, also versteckt, die Dokumente der »Verschwörung« gefunden worden seien.

Sie hatten meinen Sekretär in einem eigenartigen Zustand mit ins Palais gebracht, und jetzt behaupteten sie, durch seine Hinweise sei es ihnen möglich geworden, den Ort zu entdecken, wo ich die gefährlichen Papiere gesammelt und verborgen gehalten hätte.

Natürlich war die ganze Blechschachtel-Geschichte nur ein Ablenkungsmanöver. Die Polizei hatte sich Monate zuvor schon mit Hilfe von Spionen »Dokumente der Verschwörung« verschafft. Wir wußten, daß man durch Einschüchterung und Erpressung den Kanzleidiener, die Stenotypistinnen, die Kuriere in die Dienste der Polizei nehmen wollte. Mein Kanzleidirektor stellte von einer Stenotypistin fest, daß sie der Polizei Schriftstücke, die sie geschrieben, in die Hände gespielt hatte. Der Schriftsachverständige László Sulner und seine Frau erklärten nach ihrer Flucht in den Westen mit aller Entschiedenheit, daß ihnen mehrere Exemplare der in der Metallkapsel »gefundenen« Dokumente schon einige Monate vor der Hausdurchsuchung in Esztergom vorgelegt und zur Überarbeitung übergeben worden seien, und zwar durch Beauftragte der Politischen Polizei. Unter die »gefundenen Schriftstücke« sind offensichtlich auch solche eingereiht worden, die man – meiner Anordnung nach – bereits im Oktober vernichten sollte. Ich wollte keine Unbeteiligten ins Unglück hineinziehen. Ich selbst rechnete schon lange mit einer Hausdurchsuchung und hatte darum meinen Sekretär zeitig angewiesen, alle Briefe, Aufzeichnungen, Gedenkschriften und überhaupt alles, woraus nach meiner Verhaftung den Verfassern Unannehmlichkeiten hätten erwachsen können, zu vernichten. Es gibt keinen Grund anzunehmen, daß mein Sekretär diese Anweisung sabotiert hätte. Ein Verbergen von Schriften habe ich nie befohlen. Am Schluß der Hausdurchsuchung sollte ich ein Protokoll unterzeichnen. Ich weigerte mich und protestierte, indem ich mich auf die rechtliche Stellung eines Kardinals berief. Ebenso erhob ich Einspruch, daß man zwei Priester des Erzbistums, den Finanzdirektor Imre Bóka und den Archivar János Fábián, verhaftet hatte.

Der Kanzleidirektor Dr. Gyula Mátrai erzählte, nachdem sie gegangen waren, beim Abendessen, daß tatsächlich der bereits verhaftete Sekretär András Zakar die Polizei durch das Haus geführt habe, gemäß ihren Wünschen habe er ihnen alles gezeigt, was sie sehen wollten. Eigenartig sei nur, daß er dabei ständig gelacht habe. Sein Gesicht und seine Augen seien vollständig verändert gewesen. Die Polizeioffiziere behandelten ihn wie einen Irren und betonten, daß Dr. Zakar ihr besonderer Freund sei, es gehe ihm bei ihnen sehr gut, zweimal in der Woche bekomme er Fleisch zu essen. Zakar amüsierte sich mit ihnen. Er lief durch die Gänge – was er früher nie getan hatte. Seine sonst so ernste Haltung war einer völlig neuen, anderen gewichen.

Ich war von diesem makabren Spiel zutiefst betroffen und konnte nur noch an Dr. Zakar und seine Veränderung denken, bei Tisch, und dann in der Einsamkeit der Nacht: Mein armer Sekretär! ... erst fünfunddreißig Jahre alt, im besten Mannesalter; jetzt – nach fünf Wochen Haft – eine gebrochene Persönlichkeit. Vorher: ein starker, entschlossener Mann; jetzt: ein Wrack ...

Der Sekretär war jedoch nur die Nebenfigur, in ihm sollte der Primas selber getroffen werden.

Aufs Äußerste gefaßt, zog ich nun meinen abgetragensten Talar hervor, steckte mir den schlichtesten meiner Bischofsringe an den Finger, legte mir die einfachste Kette mit Kreuz um. Ich dachte dabei, daß, wenn sie mich verschleppen würden, sie die Kirche nur dieser weniger kostbaren Dinge berauben könnten. Auch ein Bild legte ich bereit, das im November vorher ein mir unbekannter Glaubensbruder mir zugesandt hatte. Es zeigte Christus mit der Dornenkrone und war mit der Aufschrift versehen: »devictus vincit – besiegt, siegt er«. Dieses Bild gedachte ich mitzunehmen in die Andrássystraße; es sollte auch im Gefängnis bei mir sein. Allerdings wußte ich nicht, ob ich es dort überhaupt würde behalten können. Aber es war dann tatsächlich noch in den Tagen der Gerichtsverhandlung bei mir; als im Gefängnis die Erlaubnis zur Zelebration der Messe gegeben wurde, wählte ich es zu meinem Altarbild. Es begleitete mich später in den Hausarrest, und als die Freiheitskämpfer 1956 zu meiner Befreiung erschienen, nahm ich als erstes dieses Bild zu mir. Auch in der amerikanischen Gesandtschaft feierte ich später die hl. Messe immer wieder vor dem »besiegt sieghaften Christus«.

Noch heute ist das Bild mein steter Gefährte. Der erste Teil der Aufschrift »das Besiegtwerden« wurde auch in meinem Leben Wirklichkeit; die Hoffnung des Siegens aber liegt in der Zukunft, in Gottes Hand.

Es kam Weihnachten. Der Tag nahm seinen gewohnten Verlauf. Die Mitternachtsmesse las ich in Schmerz und Bedrückung, trauriger als jene 1944 im Gefängnis von Sopronkőhida. Meine Mutter war anwesend, ich wußte nicht, was ihr in den nächsten Stunden an Schmerz bevorstand, vielleicht meine Verhaftung, Aburteilung, Hinrichtung.

Am 26. Dezember um fünf Uhr nachmittags machte ich mit dem Kanzleidirektor meinen letzten Spaziergang im Garten. Ein junger Wolfshund begleitete uns. Als wir in das Haus zurückkehrten, kam der Hund auch bis zum ersten Stock hinauf. Vor meiner Zimmertür stellte er sich auf die Hinterläufe, legte mir die Vorderbeine und auch seinen Kopf auf die Schultern. Das hatte er bisher nie getan, denn ich hatte mich wenig mit ihm beschäftigt. So sagte ich: »Vielleicht spürt es dieser treue Hund, daß dies mein letzter Spaziergang in Esztergom war.«

Am Abend des Festes des hl. Stephanus, des ersten Märtyrers, zu dessen Ehren meine Titularkirche in Rom, Santo Stefano Rotondo, erbaut ist, wurde ich verhaftet. Auch jetzt kam wieder, unter Leitung des Polizeiobersten Décsi, eine ungewöhnlich große Polizeiabteilung ins Haus. Sie fuhren in den Hof und machten die Wagenkolonne gleich zur Abfahrt bereit. Mit großem Lärm traten sie dann in das Haus ein, näherten sich mit hartem Tritt meiner Wohnung im ersten Stock. Ich kniete auf dem Betschemel, betete und meditierte. Dann ging die Tür auf. Décsi trat ein. Erregt stand er vor mir und erklärte: »Wir sind gekommen, Sie zu verhaften.« Acht oder zehn Polizeioffiziere drängten nach. Ich wurde von ihnen umzingelt. Als ich die Vorweisung des Haftbefehls forderte, schrien sie frech: »Wir brauchen das nicht«, die demokratische Polizei sei wachsam und finde Vaterlandsverräter, Spione und Devisenschmuggler auch unter dem Kardinalstalar.

Widerstand wäre sinnlos gewesen. Ich nahm also den Wintermantel, dann das Brevier in die Hand. Wir verließen das Zimmer. Im Gang warteten weitere Polizisten. Niemand von meinen Beamten befand sich in der Nähe. Achtzig Polizisten sollen das Haus besetzt und meine Beamten und das Personal ferngehalten haben.

Es kam jedoch meine Mutter, die den Lärm hörte, aus dem Gastzimmer. Sie schrie auf. Ich wendete mich zu ihr, um mich zu verabschieden. Die Häscher suchten das jedoch zu verhindern. Da durchbrach ich ihre Reihen und ging zu meiner Mutter. Sie fiel mir um den Hals:

»Wohin führt man dich, mein Sohn? Auch ich gehe mit dir!« Ich beschwichtigte sie. Ich küßte ihre Hand und ihre Wangen. Sie schluchzte herzzerreißend.

Man schob mich weg, riß mich zum Toreingang hinunter und drängte mich vor dem Haus in einen großen Wagen mit verhängten Fenstern. Zu meiner Rechten saß Oberst Décsi, zu meiner Linken ein Major. Neben dem Fahrer und mir gegenüber saßen Polizisten mit Maschinenpistolen. So wurde ich aus meinem erzbischöflichen Sitz mitten in der Nacht in die Hauptstadt gebracht.

Ich versuchte, den Rosenkranz zu beten. Es war mir aber nicht möglich. Ich erinnerte mich der Hl. Schrift und ihrer Worte, die da klagen: »Meine Hasser sind gekommen, die stärker sind als ich. Sie überfielen mich an meinem Trauertag (Ps. 17, 18–19). Diese Stunde der Nacht gehört der Macht der Finsternis (Luk. 22, 53). Ich wußte doch, daß meine Stunde kommt (Joh. 13, 1), die Stunde der Bosheit und der Schlechtigkeit.«

Nun will ich noch die Worte wiedergeben, welche ich in Voraussicht der Ereignisse als Abschiedsworte zu meinen Priestern gesprochen hatte:

»Immer und überall kann uns nur das geschehen, was der Herr anordnet oder zuläßt. Ohne sein Wissen fällt kein Haar von unserem Haupte. Die Welt kann uns vieles nehmen, aber niemals unseren Glauben an Jesus Christus. Wer kann uns von Christus scheiden? Weder Leben noch Tod, noch sonst etwas Erschaffenes vermag uns von der Liebe Gottes zu scheiden . . . Wir sind nicht wie die, die keine Hoffnung und keinen Glauben haben . . . Wir müssen vielmehr jetzt mehr denn je fühlen: Zum Schauspiel sind wir geworden der Welt, den Engeln und den Menschen . . . So viel an uns liegt, bemühen wir uns um das

Reich Christi, eines Reiches der Gerechtigkeit und Gnade. Auf dem Wege dorthin aber denken wir an die Worte Tertullians: ›Die Anklagen gewisser Ankläger sind unser Ruhm.‹«

In der Andrássystraße 60

Die Kolonne der Polizeiautos hielt vor dem Gebäude Andrássystraße 60. Man befahl mir, aus dem Wagen zu steigen. Dann wurde ich zwischen zwei dichtgeschlossenen Reihen Polizisten in das berüchtigte Haus geführt. Hier hatten Ungarn, die bei der Hitler-Gestapo in die Schule gegangen waren, noch während der deutschen Besatzungszeit eine grauenvolle Stätte der Folterung geschaffen, ein wahres Zentrum des Schreckens. Damals schon sind Passanten, die in dieser Gegend zu tun hatten, dem Gebäude nach Möglichkeit ausgewichen, oder sie drehten den Kopf weg, wenn sie vorüber mußten. Jetzt war beinahe die ganze Umgebung vom Verkehr der Gefangenentransporte und Polizeiwagen geprägt. Die Zahl der Verhaftungen nahm ja in furchterregender Weise zu, so daß sämtliche Gebäude der Nachbarschaft ins Gefängnisrevier einbezogen werden mußten. Ich dachte an die guten Ungarn, die in früheren Zeiten durch türkische Paschas über die Brücke von Eszék in den Siebenturm von Istanbul ins Elend geführt wurden, genau wie hier, in diesen Tagen, so manche über eine Seufzerbrücke in die Hölle der Tscheka. Ich dachte an das Labyrinth des Minos, in dessen Tiefen das Verderben auf die Gefangenen wartete.

Auch die Andrássystraße hatte ihre blutgierigen Paschas. Einer von ihnen war Feldmarschall-Leutnant Gábor Péter, oberster Herr der ganzen Terrororganisation. Ich kannte Gábor Péter nicht, sollte aber nun Gelegenheit erhalten, ihn gründlich kennenzulernen. Ursprünglich hieß der Mann Benö Auspitz. Es wurde jedoch behauptet, sein früherer Name sei Benjamin Eisenberg gewesen. Er hatte in Jugendjahren Schneiderei erlernt und besaß offenbar aus jener Zeit die Fähigkeit, fein, leise und gesellschaftlich gewandt aufzutreten, kurz: den Menschen sich menschlich zu zeigen. Er konnte zuvorkommend sein und Bitten erfüllen, die seine Genossen zurückwiesen.

Nach der Schneiderei schulte er sich in der Parteischule und erwarb sich eine gründliche Ausbildung für seine neue Beschäftigung. So wurde der kleingewachsene Mann eine Gestalt, die die »Moskauer Aristokraten« an geistiger Bedeutung weit überragte. Zudem war er – nach György Pálóci-Horváth – verheiratet mit Jolanda Simon, die längere

Zeit Privatsekretärin bei Rákosi war. Er diente dem Regime erfolgreich. Die Russen wußten das und stellten ihn deshalb an die Spitze dieser berüchtigten Einrichtungen. Auch mir gegenüber versuchte er, sich zu verstellen, seine vorteilhafte liebenswürdige Seite zu zeigen. Mit viel Gefühl erzählte er mir von seiner armen Mutter, bei der er in seiner Jugendzeit Holz gehackt habe, damit sie in der kalten Wohnung Feuer entfachen konnte.

Das wahre Bild Gábor Péters zeichnete Dezső Sulyok. Sein Bericht sagt: »Als im Winter 1947 die Nationalversammlung, auf Druck der Russen, die Immunitätsrechte jener Abgeordneten aufhob, die einer ›Verschwörung gegen die Republik‹ angeklagt waren, erschien Gábor Péter persönlich im Parlament. Nach Beute lechzend wartete er auf den Augenblick, der ihm die Möglichkeit gab, sich auf die Unglücklichen, die das Parlamentsgebäude verlassen wollten, zu stürzen. Eigenhändig und mit haßerfüllten, rachsüchtigen Blicken fesselte er am Portal des Hauses die ihm Ausgelieferten. Das war nicht mehr ein höflicher Schneider, sondern geradezu eine sadistische Bestie, die sich mit Lust auf ihre Opfer warf, um sie zu vernichten.« Nach dem Rajk-Prozeß sagte Rákosi von ihm: »Er hat keine schlechte Arbeit geleistet.« Später allerdings, von Tito bedrängt, erklärte Rákosi dann, wie ein händewaschender Pilatus: »Die Bande des Gábor Péter hat die Verantwortung dafür zu übernehmen.«

Gábor Péter hatte also sein Büro in der Andrássystraße 60. Er mag nachts in seinem Zimmer das Wehklagen der Gequälten, ihr Stöhnen, ihr Röcheln gehört haben. Er wußte, daß die Angeklagten mit Knüppeln auf Nieren und Geschlechtsteile geschlagen wurden, daß man ihnen Nadeln unter die Nägel trieb, mit Zigaretten ihre Augenbrauen abbrannte, sie mit Betäubungs- und Stimulierungsmitteln zu Nervenwracks machte, sie nicht einschlafen ließ, um sie hernach gebrochen ein Geständnis ablegen zu lassen; selbstverständlich jenes Geständnis, das das Regime erwartete.

Aber nicht nur in der Andrássystraße wurden ungarische Patrioten zu Tode gequält. Die militärpolitische Abteilung hatte mehrere Kasernen und Gefängnisse. In Budapest allein gab es zahlreiche solcher Gefängnisse. Die Schergen waren Ungarn, die Sowjets hatten das System ersonnen, unsere ungarischen Folterknechte in ihre teuflische Wissenschaft eingeführt, und ich zweifle nicht daran, daß der Russe im Hintergrund die Maßnahmen lenkte.

Wer nie in der Andrássystraße verhört oder gefangengehalten wurde, kann sich das Grauen, das sich dort abspielte, nicht vorstellen. Sogar die Polizisten, die im Hause Dienst taten, wußten nicht in allen Dingen Bescheid. Man fürchtete Mitwisser, die im Fall einer Bestechung oder einer Flucht allzuviel von der grausamen Wirklichkeit hätten verraten können. Und wer – was ja selten geschah – aus diesen Verliesen entlassen wurde, schwieg aus sehr begreiflichen Gründen. Im Volke allerdings sprachen sich Berichte des Grauens herum, und eine gesteuerte Flüsterpropaganda mischte unter sie hin und wieder auch »gute Nachrichten«, um die Aufmerksamkeit abzulenken. So kam folgende »Geschichte« in ein englisches (von einem Ungarn verfaßtes) Buch: »Dr. Zakar, der Sekretär, der Primas und seine Gefährten wurden nach ihrer Verhaftung in der Csokonaistraße zwei Tage lang sehr gut bewirtet. Sie aßen und tranken. Erst hernach wurden sie in die Andrássystraße gebracht.« Der Autor erklärt, diese Information von einem Polizeioffizier, der in der Andrássystraße Dienst getan habe und später geflohen sei, erhalten zu haben.

Wahr daran ist nur, daß es tatsächlich dann und wann einmal vorkam, daß bei »gutem Verhalten« und nach befriedigendem Geständnis ein Gefangener, oft mit dem Auftrag, Spitzeldienste zu leisten, wieder in die Welt entlassen wurde und daß man ihm gelegentlich auch in einem Wirtshaus ein Mittagessen bezahlte. Das Regime konnte jedoch auch fasten lassen. (Von Erzbischof Grősz hörte ich, daß man während seiner Gefangenschaft 48 Stunden lang »vergessen« hatte, ihm etwas zu essen zu geben.) Mich führte man jedenfalls gleich in die Andrássystraße. Dort angekommen, wurde ich in einen kalten Raum im Erdgeschoß geführt, wo sich sofort eine größere Menschenmenge versammelte, um beim Kleiderwechsel zuzusehen. Der Polizeimajor und ein hinkender Geheimpolizist griffen nach mir, zogen mir den Talar aus, unter dem grölenden Gelächter der Versammelten zuletzt auch die Unterwäsche. Ich bekam einen weiten, bunten, orientalischen Hanswurstanzug. Einige tanzten um mich herum, und der Major brüllte: »Du Hund, wie lange schon haben wir auf diese Stunde gewartet. Gut, daß es endlich soweit ist.« Der untersetzte, fettleibige Offizier soll früher Kaufmann gewesen sein. Während einer »Behandlung« prahlte er später vor mir, er habe in den letzten 20 oder 25 Jahren das Kircheninnere nur zweimal gesehen und auch dann nur sehr rasch und flüchtig. Er konnte schmeicheln wie eine Katze, aber seine Natur war die einer Hyäne. Man hatte ihm den

Kosenamen »Gyula Bácsi« gegeben. Die, die von ihm »behandelt« wurden, hätten ihn den »kleinen Usakov« nennen können. (Übrigens war man über die wirklichen Namen der Offiziere und Folterknechte im ungewissen, denn falsche Namen und Rangabzeichen dienten nicht selten als Tarnung.)

Als die Polizei in Frankreich einmal Thorez, dem Generalsekretär der Kommunistischen Partei, während eines Verhörs befahl, sich auszuziehen und ihn duzte, begann er zu protestieren. Seinen ungarischen Genossen gegenüber hielt ich das Protestieren für überflüssig. Ich schwieg und dachte daran, daß mein Los das Los so mancher Märtyrer und Gefangener im Laufe der Jahrhunderte gewesen sei. Ich erinnerte mich an den Kardinal-Primas von England, Johann Fisher, der im Gefängnis Heinrichs VIII. litt, an Pius VII. in den Händen Napoleons, an den polnischen Kardinal Ledochowsky in der Gewalt Bismarcks. Im 20. Jahrhundert teilte ich ein ähnliches Schicksal mit den Kardinälen Stephan Wyszynski, Alois Stepinac und Erzbischof Beran. Mein besonderes Kreuz war es, gefangener Kardinal im Lande Mariens zu sein. Es tauchte daher vor meinen geistigen Augen auch das Bild des Pilatus, des Prokurators, auf.

In der Andrássystraße 60 nahmen sie mir nicht nur das Brevier, den Rosenkranz, die Nachfolge Christi, die Marien-Medaille weg, sondern auch die Uhr und das Strafgesetzbuch. Das letztere hatte ich mitgebracht, um – in Ermangelung eines Verteidigers – ihnen die einschlägigen Paragraphen an den Kopf zu werfen und sie ihres Unrechtes überführen zu können. Ich war mir im klaren, daß ich für meine Verteidigung ganz auf mich allein gestellt sein würde.

Der Talar bedeutet für einen Priester, wenn auch nicht alles, so doch sehr viel, besonders in einer derartigen Umgebung. Seit ich Priester war, bin ich nie in Zivil gegangen. Daher empfand ich die Wegnahme des Talars sehr schmerzlich. Der Talar ist gleichsam die Leibwache des Priesters.

Nachdem ich meines Priesterkleides und der wenigen erwähnten Gegenstände beraubt war, brachte man mich in ein oberes Stockwerk. Aus einem engen, niedrigen Gang führte dort eine Tür in das Zimmer, das man mir zuwies. Der Raum war etwa vier mal fünf Meter groß und ziemlich dunkel, obwohl ein Fenster auf einen Hof hinausging. Statt eines Bettes fand sich nur ein zerschlissener Diwan vor. Aber es gab hier ja sowieso keine Schlafmöglichkeit, denn in diesem Haus war man vor allem in der Nacht tätig. Meine Zelle, in der sich fast immer mehrere Menschen aufhielten, wurde zunächst gar nicht, später wöchentlich zweimal für kurze Zeit gelüftet. Man fürchtete, vom gegenüberliegenden Gebäudeflügel aus könnte Einblick in das Zimmer genommen und entdeckt werden, wer sich darin befinde. Der Zellenaufseher, ein ehemaliger Maurer, blieb fast ständig mit im Raum. Er hatte in den Tagen nach dem ersten Weltkrieg seine Bewährungsprobe als Kommunist bestanden, war 1920 zur Strafabbüßung ins Lager Zalaegerszeg eingewiesen worden und wollte das mir, dem damaligen Pfarrer dieser Stadt, jetzt heimzahlen. Er hatte Parteikurse absolviert und sprach wie ein ergrauter Universitätsprofessor gewichtig von der Überlegenheit der materialistischen Philosophie und dem Ungenügen idealistischer philosophischer Systeme. (Später begegnete ich ihm einmal im Gefängnis von Vác, wo er bereits Major geworden war.) Er hatte einige jugendliche Gefährten, die unaufhörlich freche Reden führten und Zoten erzählten. Der Jüngste von ihnen brüstete sich, daß er, seit er nicht mehr beichten gehe und die Kirche nicht mehr besuche, immer Geld in der Tasche habe für »beste« Unterhaltung, worunter er seine Vergnügen im Bordell verstand. Draußen herrschte Grabesstille. Nur aus der Ferne, aus den Folterkammern drangen hin und wieder Schreie durch die Tür in unser Zimmer. Es mag gegen 11 Uhr gewesen sein, als man polternde Schritte hörte. Ich wurde zum ersten Verhör geholt. Durch den Gang ging es in ein seitwärts gelegenes Zimmer. Dort stand ein Schreibtisch. Hinter ihm hatte sich der »Jurist« des Bolschewismus niedergelassen: Polizeioberst Gyula Décsi. Neben ihm saßen fünf andere Polizeioffiziere; an den Schreibmaschinen hatten zwei Genossinnen, Zigarette im Mund, Platz genommen. Sie alle hatten zueinander ein vertrauliches Verhältnis, duzten sich, eine Sekretärin nannte den verhörenden Offizier »Hänschen«.

Auch Gyula Décsi zündete sich nun eine Zigarette an und fragte: »Wie heißen Sie?« Ich sagte es ihm. »Wo und wann sind Sie geboren?« Ich antwortete. »Welchen Beruf üben Sie aus, was waren Sie vorher, wann trennten Sie sich vom ungarischen Volk, wie wurden Sie zum Feind des Vaterlandes?« Ich erwiderte:

»Ich bin katholischer Priester und wirkte als Kaplan in Felsőpaty, wo ich während des ersten Weltkrieges unter dem einfachen Volk arbeitete. Hernach wurde ich Religionslehrer in Zalaegerszeg und später ebendort Pfarrer. Mein Wirken stand allein im Interesse des ungarischen Volkes, ich suchte immer nur seinem Wohle zu dienen. Weder als Bischof von Veszprém noch als Kardinal-Primas von Esztergom habe ich mich vom ungarischen Volke getrennt; meines Wissens verfehlte ich mich nicht gegen das Volk.«

205

Décsi: »Wenn dem so wäre, wären Sie jetzt nicht hier.« Ich: »Zur Einlieferung bedarf es keines wirklichen Grundes; der Betreffende wird hier nur deshalb eingeliefert, weil er dem Regime nicht gefällt.« Décsi: »Sie verhindern den Fortschritt des ungarischen Volkes.«

Ich: »Ich habe nie und nirgendwo versucht, den Fortschritt aufzuhalten. Ich habe aber auch nichts von Fortschritt bemerkt. Ich beklage es, daß die Handlungen im Widerspruch zu Ihren Worten stehen.«

Décsi: »Mit den Imperialisten suchten Sie Verbindung aufzunehmen gegen das Vaterland. Sie wollten sie dazu bewegen, sich in die inneren Angelegenheiten Ungarns einzumischen und einen Krieg anzuzetteln.«

Ich: »Das Regime selbst hat mich zu dem Versuch gezwungen, mit den USA-Stellen Verbindungen aufzunehmen. Ich tat es erst, nachdem ich die ungarische Regierung immer wieder vergeblich gebeten hatte, Übergriffen der sowjetischen Besatzungsmacht entgegenzutreten.«

Décsi: »Sie lieferten den Amerikanern Angaben über die Rote Armee.«

Ich: »Das ist nicht einmal unwahr: So zum Beispiel, als in den Komitaten Komárom und Esztergom die Leistungen an Geld und Naturalien, die der Bevölkerung für die Rote Armee auferlegt worden waren, im gleichen Jahr zweimal eingetrieben wurden. Der Vizegespan beklagte sich bei mir darüber. Daher bat ich, eben im Interesse des leidenden Volkes, das amerikanische Mitglied der Alliierten Kontrollkommission um Behebung solcher Mißstände. Zu dieser Zeit befand sich Ungarn erst im Waffenstillstand mit den USA. Das Land zählte zu den besetzten Gebieten. Die Vereinigten Staaten gehörten zu den rechtmäßigen Besatzungsmächten und hatten in der Alliierten Kontrollkommission einen Sitz. Das, was ich von ihnen gefordert habe, hätte jeder ungarische Staatsbürger erbitten können. Daher ist Ihre Behauptung, daß ich die Vereinigten Staaten von Amerika zu einem Krieg gegen das Vaterland aufhetzen wollte, aus der Luft gegriffen. Als ich meinen Brief schrieb, waren die USA faktisch noch im Kriegszustand mit Ungarn. Ich verstand unter einer amerikanischen Intervention und Hilfe stets und ausschließlich die Einflußnahme und Einwirkung auf die ungarische Regierung, was Sie jetzt als Vaterlandsverrat bezeichnen. Ich wünschte durch einen solchen diplomatischen Schritt bei den Amerikanern zu erreichen, daß sie in der Kontrollkommission ihren Einfluß geltend machten und die unheilvollen Übergriffe der anderen Besatzungsmacht zu verhindern suchten.« Inzwischen wurde ein Protokoll angefertigt. Es enthielt aber nicht wirklich das, was ich gesagt hatte. Deshalb verweigerte ich meine Unterschrift. Daraufhin meinte Décsi:

»Merken Sie sich: Hier haben die Angeklagten ein Geständnis in der Form, die *wir* wünschen, abzulegen.« Er winkte und das sollte heißen: »Lehrt ihn, seine Schuld zu bekennen!«

Der Major brachte mich in die Zelle zurück. Es war etwa drei Uhr nachts. Zwei Wärter schoben den Tisch aus der Mitte des Raumes weg. Der Major schrie, ich solle mich ausziehen. Ich entsprach seinem Befehl aber nicht. Da winkte er seinen Burschen. Zusammen mit ihm rissen sie mir die Harlekinjacke und die Hose herunter. Dann gingen sie hinaus und suchten fieberhaft im Gang herum. Plötzlich trat ein kräftig gebauter Oberleutnant ein: »Ich bin Partisan gewesen.« Seine Sprache war ungarisch, nicht sein wildes, haßerfülltes Gesicht. Ich wandte mich ab; er entfernte sich, lief aber gleich wieder auf mich los und versetzte mir mit voller Kraft einen Tritt mit seinem Stiefel. Wir fielen beide gegen die Wand. Teuflisch lachend rief er: »Das ist der glücklichste Augenblick meines Lebens.« Es hätte dieser Worte nicht bedurft, man konnte seine Gefühle an seinen schrecklich verzerrten Gesichtszügen ablesen.

Der Major kam zurück, und der »Partisan« wurde wieder hinausgeschickt. Er zog einen Gummiknüppel hervor, drückte mich auf den Boden nieder und begann zu schlagen, zunächst nur die Fußsohlen, dann aber unaufhörlich den ganzen Körper. Im Gang und in den Nachbarzimmern begleitete ein grölendes Gelächter sadistischer Lust die Schläge. Die Männer und Frauen vom Verhör befanden sich offenbar in der Nähe und Gábor Péter wahrscheinlich unter ihnen. Der Major atmete schwer, aber er hielt mit dem Schlagen nicht ein, es bereitete ihm trotz der Anstrengungen offenbar Wonne und Ergötzen.

Ich biß zwar die Zähne zusammen, aber ganz stumm zu bleiben gelang mir nicht. So wimmerte ich leise vor Schmerzen. Dann wurde ich bewußtlos und erwachte erst wieder, als man mich mit Wasser besprizt hatte. Daraufhin wurde ich aufgehoben und auf den Diwan gelegt. Wie lange diese Tortur gedauert hat, vermag ich nicht mehr zu sagen. Ich besaß keine Uhr mehr. Und wenn ich eine gehabt hätte, wäre es mir bei meiner Schwäche – nicht möglich gewesen, sie abzulesen.

Nun dachte ich an das Schicksal und die Empfindungen der ungezählten ehrbaren ungarischen Mädchen, Ordensfrauen und Mütter, die vergewaltigt worden waren. Auch in ihnen mußte eine Welt zusammengebrochen sein. Ich erinnerte mich an die erhabene Gestalt des Bischofs von Györ, Baron Vilmos Apor. Ich hätte gern mit ihm getauscht.

Die Psalmen, die ich im Brevier viele Jahre immer wieder gebetet habe, kamen mir auf die Lippen: »Sie aber freuen sich über mein Unglück, sie rotten sich wider mich zusammen zum Schlagen. Sie verspotten mich schadenfroh, mit den Zähnen knirschen sie gegen mich« (34, 15–16; 21). »Du hast mich in die Grube gelegt, in die Finsternis, in die Tiefe. Auf mir lastet schwer dein Grimm, alle Fluten ließest du rauschen. Du hieltest fern von mir meine Freunde. Ich liege gefangen und kann nicht heraus« (Ps. 87, 7). »Herr, wie sind meine Bedränger so zahlreich: Gar viele, die wider mich aufstehen: Viele dringen auf mich ein« (Ps. 3, 1).

Dann wurde ich angekleidet und wieder zum Verhör geführt. Abermals forderte man meine Unterschrift. Ich verweigerte sie erneut und erklärte: »Das ist nicht mein Geständnis.« Décsi befahl wutentbrannt: »Zurück mit ihm.« Und wiederum wurde geprügelt. Ein drittes Mal verlangte man die Unterschrift – ohne Erfolg. Zum dritten Mal versuchte es der Gummiknüppel unter dem Hohn der Zuschauer mit unverminderter Wucht zu schaffen. Dann drängte man mich erneut, zu unterzeichnen. Ich entgegnete wieder: »Sobald Sie mir ein Protokoll vorlegen, das nur das festhält, was ich wirklich gesagt habe, werde ich Ihren Wünschen entsprechen.« Wieder hieß die Antwort: »Hier entscheidet die Polizei und nicht der Angeklagte, was eingestanden wird.«

Es war inzwischen viel Zeit vergangen, und der Morgen dämmerte. Auch die, die das Verhör geführt hatten, schienen ermüdet zu sein, so daß man mich für diese Nacht in die Zelle zurückbrachte.

Der erste Tag meiner Untersuchungshaft

Der Major führte mich aus dem Verhörsaal in meine Zelle zurück bzw. in das Zimmer, in dem sich außer mir in dickem Tabakqualm und in stinkender, verbrauchter Luft ständig auch die fünfköpfige Wache aufhält: der zum Zimmerkommandanten avancierte Maurer und seine vier Burschen. Ich strecke mich in meinem gestreiften Harlekinanzug auf dem Diwan hin, kann aber nicht einschlafen. Ich versuche meine Aufmerksamkeit von dem an mich gerichteten unflätigen Gespräch abzulenken und denke an die fürchterliche Nacht zurück. Eine kleine Freude bedeutet für mich der Gedanke, daß es ihnen wenigstens in der ersten Nacht nicht gelungen ist, mich zur Unterschrift ihres von Unwahrheiten und Fälschungen wimmelnden Protokolls zu bewegen.

Um acht Uhr bringen sie Wasser zum Waschen, und sie selbst waschen sich splitternackt vor mir. Ich erledige meine Morgenwaschung in mei-

208

nem Harlekinanzug. Als ich fertig bin, befehlen sie mir, das Waschwasser hinauszutragen. Einer der Kerle geht mit mir, während der Zimmerkommandant und die übrigen mit weitschallendem hämischem Johlen hinter mir herschreien.

Dann erscheinen sie mit dem Frühstück und fordern mich auf, alles aufzuessen. Ich nehme aber nur ganz wenig, um meine ausgetrockneten und aufgesprungenen Lippen anzufeuchten. Noch einige Male drängen sie mich zum Essen und tragen das Geschirr erst hinaus, als sie sehen, daß ich seinen Inhalt nicht verzehrte. Das Rauchen wird fortgesetzt, ebenso geht die an mich gerichtete obszöne Unterhaltung weiter, diesmal unter der Führung eines anderen Kerls. Auch der Major mit dem Gummiknüppel schaut herein, offenbar deswegen, damit ich ihn nicht vergesse. Später, als einen Teil der Wache der Schlaf überwältigt hat, wird es im Zimmer still. Auch ich halte still meine Betrachtung und sinne nach. Es gibt viel, worüber ich nachdenken kann.

»Schlingen legen, die nach dem Leben mir trachten. Verderbliches reden, die auf mein Unglück bedacht sind; sie sinnen auf Trug allezeit. Ich bin wie ein Tauber und höre nichts, gleich einem Stummen, der seinen Mund nicht auftut. Ich bin nahe daran zu stürzen, mein Schmerz steht beständig vor mir. Die mich grundlos anfeinden, werden stark, und gar viele hassen mich ungerecht, die mir Gutes mit Bösem vergelten, die meine Widersacher sind, weil ich nach Gutem strebe.« (Ps. 37, 13–21.)

Dann fällt mir ein, daß Rákosi wohl von der vergangenen Nacht einen Bericht verlangt und auch bekommt, von dem vielleicht ein Telegramm an Stalin abgeht. Ich stelle mir vor, wie fieberhaft das Innenministerium unter der Führung Kádárs arbeitet und was für ein lebhaftes Treiben im Justizministerium herrscht unter der Leitung von Riesz István und wie Péter Gábor und seine Schergen neue Vollmachten und ermunternden Ansporn gegen mich erhalten. An mir tobt sich die rote Totalität aus, und ich spüre und erlebe es, daß die Machtfülle des Bolschewismus durch meine Seele, meinen Leib, meine Nerven und meine Knochen zieht.

Es ist klar: Auf diesen Schauprozeß blickt die Welt mit äußerster Spannung. Es gibt daher unmöglich ein Innehalten, eine Schonung: Ich und auch sie müssen den Weg zu Ende gehen.

Gegen Mittag fragt man mich, was ich zum Mittagessen wünsche. Ganz kurz erwidere ich, daß mich das nicht interessiere. Als ob sie auf einer Bühne agierten, so wiederholen sie mir immer wieder, daß für mich das Essen aus einem Gasthaus gebracht werde. Das glaube ich ihnen natürlich nicht; im Gegenteil zweifle ich nicht daran, daß das Essen in der Andrássystraße bereitet wird und daß betäubende und den Willen lähmende Drogen hineingemischt werden. Schon früher war mir bekannt, wie man hier starke Männer bricht. In der Öffentlichkeit wußte man, daß zweierlei Drogen verwendet werden: mit dem einen Mittel lösen sie die Zunge des Angeklagten, mit dem anderen stürzen sie ihn in vollständige Lethargie. In diesem Bewußtsein und erfüllt von starkem Argwohn nehme ich anfangs kaum etwas von dem mir vorgesetzten Essen.

Mein erstes Essen besteht aus Suppe, Fleisch und Gemüse. Ich nehme nur eine Kleinigkeit davon, da ich nach der Behandlungsweise der vergangenen Nacht überzeugt bin, daß man schließlich auch mich für die Verhöre und für den Schauprozeß präparieren werde. Mein starker Verdacht wird zur Sicherheit, als ganz unerwartet und ohne Anmeldung drei Ärzte bei mir erscheinen. Nach dem Mittagessen betreten sie mein Zimmer, und ohne sich vorzustellen und ohne mich selbst oder die Wache etwas zu fragen, beginnen sie mich zu untersuchen. Sie tasten meine bereits früher operierte Schilddrüse ab, untersuchen meine Augen, hören mein Herz und die Lunge ab, sie messen meinen Puls und den Blutdruck. Ein ernsterer, ungefähr 55 bis 60 Jahre alter Mann leitet die Untersuchung, die zwei jüngeren (etwa 35 Jahre alt) übernehmen voll Achtung und Aufmerksamkeit seine Weisungen.

Die Ärzte hinterlassen auch Medikamente, von denen die Wache bei den nächsten Mahlzeiten die vorgeschriebene Dosis verabreicht. Es ist kaum zu bezweifeln, daß die Wache die Weisung erhalten hat, streng darauf zu achten, daß ich die vorgeschriebenen Tabletten einnehme. Ich hingegen vernichtete, sofern sich mir nur irgendeine Gelegenheit bot, die hinterlassenen Tabletten. Zumeist zerdrückte ich sie mit den Fingern und warf sie in die Speisereste hinein. Ein andermal wieder, wenn die Wache neben mir stand, nahm ich die Arznei zwar ein, aber nur mit so wenig Wasser, daß ich die Tablette gegen den Gaumen ʿdrücken konnte. Hernach spuckte ich sie unbemerkt aus; wenn die Überreste vom Essen bereits weggetragen waren, verbarg ich sie im Schuhwerk.

Später spürte ich natürlich selber, daß ich etwas essen mußte, und so ist es ihnen doch gelungen, mir die Mittel, die ins Essen gemischt waren, zu verabreichen. Darauf konnte ich schon deshalb schließen, weil die Ärzte – immer zu dritt – während meines Aufenthaltes jeden Tag zur Essenszeit oder unmittelbar nachher bei mir erschienen. Es gab aber auch Tage, an denen ich auch noch außerhalb der Mahlzeiten untersucht wurde. Mit mir selber sprechen sie nichts, sie fragen mich nichts und sie teilen mir auch nichts mit, aber aus ihrem Benehmen und aus ihrer Anwesenheit überhaupt schloß ich, daß sie außer der Wirkung der Drogen auch kontrollieren sollten, ob ich die Schläge vertrage, wie weit sie mit den physischen Torturen gehen könnten, ob mein Herz nicht den Dienst aufsagen werde. Die Dosierung der Betäubungsmittel und die körperlichen und seelischen Torturen mußten sie so weit in Einklang bringen, daß sie mich zum Schauprozeß führen und mich ohne Bedenken dem schaulustigen Publikum vorzeigen konnten. Die Basedow-Operation, die das Herz geschädigt hatte, wird sie besonders beschäftigt haben.

Nach dem Verschwinden der drei Ärzte strecke ich mich auf dem Diwan hin, aber einschlafen kann ich nicht. Es war wieder Lärm in meiner Umgebung entstanden. Trotzdem schloß ich auf einige Augenblicke die Augen und schlummerte ein. Aber da stand auch schon der Zimmerkommandant neben mir, um mich aufzuwecken. Das Nicht-Schlafen-Lassen ist auch eine Form der Torturen, ein Bestandteil jener teuflischen Machinationen, die Willenskraft des Angeklagten zu brechen. Die Zimmerwache hat die strenge Weisung, den Gefangenen weder ruhen noch schlafen zu lassen.

Mit quälender Langsamkeit vergeht der Nachmittag in einer übelriechenden Atmosphäre. Ich versuche mit Hilfe der Finger den Rosenkranz zu beten. Als sie bemerken, daß ich vielleicht bete, beginnt der Maurer mit noch schmutzigeren und obszöneren Themen. Er genießt die Respektlosigkeit und das Wiehern der jungen Kerle. Ihre Ungezogenheit und Verdorbenheit schneidet mir scharf und tief ins Herz. Was wird aus der ungarischen Jugend werden, wenn sie der Kommunismus nach Herzenslust infizieren kann? Was für eine nationale Katastrophe wird daraus entstehen! Denn gerade jetzt, wo sich eine dunkle Zukunft ankündigt, würde die Nation eine seelisch starke, heldenhafte Jugend benötigen. Dieselbe dunkle und gottlose Macht, die das Land seiner Unabhängigkeit beraubt und die Nation in die Sklaverei stößt, verdirbt und zerstört auch unsere Jugend, damit sich niemand mehr um die Rettung unseres Vaterlandes und des Christentums bemühe. In der Türkenzeit gab es selbstlose, heroische Grenzwächter, wird aber eine unter dem Bolschewismus ruinierte Jugend fähig und bereit sein zu den notwendigen Anstrengungen? Das Bild einer traurigen Zukunft bohrt sich in meine Seele ein. An meinen Fingern bete ich den Rosenkranz und bitte die Muttergottes, die Patronin Ungarns, inständig, das christliche Ungarn vor diesem schrecklichen Los zu bewahren.

Ich wäre froh gewesen, wenn ich mich in das Brevier hätte vertiefen können, aber es wurde mir abgenommen. Ich beginne aus dem Gedächtnis das Stundengebet zu verrichten. Ich bete die Psalmen und betrachte den Inhalt des Festes. Das Martyrium des heiligen Diakon Stephanus und das Leben des heiligen Apostels Johannes bieten mir reichlichen und brauchbaren Stoff für die Betrachtung und Vertiefung.

Gegen Abend werde ich gefragt, was ich zum Abendessen wünsche. Wie zu Mittag antworte ich: Das interessiert mich nicht. Von neuem höre ich, daß man für mich doch das Essen aus einem Gasthof hole. Um sechs Uhr bringt man mir in einer Eßschale Krautgemüse mit ein Paar Würstchen. Ich esse nur wenig, womit sie nicht zufrieden sind. Die Arznei vernichte ich, bevor die Ärzte kommen. Wie zu Mittag erledigen sie auch jetzt wortlos ihre Untersuchung.

Hernach herrscht bis zum Beginn des Verhörs, um etwa elf Uhr, im Zimmer Stille zum Nachdenken.

Anklage – Beweise – Widerlegung

Verhörbeginn war auch in dieser Nacht wieder um elf Uhr. Ich fand mich dazu im gleichen Saal wie gestern ein, zusammen mit denselben Personen.

Oberst Décsi musterte mich sorgfältig. Dann verlas er mit trockener, farbloser Stimme ein vorbereitetes Protokoll. In wortreichen Ausführungen waren darin meine sogenannten »Geständnisse« festgehalten, die ich hier aufzähle:

1. Mein Protest bei Ministerpräsident Zoltán Tildy gegen die Einführung der Republik.
2. Die Aufnahme von Verbindungen und das Treffen mit Otto von Habsburg im Sommer 1947 in den Vereinigten Staaten.
3. Das Aufstellen einer Regierungsliste für das künftige Königreich Ungarn.
4. Die Aufnahme von Verbindungen zur amerikanischen Gesandtschaft in Budapest zur Entfachung eines dritten Weltkrieges.
5. Die Verhinderung der Heimholung der St.-Stephans-Krone, da ich die Absicht gehabt hätte, Otto von Habsburg im gegebenen Zeitpunkt damit zu krönen.

Mitternacht war vorüber, als Décsi seine Verlesung beendigt hatte. Er forderte mich auf, dieses Protokoll zu unterzeichnen. Ich erklärte, daß ich dies nicht tun werde. »Der Text strotzt von Unwahrheiten und Fehlinterpretationen. Ich weiß nichts von einer Verschwörung und einem organisierten Umsturz, von einem Staatsstreich oder gar – was doch erst einen Umsturz ermöglichen könnte – von Aufwiegelung des Militärs. Die Tatsache, daß ich in der Andrássystraße festgehalten werde, sowie die Vorkommnisse in der gestrigen Nacht lassen darauf schließen, daß für diese Anklagen keine Beweise zur Verfügung stehen. Hätte man Beweise, würden mein Sekretär András Zakar, Professor Jusztin Baranyay und ich selbst sofort ins Gefängnis der Staatsanwaltschaft überführt worden sein. Weder vorfabrizierte Protokolle noch Fußtritte und Schläge wären dann nötig, um die Angeklagten zum Geständnis zu zwingen. Der Gummiknüppel erübrigte sich. Wir brauchten nicht durch Folterungen gezwungen zu werden, das zu gestehen, was die Polizei zu hören wünscht, sondern die Polizei wäre in der Lage, Tatbestände bekanntzugeben, die durch Dokumente unabstreitbar erwiesen sind. ›Geständnisse‹ aber, die man zusammengeschlagenen, halbtoten Häftlingen abzwingt, entbehren jeglicher Beweiskraft. Die Behörden geben zwar vor, die Sicherheit des Staates gewährleisten zu müssen. Ihr wirkliches Ziel ist aber, eine Person aus einer hohen Stellung zu verdrängen, nur weil diese Person berechtigte Kritik am Vorgehen und an der Alleinherrschaft der Kommunisten übte.«

Décsi ließ mich jetzt nicht mehr weitersprechen. Er winkte dem Major. Ich wurde in die Zelle zurückgebracht und mußte mich ausziehen, damit der Gummiknüppel wieder seine Arbeit tun konnte. Wie in der vorangegangenen Nacht animierte das Hohngelächter der Wachen den Unmenschen zu hartem, auf empfindliche Stellen gezieltem Zuschlagen. Ich brach zusammen. Als ich mich nach der Pein vom Boden erhoben und meine Wäsche und den Spottanzug angezogen hatte, mußte ich erneut vor Décsi erscheinen. Fluchend verlangte er jetzt wieder meine Unterschrift. Ich antwortete ihm von neuem, daß ich nur bereit sei, ein Protokoll zu unterzeichnen, das wirklich das enthalte, was ich gesagt hatte, und gab ihm noch einmal die folgenden Erklärungen ab:

»Ich habe in der Tat vor dem Gesetzesantrag zur Einführung der Republik gewarnt. Das zu tun war jedoch mein Recht und meine Pflicht. Jeder einfache Staatsbürger hätte ebenso handeln dürfen. Die Verfassung gewährte ihm diese Möglichkeit. Sogar heute noch könnte jemand, gestützt auf die Grundgesetze, und vorausgesetzt, daß wir in einem demokratischen Staat leben, eine Partei gründen, die sich die Wiederherstellung des Königtums zum Ziele setzt.

Otto von Habsburg hat mir einmal durch Pallavicini György einen Gruß übersandt und mich durch Kardinal van Roey gefragt, ob er sich in Rom mit mir einmal treffen könne. Ich nahm den Gruß an, das Treffen lehnte ich ab. Jeder gerecht denkende Mensch wird es lächerlich finden, wenn Staatssicherheitsorgane aus der Annahme eines solchen Grußes bei Absage eines Treffens auf eine republikfeindliche Verschwörung schließen wollen. 1947, nach dem Marianischen Kongreß in Ottawa, empfing ich dann Otto von Habsburg, wie aus dem Protokoll des Kongresses ersehen werden kann. Ich tat dies auf seinen, nicht auf meinen Wunsch hin in Chicago. Hätte meine Reise zum Kongreß in Ottawa wirklich nur als Vorwand gedient und wäre es mein eigentliches Ziel gewesen, die Beseitigung der Republik zu organisieren, so müßte jedermann es erstaunlich finden, daß ich Otto in den 26 Tagen meines amerikanischen Aufenthaltes nur ein einziges Mal und auch dann nur während einer halbstündigen Audienz gesprochen habe. Zutreffend ist die Vermutung, daß ich mit ihm von der traurigen Lage des Landes und von den Sorgen der Kirche gesprochen habe. Ich tat es, weil ich wußte, daß er gute Verbindungen zu Persönlichkeiten des öffentlichen und des kirchlichen Lebens in Amerika hat. So bat ich ihn, uns bei der Beschaffung und beim Transport von Liebesgaben zu unterstützen. Ich freute mich auch, als er seine Hilfe versprach und mir sagte, daß die Amerikaner große Achtung vor den ungarischen Christen hätten und daß der ungarische Katholizismus auf die Unterstützung der katholischen Amerikaner zählen dürfe.

Das mir vorgelegte Protokoll erwähnt einen schriftlichen Auftrag an Otto von Habsburg von mir. Dazu ist zu sagen: Kardinal Spellman, der uns sehr wohlgesinnte Erzbischof von New York, hat mich gebeten, einen solchen Auftrag an Otto von Habsburg auszufertigen. Der Kardinal fürchtete – wie viele andere –, ich könnte irgendwann einmal verhaftet werden. Für diesen Fall wünschte er, daß an meiner Stelle eine bekannte und informierte Persönlichkeit zum Wortführer der verfolgten Ungarn legitimiert sei. Ich selbst wurde hierzu allein von der Sorge bestimmt, das Sammeln und Übersenden von amerikanischen Liebesgaben durch eine bekannte und integere Persönlichkeit zu sichern.

Ich habe auch keine ›Regierungsliste‹ zusammengestellt. Wahr ist allein, daß ich mir von Professor Baranyay ein Verzeichnis jener vaterländisch gesinnten Männer erbat, die früher im öffentlichen und politischen Leben gewirkt hatten und nach den großen Säuberungen noch in Freiheit lebten. Professor Baranyay hat auch eine Studie über die staatsrechtliche Stellung des Fürstprimas für mich ausgearbeitet, in deren Begleitschreiben davon die Rede ist, daß in einer verworrenen, gefahrvollen Lage der Nation, die er als ›Rechts-Vakuum‹ bezeichnete, der Fürstprimas gehalten sei, eine vermittelnde Rolle zu spielen. Er dachte dabei vielleicht an einen internationalen Konflikt, gewiß aber nicht an den Versuch, etwa die Vereinigten Staaten zu einem Krieg gegen Ungarn zu bewegen. Meine Meinung darüber habe ich schon in der vorangegangenen Nacht der Vernehmung dargelegt. In Ihrem Protokoll wird nun auf Urkunden hingewiesen, die man in einer Blechkassette im Keller des erzbischöflichen Palastes gefunden habe. Ich muß Ihnen sagen, daß ich von der Existenz dieser Kassette erst nach der Haussuchung in Esztergom und jetzt durch Ihr Protokoll Kenntnis erhielt. Ich vermute, daß dieser Kapsel und ihrem Inhalt ebensoviel Beweiskraft zukommt wie den Waffen und Patronen, die man in katholischen Schulen aufgestöbert haben will.

Zu den Vorwürfen, die Hl. Krone betreffend, möchte ich folgende Feststellung machen: Aus meinen Briefen – die sich offenbar schon seit längerer Zeit in den Händen der Polizei befinden – geht hervor, daß ich diese kostbarste kirchliche und nationale Reliquie Ungarns nach Rom bringen wollte, um sie in diesen schweren, wechselvollen Tagen an einem sicheren Ort zu bergen. Ich habe nämlich gehört, daß man beabsichtigte, die Krone archäologischen Untersuchungen auszuliefern. Deshalb wollte ich die Krone nach Rom zurückbringen, von wo wir sie vor tausend Jahren erhalten haben. Ich habe sie Pius XII., diesem großen Freund Ungarns, anvertrauen wollen.«

Hier brüllte mich Décsi an, er habe mir schon einmal erklärt, daß die Polizei nicht solch Gewäsch hören, sondern ein Geständnis haben wolle, das ihren Fragen entspreche. Es folgte das schon eingespielte Ritual: Verweigerung meiner Unterschrift, Rückkehr in die Zelle, Schläge, bei Tagesanbruch abermalige Vorführung im Verhörsaal. Wieder der fluchende und fordernde Décsi. Auch die zweite Nacht blieb für ihn ohne Erfolg.

Unveränderter Alltag

Ich wurde schließlich ins rauchige, ungelüftete Zimmer zurückgebracht, legte mich völlig erschöpft auf den zerdrückten Diwan und drehte mich zur Wand. Da bemerkte ich auf dem Gestell ein kleines Glas mit Wein. Es gab also auch an diesem Ort des Grauens offenbar noch einen Menschen, der daran dachte, welch eine Gnade für einen Priester in solcher Lage die hl. Messe ist. Ich nahm von dem Brot, das man mir zum Frühstück brachte, ein kleines Stück und versteckte es. Als die Wache mich für einen Augenblick verließ, goß ich die Hälfte des Weins in mein

Wasserglas, sprach über Brot und Wein die Konsekrationsworte und kommunizierte. So konnte ich zweimal die hl. Messe feiern. Später wurde kein Wein mehr hingestellt. Am dritten Morgen erschien wieder der ›Partisan‹. Er durchsuchte den ganzen Raum, trug Wein- und Wasserglas weg. Man spekulierte offensichtlich auf meine Bitte um eine Zelebrationsmöglichkeit. Ich hütete mich jedoch während der 39 Tage, die ich in diesem Zimmer verbrachte, um ein solches Entgegenkommen zu bitten, da ich sicher war, daß man als »Dank« dafür meine Unterschrift erwartete.

Die Tagesordnung blieb die gleiche. Seit 48 Stunden hatte ich nun nicht mehr geschlafen. Schloß ich einmal die Augen, kam sofort einer der Burschen herbei, um mich wachzurütteln. Am Nachmittag erschien Oberst Décsi und »beklagte« sich, daß ich ihm gegenüber abweisend sei. Meine Sache sei doch fast allein in seinen Händen. Ich antwortete ihm, daß ich keine Ausnahmebehandlung, sondern nur ein Verfahren nach den Vorschriften des Strafgesetzbuches und der Prozeßordnung wünschte. Während des Verhörs hätte ich Anrecht auf einen Verteidiger; beauftragt mit diesem Mandat sei von mir Dr. József Gróh, der Diözesananwalt. Zudem sei allein der Staatsanwalt berechtigt, Anklage zu erheben; aber eben nicht auf Grund eines leeren Verdachtes, sondern gestützt auf das im Gesetz geforderte Beweismaterial. Fehlte es – wie in meinem Falle –, so sei die Entlassung des Angeklagten anzuordnen. Würde ich aber weiterhin in Haft gehalten, so wünschte ich, heute noch ins reguläre Gefängnis der Staatsanwaltschaft überführt zu werden.

Décsi zuckte nur mit den Achseln und wollte sich wegwenden. Auf meine Bemerkung, daß Gábor Péter über die Sachlage orientiert würde, hatte er nichts einzuwenden, befahl sogar, daß ich von zwei Wächtern sofort ins Büro von Gábor Péter, das sich im Erdgeschoß befand, geführt werde. Zerschlagen am ganzen Körper, fiel mir das Treppensteigen nicht leicht. Ein Polizist öffnete die Tür. Der Herr der Andrássystraße saß in seinem geräumigen, gut eingerichteten Amtsraum am Schreibtisch. Er musterte mich und ließ mich dann sich gegenüber Platz nehmen. Freundlich fragte er: »Wie geht es Ihnen? Wie fühlen Sie sich?« Ich antwortete: »Genauso, wie es einem Menschen bei Ihnen gehen und wie er sich bei Ihnen fühlen kann.« Er: »Sie sind sehr unfreundlich zu uns und zeigen in Ihrem Verhalten kein Einlenken.« Ich: »Mit großen Worten wird heute überall in Ungarn von den Rechten und der Freiheit der Staatsbürger gesprochen. In Ihrem Hause jedoch weiß man wenig davon. Hier wird der Angeklagte mit Fußtritten und Gummiknüppeln bearbeitet, der Schlaf wird ihm entzogen, er wird zur Einnahme von Drogen gezwungen, er soll Protokolle unterschreiben, die schon vor dem Verhör angefertigt wurden. Die Untersuchungsrichter betonen, das Geständnis sei nicht der Wirklichkeit, sondern behördlichen Wünschen entsprechend zu formulieren. Das Zuziehen eines Verteidigers wird nicht gestattet. Minister Béla Kovács konnte noch von Dr. Zoltán Pfeiffer, dem damaligen Staatssekretär im Justizministerium, begleitet werden.« Jetzt schaute mich Gábor Péter scharf an und drohte: »Sie werden noch ganz andere Dinge erleben, wenn Sie weiter so hartnäckig bleiben.« Ich stand auf und entfernte mich aus seinem Zimmer.

Inzwischen sind Jahre seit dieser Szene vergangen, und ich denke heute hin und wieder, daß Décsi und Péter meinen Wunsch, den obersten Geheimpolizeichef zu sprechen, vielleicht schon als Kapitulation meiner Urteilsfähigkeit angesehen haben. Mein Unterfangen konnte unlogisch erscheinen und in Widerspruch zu meinem Verhalten und Charakter ausgelegt werden, da ich mir doch sagen mußte, daß Péter alle Maßnahmen anordnete. In Wirklichkeit haben mich aber etwas wie Langeweile, der Wunsch nach Abwechslung, eine gewisse Ermüdung, die Eintönigkeit des bisherigen Untersuchungsrituals bewogen, Gábor Péter selbst zu sprechen. Er und Gyula Décsi ärgerten sich natürlich über meinen ungebrochenen Widerstand. Trotzdem ließ Innenminister János Kádár am Tage darauf eine Mitteilung an die Presse geben, daß das Beweismaterial mich zum Eingeständnis einer Verschwörung, der Spionage und auch einer Valutaspekulation bewogen habe und daß ich zusammengebrochen sei.

Bei einem der nächsten Verhöre griff ich das auf und machte darauf aufmerksam, daß in den Zeitungen Unwahrheiten über mich veröffentlicht würden. Décsi vermutete richtig, daß mir diese Feststellung möglich geworden war, weil die Wächter ihre Zeitung so gelesen hatten, daß ich mitlesen konnte. Daher wurde ihnen fortan verboten, in meiner Gegenwart überhaupt Zeitungen zu lesen.

Die Folter kann es bei jedem Gefangenen erreichen, daß ein Zusammenbruch nach ein paar Tagen eintritt. Ich habe erst nach zwei Wochen ein mir vorgelegtes Protokoll unterschrieben, das aber kein Schuldbekenntnis im Sinne der Anklage enthielt, keine Anerkennung und keinen Dank an das Regime aussprach. Auch nach 39 Tagen Haft haben sie solch ein Schriftstück nicht von mir erhalten. Dazu muß aber gesagt werden, daß die körperliche Folter an mir immer noch zurückhaltender und vorsichtiger angewandt wurde als bei vielen anderen Gefangenen.

Ich sollte in erster Linie psychisch gebrochen werden, weil ich ja meine vorbestimmte Rolle im Schauprozeß zu spielen hatte. Meine Widersacher bedachten aber nicht, daß jedermann sich fragen mußte, weshalb ich länger als einen Monat in der Andrássystraße festgehalten werde, wenn ich doch angesichts der »belastenden Beweise« »mein Schuldbekenntnis« schon zwei Tage nach meiner Einlieferung abgelegt haben sollte.

Als es dunkel wird, bringt man in einer Eßschale das Abendessen, von dem ich kaum etwas esse. Nur vom Brot breche ich etwas ab und kaue daran. Im übrigen denke ich immer, sobald ich das Essen sehe, daran, was für ein Betäubungs- oder den Willen schwächendes Mittel darin sein könnte. Wenn ich einen fremden, verdächtigen Geruch spüre, rühre ich die Suppe und das Gemüse überhaupt nicht an. Auch späterhin habe ich nur von solcher Suppe etwas gegessen, die durchsichtig und klar war und an deren Oberfläche nichts Verdächtiges geschwommen ist. Es ist aber vorgekommen, daß ich in meiner Angst auch die Fleischsuppe stehenließ, die ich sonst hier zu essen pflegte. Wenn ich mich jetzt, nach Jahren, an die Zeit meiner Bedrängnis zurückerinnere, denke ich lächelnd daran, daß in der Andrássystraße die Fleischsuppe nicht weniger gefährlich sein konnte als eine andere Suppe oder das andere mir aufgetragene Essen.

Es waren inzwischen 72 schlaflose Stunden vergangen, als ich zum vierten nächtlichen Verhör geführt wurde. Schauplatz und Teilnehmer waren die gleichen. Wieder warf man mir Verschwörung und Spionage vor. Die Anklagen wurden dem Häftling geradezu eingehämmert, so daß er langsam selber zur Überzeugung kommen mußte, er habe tatsächlich eine Verschwörung angezettelt, nichts anderes im Sinn gehabt, als einen Umsturz zu planen, nur mehr für das einzige Ziel gelebt und gewirkt: die Republik zu stürzen. Es wurden gänzlich unbekannte Namen genannt, Daten und Orte angeführt, von denen der Gefangene kaum etwas wußte, so daß er sich gleichsam als Spieler in einem Marionettentheater fühlte, wo die Polizei einmal an dieser, dann an jener Schnur zog. Die Bühne wurde versenkt, wieder gehoben. Sie war auch drehbar, der Angeklagte konnte in jede gewünschte Lage gebracht werden. Am Ende war der Gefangene so verwirrt, daß er selbst mithalf, die Märchen weiterzuspinnen, die Szenen auszumalen, die unsinnigsten Vergehen, die er sich nicht einmal im Traume vorgestellt hätte, einzugestehen.

Als ich jetzt in das Vernehmungszimmer eintrat, hatte ich mir vorgenommen, auf alle Fragen möglichst ruhig und sachlich zu antworten.

Erst bei einer gänzlich unsinnigen Behauptung, die auf Verdrehungen aufgebaut war, verlor ich die Geduld. Der Oberst brüllte mich an: »Sie haben so zu gestehen, wie wir es zu hören wünschen.« Ich: »Wenn hier, bei Ihnen, Tatsachen nicht zählen, wenn Protokoll, Verhör und Anklage nur Vorspiegelung, haltloses Geschreibe und Gerede sind, dürfte auch ein Geständnis nicht nötig sein ...« Wegen »unehrerbietiger« Bemerkungen wurde ich daraufhin sofort wieder dem Major übergeben. Er führte mich weg. Wieder schlug der Gummiknüppel auf meinen nackten Körper nieder, während draußen im Gang das übliche Hohngelächter die Tortur begleitete.

Zurückgebracht, warfen sie mir das Protokoll hin und schrien: »Unterschreiben!« »Ich unterschreibe erst, wenn die beanstandeten Stellen abgeändert sind.« »Was haben Sie daran auszusetzen?« »Gehen wir die Einzelheiten durch. Dann werde ich meine Einwände vorbringen.« Sie lasen das Protokoll noch einmal vor und suchten auch für einige Stellen neue Formulierungen oder stellten den Text ein wenig um. Wirklich notwendige Veränderungen wurden jedoch nicht vorgenommen. Ihre Wut wuchs, von neuem wurde auf mir herumgeprügelt. Erst bei Tagesanbruch nahm die Quälerei schließlich ihr Ende, weil anscheinend die Polizisten, die tagsüber Dienst machten, nicht sehen sollten, was hier in der Nacht geschehen war.

Der neue Tag erneuerte auch die nun schon gewohnte Szene. Zoten, rohes Gelächter, ätzender Rauch füllten den Raum. Während der Visite machte der Arzt ein besorgtes Gesicht, sagte aber nichts. Am Nachmittag besuchte mich ein Oberleutnant von der Vernehmungsbehörde und brachte mir Weintrauben. Als ich sie nicht annehmen wollte, legte er sie für mich hin und bat noch einmal, wenigstens ein Teilgeständnis endlich abzulegen. Es bedrücke ihn, bei der Klärung meines Falles mitarbeiten zu müssen. Er sei ein religiöser Mensch, aber er habe eine große Familie, sei auf seine Stelle angewiesen und werde sicherlich entlassen, wenn das Verhör an meiner Hartnäckigkeit scheitere. Ich konnte ihm leider nicht helfen.

Das Ganze war offenbar inszeniert, denn Décsi sandte später noch ein anderes Mitglied der Untersuchungskommission zu mir mit der Erklärung, daß mein Sekretär und Professor Baranyay in ihren Vernehmungen belastende Angaben über mich gemacht hätten, so daß weiteres Leugnen sinnlos sei. Ihre Aussagen wurden mir vorgelesen und die eigenhändigen Unterschriften der beiden Beschuldigten gezeigt. Ich nahm es zur Kenntnis, gab dann aber keine Antwort mehr. Der Abgesandte Décsis verließ mich. Das Abendläuten einer Kirche drang zu mir herein, ich betete den Rosenkranz. Abendessen und Arztvisite folgten. Auf dem zerrissenen Diwan überdachte ich meine Lage, suchte meine Gedanken zu sammeln und für das nächtliche Verhör zu ordnen.

Devisenvergehen

Zur Tagesordnung gehören unverändert die nächtlichen Verhöre und bei Tag das Dahindösen in dem ungelüfteten, raucherfüllten Gefangenenzimmer in Gesellschaft der fünfköpfigen, lautstarken Wache. Manchmal tritt insofern eine Änderung ein, als sich die Polizeioffiziere, die das Verhör durchführen, ablösen. Sogar Décsi ließ sich die eine Nacht durch den Major im Stuhl des Vorsitzenden vertreten. An zwei aufeinanderfolgenden Nächten war nur mein Peiniger mit mir, der in den Pausen zwischen den Prügeleien mit dem Gummiknüppel nach meinen »Komplicen« fragte. Die Verhöre, an die ich mich zurückerinnern kann, erfolgten in den ersten zwei Wochen der Untersuchungshaft. In dieser Zeit wußte ich noch, was um mich und mit mir geschah, und ich bemühte mich, jeder Beeinflussung zu widerstehen. Zwischen mir und meinen Peinigern klafft natürlich ein schrecklicher Abgrund; ich hasse sie zwar nicht, aber mir graut vor ihnen, und ich möchte sie von mir wegstoßen. Ich sehe über ihre Köpfe hinweg und lasse sie so fühlen, wie verachtenswert die Verkommenheit ist, mit der sie den in Moskau gegen das ungarische Volk und die katholische Kirche ausgeklügelten ruchlosen Plan durchführen. Was nach den ersten zwei Wochen geschah, davon blieb mir weniger und das nur unklar im Gedächtnis.

Bereits während der ersten zwei Wochen meiner Haft muß Décsi mir auch Vergehen gegen das Devisengesetz vorgeworfen haben. Er nannte hohe Summen in Dollars und Schweizer Franken, redete von Schecks aus Amerika und vom Vatikan. All das vermochte ich im Augenblick der Vernehmung nicht zu kontrollieren. Viele Jahre später, als mir die Dokumente über den »Mindszenty-Prozeß« in die Hände kamen, sah ich, daß die Vorwürfe schon in sich selbst widerspruchsvoll waren. Das »Gelb-Buch« nannte andere Beträge als das »Schwarz-Buch«. Protokoll, Verhöre, Urteilsbegründung brachten ebenfalls in der Anklage Summen zusammen, die nicht übereinstimmten. Inzwischen ist mir der Grund dieses Anklagepunktes durchsichtiger geworden. Es war ein besonders im Hinblick auf die katholische Kirche und ihre internationalen Verflechtungen zum Brauch gewordenes Vergehen, das sowohl in der Hitlerzeit wie unter der Kommunistenherrschaft unbedingt in solche

Prozesse gehörte. Die Kommunisten waren bei ihrem Vorgehen darauf aus, mich nach Möglichkeit mit Fürst Pál Esterházy, dem Haupt der reichsten Adelsfamilie des Landes, auf dieselbe Anklagebank zu setzen. Man konnte auf diese Weise den Ungarn und der Weltöffentlichkeit weismachen, daß der Primas des Landes, verbündet mit dem bedeutendsten Großgrundbesitzer des Landes, den Kleinbauern den Boden wieder wegnehmen wolle, der ihnen vom Regime zugeteilt worden war. Außerdem habe er die Absicht, das Königreich unter Otto von Habsburg wiederherzustellen und die »demokratische« Republik wieder abzuschaffen. Ich konnte im Verhör aus dem Gedächtnis nicht genau sagen, welche Summen wir von ausländischen Wohltätern im Laufe dreier Jahre für das notleidende ungarische Volk erhalten hatten. Geld und Schecks, die man mir zukommen ließ, pflegte ich sofort an eine Institution weiterzuleiten, die im Augenblick einer Unterstützung besonders bedurfte. Als z. B. der amerikanische Botschafter Chapin mir, als Geschenk von Kardinal Spellman, 30 000 $ überbrachte, übergab ich, noch in Gegenwart des Botschafters, den Betrag dem Prälaten Mihalovics, dem in Budapest die Volksküchen und die gesamte karitative Tätigkeit unterstanden. Von derartigen Beträgen sprach Décsi. Er warf mir vor, ich hätte diese ausländischen Gelder nicht zum offiziellen Kurs eingewechselt und mich somit gegen die wirtschaftlichen Interessen des Landes vergangen. Bischöfe, Priester, kirchliche Institutionen hätten die Gelder zu Schwarzmarktkursen eingewechselt und in Umlauf gebracht. Für all das sei ich verantwortlich. Er erwähnte nun namentlich verschiedene Beträge. Ich nahm alle meine Gedächtniskraft zusammen und versuchte, diese heimtückische Anklage zurückzuweisen.

Zunächst wies ich auf die weitgespannte Tätigkeit der kirchlichen Caritas in Budapest und in den größeren Städten und Industriesiedlungen hin. (Der Leser dieses Buches kennt unsere Bemühungen bereits aus dem Kapitel »Elend und Caritas«.) Ich erwähnte das Elend der Inflationsjahre 1945 bis 1946 und wies darauf hin, daß damals die ganze Nation – ausgenommen die Besatzungsmacht und die Kommunisten – ihr Leben nur fristen konnte, weil sie mit allen möglichen Dingen Tauschhandel betrieb. Als die Kirche allein in der Hauptstadt 126 Volksküchen unterhielt, war der Einkauf dafür nur möglich, wenn wir Wertgegenstände oder fremde Devisen anzubieten hatten. Hätte uns kein amerikanisches oder schweizerisches Geld zur Verfügung gestanden, hätten wir unsere Küchen gleich schließen können. Mit dem gestifteten Geld jedoch konnten wir Zehntausenden von Menschen über mehr als zwei Jahre regelmäßig warmes Essen, Kleidung, Heizmaterial und Medikamente geben. Wir sorgten auch für die Armen und Kranken, als der Staat dem riesigen Elend weitgehend ohnmächtig gegenüberstand.

Daß diese Tätigkeit Hilfsmittel und Hilfskräfte nötig hatte, ist selbstverständlich. Es wurden Autos, Magazine, Kanzleien, Personal gebraucht. In einer Zeit, in der sämtliche Betriebe und Fabriken gezwungen waren, ihre Angestellten mit Naturalien zu bezahlen, mußte auch die »Katholische Aktion« in gleicher Weise entlohnen. Wer einen Dollar in unsere Landeswährung umwechselte, bekam anderntags für den eingehandelten Betrag höchstens noch ein Kilo Salz oder eine Schachtel Zündhölzer. Da wäre es absurd gewesen, wenn wir Devisen gleich aus der Hand gegeben hätten. Die Spender erwarteten mit Recht, daß wir mit diesen Geldern haushälterisch umgingen und versuchten, die karitativen Einrichtungen so lange und so gut als möglich zum Wohl von Hunderttausenden in Betrieb zu halten. Außerdem, so fügte ich hinzu, wäre es bestimmt nicht im Einklang mit der Moral gewesen, wenn der Staat von den Almosen des Auslandes einen Gewinn von 70 bis 75 Prozent abgeschöpft hätte. Im übrigen aber sei die Devisenordnung, auf die sich Décsi berufe, erst nach Ende der Inflation eingeführt worden, und man habe den Kurs des Dollars – im Interesse gewisser Parteiziele – so niedrig gehalten, daß die Kirche für ihre karitative Tätigkeit höchstens 25 bis 30 Prozent des realen Wertes ausländischer Geldgeschenke erhalten hätte, wenn sie sie zum offiziellen Kurs umgewechselt hätte. Mit Nachdruck fügte ich hinzu: »Wenn heute in Ungarn normale staatliche Verhältnisse herrschten, würde der Staat dem ungarischen Katholizismus danken, statt hier in der Andrássystraße Quälereien und Folterungen, deren sich spätere Generationen noch schämen werden, vornehmen zu lassen.«

Ich betonte weiterhin, es sei mir persönlich ganz unmöglich gewesen, jede ministerielle Verordnung zu studieren; mein Wirtschaftsamt habe aber über erfahrene Fachleute verfügt, die mir im November, nach dem Ordas-Prozeß, erklärt hatten, ihre Wechselgeschäfte würden stets dem Gesetz gemäß abgewickelt, weil sie sich von Bankbeamten über die Vorschriften laufend informieren ließen. Décsi erwiderte darauf, er besitze ein andersartiges Geständnis meines Buchhalters Imre Bóka und meines Sekretärs András Zakar. Daraufhin bat ich erneut um die Zuziehung meines Anwaltes und um eine Zeugenvernehmung der Bankiers in dessen Anwesenheit. Décsi entgegnete, mein Anwalt, Dr. József Gróh, sei »faschistisch« und »volksfeindlich« eingestellt gewesen und deshalb nicht mehr würdig, vor einem Volksgericht aufzutreten. (Jahre später erst erfuhr ich, daß Dr. Gróh gleichzeitig mit mir verhaftet worden war, offensichtlich um zu verhindern, daß er mich verteidigen werde.)

Nach dieser Ablehnung sprach ich den Wunsch aus, den Präsidenten der Anwaltskammer zu sprechen.

Erst nach meiner Befreiung ist mir eine Erklärung des früheren Finanzministers Miklós Nyárádi bekannt geworden, derzufolge der Oberste Wirtschaftsrat im Frühjahr 1947 beschlossen hatte, Kirchen und karitativen Organisationen für ausländische Devisen einen höheren Kurs als den offiziellen Tauschwert zuzuerkennen. Diese »menschenfreundliche« Anweisung entsprang dem verständlichen Wunsch, den Zufluß solchen Geldes nicht zu stoppen, sondern möglichst viel ins Land hereinzuholen. Nach Nyárádi überstieg dieser Kurs sogar den des schwarzen Marktes, wo für den Dollar das Vier- bis Fünffache des offiziellen Preises bezahlt wurde. Die genannte Verordnung wurde aber nicht veröffentlicht, sondern den daran Interessierten nur gelegentlich auf mehr privatem Wege bekanntgegeben. Prälat Mihalovics, die Bankiers und meine Fachleute im Wirtschaftsamt haben aber sicher um diese Sonderregelung gewußt, da sie gute Verbindungen zur Nationalbank unterhielten.

Um all dies Hin und Her abzukürzen, erklärte ich zum Schluß, entscheidend sei, daß ich von all den erwähnten Geldern nichts für meine persönlichen Bedürfnisse verwendet hätte. Sofort wurde auf einen Schuldschein hingewiesen, der von mir ausgestellt worden war, um den Weinberg des erzbischöflichen Gutes instand zu setzen und auf diese Weise dem Erzbischof und den Priestern ihren Meßwein zu sichern. Es ist wohl eindeutig, daß es sich hier nicht um eine private Geldverwendung handelte. Wahrscheinlich muß im Zusammenhang mit dieser Sache ein anderes Vorkommnis gesehen werden. In einem späteren, nächtlichen Verhör, das der Major führte, fragte er mich plötzlich: »Haben Sie ein Testament, was steht darin?« Ich antwortete: »All das, was ein Kardinal und Fürstprimas den Gläubigen, den Priestern, dem Volk zu sagen hat. Ich stelle darin fest, daß gar manches, was bei uns unter einem fadenscheinigen Mäntelchen von Gesetzlichkeit geschah und verübt wurde, in Wirklichkeit ungesetzlich war. Ich bitte und ermahne das ungarische Volk, seiner geschichtlichen Vergangenheit treu zu bleiben, sein Vaterland zu lieben, die religiös-sittlichen Grundlagen des Lebens zu achten. Ich verfüge im Testament auch über meine kleine, bewegliche Habe und treffe Anordnungen für mein Begräbnis.« Darauf zeigte die Untersuchungskommission sofort für das Schriftstück Interesse. Ich wurde aufgefordert, das Domkapitel Esztergom anzuweisen, mein Testament der Polizei zur Aufbewahrung zu übergeben. Man legte mir eine mit Maschine geschriebene diesbezügliche Anordnung zur Unterschrift vor. Weil ich schon sehr zermürbt war, auch wünschte, einer erneuten Prügelei mit dem Gummiknüppel zu entgehen, entsprach ich dieser Forderung. Nun ließ man mein Testament holen. Es wurde im Prozeßverfahren aber weder zitiert noch erwähnt. Offensichtlich waren die Behörden enttäuscht, daß es keine Zusammenstellung großer Vermögenswerte, keine Hinweise auf persönliche Bereicherungen enthielt.

Das Verhör endete wie üblich bei Tagesanbruch. Ich erinnere mich, daß Décsi immer wieder die Achseln zuckte und daß von all dem, was ich vorgebracht hatte, so gut wie nichts ins Protokoll aufgenommen worden ist.

Zerschlagung der Persönlichkeit

Die nächtlichen Verhöre ermüdeten auch die Untersuchungsbeamten. Sie wurden deshalb öfter ausgewechselt. Nur ich, der Major und sein Gummiknüppel waren Nacht für Nacht anwesend. Meine Körperkräfte zerfielen zusehends. Ich machte mir Sorgen um meine Gesundheit und mein Leben. Schreckvorstellungen suchten mich heim; mir schien, die Wände seien übersät mit bunten Reifen, die sich rasch drehten und auch im Zimmer kreisten. Meine Basedow-Krankheit, die vor zehn Jahren durch eine Operation zum Stillstand gebracht worden war, wurde erneut akut. Das Herz wollte nicht mehr, ein Bewußtsein völliger Verlassenheit und das Gefühl gänzlicher Wehrlosigkeit lasteten auf mir. Oft überlegte ich tagsüber: »Gibt es denn tatsächlich keinen Ausweg, keinen Schutz?« Vergeblich bat ich um einen Verteidiger und fragte während des Verhörs, weshalb denn der Präsident der Rechtsanwaltskammer nicht erschienen sei. Décsi sagte herablassend, er sei zunächst nicht erreichbar gewesen, und später habe er erklärt, er sei nicht bereit, in einem so eindeutigen Fall als Verteidiger aufzutreten. Mir blieb nichts übrig, als mich zu fügen. Zermürbt und erschöpft kämpfte und argumentierte ich allein weiter. Immer wieder wies ich es energisch zurück, wenn sie mir ihre vorbereiteten Papiere der Schuldbekennung zur Unterzeichnung vorlegen wollten. Immer von neuem übernahm mich dann der Major, schleppte mich in die Zelle. Ich wurde entkleidet, niedergeworfen und geprügelt. Ebenso regelmäßig versuchten hernach die Wächter, die Wirkung dieser Folter noch zu steigern, indem sie mich hinderten, in einen Erschöpfungsschlaf zu sinken.

In diesen qualvollen Stunden dachte ich oft an unseren heiligmäßigen Bischof Ottokár Prohászka, einen der Großen in Ungarns Kirche, der unter natürlicher Schlaflosigkeit litt und über den gräßlichen Zustand gesagt hat, daß er in diesen trostlosen Nächten auch einen Selbstmörder verstehen könne. Ich mußte auch an die Folterungsmethoden im alten China denken, wo man Gefangene, die zum Tode verurteilt waren, als Zusatzqual Tag und Nacht nicht schlafen ließ. Die Verurteilten sollten dadurch gezwungen werden, in ihren Gedanken den bevorstehenden Tod unablässig vorauszuerleiden. Meine Widerstandskraft erlahmte. Apathie und Gleichgültigkeit wuchsen. Mehr und mehr schienen mir auch die Grenzen zwischen wahr und falsch, Wirklichkeit und Unwirklichkeit unbestimmbar. Ich wurde im Urteil unsicher. Man hatte mir Tag und Nacht »meine Sünden« vorgeredet, und ich fing nun selbst an, zu denken, daß ich vielleicht doch irgendwie schuldig sei. Immer von neuem wurde ja das gleiche Thema durchgespielt in den verschiedensten Variationen, in die sie mich hineinmanövrierten; nur die eine Gewißheit blieb, daß es keinen Ausweg mehr aus dieser Lage gäbe. Mein zerrüttetes Nervensystem schwächte meine Widerstandskraft, trübte mein Gedächtnis, untergrub mein Selbstbewußtsein, erschütterte meinen Willen, diese menschlichsten Fähigkeiten des Menschen.

In solche Zustände der Abgestumpftheit drangen aus den verschiedensten anderen Zellen und Richtungen Schreie. Ich hörte sie manchmal aber kaum mehr in meiner eigenen Teilnahmslosigkeit. Ich aß auch fast nichts, weil ich im Essen meine Geisteskräfte lähmende Drogen fürchtete. Wie üblich suchten mich die drei Gefängnisärzte nach der Mahlzeit auf; obwohl sie meinen heruntergekommenen Zustand erkennen mußten, verordneten sie mir während der 39 Tage meiner Untersuchungshaft nie auch nur einen kurzen Aufenthalt oder Spaziergang in frischer Luft.

Eine mir bisher unbekannte Angst bedrängte mich jetzt. Ich bangte um die Kirche und zitterte für jene, die durch meine »Angelegenheit« mit ins Elend hineingezogen werden könnten. Dieses schreckliche Angstgefühl dürfte nicht ohne medikamentöse Einwirkungen hervorgerufen worden sein. Man erreichte es, daß ein panikartiges Grauen mehr und mehr meine Taten und Entschlüsse zu beeinflussen vermochte.

An einem düsteren Januarabend holten mich die Henkersknechte wieder ins Kellergeschoß hinunter. Ich wurde in einen halbdunklen Saal geführt. Dort warteten in theatralischer Haltung Feldmarschall-Leutnant Gábor Péter und Gyula Décsi. An der Seite des Saales standen in Arme-Sünder-Haltung müde, unrasiert und heruntergekommen vor mir verhaftete Beamte der Kurie, mein Archivar, mein Sekretär und der Rechnungsführer. Es war unschwer zu erkennen, was diese drei Priester durchgemacht hatten, daß sie ähnlich wie ich oder noch schlimmer behandelt worden waren.

Gábor Péter, der auf einem erhöhten Sitz Platz genommen hatte, gab ihnen ein Zeichen, und mein Sekretär sagte, in einer bei ihm ungewohnten, linkischen Haltung, zehn Minuten lang einen eingelernten Text auf. Seine Stimme stockte und zitterte nervös. Der Sinn seiner Rede war, daß jeder Widerstand sinnlos sei, daß die Untersucher alles wüßten und die Macht in ihren Händen sei und daß sie sie unnachsichtig gebrauchen würden. Danach bat der Sekretär mich, endlich dem Wunsch der Behörden entsprechend auszusagen und jede Frage zu beantworten.

Ich dachte bei mir selbst: »Mein armer Sekretär, welch Leid müssen sie dir zugefügt haben, ehe du diese Rolle übernommen hast!« Es war mir völlig klar, daß er da nicht seine eigene Rede hielt, sondern eine, die ihm der Gummiknüppel oder Schlimmeres diktiert hatte. Ich ließ mir aber nichts anmerken und betrachtete nur mit tiefem Mitgefühl den unglücklichen Mann und Mitarbeiter, ohne etwas dazu zu sagen. Dann führten sie mich in die Zelle zurück. Der Blechnapf mit dem Nachtessen wurde auf den Tisch gestellt, und die Ärzte erschienen wie üblich. Mir blieb noch etwas Zeit, um über das Erlebte und was hinter ihm stand, die körperliche und seelische Qual meiner Priester, nachzudenken.

Dann wurde ich erneut ins Verhör geführt und Décsi drohte sogleich: »Wenn Sie sich verhalten wie gestern, wird der Gummiknüppel Sie zum Sprechen bringen.« Ich schwieg trotzdem, mit der Folge, daß ich in dieser Nacht noch zweimal bis gegen Tagesanbruch mit Schlägen malträtiert wurde.

In den nachfolgenden Nächten gab es dann gar nicht erst Verhöre mehr, nur noch der Folterknecht beschäftigte sich mit mir. Ich wurde in einen großen, leeren Saal gebracht, in dem wir uns nur zu zweit befanden. Ringsum herrschte völlige Stille. Es mochte vielleicht jemand hinter der Tür horchen, aber sichtbar in der Nähe befand sich sonst kein Mensch. Nach meiner Entkleidung pflanzte sich der Major unverschämt vor mir auf und fragte: »Welche Personen haben das Programm des weltanschaulich politischen Zusammenschlusses redigiert?« Die neue Frage überraschte mich. Ich vermutete, er forsche vielleicht nach Propst Pál Bozsik. Um diesem nicht zu schaden, schwieg ich aber. Was er »getan« hatte, war in jedem demokratischen Staat erlaubt, galt sogar als Pflicht gegenüber Kirche, Heimat und Volk. Der Mann wütete,

226

brüllte, nahm auf mein Schweigen hin die Folterwerkzeuge. In der einen Hand hielt er jetzt den Gummiknüppel, in der anderen ein langes scharfes Messer. Und dann hetzte er mich, wie ein Pferd in der Reitschule, zu Trab und Galopp. Der Gummiknüppel sauste immer wieder auf meinen Rücken nieder; das geschah über längere Zeit ohne Pause. Dann blieben wir stehen, und er drohte mir plump und brutal: »Ich werde dich erschlagen, bis zum Morgen in Stücke reißen, die Stücke deines Kadavers den Hunden vorwerfen oder sie in den Kanal schmeißen. Jetzt sind wir hier die Herren.« Der Peiniger zwang mich dann erneut in den Trab. Trotz meiner Atemnot, und obwohl mir die Späne des Holzfußbodens in die nackten Füße stachen, lief ich wieder so rasch ich konnte, um seinen Hieben zu entgehen.

Erst gegen zwei Uhr morgens erkannte der Folterknecht, daß dieses Verfahren mir zwar viel Qual bereiten und zu meinem körperlichen Zusammenbruch führen könne, daß es aber nicht das erwartete Ergebnis eines Geständnisses und des Verrats Mitangeklagter zeitigen werde. Der Mann hatte, als man mich seinerzeit bei der Verhaftung aus dem erzbischöflichen Palais schleppte, den Abschiedsschmerz meiner Mutter mitangesehen. Jetzt erinnerte er sich offenbar an diese Szene, denn er brüllte: »Wenn du nicht gestehst, lasse ich morgen früh deine Mutter hierherbringen. Du wirst nackt vor ihr stehen. Wahrscheinlich wird sie vom Schlag getroffen werden. Recht so, sie verdient es nicht anders, denn sie hat dich zur Welt gebracht. Und du wirst dann ihr Mörder sein.« Wieder schlug der Gummiknüppel, wieder lief ich im Zimmer im Kreise davon, wieder schwieg ich. – In meinem Schmerz und meiner Angst glaubte ich zunächst an die Verwirklichung dieser Drohung. Der Gedanke, meine Mutter hier zu sehen, war eine schreckliche Vorstellung. Doch allmählich wurde mir klar, daß es ja ganz unmöglich sei, sie bis zum Morgengrauen noch herzuholen; Mindszent lag wenigstens zweihundert Kilometer entfernt. Daraufhin wurde ich etwas ruhiger; war jedoch von den Torturen gänzlich erschöpft. Niemand, der mich vor Monatsfrist gesehen hatte, hätte mich nach diesen immer wiederholten Folterungen noch erkennen können. Im Laufe des Tages geriet ich dann aber doch in eine zerbrochene seelische Verfassung, so daß ich mich entschloß, einige der gewünschten Angaben zu machen. So nannte ich in der nächsten Nacht, auf Befragen, drei Namen von »Mitverschwörern«, von denen ich wußte, daß zwei bereits verstorben waren, der dritte emigriert. Zögernd und stockend sagte ich diese Namen her in der Hoffnung, daß mindestens eine Woche vergehen werde, bis man festgestellt hatte, daß die Genannten nicht mehr vernommen werden könnten. Darin täuschte ich mich aber. Zwar zeigte der Major zunächst große Freude, der »Betrug« wurde aber rasch entdeckt und die folgende Nacht brachte Not und Qual für mich wie die früheren. Wenn ich später, besonders im Zuchthaus, zufällig auf einen Nagel oder Holzspan trat, kam sofort die qualvolle Erinnerung an das gehetzte und peinigende Herumlaufen dieser Nächte mit meinem Foltermeister in mir wieder herauf.

Ich habe jedoch vergeblich versucht, den armen Propst Pál Bozsik zu schützen. Als ich später, im Inquisitenspital, das Buch über den Prozeß des Erzbischofs von Kalocsa las, erfuhr ich, daß Bozsik in den Grósz-Prozeß einbezogen und schwer bestraft worden war. Noch später, nach meiner Befreiung vernahm ich, daß er unter nicht näher bekannten Umständen im Staatsgefängnis gestorben sei. Ich habe ihn immer hochgeachtet als einen Mann der Überzeugungstreue.

Schließlich erreichen die Polizisten doch ihr Ziel, als sie mich zur Bestätigung einer groben Unwahrheit bewegen können. Trotz meiner Gebrochenheit schreckte ich zwar zunächst zurück. Aber ich vermochte nicht mehr zu kämpfen. Der Gedanke an den Gummiknüppel ließ mich schon im voraus erzittern, und ich unterschrieb – mit einer kleinen letzten List, wie einst die gefangenen Ungarn in der Türkei: ich setzte hinter meine Unterschrift C. F., was soviel heißt wie = coactus feci, ich tat es gezwungen, ich unterschrieb unter Zwang. »Was soll das: József Mindszenty C. F.« fragte der Oberst mißtrauisch. Ich antwortete, das sei die Abkürzung für Cardinalis foraneus, also für die Bezeichnung eines provinzialen und nicht kurialen Kardinals. Er beruhigte sich, freute sich sogar, endlich eine Unterschrift von mir erhalten zu haben, und befahl, mich wieder in die Zelle zu führen. Seine Freude ist mir begreiflich gewesen. Sicherlich war er von seinen Oberen schon getadelt worden wegen seiner Erfolglosigkeit, wahrscheinlich hatten sich Rákosi und auch Stalin sehr unzufrieden gezeigt. Die Sache hatte allerdings üble Folgen. In der folgenden Nacht stürzte der Oberst in fünfköpfiger Begleitung in meine Zelle. Mit Aktenpaketen und mit Fäusten schlugen sie auf mich ein: »Du Vieh«, schrie der Oberst. »Du hast uns zum Narren gehalten. Weder vor noch unter, noch neben deinen Namen darfst du noch etwas beifügen. Du bist kein Kardinal, kein Erzbischof mehr, sondern nur noch ein Zuchthäusler.«

Dies war das letzte Ereignis dieser Haftzeit, das mir in seinen Einzelheiten noch deutlich im Gedächtnis geblieben ist. Was sich später, nach dem Ende der zweiten Woche Haft, also zwischen dem 10. und 24. Januar 1949, ereignet hat, steht mir nur noch in Bruchstücken im Gedächtnis. Vieles trat erst wieder in mein Bewußtsein, als ich das »Gelb-Buch« und das »Schwarz-Buch« las. So ist es möglich, daß ich in meiner zweiten Haftperiode zwar weniger geschlagen, aber in gesteigertem Maße mit Drogen bearbeitet wurde. Die Ärzte kamen verdächtig regelmäßig, um mein Befinden, meine Gesundheit zu kontrollieren. Meine Widerstandskraft nahm dafür jetzt fühlbar ab. Ich vermochte es nicht mehr, treffsicher zu argumentieren, wies auch grobe Lügen und Entstellungen nicht mehr zurück, ja ich resignierte hin und wieder sogar mit den Worten: »Es erübrigt sich, hier noch etwas zu sagen, es mag sich so verhalten, wie andere es behaupten.« Solche Antworten gab ich meistens dann, wenn sie aus den »Verhörprotokollen« der »Mitschuldigen« und »Zeugen« vorlasen. Ich unterzeichnete Texte, von denen ich annahm, sie seien meinen Wünschen gemäß abgeändert worden, ohne zu wissen, daß die Protokolle jeweils in verschiedenen Varianten ausgefertigt waren und daß die von mir unterschriebenen Urkunden oft andere Daten und Tatsachen enthielten als die mir vorgelesenen Schriftstücke. Ich hatte auch keine Möglichkeit, die Texte vor ihrer Unterzeichnung noch einmal durchzulesen, und kümmerte mich, auch von allem ermüdet und angewidert, oft nicht mehr darum, ob das Geschriebene genau meinen Aussagen entsprach. Offensichtlich war ich bereits irgendwie ein anderer Mensch geworden.

Die Dokumente

In der amerikanischen Botschaft kam mir dann Jahre später das sogenannte »Gelb-Buch«, ein Schriftstück mit dem Untertitel »Dokumente des Kriminalfalls Mindszenty«, unter die Augen. Schon die wiedergegebenen Verhörprotokolle waren für mich eine große Überraschung. Noch mehr erstaunte ich über die Veröffentlichung meines »eigenhändig geschriebenen Geständnisses«. Mir schien, daß jedermann dieses Schriftstück sogleich als eine plumpe Fälschung hätte erkennen müssen, da es ein völlig stümperhaftes Erzeugnis ist. Als ich jedoch daraufhin ausländische Bücher, Zeitungen und Zeitschriften durchging, die über meinen Fall berichteten und sich über mein »Geständnis« äußerten, wurde mir klar, daß die Öffentlichkeit zu der Ansicht gekommen sein mußte, das »Geständnis« sei, in halbbewußtem Zustand und unter dem Einfluß einer Gehirnwäsche, tatsächlich von mir verfaßt worden. Mit dieser Vermutung suchten die Beurteiler die zahlreichen orthographischen Fehler und die wirren Formulierungen des Schriftstücks zu erklären. Sie nahmen zwar an, die Polizei habe Schriftexperten zur Retuschierung des Textes herbeigezogen, aber es schien ihnen unglaubhaft, daß die Polizei selbst eine von ihr hergestellte Urkunde im »Gelb-Buch« veröffentlicht haben würde. Das »Gelb-Buch« erschien Mitte Januar 1949, also in der dritten Woche meiner Untersuchungshaft. Im vorangegangenen Kapitel habe ich meine damalige seelische und körperliche Verfassung geschildert. Ich war in der Tat ein gebrochener Mann, bin aber trotzdem sicher nicht bereit gewesen, ein solches »Geständnis« aufzusetzen oder es nach Diktat niederzuschreiben. Sicher habe ich meistens nach Anbringung von Korrekturen Schriftstücke unterzeichnet, die ich in normalem Zustand niemals unterschrieben hätte, aber es ist mir immer noch in der zweiten Hafthälfte gelungen, eindeutige Lügen und Verfälschungen abzuweisen, selbst wenn sie weit weniger belastend waren als diese hier. Es könnte sein, daß eine Sonderbehandlung mit dem Gummiknüppel tatsächlich ein Geständnis nach Diktat von mir in verminderter Zurechnungsfähigkeit erpreßt hätte, die zur Niederschrift nötige körperliche Kraft wäre dann aber nicht mehr vorhanden gewesen. Ich wäre in der Tat wahrscheinlich nicht einmal mehr des korrekten Schreibens, vom Denken gar nicht zu sprechen, fähig gewesen. In meinen Erinnerungen deutet aber gar nichts auf die Ausfertigung eines solchen handschriftlichen Geständnisses hin. Es muß von der Polizei und ihren Schriftsachverständigen hergestellt worden sein. Sie hatten offenbar rasch zu arbeiten und taten es ungeschickt und nervös; sicherlich standen sie unter dem Druck ihrer übergeordneten Behörde, wofür ich auch Hinweise besitze. Als wir später in der amerikanischen Botschaft einmal auf diese Fragen zu sprechen kamen, erklärte ein Botschaftsbeamter, der über die Zusammenhänge orientiert war, daß es sich in der Tat um eine Fälschung handelte. Ein Ehepaar Sulner hat sich in einer Artikelserie in der New York Herald Tribune, im Juli 1950, zur Sache ausführlich geäußert. Die Artikel wurden auch in Budapest bekannt, denn die amerikanische Botschaft legte sie in ihrer Bibliothek in Buda aus. In Scharen strömten – besonders an Sonntagen – die Bewohner der ungarischen Hauptstadt herbei, um sich dort ohne die ungarische Zensur über mich und mein Verhalten zu informieren. Die Exemplare sollen bald gänzlich zerlesen gewesen sein. Man wollte wenigstens die Illustrationen sehen. Wenn jemand aber der englischen Sprache mächtig war und den erläuternden Text übersetzte, fand sich stets ein großer Zuhörerkreis zusammen. Rákosi wurde denn auch bald auf diese Bibliotheksbesuche und ihre Hintergründe aufmerksam. Er ließ die Botschaft wissen, daß sie nicht zum Betrieb einer

Bibliothek ermächtigt sei, so daß diese Informationsquelle, auch um die Leser nicht in Schwierigkeiten zu bringen, geschlossen werden mußte.

Ich las dann die Berichte der New York Herald Tribune selbst. Es hieß darin, in Budapest habe eine Frau Hanna Fischof ein Schriftexpertise-Büro betrieben, dem ein Laboratorium angeschlossen war. Sie hatte das Geschäft von ihrem Vater übernommen. Nach dessen Tod heiratete sie einen Mann namens László Sulner. Der Vater hatte einen Apparat konstruiert, der es ermöglichte, einem Manuskript Buchstaben, Wort- und Satzteile zu entnehmen, nach Belieben anders wieder zusammenzufügen und so ein neues Manuskript herzustellen. Sulner übernahm den Apparat und vermochte mit ihm Schriftstücke herzustellen, die selbst von Fachleuten als Originale gewertet wurden. Auch der Verfasser konnte das Schriftstück, das seine Schriftzüge zeigte, nur aus ungewohnten Formulierungen, also aus dem Inhalt als Fälschung erkennen.

Im September 1948 hielt Sulner in Budapest vor Experten, unter denen sich auch Beamte der Polizei befanden, einen Vortrag über die von seinem Schwiegervater ausgearbeitete Methode, den sogenannten Fischofsapparat. Ein paar Tage später wurde das Laboratorium von zwei Offizieren der Geheimpolizei aus der Andrássystraße besucht. Sie waren von József Szaberszky, dem Flügeladjutanten Péters, gesandt und brachten Schriftstücke zur Überprüfung mit. Eines davon stammte angeblich von meinem Mitangeklagten Jusztin Baranyay und enthielt eine Liste der von mir nach dem Umsturz zu ernennenden Minister. Sulner erkannte es jedoch sogleich als Fälschung. Auf Befragen erklärte er, daß er mit seinem Apparat eine weit bessere Fälschung herstellen würde. Er sollte daraufhin sein Können beweisen. Das Ergebnis befriedigte die Beamten, und er fertigte im September des Jahres 1948 ein noch vollkommeneres »Dokument« in der Handschrift Baranyays an. Am 30. Dezember berichteten die Zeitungen erstmals, ich hätte, gezwungen durch die Last der Beweise, ein Geständnis abgelegt. Sulner mußte zu seiner Überraschung feststellen, daß das von ihm hergestellte Fabrikat unter den Beweisen aufgeführt wurde.

Ich befand mich noch in Untersuchungshaft, als am 4. Januar 1949 Sulner wiederum Besuch von zwei Polizeioffizieren erhielt, die ihm mehrere bei der Hausdurchsuchung beschlagnahmte Aktenpakete mit der Forderung überbrachten, aus diesen Akten ein »handgeschriebenes« Geständnis von mir herzustellen, das einem mitgebrachten, maschinengeschriebenen Entwurf entspreche. Sulner erschrak vor der Tragweite seiner Kunst und weigerte sich, ging schließlich aber doch darauf ein, weil ihm mit der Liquidation gedroht wurde.

In den New-York-Herald-Tribune-Artikeln erklärte Sulner weiterhin, das im »Gelb-Buch« reproduzierte »Dokument« zur Bodenreform sei auch eine Fälschung aus seiner Hand. Der Inhalt dieses »Dokumentes« zeigt, wie man das Landvolk gegen mich aufwiegeln wollte: Es heißt darin vermeintlich aus meiner Feder:

»Das Landvolk wurde durch das Geschenk der Bodenreform bestochen. Der Schaden dieser Maßnahme wird schon spürbar. Eine solche Feststellung machen nicht bloß die Geschädigten, sondern auch die Beschenkten. Im Parlament erklärten die Bodenverteiler selber, daß der Ertrag, den der verteilte Boden (400 000 Katastraljoch) bringt, immer geringer werde infolge mangelnder Sachkenntnis in der Wirtschaftsplanung. Das Obst werde von Blattläusen vernichtet.« Zu diesem Text brachte das »Gelb-Buch« noch folgenden Kommentar der Anklagebehörde: »Gemäß den Worten Mindszentys ist die Bodenreform also ein Schlag, wie ihn das ungarische Volk noch nie erlitten hat. So beurteilt der überhebliche Feudalherr jene Reform, die 600 000 ungarischen Bauernfamilien zu eigenem Grundbesitz verhalf. Er bezeichnet den ungarischen Bauern als faul und unwissend und versucht, ihm auf diese Weise den Boden wieder streitig zu machen« (Gelb-Buch S. 77).

Das Ehepaar Sulner erklärte auch, daß es in jener Zeit, auf maschinengeschriebenen Akten, gefälschte »Unterschriften und Randbemerkungen aus der Hand des Kardinals« hätte anbringen müssen. Diese »Unterschriften« und »Glossen« sollten den Eindruck erwecken, ich hätte diese Schriftstücke, bei denen es um Spionage und Verschwörung ging, studiert und aufbewahrt.

Bemerkenswert war in diesen Artikeln auch die Mitteilung, daß die beiden Schriftexperten von den Funktionären zu immer rascherer Arbeitsweise angetrieben wurden. Sulners wollten jedoch sorgfältige und genaue Arbeit leisten, die ihre Zeit brauchte. So versuchten die Polizeibeamten nach der Sulner-Methode selbst Fälschungen herzustellen. Schließlich befahl der Kommissar Szábersky die Übersiedelung des ganzen Sulnerschen Betriebs samt Geräten in den Polizeistandort. Alle Aufträge sollten fortan dort ausgeführt werden. Der Fischofapparat mußte zwei Wochen im Monat ausschließlich der Polizei zur Verfügung stehen. Die Fälscherei wurde also zum Großbetrieb, und die gehetzten Leute waren Tag und Nacht am Werk. In der Andrássystraße und im Privatlaboratorium Sulners gingen Polizeioffiziere ein und aus, brachten Anordnungen, Entwürfe, ergänzten und änderten Akten entspre-

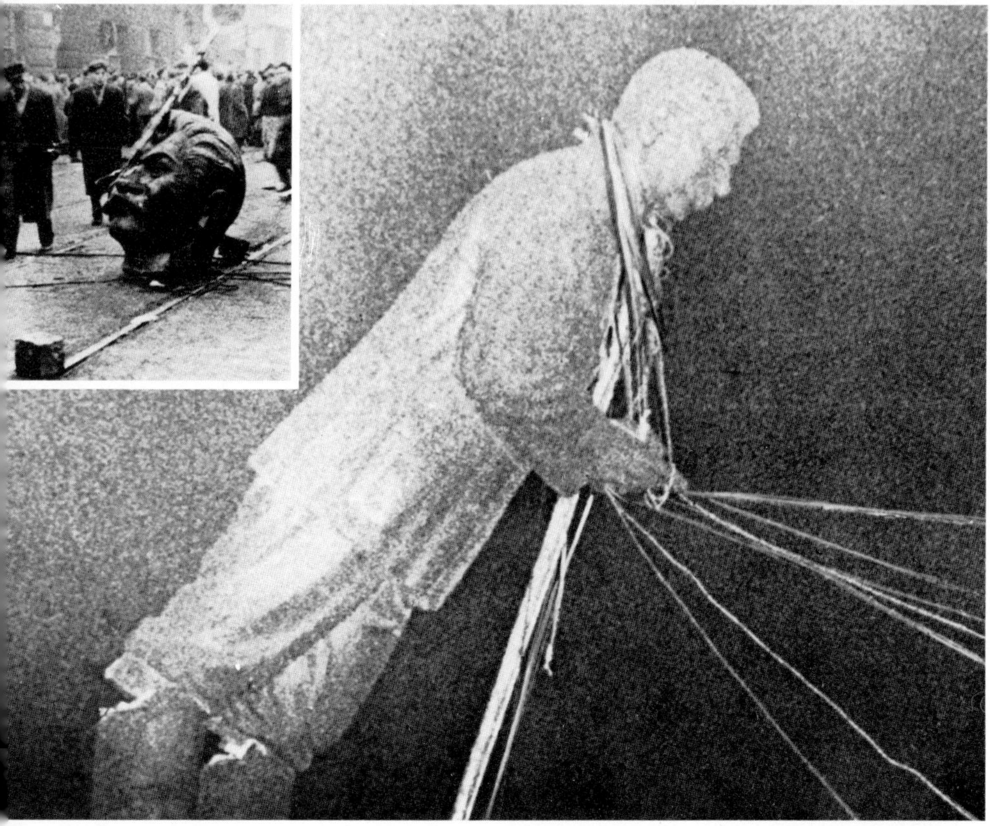

. Truppenparade vor dem
alindenkmal in Budapest.

55. und 56. Ungarische
Revolution 1956. Das
Stalindenkmal wird von

seinem Podest gestürzt.
Der Kopf wird durch die
Straßen der Stadt geschleift.

57., 58. und 59. Aus den
Tagen des Straßenkampfs.
Gesprengte sowjetische
Panzer, getötete Sowjet-
soldaten.

62. Bei den Straßen-
kämpfen wurden auf
beiden Seiten Artillerie
und Panzer eingesetzt
(rechte Seite). Die Ent-
scheidung wird durch den
Übergang großer Teile der
ungarischen Armee auf
die Seite der Aufständische
herbeigeführt.

61. Imre Nagy, während
der Revolution zum zweiten
Male Ministerpräsident.

60. Pál Maléter, der
militärische Führer des
Aufstands.

63. und 64. Die Revolutionäre feiern ihren Sieg.

65. Aus der ungarischen
Nationalflagge sind
Hammer und Sichel heraus-
geschnitten.

chend den wechselnden Einfällen der Prozeß-Regisseure. So mußten oft mühevoll hergestellte »Dokumente« plötzlich durch andere, neue ersetzt werden. Zusammen mit Sulner, oft aber auch ohne sein Wissen, benützten jetzt unkundige, branchenfremde Leute den Apparat. Das Produkt solcher Anstrengungen waren dann Elaborate, die sich in außergewöhnlicher Form und Orthographie präsentierten; ebenso wie auch mein »Geständnis«.

Am 6. Februar 1949 gelang es dann dem Ehepaar Sulner, ins Ausland zu flüchten. Anhand von mitgenommenen Mikrofilmen konnten Sulners ihre Aussagen belegen. Darauf erhob sich in der ungarischen Presse eine heftige Polemik, und man munkelte, als László Sulner plötzlich unter dunklen Umständen starb, daß er das Opfer einer heimlichen Rache der Polizei geworden sei. Solche »Texte« waren also die Grundlage der Argumente des Prozesses. Auf sie stützte sich meine Verurteilung zu lebenslänglicher Haft.

Vorbereitung auf den Schauprozeß

Ich erwähnte schon, daß ich in den Tagen, die auf die ersten vier Wochen Untersuchungshaft folgten, in einem Dämmerzustand lebte. – Ich war vor vielen Jahren mehrere Male in Narkose operiert worden. Mein Befinden in der Andrássystraße am Ende der Untersuchungshaft möchte ich mit der Unsicherheit und Verwirrtheit nach dem Erwachen aus der Narkose vergleichen. – Ich hatte das Gefühl, daß mir das Rückgrat und andere wichtige Teile des Körpers fehlten. Ob ich in dieser Zeit auch geschlagen wurde oder nicht, wüßte ich heute nicht mehr zu sagen.

Nur von den letzten beiden Tagen dieser Periode – dem 1./2. Februar 1949 – kann ich mit Gewißheit sagen, daß man alle Mißhandlungen unterließ. Dies offenbar in Hinsicht auf die am 3. Februar beginnenden Verhandlungen vor dem Volksgericht. Wahrscheinlich wurden auch keine Drogen mehr verabreicht. Trotzdem kamen die Ärzte wie gewohnt zur Untersuchung. Mir schien sogar, sie seien besorgter als früher und verweilten länger bei mir. Sie hatten wohl den Auftrag, einen gänzlichen Zusammenbruch zu verhindern. Sowohl Stalin wie Rákosi werden gewünscht haben, mich die Rolle in ihrem »Drama« bis zu meiner vollen Erniedrigung spielen zu lassen. Sicherlich verdanke ich andererseits auch dieser Absicht, daß ich die Andrássystraße gleichwohl lebend und ohne unheilbare gesundheitliche Schäden verlassen konnte. Auch heute – nach einem Vierteljahrhundert – spüre ich freilich in schmerzlichen Krämpfen, die zeitweise in meinem ganzen Körper auftreten, die Nachwirkungen jener qualvollen Tage.

Nachdem ich das »Schwarz-Buch« meines Prozesses gelesen habe, kann ich mich jetzt an das Folgende wieder langsam erinnern:

23. Januar 1949. Ein Oberleutnant der Untersuchungskommission betrat meine Zelle, setzte sich zu mir, stellte sich als katholischer Mann vor, erklärte mir, sein Glaube und seine christliche Überzeugung seien unerschütterlich fest. Allein die Sorge um seine und seiner Familie Existenz könnten ihn in dieser sinistren Gesellschaft in der Andrássystraße festhalten und zwängen ihn, an den Verhören teilzunehmen; er fühle mit mir, ängstige sich, weil er bemerkt habe, daß es jetzt um mein Leben gehe und nicht mehr nur um eine Gefängnisstrafe von vier oder fünf Jahren. Seit Tagen überprüfe er die Möglichkeit meiner Befreiung, dies um so mehr, weil ihm selbst auch von Oberst Décsi, seinem Vorgesetzten, vielerlei Injurien zugefügt worden seien.

Der Oberleutnant erzählte mir das alles in ehrlichem Ton. Ich war tief betroffen. In meiner Verlassenheit betörte mich seine Anteilnahme, und ich begann wieder zu hoffen. Im Licht dieser Hoffnung wurde mir der Mann sogar sympathisch. So überlegte ich, ob er es vielleicht gewesen sei, der mir den Meßwein morgens hingestellt hatte, er hatte mir einmal auch Trauben gebracht, seine Tonart bei den Verhören war jedesmal freundlicher als die seiner Kollegen gewesen, und als alle zusammen mich einmal schlugen, sind seine Schläge die schwächsten gewesen. – So dünkte mich sein Wohlwollen ehrlich und verdrängte jeden Verdacht. Ich fragte ihn daher: »Können Sie mir Ihr Ehrenwort geben, daß Ihre Vorschläge aufrichtig gemeint sind?« Da erhob sich der Mann und gab die Bestätigung fast feierlich bei seiner Offiziersehre. Er gab mir auch seine Karte, auf der sein Name László Jámbor stand. Dann setzte er sich wieder zu mir und erläuterte mir seinen Rettungsplan. Folgendes war vorgesehen: Ich sollte im gleichen amerikanischen Flugzeug, das mich seinerzeit nach Rom gebracht hatte, jetzt ins Ausland fliehen. Er selbst würde mich begleiten. Er empfahl mir daher, mich möglichst rasch mit dem amerikanischen Gesandten in Verbindung zu setzen und ihm einen Brief zu schreiben. Dafür legte er ein mitgebrachtes Papier vor mich hin und half mir, den geeigneten Text aufzusetzen. Es ist mir heute nicht mehr möglich, zu entscheiden, ob der Text auf Seite 97 im »Schwarz-Buch« damit identisch ist. Der Oberleutnant nahm das Schreiben an sich. Anderntags brachte er die Antwort der Amerikaner. Sie waren bereit, meinem Wunsch zu entsprechen, obwohl sie – wie er erklärte – sich ungünstig über mich geäußert hätten, weil ich früher auf die Unterstützung der Gesandtschaft verzichtet hätte. Er äußerte die Meinung, es wäre für mich vorteilhafter gewesen, schon vor der Verhaftung zu entfliehen; nun müsse er sehen, wie man mit den Hindernissen, die sich aufgetürmt hatten, fertig werde. Trotzdem verspreche er mir, sein Äußerstes zu tun, so daß ich schon nach Ablauf von 48 Stunden freien Boden betreten könne. Er werde für den Abflug ein günstiges Gelände ausfindig machen. Wir würden das Haus hier unbemerkt verlassen und uns im Taxi dorthin begeben. Er bürge mit seiner Offiziersehre für das Gelingen des Planes.

Bei den nächtlichen Verhören der nächsten Tage war mein Offizier nicht mehr dabei. Eines Tages kam er aber plötzlich wieder zu mir in voller Uniform in die Zelle. Er wollte sich rechtfertigen und sagte, er habe nichts unternehmen können, er sei plötzlich und unerwartet mit einer Polizeiabteilung an die Grenze abkommandiert worden. Eben zurückgekehrt, komme er, um mir zu sagen, daß jetzt die Kontakte mit den Amerikanern, auf die wir zählen könnten, hergestellt würden.

Es stellte sich dann bald heraus, daß die Fluchtidee gar nicht von diesem »gläubigen und gütigen« Offizier, sondern von den Regisseuren meines Schauprozesses stammte. Ich habe die Episode nur beschrieben, um dem Leser ein Bild von den Machenschaften zu geben, in die ein Mensch hineinmanövriert werden konnte, wenn er sich in der Maschinerie der Andrássystraße befand.

Der »Fluchtplan« spielte nun im Schauprozeß eine wichtige Rolle. Mein bestellter Verteidiger brachte heuchlerisch vor, ich hätte meine Sünden reuig bekannt und auch Wiedergutmachung versprochen; darum halte er es für billig, daß das Volksgericht, in Hinsicht auf meine Reue, nicht die Strenge des Gesetzes walten lasse, sondern ein mildes Urteil fälle. Nach diesem Plädoyer entgegnete der Staatsanwalt, gerade der Fluchtplan weise nicht auf Reue, sondern auf Verstocktheit hin.

Dazu muß ich nachtragen, daß ich mir in der vierten Woche meiner Untersuchungshaft einen Verteidiger wählen sollte. Ich hatte gleich zu Anfang schon einen Verteidiger gefordert und wollte den mir befreundeten Strafverteidiger József Gróh mit diesem Amt betrauen; er war jedoch schon selbst verhaftet. So bat ich den Präsidenten der Anwaltskammer um die Übernahme des Mandats. Oberst Décsi teilte mir dazu aber mit, daß er dies ablehne. Später erfuhr ich, daß inzwischen meine Mutter Endre Farkas, einen bekannten Budapester Anwalt, gebeten hatte, meine Verteidigung zu übernehmen. Er durfte aber während der Voruntersuchung nicht bei mir vorsprechen. In der vierten Woche endlich war Décsi bereit, einen Verteidiger zuzulassen, und empfahl mir selber, Dr. Kálmán Kiczkó zu wählen. »Tun Sie, was Ihnen gefällt«, sagte ich in meinem damals schon gebrochenen Geisteszustand und unterzeichnete ein entsprechendes Ermächtigungsschreiben. Das mag um den 20. Januar herum geschehen sein. Der Anwalt erschien aber erst zum Monatsende, als die Verhöre bereits abgeschlossen waren. Ich kannte ihn nicht, hörte später jedoch, daß er schon in der ersten Kommunistenzeit Ungarns eine Rolle gespielt habe. Damit ist klar, auf welcher Seite er stand. Mit diesem »Verteidiger« traf ich mich also in einem Zimmer des ersten Stockwerkes des Gefängnisses zur Besprechung. Ein Aufpasser war dabei. Unser Gespräch dauerte nur etwa eine Viertelstunde. Kálmán Kiczkó erzählte mir, er stamme aus Siebenbürgen, sei in Klausenburg Tafelrichter gewesen und wirke nun in Budapest als Advokat, er sei gut bekannt mit den Zisterziensern in Zirc. Daraus sollte ich wohl schließen, daß er Ungar und ein guter Christ sei. Ich berichtete ihm von den nächtlichen Verhören, von der Forderung, bereits im voraus abgefaßte Protokolle zu unterschreiben, von der Gummiknüppel-Tortur und vom Schlafentzug.

Darauf erklärte er sofort: »Wenn Sie bei den Verhandlungen solche Dinge vorbringen wollen, übernehme ich die Verteidigung nicht. All das können Sie nicht beweisen. Ihre Lage wird dadurch nur verschlimmert. Um ein milderes Urteil zu erwirken, soll man über solche Vorkommnisse schweigen. Das ist klüger.« Ein Verteidiger hatte sich also in den Schauprozeß so einzuordnen, daß er in seiner Funktion vor allem die Interessen der Behörden wahrnahm. Ich vermute, Kiczkó hat meine Verhörprotokolle weder gesehen noch gelesen. Man übergab ihm wohl einfach einen Rollentext, damit er ihn noch rasch vorher studiere. Eine Durchsicht meiner Akten wäre ja, ihrer großen Zahl wegen, überhaupt in so kurzer Zeit gar nicht möglich gewesen.

In diesen Tagen »besuchte« mich auch Oberst Décsi persönlich. Er meinte, ich würde höchstens zu vier bis fünf Jahren Freiheitsentzug verurteilt werden. Er könne das sagen, weil zwischen Justiz und Polizei enge Beziehungen bestünden. Trotzdem zeigte er sich meinetwegen besorgt und sagte, daß der Staatsanwalt, der nach Parteianweisung handle, ein unsicherer Faktor sei. Ich selbst hätte mir viel geschadet, weil ich mich als hartnäckiger Feind eines »Ausgleichs zwischen Kirche und Staat« erwiesen hätte. Wenn ich jetzt aber zur Zusammenarbeit bereit wäre, könne die Polizei vielleicht eine günstigere Situation für mich herbeiführen. »Vergessen Sie nicht«, erklärte er belehrend, »daß auch der Vatikan, wenn Sie einmal im Sinne der Anklage verurteilt sind, Sie

Ihres Amtes entheben wird. Es steht nämlich beim hl. Paulus geschrieben: Der Bischof muß untadelig sein.«

Ich hörte gelassen zu und entgegnete nichts. Einen Augenblick lang fühlte ich, daß ich mich dem großen Verführer selber gegenüber befand. Mir schien, als tanze deutlich über dem Haupt von Décsi ein farbiges Licht in einem Rahmen. Die Erscheinung dauerte zwei oder drei Minuten. Sie wiederholte sich später im Gefängnis und im Krankenhaus noch mehrere Male. Décsi verließ mich, ohne Antwort erhalten zu haben.

Wahrscheinlich schon am nächsten Tag wurde ich Gábor Péter vorgeführt.

Der General empfing mich beinah herzlich und mit mildem Vorwurf. Er stellte fest, ich sei ihm gegenüber abweisend und würdige ihn keines Blickes. Er jedoch sei wohlwollend zu mir und arbeite für mein Bestes. Er wünsche, daß ich dies jetzt, da wir nicht mehr lange zusammen sein würden, zur Kenntnis nähme, damit der Abschied im Zeichen der Versöhnung vollzogen werden könne. Ich spürte die Heuchelei und Drohung, die in seiner Stimme mitklangen, als er fortfuhr: »Vergessen Sie nicht, Ihr Schicksal liegt in meiner Hand. Ich kann veranlassen, daß Ihnen trotz der schweren Anklagen nur vier bis fünf Jahre Gefängnis zubemessen werden. Sie könnten außerdem im Austausch vielleicht schon nach acht Monaten nach Rom gelangen.«

Wie gestern, während der Unterhaltung mit Oberst Décsi, war wieder die Rede vom »Ausgleich zwischen Kirche und Staat«. Aus einem Artikel, der wohl im »Magyar Nemzet« erschienen war, entnahm er die Mitteilung, es seien Verhandlungen zwischen der Regierung und der Bischofskonferenz vereinbart worden, ich selbst hätte Gelegenheit, daran teilzunehmen. Allerdings, so behauptete er, zeige sich die Delegation der Bischofskonferenz meiner Sache gegenüber uninteressiert. Sie habe erklärt, daß sie das Urteil über mich und mein Schicksal der Weisheit der hohen Regierung überlasse. »Vertraulich«, fügte Gábor Péter hinzu, »kann ich Ihnen verraten, daß auch mehrere Bischöfe gegen Sie Stellung genommen haben.«

Und er nannte einige Namen. – Offenbar entstammten diese Mitteilungen dem Inventar der Abteilung »psychologische Bearbeitung«. In mir sollte ein Gefühl völliger Verlassenheit geweckt werden. Ich schwieg auch gegenüber Gábor Péter.

So wurde ich wieder in die Zelle geführt, und es erschien Décsi, der mir erklärte: »Ich habe eine Idee. Beantragen Sie – mit Rücksicht auf Ihre Stellung – die Aussonderung Ihrer Sache aus den Verhandlungen des Volksgerichtes. Sie müssen jedoch selbst dringend um ein solches Entgegenkommen ersuchen.« Das widrige Gefühl, das ich diesem Menschen gegenüber früher empfunden hatte, machte sich jetzt nicht mehr so deutlich bemerkbar, meine Vorsicht ihm gegenüber war aber nicht geschwunden. Wie jeder Gefangene wünschte ich indessen zuerst einmal wieder frei zu werden. So schien mir der Vorschlag einer Prüfung wert. Gleich aber bedrängte mich auch wieder der Gegengedanke: »Was werden meine Mitangeklagten sagen, wenn mein Fall herausgenommen wird?« So äußerte ich diese Bedenken. Décsi entgegnete: »Sie können sich darüber die Meinung von Universitätsprofessor Dr. Jusztin Baranyay anhören«, und schon wurde ich zum Professor geführt. Jusztin Baranyay, ein jederzeit gütiger und freundlicher Mönch, stand abgemagert, leidgezeichnet und mit apathischem Blick vor mir. Ich legte ihm den Plan vor und tat so, als ob er meinen eigenen Überlegungen entspränge. Er äußerte sich nicht gegen das Vorhaben, billigte es sogar und meinte, in der Geste der Versöhnung sei immer auch das Gute enthalten; die Mitangeklagten könnten sich kaum dadurch verraten oder verletzt fühlen. Es sei vielmehr so, daß meine Entlassung im Gemeininteresse geschehe, das Ausscheiden des Hauptangeklagten werde sich sicher vorteilhaft für alle anderen auswirken. Wir dachten in diesem Augenblick beide nur an die günstige, von Décsi angepriesene Chance, ohne zu bemerken, daß uns in Wirklichkeit von diesem aalglatten Mann nur eine neue Falle gestellt wurde.

So trennten wir uns. Décsi kam wieder zu mir. Er hatte schon dafür gesorgt, daß mein Gesuch ohne Verzug an den Justizminister abging.

Der Schauprozeß

Ich war – nicht zuletzt durch die eigenen Erlebnisse während meiner ersten kommunistischen Gefangenschaft – gut orientiert über die Art totalitärer Rechtsprechung. Nach 1945 hatte mich – als Primas des Landes – das Los der vielen Verurteilten vom menschlichen Standpunkt aus nahe berührt. Ich wußte um ihre Lage, ihre Not, ihr Leiden. Weil ich im menschlichen Interesse aller Verfolgten öfter meine Stimme erhoben hatte, mußte ich alle neu angeordneten Verordnungen und Gesetze der Regierung überprüfen. Ich konnte bald feststellen, daß sie weitgehend wieder nur zum Nutzen einer Partei geschaffen waren. Man nannte das »sozialistische Gesetzlichkeit«. Auch von den eigenen Er-

fahrungen war mir schon bekannt, in welcher Weise in der Andrássystraße Protokolle und Geständnisse hergestellt wurden. Was mich selbst
dort erwartete, überraschte mich daher nicht; es dauerte etwa fünf
Wochen, bis ich mich in mein Schicksal fügte und Bedrängnis und Ver-
demütigung als Aufgabe annahm. Hatte ich bei der Verhaftung noch
ein volles klares Bewußtsein dieser Prüfungen, so war das später aber
nicht mehr der Fall. Die »planmäßige Behandlung« hat mich schließlich
so zermürbt und verwirrt, daß ich kaum mehr in der Lage war, sofort
zu übersehen, was mit mir geschah. So konnte ich nicht immer gleich
und zielsicher Stellung nehmen.

In den Tagen der Gerichtsverhandlung leiteten – soweit ich mich
erinnere – folgende Wünsche mein Denken und Tun:

1. Ich werde mit aller Kraft meine Kirche und ihren Einfluß verteidigen. – Ich erwog auch alle Möglichkeiten eines Übereinkommens
zwischen Kirche und Staat. Nicht zuletzt Oberst Décsi mit seinen Über-
redungskünsten drängte mich zu diesen nicht ungefährlichen Erwägungen.

2. Ich werde niemandem Schaden zufügen. – So unterließ ich vornehmlich aus diesem Verlangen jede Erwähnung der Foltern, die man
mir in der Andrássystraße zugefügt hatte; ich fürchtete, ein Hinweis
darauf könne die Staatspolizei eher zu neuen Verhaftungen und Drang-
salen von Mitarbeitern und Priestern führen.

3. Ich will um jeden Preis verhindern, mit meinem eignen Klerus
und etwaigen »Geständnissen« von Geistlichen konfrontiert zu werden, um nicht das Vertrauen des Volkes in die Kirche und seine Seelsorger zu erschüttern. Daher übernahm ich in bezug auf den Vorwurf
des Mißbrauchs von Zahlungsmitteln allein die ganze Verantwortung.

In politischen Prozessen waren nicht die gewöhnlichen Gerichte zuständig, sondern die sogenannten »Volksgerichte«. Ihre Organisation
war durch das sowjetische Muster vorgeprägt. So kam auch mein Fall
vor ein Sondergericht des Budapester Volksgerichtes. Das Richterkol-
legium umfaßte einen Fachrichter und vier Volksrichter. Der Gerichtsvorsitzende wurde vom Justizminister ernannt, die Volksrichter erhielten ihre Mandate von den politischen Parteien. In meinem Fall amtete
als Gerichtsvorstand Vilmos Olti, ein ehemaliger Pfeilkreuzler, der nun
aber Mitglied der Kommunistischen Partei geworden war. Seine Vergangenheit zwang ihn zu besonderer Diensteifrigkeit den neuen Parteigenossen gegenüber. Er wurde ihr willfähriges Instrument. Weil er in
seinen Gymnasial- und Universitätsjahren der Marianischen Kongregation angehört hatte, versuchte man mit Hinweis auf diese Tatsache

den Eindruck zu erwecken, der Prozeß des Kardinal-Primas befinde sich in den Händen eines gläubigen Richters.

Neben dem Vorsitzenden spielte Gyula Alapi eine spektakuläre Rolle. Erst kurze Zeit vorher war er oberster Staatsanwalt geworden. Auch ihn beauftragte man im Hinblick auf seine katholische Vergangenheit. Er entstammte einer guten, gläubigen Familie, machte – unterstützt von kirchlichen Stellen – seine Studien in katholischen Schulen, erwies sich jedoch bald als ein leichtsinniger und haltloser junger Mann und wandte sich in den Nachkriegsjahren der Kommunistischen Partei zu. Er erzielte hier rasch und leicht Erfolge. Zur Zeit meines Prozesses war er vielleicht dreißig Jahre alt, und sogar mein Verteidiger feierte ihn während der Verhandlungen als einen »neuen Stern« am Juristenhimmel. Selbstbewußt thronte er als Staatsanwalt auf seinem Platz zwischen Gericht und Polizei.

Der Schauplatz der Gerichtstagung bot folgendes Bild:

Den Richtern gegenüber saßen wir Angeklagten. Rechts von uns waren die Plätze der Verteidiger, links die der Polizei, an ihrer Spitze Décsi. Hinter den Richtern hatten die Stenografen Platz genommen. Daneben, durch eine Glaswand getrennt, befanden sich die Radiotechniker, die die Mikrophone bedienten und an die Journalisten »die Geständnisse« weitergaben. Diese müssen aber bereits bearbeitet vorgelegen haben, was aus der Tatsache zu erkennen ist, daß Tonbandaufnahmen und Zeitungsberichte nicht nur starke Unterschiede, sondern sogar gegensätzliche Aussagen enthielten.

Kleiderwechsel

Große Sorge bereitete den Regisseuren des Schauprozesses die Meinung der Welt. Die Partei machte daher den Versuch, die Weltpresse irgendwie vorher schon für sich zu gewinnen, und gedachte, sich dazu auch meiner Person zu bedienen.

An einem der letzten Tage, die ich in der Andrássystraße zubrachte, mußte ich nämlich, gänzlich unerwartet, wieder mein Kardinalsgewand anziehen. So gekleidet führte man mich ins Erdgeschoß, in das großzügig eingerichtete Empfangszimmer von General Gábor Péter. Ich traf dort den italienischen Senator Ottavio Pastore. Er wurde mir als Vertreter der italienischen Presse vorgestellt. Er erklärte mir, daß er aus Rom gekommen sei, um festzustellen, ob ich noch lebe und in Ungarn sei. Im Westen sei nämlich das Gerücht in Umlauf, ich sei nach Sibirien deportiert worden. Man stellte nun an mich das Ansinnen, mit einer Erklärung diese Gerüchte zu dementieren. Ich wich aus und gab auch hier keine Erklärung zugunsten meiner Verfolger. Die Tatsache, daß ich noch nicht in Sibirien war, konnte mein Gesprächspartner selbst feststellen. Der Arzt, den ich von seinen täglichen Untersuchungen schon kannte, wurde mir als Dolmetscher für eine Erklärung empfohlen. Aber auch er konnte mich nicht bewegen, aus meiner Reserve herauszutreten.

Später hörte ich, daß dieser Senator ein Mitarbeiter der kommunistischen »L'Unità« gewesen war. Er zeigte mir seinen Unwillen ziemlich deutlich und ließ am 6. Februar 1949 in der »L'Unità«, dem Zentralorgan der italienischen Kommunisten, folgenden »Bericht aus Budapest« drucken:

»Der Primas von Ungarn ist kein Held, und die Erklärung für seine Geständnisse liegt nicht in dem, was seine Freunde in verlogener Weise darüber behaupten: daß sie erpreßt seien. Mindszenty ist nicht einmal ein Feigling. Er ist auch von den Amerikanern fallengelassen worden ... Mindszenty wird überdies von seinem eigenen Volk abgelehnt: von den Bauern, die nicht wollen, daß man ihnen das ihnen zugeteilte Land wieder abnimmt, von den Arbeitern, die nicht mehr ausgebeutet sein wollen ... Es bleibt ihm nichts anderes übrig als abzutreten und seinen Mißerfolg zuzugeben.«

Der Senator berief sich auf die Begegnung mit mir und behauptete, keine Anzeichen gefunden zu haben, die den Schluß auf eine physische oder psychische Tortur zuließen. Er erklärte sogar im Hohn zur Wirklichkeit und dem mit mir aufgeführten Theater, er habe mich in einem gut eingerichteten Zimmer angetroffen, wo ich, mein Brevier betend, auf und ab spaziert sei.

Nach diesem Zusammentreffen mit dem italienischen Senator brachte man mich gleich wieder in die Zelle zurück, riß mir den Talar vom Leibe und reichte mir einen schwarzen Anzug. Er war im Auftrag einer »wohlmeinenden« Polizei für mich nach Maß geschneidert worden. Der wahre Grund war, daß ich nicht in meinem Priesterkleid vor das Gericht in der Markóstraße treten sollte.

Eine größere Polizeiabordnung, unter der auch Décsi und Péter waren, führte mich nunmehr von der Andrássystraße zur Markóstraße. Sie gingen bis auf Décsi und einige Polizisten zivil gekleidet. Man wollte offenbar nach Möglichkeit Aufsehen vermeiden. Die Uniformierten trugen Maschinenpistolen und nahmen mich sofort in ihre Mitte, als wir die Treppe hinabstiegen. – Da konnte sich die Frage stellen:

»Weshalb dieses Aufgebot, wenn das Volk, wie behauptet, seinen Primas nicht mehr achtet?«

Diese Überführung vollzog sich am 2. Februar, im Abenddunkel des Festes Mariä Lichtmeß. Sobald die Wagenkolonne in der Markóstraße angekommen war, geleitete uns die Wache hinauf zu den Zimmern des ersten Stockwerks.

Das Gefängnis in der Markóstraße, ein Gebäude aus dem 19. Jahrhundert, bietet normalerweise Platz für dreihundert Insassen, in dieser Zeit wurden hier jedoch acht- bis neunhundert Menschen gefangengehalten. Am Tag meiner Einlieferung sollen es genau 773 gewesen sein; wahrscheinlich war kurz zuvor noch ein Teil evakuiert worden.

Mit Entsetzen hatte ich in meiner Jugend von dieser Strafanstalt, einem Aufenthaltsort für Mörder, Räuber, Einbrecher, Brandstifter, Falschmünzer gehört. Nun saß ich selbst mit meinem »Kapitalverbrechen« in dem berüchtigten Haus, in der verbrauchten Luft einer schmutzigen Zelle, deren einziges Möbel ein altes Bett war, auf dem ein muffiger Strohsack und eine fadenscheinige Decke lagen.

Nach achtunddreißig fast ruhelosen Nächten brach auch hier eine schlaflose Nacht an, in der ich mich fragte, ob sie schon unter dem Zeichen des Galgens stehe. Für einen kurzen Augenblick sanken meine Augenlider nieder, dann weckte mich plötzlich Lärm. Mein Zellenfenster ging auf einen Hof hinaus, und man hörte von dort jetzt Trommelschläge, danach die Verlesung eines Urteils. Ich wurde hellwach und hörte: »Am Raubmörder Soundso, der seine Konkubine um Geldes willen ermordet hat, wird das Todesurteil vollstreckt.« – Ich setzte mich auf im Bett und dachte: »Eine unsterbliche Seele geht hinüber in die Ewigkeit.« Danach fragte ich mich: »Hat der Mann wohl nach einem Priester verlangt, hat man den Priester gerufen?« So sann ich und betete. Etwa zwei Stunden nach Mitternacht hörte ich einen dumpfen Aufschlag; es schien so, als sei der Körper vom Galgen gefallen. Dann kam mir der Gedanke: War es vielleicht ein Traum? ... Das kann auch mein Schicksal sein; oft hatten die Peiniger ja nach dem 26. Dezember, dem Tag meiner Verhaftung, erklärt, daß mein Verbrechen eines der schwersten sei.

In der Frühe des 3. Februar klopfte es an meiner Tür. Ich mußte aufstehen und mich bereit machen für die Vorführung. Der Barbier kam, um mich zu rasieren und etwas herauszuputzen. Sicherlich war ich durch meinen schwarzen, neuen Anzug allein noch kein genügender Blickfang.

Ich trat auf den Gang hinaus und bemerkte erstaunt, daß die Zahl der mit mir vor Gericht gebrachten »Verschwörer« inzwischen von vier auf sieben angewachsen war. Die drei neu Dazugekommenen waren: László Tóth, Béla Ispánky, Miklós Nagy. Im Verhör hatte nie jemand ihre Namen genannt, und nun sahen sie sich plötzlich im »Generalstab einer weltweiten Verschwörung«. Später konnte man jedoch im »Schwarz-Buch« lesen, daß ihr Fall in keiner Beziehung zu meinem Prozeß gestanden hat. Sie mußten vermutlich mit dabeisein, weil sieben Angeklagte gewichtiger wirken als nur vier.

Auch Fürst Pál Esterházy, der ebenfalls vorgeführt wurde, hatte mit meiner »Verschwörung« nichts zu tun. Ich hatte ihn seit meiner Ernennung zum Erzbischof von Esztergom weder einmal gesprochen noch eine briefliche Nachricht an ihn gesandt. Er war offensichtlich nur verhaftet worden, um in seiner Person einem reichen Magnaten den Prozeß machen zu können.

So bestand die ganze »Verschwörergruppe« eigentlich nur aus drei Personen: dem Kardinal-Primas, seinem Sekretär und einem gesundheitlich schon gebrochenen Ordensmann. Diese drei besaßen weder Waffen noch Waffenträger, keine Geheimkasse, keinen Nachrichtendienst, keinen Kurier und nicht einmal ein Losungswort.

So setzten wir uns für den Eintritt in den Gerichtssaal in Bewegung. Vor mir schritt mein Folterknecht, aber diesmal ohne den Knüppel, in voller Galauniform und mit strahlendem Gesicht. Befriedigt blickte er über seine Opfer hin. Ich folgte ihm, danach die Polizisten, zuletzt die anderen Angeklagten.

Weil die Gerichtsverhandlungen mehrere Tage dauerten, mußte dieser »Parademarsch« öfters wiederholt werden; hin und wieder wurde die Zusammenstellung des Aufzuges etwas geändert.

Der Major forderte mit lauter Stimme freien Durchgang im Gang, obwohl dieser fast leer war. Dann traten wir in den Saal und wurden auf die Anklagebank gewiesen. Ich flüsterte in lateinischer Sprache, jedoch ohne den Kopf zu wenden, Professor Baranyay zu: »Circus incipit« (Der Zirkus beginnt). Die Polizisten drohten sofort, hier dürfe nicht gesprochen werden, hier dürfe man nur auf Fragen antworten!

Die erste Szene

Am 3. Februar 1949 eröffnete der Präsident des Volksgerichtshofes die Hauptverhandlung. Zuerst wurden wie üblich die Personaldaten aufgenommen und die Ermächtigungsschreiben der »Verteidiger« über-

prüft. Dann verlas der Vorsitzende des Beirates die Anklageschrift. Darin erhob der Staatsanwalt drei Anklagen und beschuldigte mich:
1. der Leiter einer Organisation zu sein, die den Umsturz des Staates plane;
2. Spionage gegen den ungarischen Staat getrieben zu haben;
3. fremde Zahlungsmittel unrechtmäßig verwendet zu haben.

Ich vermute, daß die Anklageschrift schon von der Polizei verfaßt und erst kurz vor Verhandlungsbeginn dem neu ernannten Oberstaatsanwalt übermittelt worden war. Nach den gesetzlichen Vorschriften hätte man sie mir vorher zur Einsichtnahme vorlegen müssen, um mir eine Beschaffung meiner Entlastungsakten, Beweismittel, dazu die Berufung meiner Zeugen und die Orientierung meines Verteidigers zu ermöglichen.

Nach dem Vortrag der Anklage verlas Olti den Brief, den Décsi in meinem Namen an den Justizminister gesandt hatte. Die handgeschriebene Fassung, die man veröffentlichte, war eine Fälschung, hergestellt im Fischof-Verfahren. Ich selbst wäre ja keineswegs fähig gewesen zur Niederschrift. Inhalt und Stil weisen auch darauf hin, daß ich nicht als Autor angesprochen werden kann.

Ich lege hier den im »Schwarz-Buch« veröffentlichten Text vor:

»Herr Justizminister!

Ich ersuche den Herrn Justizminister, meine Anzeige bzw. meine Bitte einer Untersuchung unterziehen zu wollen. Seit geraumer Zeit wird mir wiederholt der Vorwurf gemacht, das Zustandekommen einer friedlichen Regelung zwischen Staat und Kirche zu erschweren und der bestehenden Staatsordnung gegenüber eine feindliche Haltung zu bekunden. Bezüglich des ersteren ist es Tatsache, daß ich die Voraussetzungen hierfür immer betont habe. Nun möchte ich zur allgemeinen Beruhigung der Lage beitragen. Angesichts der bevorstehenden Gerichtsverhandlung bekenne ich freiwillig, daß ich die mir anhand des staatlichen Strafgesetzbuches zum Vorwurf gemachten Handlungen im wesentlichen tatsächlich begangen habe. In Zukunft werde ich die äußeren und inneren Angelegenheiten des ungarischen Staates stets mit Rücksicht auf die volle Souveränität der ungarischen Republik beurteilen.

Nach diesem meinem Bekenntnis und meiner Erklärung scheint mir eine meine Person betreffende Verhandlung nicht mehr unumgänglich notwendig zu sein. Deshalb ersuche ich, mit Rücksicht auf meine Stellung, nicht auf meine Person, meine Angelegenheit bei der Verhandlung am 3. Februar nicht zur Sprache zu bringen. Ein solcher Entschluß könnte die Entwirrung der Dinge mehr erleichtern als alles andere, mehr sogar als das bestformulierte Gerichtsurteil.

Nach 35tägigem ständigem Grübeln erkläre ich auch, daß die Aussöhnung neben anderen Gründen auch wegen dieser meiner oben erwähnten Haltung hinausgezögert worden sein kann. Andererseits halte ich die Verwirklichung eines echten Friedens zwischen Kirche und Staat für dringend notwendig. Ich selbst würde gerne, im Geiste der kirchlichen Lehren und Gesetze, an der Verwirklichung dieses Friedens teilnehmen, wenn nicht gerade in der Frage friedlicher Zusammenarbeit so viele Beschwerden gegen mich vorgebracht worden wären. Damit aber meine Gegenwart nicht als Hindernis für den Frieden angesehen werden und alle Kraft für die Entfernung sachlicher Hindernisse aufgewendet werden kann, erkläre ich mich hiermit freiwillig, ohne jeden Zwang bereit, auf die Ausübung meines Amtes vorläufig zu verzichten.

Wenn es das Bischofskollegium in seiner Gesamtheit für gut befindet, Frieden zu schließen, will ich dem nicht im Wege stehen. Auch beim Apostolischen Stuhl, der bei der Regelung dieser Frage das letzte Wort hat, würde ich der Verwirklichung dieser Aussöhnung nicht entgegentreten. Diese Eingabe mache ich in der Überzeugung, daß ein echter Friedenszustand sowohl der Kirche als auch dem Staat nur zum Nutzen gereichen kann und daß ohne ihn dem Lande Uneinigkeit und Zerfall drohen.

Empfangen Sie, Herr Justizminister, meine aufrichtige Ehrerbietung.
  29. Januar 1949.

József Mindszenty«

Es war ohne Zweifel die Absicht der Polizei, mich mit diesem Briefe zu demütigen, im Gerichtssaal den Eindruck zu erwecken, die Anklageschrift sei mir zeitig ausgehändigt worden, und die Meinung zu verbreiten, ich sei willens, mich der Verantwortung zu entziehen und meine Priester im Stich zu lassen. Vielleicht sollte der Brief auch meine »Unerfahrenheit und Unkenntnis« in gesetzlichen Dingen dartun. Der Gerichtsvorsitzende wertete den Brief jedoch als »Vertagungsantrag« und übergab das Wort dem »weisen« Alapi mit der Bitte, er möge sich zu meinem Gesuch äußern. Dieser erklärte aber, er sehe leider keine Möglichkeit, diesem Vertagungsantrag des Hauptangeklagten zu entsprechen, zudem bezwecke der Angeklagte ohne Zweifel damit nur eine Verschleppung der Verhandlungen; er fordere daher den Fortgang des Prozesses.

Die Entscheidungen Alapis waren ebenfalls schon vorbereitet. Der

Eindruck der Gesetzwidrigkeit sollte vermieden, die Erwähnung der Folterungen unterbunden werden. Jedermann mußte sich – nach Ansicht des Regimes – sagen: Wer an eine Vertagung der Hauptverhandlung denkt, ist bestimmt nicht seiner Verstandeskräfte beraubt. Wo den Angeklagten die Möglichkeit gewährt wird, derartige Eingaben abzufassen, werden offensichtlich die Regeln der Prozeßordnung genau beachtet. Daher meinte auch mein Verteidiger: »Die Bitte des Hauptangeklagten um Vertagung der Gerichtsverhandlung, so weit sie seine Person betrifft, ist gut begründet . . . Es besteht kein Hindernis, die Vertagung, gestützt auf den Brief des Fürstprimas, zu gewähren.«

Diese Äußerung meines »Verteidigers«, des Rechtsanwalts Kiczkó, war ebenfalls vorfabriziert. Die Öffentlichkeit sollte überzeugt werden, daß hier wirklich die Interessen des Angeklagten vertreten würden.

Die Polizei wünschte mit »meinem Brief« wohl auch jene Erklärung zu entkräften oder gar rückgängig zu machen, die ich vor meiner Verhaftung abgegeben hatte.

In dem vorliegenden – mir zugeschriebenen – Gesuch heißt es: ». . . ich bekenne freiwillig, daß ich die mir zum Vorwurf gemachten Handlungen im wesentlichen tatsächlich begangen habe.«

In meiner früher abgegebenen Erklärung hatte ich jedoch gesagt: »Ich verzichte nicht auf meinen Erzbischöflichen Stuhl. Ich habe nichts zu bekennen, und ich unterschreibe nichts. Wenn ich es dennoch einmal tun sollte, so ist das nur eine Folge der Schwäche des menschlichen Körpers, und ich erkläre es im voraus als nichtig.«

Das Volksgericht befaßte sich nun mit der Frage der Vertagung. Mein »Antrag« wurde zurückgewiesen. Das Verhör wurde unterbrochen, man führte mich aus dem Gerichtssaal und begann mit dem Verhör eines Nebenangeklagten, des Universitätsprofessors Jusztin Baranyay. Während dieser Zeit hatte ich mich unter strenger Bewachung in einem anderen Zimmer aufzuhalten.

Anklagen und »Verbrechen«

Wie bereits erwähnt, beschuldigte man mich des Verrates, der mißbräuchlichen Verwendung ausländischer Devisen und der Verschwörung. Ich möchte erklären, wie es der Anklage gelang, mir nicht bloß gesetzwidrige Vergehen, sondern Verbrechen, auf die lebenslängliche Haft und Todesstrafe stehen, zuzuschieben.

Der Gesetzesartikel VII vom Jahre 1946, geschaffen »zum Schutz der Republik«, bot den nötigen Spielraum, um bei Zusammenstellung der Anklage und auch während der Gerichtsverhandlungen den Erfordernissen einer »sozialistischen Gesetzlichkeit« entsprechen zu können. Sinn und Bedeutung jenes Gesetzes bestehen darin, daß der Richter sich nicht um die Aufklärung der objektiven Wahrheiten zu bemühen, sondern allein den Parteiinteressen zu dienen hat. Auch Gerichte unterstehen der Wahrheit der Partei. Das Gericht ist ein Mithelfer der Polizei, um eine gefährliche oder störende Opposition aus dem Wege zu räumen. – So kannte mein Prozeß nur das Ziel: freie Bahn zu schaffen für die Alleinherrschaft der Kommunisten.

Das »Henkergesetz«, wie im Volk dieser Gesetzesartikel »zum Schutz der Republik« genannt wurde, war für die Schauprozesse von Anfang an in Gebrauch. Der Gesetzesentwurf wurde auf Verlangen der Russen angenommen. Auch der Führer der Kleinlandwirtepartei, Ferenc Nagy, ein Mann ohne juristische Erfahrungen, befürwortete damals die Annahme. Ich habe schon früher in diesem Buch anläßlich der »Studentenverschwörung« und der dadurch hervorgerufenen Polizeiinterventionen über die Unhaltbarkeit einer solchen Rechtslage gesprochen.

In hinterlistiger Weise wurden die Anklagen auf neue Gesetze oder Gesetzesergänzungen abgestützt, zu deren Deutung man sich einer erstaunlichen Interpretations-Akrobatik bediente.

Ich war von vornherein benachteiligt, einmal durch meine körperliche Schwäche, dann aber auch, weil man eine ausführliche Äußerung meinerseits gar nicht zuließ. Auf die Fragen des Richters, der sich auf die Protokolle der Polizeiverhöre berief, durfte ich nur mit »ja« oder »nein« antworten. Das mußte ein verstümmeltes Bild aller Sachverhalte geben und den Eindruck eines wenigstens teilweisen Geständnisses erwecken.

Schauprozesse werden von der Natur der Sache her immer in großer Eile vorangetrieben. Das Volksgericht untersuchte in meinem Fall in drei Tagen die verzwicktesten, auf zwei Kontinente sich erstreckenden Anklagen, prüfte alle einschlägigen Gesetzesartikel, stellte in unserem Fall 41 gesetzwidrige Handlungen fest, verhörte die sieben Angeklagten, sämtliche Zeugen, prüfte das Beweismaterial und die während des Verfahrens entstandenen Prozeßakten. Außerdem wurden in diesem kurzen Zeitraum die Anklage- und Verteidigungsreden und die letzten Einwände der Angeklagten angehört sowie die Urteile ausgearbeitet.

In der Tat eine unglaubliche Leistung des Gerichtes, aber nur möglich, weil in einem Schauprozeß die Wahrheitsfindung überhaupt

247

nicht erwünscht ist. Alle Fragen, die der Erforschung der Wahrheit dienen und von den elementarsten Prinzipien jeder ernsthaften Justiz, dazu von unserer nominell nicht aufgehobenen Strafprozeßordnung gefordert werden, wurden gar nicht erst gestellt. Niemand, nicht einmal der Verteidiger, fragte nach Schuld oder Unschuld des Angeklagten. – Hätte der Verteidiger sich die Mühe genommen, das »Henkergesetz« selbst zu analysieren und in Frage zu stellen, es hätte sich bald herausgestellt, daß meine Handlungen mit den dort gekennzeichneten Verbrechen an sich in keiner Beziehung standen, vielmehr lediglich gegen die Auslegung der Rechtsbegriffe durch die herrschende Partei verstießen.

Aber es kam natürlich nicht zu irgendeiner derartigen Untersuchung. Richter, Staatsanwalt und Verteidiger verfolgten das gleiche Ziel und nahmen nur die Weisungen der Polizei entgegen. Die Aufgabe des Verteidigers wäre gewesen, auf Verstöße gegen die Prozeßordnung hinzuweisen. Er hätte – gerade auch in der Debatte mit dem Staatsanwalt – das Gesetz richtig interpretieren müssen. Es wäre seine Aufgabe gewesen, zu zeigen, daß Handlungen, die man mir zur Last legte, weder in ihrer Art noch in ihrer Absicht verbrecherisch gewesen sind. Er hätte seine Verteidigungspflicht um so treuer erfüllen sollen, da der Angeklagte durch Schwäche und Entkräftung an der Selbstverteidigung behindert war. Aber er hat sich um solche Aufgaben, die ihm das Mandat zuschrieb, kaum gekümmert, vielmehr im Sinne einer »Zusammenarbeit« von Staatsanwalt, Richter, Verteidiger und Polizei gehandelt und in der Justizkomödie – besser gesagt der Justiztragödie – die ihm zugeschriebene Rolle gespielt. Die Redakteure des »Schwarz-Buches« bringen davon folgende Schilderung (In Frage stand mein Brief an das Kapitel von Esztergom, den der Gerichtspräsident vorlas.):

Vorsitzender: In Ihrem Brief steht unter anderem folgendes: »Man plant ein Attentat gegen mich . . . wenn mein Verzicht auf mein Amt als Fürstprimas bekanntgegeben werden sollte, ist dies entweder eine Irreführung oder die Erklärung erfolgte auf Grund von Gewaltanwendung.« Haben Sie diese Worte geschrieben?

Mindszenty: Ja, ich habe sie geschrieben.

Vorsitzender: Wurden Sie also zu Ihrem Geständnis gedrängt oder wurden Sie zu einer Aussage genötigt?

Mindszenty: (entschieden): Nein . . . ich bitte . . .

Vorsitzender: Wann haben Sie den Brief geschrieben?

Mindszenty: Lange vor meiner Verhaftung.

Vorsitzender: Im November 1948?

Mindszenty: Im November 1948 habe ich verfügt, den Brief erst weiterzuleiten, falls ich verhaftet würde, deshalb weist er kein Datum auf. Auf Grund meiner Verfügung sollte der Brief dem Kapitel von Esztergom, zwei Erzbischöfen und zwei Bischöfen ausgehändigt werden. Dazu gebe ich jetzt folgende Erklärung ab: Als ich die vorgelesenen Worte schrieb, wußte ich viele Dinge noch nicht, die mir heute bekannt sind. Mein heutiger Standpunkt wird durch den Brief ausgedrückt, den ich an den Justizminister gerichtet habe und den hier vorzulesen Sie am gestrigen Tage mir die Ehre gaben. Meine frühere Erklärung erachte ich nun als gegenstandslos.

Vorsitzender: Der an das Kapitel gerichtete Brief ist also eine arge Beleidigung des Gerichts. Denn schließlich konnten Sie sich in vollkommenster Freiheit verteidigen.

Mindszenty: Ja, deshalb gebe ich jetzt diese neue Erklärung ab.

Ich vermag die Szene in ihrem genauen Ablauf nicht mehr zu rekonstruieren, aber ich darf sagen, daß sie sich nicht in der Art abgewickelt hat, wie das »Schwarz-Buch« sie hier darstellt. Möglicherweise ist es die Version, die hinter der Glaswand fürs Radio abgegeben wurde. Meine Vermutung stützt sich darauf, daß die Frage des Vorsitzenden Olti in der Rundfunkübertragung folgendermaßen lautete:

»Hat man Sie während der Hauptverhandlung gehindert, irgendeine Erklärung abzulegen, oder hat man Sie umgekehrt dazu gezwungen, eine abzugeben?«

Sollte die Antwort »Nein, bitte!« wirklich von mir gewesen sein, so dürfte ich sie nur auf die Frage gegeben haben, die mir (laut Radioübertragung) gestellt wurde. In dieser Frage des Richters ist aber die Einschränkung sehr wichtig, ob ich »während der Hauptverhandlung« zu einer Erklärung gezwungen worden wäre.

Auf die Frage, wie sie im »Schwarz-Buch« generell und ohne Einschränkung auf die Hauptverhandlung gestellt wird, hätte ich eine Antwort »Nein, bitte!« nicht einmal im Zustand vollständiger Erschöpfung und Apathie gegeben. Sie wäre einfach unwahr gewesen, und ich weiß, daß ich eine Unwahrheit nicht bestätigt hätte, ich kann deswegen behaupten, daß im »Schwarz-Buch« eine hinterlistige Entstellung veröffentlicht wurde. Die mir hier zugeschriebene Antwort muß daher als Fälschung bezeichnet werden.

Natürlich gab es Leute, die meinen Gegnern glaubten und behaupteten, das Verfahren wickle sich in voller Freiheit ab, die Vorschriften der Prozeßordnung würden gewissenhaft beachtet. In dieser Annahme konnten sie sich durch die Worte meines Verteidigers Kiczkó, mit denen er sein Plädoyer einleitete, bestätigt sehen:

»Ich sehe mich zunächst veranlaßt zu erklären, daß ich hier als Verteidiger stehe, der vom Angeklagten frei gewählt und beauftragt wurde ... Alle Angeklagten hatten die Möglichkeit, in völliger Freiheit ihre Verteidigung zu betreiben. In diesem Punkt bin ich völlig einig mit der Meinung des ehrenwerten Vertreters der Staatsanwaltschaft.«

Der Leser stimmt mir wohl zu, wenn ich sage: Es gab in der Tat eine Verschwörung im Mindszenty-Prozeß, aber nicht die Angeklagten konspirierten gegen die Republik, sondern die Polizei, der Staatsanwalt, der Richter und der Verteidiger gegen uns.

Die »Beweise«

Im Verlauf eines normalen Gerichtsverfahrens bekommt die Verteidigung Gelegenheit, ihre Gegenargumente frei darzulegen, Einwände vorzubringen, die Zeugen der Anklage zu befragen. So allein vermag der Richter während des Streitgesprächs der Parteien sich seine eigene Ansicht und, darauf gegründet, schließlich ein Urteil zu bilden. Der Richter sorgt also dafür, daß jede der beiden Parteien die im Gesetz zugesicherte Freiheit genießt. Es wird auch der Verteidigung die Möglichkeit geboten, Beweismaterial vorzulegen, Zeugen namhaft zu machen, die corpora delicti, falls welche vorhanden sind, zu überprüfen. Dieser wichtigste Abschnitt eines Gerichtsverfahrens spielt sich öffentlich vor dem Richter ab. In Sachverständigengutachten und anderen Prozeßakten wird er vorbereitet. Erst wenn der Richter Gewißheit darüber erlangt hat, daß der Angeklagte tatsächlich die im Gesetz definierten strafbaren Handlungen begangen hat, kann er ihn verurteilen. Ist jedoch der Richter überzeugt, daß die vorgebrachten Argumente die Schuldhaftigkeit des Angeklagten nicht hinreichend beweisen, muß er sich einer Verurteilung enthalten. Dem Richter erwächst aus den Grundprinzipien aller Rechtsprechung und den kategorischen Vorschriften jeder Prozeßführung als erste Aufgabe und Pflicht die Feststellung der Wahrheit. Nur dann kann er Gerechtigkeit üben, wenn die Wahrheit ans Licht gebracht wurde. Auf seiten der Anklage wie der Verteidigung entspricht diesem Prinzip das Recht und die Pflicht, alles vorgelegte Beweis- und Entlastungsmaterial zu überprüfen.

Wenn jedoch in einem Verfahren der Verteidigung dieses grundlegende Recht nicht zugestanden wird und der Verteidiger deshalb nicht voll zu Wort kommt und in Funktion tritt, dann kann dies nur den Grund haben, daß die Staatsanwaltschaft ihre Anklage nicht durch Argumente, sondern mit Gewalt aufrechterhalten will. Sie läßt ein vorgefaßtes Urteil durch richterliches Machtwort gutheißen.

Ein totaler Staat hätte es durch seine Machtmittel vielleicht sogar eher als ein liberaler in der Hand, alle Möglichkeiten der Wahrheitsfindung auszunutzen. Wenn er es nicht tut, darf man annehmen, daß er kein Interesse daran, sondern allein an der Verurteilung hat.

Meine Verteidigung war also zuerst dadurch behindert, daß keine Zeugenaussagen zu meinen Gunsten zugelassen wurden. Es kamen jedoch alle Zeugen der Gegenseite zu Wort. Nur konnten auch sie sich nicht frei äußern, da sie in Haft waren oder unter polizeilichem Druck standen wie z. B. Archivar János Fábián und mein Verwalter Imre Bóka. Beide waren nach einer Hausdurchsuchung bereits am 23. Dezember 1948 festgenommen und in die Andrássystraße gebracht worden. Frau József Écsy, eine Angestellte der erzbischöflichen Kanzlei, die man zur Beschaffung von Schriftstücken für den Schauprozeß gezwungen hatte, war durch diese Lage ebenfalls gebunden.

Die »Geständnisse« von Professor Justin Baranyay und meines Sekretärs Andreas Zakar, die formell gegen mich aussagten, verdankten ihr Zustandekommen der Folter.

Besondere »Prunkstücke« der Anklage sollten aber offenbar die beschlagnahmten Schriftstücke sein. Man las aus ihnen heraus, daß ich die abenteuerliche, ja wahnsinnige Absicht gehabt hätte, die amerikanische Regierung zu einem Krieg gegen Ungarn aufzuhetzen. Bereits in der Andrássystraße war mir dieser Vorwurf gemacht worden. Ich bezeichnete ihn schon damals als Ausgeburt einer krankhaften Phantasie. Die Amerikaner befanden sich zu der Zeit, als ich die Briefe geschrieben habe, mit Ungarn noch im Waffenstillstand und übten zusammen mit England und Rußland in der Alliierten Kontrollkommission die Besatzungsrechte in unserem besiegten Lande aus. Trotzdem wurde in der Anklage behauptet:

»József Mindszenty hat nach dem Zeugnis einer ganzen Reihe als corpus delicti angeführter Schriften mit dem Botschafter der USA in Budapest, Arthur Schönfeld, und nach dessen Abberufung mit Botschafter Selden Chapin Kontakt zu dem Zweck aufgenommen, die Regierung der Vereinigten Staaten von Amerika zu einer feindlichen Aktion gegen Ungarn und zu einer gewaltsamen Beeinflussung der ungarischen Regierung, ja, auf dem Wege machtmäßiger Einmischung, sogar zur Verwirklichung reaktionärer Ziele zu bewegen.« (Schwarz-Buch, S. 26.) Ferner: »Nach dem Zeugnis der beschlagnahmten Schriften war Mindszenty sich darüber im klaren, daß der Sturz der demokratischen Republik nur durch einen Krieg möglich wäre, daher trieb er verschiedene führende Persönlichkeiten in der amerikanischen Politik zu einem Auftreten in diesem Sinne an.« (Schwarz-Buch, S. 24.)

Aus meinen inkriminierten Briefen selbst zitierte der Staatsanwalt nur zwei kurze Teile. Man hat die Briefe selber auch später nirgends veröffentlicht. Sogar bei der Herausgabe des »Gelb«- und des »Schwarz-Buches« ist dies unterblieben. Weil daher ihr Wortlaut in der freien Welt weithin unbekannt geblieben ist, lege ich hier die »Corpora delicti« meinen Lesern vor: Es heißt unter dem 12. 12. 1946 an Arthur Schönfeld:

Euer Exzellenz!

Es ist eine Verminderung der Zahl der Beamten und öffentlichen Angestellten in Ungarn durchgeführt worden. Nach offizieller Meldung wurden 120 000 öffentliche Bedienstete entlassen. Wenn man die Familienmitglieder hinzuzählt, kann man sagen, daß ca. 600 000 Menschen ihres Lebensunterhaltes beraubt worden sind.

Die Entlassenen können nur über die Gewerkschaft Arbeit erhalten, es ist ihnen verboten, auf andere Art eine Arbeit zu übernehmen. So werden ehemalige Beamte, die in einer Fabrik Arbeit suchen, abgewiesen.

Es erscheint sicher, daß dieser Personalabbau nicht aus volkswirtschaftlichen Gründen vorgenommen wurde, obwohl man diesen Anschein zu erwecken suchte, denn man stellt andererseits in großer Eile neue Beamte ein und bildet sie in Schnellkursen aus.

Während die Zeitungen die Entlassungen mit der ungünstigen finanziellen Lage des Staates begründen, berichten sie auf der anderen Seite, daß es dem Staat gelungen sei, die Einstellung vieler neuer Beamter zu sichern.

Diese Umschichtung hatte politischen Hintergrund. Ohne diesen hätte man die entlassenen Beamten nicht gehindert – trotz vorheriger Versprechen –, auf anderen Gebieten des wirtschaftlichen Lebens neue Arbeit zu finden.

Das politische Ziel der Entlassungen zeigt der indirekte Zwang, mit dem nicht entlassene Beamte eingeschüchtert werden, die im Geiste ihres früheren Eides keiner Partei angehören oder Mitglied bei einer anderen als der sind, die das Volk terrorisiert. Sie sind, um der Entlassung zu entgehen, gezwungen, in eine der zugelassenen Parteien einzutreten.

Dieser von den Behördenspitzen geübte indirekte Terror durchsetzt die ganze Verwaltung, ohne daß ihn jemand eindämmen könnte. Überall fallen ihm religiös Überzeugte, national und unparteiisch fühlende Menschen zum Opfer: in den Ministerien, bei den Komitaten, auf den Dörfern, in Unternehmungen privater Art, seien sie nun unter Selbstverwaltung oder unter öffentlicher Verwaltung.

Wer das Amt hat, ein Hirte des ungarischen Volkes zu sein und ein Gewissen für dieses Amt, ist verantwortlich für die Seelen und für das gegen sie verübte Unrecht. Daher nehme ich mir die Freiheit, Ihre Aufmerksamkeit auf diese Handlungen hinzulenken, die schon ganz offenkundig und im Namen der Republik begangen werden. Die Parteien geben Beitrittserklärungen bereits mit entsprechendem Druck in Rede oder Schrift aus. Ihr Einschreiten wäre deshalb dringend.

Empfangen Sie, bitte, meinen wärmsten Gruß.

Esztergom, 12. Dez. 1946.   József Kard. Mindszenty
Primas von Ungarn

Der zweite Brief, den ich an den Gesandten Schönfeld gerichtet hatte, war ebenfalls beschlagnahmt worden. Er lautete:

Euer Exzellenz!

Das Außenministerium der Vereinigten Staaten hat als Folge der in Jalta übernommenen Verpflichtungen schon wiederholt diplomatische Noten an die rumänische Regierung überreicht, um in Rumänien eine Regierung erstellen zu helfen, die aus freien Wahlen hervorgeht und das Gemeinwohl des Landes fördert. Das Außenministerium hat betont, daß es nicht ablassen werde von der Verteidigung der demokratischen Prinzipien, zu denen vor allem Freiheit und Gerechtigkeit gehören.

Ich bin überzeugt, daß die Regierung Seiner Majestät des englischen Königs und die der Vereinigten Staaten von denselben Ideen geleitet werden, wenn es um die Angelegenheiten Ungarns geht. Als vielleicht der einzige Mann in Ungarn, der unabhängig ist und dessen Amt ihn zum Einschreiten verpflichtet, ersuche ich Eure Exzellenz im Vertrauen, in diesem Sinne zu handeln. Ich bitte Sie, die Güte zu haben und die nötigen Schritte unternehmen zu wollen, um Ungarns Gemeinwohl und die Vorherrschaft der demokratischen Prinzipien zu gewährleisten.

Dem Scheine nach ist Ungarn ein demokratisches Land, dessen Parlament und Regierung – wie dies öffentlich immer wieder betont wird – auf den freien Wahlen von 1945 basieren. Diese Wahlen scheinen zwar demokratisch gewesen zu sein, hatten aber einen entscheidenden

Mangel: Es durften nur sechs ausgewählte Parteien an den Wahlen teilnehmen. Der größte Teil der Bevölkerung, der in Wirklichkeit die demokratische öffentliche Meinung vertrat, war gezwungen – trotz seiner abweichenden politischen Auffassung –, eine der genehmigten Parteien, hauptsächlich die Kleinlandwirtepartei, zu wählen. Würden wir diese Tatsache auch außer acht lassen, so muß doch festgestellt werden, daß die Regierung nicht die relative Stärke der einzelnen Parteien aufzeigt. Bei den Wahlen erhielten die Kleinlandwirtepartei 57 Prozent aller Mandate, die Kommunistische Partei 17 Prozent, die Sozialdemokratische Partei 17,4 Prozent, die Bauernpartei 6,9 Prozent, die Radikale Partei 0,1 Prozent und die Bürgerliche Partei 1,6 Prozent.

Außerdem wählte das Parlament, das nur aus einem Hause besteht, zwölf Abgeordnete, die das geistige und öffentliche Leben des Landes repräsentieren. Bei der Zusammensetzung des Parlaments nach den Wahlen waren die einzelnen Parteien in folgendem Verhältnis vertreten:

Parteien	Abgeordnete	Prozent
Kleinlandwirtepartei	245	58,2
Kommunistische Partei	70	16,6
Sozialdemokratische Partei	69	16,4
Bauernpartei	23	5,5
Radikale Partei	–	–
Bürgerliche Partei	2	0,5
Unabhängige	12	2,8
	421	100,0

Da nur die ersten vier Parteien in der Regierung vertreten sind, hätte die Kleinlandwirtepartei 60,1 Prozent der Kabinettssitze erhalten sollen. Sie hat aber nur 50 Prozent erhalten, den Posten des Ministerpräsidenten ausgenommen. Die wichtigsten Ministerien – Innenministerium, Verkehrs-, Justiz-, Finanz-, Kultusministerium – gehören den anderen Parteien. Im Obersten Wirtschaftsrat spielt die Kleinlandwirtepartei eine Aschenbrödelrolle. Der kommunistische Innenminister hat das Recht, öffentliche Versammlungen und Verbände zu genehmigen. Er hat auch die Polizei in der Hand. Von den Gemeinde- und Komitatsräten gehören nur 15 Prozent der Kleinlandwirtepartei an. Sogar in den Ministerien, in denen der Minister Mitglied der Kleinlandwirtepartei ist, haben die marxistischen Beamten durch verborgenen Terror die Mehrheit oder wenigstens die Schlüsselpositionen inne.

Zur Zeit herrscht folgende Situation: eine Gruppe, den Wahlen gemäß Minderheit, wurde Mehrheit und kam so in Machtpositionen hinein, als hätte die Kommunistische Partei 57 Prozent der Stimmen erhalten und nicht 17 Prozent. Wie entstand diese, in der Geschichte der parlamentarischen Regierungen noch nicht dagewesene Situation? Die Zeitung Sunday Times vom 5. Mai 1946 gibt dafür die Erklärung, daß 37 Prozent der Abgeordneten nur Volksschulbildung besitzen.

In Ungarn gibt es keine Demokratie, es gibt nur eine marxistische Polizei, eine marxistische Presse, Gefängnisse und Konzentrationslager. Die Sowjetbürger Rákosi (Staatsminister), Rajk (Innenminister), Gerö (Verkehrsminister) und Révai (Parteiideologe) regieren durch Parteigerichte das Volk, das mit dieser Regierung nichts gemein hat. Die ungarische Nation führt das Leben von Parias und ist am Verzweifeln.

Die Folgen dieser Situation sind:

1. Moskaus Wünschen entsprechend (Russisch-ungarischer Vertrag) befindet sich das wirtschaftliche Leben ganz Ungarns in der Hand Moskaus. Die geschulten und erfahrenen Politiker sind durchweg Leute Moskaus, die anderen sind sich über die Dinge entweder nicht im klaren oder sie sind korrupt und bereit, alle Wünsche zu erfüllen, die von den Russen vorgebracht werden.

2. Eine systematische Ruinierung der Nation, rücksichtslose Entlassung von nicht genehmen Staatsangestellten; Abschirmung der Öffentlichkeit gegen Amerika und England; Abschaffung der freien Marktwirtschaft, so daß die Wirtschaft stagniert und Hungersnot droht; Vorbereitung des Kolchosensystems und Vernichtung des selbständigen Bauerntums. Der einzige Grund dafür, daß der Forint noch stabil ist, ist der außerordentliche Geldmangel. Péter Veres, einer der wichtigsten Helfer der Regierung und Führer der Bauernpartei, sah sich gezwungen, in seinem Parteiorgan »Szabad Szó« vom 24. Nov. 1946 die Lage in die kurze Formel zusammenzufassen: »Nichts geht weiter, und was weitergeht, geht in die falsche Richtung.«

3. Nepotismus und Korruption herrschen in einem alles übersteigenden Ausmaß. Ich verweise auf den Skandal der Export- und Importfirma »West-Orient«. Der schon genannte Péter Veres sagt über die Krise in der Koalition der herrschenden Parteien, daß die jetzige Lage der Dinge durch »innere Verderbtheit« und »Fäulnisgestank« charakterisiert sei. Die Arbeiterklasse befürchtet, daß ihr Blut nunmehr von volksdemokratischen Blutsaugern, statt von feudalen Tyrannen ausgesaugt wird. Hinwiederum wird es als ein großer Erfolg ausposaunt, wenn 100 000 Inspektoren die Wirtschaft auf allen Gebieten überprüfen, obwohl sich das Land dessen eigentlich schämen müßte.

4. Es gibt keine Religionsfreiheit. Prozessionen und katholische Verbände sind verboten, eine katholische Presse wird nicht genehmigt, katholische Gebäude sind konfisziert worden, Spionage wird in die Kirche eingeführt, und viele Priester, darunter die besten, werden in Gefängnisse und Konzentrationslager gesteckt, wo sie, ohne einen Prozeß und ein Urteil, zwischen vier und zwanzig Monaten festgehalten werden und Folter ebenso wie Hunger zu erdulden haben. Das sind die Merkmale der Religionsfreiheit in Ungarn. Zweimal wurde das Verlesen eines Hirtenbriefes der Bischöfe verhindert. Gläubige, die sich vor den Kirchen versammelten, wurden von russischen Soldaten zerstreut. Eine Ansammlung von Gläubigen, die vor einer Muttergottesstatue vor der St.-Rochus-Kirche in Budapest betete, wurde von der Polizei verhaftet.

5. Es fehlt völlig an der einfachen staatsbürgerlichen Sicherheit. Taxifahrer in Budapest wagen es nicht, sich in die Vorstädte zu begeben, sobald es dunkel wird; Mord und Raub sind in Budapest und sogar auf dem Land an der Tagesordnung.

6. Es herrscht eine Potemkin-Welt. Mr. Curtis, der Vertreter der UNRA, hat festgestellt, daß in Balassagyarmat Kranke durch Hunger zugrunde gegangen sind. Der Caritas fehlen die Transportmittel, gleichzeitig fahren aber in Budapest und in der Provinz Lastwagen, die für karitative Zwecke bestimmt waren, mit roten Fahnen und Parteiplakaten geschmückt durch die Straßen. Auch Eisenbahnwaggons stehen nicht zur Verfügung. Dagegen erhalten die marxistischen Parteien Eisenbahnwagen, um ihre Leute zu politischen Veranstaltungen zu befördern. »Das Volk ist«, schreibt Péter Veres, der Führer der Bauernpartei, »voll Verzweiflung und Entrüstung. Man fragt sich empört, was das für eine Demokratie sei. Alle erwarteten von der Neuordnung nach dem Krieg etwas ganz anderes, als das was sich jetzt im Lande ereignet.« (Szabad Szó, 24. Nov. 1946.)

Solange sich die Besatzungsarmee weiter im Lande aufhält, werden die Kommunisten ihre Macht befestigen. Sie bewaffnen ihre Leute, terrorisieren die entlassenen Staatsangestellten, um sie in ihre Parteien zu zwingen, suchen die Zahl der Wahlberechtigten zu vermindern, setzen die Liquidierung der Rechte der katholischen Kirche fort.

Ich bitte deshalb die USA und England als Schutzmächte und Verteidiger von Freiheit und Gerechtigkeit, uns zu helfen, daß dieser Druck und diese Korruption aufhören und das arme, ungarische Volk weiterhin Mitglied jener Völkerfamilie bleibt, die in der christlicheuropäischen Kultur wurzelt.

Mit Hilfe dieser beiden Staaten sollte doch möglich sein, einen

Weg zur Lösung unserer Probleme zu finden. Ich wäre bereit, dafür im einzelnen Ratschläge zu geben. Außerdem bin ich in der Lage, für die Angaben die nötigen Beweise zu liefern.

Mit höchster Ehrerbietung.

Budapest, 16. Dez. 1946.   József Kard. Mindszenty
                                                Primas von Ungarn,
                                                Erzbischof von Esztergom

Nicht um die Republik zu stürzen, sondern um die hemmungslose Interessenpolitik der Kommunistischen Partei in die Schranken zu weisen, hatte ich diese Briefe geschrieben. Meine Überlegung dabei war folgende: Diejenigen, die gemäß der Deklaration von Jalta den »befreiten« Ländern Ost- und Mitteleuropas freie Wahlen und freie Regierungen zugesichert hatten, können es nicht zulassen, daß das tausendjährige christliche Ungarn in eine Kolonie des Kommunismus verwandelt wird. – Aber ich mußte erfahren, daß auch im Hinblick auf Jalta das Wort gilt, daß Theorie und Praxis sehr oft zwei ganz verschiedene Seiten der Medaille sind.

Diese Briefe zeigte Olti also während der Verhandlung vor. Er ließ sich dazu von mir die Bestätigung meiner Urheberschaft geben, las aber nur zwei halbe, aus dem Zusammenhang gerissene Sätze. Dann stellte er fest, solche Briefe zu verfassen sei nichts anderes als Kriegshetze. Auf dieselbe Feststellung stützte sich der Staatsanwalt in seiner Anklagerede:

»Die Teilnehmer der Organisation, so auch Mindszenty in seinem bei der Hauptverhandlung gemachten Geständnis, haben als Ziel ihrer Bemühungen den Ausbruch eines dritten Weltkrieges angesehen. Der Hauptangeklagte und seine Komplizen sind im Interesse ihrer Ziele mit imperialistischen Politikern, einzelnen sowohl wie Organen und Vertretern der Regierung der USA, die die Volksdemokratien bekämpfen, in Verbindung getreten. Damit wollten sie den Eindruck erwecken, als ob in Ungarn noch eine starke ›legitimistische‹ Bewegung bestehe. Sie wollten glaubhaft machen, daß das ungarische Volk einen neuen Krieg mit Freuden begrüßen würde. Sie arbeiteten planmäßig daran, die Imperialisten in den USA gegen unser Land in einen Krieg zu hetzen.« (Schwarz-Buch, S. 143.)

Diese Beweisführung kann als Ausdruck »sozialistischer Gesetzlichkeit« aufgefaßt werden. Man ging so weit, daß mein Auftreten gegen die Kommunistische Partei (auf Grund des Gesetzesartikels VII vom Jahre 1946) durch das Gericht bereits als ein Delikt gegen die demokratische Staatsordnung, d. h. gegen die Republik selbst qualifiziert wurde. In solcher Gerichtspraxis bedeutet also der im Gesetzestext stehende Ausdruck »demokratische Staatsordnung« dasselbe wie Kommunistische Partei. Eine Machenschaft und Verdrehung, die auf dem Gebiete der Rechtsprechung nur selten ihresgleichen gefunden haben dürfte.

Die Verteidigung

Wie sich aus dem »Schwarz-Buch« ergibt, trat mein Verteidiger vor dem Gericht viermal auf bemerkenswerte Weise hervor: das erste Mal geschah es gleich bei Beginn der Verhandlungen, als Kiczkó zu einer Besprechung zugezogen wurde, die den Brief betraf, den Décsi in meinem Namen an den Justizminister gesandt hatte. Die Rolle, die er hier spielte, bestand im wesentlichen darin, daß er die Polizei entlastete, als diese die Geschehnisse in der Andrássystraße zu leugnen suchte.

Ein zweites Mal meldete er sich plötzlich während eines langen, ermüdenden Verhörs und bat für mich um eine Sitzgelegenheit. Seine Intervention führte zur folgenden kleinen Szene:

	sind.
Ich:	Ja, ich bin es!
Vorsitzender:	Man bringe einen Stuhl! (Ein Gefangenenwärter bringt einen Stuhl, Mindszenty setzt sich.)
Vorsitzender:	Wenn Sie vielleicht auch geistig müde sein sollten, sagen Sie das bitte auch, ich werde dann eine Pause anordnen. – Können wir die Verhandlung fortsetzen?
Ich:	Ja.

Der Zwischenruf des Verteidigers dürfte weniger seinem mitfühlenden Herzen als dem Wunsch, dem Regime zu dienen, entsprungen sein. Kiczkó tat ihn genau in dem Augenblick, als es offensichtlich wurde, daß ich ohnehin gleich zusammenbrechen würde. Ein Teil der Pressevertreter hatte meinen Erschöpfungszustand schon wahrgenommen. Es wurde deshalb in verschiedenen Berichten der Verdacht geäußert, daß ich in der Andrássystraße gefoltert und für den Prozeß präpariert worden sein müsse. Andere Stimmen dagegen wiesen prompt auf »die menschliche Behandlung des Angeklagten« hin, einige sprachen sogar vom »mitempfindenden Personal des Gerichtes«, das in unverantwortlicher Weise verleumdet werde.

Das dritte Auftreten Kiczkós geschah gegen Ende des Verhörs. Der

Staatsanwalt stellte noch einmal Fragen im Hinblick auf mein Geständnis und das Beweismaterial dafür. Plötzlich – als ob ihm dies zufällig in den Sinn gekommen sei – sprach er von der in der Andrássystraße geplanten Flucht: »Es hat schon eine Besprechung mit Chapin gegeben, als Sie noch erklärten, im Land zu bleiben. Erkennen Sie in diesem Zusammenhang jetzt Ihre eigene Schrift in einem Brief an, dessen Text ich Ihnen vorlesen werde?« Und er las: »Herr Gesandter! Bis Donnerstag muß gehandelt werden. Ich bitte darum, weil man von Todesstrafe spricht und weil die Verhandlung sich gegen Amerika zu wenden beginnt. Man verlangt von mir eine Bestätigung, daß ich von Amerika für die Preisgabe von Staatsgeheimnissen Geld erhalten habe. Ich bitte um ein Auto und ein Flugzeug. Einen anderen Ausweg gibt es nicht mehr. Mindszenty. (I. 23).

Nachschrift. Ich bitte um sofortige Anweisung an Koczak, daß ich mich mit dem Überbringer des Briefes noch heute zur Besprechung der Angelegenheit treffen kann. Mindszenty.

Nachschrift. Dem Piloten versprechen Sie im Interesse der Sache 4000 Dollar, die ich ersetzen werde. Mindszenty.«

Staatsanwalt: Haben Sie diesen Brief geschrieben?

Mindszenty: Ja. (Längere Zeit hindurch Bewegung und Geräusche im Saal.)

Vorsitzender: Gibt es noch eine andere Frage? – Er wandte sich nun zum Verteidiger. – Ich bitte den Hauptangeklagten im Interesse der Verteidigung zu fragen.

Verteidiger: Identifiziert sich der Herr Fürstprimas mit dem von Jusztin Baranyay aufgestellten Plan in dem Sinne, daß er jeden einzelnen Satz vollkommen erfaßt und vollkommen durchdacht hat, oder hat er ihn nur als Plan hingenommen?

Mindszenty: Daraus, daß ich die Sache nicht verfolgte . . .

Verteidiger: Ja.

Mindszenty: . . . und nichts Weiteres unternahm . . ., ist ersichtlich, daß ich mich damit nicht identifizierte.

Vorsitzender: Zuvor haben Sie sich aber nicht so geäußert. Zuvor haben Sie gesagt: Bevor dieses Schriftstück angefertigt wurde, hätten Sie es mit Baranyay besprochen, nach einigen Wochen, vielleicht auch nach einem Monat, sei Baranyay gekommen und habe es Ihnen übergeben. Es wurde studiert, und Sie haben abermals davon gesprochen. Sie haben ihm zugestimmt. Hernach hat Baranyay die Regie-

259

rungsliste aufgestellt, vor deren Aufstellung Sie noch darüber verhandelten und Anordnungen trafen, daß Baranyay eine Liste von Regierungsbeamten verfertigen solle.
Von einigen Namen wurde konkret gesprochen. Baranyay
hat also diese Liste erstellt, hat sie Ihnen zukommen lassen, und Sie waren damit im großen und ganzen einverstanden. Das haben Sie doch vor zwei Stunden gesagt,
nicht wahr?

Mindszenty: Ja.

Verteidiger: Sie haben sie durchstudiert, aber die Sache vielleicht nicht
ganz verstanden.

Vorsitzender: Das hat er nicht gesagt.

Verteidiger: Aber jetzt sagt er es.

Vorsitzender: Gerade deshalb mache ich auf die Erklärungen bei der
Hauptverhandlung aufmerksam.

Auch diese Szene beweist, wie weit während des gerichtlichen Schau-
spieles die Polizei, die Staatsanwaltschaft, der Richter und der Verteidiger zusammenspielten. Die Polizei erfand den Fluchtplan, ein Oberleutnant verschaffte sich von mir, als ich nicht mehr voll im Besitz meiner Geisteskräfte war, durch Hinterlist meine Zustimmung. Er selbst
schrieb den Brief, und bei der Hauptverhandlung lag das Schreiben in
der Hand des Staatsanwaltes, der es vor dem Richter und Verteidiger
bekanntgab. Der Verteidiger aber, dessen Pflicht es gewesen wäre, zu
fragen, wie der Plan entstanden sei, wer den Brief verfaßt habe und wie
er in die Hand des Staatsanwalts gekommen sei, ging darüber hinweg,
als ob er die zur Verfügung stehende Zeit für eine andere, gewichtigere
Frage, für die Angelegenheit des Baranyay-Elaborats verwenden müßte.

Die Diskussion über dieses Elaborat muß als Heuchelei gewertet werden. Die Haltung des Verteidigers Kiczkó offenbarte sich deutlich, als
er mir eine Äußerung unterschieben wollte, die besagte, ich hätte halt
die Sache nicht ganz verstanden.

Bestimmt sollte durch ein solches Vorgehen auch der Eindruck erweckt werden, der »ehrenwerte« und »tüchtige« Verteidiger habe sich
nach Möglichkeit für eine hoffnungslose und verlorene Sache eingesetzt.

Zum letztenmal zeigte Kiczkó seine Künste, als er auf die Anklage
des Staatsanwaltes antwortete. Dieses »Meisterstück« wird ihm wohl
kaum sobald keiner seiner Kollegen im Ausland nachmachen.

Zu meinem Nachteil, jedoch zum Vorteil der Prozeßveranstalter stellte nämlich der Verteidiger fest:

1. Der Angeklagte hatte jederzeit, sowohl in der Andrássystraße als

260

auch in der Hauptverhandlung, die Möglichkeit, sich ungehindert zu verteidigen.

2. Er ist in vollem Umfang geständig.

3. Er ist als Opfer des Vatikans zu bezeichnen.

4. Die Kirche ist ein Feind des Staates, weil dieser ihr den Boden und die Schulen genommen hat. »Mein Mandant irrte sich, als er meinte, die Schul-Verstaatlichung fördere den religiösen und sittlichen Zerfall der Jugend.«

5. Der Angeklagte lebte sozusagen in einem elfenbeinernen Turm und hat darum den großen Fortschritt und die Umgestaltung im Vaterland nicht wahrgenommen.

6. Er ist als unerfahrener Geistlicher zu höchster kirchlicher Würde emporgestiegen.

7. Er bestätigt, was schon der Staatsanwalt öfters betonte: Es gibt in Ungarn keine Religionsverfolgung.

8. Er bejaht die Notwendigkeit eines Abkommens zwischen Kirche und Staat.

9. Im Hinblick auf mildernde Umstände wird statt der geforderten Todesstrafe lebenslänglicher Kerker beantragt. – Kiczkó wies auch mehrmals auf meine »Reue« hin.

Vor dieser überaus erstaunlichen Verteidigungsrede hatte der Staatsanwalt die Anklagerede gehalten, die Hinrichtung des Angeklagten verlangt und unter anderem gesagt:

»Bei der Hauptverhandlung drückte der Angeklagte József Mindszenty wegen seiner Handlungen in der Vergangenheit sein Bedauern aus und erklärte, daß er weiterhin dem Abkommen zwischen dem ungarischen Staat und der römisch-katholischen Kirche nicht im Wege stehen wolle. Er hat auch seine Bereitschaft ausgedrückt, sich für eine Zeitlang von seinen kirchlichen Funktionen zurückzuziehen.

Dieses Tun von József Mindszenty würde seinerseits auf Reue hinweisen. Aber dieses Schuldbewußtsein ist nach der Beurteilung der Anklage nur Schein. Schein aber deshalb, weil er während seiner Haft den hier vorgewiesenen und in seiner Echtheit anerkannten Brief zu dem amerikanischen Gesandten Chapin hinauszuschmuggeln wünschte. Aus dem Inhalt dieses Briefes geht auch klar die Absicht hervor, daß er seine Intrigen und Aktionen gegen die ungarische Volksdemokratie fortzusetzen vorhatte. Während seiner Untersuchungshaft wollte er dem Gesandten einen Brief zukommen lassen, um sich der Wirksamkeit des Strafgesetzbuches zu entziehen.« (Schwarz-Buch, S. 150.)

Zwei Ereignisse möchte ich noch besonders erwähnen: Als uns nach

Beendigung des Verhörs die Polizisten wegführten, schloß sich Oberst Décsi mir an. Er bedauerte, daß der Brief an den Justizminister erfolglos geblieben und daher meine Sache nicht aus der Hauptverhandlung herausgenommen worden sei. Für das Mißlingen des Fluchtplanes machte er den Gesandtschaftsbeamten Koczak verantwortlich. Er meinte, dieser sei ein unzuverlässiger, nachlässiger Mensch. Er sei Ende Januar aus Budapest abgereist und habe damals den an den Gesandten gerichteten und ihm zur Beförderung übergebenen Brief in einer Tischlade vergessen. Nach Koczak sei sofort jemand anderer in die von ihm verlassene Wohnung gekommen. Als er das Schreiben gefunden habe, sei er gleich damit zur Polizei gelaufen, denn er habe Angst gehabt, später deswegen auch selbst verdächtigt und angeklagt zu werden.

(Nach Jahren habe ich bei der amerikanischen Gesandtschaft erfahren, daß Koczak erst am 11. Februar 1949 infolge seiner Ausweisung Budapest und das Land verlassen hatte.)

Hinzufügen möchte ich noch, daß Kiczkó mich in der Markóstraße während einer Pause dahinbringen wollte, eine Erklärung abzugeben, daß ich nicht gequält und nicht beeinflußt worden sei, sondern daß ich mich, sowohl in der Andrássystraße als auch in der Markóstraße, frei verteidigen konnte. Das verlangte der Verteidiger, weil die ausländischen imperialistischen Blätter von Folterung und von Betäubungsmitteln schrieben und nicht einmal davor zurückschreckten, ihn, den sehr »ehrenwerten und gewissenhaften« Verteidiger, zu verleumden.

Das Urteil

Drei Tage lang dauerten die öffentlichen Hauptverhandlungen. Nach diesen drei Tagen war das Gericht überzeugt davon, daß wir alle schuldig seien, und verhängte über uns schwere Kerkerstrafen.

Ich wurde zu lebenslänglichem Zuchthaus verurteilt und Jusztin Baranyay zu fünfzehn Jahren Zuchthaus als Führer der Organisation, die es auf den Sturz der Republik abgesehen hatten, also wegen der im Henkergesetz bestimmten Straftat.

András Zakar wurde wegen der Teilnahme an der Organisation zu sechs Jahren Zuchthaus verurteilt.

Pál Esterházy bekam fünfzehn Jahre Zuchthaus, weil er die Organisation materiell unterstützt hatte.

Wie ich jetzt aus den im »Schwarz-Buch« veröffentlichten Prozeßakten ersehe, ist bei der Hauptverhandlung die Frage, wie Esterházy die Verschwörung finanziell unterstützte, von vornherein irreführend aufgeworfen worden. Aus seinem eigenen Geständnis und dem seines Sekretärs und meines Verwalters ging nur so viei hervor, daß sein Sekretär von meinem Rechnungsführer Dollar und Schecks gekauft hat. Er soll sie aber höher bezahlt haben für »gewisse Zwecke«. Mein Rechnungsführer gab die erhaltenen Forint restlos den Armen und Notleidenden weiter, dem Wunsch der Spender entsprechend. Das Volksgericht jedoch verurteilte Esterházy, gestützt auf Gesetzesartikel VII § 10 Absatz 2 aus dem Jahre 1946, zu 15 Jahren Zuchthaus wegen finanzieller Unterstützung einer Organisation, die den Sturz der Republik beabsichtige.

Wie Esterházy wurden auch wir andern ohne die geringsten Skrupel beurteilt und verurteilt. Dem Gericht nach waren nicht nur Gewalttaten wie z. B. Aufruhr, bewaffnetes Auftreten strafbar, jegliche Stellungnahme gegen die Republik wurde als Verstoß gegen das Gesetz gewertet. Nach Auffassung dieses Volksgerichtes wurde auch der straffällig, der mit friedlichen und gesetzlichen Mitteln die Staatsform zu ändern wünschte. Wir strebten in Wahrheit weder mit friedlichen noch mit gewaltsamen Mitteln nach dem Sturz der Republik. Das hat man uns nur unterstellt und damit mein Verhalten und meine Taten arglistig mißdeutet. Meine tatsächlichen Vergehen bestanden darin, daß ich gegen die Übergriffe der bolschewistischen Machthaber kämpfte, die Religionsfreiheit, die die Gesetze feierlich zusicherten, verteidigte, die kirchlichen Schulen erhalten wissen wollte, das Recht auf Religionsunterricht gewahrt haben wollte, um ein Monopol der materialistischen Erziehung und des Unterrichts zu verhindern.

Die Kommunisten hatten schon bei der Textfassung des Gesetzes an zukünftige Schauprozesse gedacht. Die Abgeordneten, besonders die Mitglieder der Kleinlandwirtepartei, die das Gesetz annahmen, kannten aber diese Absichten der Kommunisten nicht. Denen gegenüber, die sich noch der Schauprozesse unter Hitler und Stalin erinnerten und eben deshalb einen genaueren Gesetzestext wünschten, wiesen die Gesetzesverfasser auf das im Henkergesetz betonte Wort »Umsturz« hin, aus dem man folgern könne, daß das Gesetz nur äußere, gewalttätige Handlungen als gegen das Gesetz verstoßend beurteile.

Als ich erstmals in der Andrássystraße feststellte, daß man mich – zurückgreifend auf Gesetzesartikel VII vom Jahre 1946 – der Verschwörung anklagen wollte, wies ich auf das im Gesetzestext erwähnte Wort »Umsturz« hin und erklärte, diese Formulierung schließe jegliche Möglichkeit aus, meine Handlungsweise als strafbar zu werten.

Über all das hinaus wurde durch die vom Volksgericht vorgenommene Interpretation des »Henkergesetzes« aber auch gegen zwei Grundgesetze verstoßen.

Der Gesetzesartikel I von 1946, der die Einführung der republikanischen Staatsform anordnete, sicherte jedem Staatsbürger die freie Ausübung der grundlegenden Menschenrechte zu; zu diesen rechnete er ausdrücklich auch die freie Gedanken- und Meinungsäußerung, das Vereins- und Versammlungsrecht, das Recht der Teilnahme an der Steuerung des staatlichen und privaten Lebens. Die ungarische Nationalversammlung hat 1947 den Pariser Frieden anerkannt. Im Gesetzesartikel XVIII von 1947 verpflichtete sie sich feierlich zur Achtung vor den Menschenrechten. Ausdrücklich hat auch das zweite Grundgesetz zugesichert, daß jede Person unter ungarischer Oberhoheit im Genuß der Menschenrechte stehen solle, ebenso im Genuß der grundlegenden Freiheitsrechte, einschließlich des Rechtes auf eigene politische Überzeugung und auf die Freiheit, öffentliche Versammlungen abzuhalten und zu besuchen.

Demnach ist jede Interpretation unzulässig, die dahin zielt, ohne Unterschied jegliche Bewegung oder Organisation, die eine Veränderung der republikanischen Staatsform wünscht, als gesetzeswidrig zu bezeichnen. Theoretisch und verfassungsrechtlich wäre es erlaubt, daß der Gesetzesartikel I von 1946 durch das Parlament außer Kraft gesetzt würde; zu einem ähnlichen Zweck können auch Mitglieder des Parlaments eine Bewegung anregen, ja sogar der einzelne Staatsbürger kann dies tun. Der Volksgerichtshof hat somit in seinen Urteilen den Gesetzesartikel VII von 1946 verfassungswidrig ausgelegt und selber gegen das Gesetz verstoßen. Diese Urteile bedeuteten auch vom formalen Standpunkt aus einen schweren Gesetzesbruch.

Ich sehe mich in dieser Ansicht bestätigt durch eine Verlautbarung der Regierung Nagy in den Tagen des Freiheitskampfes im Jahre 1956. Die Erklärung besagte:

»Die Regierung der ungarischen Nation stellt fest, daß die Anklagen, die gegen den Fürstprimas József Mindszenty 1948 erhoben wurden, jeder Gesetzmäßigkeit entbehrten. In diesem Sinne werden sämtliche Verfügungen gegen den Fürstprimas für nichtig erklärt, und der Fürstprimas kann seine bisherigen bürgerlichen und kirchlichen Ämter wieder übernehmen und frei ausüben.«

Das Fehlen von Beweisen suchte man durch schrille Propaganda zu vertuschen. Seit meiner Verhaftung bis zum letzten Aufzug in diesem Gerichtsschauspiel wurde unaufhörlich in alle Welt hinausgeschrien:

»Die Verräter stehen vor ihren Richtern, an ihrer Spitze Mindszenty, der, der christlichen Lehre untreu, das ungarische Volk ins Verderben zu stürzen beabsichtigte und mit verhüllten politischen Losungsworten und in geheimer Verschwörung das Volk der demokratischen Errungenschaften berauben wollte. Die wachsame Polizei hat aber diese Verbrechergesellschaft von Spionen, Verschwörern und Devisenschmugglern entlarvt . . . Das Volksgericht sollte daher das verdiente, schwerste Urteil fällen . . .«

Das »Schwarz-Buch« veröffentlichte auch »mein Schlußwort«; ein solches hätte mir zwar gesetzlich zugestanden, ich bin aber keineswegs der Verfasser dieser Veröffentlichung. Jeder, der mich irgendwie, wenn auch nur flüchtig, kennt, wird feststellen, daß weder Ton noch Inhalt dieser Rede, noch die darin enthaltene Selbstbeschuldigung mit meinem Charakter und meiner Gedankenwelt übereinstimmen. Die beigefügte Adresse an den Episkopat mit dem Wunsch nach einem Abkommen zwischen Kirche und Staat sollte zwar die »eingeschüchterten« Bischöfe an den Verhandlungstisch zwingen, blieb jedoch ohne den erhofften Erfolg. Der Heilige Stuhl erklärte sogleich, er erachte unter den gegebenen Umständen Verhandlungen als unzulässig und Verhandlungsbereitschaft als »unvereinbar« mit der Behandlung, die mir zuteil geworden war.

Es wurden daher gar keine Besprechungen aufgenommen. Von dieser Haltung des Episkopats erhielt ich allerdings keine Kenntnis (bekannt war mir nur die Lüge von Gábor Péter, der mir noch in der Andrássystraße sagte, der Großteil des Episkopats sei gegen mich). Ich hatte am Vorabend des Prozesses nur von der Falschmeldung gehört: »Die Bischöfe überließen die Erledigung des Falles Mindszenty der weisen Führung der Regierung.«

Papst Pius XII. ließ am 2. Januar 1949 den Oberhirten Ungarns einen Brief zukommen, der meine Verhaftung brandmarkte. In einem geheimen Konsistorium sagte der Heilige Vater am 14. Februar 1949:

»Wir haben euch heute zu diesem heiligen, außerordentlichen Konsistorium zusammengerufen, um euch die schmerzliche Betrübnis Unseres Herzens zu eröffnen. Die Ursache dieser Betrübnis ist euch bekannt: Es handelt sich um das schwerwiegende Vergehen, das nicht bloß euer erlauchtes Kollegium und nicht bloß die gesamte Kirche, sondern auch alle Verfechter der menschlichen Würde und Freiheit in empfindlicher Weise verletzte. Sobald wir erfahren haben, daß Unser geliebter Sohn, der Kardinal der heiligen römischen Kirche, József Mindszenty, Erzbischof von Esztergom, unter Außerachtlassung der seiner hohen kirchlichen Stellung gebührenden Ehrfurcht, willkürlich in den Kerker geworfen worden sei, haben Wir ein liebevolles Schreiben an die ehrwürdigen Brüder, die Erzbischöfe und Bischöfe Ungarns gerichtet, worin Wir gegen das der Kirche zugefügte Unrecht öffentlich und feierlich Einspruch erhoben haben, wie es Uns Unser Amt gebot.

Nachdem es nun aber bis zur äußersten Schmähung dieses so würdigen Kirchenfürsten gekommen ist, daß er nämlich wie ein Übeltäter zu Zuchthaus verurteilt wurde, können wir nicht umhin, jenen feierlichen Protest nochmals in eurer Gegenwart zu wiederholen. Dazu bewegen Uns vor allem die heiligen Rechte der Religion, für die dieser tapfere Anwalt der Kirche unerschrocken und kraftvoll sich lange Zeit hindurch eingesetzt hat; dazu bewegt Uns außerdem auch die übereinstimmende und einmütige Auffassung der freien Nationen und Völker, die überall sich zeigte, sei es in Worten, sei es durch Schriften, ja auch in Äußerungen von Menschen, die nicht der katholischen Kirche angehören.

Irgendwie hinter geschlossenen Türen, wie ihr wißt, wurde die Sache dieses Kirchenfürsten, der sich um die Wiederherstellung der Religion der Väter und der christlichen Sitten so sehr verdient gemacht hat, behandelt. Nachrichten, die Uns mit angstvoller Sorge erfüllten, besagen, daß Personen aus anderen Nationen, die darum nachsuchten, nach Ungarn zu gehen, um dort dem Verlauf der Verhandlungen zu folgen, eine Absage erhielten, wenn man vermuten mußte, daß sie über die Sache unparteiisch urteilen und wahrheitsgemäß berichten werden. Dies hat nicht bloß bei ihnen selbst, sondern auch bei allen denkenden Menschen die Ansicht gefestigt, es gehe in Budapest um einen Prozeß, dessen Urheber das Licht der Öffentlichkeit zu scheuen haben. Eine Rechtsprechung, die wirklich dieses Namens würdig sein will, geht nicht von vorgefaßten Meinungen aus, gründet sich nicht auf längst abgemachte Entschließungen, sondern verlangt eine freie Erörterung und gewährt jedem Angeklagten die Denk- und Redefreiheit.

Wiewohl diese Dinge nicht offen geleugnet wurden, glauben Wir, daß das Urteil, das alle objektiven Beobachter über diesen Prozeß gefällt haben, unterstrichen werden muß; es finden sich zu viele Verdachtsmomente, daß es hier nicht mit rechten Dingen zugegangen ist; der überstürzte und darum verdächtige Verlauf der Verhandlung, die mit zuviel Raffinement ausgeklügelten Anklagen, dazu der ruinöse physische Zustand des angeklagten Erzbischofs, der nicht gut ohne geheimgehaltene Einwirkungen zu begreifen ist. Ein Mann mit eiserner Natur, in der Vollkraft des Lebens soll plötzlich und überraschend so schwach und schwankend geworden sein. Sein Benehmen dürfte eine Anklage nicht gegen ihn selbst, sondern eher gegen seine Ankläger und Verurteiler enthalten.

Die Gerichtsverhandlung zielte deshalb offensichtlich in erster Linie dahin, die katholischen Kreise in Ungarn zu verwirren, im Sinne der Heiligen Schrift ›Ich will den Hirten schlagen, dann wird sich die Herde zerstreuen‹ (Mt. 26, 31).«

Welch ein Trost wäre es mir in der Andrássy- und der Markóstraße gewesen, wenn ich von dieser liebevollen Sorge des Papstes gehört hätte. In meine Nacht und mein Leiden drang aber nicht einmal ein Schimmer dieser lichtvollen, gütigen Worte.

In der späteren Epoche der Koexistenz bereiteten dann sowohl die Geschehnisse um den Schauprozeß als auch das Urteil Rákosi und seinen Nachfolgern aber doch einige Sorgen. Das Kádár-Regime sah sich durch die Stimmung im Lande gezwungen, einige Opfer der politischen Prozesse zu rehabilitieren. Man richtete sich dabei jedoch nach dem Prinzip der »sozialistischen Gesetzlichkeit«. Die Opfer des Mindszenty-Prozesses wurden deshalb nicht rehabilitiert. Ihnen wurde nur die Möglichkeit gegeben, eine demütigende Amnestie zu erbitten. Sie wurde ihnen sogar gelegentlich angeboten.

Ich selbst habe stets als Voraussetzung für meine Ausreise aus dem Land die Rehabilitation gefordert. Nach den Verhandlungen des Vatikans mit den ungarischen Behörden im Jahre 1971 verließ ich mein Vaterland nicht rehabilitiert, sondern als ein »Verurteilter«. Erst in der Fremde erreichte mich die Nachricht meiner Amnestierung. Man hatte offenbar die Akten über diesen Vorgang mir nicht in Ungarn selbst auszuhändigen gewagt. Sobald ich im Ausland davon hörte, schrieb ich folgenden Brief an den Justizminister:

»Einige Tage nach dem Verlassen meines Vaterlandes erfuhr ich, daß das Regime mir einen Bericht über die Amnestie nachgesandt hat. – Diese Amnestie, um die ich mich während fünfzehn Jahren nicht beworben habe, die ich auch nicht angenommen habe, weise ich auch jetzt mit der Begründung zurück: Wiedergutmachung des Justizverbrechens kann nur eine Rehabilitation und nichts anderes sein.«

GEFANGENSCHAFT, BEFREIUNG, ASYL

Im Sammelgefängnis

Nach der Urteilsverkündigung am Abend des 8. Februar 1949 setzte man mich in einen Kraftwagen, dessen Fenster verhängt waren. Drei Wachtmeister und drei Polizeioffiziere begleiteten mich. Während ich schwieg, lobten sie die Erfolge der kommunistischen Bewegung im Dienst und Aufbau des Landes. Einer ihrer größten Erfolge war wohl meine Inhaftierung gewesen. – Nach einer Stunde Fahrt ließ man mich im Hofe des Sammelgefängnisses in Kőbánya aussteigen und führte mich in das Gebäude des Inquisitenspitals, ins Zimmer Nr. 10. Hier hielt man mich vom 8. Februar 1949 bis zum 27. September des gleichen Jahres fest.

Mir fiel dabei auf, daß man mich zwar zu Zuchthaus verurteilt, aber nur ins Gefängnis abgeführt hatte. Vielleicht, weil mein zerschlagener Körper einen Zuchthausaufenthalt nach der Quälerei in der Andrássy-straße nicht ertragen hätte. Es mag aber auch ein Ort in der Nähe eines Krankenhauses gewählt worden sein, weil ich nach der Drogenbehandlung der ärztlichen Überwachung bedurfte.

Der Oberarzt, der mich in der Andrássystraße jeden Tag dreimal untersucht hatte, kam auch hier zu mir; in den ersten zwei Wochen täglich. Er untersuchte mich wortlos auf die gleiche sonderbare Art, wie er dies in der Andrássystraße getan hatte, das Herz, die Atmung, den Puls, die Augen, die Schilddrüse und den Blutdruck. Wahrscheinlich wurden mir jetzt im Essen solche Medikamente verabreicht, die allmählich das zerrüttete Gleichgewicht meines Organismus wiederherstellen konnten. Man wird aber auch gewünscht haben, durch einen besseren Aufenthaltsort die Öffentlichkeit zu täuschen.

Durch die Besuche meiner Mutter konnte die Welt erfahren, daß ich mich nicht im Zuchthaus, sondern nur im Gefängnis befand. Es war jedoch ebensowenig ein guter Platz. Man kann jemanden auch im Gefängnis mit Zuchthausmethoden behandeln. Dieses Gefängnis war ein alter Bau, bestimmt für etwa tausend Personen. Nach dem zweiten

Weltkrieg betrug die Zahl der durch die Kommunisten hier ständig eingekerkerten Personen jedoch immer mehrere tausend. Oft wurden hier
Todesurteile vollstreckt. Wir lebten im Schatten des Galgens.

Die Verurteilten ließ man im Kerker nun keineswegs in Ruhe. Jedes
Vierteljahr kamen aus dem Innenministerium Untersuchungsbeamte,
die weiter nach vielleicht verborgen gebliebenen Komplicen der politischen Gefangenen forschten. In den Zellen wurden Abhörgeräte mon-
tiert. Spitzel waren am Werk. Frühere, in Bedrängnis abgegebene Geständnisse wurden mit dem Material verglichen, das man durch die Abhörgeräte gesammelt hatte. Durch Vergünstigungen oder Drohungen
bewog man Gefangene zu Denunziationen. Wer sich hartnäckig zeigte,
wurde in der Kost herabgesetzt. Wenn auch damit keine Erfolge erzielt
wurden, drohte die Einweisung in Irrenanstalten.

In dem einstöckigen Gebäude des Gefängnisses, in dessen Nähe sich
eine entweihte Kirche und eine Polizeikaserne befanden – das Gelände
war durch die hohe Steinmauer des Friedhofs von Rákoskeresztur um-
grenzt –, herrschte als Kommandant der Polizeioberleutnant Károly
Kiss. Er war anscheinend von der Gendarmerie in die neue Truppe der
Geheimpolizei hinübergewechselt und versuchte nun durch Härte gegenüber den Gefangenen seine Karriere zu rechtfertigen. Es gab im
Hause aber auch menschlich gesinnte Leute, unter denen ich den Namen des Oberleutnants Fülöp festhalten will. Sie hatten aber wegen ihrer Anständigkeit und besonders für jedes Wohlwollen mir gegenüber
Repressalien zu gewärtigen. Mein Zimmer war nicht ganz ohne Kom-
fort; seine Länge betrug etwa sieben Meter, seine Breite dreieinhalb
Meter. Das Mobiliar bestand aus Bett, Tisch und Stühlen, sogar ein
WC war eingebaut, ebenso eine Zentralheizung, die aber selten richtig
in Funktion trat, so daß ich oft unter der Kälte litt. Der Raum, besonders aber das Bett und die Bettwäsche, waren ein Wanzenparadies.
Als ich Oberleutnant Kiss einmal darauf aufmerksam machte, erwiderte
er frech: »Ich würde mich wundern, wenn das nicht der Fall wäre.«
Das Zimmer durfte nicht gelüftet werden, obwohl Kiss selbst einmal
die Hände zusammenschlug und »Pfui Teufel, welch ein Gestank«
ausrief. Dennoch blieb das Öffnen des Fensters durch die Gefängnis-
ordnung weiter verboten. Es war nur das Öffnen der Tür erlaubt, durch
die aber vom Gang her auch nur verbrauchte Spitalluft in mein Zimmer kam.

Täglich war mir ein kurzer Spaziergang im Garten gestattet, aber
nur dann, wenn Gewißheit bestand, daß ich nicht mit andern Häftlingen, Kranken oder Außenstehenden zusammentreffen oder gesehen

272

werden konnte. Meistens holte man mich daher zu dieser Erholung erst in der Dunkelheit des Abends ab; wenn die Genossen Wächter sich mit den Genossinnen Krankenpflegerinnen wieder einmal besonders gut zu unterhalten verstanden hatten, wurde ich gegen zehn oder elf Uhr nachts ins Freie geführt. Hatte ich mich, in dieser Stunde, bereits niedergelegt und war schon eingeschlafen, so weckte man mich, denn die Regierung sei sehr besorgt um meine Gesundheit. Kiss, der mich oft begleitete, war auf meinen Spaziergängen nie mit mir zufrieden; wenn ich langsam ging, nörgelte er, wenn ich schnell ging, beanstandete er auch das. Manchmal kam es vor, daß er den Spaziergang einfach unterbrach und mich wieder zur Tür ins Haus hinein befahl.

Im Gefangenenkrankenhaus kamen häufig Ausbrüche von Raserei vor. Die Wärter suchten mir das dann als Paralyse und Syphilis zu erklären. Nach meiner Befreiung habe ich jedoch erfahren, daß die Zahl der Geisteskranken in den Jahren meiner Haft stark zugenommen hatte. Zu Hunderten wurden gerade politische Gefangene hierhergebracht. Die Polizei hatte sie erst in Spezialbehandlungen geistig und nervlich ruiniert und wagte dann nicht, ihre Opfer in die gewöhnlichen Irrenhäuser zu bringen, wo man diese armen Menschen schlechter der Kontrolle der Öffentlichkeit entziehen konnte.

Über die militärisch-polizeiliche Organisation hinaus, die den Alltag des Hauses prägte, fiel der schmutzige und gemeine Ton auf, der hier herrschte. Angestellte, Wächter und Wärterinnen überboten sich darin, allen voran der Chefarzt, den ich – gottlob – nie gesehen, aber um so öfter gehört habe.

Schwer lasteten auf mir auch die Geheimnisse des benachbarten Friedhofs. Er barg die Gräber vieler vortrefflicher Ungarn, die für Gott und Vaterland ihr Leben gewagt hatten. Immer wieder trugen Leichenträger tote Mitgefangene über die Höfe und durch den Garten hinaus auf den Gottesacker, vorbei an Gefangenen, die gerade Ausgang hatten. Später, in den Tagen des Freiheitskampfes, sind manche junge Helden hier bestattet worden.

Das Urteil ist »rechtskräftig«

Das Urteil der ersten Instanz war verkündet. Ich selbst aber bekam seine Niederschrift nicht zu sehen. Der Staatsanwalt erhob Einspruch und verlangte vom Obersten Gerichtshof als Berufungsinstanz die Verhängung der Todesstrafe. Meinem Verteidiger dagegen fiel offenbar

273

gar nicht ein, daß auch er Bedenken gegen das Urteil äußern könne. Als ich mich in meiner neuen Umgebung, dem Sammelgefängnis, etwas zurechtgefunden hatte, entschloß ich mich deshalb, beim Gerichtshof zweiter Instanz, dem Nationalen Rat der Volksgerichtshöfe, gegen das Urteil der ersten Instanz Einspruch zu erheben und mich dafür auf eine Behandlung mit willenlähmenden Drogen in der Andrássystraße zu berufen. Ich bat auch um einen Anwalt, damit er meine Eingabe abfasse, und schrieb einige Briefe, darunter mehrere an den Justizminister. Meine Schreiben haben aber wahrscheinlich die zuständige Stelle nicht erreicht, sondern sind vorher in den Händen der Polizei hängengeblieben.

Ich wandte mich auch an den Erzbischof von Kalocsa und bat ihn, mir behilflich zu sein und eine Abschrift meines Briefes auch an den Erzbischof von Eger zu schicken. Erst nach meiner Befreiung erfuhr ich, daß die Polizei aus meinem nur kurzen Schreiben einen viel längeren Brief verfertigt und diesen der Ungarischen Nachrichtenagentur übergeben hatte. Das Hauptthema dieses gefälschten Briefes war ein Drängen meinerseits, zu einem »Abkommen« zu kommen, und ein »Bedauern« über mein früheres Verhalten. Glücklicherweise erkannten die Bischöfe diese Fälschung sogleich als das, was sie war, und befaßten sich daher gar nicht mit ihr.

In den ersten Julitagen, noch vor dem Urteil der zweiten Instanz, zog ich schriftlich die in der Andrássystraße von mir erpreßten »Geständnisse« zurück, wies auf die Folterungen der Polizei und die Verwendung von Drogen hin. Dieser Widerruf scheint jedoch überhaupt nicht zur Kenntnis genommen worden zu sein. Es war Brauch, daß die Verurteilten nicht selbst vor der Berufungsinstanz erscheinen konnten. Ich wußte deshalb fast nichts über den Stand meiner Sache. Die zweite Instanz befaßte sich am 6. Juli 1949 mit meinem Fall. Einen Verteidiger hatte ich nicht, und meinen Anwalt, Kálmán Kiczkó, hatte ich seit der ersten Urteilsverkündung nie mehr wiedergesehen. Das Urteil der zweiten Instanz wurde mir am 14. August zugestellt. Ich lebte also insgesamt ein halbes Jahr in Ungewißheit über mein Schicksal und fragte mich oft, ob man der Appellation des Staatsanwaltes entsprechen und ich würde sterben müssen oder ob ich noch würde weiterleben können. Ich wünschte wohl zu leben, auch deshalb, weil ich die Hoffnung nicht aufgab, noch Gelegenheit zu haben, für Kirche und Vaterland zu wirken. Später dachte ich aber auch hin und wieder, daß es wohl besser sei, den Tod zu erleiden, und sprach in der heiligen Messe am 19. März, am Festtag des hl. Joseph, vor Gott meine Bereitschaft zu sterben aus.

Ich habe am 14. August, als mir das Urteil zur Einsicht überreicht wurde, das Schriftstück zurückgeben müssen und später bis ins Jahr 1954 keine Möglichkeit mehr zur Einsichtnahme bekommen. Damals sah ich nur, daß man die Todesstrafe deshalb abgelehnt und das Urteil auf lebenslängliches Zuchthaus beibehalten hatte, weil meine Sache ohnehin nicht mehr von erheblicher Bedeutung sei.

Die Besuche meiner Mutter

Meine Mutter durfte mich im Sammelgefängnis insgesamt dreimal besuchen. Ihr erster Besuch erfolgte zwei Wochen nach dem Schauprozeß. Man wartete nach dem gerichtlichen Schauspiel so lange, weil mein Gesundheitszustand sehr zu wünschen übrigließ. Es wurde die Bedingung gestellt, daß das Gespräch nur Familienangelegenheiten berühren dürfe. Gábor Péter erklärte meiner Mutter, daß dies ihr erster und zugleich letzter Besuch bei mir sein werde, falls sie sich nicht an diese Bedingung halte.

Meine Mutter fuhr mit einem Polizeiauto in Begleitung eines männlichen und eines weiblichen Geheimpolizisten hinaus in das Sammelgefängnis. Im Zimmer Nr. 10 trafen wir uns in Gegenwart von Károly Kiss. Meiner Mutter brachte man einen Stuhl, ich aber mußte stehen bleiben. Meine Mutter bat nun Kiss, auch mir einen Stuhl zu geben. Er fand dies unnötig und erklärte, daß es verboten sei. So redeten wir etwa zwölf Minuten stehend.

Meine Mutter hatte bei mir mit einem so schlechten Gesundheitszustand gerechnet, daß sie nun mein verhältnismäßig gutes Befinden beglückt zur Kenntnis nahm.

Vor ihrem zweiten Besuch war meine Mutter bei einer Taufe in Márianosztra. Eine gläubige Familie wollte mir ihr Mitgefühl und ihre Sympathie dadurch bezeigen, daß sie mich zum Taufpaten für ihr neugeborenes Kind erwählte. Meine Mutter fungierte an meiner Stelle als Taufpatin. Nach der Taufe kam sie also das zweite Mal auf Besuch und teilte mir mit, daß sie vorher noch in Máriaremete gewesen sei, um am Gnadenort der Muttergottes für mich zu beten. Als sie mir das sagte, fügte sie hinzu: »Mein Sohn, du hast eine große Familie, die überall für dich betet.«

Károly Kiss unterbrach uns daraufhin mit der Mahnung, daß wir nur über Familienangelegenheiten sprechen dürften. Ich antwortete ihm: »Sie hören doch, daß meine Mutter nur von der Familie spricht«, und fragte sie weiter nach den Angehörigen und ob auch sie für mich beteten. Als sie aber von der Familie des Neugeborenen zu erzählen begann, protestierte Kiss wieder, und meine Mutter belehrte ihn, daß »bei uns Gläubigen nicht nur die Blutsverwandten zur Familie gehören, sondern auch die geistigen Kinder«. Darauf entgegnete der »pflichtbewußte« Oberleutnant nichts mehr.

Zum drittenmal hat mich meine Mutter am 25. September 1949 besucht. Von dieser unserer letzten Begegnung berichtete sie meinem ehemaligen Hausarzt und um mich besorgten Freunden. Sie erklärte, ich sei sehr niedergeschlagen und müde und leide an einer auffallenden Vergrößerung der Schilddrüse. Aus dem Erinnerungsbuch von Dr. József Vecsey habe ich später erfahren, daß meine Mutter damals den Eindruck gehabt hat, die Kommunisten versuchten irgendwie meinen »natürlichen« Tod vorzubereiten; nicht nur durch nachlässige ärztliche Betreuung, sondern durch beabsichtigte Nachhilfe. Vielleicht wollte man die Besuche meiner Mutter dazu benützen, die Öffentlichkeit langsam auf mein Hinscheiden vorzubereiten.

Diese Ansicht dürfte auch deshalb wahrscheinlich sein, weil man mich nach ihrem dritten Besuch nun doch in das Zuchthaus in der Contistraße verbrachte. Auch frühere Regierungen haben dort ihre politischen Gefangenen eingekerkert. Deren »natürlicher« Tod stellte sich dann meistens rasch ein und löste alle Probleme, die mit solchen Personen verbunden waren.

Bei ihrem letzten Besuch im Sammelgefängnis forderte meine Mutter vom Aufseher eine meinem Zustand angemessene ärztliche Behandlung. Der folgende Tag brachte jedoch nicht was sie gefordert hatte, sondern statt dessen die Mitteilung meiner baldigen Überführung ins Zuchthaus.

Als Vorwand für diese Verfügung wurde auf einen »Verstoß« hingewiesen, dessen ich mich während dieses Besuches schuldig gemacht hätte. Ich hatte nämlich meine Mutter gebeten, in Esztergom auszurichten, man solle für meine täglich zelebrierten hl. Messen ein Meß-Stipendium festsetzen und die auf diese Weise sich ansammelnde Summe von Zeit zu Zeit unter die Armen verteilen. Auch die Bitte, man möge mir einen Mantel senden, da ich ihn im Gefängnis tragen möchte, wurde als ein Vergehen gewertet. So wurde ich am 27. September in eine »strengere Haft« überführt.

Ein halbes Jahr hatte ich im Gefangenenspital zugebracht. Diese Zeitspanne hatte genügt, mich und meine Sache draußen in der Welt in Vergessenheit fallenzulassen. So konnten die Widersacher mich jetzt, ohne noch heftige Kritik fürchten zu müssen, ins Zuchthaus überführen.

Wieder saß ich – hinter verhängten Fenstern – im Transportwagen für Gefangene. Meine Begleiter verweigerten jede Auskunft über das Ziel der Fahrt. Ich vermutete jedoch, da wir nur eine kurze Wegstrecke zurückgelegt hatten, daß wir uns vom Sammelgefängnis nicht weit entfernt hatten. Auf einem Feldweg, vorbei an Äckern und Baumgruppen gelangten wir zu meiner neuen Heimstatt. Dort erwartete uns zu meiner großen Überraschung im Tor des Hauses wiederum Károly Kiss. Er erfreute sich offenbar des Wohlwollens meines einstigen Folterers in der Andrássystraße, der jetzt sein Vorgesetzter war und ihn zum stellvertretenden Kommandanten des Zuchthauses gemacht hatte.

Der Major übergab mich also dem Zuchthauskommandanten. Ein Major führte mich als erstes ins Kleidermagazin. Dort wurden mir der schwarze Zivilanzug und die Unterwäsche vom Leib gerissen. Als ich mich gegen diese Art der Entkleidung sträubte, machte der hinkende Polizist, den ich schon einmal in der ersten Nacht in der Andrássystraße kennengelernt hatte, schmutzige Bemerkungen. Alles was ich hatte, wurde mir abgenommen, sogar die Schuhriemen und die Hosenträger. Ich bekam weder ein Trinkglas noch eine Gabel, noch ein Messer, weil man fürchtete, daß die Sträflinge damit Selbstmord begehen könnten. Dann erhielt ich die üblichen Sträflingskleider: alte, vergilbte Unterwäsche, eine Hose und einen Kittel aus Zwilch, eine Kappe aus dem gleichen Material, schwere genagelte Sträflingsschuhe. Ein Wintermantel, Handschuhe, Taschentücher und Nachthemd fehlten jedoch in dieser Garderobe. Als ich in meinem neuen Anzug steckte, kam mir plötzlich in einer Laune von Galgenhumor die Frage in den Sinn, was wohl der Unterschied zwischen Schnaps und Zwilchmontur sei. Ich mußte mir sagen: »Es gibt keinen, beide lassen im Sommer verschmachten und im Winter erfrieren.«

Ein besonderer Gunstbeweis wurde mir jedoch noch zuteil: Ich erhielt einen Band des Breviers, der allerdings für die Frühlingszeit bestimmt war, während wir uns inzwischen tief im Herbst befanden. Auf meine Bemerkung antwortete Kiss: »Seien Sie bloß nicht noch wählerisch, Gebet ist Gebet.« Trotz meiner Bitten verweigerte man mir aber jedes weitere Buch, dazu die Uhr, das Schreibzeug und den Rosenkranz – auch die hl. Messe durfte ich nicht mehr lesen.

Károly Kiss genoß seine Machtstellung mit sichtlichem Vergnügen. Sein Gesicht strahlte, wenn er in Paradeuniform erscheinen konnte. Er liebte die Stiefel, mehr aber noch die Stiefelabsätze, die ihm die Möglichkeit gaben, manche Fragen drastisch und rasch zu erledigen. Die Demütigung der Gefangenen bereitete ihm Genuß, entsprechend seiner Ansicht, daß ein Sträfling nie recht habe und immer nur unverschämt sei. Mit seiner eigenen Gesundheit stand es anscheinend nicht zum besten, er hatte zwar einen guten Magen, aber Lunge und Herz waren wohl nicht in Ordnung. So ging seine Theorie dahin, daß frische Luft Arznei sei. Er wurde zum passionierten Spaziergänger. Bemerkenswert daran war aber, daß er nicht die Luft im inneren Hof, der ihm jederzeit zur Verfügung stand, oder die auf der Straße, auf dem Feld als »Arznei« betrachtete, sondern sich stets nur auf dem Spazierweg der Gefangenen erging. Um sechs Uhr früh lief er schon hinaus; anfangs stellte er den Spaziergang nach kurzer Zeit ein; später beendete er ihn oft erst um die Mittagszeit, so daß der Spaziergang der Gefangenen entsprechend gekürzt wurde, oft sogar gänzlich ausfallen mußte.

Bei einem Wettbewerb mit Kiss hätte sich nur der »Leutnant mit der Pfeife« messen können. Dessen Ressort waren Durchsuchung und Konfiskation. Er durchstöberte alles, vom Strohsack bis zum letzten Blatt im Buch. Mit Genuß stellte er mich in die Ecke, Gesicht zur Wand, damit ich nichts höre und nichts sehe. Wenn ich mir eine Bemerkung erlaubte, belehrte er mich: »Nur wenn ich frage!« Einmal versuchte er es mit so schmutzigen Gemeinheiten, daß ich ihm die Türe wies. Es gereicht ihm zu relativer Ehre, daß er daraufhin sofort hinausging. Ein Berufsbösewicht, wie Oskar Wilde gesagt hätte. Noch zur Blütezeit Rákosis verschwand der Mann aus der Anstalt. Major Vékási, der Nachfolger von Kiss wurde, war ein ganz anderer Mann, er zeigte sich menschlicher. Obschon er nicht immer objektiv war, hat er nie Unmenschlichkeiten oder Grobheiten begangen.

Auch die Wache bemerkte den »Klimawechsel« und stellte sich um. Man konnte deutlich spüren, wie das Wachpersonal sich genau der Geistesart des Kommandanten entsprechend aufführte. Wie oft mußte ich lästerliche Flüche auf Christus hören. Ich dachte dann: »Dich hat keine ungarische Mutter geboren, und wenn auch, dann straft die Frucht den Baum Lügen.« Bei manchen Mitgefangenen schien die Meinung zu herrschen, daß das Wachpersonal des Kardinals sich aus ausgesucht bösen Leuten rekrutierte. Von gewalttätigen Kerkermeistern und Angestellten hieß es nämlich nicht selten: »Die haben wahrscheinlich vorher Kardinal Mindszenty bewacht.«

Zwischen dem 27. Sept. 1949 und dem 13. Mai 1954, der Zeit meiner Zuchthaushaft, habe ich mir oft die Frage gestellt, wo ich mich eigentlich befände. Als wir bei meiner Einlieferung aus dem Wagen stiegen, fragte ich einen Oberleutnant meiner Begleitung, ob wir in Harta seien? Der Offizier nickte stumm. Ich meinte daher immer, ich befände mich in jenem Hause, in das einst Nádossy als Verurteilter im Frank-Fälschungsprozeß eingewiesen worden war. Als ich dann aber 1955 einmal Gelegenheit hatte, einen Priester zu sprechen, wußte dieser nicht zu sagen, in welcher Strafanstalt ich mich in all diesen Jahren aufgehalten hatte. Auf Grund meiner Beschreibung war er geneigt anzunehmen, man habe mich in Kistarcsa festgehalten. Aber dort gab es kein Zuchthaus. Aus amtlichen Dokumenten, in die ich später Einsicht nehmen konnte, ersah ich, daß man mich bewußt im unklaren über den Ort meines Aufenthaltes gelassen hatte. Ich fand da eine undeutliche Stelle, die auf das Zuchthaus Conti in Budapest hinzuweisen scheint.

In der Conti-(Tolnai Lajos-)Straße im VIII. Bezirk der Hauptstadt gibt es ein Zuchthaus. Es hat Raum für zweihundert Gefangene, man hielt aber dreihundert hier fest. Im vergangenen Jahrhundert beherbergte das Gebäude die Stadtkommandantur und das Militärgericht. In den 40er Jahren hielt man hier Militärspione vor der Verhandlung in den Kasematten gefangen. Die Räume waren naß, muffig und schimmelig. Die Gefangenen gingen im allgemeinen im Laufe eines halben Jahres zugrunde. In die Contigasse wurden in der Regel nur solche politisch Verurteilten eingeliefert, die man durch einen »natürlichen« Tod loswerden wollte. Neben meinem Zuchthaus befand sich ein Gasthaus, in dem den Sommer über Zigeunermusik gespielt wurde. In der Nähe scheint auch eine Polizeikaserne mit Büroräumen und Wohnungen gewesen zu sein, in deren Garten oft viele Kinder spielten. Gerieten die Frauen der Kinder wegen in Streit, mußte der Gatte und Vater Polizist nach Hause eilen, um wieder Ordnung zu schaffen. Es gab auch idyllische Stunden, an Sonntagen, nach dem Mittagessen, wo man auf der Zither spielte, z. B. das Lied: »Ich spanne mein Pferd in meine gelbe Kutsche ein ...«

Aus der Ferne hörte ich die Glockengeläute mehrerer Kirchen. Im ersten Jahr meiner Haft waren noch die Auferstehungsprozession und auch die Fronleichnamsprozession in den Straßen erlaubt, denen ich mich immer im Geiste anschloß.

Die Zelle

Die Tür meiner ersten Zelle im Zuchthaus öffnete sich auf den Hauptgang, das Fenster aber auf einen viereckigen, teils asphaltierten, teils mit Rasen bedeckten Hof. Die Zelle war kleiner als jene neben dem Friedhof. Trotzdem war sie keine ganz gewöhnliche. Die Wände zeigten nämlich ziemlich gute Malereien. Das überraschte mich; erstaunlicher jedoch fand ich die Tatsache, daß man diese Bilder noch nicht entfernt hatte; sie entsprachen ja keineswegs der neuen Ideologie. In der Holztür war ein Guckloch, selbstverständlich aber nicht zur Unterhaltung des Sträflings. Und doch hätte es draußen im Gang so manches zu sehen gegeben: zivile und uniformierte Wächter in großer Zahl; sie war oft größer als die der Gefangenen.

Immer wieder schauten Wächter durchs Spähauge, ergötzten sich am Neuankömmling, machten ihre Sprüche und Witze. – Ich schwieg zu allem. Da erschien plötzlich einmal der Kommandant und schrie: »Seien Sie nicht frech! Vergessen Sie, wer und was Sie bisher waren! Es gibt eine schlechtere Zelle als die hier. In den Kasematten!«

Das lebende und das tote Inventar, das ich im dämmerigen, feuchten Raum vorgefunden hatte, war nicht besonders kostbar. Beim Fenster hauste – so schien es – eine Spinnenkolonie. Am Boden und im schmutzigen Bettpolster tummelten sich andere Tierchen. Die Ausstattung wurde vervollständigt durch einen Kübel, ein Aluminiumwaschbecken, zwei fadenscheinige Decken, das Handtuch, Tisch und Stuhl und ein vielfarbiges Leintuch (das vielleicht früher einmal dem Maler der Fresken gedient hatte).

An der Wand hing ein Zettel. Er verkündete in schlechtem Ungarisch die Tagesordnung. Ich habe sie noch ungefähr in Erinnerung:

5 Uhr Aufstehen, Sammeln der Abfälle, Waschen, Zähneputzen (jedoch ohne Bürste und Zahnpasta), das Bett ordnen.

6 Uhr Abstauben (zum Abstauben des Mobiliars muß das Handtuch benützt werden). – Hernach freie Zeit.

7 Uhr Frühstück.

8 Uhr – 16 Uhr Bereitschaft zum Spaziergang, unterbrochen um

13 Uhr durch das Mittagessen.

18 Uhr Abendessen.

19 Uhr Schlafen.

All das war umgeben von Langeweile und garniert mit den Flüchen der Wachmannschaft.

Diese Zelle sollte jedoch keine dauernde Bleibe sein. Zwangsumsiedlungen gehörten zur Pflicht und zu den Vergnügungen des Kerkermeisters. So brachte schon die Nacht vom 18. auf den 19. November 1949 auch für mich einen »Logiswechsel«. Umgeben von Polizisten trug ich meine Habseligkeiten: Waschschüssel, Krug usw. in ein neues Verlies.

Es war ein muffiger, feuchter Raum mit lärmender Nachbarschaft. Auch hier war noch ein Fresko an der Wand, das allerdings kein historisches Ereignis darstellte, sondern irgendwelche unflätigen und gemeinen Szenen. Vielleicht hatte man gerade deshalb diese Zelle dem Kardinal zugewiesen.

Ich dachte an die Tagespatronin, die heilige Elisabeth, die sich nach ihrer Vertreibung aus der Wartburg in einen Stall zurückgezogen hatte. Sie hatte damals ein »Tedeum« angestimmt, und so wollte auch ich mich nicht beklagen. Ich flehte Gott um die Gnade an, sagen zu können: »Ich freue mich über den Tag, an dem du mich gedemütigt hast, über die Jahre, in denen wir so viel Unheil geschaut« (Ps. 89, 15).

Ich blickte auch in Gedanken zu den Heiligen auf. Der heilige Johannes vom Kreuz hatte auf die Frage, was er für seinen Kampf und für sein Lebensopfer erwarte, geantwortet: »Leiden und für dich, Herr, verachtet werden.«

Wir sind klein, wir können aber größer werden. Die Heiligen sind immer dann auf den höchsten Höhen geschritten, wenn sie in die tiefsten Tiefen der menschlichen Not und des menschlichen Leidens hinabstiegen.

Herr, gib mir nur ein wenig von der Art der Heiligen! Drei Nächte weilte ich in diesem Raume. Dann brachte man mich in ein Gelaß im Erdgeschoß und erklärte dazu: »Diese gute Zelle wird nun dauernd die Ihre bleiben.«

Im Dezember begann man die Räumlichkeiten im Erdgeschoß zu renovieren und Öfen einzubauen – im Sommer und Herbst hatte man offenbar keine Zeit mehr für solche Reparaturen gefunden. Wegen der Erneuerungsarbeiten, vielleicht aber auch, weil die Zahl der Gefangenen gewachsen war, mußten wir in den ersten Stock übersiedeln. – Der Kommandant mit Gefolge erschien. Der »Leutnant mit der Pfeife« befahl: »Sachen packen, ausziehen!« Vor mir schritt ein Polizist, hinter mir in bester Stimmung der Befehlshaber. Der Kommandant führte mich in meine neue Zelle und spottete: »Das wird nun – bis zu Ihrem Tode – Ihre Eigentumswohnung sein.« In der kurzen Zeit von einem Monat hatten mich also nacheinander acht verschiedene Gelasse aufgenommen. In wie vielen Zellen ich aber im Laufe der acht Jahre zu Hause war, kann ich nicht mehr sagen.

Am Silvesterabend um sieben Uhr kam der Befehl: »Zurück ins Erdgeschoß!« Ich erhielt die strenge Weisung, mich nicht etwa hinzulegen, bevor ich dazu eine besondere Erlaubnis erhalten hätte.

Als ich eintrat, fand ich einen ungeheizten Kerker vor. (Die Öfen waren während des ganzen Winters nie in Betrieb.) Es herrschte eisige Kälte, wohl auch deshalb, weil die frischverputzten Wände noch naß waren; zudem steckten die Mauern meines Verlieses tief in der Erde, und von irgendwoher sickerte unaufhörlich etwas Wasser an den Wänden herunter. Es gab wenig Hoffnung, daß das einmal besser werde, denn die Sonne hatte keinen Zutritt zu meinem Raum, nicht einmal im Sommer.

Ich klapperte mit den Zähnen und wünschte mir wenigstens den kalten, schimmeligen Strohsack zurück, während ich hin und her ging und auf die angekündigte Erlaubnis wartete. Aber niemand kam. Und so schlüpfte ich, angezogen, ohne polizeiliche Zustimmung, ins Bett. Da erschien plötzlich die Wache. Ich wurde angeschrien, und man brüllte, ich hätte Zeit zu warten. – In der Tat: der »Lebenslängliche« hat Wartezeit bis zum Tode.

Aus einem Buch von Pater Walter Csiszek SJ ersah ich, daß dieses Wandernlassen der Sträflinge eine sowjetische Erfindung war. Im Zeitraum von dreiundzwanzig Jahren hatte man diesen Pater von Moskau nach Norilsk, Krasnojarsk und Abakan verlegt. In den größeren Ortschaften mußte er auch immer wieder die Gefängnisgebäude und in diesen die Zellen wechseln. Solche Umsiedelungen sind nicht selten für die Kerkermeister ein Vergnügen, doch werden sie auch als Vorsichtsmaßnahme durchgeführt. Es soll dem Gefangenen unmöglich gemacht werden, Kontakte zur Umwelt aufzunehmen.

Sträflingshumor

Auch ein Sträfling ist nicht immer traurig. Die Wiege des Galgenhumors wird sicher das Herz eines Gefangenen gewesen sein. Davon erzählen viele Geschichten. Ein Zigeuner, der an einem Montag zum Galgen geführt wurde, seufzte auf: »Na, die Woche fängt ja gut an.« Aus dem Mittelalter ist uns die Anekdote überliefert, Markalf, eben zum Tode verurteilt, habe sich vom König die Gnade erbeten, daß ihm noch ein letzter Wunsch erfüllt werden möge. Der Herrscher versprach es. Da bat Markalf, sich im Wald den Baum selbst suchen zu dürfen, an dem er gehenkt werden solle. Er fand ihn nie.

Auch »Lebenslängliche« bewahren eine Dosis Humor. Mein Kerkermeister war ein richtiger Repräsentant des Regimes. Ich wollte mich hin und wieder, wenn er zu mir hereinkam, mit ihm unterhalten. So legte ich ihm verzwickte Rechtsfragen vor und ließ ihn entscheiden.

Dabei tat ich so, als ob ich nicht wüßte, wie ich handeln solle: »Ist ein priesterlicher Sträfling, der zu lebenslänglichem Kerker verurteilt ist, seine Gemeinde also nie mehr sehen wird, noch verpflichtet, für diese das Brevier zu beten? Ist er auch dann noch dazu verpflichtet, wenn er das der Jahreszeit entsprechende Buch nicht hat? Ist er verpflichtet, für die Gläubigen die Messe zu lesen, wenn man ihm nicht zu zelebrieren erlaubt?«

Der Kommandant nahm sich die Mühe, nachzudenken, und gab dann das »weise« Urteil von sich: »Ich dispensiere Sie von allem.«

Einmal fragte er: »Haben Sie einen Wunsch?« Meine Antwort lautete: »Ich habe nur einen einzigen Wunsch. Als man mich verhaftete, nahm man mir 49 Forint weg. Das war wohl das wenigste, was man mir je geraubt hat. Ich denke, dieses Geld ist deponiert. Auch die lebenslänglich Verurteilten können nach fünfzehn Jahren frei sein. Bis dahin kann aber eine Inflation gekommen sein. Wenn man mir das Geld dagegen jetzt herausgäbe, könnte ich noch einigen meiner Patenkinder damit eine Kleinigkeit kaufen.«

Der Kommandant fiel in der Tat auf die Anspielung herein, er wurde rot wie ein Truthahn und tobte:

»Was? Der ungarische Forint wird an Wert verlieren? Merken Sie sich, er kann seinen Wert nicht verlieren. Er ist das beste Geld der Welt; überall auf dem Geldmarkt wird er übernotiert.«

»Seien Sie mir, bitte, nicht böse! Es freut mich, endlich den hohen Wert der ungarischen Währung kennengelernt zu haben. Sie ist also keine Materie, weil sie unverderblich ist«, erwiderte ich. Im Jahre 1955 gab man mir in der Tat die Summe, ohne daß ich noch einmal darum gebeten hätte, heraus. Bei einem Besuch meiner Mutter konnte ich ihr das Geld für meine zwei armen Patenkinder übergeben. Meine Mutter lächelte nur. Wahrscheinlich hat sie gedacht: »Er kennt den wirklichen Wert des Forints nicht mehr.« Das Sprichwort sagt: »Weinend unterhält sich der Ungar.« Noch mehr gilt es für den ungarischen Gefangenen. Der Humor des Sträflings ist dem des Emigranten Mikes ähnlich, der geschrieben hat: »Wir sind so guter Laune, daß wir in unserem Kummer fast sterben.«

Gábor Péter besucht mich

Eines Tages meldet mir die diensthabende Wache, daß der Feldmarschalleutnant im Gefängnis sei und mich besuchen wolle. Ich nahm es wortlos zur Kenntnis. Kurz darauf ging die Türe auf, und der in der Andrássystraße so gefürchtete allmächtige Herr trat in meine Zelle ein. Er grüßte und fragte mich, wie es mir gehe.

Ich antwortete: »Wie es einem Menschen an einem solchen Ort zu gehen pflegt.« Darauf entgegnete er: »Ich bin immer der Auffassung gewesen, daß die Verurteilung des Fürstprimas ein großer politischer Fehler war. Sie hat sowohl der Kirche wie auch dem Staat nur Schaden zugefügt. Man hätte Ihre Verbindungen lieber zur Devisenbeschaffung benützen sollen, woran es uns fehlt.« Ich schwieg. Dann erzählte er mir, daß László Rajk verurteilt worden sei und etliche Jahre schweren Kerker erhalten habe. Danach kam er wieder auf die Dollars zurück und meinte, ich könne auch jetzt dem Staat noch helfen und würde, falls ich einwillige, dafür auf freien Fuß gesetzt.

Ich überdachte den seltsamen Antrag. Sollte ich also vielleicht nach Amerika gehen und für die Kommunisten Dollars erbetteln? Ein perverser Gedanke: ich sollte also meine Prinzipien aufgeben, um den Kommunisten Geld zu verschaffen.

Auch Gábor Péter blieb still. Er wartete auf meine Antwort. Ich ließ aber die gute Gelegenheit nicht verstreichen, das Angebot zu ironisieren: »Aber ich bin doch gerade deshalb in dieser finsteren Zelle, weil ich Devisen ins Land gebracht habe.«

Der Feldmarschall tat so, als ob er die Antwort nicht recht verstanden hätte; er nahm den Gedanken nochmals auf und meinte, eine solche Handlung wäre unserer Heimat, mir selbst und der katholischen Kirche von Nutzen. Sein Vorschlag stieß bei mir aber nicht auf das erhoffte Interesse. So kamen wir gar nicht mehr ins Gespräch darüber, wie sich Gábor Péter denn nun im einzelnen meine »Befreiung« gedacht hatte.

Es ist möglich, daß er deshalb gekommen war, weil er persönlich sehen wollte, wie es mir im Zuchthaus gehe und in welchem Gesundheitszustand ich mich befinde. Bei seinem Weggang kam mir der Gedanke, daß vielleicht das Rote Kreuz sich nach mir erkundigt habe. Auf solche ausländischen Erkundigungen wollte man die beruhigende Antwort geben können, daß der Gefangene sich in sein Schicksal gefügt habe, die Behörden sich um ihn kümmern, sein Kerker kontrolliert werde und er auch nicht die nötige ärztliche Behandlung entbehre.

Jahre später erfuhr ich aber, daß auch das Oberhaupt der Polizei mir in der Angelegenheit Rajks nicht die Wahrheit gesagt hatte. Rajk wurde nämlich am 15. Oktober 1949 hingerichtet. Das ist während der Amtsperiode Kádárs als Innenminister geschehen. Auch er wurde so wie ich wegen Verstößen gegen das »Henkergesetz« vor das Volksgericht gestellt. Der Innenminister soll ihn dann auf freundschaftlicher Basis zur Ablegung eines Schuldgeständnisses veranlaßt und in Aussicht gestellt haben, daß er nach dem Ablauf des gerichtlichen Schauspiels, dessen Technik Rajk ja gut kannte, bald auf freien Fuß gesetzt werde.

Das Schicksal Rajks hat mich später, als ich erfahren hatte, daß er gehenkt worden war, noch beschäftigt. Da ich am selben 15. Oktober 1949 aus meinem Fenster einer Hinrichtung zusehen mußte, stieg später in mir die Vermutung auf, daß man ihn damals im Hof des Gefängnisses hingerichtet haben könnte. In den frühen Morgenstunden war schon gezimmert und gehämmert worden, um den Galgen zu errichten. Es war auffällig, daß der Termin des Weckens verstrichen war, ohne daß man den üblichen Befehl aufzustehen erteilt hatte. Plötzlich gab es dann im Hof große Bewegung. Ich konnte mich zwar durch das kleine Fenster nicht richtig orientieren, sah aber Teile einer Tribüne und den Galgen. Viele Menschen versammelten sich.

So klopfte ich gegen meine Tür. Zum Glück kam einer der freundlichen Wärter herbei. Ich fragte ihn, warum wir noch nicht geweckt worden seien.

»Wir haben Befehl, heute eine lange Ruhezeit zu gewähren.« »Wird gehenkt?« »Ja, es wird jemand gehenkt; aber ich spiele mit meinem Kopf, wenn ich mit einem Sträfling spreche.« »Mein Sohn, ich habe keine Verbindungsfäden zu denen, die dir schaden könnten. Wird ein Offizier, ein einfacher Soldat oder ein Zivilist gehenkt?« »Es wird kein gewöhnlicher Mann, sondern ein Offizier gehenkt.«

Ich ging zum Fenster zurück und wäre gern auf einen Stuhl gestiegen, es gab aber leider keinen in der Zelle. Daraufhin zog ich aus meinem Schuh einen ziemlich großen Nagel heraus, und zog mich an der Wand bis zum Fenstergitter empor. Dann riß ich mit dem Nagel einige der Drähte aus dem Gitter und konnte durch die kleine Lücke hinaussehen. Auf der Tribüne stand ein mir unbekannter, wichtig wirkender Mann, ein Minister oder ein Staatssekretär. Um ihn herum befanden sich Gábor Péter und einige der Polizeioffiziere, die mich in der Andrássystraße verhört hatten, dazu der hiesige Kommandant und etliche Journalisten. Alle waren dunkel gekleidet. Unter dem Galgen stand ein Mann mittleren Alters nur in Unterwäsche. Der Henker richtete die Schlinge am Seil, ohne daß die Anwesenden ihre offensichtlich gute Laune verloren. Plötzlich verstummte aber das Gerede, da der zum Tode Verurteilte laut aufschrie: »Ich sterbe unschuldig!« Ich sprach für ihn die Absolutionsgebete, und die Hinrichtung wurde vollzogen. Kurz darauf wurde der tote Körper heruntergelassen und weggetragen.

Es gibt nichts Bedrückenderes als ein Sträflingsbegräbnis und ein Sträflingsgrab. Es ist wie das Vergraben von Aas. Eigentlich stimmt aber auch dieser Vergleich nicht, denn es gibt in vielen großen Städten wohleingerichtete Hunde- und Katzenfriedhöfe, auf denen marmorne Grabdenkmäler mit »sinnigen« Aufschriften stehen, es gibt Grabhügel, Kränze, Efeu, heiße Tränen, ersticktes Schluchzen. »Der Hund, der da unten liegt«, sagen sie, »ist uns unvergeßlich«; und die das sagen, tragen ihr weiteres Leben hindurch in der Tat solche Trauer. Nichts von all dem wird dem Gefangenen zuteil, wenn er seine Augen schließt und um seinen Hals die Schlinge zugezogen wird. Weder Mutter noch Frau oder Kinder erhalten eine Nachricht von seinem Begräbnis und dessen Ort. Tränen, Blumen oder Gebete erreichen sein Grab nicht. Kein Grabstein oder ein anderes Zeichen geben Kunde, wer an diesem Platz ruht. Ein solches Grab kann nur die Posaune des Letzten Gerichtes erreichen. Vorher sieht niemand den Friedhof der Gefangenen.

Nach dieser Hinrichtung fand offenbar ein Frühstück statt, und als die Teilnehmer gesättigt waren und genug getrunken hatten, wünschten sie »Mindszenty zu sehen«. Dies geschah am Vormittag desselben 15. Oktober 1949. Zwei Offiziere betraten daraufhin meine Zelle, und einer von ihnen erklärte: »Der Genosse Staatssekretär hat angeordnet, Sie in die Räume des ersten Stockwerkes zu führen. Folgen Sie uns! Ich mache Sie jedoch aufmerksam, daß Sie sich als Gefangener zu benehmen haben, sonst bekommen Sie eine Strafe.«

Ich beschloß – aber nicht aus Furcht vor solcher Drohung – zu schweigen. Eben das hatte mein Herr und Meister vor Herodes getan, als man ihm das weiße Kleid angelegt hatte. Der Jünger steht nicht über seinem Meister, der Diener nicht über seinem Herrn.

Wir gingen den engen Gang entlang. Hart schlugen meine genagelten Schuhe auf. Vor und hinter mir schritten die Wächter. Das Treppensteigen fiel mir nicht leicht, aber sie spornten mich zur Eile an.

Im ersten, leeren Büroraum, den wir betraten, hingen die bekannten Bilder von Lenin, Stalin, Schukov, Rákosi. Dann wurde die Tür des nächsten Raumes geöffnet. Ich trat ein und stand in meinem Sträflingsanzug da, abgemagert und blaß. Im Mittelpunkt der Runde vor mir befand sich der mir unbekannte Staatssekretär. Gábor Péter und seine Leute, dazu ein Schwarm von Journalisten brachen bei meinem Eintritt in Gelächter aus. Auch der Staatssekretär lachte und fragte mich dann: »Sind Sie Mindszenty?« Ich schwieg.

»Dieser Anzug steht Ihnen ganz vortrefflich.« Die Umstehenden grölten und lachten noch mehr. »Haben Sie einen Wunsch?«

Ich schwieg.

»Das ist recht so; jetzt ist das Volk Herr. Auch den Papst wird bald ein solches Schicksal treffen.«

Wir standen einander noch eine kleine Weile jetzt beide stumm gegenüber. Ich dachte an das Festmahl des Herodes und an sein Opfer, Johannes den Täufer.

Dann winkte der Staatssekretär, und ich wurde wieder abgeführt.

In meiner Zelle kniete ich nieder und dankte dem Herrn, daß er auch mich würdig befunden hatte, die Schmach mit ihm, unserm Heiland und Erlöser, zu teilen.

Stimmungen in der Einzelhaft

Lärm macht nervös, aber auch stille Einzelhaft bricht allmählich die Nervenkraft. Allein schon die Frage: »Wie spät ist es denn eigentlich?« vermag einen zu zermürben. Der Häftling besitzt keine Uhr mehr; daher fällt es ihm schwer, sich über den Gang der Zeit klarzuwerden. Es gibt nur wenige Anhaltspunkte für den Tagesablauf. Nur das Aufstehen und das Sich-Niederlegen erfolgen pünktlich. Doch auch diese festen Termine werden gelegentlich später oder früher angesetzt, z. B. wenn morgens eine Hinrichtung stattfindet oder wenn abends Gefangene in andere Zellen überführt werden. Zur Einsamkeit gesellt sich die Untätigkeit.

Ich verstehe inzwischen den Dichter Ferenc Verseghy, der in solcher Langeweile der Gefangenschaft die »Marseillaise« ins Ungarische übersetzt hatte und dafür von neuem neun Jahre Festungshaft erhielt.

In der Stille der Zelle ergeht es dem einsamen Gefangenen ähnlich wie seinerzeit dem von der Welt abgesonderten Nordpolforscher Nansen: »Ziellos streife ich auf öden Eisfeldern herum. Ich bin niedergeschlagen. Ich habe zu nichts Lust. Tag und Nacht bin ich bedrückt, körperlich und seelisch erschöpft, zerschlagen.«

Nur die Bilder an der Wand, ihre Aufschriften und die Beschriftungen an den Türen betätigen die Phantasie. Frühere Gefangene sprechen in ihnen zu den gegenwärtigen und den noch nachfolgenden. Oft handelt es sich vielleicht um Geheimzeichen. Aber der Gefangene weiß, daß sie im Leid geboren wurden.

Die Tage vergehen aber doch. Zuerst sind es nur hundert, dann zweihundert, dann fünfhundert Tage. Bald sind es tausend. Etwas sehr Sonderbares: solche Kerkerjubiläen, diese runden Zahlen!

Die Zeit geht weiter. Man wird langsam Veteran, Zeuge von Vergangenheit und wartet nur noch, bis der Tod alle diese Tage, Monate und Jahre verschlingt. Die Jahre vergehen unwiderruflich, ohne daß der Mensch ein menschliches Leben geführt hat. Jeder Tag bedeutet da ein Sinken in die Tiefe, einen neuen Sturz.

Der Sträfling in Einzelhaft sieht nie Gottes freie Natur, den Wald, die blumige Wiese, das brotbringende Getreidefeld, das mit Mohn durchwoben ist, die sprudelnde Quelle oder gar die mächtige Donau, die Hanfschwemme, das Meer; den silbernen Mondschein, die Milchstraße, die Sterne, sein Heimatdorf, die Kirche, den Friedhof, die Seinen, die Gräber seiner Lieben, die Seminaristen in Chorrock, die Schar der Gläubigen im Antlitz des Herrn; den Schein des Ewigen Lichtes, den Altar, die Kanzel und den Beichtstuhl, den Taufbrunnen, die Prozessionen; eine christliche Familie, unschuldige Kinderaugen, die der Herr Jesus so sehr geliebt hat. Nie sieht er Erstkommunikanten, er sieht seine Braut nicht mehr, sei es nun ein Mädchen, eine Basilika oder ein Dom. Kein anderes Stück seiner geliebten Heimat kann er sehen als diesen einen düsteren kleinen Platz in ihr. Nichts von alldem kann er sehen, von dem die Menschen denken, daß sie, wenn es ihnen fehlte, nicht leben könnten.

Ja, in der Strafanstalt, in der ich mich befand, darf der Häftling nicht einmal einen anderen Strafgefangenen sehen. Es war für ihn ebensoschwer, einen Sträfling zu Gesicht zu bekommen wie einen weißen Raben; dabei war doch fast jeder zweite Ungar ein Sträfling. Ich hätte, genau genommen, in acht Jahren, der Vorschrift entsprechend, keinen Leidensgenossen treffen dürfen. Was ein Gefangener ist, sollte ich allein an mir selbst erkennen. Dennoch bin ich wenigstens einem Mitinsassen begegnet. – Als wir einmal vom Spaziergang zurückkehrten, wollte der Wächter mich wie gewohnt in meine Zelle zurückführen. Anstatt mich aber in Nr. 105 einzuschließen, machte er vor der Tür des Nachbarraums Halt. Das Schloß knirschte, und er hieß mich eintreten. Ich bemerkte seinen Irrtum sogleich, aber ich habe nie einem Kerkermeister williger gehorcht. Wir Sträflinge sahen uns forschend in die Augen. Der »Eigentümer« der Zelle lag – in der Hitze der Hundstage – unbekleidet auf der Pritsche. Er hatte sich hingestreckt in der Gewißheit, ungestört zu bleiben. Jetzt aber war unerwartet Besuch gekommen.

Unser Wächter besann sich nicht lange. Er sah mich einen Augenblick erschrocken an, dann schob er mich wieder hinaus. Ich tröstete ihn auf dem Gang und in meiner Zelle, indem ich meinte, daß es in jedem Beruf einmal ein Versagen geben könne und vielleicht auch

66. Die Befreiung
Kardinal Mindszentys
nach achtjähriger
Gefangenschaft —
Ankunft in Budapest.

67. Dieses Christus-Bild mit
der Unterschrift »devictus
vincit« hatte Kardinal
Mindszenty während Ver-
haftung, Gefangenschaft
und Asyl immer bei sich.
Im Zuchthaus diente es ihm
als Altarbild für die
heilige Messe.

68. Ansprache vor
Journalisten.

69. Der Kardinal
im Hof seiner
Budapester Residenz

70. Schußwechsel mit der
Geheimpolizei AVO.

71. Miliz der Aufständischen
kontrolliert die Ausweise
von Passanten.

72. Pál Maléter auf dem Weg zu Verhandlungen über den sowjetischen Truppenrückzug.

73. Lagebesprechung zwischen (v.l.n.r.) Maléter, Verteidigungsminister Janza und Generalmajor Kovács.

74. Imre Nagy während seiner Rundfunkansprache am 30. Oktober, in der er den Austritt Ungarns aus dem Warschauer Pakt bekanntgab.

75., 76. und 77.
Die sowjetischen Truppen
greifen erneut ein und
schlagen den ungarischen
Aufstand nieder.

78. Das zerstörte Rundfunkgebäude, von dem aus
I. Nagy bekanntgab, daß
die Rote Armee den Angriff
gegen Budapest begonnen
habe.

79. Noch am 5. November
setzten Gruppen von
Aufständischen
den Kampf fort.

80. Flucht nach Österreich.

Rákosi Fehler mache, und versprach, über die Sache nicht zu sprechen. Ich war ihm dankbar dafür, daß ich ein einziges Mal Gelegenheit gefunden hatte, einen Leidensgenossen zu sehen.

Abends, als die Schritte des Wächters im Gang verhallt waren, klopfte ich an des Nachbars Wand. Eine Erwiderung blieb nicht aus. Ich will nun gewiß nicht behaupten, wie es in Tagebüchern von Sträflingen gern erzählt wird, daß wir durch die Wand ganze Konferenzen abhielten und eine Nachrichtenagentur organisierten. Auf dergleichen verstand ich mich nicht, und auch mein Nachbar schien in solchen Künsten unerfahren zu sein. Trotzdem haben wir uns mit diesem Wandtelefon etwas unterhalten können; es vermittelte Lebenszeichen; zwei Menschen zeigten einander ihr Mitgefühl. Wir wären natürlich bestraft worden, wenn die Wache diese Sympathiekundgebungen entdeckt hätte.

Viele Nächte, Wochen und Monate hindurch sprachen wir auf diese Weise miteinander, bis ich eines Abends mit Bestürzung merkte, daß auf mein Klopfen kein Widerhall mehr folgte. In Gedanken grübelte ich hin und her: Habe ich etwas falsch gemacht? Kaum. Gestern abend war er noch so freundlich. Seither ist nichts geschehen. Ist er vielleicht gehorsam geworden und hat sich den Gesetzen des Gefängnisses unterworfen? Das ist noch unwahrscheinlicher. Ich dachte daher an ernstere Möglichkeiten: Ist er vielleicht gestorben? Wurde er umgebracht? Ein Sträfling ist ja ein sehr leicht sterbliches Wesen. Hat man ihn in eine andere Zelle oder gar in ein anderes Gefängnis gebracht? Hat man ihn vielleicht krank in ein Spital eingeliefert? Das wäre aber Luxus für einen Gefangenen. Wurde er von Rákosis Gnaden auf freien Fuß gesetzt? Auch so etwas kommt vor. Aber wo findet man in Ungarn heute wirklich Boden für einen freien Fuß? – Die Nacht über beschäftigten mich alle diese Möglichkeiten. Aber es war nicht möglich, das Rätsel zu lösen. Nur das eine stand fest, daß mein Zellennachbar nicht mehr hier war.

Als etwas später in meiner Zelle eine kleine Reparatur ausgeführt werden mußte, brachten sie mich für kurze Zeit in die leere Nachbarzelle. Ich blieb dort ein paar Stunden, saß an seinem Tisch, legte mich auf sein Bett, fragte im Geiste nach ihm und überlegte, wer es gewesen sein mochte.

Die größte Qual im Gefängnis ist die Eintönigkeit, die früher oder später die Nerven zerstört und die Seele aufreibt, da sie kein Ende zu nehmen scheint. Alles was in diese Eintönigkeit eine kleine Bresche schlägt, wird deshalb als Erlösung empfunden.

In meinem arbeitsreichen Leben hatte ich dem Essen immer ziemlich wenig Beachtung geschenkt. Das Maßhalten fiel mir nicht schwer. Ich hatte keine Neigung für ausgesuchte Gerichte. Im Gefängnis nun rückt das Interesse an den Mahlzeiten naturgemäß stärker in den Vordergrund, die täglichen drei Mahlzeiten füllten etwa drei Stunden meiner Zeit aus. Sie so lange hinzuziehen, gab auch die unappetitliche Eßschale Anlaß, der Aluminiumlöffel, der schmutzige Tisch, die Gleichförmigkeit der Speisen, die bei Hiob erwähnte »angustia cibi«, die karg bemessene Speisemenge (Hiob 6, 7), und die Schwere meiner Lage insgesamt.

Im Gefängnis las ich das Buch von László Somogyis »Über rationelle und ökonomische Ernährung«.

Obgleich man in der Strafanstalt ständig betonte, daß die Ernährung der nötigen Kalorienmenge entspräche, war dies diesem Buch gemäß durchaus nicht der Fall. Zucker z. B. gab es kaum jemals. Wenn meine Mutter welchen in die Pakete, die im Abstand von sechs bis neun Monaten zu mir gelangten, getan hatte, bekam ich ihn nicht. Desgleichen waren die eingepackten Zitronen regelmäßig verschwunden.

Das Essen wurde uns gewissermaßen hingeworfen. Wenn draußen im Gang während der Gespräche unter Wächtern etwas auf den Fußboden fiel, wurden die schmutzig gewordenen Fleischstücke oder Brotschnitten einfach aufgehoben und weitergereicht. – Der Wärter an der Tür wartete jeweils recht ungeduldig, um bald mit seiner Arbeit fertig zu sein. Sauberkeit war kleingeschrieben. Die Spuren des Frühstücks hingen oft noch an dem Löffel, der zum Mittagessen gebracht wurde. Der Abwechslung trug man insofern Rechnung, als der Kartoffelsuppe Salzkartoffeln folgten, der Bohnensuppe Bohnengemüse.

Der Speisezettel der einen Woche unterschied sich kaum merklich von jenem der nächsten. Milch, Butter, Käse, Eier erhielten wir selten. Rohes Obst gab es noch seltener, und wenn, dann in einem bereits verrunzelten Zustande, im Winter gab es immerhin etwas eingemachtes Obst. Grüner frischer Paprika ist mir im Gefängnis nie auf den Tisch gekommen.

In jedem Zuchthausalltag sind auch Spaziergänge vorgesehen. Sie sollen dem Gefangenen die nötige Bewegung verschaffen. Aber man fühlt sich trotzdem in dem dafür eingegrenzten Raum nur wie ein Vogel im Bauer, wie der Tiger hinter den Gittern oder wie der Tanzbär, den ein Zigeuner am Nasenring herumführt.

Unser Spazierweg – auf Asphalt von vier hohen Mauern umgeben – war etwa vierzig Meter lang. Für mich kürzte man die Wegstrecke noch. Vor und hinter mir ging je ein Wächter, vom Eckturm schaute ein dritter zu. Oft stieß ich unwillkürlich mit meinen Begleitern zusammen; der Vordermann hielt plötzlich an und meinte, daß ich zu schnell gehe, dann wieder drängte der Hintermann und behauptete, meine Gangart sei zu langsam.

Eine Stunde lang mußte ich so stumm hin und her marschieren. Ich dachte dabei an den Leerlauf einer Mühle, bei der man vergessen hatte, das Korn aufzuschütten. – Es mag sein, daß die Spaziergänge der Gruppen aus gemeinsamen Zellen ein wenig unterhaltsamer waren. Man konnte sich vielleicht einmal zunicken oder gar ein paar Worte zuflüstern. Aber auch diese Sträflinge litten unter ihren Spaziergängen. Sie hatten aber viel mehr Möglichkeiten sich auszuklagen als der Einzelhäftling. Die Klagen einer Gruppe sind allemal wirksamer und eindrucksvoller als die eines einzelnen.

Ich nützte auch die Gelegenheit, in der Zelle selbst hin und her zu gehen. Viele Kilometer habe ich wohl auf diese Weise einsam und allein in den fünf Jahren hinter mich gebracht. Der große István Széchenyi berechnete später die Meilen, die er in Döbling im Gefängnis in seiner Zelle zurückgelegt hatte. Es waren so viele, daß er zweimal um Europa hätte wandern können.

In jedem ordentlichen Haushalt muß es eine Tagesordnung und bestimmte Hausarbeiten geben, also auch bei uns. Am frühen Morgen nach dem Waschen hatte der Sträfling sein Zimmer in Ordnung zu bringen. Er mußte sein Strohpolster aufschütteln und den Strohsack zudecken. Es durfte keine Falte mehr zu sehen sein. Das Bettgestell, den Brettertisch, die Innenseite der Tür, die mit den Malereien der Häftlinge bedeckt war, die aus einem einzigen Brett bestehende Bank, die Spinngewebe am Fenster, alles das hatte er, in Ermangelung eines Staubtuches, sorgfältig mit dem einzigen Handtuch abzuwischen, das ihm zur Verfügung stand.

Täglich mußte die Zelle gekehrt werden, von Zeit zu Zeit war sie auch kniend zu scheuern und zu putzen. Dabei wurde gewöhnlich auch der Strohsack hinausgetragen und unter den brüllenden Befehlen der Wachhabenden frisch angefüllt. Die Wächter bliesen uns gern auch einmal ihren Zigarettenrauch ins Gesicht oder trieben andere Possen und Schikanen mit uns.

Diese Hausarbeit mußte der Sträfling auch ableisten, wenn er krank war.

Wöchentlich einmal wurden wir rasiert. Das war kein Vergnügen. Der Friseur in Polizistenuniform verfährt nicht glimpflich. Er darf dabei nicht mit dem Häftling sprechen. Wenn ihn der Sträfling zum Reden verführt, muß er darüber Meldung erstatten.

Über unseren Friseur ging die Meinung: »Schlechter als er ist nur noch sein Werkzeug.«

Längst galt auch das Lied nicht mehr, das da singt, daß »die Locken des Sträflings kurz geschoren sind«. In unserem Gefängnis ließ man die Haare wachsen. In »gütiger« Vorsorge befahl man schon im August, die Haare stehenzulassen, damit die Gefangenen sich im Winter nicht erkälten würden. Es wäre unredlich, wenn ich verschweigen wollte, daß unter den Friseuren einer war, der sich menschlicher benahm.

Es gab im Gefängnis auch eine Abendbeschäftigung. Der Häftling ist ja weitgehend Selbstversorger, Mädchen für alles, so daß er nähen können muß, wenn er vorher auch noch nie genäht hat. Das Sträflingsgewand ist aus schwerem Material verfertigt; trotzdem nutzt es sich ab und verschleißt, die Knöpfe reißen ab. Das Gefängnis als Ganzes hatte zwar einen Schneider, aber der Häftling hatte keinen. Er mußte Meister, Geselle und Lehrling in einer Person sein, was sich dann Kollektivismus nannte.

Über den Kleiderverschleiß, die abgerissenen Knöpfe, den Zwirnverbrauch mußte eine Liste geführt werden, Farbe und Qualität des Materials spielten hierbei keine Rolle. Zum weißen Stoff konnte schwarzer kommen, zu bierbraunem Zwillich rotes oder weißes Tuch. Der Zwirn war manchmal für das Nadelöhr zu dick. Dann galt es den Zwirnsfaden der Länge nach zu spalten, im Wortsinne Haarspalterei zu betreiben.

Diese Arbeit dauerte oft stundenlang. Der Häftling bekam zu fühlen, daß die Schneiderei ein mühevoller Beruf ist. Während er sich den Schweiß wischte, bliesen die herumsitzenden Wärter den Rauch ihrer Zigaretten in die Luft. Sie waren nämlich verpflichtet, anwesend zu sein, solange sich noch eine Nadel in der Zelle befand. War die Arbeit beendet, trug der Wächter das Werkzeug zurück und machte die Meldung: »Der Häftling hat mit der Nadel keinen Selbstmordversuch durchgeführt, er hat sich nicht die Adern geöffnet und auch nicht versucht, die Nadel zu verschlucken.«

Meine Schneiderei war nur ein gewöhnliches Gefängniserlebnis. Sie führte nicht zu dem Erfolg zweier tschechischer Söldner im Gefängnis von Melk, die sich Kleider zum Ausbessern erbeten hatten, damit ihnen die Zeit rascher vergehe, und dann Seile daraus gefertigt hatten, mit denen sie in der Nacht durch das Fenster verschwanden.

Schusterarbeit verrichtete der Häftling jedoch nicht. Er bekam so feste Schuhe, daß sie bei der geringen Bewegung und dem vielen Sitzen nicht reparaturbedürftig wurden. Ein Paar genügt für einen Sträfling in der Regel für ein ganzes Leben. Mußte aber in unserem Zuchthaus doch ausnahmsweise einmal gesohlt werden, dann erhielt man ein Schuhwerk zurück, aus dessen innerer Bodenseite die Spitzen der Nägel herausragten. Trotzdem ging der Sträfling damit spazieren. Er durfte ja nicht empfindlich sein. Begann er dennoch zu hinken, prüfte der Wächter die Schuhe, und der Zuchthäusler konnte für längere Zeit keine Spaziergänge machen, weil die Schuhe in die Ecke gestellt wurden und dort vorerst einmal liegenblieben.

Erst nach neun Monaten Gefängnisaufenthalt erhielt ich zum ersten Mal die Erlaubnis, zu zelebrieren. Während des hl. Opfers schauten nun die Wächter durch das Guckloch herein, um zu prüfen, wie weit ich mit der Messe sei. Da geschah es dann oft, daß ich zum allwöchentlichen Bad gerufen wurde, wenn ich nach der Wandlung des Brotes eben erst daran war, die Wandlungsworte über den Wein zu sprechen. Ich ging dann selbstverständlich nicht baden, sondern setzte die hl. Messe fort, obwohl man mir drohte.

Gefängnisbibliothek

Die Gefängnisbibliothek selbst sieht der Sträfling nie. Er ist eine verurteilte Person und deshalb nicht mehr würdig, an der Kultur der »neuen« Welt teilzunehmen. Auch der »alten« Welt kann er kaum mehr begegnen, denn deren Bücher waren zum größten Teil ausgeschieden.

Nach neun Monaten Gefängniszeit brachte mir der Wärter, als einen besonderen Gunsterweis, zuweilen ein Buch, ohne daß ich ihn darum gebeten hatte. Der Gesichtspunkt der »Umerziehung« fing an seine Rolle zu spielen. Die Häftlinge wurden mit Propagandaliteratur und anderen kommunistischen Büchern in Berührung gebracht.

Aber man hat in der Strafanstalt, so paradox es erscheint, wenig Zeit zum Lesen.

Für das Schlafen sind 10 Stunden angesetzt, für den Spaziergang und das Zellenreinigen am Morgen zwei, für die Mahlzeiten drei Stunden; das sind schon 15 Stunden von den 24 des Tages. Auch die übrigen neun Stunden können nur spärlich zum Lesen genützt werden. Zwischen sieben und zehn Uhr ist es noch zu dunkel. An nebligen Tagen herrscht in der Zelle sogar den ganzen Tag über Dämmerung. Nicht jeder Kommandant erlaubt es, das elektrische Licht einzuschalten. So habe ich einmal bei brennendem Licht gebetet, als gleich der Major hereinstürzte, mein Brevier sah und brüllte: »Ich erlaube Ihnen nicht, Licht zu vergeuden. Die Werktätigen tragen ohnehin schon schwer genug an den Unkosten Ihres Gefängnisses.« Ich antwortete ihm, daß ich um dieses feine Hotel nicht gebeten hätte und auch das ungarische Volk mich nicht damit beehren wollte, worauf er wortlos die Zelle verließ.

Nachdem also mehrere Monate meiner Haft vergangen waren, durfte ich wöchentlich je ein Buch ausleihen. Die Auswahlmöglichkeit war aber nur gering. Die frühere Gefängnisbücherei hatte man zum größten Teil eingestampft oder verbrannt. Die Bücher der St.-Stephan-Gesellschaft z. B. waren restlos solcher Vernichtung zum Opfer gefallen. Aus anderen Büchern, z. B. der »Dogmatik« von Antal Schütz, waren »reaktionäre« Seiten herausgeschnitten worden.

Auch die vielgeliebten Bücher von Karl May waren draußen im Lande ebenso wie im Gefängnis auf die Liste der verbotenen Bücher gesetzt, nicht anders Erzählungen einiger unserer ungarischen Klassiker wie Ferenc Herczeg u. a.

Andere Klassiker blieben allerdings verschont. Das ermöglichte, die Werke von Kommunisten wie Rákosi, Révai, Andics unter sie einzureihen, man hatte aber gewisse Passagen mit Tinte unleserlich gemacht, so z. B. in den Werken von Lajos Kossuth, der sonst vom Regime aus taktischen Gründen gefeiert wurde. Selbst der Moskauer Gesandte Szekfü wurde in seinen Schriften zensuriert. Daß Victor Hugo, Balzac, Zola und Anatole France Gnade fanden, ist zu verstehen, auch daß Zsigmond Móricz protegiert wurde. Weniger verständlich war die Sympathie für Kálmán Mikszáth. Den Hauptbestandteil der Gefangenenbücherei bildete ältere und neuere russische, ungarische, deutsche, dänische Literatur. Das Wichtigste waren die Werke von Marx, Engels, Lenin, Stalin, Majakovsky, Shdanov, Gorkij, Makarenko, Fadyejev, Andersen Nexö, Rákosi, Révai, Andics, Lukács, Erik Molnár, Háy, dazu die wie Pilze aus dem Boden schießenden zwei, drei Dutzend Gegenwartdichter. Die Bücherei trug also deutlich russischen und kommunistischen Akzent.

Ich habe zuerst das gelesen, was an wissenschaftlicher Literatur noch übriggeblieben war.

Später las ich aber auch die veröffentlichten Reden und Artikel der Führer der benachbarten Volksdemokratien (Gottwald, Georghiu Dej u. a.). Es war eine ermüdende Beschäftigung! Was Gottwald im Jahre 1953 sagte, verkündeten der Rumäne Georghiu Dej und der Pole Berman in gleicher Weise. Nur Tito sang ein eigenes Lied.

Natürlich fehlten auch die kommunistischen Thronanwärter nicht: Thorez, Togliatti u. a.

Die Werke der materialistischen Philosophie waren in der Gefangenenbücherei reichlich vertreten.

Ich suchte mir das Beste aus der russischen Literatur heraus: Belinskij, Puschkin, Lermontov, Gogol, Turgeniew, Tolstoi, Dostojewski u.a.

Von der englischen Literatur studierte ich Shakespeares sämtliche Dramen, die meisten sogar öfter. Ich las auch Milton und Dickens und liebte den letzteren besonders. Weniger sagten mir Shaw und Ibsen zu. Das mächtige Werk des Schotten Carlyle über die Französische Revolution machte mir großen Eindruck. Ich las Goethe und Molière. Von den amerikanischen Romanen habe ich die wenigen, die vorhanden waren, alle gelesen. Auch Dante und den Roman »Quo vadis?« habe ich gelesen.

Aus der ungarischen Literatur las ich Zrinyi, Gyöngyösi, Széchenyi, Kossuth, die beiden Kisfaludy, Arany, Petőfi, Vörösmarty, Czuczor, Tompa, den großen Beöthy. Besonders hat mich der Kampf zwischen Széchenyi und Kossuth gefesselt. Dabei staunte ich, daß Dichter wie Dante, Zrinyi, Sienkievicz in den Augen der Zensoren Gnade gefunden hatten.

Auf besondere Weise interessierte mich naturgemäß auch alle Literatur über Gefangene und Gefängnisse. Ich las in dieser Hinsicht Tolstoi, Gogol, Dostojewski mit anderen Augen, desgleichen die Gefängnisschilderungen bei Dickens. So habe ich wohl an die siebenhundert Bücher gelesen. Darunter auch politische Pamphlete über die Grősz-Verschwörung, den Rajk-Prozeß, die kirchliche »Verschwörung« in Prag, Beschimpfungen des Vatikans und antiamerikanische Schriften. Auch die Werke Rákosis wurden ausgeliehen. Ich konnte die neuen, ungarischen Schulbücher durchblättern, vor allem die Lehrbücher der Literatur und Geschichte.

Nach dem großen Kongreß in Moskau wendete sich das Blatt auch in Ungarn, man wandte sich stärker Tito zu. Die Folgen waren auch in der Gefangenenbibliothek feststellbar. Es verschwanden gleichsam über Nacht die zahlreichen Werke von Stalin und Rákosi, der Grősz- und Rajk-Prozeß, die antiamerikanischen Schriften usw. In der Bücherei, die inzwischen auf ca. 1500 Bücher angewachsen war, wurden etwa zwanzig Prozent ein Opfer dieser Reform.

Autoren in Gefangenschaft

In Gefängnissen des Altertums, des Mittelalters, der Neuzeit und der neuesten Zeit haben manche Gefangene bedeutsame literarische Werke geschaffen. Im Gefängnis inspirierte der Heilige Geist den Apostel Paulus zur Abfassung einiger seiner Briefe. In den ersten drei Jahrhunderten des Christentums haben zweiundzwanzig Märtyrer-Päpste im Gefängnis ihre Hirtenbriefe verfaßt. (Die heidnischen Imperatoren haben ihnen das erlaubt, unsere heutigen Volkstribunen jedoch gestatteten dies den vier Kardinälen und den vielen eingekerkerten Bischöfen nicht.) Auch der spätrömische Philosoph Boethius hat im Gefängnis sein Werk »De consolatione philosophiae« geschrieben. Den Ungar János Haller hat seine Gefangenschaft in Fogaras zum Schriftsteller gemacht. Graf István Koháry schrieb im Gefängnis seine »Lieder aus dem Gefängnis«, als er sich in Thökölys Haft befand. Es gilt aber auch das Gegenteil: Viele gefangene Dichter haben in der Haft geschwiegen. Denn ärger noch als der Krieg behindert der Kerker die Musen.

Ich liebte allezeit Bücher, Literatur und das Schreiben. Oft habe ich nach einem Tag voll Mühe und Arbeit mich noch hingesetzt, um zu lesen oder zu schreiben. Im Gefängnis konnte ich das nur mit vielen Hemmungen tun. Mich störten die Geheimpolizisten, es bedrückte mich die Ziel- und Zwecklosigkeit meines Unterfangens, und in der ersten Zeit fehlte es mir auch einfach an Feder und Papier. Als es mir gelungen war, diese Utensilien heimlich zu beschaffen, stärkte mich der Glaube, auch dies alles nur zur Ehre Gottes zu tun.

Als ich einen Bleistiftstummel fand, wanderte er unbemerkt in meine Jackentasche. Auf ähnliche Weise kam ich zu etwas Papier, die Arbeit konnte beginnen. Aber dann kam wieder einmal die Zellenkontrolle. Man fand meine Aufzeichnungen und nahm sie mit, indem man dem Gefangenen zum Trost sagte, daß »die literarischen Arbeiten der Sträflinge in der Kanzlei unter Siegel aufbewahrt würden«.

Später bekam ich in der Strafanstalt, auch ohne daß ich darum gebeten hätte, einen Bleistift und ein kleines Heft.

Außerhalb der Gefängnismauern könnte man meinen, das Nichtstun habe keine Geschichte. Es hat aber eine. Ich habe später ein Tagebuch geführt. Nacheinander wurden fünf Hefte vollgeschrieben.

Später, unter Hausarrest und in der amerikanischen Botschaft, habe ich auch ausführliche Notizen zu meiner Lektüre gemacht und schrieb über kommunistische Werke sogar eingehende Kritiken. Ich vertiefte mich in kunstgeschichtliche Studien. Sechs umfangreiche Abhandlungen schrieb ich allein unter dem Titel: »Religion und Kunst«. Mich interessierte die Kunst aller Völker Europas.

Ich verfaßte auch eine Arbeit über Philosophie und ihre Verantwortung, zwar mit wenigen Quellenschriften, aber mit um so mehr eigenem Nachdenken. Außerdem stellte ich ein apologetisches Lesebuch zusammen. Das Buch von A. Schütz »Leben der Heiligen« hat mich sehr viel beschäftigt, weil ich Material für ein Leben der ungarischen Heiligen sammelte. Ich machte Aufzeichnungen über Weltliteratur und über die ungarische Literatur, über Geschichte und Soziologie.

Sträflingsnächte und Sträflingsträume

Eine der ärgsten Strafen bestand wohl darin, daß wir sofort nach dem Abendessen ins Bett gehen mußten, um dort zehn volle Stunden zu verbringen. Wenn er über 60 Jahre alt ist, dann braucht der Mensch nur wenig Schlaf, nicht einmal die Hälfte von zehn Stunden. So schmerzten mich alle Knochen vom Liegen. Es war auch unmöglich, Licht einzuschalten, um noch lesen zu können, denn der Schalter befand sich im Gang unter Kontrolle des Genossen Wärter. Es wird kaum einen Sträfling gegeben haben, der gewagt hätte, durch das Guckloch zu bitten, man möge ihm die Lampe anzünden.

Was soll also ein Sträfling in den fünf bis sechs Stunden tun, in denen er schlaflos daliegt? Vielleicht hält er Gewissenserforschung, macht einen Rundgang durch sein Leben, hört die »Mitbewohner« seiner Zelle nagen und huschen. Oder er glaubt, das Antlitz seiner Mutter zu sehen und nachher gleich die Teufelsmaske in so vielen anderen menschlichen Gesichtern. Er beschäftigt sich mit seinem »qualifizierten großen Verbrechen«, mit dem Fingerabdrucknehmen usw.

Mich bedrückte absolut gar nichts von dem, was sie mir vorwarfen. Es gab jedoch andere Sorgen, die zentnerschwer auf mir lasteten: das Schicksal der Kirche, des Vaterlandes, der Erzdiözese, aller treuen und untreuen Priester und Gläubigen. Auch ich musterte also mein Leben. Vieles erschien mir in einem neuen Lichte. Ich sah die Heimatgemeinde mit ihrer Kirche und ihrem Friedhof, ich schaute zurück in meine Gymnasial- und Maturazeit. Ich erinnerte mich der Priesterweihe. Es zogen meine Angestellten und Mitarbeiter an meinem Geiste vorüber. Ich durchdachte die jahrzehntelangen Kämpfe, die ich geführt hatte und deren Erfolge nun ausgelöscht wurden. Ich fragte auch nach den Fehlern und Sünden unseres Vaterlandes. Wie konnte all das so kommen? Wie soll sich ein Wiederaufbau – mit Gottes Hilfe – gestalten? Wie kann man die vielen Wunden heilen? Wo müßte die Arbeit anfangen?

Die durchwachten Nächte brachten schwere Gedanken; sie riefen mich schließlich auf zum Gebet.

Der immer wieder anhebende Kampf mit der Schlaflosigkeit erschöpfte mich noch mehr. Und schlummerte ich einmal ein, dann kam oft die Wache, rüttelte mich wach und schrie: »Sie schlafen nicht nach Vorschrift; Kopf und Hände müssen vom Wärter immer gesehen werden können!« Auf dieser Albernheit bestanden sie mit grausamer Härte. Ich versuchte dann wieder einzuschlafen und ihnen zu gehorchen. Aber wieder wurde ich geweckt, wieder und wieder. Die »nox quieta« des kirchlichen Abendgebetes war im Gefängnis unbekannt.

Es gibt aber noch etwas Schlimmeres als die Sträflingsnacht: die vom Arzt verordnete Sträflingsbettruhe. Der Arzt konstatierte einmal bei mir eine Unregelmäßigkeit des Herzschlags. So verordnete er für dreißig Tage Bettruhe. In diesen 30 Tagen hing der Wächter am Guckloch wie der Blutegel am Körper. Sogar die Mahlzeit mußte im Bett eingenommen werden, weh mir, wenn ich eine »unnötige Bewegung«, ein »unnötiges Umdrehen« mir gestatten wollte. Im Schneckentempo vergingen die erste Woche, dann zehn Tage, dann zwei Wochen. Das unruhige Herz wurde nur noch unruhiger. Nur das Licht des Glaubens war Hilfe in diesem vorweggenommenen Fegefeuer. Jetzt waren nicht bloß die Gefängnismauern, sondern auch das Gefängnisbett Anlaß zur Qual. Wie die Kinder vor Weihnachten, so zählte ich die Tage bis zum erlaubten Wiederaufstehen. Am 31. Morgen sprang ich schon um fünf Uhr glücklich aus dem Bett, machte mich ans Zimmerkehren, ans Abstauben (es war höchste Zeit, daß dies endlich einmal geschah). Die einfachsten Gegenstände auf meinem ungehobelten Tisch, die Eßschale, der Löffel schienen an Schönheit gewonnen zu haben. Fast träumerisch schritt ich in der Zelle auf und ab. Ich hoffte, durchs Fenster ein grünes Blatt zu erblicken, ich hoffte auf einen Spaziergang. Dann schlug der Blitz ein in mein Paradies.

Der Oberwachtmeister stand plötzlich vor mir: »Wer hat Ihnen erlaubt, aufzustehen?«

»Die dreißig Tage sind vorbei.«

»Wenn der Arzt es feststellt und ich Ihnen von seiner Feststellung

Kenntnis gebe, dann erst, nur dann haben Sie Erlaubnis aufzustehen. Disziplin muß gewahrt werden. Sofort ins Bett!«

Der Arzt kam und ich erhielt weitere 30 Tage Bettruhe zudiktiert. Als auch diese zweite Zuteilung zu Ende ging, war ich schon apathisch. Ich blieb liegen, unbeweglich bis der Wachtmeister schimpfte: »Wie lange wollen Sie denn eigentlich liegen bleiben?« Ich stand diesmal jedoch nur noch freud- und kraftlos auf.

Man soll Träumen nicht allzugroße Wichtigkeit beimessen. Aber man kann und soll sie auch nicht gänzlich außer acht lassen. Gott hat öfters den Traum zur Unterweisung und Belehrung benützt, wie wir aus den Zeugnissen der Offenbarung und der Kirchengeschichte wissen. Der Schultraum kann drückend und erschreckend sein; die Mathematikaufgabe wird auch im Traum nicht gelöst. Der Sträflingstraum aber ist voll Grauen und ein Bewußtwerden der Ausweglosigkeit. Die Ereignisse des Sträflingslebens sind in ihm zum Alptraum, zu einem Hexentanz verflochten.

Die Psychologie lehrt uns, daß meist nicht unsere jüngsten Erlebnisse, sondern die viel früheren im Traume wieder heraufkommen.

Zweimal träumte ich, ich sei beim Heiligen Vater, dann traf ich im Traum die Bischöfe Mikes, Grősz, Dr. Czapik, Shvoy und Rogács; einmal auch einen früheren ungarischen Ministerpräsidenten. Ebenso begegnete ich im Traum meinen Eltern. Sie kamen mir jung und fröhlich entgegen. Selten war meine Mutter schon alt und in Trauer. Auch von Rektor Dr. Géfin, meinem Vorgänger in Zalaegerszeg, dem Obergespan, dem Bürgermeister, meinen früheren Kaplänen träumte ich. Im Traum ging es auch zu den Emigranten im Westen; dann trat wieder der Kerkermeister in mein Traumland ein, hin und wieder leuchtete aber auch ein kleiner Schimmer Hoffnung in meine Träume.

Nach meiner Befreiung verschwand sofort der schlimmste Alpdruck aus meinen Träumen. Ein freier Mensch hat keine Sträflingsträume mehr, die scheinen nur einem Häftling zuzustehen. Während meiner ersten freien Nächte habe ich sogar fast nichts geträumt. An den folgenden Tagen (vom 4. November 1956 an) bedrückten mich dann aber die Ereignisse in Ungarn in meinen Träumen in der Halbgefangenschaft wieder mit qualvollen, schweren Bildern.

Wann werde ich je einmal wieder ruhige, stille, trostvolle Träume haben?

Der Mensch sollte öfter auf das stürmische Meer hinausgehen, um beten zu lernen. Hinter Krieg und Sturm auf dem Meere bleiben die Strafanstalt und der Kerker als Gebetsanreger kaum zurück. »Steinharte Herzen brechen hier.« Der snobistische Oskar Wilde bekehrte sich im Zuchthaus zum Gekreuzigten. Auch Paul Verlaine, der große französische Lyriker, schrieb im Gefängnis mit Andacht und Innerlichkeit erfüllte religiöse Gedichte. »Sie waren Gefangene der Sinnlichkeit, aber jetzt lebte Reue und christliche Demut in ihnen.«

Ein Aufenthalt im Gefängnis kann den Sinn des Menschen auf Gott richten. Die Einsamkeit weckt nicht selten Erinnerungen an längst vergessene, religiöse Wahrheiten. Selbst laue Christen, religiös indifferente Menschen, die das Beten verlernt haben und die Bedürfnisse ihrer Seele nicht mehr kennen, die das Gebot der Sonntagsheiligung vergessen haben, werden durch den Gang zur Gefängniskapelle wieder, diesmal vielleicht für immer, mit ihrem Schöpfer verbunden.

Es ist bekannt, daß 1945, während der Gottesdienste in den Gefängnissen der Hauptstadt Platznot herrschte; viele auffallende Bekehrungen ereigneten sich; zahlreiche Häftlinge fanden zur katholischen Kirche zurück. Mancher ist wunderbar gefaßt und gestärkt in die Ewigkeit hinübergegangen.

Sogar Marxisten fanden im Gefängnis nicht selten den Weg zum Gottesdienst. Zwar protestierten die kommunistischen Funktionäre gegen ein solches Verhalten und behaupteten, daß die Kirche ihre Parteigenossen dazu überredet hätte. Der Vorwurf war jedoch ganz unzutreffend. Jeder ist aus eigenem Verlangen, aufgerufen vielleicht durch das Beispiel anderer, gekommen.

Draußen in der Welt hatten viele dieser Menschen seit langer Zeit kein Gotteshaus mehr betreten, jetzt wurde die Kapelle und in ihr Christus im allerheiligsten Sakrament zum Mittelpunkt des Gefängnisses.

Im Innern des Menschen lebt im Gefängnis zutiefst die Sehnsucht nach Gott. Sogar die Revolutionärin Rosa Luxemburg hat gestanden: »Ich weiß nicht warum, aber ich muß das Ave-Maria von Gounod mitsummen.« Und zu Weihnachten stellte sie einen Christbaum auf, mit acht Kerzen.

Als die Kommunisten in Ungarn die Macht fest in die Hand bekommen hatten, wurde in den Gefängnissen aber auch die Religion zum Tode verurteilt. Man sperrte die Kapellen zu oder baute sie in Zellen um. Die Gefängnisseelsorger wurden entlassen. Den Gefangenen war nun der Besuch der hl. Messe nicht mehr möglich, kein Priester konnte ihnen die Wegzehrung bringen, keiner die Krankensalbung spenden. Auch in den letzten Stunden vor einer Hinrichtung mußte der Verurteilte jeglichen geistlichen Trost entbehren. Der ungarische Kommunismus hat sich Lenins Religionshaß völlig zu eigen gemacht. In glühender Feindseligkeit bemühte er sich, jede Äußerung des religiösen Lebens auszumerzen, weil das alles »gegen die Wissenschaft« und gegen das »Wohl« des Volkes gerichtet sei.

Ich selbst erlebte das schon in der Andrássystraße, bei meiner Umkleidung im Gefängnis, man nahm mir alle Gegenstände weg, die irgendwie einen religiösen Bezug hatten. Nach der zweiten schlaflosen Nacht habe ich trotzdem noch einmal kommuniziert, wozu halblaut einer der Polizisten bemerkte: »Jetzt können Sie tun, was Sie wollen; es hilft nichts mehr.«

In der Strafanstalt selbst durfte ich die ersten neun Monate nicht zelebrieren; ein Messebesuch war nicht erlaubt, nicht einmal zu Weihnachten und Ostern. Ich konnte an diesen Festtagen auch das Sakrament der Buße nicht empfangen. In der ersten Dezemberwoche gingen in den Jahren 1949 und 1950 noch Kindergruppen in die benachbarte Polizeikaserne und benachbarte Wohnungen und sangen Weihnachtslieder. Tief gerührt, lauschte ich ihrem Gesang. Das Jahr 1951 brachte aber auch das Ende für diese Art der Verkündigung der Frohbotschaft.

So nahm ich zu Weihnachten an der Mitternachtsmesse nur im Geiste teil. Leise – damit man mich nicht höre und störe – summte ich im Bett die Weihnachtslieder mit.

Von 1950 an hatte ich aber zu Weihnachten die Erlaubnis, die Christmette zu zelebrieren. Mein ganzes Priesterleben hindurch habe ich mich am 24. Dezember, vor der Christmette, nie zu einem Schlaf oder zu einer noch so kurzen Ruhe hingelegt. Hier in der Strafanstalt mußte ich aber um sieben Uhr zu Bett gehen. Ich meditierte dann bis halb zwölf. Darauf erhob ich mich und brachte das hl. Opfer dar. Diese Christmetten im Gefängnis werden mir unvergeßlich bleiben. In den Stunden der ersten Gefängnisweihnacht dachte ich an das feierliche Hochamt in Zalaegerszeg und an den schönen Volksgesang ebendort. Ich schluchzte leise in meinen Gedanken. Vor meiner Zellentür redeten die Wächter währenddessen über einen Vortrag, in dem ihnen gerade gesagt worden sei, Jesus sei nur ein Schwindler gewesen. Da brachen mir die Tränen aus.

Am Silvesterabend tauchte dazu vor meinem geistigen Auge die gewaltige, bis auf den letzten Platz gefüllte Kirche von Zalaegerszeg auf. Ebenso war ich mit Zalaegerszeg verbunden, wenn die Gesänge der Auferstehungs- oder der Fronleichnamsprozession zu mir hereindrangen. Am Herz-Jesu-Fest 1950 habe ich nach neun Monaten Zuchthaus das erstemal zelebrieren dürfen. Man gab mir auch das dieser Zeit des Kirchenjahres entsprechende Brevier und einen Rosenkranz. Ich freute mich, obwohl bitterer Wermut in meine Freude fiel: Ich mußte ins Memento meinen gerade verstorbenen Generalvikar Dr. Drahos einschließen, ohne zu wissen, wer für seinen Tod verantwortlich war.

Als Altartisch erhielt ich das kleinste aller Telefontischchen. Mein Altarbild war ein winziges Heiligenbildchen, mein Kelchdeckel ein kommunistisches Buch. Rechts und links an der Wand waren Bilder, Bilder wie im heidnischen Pompeji. Während ich zelebrierte, hingen die Wärter am Spähloch der Türe, unterhielten sich und machten ihre Bemerkungen. Dann wurde mir das Frühstück gebracht. Man wollte mich – ich erzählte davon bereits in einem früheren Kapitel – zwischen der Wandlung von Brot und Wein und wieder zwischen Wandlung und Kommunion zum Bade rufen. Ich habe mich aber nie um diese Aufforderung geschert.

Mein religiöses Leben litt zwar sehr unter meiner Umgebung, aber es wurde nicht zunichte gemacht. Vieles fehlte mir, das ich früher besaß, aber viele meiner religiösen Übungen wurden intensiver. Die Ausübung der geistlichen und leiblichen Werke der Barmherzigkeit war mir zwar unmöglich gemacht, was eine unerhörte Verarmung des religiösen Lebens bedeutet. Dadurch, daß wir anderen geben, werden wir selbst bereichert. Aber es blieb mir das Fasten, wenn es auch sonderbarerweise gerade im Gefängnis mit Schwierigkeiten verbunden war. Es fehlte mir die wöchentliche Beichte, dafür übte ich eine eingehende zweimalige Gewissenserforschung am Tage. Regelmäßig hielt ich Novenen und Triduen. Täglich betete ich zu meinem Schutzengel, zum hl. Joseph und zu den Heiligen vom guten Tod, zu den hl. Aposteln Johannes und Judas Thaddäus. Ich betete auch zur Kleinen hl. Theresia von Lisieux, die Rosen auf die Erde regnen läßt, zu den jeweiligen Tagesheiligen und zu meinen Zwillingsbrüdern, die im Kindesalter gestorben waren; ich flehte zu den ungarischen Heiligen und zu denen der Weltkirche, zu allen Dienern Gottes, an deren Seligsprechung ich auch selbst mitarbeitete. Das Brevier betete ich meditierend. So nahm es drei Stunden in Anspruch. Mein Gedenken an meine Mitmenschen war so lebendig, daß ich die Gläubigen geradezu leibhaft vor mir sah, nicht nur die der Erzdiözese, sondern auch die von Veszprém und Zalaegerszeg.

In mein Rosenkranzgebet nahm ich die Anliegen der ganzen Welt hinein. An den Fingern den Rosenkranz zu beten, ist immer noch überall üblich: vom Eisernen Vorhang bis nach Norilsk beten ihn die Gefangenen so. Jeden Tag betete ich sechs Rosenkränze: für die Kirche im allgemeinen, für das Vaterland, für die Erzdiözese am Vormittag; für meine Mitgefangenen, für die Jugend, für meine Mutter, für mich und für die armen Seelen im Fegefeuer am Nachmittag und am Abend. »Nicht uns, o Herr, nicht uns, sondern Deinem Namen gebührt die Ehre« (Ps. 113, 9).

Es ist nicht erstaunlich, daß man mir auch wegen des Freitagfastengebotes Schwierigkeiten bereitete. – Am Freitag brachten sie Fleisch auf den Tisch; an Sonntagen fehlte es dafür im »Menü«, und sogar zu Weihnachten. Zwar darf der Sträfling nach kirchlichem Gebot, da ihm keine Wahl unter den Speisen möglich ist, im Gefängnis auch am Freitag Fleisch essen. Ich ließ es aber trotzdem unberührt stehen, und die Wärter machten Meldung. Daraufhin stürzte der Kommandant herein:

»Glauben Sie, daß hier die Sträflinge Verfügungen treffen können?«

»Nein, das denke ich nicht.«

»Dann essen Sie, was Ihnen vorgesetzt wird!«

»Am Freitag esse ich kein Fleisch.«

»Etwas anderes gebe ich Ihnen aber nicht.«

»Ich verlange es auch gar nicht.«

»Ich sperre Sie ein.«

»Darüber bin ich schon hinweg.«

Die Mahlzeit blieb auf dem Tisch. Sie trugen sie erst kurz vor dem Abendessen hinaus. Und wieder brachten sie Fleisch.

Ein 20jähriger blasierter junger Polizist stellte es mir hin. Ich aß nicht davon. Darauf drohte er mir: »Ich lasse Sie in Ketten legen, wenn Sie nicht gehorchen.« »Das hat mir schon der Kommandant gesagt«, erwiderte ich ihm, ehe er das Geschirr nahm, hinausging und die Türe zuschlug. Dies alles wiederholte sich noch an vier aufeinanderfolgenden Freitagen, bis mir am Sonntag statt am Freitag Fleisch aufgetragen wurde.

Ich betete immer gerne kniend, so auch im Gefängnis. Zunächst waren die Wärter deswegen sehr ungehalten. Allerdings wagten sie nicht, es mir ausdrücklich zu untersagen. Aber sie erzählten es dem Arzt, der wöchentlich einmal oder zweimal die Visite machte, und dieser verbot mir mit »Rücksicht auf meinen Gesundheitszustand«, besonders wegen des Herzens, das Knien. Ich schwieg, setzte aber das Knien fort.

Der Gummiknüppel, das Urteil, die Kerkerzelle, das Scheuern und Schleppen sind für das Herz gewiß nicht gut gewesen, und doch habe ich es aushalten müssen. Warum sollte ich dann zu der gewohnten Zeit nicht knien. Die Wärter beobachteten mich und schlugen an die Tür. Aber ich fragte sie nur, was der Lärm an der Tür zu bedeuten habe, und betete weiterhin kniend, obwohl ich in dieser Weise täglich mehrere Male gestört wurde. Der zweite, menschlichere Kommandant machte mir deswegen dann keine Vorhaltungen mehr, nur der eine oder andere Wärter aus der alten Garnitur fiel in sein Lärmen zurück.

Auch das Tischgebet war ihnen ein Dorn im Auge. Sahen sie mich beten, schrien sie, daß das Essen kalt werde. Nach der Mahlzeit kamen sie regelmäßig schon während meiner Danksagung herein mit der Begründung, sie könnten mit dem Abtragen nicht länger warten. Auch beim Spazieren im Gefängnis habe ich oft leise gebetet. Auch dieses Vergehen wurde nach oben gemeldet. Sporenklirrend erschien der Kommandant (der erste) und schrie schon auf der Zellenschwelle: »Ich verbiete das Beten während des Spazierganges!« – »Das geht das Regime nichts an«, war meine Antwort.

Beim nächsten Spaziergang war die Wache noch aufmerksamer. Einer beobachtete mich vom Turm aus, einer ging vor mir, einer hinter mir. Ich betete trotzdem wieder.

Im ersten Abschnitt dieses Kapitels habe ich gesagt, der Gefängnisaufenthalt könne zur Verinnerlichung und zu Gott hinführen. Er kann aber auch von Gott wegführen. Gefangene sind Menschen, und wo Menschen leben, da lebt auch der Versucher und da wohnen Schwäche und Sünde. Tolstoi sagt in seinem Roman »Auferstehung«: »Der Gefangene bekommt einen tiefen moralischen Schock, er wird in den Abgrund der Sünde und der Verkommenheit gestürzt.« Die Hauptsünden des Sträflings sind nach seinen Worten Trunksucht, Kartenspiel und Grausamkeit als unausweichliche Folge des Gefängnisaufenthalts, wobei er es offenläßt, wie der Gefangene an solche Möglichkeiten herankommt. Gewiß ist, daß auch gläubige Christen hier manchmal Abschied von ihrem Christentum nehmen und sich statt dessen dem Laster ergeben.

Die politische Linke hat seit Jahrzehnten mit den Gefangenen einen Heldenkult betrieben. Die russischen Romane gewährten den Erzählungen über Gefangene immer einen breiten Raum. Auch die westliche Literatur pries Verbrecher und Außenseiter, wenn sie nur in Haft saßen. Das Jahr 1945, Dachau, Szeged hat für manchen von ihnen eine Aufwertung in der Öffentlichkeit mit sich gebracht, die ihn zu hohen Ehren

81. Der Ort des Asyls –
die Botschaft der USA in
Budapest.

82. Der letzte Besuch der
Mutter, Weihnachten 1959.

83. Feier der heiligen Messe
zusammen mit den
Botschaftsangehörigen.

84. Im Arbeitszimmer.

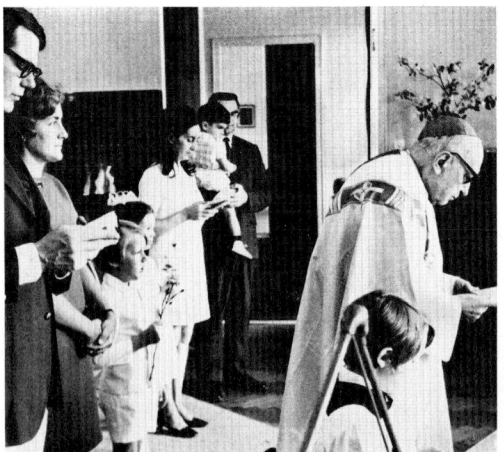

und Ämtern führte, auch wenn vieles in seinem Vorleben solche Beförderung und solchen Aufstieg nicht eben rechtfertigte. Die Wahrheit ist, daß jemand, der im Gefängnis gesessen hat, weder zum Bösewicht noch zum Helden wird. Da es im Gefängnis Menschen gibt, gibt es dort auch viel menschliche Schwäche und Sünde. Die Mauern sind gewiß kein Damm gegen die Sünde, was man nur von der Gnade und vom guten Willen sagen könnte. Gleichwohl glaube ich, daß im Gefängnis der himmlische Vater seine Gnade auch reichlicher zuteil werden läßt, er weiß am besten, wessen wir in unserer Lage bedürfen (Matth. 6, 32).

In der Zelle, wie überall, konnte also das religiöse Leben nur wachsen und blühen, wenn der Gefangene selbst es pflegte. Wenn aber mehrere beisammen waren und vielleicht auch ein Priester unter ihnen, hatte das religiöse Leben gerade im Gefängnis seine hohe Zeit, und das gewiß nicht wegen der vom Regime garantierten »Religionsfreiheit«, sondern durch die Kraft der Priester und ihrer Gefährten, oft genug gegen die Wünsche des Regimes. Ein kluger Mann hat nach unserer Gefangenschaft einmal zu mir gesagt: »Die Haltung vieler Gefangener hat meine Seele erhoben. Das hat mir geholfen, auf die Zukunft unserer Nation zu vertrauen.« Es bewahrheitet sich hier also das Wort, das Dostojewski über die Gefängnisse in Sibirien geschrieben hat: »Auch im Gefängnis kann man ein großes Leben führen.«

Der Abgrund des Gefängnisses

Außer Krieg und einem ausschweifenden Lebenswandel sind die Strafanstalten die Zubringer der meisten Geisteskranken und Selbstmörder. Im ersten Weltkrieg nahmen in den Gefangenenlagern Sibiriens hinter dem Stacheldraht die Nervenzerrüttungen und der Wahnsinn gigantische Ausmaße an. Jede Lebensweise im Gefängnis ist unmenschlich. Niemand weiß, wie viele Menschen bei uns in der Andrássystraße, in der Markóstraße oder sonst einem Gefängnis ihren Verstand verloren haben. Im Sammelgefängnis habe ich oft genug das durchdringende Schreien und Brüllen vor dem Wahnsinn stehender Menschen gehört. Von der Polizeikaserne waren schrille Pfiffe zu vernehmen. Wagen rollten an. Dann klatschten Schläge, Menschen wurden weggeschleppt, abgeführt. Der Mann, der mir am nächsten Morgen Wasser brachte, flüsterte mir zu, zwei Gefangene seien wahnsinnig geworden. Nur mit Schwierigkeiten sei es gelungen, sie zu bändigen.

Häufig kam es auch zu plötzlichen Tobsuchtsanfällen in den Zellen. Ein halbes Jahr hindurch zeichnete ich in meinem Tagebuch – in lateinischer Sprache – in einer eigenen Rubrik die Prügeleien und die Wahnsinnsausbrüche um mich herum auf. Ich machte genaue Angaben des Tages, der Stunde und der Dauer und war entsetzt über die Häufigkeit von Tobsuchtsanfällen. Die dem Wahnsinn Verfallenen wurden dann aus dem Gefängnis entfernt und wohl in Irrenanstalten verbracht. Manchen hat man aber auch grundlos als Geistesgestörten bezeichnet, um ihn ins Irrenhaus abschieben zu können.

Es zeugt gewiß nicht für Seltenheit von Selbstmorden in ungarischen Kerkern, wenn man soviel Angst vor einem Selbstmordversuch an den Tag legte. Man gab uns keine Gabel, kein Messer, keinen Kamm, keine Rasierklinge und auch kein Trinkglas; ein Spiegel wurde nicht einmal in der Nähe des Sträflings geduldet. Man fürchtete wohl, der Gefangene könne beim Hineinschauen versuchen, den Spiegel gleich zu zertrümmern, um sich mit den Splittern und Scherben die Pulsadern aufzuschneiden.

So brachte man mir am 16. Juni 1950, als ich die hl. Messe zum ersten Mal zelebrieren durfte, Wein in einem Glas, stellte aber das Glas in eine Ecke der Zelle. Zwei Wochen später kam zufällig der Kommandant ins Zimmer, sah das Glas und schrie, beim Anblick dieser leichtsinnigen Überschreitung der Vorschriften, erschrocken auf, nahm sofort das Gefäß und trug es weg. Von da an bekam ich den für das hl. Meßopfer notwendigen Wein immer in einem Aluminiumbecher.

Wenn man es jedoch im eigenen Interesse richtig fand, jemandem einen Selbstmordversuch zu ermöglichen, dann schreckte man keineswegs vor der Lieferung der Gegenstände zurück, die zur Tat benötigt wurden. In der Strafanstalt wurden die Sträflinge fast täglich geprügelt. Das Schreien und Wehklagen drang auch zu mir, in meine Zelle. Wie hätte ich gleichgültig bleiben können. Das Gemeinschaftsgefühl der Sträflinge ist sehr groß. So begann ich mit beiden Fäusten an die Türe zu trommeln. Der Protest wurde an zehn bis zwölf anderen Türen im Gang aufgenommen. Die Peiniger hielten inne und rannten hin und her, um nach dem Urheber dieses »reaktionären« Protestes zu suchen. Sie fanden ihn auch in mir.

So wartete ich darauf, daß man nun an mir das fortsetzen werde, womit man eben aufgehört hatte. Man rührte mich aber wenigstens bei dieser Gelegenheit nicht an. Sie wußten sicher, daß die aufgebrachten Sträflinge auch jetzt aus Sympathie und Protest zu trommeln beginnen würden.

Wer in kommunistischen Kerkern schmachtet und leidet, weil er Gegner des Regimes ist, besitzt wenigstens die Genugtuung, daß sein Kampf gerechtfertigt ist. Fürchterlich muß demgegenüber der Seelenzustand derer sein, die Jahrzehnte hindurch bemüht waren, dieser »neuen Welt« zum Sieg zu verhelfen, und dann doch unter Anklage gerieten, wofür es unter Stalin viele Beispiele gab.

Die ungarische Behörde zum Schutz des Staates (AVO) besitzt für uns eine traurige Berühmtheit. Ministerpräsident Imre Nagy kündete 1956 nach dem Aufstand an, daß dieses Staatssicherheitsorgan aufgelöst werde. Auch das Kádár-Regime erklärte, daß es die AVO nicht beizubehalten wünsche. Sie wußten, wieviel Haß und Abscheu das Volk dieser Institution entgegenbrachte, die aus dem Herzen des Regimes hervorgegangen war. Die Erklärung Kádárs war aber offenbar nicht ehrlich gemeint. Es ist Tatsache, daß nach dem 4. November 1956 AVO-Leute wieder auftauchten und an der Seite der Russen in der Hauptstadt und auf dem Lande erschienen, um zu verhaften und zu verschleppen. »Der Fuchs läßt seinen Schwanz in der Falle, um sein Fell zu retten.«

Kádár hatte wohl erkannt und es auch bestätigt, daß die Arbeit des Staatssicherheitsdienstes verbrecherisch gewesen ist und daß das Volk zutiefst diejenigen haßte, die die Kappe mit den blauen Streifen trugen. Das offizielle Parteiorgan des Kádár-Regimes, »Népszabadság«, schrieb selbst über die AVO am 28. Dezember 1956, daß allmählich die Übergriffe bei Verhören zugenommen hätten und die AVO als Organisation Unrecht begangen habe. Aber vier Monate später waren von Károly Kiss, einem Minister derselben Partei und desselben Regimes, bei einer öffentlichen Versammlung in Diósgyőr andere Töne zu hören: »Besonders heldenmütig hat die AVO in den Monaten Oktober und November neben der Volksfront ausgehalten und ihren Mann gestellt.«

Im Buch von Rákosi, das seine Rede nach dem Rajk-Prozeß wiedergibt, liest man: »Tito-Bande, Rajk-Bande ... Die AVO mit Genosse Gábor Péter an der Spitze hat keine schlechte Arbeit geleistet.« Das ist also ein Lob für Verbrechen, Folterungen, Massenmorde. Die Zahl der Hingerichteten kennen wir nicht annähernd.

Ich selbst könnte viele Namen anführen, deren Träger unter den Händen der AVO Nervenzusammenbrüche erlitten oder wahnsinnig wurden, will es jedoch aus verständlichen Gründen nicht tun. Es ist für die Nachfolger Gerő und Kádár bezeichnend, daß sie Rákosi auf Erholung schickten, statt ihn auf die Anklagebank zu bringen.

Es gibt aber nicht nur Schlechtigkeit im Gefängnis, es gibt auch Gutes. Das Gefängnis bewahrt vor mancherlei Gefahr und Versuchung. Mich bewahrte es davor, daß ich den Schindern meines Volkes, die die Kirche mit Füßen getreten hatten, einen Eid leisten und mit ihnen ein Abkommen schließen mußte. Alle Zungensünden unterbleiben in der Einzelhaft. Die Überwachung der Sinne ist viel leichter; hinsichtlich unserer dreifachen Begehrlichkeit ist der Mensch im Gefängnis geschützter. Könnte ein Häftling in profundis noch hochmütig sein?

Wenn irgendwo, gilt hier die Wahrheit: »Der Mensch ist wie Gras, wenn der Wind darübergeht, ist er nimmer da« (Ps. 103, 15). Für die Gewissenserforschung, für die Reue, für die Innenschau und für die Erhebung der Seele ist die Zeit im Gefängnis fruchtbar, es sind Tage des Heils (Röm. 13, 11). Man hat Fehler, die einem in der Hast des Lebens nie bewußt geworden wären. Wie viele gute Vorsätze faßt man, die da anfangen: »Mein Gott, wenn ich noch einmal . . .« Auch ich habe das getan und gelobt: »Ich werde mich für die Gefangenen einsetzen; ich werde ins Heilige Land gehen.«

Die Darbringung des hl. Meßopfers wurde mir, wenn ich dazu die Erlaubnis erhielt, zum Mittelpunkt des Tages. Sie dauerte zweieinhalb oder dreieinhalb Stunden. Ich meditierte, ich betete für die Nöte der ungarischen Kirche und die der Heimat. Eingeschlossen in meine Gebete waren immer wieder der Papst, die Kardinäle und die Bischöfe, die Priester, die Kranken, meine Mutter, meine Schwestern, meine Seminaristen, die in Versuchung und Bedrängnis lebten, aber auch die Feinde, die Wachen, die Gefangenen, das Vaterland, die ungarischen Flüchtlinge, die ungarischen Väter und Mütter, die Jugend, das ungarische Familienleben.

Der hl. Philipp Neri pflegte sehr langsam zu zelebrieren, darum wollte er das hl. Meßopfer immer allein darbringen. Wer allein das hl. Opfer feiert, nimmt sich Zeit, tut es mit mehr Bewußtsein.

So hütete ich das Allerheiligste, das ich verborgen bei mir in der Zelle hatte, mit besonderer Sorge, hielt oft Anbetung davor, besonders in den langen Nächten. Das Brevier wurde dabei eine wahre Freudenquelle. Ich hatte Muße, aber auch Hunger und Durst darauf, wie der Hirsch, der nach der Quelle schreit. Ein Breviergebet dauerte bei mir statt der üblichen eineinviertel Stunden öfter täglich zweieinhalb bis drei Stunden. Lange Zeit hindurch war dies Buch meine Heilige Schrift, meine Dogmatik, meine Mystik, mein Seelenführer. Das Häftlingsdasein verhilft auch erst zum rechten Verständnis der Psalmen. Man erfährt, daß der Psalmist, im Grunde meistens als Gefangener, von der Welt der Gefangenen, vom Gefangenen und für ihn spricht und singt. Das De profundis (Ps. 129) ist allgemein bekannt. Es gibt aber noch viele andere Gefängnispsalmen, wie: 21, 25, 29, 30, 37, 38, 53-56, 68, 69, 70, 85, 87, 90, 101, 102, 108, 142, 145 usw. Dazu kommen die Gefangenschaftsszenen Josephs und Daniels.

Im Advent berühren die sogenannten O-Antiphone (O Schlüssel Davids ...) die Gefangenschaft des Menschen in der Sünde. Der Gefangene betet sie von Herzen, wenn es da heißt: »Führe den Gefangenen hinaus aus dem Kerker, wo er in Finsternis und Todesschatten sitzt.« Die Seele des Häftlings heftet sich im Advent auch an die Worte des Psalmes: »Du hast Jakobs Gefangenschaft gewendet« (Ps. 84, 2). Das liturgische Gebet des Karfreitags, Aperiat carceres, vincula dissolvat (Er öffne die Kerker und löse die Fesseln), können Gefangene mehr als andere als ihnen eigens zugesprochenes Wort ansehen. In der Passion steht Jesus gefesselt und gefoltert vor uns, um die Seele jedes Gefangenen zu erheben. Von ihm handeln die beiden Rosenkranzgeheimnisse der Geißelung und der Dornenkrönung.

Ich fand auch einen mir zugesprochenen Sinn in den Worten der Geheimen Offenbarung: »Siehe, der Teufel wird manche von euch ins Gefängnis werfen, damit ihr in Versuchung und Bedrängnis erprobt werdet« (Geh. Off. 2, 10). Der hl. Beda sagt uns, daß die Strafanstalt dem unschuldigen Gefangenen zur Bewährung und zur Ehre gereiche. Es tue dem Gefangenen auch wohl, daß der Apostel alle Gläubigen ermuntert, der Gefangenen zu gedenken. »Gedenkt der Gefangenen, als wäret ihr mitgefangen! Betet für uns, damit sie euch bald wieder zurückgegeben werden« (Hebr. 13, 3, 18). Gesegnet sei die Kirche, aus deren mütterlicher Pädagogik das Breviergebet, das eigentliche Gebet der Gefangenen, hervorgegangen ist. »Der Gefangenen Stöhnen gelange zu Dir, kraft Deines starken Armes mache die Kinder des Todes frei« (Ps. 78, 11).

Frische Kraft gaben mir auch die Nachfolge Christi von Thomas a Kempis, die Viten der Heiligen und die Kreuzwegandacht in der Zelle. Vom Rosenkranz berührten mich naturgemäß die Geheimnisse des Schmerzhaften besonders tief. Bei den Heiligen könnte man fragen, wer überhaupt von ihnen kein Gefangener gewesen ist. Die Märtyrer der ersten drei Jahrhunderte, ja die aller Jahrhunderte sind sämtlich im Gefängnis gewesen. Der hl. Athanasius ist fünfmal ins Exil geschickt worden, und auf vier dieser Verbannungen versteckte er sich in Zisternen oder im Grab seines Vaters. Der hl. Hilarius und der hl. Johannes Chrysosthomus, die späteren Lehrer der Kirche, haben genauso wie der hl. Anselm Verbannung und Kerker kennengelernt.

Wir könnten in diesem Zusammenhang auch die Heiligen nennen, die Orden gegründet haben für die Gefangenen. Das vierte Gelübde, um der Befreiung christlicher Gefangener willen freiwillig in die Gefangenschaft zu gehen, haben viele Heilige verwirklicht.

Oft haben wir auch in der Kirche in der ruhigen Luft des ausgehenden 19. und des beginnenden 20. Jahrhunderts gedacht, die Zeit der Märtyrer sei vorbei, aber sie wird nie vorbei sein. Die Zahl der Märtyrer im Römischen Reich der ersten drei Jahrhunderte schätzt man auf drei bis sechs Millionen. Die Menge der Märtyrer allein der ersten vier Jahrzehnte des 20. Jahrhunderts kommt nahe an diese Zahl heran oder übersteigt sie sogar. Nach den Angaben des Vatikans und anderer offizieller kirchlicher Stellen gab es allein in China, den Berichten des verbannten Kardinal-Erzbischofs Tien zufolge, 14 000 Märtyrer unter Priestern, Ordensfrauen und Gläubigen.

Im Gefängnis erfährt man am eigenen Leib, daß das Leben und die Welt von ihrem Wesen her kein Ort der Freude sind, sondern ein Jammertal. Das ist die Realität. Alle Bindungen, und wären sie noch so fest und gut, werden zerrissen. Man denkt zuerst an die Ewigkeit. Nur das Evangelium gibt uns noch eine wahre Antwort auf die letzten Fragen: woher? wohin? wozu? Von den hier Lebenden entfernen wir uns immer mehr, die drüben leben, kommen uns immer näher. Am Abend eines Allerheiligentages fühlen wir uns den Seligen im Himmel näher, aber auch den leidenden Seelen im Fegefeuer.

In der Strafanstalt kommt man der erlösenden Gnade auch in dem Sinne näher, wie dies der hl. Augustinus als »gratia liberans« behandelt hat: »Gut war es für mich, daß du mich gedemütigt hast« (Ps. 118, 71).

Ich war überzeugt, und es stärkte mich, daß der Papst für mich betete, daß aber auch die katholischen Eskimos, die Bewohner von Patagonien, von Frankreich, von Afrika ebenso wie die Malayen für mich beteten und daß ich teilhatte an den Meßopfern der ganzen Welt.

So ist es mir im Gefängnis zu einer lieben Gewohnheit geworden, jeden Sonntag um zehn Uhr, zur Zeit der Pfarrgottesdienste an einzelnen Orten, mich mit Gedanken und Melodie der Psalmen im Geiste zu den Kirchengängern zu gesellen, die dann an so vielen mir lieben Orten innerhalb und außerhalb meiner engeren ungarischen Heimat die Kirche besuchten. Im Geiste ging ich auch mit den Ungarn in Amerika, mit den farbigen Menschen, mit den Angehörigen aller fünf Erdteile zur hl. Messe.

Wenn ich auch die Scheußlichkeit des Hasses erfahren, die Teufelsfratze kennengelernt habe, gerade das Gefängnis lehrte mich, die Liebe zum Lebensgrundsatz zu machen.

Dostojewski wurde nach dem Todesurteil begnadigt und verbrachte einige Jahre in Gefangenschaft in Sibirien. Lange Zeit wollte er sich darüber nicht äußern. Dann schrieb er seine »Memoiren aus dem Totenhaus«. Er verließ das Gefängnis gestärkt, er hatte den Sinn und die reinigende Kraft des Leidens erfahren und sein Volk und die Menschenseele im Zuchthaus kennengelernt. Wenige sind wirklich Bösewichte. Oft machen ihn die Umgebung und der Zwang, der von ihr ausgeht, dazu.

Auch in kommunistischen ungarischen Gefängnissen sind Dinge vorgekommen, die einem das Herz erschütterten: 1949, zu eben der Zeit, als der Haß blühte, war es ein Hilfspolizist, der bei mir hereinschlüpfte, als die anderen schon im Schlaf lagen, sich vorsichtig umschaute und mir zuflüsterte: »Vater, vertrauen Sie auf Gott! Er hilft!« Er kam später noch ein zweites Mal, mich zu trösten. Als er zum drittenmal kam, mußte er Abschied nehmen, weil er versetzt worden war.

Gegen Ende meines Aufenthaltes in der Strafanstalt, im Jahre 1954, blickte einmal der kleine, dicke Wachtmeister, der mich zum Bad zu führen hatte, zu mir auf und sagte, nachdem er zuerst ängstlich auf die Tür geschaut hatte: »Ich bin auch ein Christ!« Auch ein Friseur des Gefangenenspitals zeigte sich stolz auf seine kleine Tochter, daß sie den Religionsunterricht besuche und er mit ihr in der Mitternachtsmette gewesen sei.

Glaube und Liebe müssen gestärkt werden, damit sie den Haß immer wieder überleben.

Mein Gesundheitszustand

Von der Markóstraße brachte man mich in das Spital des Sammelgefängnisses. Dies tat man offenbar, um die Spuren dessen, was in der Andrássystraße mit mir geschehen war, wenigstens etwas zum Verschwinden zu bringen. Wie ich schon erwähnt habe, besuchte und behandelte mich der gleiche Oberarzt, der in der Andrássystraße mit zwei anderen Ärzten mich betreut hatte. Die Müdigkeit war vergangen, aber in meinem Gesicht und auf meinem ganzen Körper zeigten sich die

Spuren arger Mitgenommenheit. Selbstverständlich konnten diese meiner Mutter, anläßlich ihrer Besuche, nicht verborgen bleiben. Als sie daher am 25. September 1949 meinen Erschöpfungszustand und meine Apathie wahrnahm, fragte sie: »Mein Sohn, freust du dich nicht, daß ich dich besuche?« Ich antwortete ihr, daß ich mich krank fühle. Die Schilddrüse vergrößerte sich nach innen, was eine Nervosität des Herzens verursachte. Die Mutter wollte meinem Hausarzt Dr. Ernő Pethő einen Bericht darüber geben. Sie öffnete daher meinen Hemdkragen und tastete die Umgebung der Schilddrüse ab. Auf ihre Frage, ob ich ärztliche Behandlung erhalte, antwortete ich ihr, daß die ärztliche Überwachung und Betreuung eben auch gefängnismäßig, also oberflächlich, seien.

Da wandte sich die Mutter an den beim Besuch anwesenden Polizeioffizier und bat ihn, seinem Vorgesetzten zu melden, sie selbst würde die Kosten übernehmen, sofern man Dr. Pethő den Eintritt ins Haus gestatte. – Ich erwiderte: »Mutter, was denkst du da; man wird bestimmt keinen Arzt von draußen zu den Gefangenen hereinlassen.«

Trotzdem fuhr sie sofort nach Szombathely zurück und gab ihrem Arzt einen Bericht über meine gesundheitliche Verfassung. Pethő zeigte sich bereit, mich zu untersuchen, unter Umständen auch zu operieren. Nun erbat meine Mutter schriftlich beim Justizministerium die Erlaubnis dafür. Erzbischof Grősz wurde in der Angelegenheit ebenfalls beim Ministerium vorstellig. Seine und die Intervention der Mutter blieben jedoch erfolglos.

Ich kam daher als Kranker ins Zuchthaus. Die zwei dort tätigen Ärzte sind aber kaum grob gegen mich gewesen. Wenn eine gewisse Rauhheit des Tones herrschte, so geschah dies wohl in Rücksicht auf die immer anwesende Polizei. Ich wurde jetzt mehrmals zur Röntgenuntersuchung beordert. Man verordnete mir eine Fülle von Medikamenten. In meinem ganzen Leben habe ich nicht so viele Arzneien geschluckt. Die Einnahme mußte stets vor Zeugen geschehen. Wasser und Flüssigkeiten, die dazu gereicht wurden, versuchte ich zurückzuweisen, so wie ich mich weigerte, die flüssigen Teile der Speisen zu genießen. Hier im Zuchthaus ängstigte mich hierbei weniger die Überlegung, daß der Nahrung und den Medikamenten Mittel beigemischt sein könnten, die schließlich zum Tode führen. Ich hatte eher Furcht, es werde etwas hinzugefügt, das mir die Nervenkraft zerrütten, meine Urteilsfähigkeit schwächen, meinen Mut lähmen könnte.

Die Ärzte waren wegen meines gesundheitlichen Zustandes ernstlich besorgt. Hin und wieder schien die Basedowsche Krankheit zwar abzuklingen; plötzlich aber waren wieder Zeichen der Verschlimmerung festzustellen. Ich verlor unablässig an Gewicht. Eine eingehende Untersuchung ergab auch, daß ich an einer Gürtelrose litt; Krämpfe, Fieber, Müdigkeit, Niedergeschlagenheit waren ihre Folgen und Begleiterscheinungen. Als ich später aus dem Zuchthaus herauskam, habe ich gelesen, daß diese Erkrankung zwar meist von einer Infektion herrühre, daß sie nicht selten aber auch durch chemische Mittel verursacht werde, die sich in Speisen vorfinden. In der Andrássystraße habe ich die 39 Tage meines Aufenthaltes jedenfalls immer an eine Beimischung von chemischen Mitteln gedacht. Sicherlich spielte für meinen Zustand auch Vitaminmangel eine Rolle. Man verliert durch ihn seine Widerstandskraft. Vor allem aber gilt, daß das Nervensystem eines Gefangenen dauernd einer übergroßen Belastung ausgesetzt ist.

Die Unzulänglichkeit der Ernährung, die freiwillige Enthaltung von bestimmten Speisen, die Abgeschlossenheit, das Nichtstun, die triste Umgebung der Strafanstalten, die Behandlungsweise und die große Sorge um Kirche und Vaterland haben allmählich die Kraft meines Organismus aufgezehrt. Die Krankheit und die Infektionen brachten den geschwächten Körper schließlich ganz zu Fall.

Den Ärzten entging dies alles nicht; sie fragten, ob ich hinsichtlich des Essens Wünsche hätte. »Ich möchte keine Ausnahme machen; ich esse, was auch den anderen Gefangenen hier vorgesetzt wird«, war meine Antwort.

Das Körpergewicht sank in der ersten Hälfte des Jahres 1954 von zweiundachtzig Kilo auf fast die Hälfte, vierundvierzig Kilo. Ich war buchstäblich nur noch Haut und Knochen. Als ich einmal trotz des Verbots heimlich in einen Spiegel blickte, erschrak ich selbst vor mir. Was ich sah, war nur mehr der Schatten meiner Person. Auf Spaziergängen vermochte ich den leichten Körper kaum noch zu schleppen. Auch das Aufstehen am Morgen wurde immer beschwerlicher.

An einem Winternachmittag des Jahres 1954 machte ich die Feststellung, daß meine Sehfähigkeit außerordentlich nachgelassen hatte. Es war mir, auch ganz nahe bei der elektrischen Lampe, fast nicht mehr möglich, mein Stundengebet zu lesen. Trotzdem tat ich es, mit größter Anstrengung. Plötzlich schien mir, die Zelle, ja die ganze Welt, drehe sich um mich. Im Buch und an der Wand tanzten farbige Kreise. An mehr erinnere ich mich nicht. Als ich allmählich wieder zu mir kam, fand ich mich am Boden liegend, daneben das Brevier und eine Blutlache. Ich tastete mich ab. Mein Haar war blutdurchtränkt. Mühselig richtete ich mich auf und überlegte die Situation: Ich hatte mit dem

Rücken gegen den Kachelofen gestanden, bekam dann wahrscheinlich einen Schwindelanfall und schlug im Zurückfallen den Kopf an. Die Bewußtlosigkeit hatte längere Zeit gedauert. – Nun sank ich aufs Bett. Die zitternden Beine vermochten mich nicht mehr zu tragen. Mit dem nassen Handtuch wischte ich das Blut aus Nacken, Haaren und vom Fußboden. Dann band ich das Tuch um den verletzten Kopf, damit in der Nacht Polster und Bettzeug nicht mit Blut beschmiert würden. Es sickerte dennoch durch. Die Wachen bemerkten von alldem nichts. Das ist erstaunlich, wenn man bedenkt, daß sie sich sonst so aufmerksam zeigten, wenn es galt, mir gerade am Freitag Fleisch auf den Tisch zu bringen oder mich zu stören, wenn ich kniend betete. – Diesen Sturz und diese Wunde übersahen sie leichthin und taten es noch, als sie um sechs Uhr das Abendessen brachten.

Erst nach dem Handtuchwechsel am Wochenende untersuchten sie das Bett und fanden das blutige Polster. Sie suchten auch das abgelegte Hemd. Der Kommandant erschien; er verhörte mich, beinah so, als ob er Verdacht auf Selbstmordabsicht geschöpft hätte. Daß das Handtuch, das ja zugleich Staubtuch war, mich hätte infizieren können, bekümmerte ihn nicht.

In dieser Zeit war auch wieder einmal meiner Mutter ein Besuch zugestanden worden. Ich hatte mich mit ihr, wie üblich, in Vác zu treffen. Als sie mich sah, war sie über meinen Gesundheitszustand so bestürzt, daß sie empört fragte: »Schämt man sich denn nicht, daß Gefangene so aussehen!? Wozu zahlen wir Steuern? Wenn man ihren Unterhalt nicht bestreiten kann oder will, so möge man mir erlauben, selbst für meinen Sohn zu sorgen. Ich werde Geld schicken für Lebensmittel, sagen Sie mir, wieviel es kosten wird!« – Der Polizeioffizier, der zur Kontrolle dabei war, war verblüfft. Er entgegnete nichts, meldete die Angelegenheit aber dem Ministerium. Dieses zeigte sich mit dem Vorschlag der Mutter einverstanden.

Natürlich fragte meine Mutter bei ihrem nächsten Besuch, ob mir für ihr Geld Nahrungsmittel gebracht worden seien. Ich sagte, daß ich davon leider nicht viel gemerkt hätte, und bat sie, kein Geld mehr ans Ministerium zu senden, schließlich benötige sie es für ihren Haushalt, und die Anstalt habe für mich zu sorgen.

Dem Polizeioffizier war das alles sehr unangenehm. Nach dem Weggang meiner Mutter kam der Kommandant und erkundigte sich nach dem, was ich gern äße. Ich erwiderte ihm, daß ich keine Lieblingsgerichte habe, erhielt aber von nun an ein kräftigeres und schmackhafteres Essen. Dazu wurde ich immer wieder untersucht; die Ärzte hielten

Konsilium, an dem auch der Kommandant teilnahm. Ich selbst war dem Leben oder Sterben gegenüber gleichgültig geworden.

Nach alldem brachte man mich am 13. Mai 1954 in das Spital des Sammelgefängnisses. Bis zum 17. Juli des nächsten Jahres blieb ich ohne Unterbrechung dort.

Am Vorabend meines Auszuges betrat der neue Kommandant der Strafanstalt meine Zelle. Er gab zu, daß man festgestellt habe, daß mit mir und um mich herum manches geschehen sei, das nicht im Sinne der Gesetze gewesen sei. Ich war nicht wenig erstaunt, denn ich wußte noch nichts von dem neuen Wind, der im Lande wehte. Über Stalins Tod berichtete mir verspätet erst die Mutter. Ich ahnte nur, daß so große Ereignisse Änderungen herbeigeführt haben müßten, die jetzt auch meine Zelle erreichten. Daß Imre Nagy am Ruder war, konnte ich mir aber doch nicht denken.

Wenn ich mich nicht täusche, dauerte der Weg ins Spital mit dem Auto etwa eine Stunde, obwohl es in der Luftlinie nur vier Kilometer Entfernung sind und der kürzeste Autoweg auch nur sechs Kilometer beträgt. Man war aber wohl bedacht darauf, das Ziel der Fahrt vor mir geheimzuhalten. Solche Geheimniskrämerei gehört ja mit zur Wissenschaft der Kerkermeister. Die Zelle Nr. 20, in die ich kam, lag direkt beim Hauseingang, sie war nun die meine. Das Zimmer nebenan wurde zum Aufenthaltsort für die Wächter bestimmt, die aus der Strafanstalt mich hierher begleiten mußten. In der Nähe befanden sich auch Operationssäle und Ärztezimmer. Der Raum, den man mir zur Verfügung gestellt hatte, war größer, gesünder und weniger düster als der in der Strafanstalt. Der Oberteil des Fensters mußte, ärztlicher Anordnung gemäß, immer geöffnet bleiben. Hier gab es auch keinen Eßnapf, sondern Teller, Löffel, Messer, Gabel und auch ein Trinkglas. Das Essen war nahrhaft und schmackhaft. Ein Verdienst an dieser Änderung kam wohl aber auch dem Chefarzt des Krankenhauses zu, ein warmherziger humaner Mensch, den jeder schätzte. Zuerst wollte man ihm nur gestatten, mich unter Begleitung von Kontrollpersonen zu besuchen. Er erklärte aber, daß er unter solchen Bedingungen die ärztliche Verantwortung nicht übernehmen könne. Daraufhin wurde nachgegeben. Durch das reichlichere und bessere Essen nahm ich langsam zu. Ich durfte jetzt auch den schwarzen Zivilanzug als Alltagsgewand tragen. Die Zeit des Zwilchs war zu Ende.

Aus der Strafanstalt wurde der stellvertretende Kommandant Major Vékási hierher versetzt, der ein umgänglicher Mann war. Wenn ich von einer Station zu einer andern gefahren wurde, war ich aber immer noch von meinen »Betreuern« begleitet. Ich konnte jetzt auch im Garten liegen, hinter spanischen Wänden, die zwei Aufgaben zu erfüllen hatten: Schatten zu spenden, zugleich aber mich zu verbergen. Gelegentlich führte man mich auch in der Anlage spazieren. Für diesen Fall war aber strenge Weisung gegeben, alle Fenster des Hauses zu schließen, Neugierige und Schaulustige fernzuhalten.

Bei gutem Wetter konnte ich Schwalben herumfliegen sehen und dachte mir: »Sie kommen im Frühling und ziehen weg im Herbst, ihnen hat das Schicksal zwei Vaterländer gegeben, wir haben nur eins gehabt und dieses eine verloren. – Aber vielleicht doch nicht für immer!«

Nach vorübergehender Besserung meines Zustandes trat wieder ein Rückfall ein. Der Arzt war beunruhigt; es wurde eine Operation erwogen. Ich stellte dafür die Bedingung, daß sie nur durch Dr. Pethő auszuführen sei. Das wurde aber nicht genehmigt.

Ich erhielt nun verschiedene Injektionen, die der Primarius persönlich gab. Von ihm nahm ich sie auch ohne Bedenken an. Als er aber nach einigen Wochen einmal zwei Tage nicht da war, erschien der Wachtmeister der Gesundheitsabteilung mit den fertiggemachten Spritzen. Ich wies ihn zurück, weil ich ihm nicht traute. Nach seiner Rückkehr bestätigte mir der Primarius, daß er dazu auch keinen Auftrag gegeben habe. – Im übrigen litt ich sehr unter den Injektionen, in den Nächten quälte mich Juckreiz; dann zeigten sich am ganzen Körper Schwellungen und Ausschlag, so daß der Primarius mit den Injektionen wieder aussetzen mußte. Mein Körpergewicht verringerte sich abermals. Die Augen wurden so schwach, daß ich den Text des Breviers nicht mehr lesen konnte, drei Wochen hindurch kein Offizium beten, ebenso kaum mehr die großen Buchstaben des Meßbuches sehen konnte, obwohl der Arzt mir eine stärkere Brille gegeben hatte.

Das Psalmwort bewahrheitete sich an mir: Es gibt keine heile Stelle an meinem Körper. Mein Herz schlägt wild, meine Kraft verläßt mich, auch mein Augenlicht ist schwach geworden (Ps. 37, 3, 10).

Der 16. Juli 1955 brachte mir Besuch. Oberst Rajnai erschien und eröffnete mir, daß die »Regierung« mit Rücksicht auf meinen Gesundheitszustand und auf Ersuchen des Episkopats mir die Zuchthausstrafe erlasse. Ich möge mich bereithalten, am nächsten Tag schon werde man mich nach Püspökszentlászló bringen. Er fügte noch hinzu, daß er mir noch bessere Nachrichten als diese gebracht hätte, wenn ich mich in der Zwischenzeit etwas entgegenkommender gezeigt hätte.

Die Machthaber fürchteten sicherlich Rückschläge in der Weltöffentlichkeit, wenn, nach dem Tod so vieler Priester und treu-katholischer Laien, auch der Oberhirte der ungarischen Kirche im Gefängnis sterben würde.

In der Morgendämmerung des 17. Juli 1955, einem Sonntag, fuhr also der Wagen mit mir und Oberst Rajnai davon. Es war strahlender Sonnenschein. Der Kommandant geleitete das Auto zum Tor.

Ich freute mich über diese Veränderung besonders auch wegen des Arztes. Die Verschlechterung meines Zustandes hatte ihm viele Sorgen bereitet. Er war wie zwischen zwei Mühlsteinen gewesen. Aufgrund seines Arzteides sah er sich verpflichtet, mir zu helfen; das Regime jedoch wünschte, daß er auch einen Polizisten spiele. Vielleicht mag er sich auch gedacht haben, es sei für ihn weniger bedrückend, wenn ich nicht unter seinen Händen sterben würde.

In Püspökszentlászló

So fuhren wir ab, neben mir in Zivil Oberst Rajnai. Er zeigte mir unterwegs das im Ausbau begriffene Großbudapest und die Stalinstadt in der Umgebung von Dunapentele. Stalinstadt nannte man eine neue große Siedlung auf elfhundert Joch Boden. Es sei keine gewöhnliche Stadt, sondern eine »sozialistische Stadt, dazu ein Stahlwerk«, das mit seiner Produktion an Eisen und Stahl alle übrigen ähnlichen Werke des Landes um ein Drittel übertreffe. Es gäbe dort Warenhäuser, Schulen, Speisesäle, Hotels, Kinos, Ordinationsräume, ein Spital, ein Kulturhaus, ein Museum, ein Bürohaus, einen Sportplatz, Unterhaltungsparks, eine Freilichtbühne, 160 Hektar Wald zwischen dem Eisenwerk und der Stadt.

Die Stadt hatte 35 000 Einwohner, aber es durfte in ihr keine Kirche gebaut und kein Gottesdienst gehalten werden. Sie gehörte zu den Schöpfungen Rákosis. Vielleicht hat er an sie gedacht, als er 1944 nach Ungarn kam und erklärte: »Wir gehen bis zu den Sternen.«

Es dauerte aber nur noch ein halbes Jahrzehnt, und diese undankbare Stadt warf 1956 den Namen Stalins ab, dieses bolschewistische moderne Babylon führte den erbittertsten Kampf gegen den stalinistischen Geist, mit dem es durch seinen Namen ganz besonders verbunden sein sollte.

Gott ist überall. Gott kommt auch dorthin, wo ihn die Machthaber dieser Welt wegweisen möchten. So konnte ich im kommunistischen Komitatsblatt am 30. Dezember 1956 lesen, daß mit Genehmigung des

Amtes für kirchliche Angelegenheiten und mit Zustimmung der lokalen Parteiorgane in der Vorhalle der Allgemeinen Schule von Stalinstadt zum ersten Mal die hl. Messe gefeiert wurde.

Püspökszentlászló, wo ich hingefahren wurde, liegt ungefähr dreizehn Kilometer von Pécs entfernt am Fuße des waldigen Berges Zengő. Es ist eine kleine Gemeinde, eigentlich ein Vorort von Hetény, und hatte damals nur 108 Einwohner. Zu Beginn des 18. Jahrhunderts ließ der Bischof von Pécs hier einen Sommersitz erbauen, und dieses Kastell wurde mir jetzt zugewiesen. Die Regierungserklärung besagte, daß der Episkopat dieses kirchliche Gebäude ausgesucht und mir für meinen weiteren Aufenthalt überlassen habe. Das entsprach aber nicht der Wahrheit, denn der Staat hatte das Kastell längst konfisziert.

Wir stiegen also in Hetény aus und mußten in einen Geländewagen hinüberwechseln, weil der Weg von einem gewöhnlichen Auto nicht weiter befahrbar war.

Von den Fortschritten des verflossenen Jahrzehnts war dieser Ort bisher unberührt geblieben. Wir fuhren etwa vier Kilometer durch ein waldiges, bergiges, von Bächen durchzogenes Gebiet. Das Kastell hatte mir zu Ehren einen neuen, hohen Bretterzaun erhalten, zum Zeichen dafür, daß auch hier eine Art Gefangenschaft auf mich wartete.

Als ich die Treppe hinaufsteigen wollte, erlitt ich einen Herzanfall. Der junge Arzt, ein Dr. Sugár, der mit hierhergekommen war, untersuchte mich, ließ mich hinsetzen und gebot, vorerst im Erdgeschoß eine halbe Stunde auszuruhen. Der Verwalter des Hauses, ein wohlwollender Mann, kam herzu und stellte sich vor. Er hieß Angyal, was soviel wie »Engel« bedeutet, so daß ich ihn auch »Mein Engel!« anredete. Ich hatte also einen »Strahl« (Sugár) und einen »Engel« in Angyal. Sie halfen mir dann in den ersten Stock hinauf, wo mir zwei Zimmer zur Verfügung gestellt wurden, die sich in einem angenehmen Zustand befanden. Nur vom Waschbecken ließ sich das nicht behaupten, von der Wasserleitung und den elektrischen Installationen.

Die Begleiter aus Budapest durchsuchten währenddessen in einem Raum des unteren Stocks meine Koffer und Pakete. Ich erhob Einspruch, weil man mir in der Strafanstalt versprochen hatte, das, was ich schreibe, sei und bleibe mein Eigentum. Dieser Hinweis und mein Protest nützten aber wenig.

Der Oberst erklärte mir dann, daß es mir freistehe, soweit die Geheimpolizisten (AVO) aus Pécs, die zugleich hier einquartiert waren, es gestatteten, auf den Balkon und in den Garten zu gehen. Ich müßte allerdings um Erlaubnis fragen. Als ich erwiderte, daß ich dann lieber auf

Balkon und Garten verzichten würde, entfernte er sich und kam eine halbe Stunde später mit der Mitteilung zurück, daß ich nach Belieben Balkon und Garten benützen dürfte. Auch meine Mutter dürfte hier zu Besuch kommen. Es werde ihr immer ein eigenes Zimmer zur Verfügung stehen; die Dauer ihres Aufenthaltes könne sie selbst bestimmen. Zum Abschied meinte er, daß sie doch edelmütige Kerkermeister seien. Ich konnte ihm nur antworten, daß sie darin hinter den Habsburgern zurückständen, denen sie doch ständig Vorwürfe machten, und erinnerte an den Bischof Telekesi von Eger, der nach der Niederlage in den Freiheitskämpfen von Rákóczi in Gefangenschaft kam. König Josef I. gab ihm einen Geistlichen als Ministranten bei, und so blieb es auch unter dessen Nachfolger Karl III. Der Oberst schwieg und entfernte sich, erschien aber am 20. Juli von neuem, um mir einen Talar zu bringen.

Hernach kam auch ein Geistlicher, der mir das Beglaubigungsschreiben des Apostolischen Administrators von Esztergom überbrachte. Er war Pfarrer von Budapest gewesen, jedoch von seiner Pfarrei entfernt worden. Das Rákosi-Regime hatte seine Pfarrkirche »Regnum Marianum« niedergerissen, um Platz für ein Stalin-Denkmal zu schaffen.

Endlich war also wieder ein geweihter Priester neben mir am Altar, mit mir bei Tisch und beim Spaziergang.

Nur an Sonn- und Feiertagen hatte ich »Ausgangssperre«. Das Volk, das in der Kastellkirche zum Gottesdienst kam, sollte mich nicht sehen.

Neben der Kirche lag auf einem Abhang der Friedhof, zu dem ich mich besonders hingezogen fühlte. Neben dem Sammelgefängnis und neben dem Zuchthaus waren auch Friedhöfe gewesen. Der Friedhof belehrt, er regt zum ernsten Denken an. Ich fragte mich oft, ob ich nun so mein Leben als Gefangener werde beenden müssen.

Es ging mir jetzt nicht schlecht, was Essen und Trinken, Luft und Bewegung betraf. Nur die Polizisten machten oft verdrossene Gesichter, wofür man aber Verständnis haben konnte. Sie konnten hier ihre eigenen Verbindungen zu ihren Familien und zur Welt kaum aufrechterhalten. Außerdem klagten sie, der Arzt und das übrige Personal ständig in ihren Berichten an das Ministerium über die ungesunden Wohnverhältnisse, in denen wir lebten.

In meinem Gepäck hatte ich außer meiner Taschenuhr auch meine 49 Forint und meine Wäsche wiedergefunden. Ein kleines Paket, mit »Streng vertraulich« beschriftet, lag dabei. Ich fragte mich erstaunt, wie es da hinein geraten sei. Als ich es öffnete, lag zuoberst ein Foto meiner Mutter. Sie hatte mir das Bild im Jahr 1950 mit lieben Worten gewidmet, es war mir aber nie ausgehändigt worden. Dann gab es ein

Schreiben des Internationalen Roten Kreuzes, das sich nach meinem Befinden erkundigte, Briefe aus dem Ausland, die meine Unterschrift forderten als Beweis dafür, daß ich noch am Leben sei. Auch Arztgutachten fand ich, Meldungen der Kommandantur, Vorschriften bezüglich der Besuche meiner Mutter in Vác usw.

Aus dieser »Streng vertraulich«-Beilage ergaben sich später in Petény große Schwierigkeiten für mich.

Mein Geistlicher informierte mich jetzt eingehend über die inzwischen vergangenen sieben Jahre, in denen ich von der Welt abgeschieden war. Er berichtete mir über die Priester, die gefangenen, die verstorbenen, die treuen und die wankenden. Er erzählte von der Abnahme des religiösen Lebens in der Hauptstadt, vom zurückgehenden Religionsunterricht. Eine große Neuigkeit war für mich die Verkündigung des Dogmas von der leiblichen Aufnahme Mariens in den Himmel und die Heiligsprechung Pius X. Der Priester erhielt regelmäßig zwei Zeitungen, er besaß auch einen Radioapparat, von dem er seine Informationen bezog, und er gab sie, obwohl es ihm verboten war, an mich weiter.

Am 10. Oktober 1955 wurde auch Erzbischof Grősz von Kalocsa in aller Heimlichkeit hierhergebracht. Er erhielt die Wohnung des Geistlichen, und dieser bekam das Zimmer meiner Mutter. So konnte meine Mutter, trotz der früheren Abmachungen, bei ihrem zweiten Besuch nicht länger als einen Tag bleiben. Ich wurde aber dadurch entschädigt, daß es mir gestattet wurde, die Mutter ohne das Dabeisein eines Kontrolleurs zu sprechen.

Als ich am nächsten Tag aus meinem Fenster sah, kehrte Erzbischof Grősz in Begleitung seiner Wache gerade vom Spaziergang zurück. Sie betrachteten die Fische und Frösche im Weiher vor dem Haus. Ich ging hinaus auf den Balkon, und die beiden Gefangenen schauten sich an – zum erstenmal seit sechs Jahren. Als alte und erfahrene Häftlinge wußten wir, daß wir uns nicht begrüßen durften. Dennoch besuchte ich Erzbischof Grősz in den nächsten Wochen dreimal. Wir wechselten auch miteinander Briefe. Vor allem interessierten mich die Jahre 1948 bis 1951, in denen sich die schwersten Prüfungen für die Kirche ereignet hatten. Als ich das erste Mal an seine Tür klopfte und in sein Zimmer trat, war er sehr überrascht. Er wußte ja, daß wir einander nicht sehen und noch weniger treffen durften, und fragte mich, wie ich dies ermöglicht hätte. Ich meinte, daß lebenslängliche Haft doch nicht mehr verlängert werden könne. So riskiere ich es ruhig. Es sei im übrigen ganz einfach: »Wenn im Erdgeschoß jemand auf der krachenden Treppe emporgeht, hören wir es hier im ersten Stock und sind, bis die Wache heraufkommt, längst wieder getrennt. Diese Erfahrung habe ich im Vierteljahr meines Aufenthaltes gemacht. Außerdem habe ich den Geistlichen hinuntergeschickt, um für mich Zeitungen zu holen. Die Zeitungen liegen unten überall herum; der wachhabende Polizist sucht sie gerade zusammen, und der Priester ist sicher allein in der Vorhalle. Aber ich werde nicht immer kommen. Ich stecke Ihnen Briefe unter die Tür. Durch mein Klopfen bitte ich um Antwort.«

So wechselten wir täglich drei bis vier Briefe.

Das Haus war indessen keineswegs das Sanatorium, als das es die Behörden weit im Land herum priesen. Man hatte sich zwar die Ausstattung Geld kosten lassen; das Gebäude sollte von außen einen guten Eindruck machen. Maler waren hier gewesen, man hatte Möbel, Teppiche, Vorhänge herangeschafft und Blumenbeete gesetzt. Aber das Bemühen der »Innendekorateure« und der Gärtner konnte nicht darüber hinwegtäuschen, daß wir in einem regenreichen, nicht eben gesunden Gebiet saßen. So war der Hofstaat ständig in gereizter Stimmung. Es gab viele bedrückende Tage, Nächte und Wochen. Das Haus hatte auch »Untermieter«. Es wimmelte von Mäusen. Auf höheren Befehl ließ Verwalter Angyal am 8. Oktober 1955 meine Sachen packen. Wir warteten dann noch drei Wochen. Endlich, in der Nacht vom 31. Oktober auf den 1. November, kamen Lastwagen angefahren. Das Gebäude wurde ausgeräumt. Nur die zwei Zimmer des Erzbischofs Grősz und eines meiner Zimmer blieben unberührt. Am Abend des 1. November 1955 erschienen zwei mir unbekannte Herren, die mich zu der vom Ministerium in Aussicht gestellten Untersuchung in die Klinik nach Pécs führen sollten. Der Arzt, der mich hier untersuchte, zeigte sich zufrieden.

In Püspökszentlászló bekamen wir kein Abendessen, denn meine Begleiter bestellten es in Pécs. Während meiner Untersuchung hatten sie natürlich ihr Nachtmahl verzehrt. Ich aber machte mich ohne Nachtmahl mit ihnen gegen 22 Uhr auf den Weg. Unterwegs begegneten wir den Lastwagen, die das Mobiliar aus meinen Zimmern abtransportierten.

Am 2. November, nachdem wir die Hauptstadt passiert hatten, kamen wir um vier Uhr in der Früh in Felsöpetény, unserem neuen Heim, an. Einige elegant aufgeputzte junge Leute fragten, wo sie das Essen servieren sollten. Es gab nämlich zwei Zimmer; darum stellten sie die Frage.

– Danke, ich wünsche nichts.

– Warum nicht?

– Ich möchte zelebrieren, da heute Allerseelentag ist. – Auf dem Gang besprachen die Herren und die kämpferischen Köche die Lage. Die letzteren meldeten aufs neue, daß das Abendessen bereit sei.

– Danke, ich wünsche nichts. Ich werde Messe lesen.

– Haben Sie denn zu Abend gegessen?

– Nein.

– Und Sie sind nicht hungrig?

– Wenn ein Priester das Meßopfer darbringen will, so ist es nicht von Bedeutung, ob er hungrig ist oder nicht.

Die Köche gingen fort, die wortkargen Herrschaften entfernten sich.

»Gast« der Geheimpolizei

Mein neuer Wohnort war das verstaatlichte Almássykastell, mitten in einem riesigen Park am Rande des Dorfes gelegen. Das Gebäude schien in einem ordentlichen Zustand zu sein, obwohl auch hier die kommunistische Wirtschaft manches ruiniert hatte. Vor uns hatte das Haus junge Pioniere beherbergt. Nach ihrem Weggang konnten über hundert Arbeiter die Schäden nicht so rasch beseitigen. Ich bekam ein Zimmer, das uns auch als Speisezimmer diente, dazu ein Schlafzimmer und eine halbe Kapelle. Genausoviel Raum erhielt auch der Erzbischof von Kalocsa. Der Kommandant hatte den Rang eines Majors der Geheimpolizei, trug aber Zivil. Er war Arbeiter in einer Textilfabrik gewesen und jetzt Student, ein linientreuer Kommunist. Unter seinem Kommando standen fünfzehn Wachmänner, die mit Maschinengewehren, Maschinenpistolen und drei Wolfshunden versehen waren. Diese Hunde sollten von uns ferngehalten werden, sie suchten uns aber trotzdem auf, freuten sich an unserer Nähe und sprangen an uns hoch.

Der Park besaß einen alten reichen Bestand von Nadelbäumen und auch viele Obstbäume.

Wir durften aber nicht den ganzen Garten benützen. Eine Hecke, durch Stacheldraht verstärkt, grenzte ihn ab. Unser Spaziergebiet wurde immer wieder fast von Tag zu Tag geändert. Der Kommandant bot sich mehrmals als Begleiter auf meinen Spaziergängen an, soweit Pfarrer Tóth nicht im Hause war. Ich verzichtete dann jedoch lieber auf den Spaziergang. Einige Tage vor Weihnachten 1955 flüsterte der Verwalter meinem Priester zu, daß meine Mutter, wenn ich darum bäte, mit mir die Feiertage verbringen dürfe. Ich wäre am Hl. Abend wahrhaftig gern mit ihr zusammen gewesen. Aber darum zu bitten, hätte allen meinen Widerstand gegen das mir zugefügte Unrecht in Frage gestellt. So verging das Fest ohne den Besuch meiner Mutter.

Schon in Püspökszentlászló hatten die Abgesandten der Machthaber ebenso wie die Wächter immer wieder behauptet, ich sei kein Gefangener mehr, sondern nur ein Gast. Diese Gastfreundschaft kam mir vor wie die Sprüche für den Arbeiter des sozialistischen Staates, für den Bauern der Produktionsgenossenschaft, denen man sagt: »Das Land gehört euch, die Fabrik ist euer, die Genossenschaft gehört dir.« Genauso wie sie den heutigen Bauern- und Arbeiterstaat in die Hölle wünschen, wie ihnen die Fabrik und der Kolchos fremder sind denn je, erging es mir mit dieser Gastfreundschaft.

Als ich das Wort zum erstenmal hörte, ich sei ein Gast, fuhr ich in die Höhe: »Also kein Gefangener? Warum, zum Kuckuck, bin ich dann von zwei Zäunen umgeben, von denen der eine aus Stacheldraht ist? Warum sind um mich herum 15 Geheimpolizisten und drei Wolfshunde und dazu ein Waffenarsenal? Ich würde meine Gäste nicht so empfangen und halten.« – Antwort erhielt ich darauf keine. Später nahm ich mir vor, ihre Gastfreundschaft einmal praktisch zu erproben.

Ich ließ den Bart wachsen. Man hatte mir Rasierklingen gegeben, mit denen ich mich zunächst auch selbst immer rasiert habe. Ich hörte aber zufällig, daß es im Haus unter den Geheimpolizisten auch einen Friseur gäbe, der Offiziere und Mannschaft rasiere. Als mein Bart schon recht dicht und lang gewachsen war, fragte mich der Verwalter, warum ich ihn nicht entferne: »Für einen hohen Geistlichen schickt es sich doch nicht, so unrasiert herumzulaufen.«

»Geziemt es sich vielleicht, daß der Gastgeber einen Friseur hat, der Gast hingegen keinen?«, war meine Antwort. So kam er am nächsten Tag wieder und fragte, ob ich jetzt den Friseur empfangen wolle?

»Beim Sitzen bin ich ohnehin; wenn ich Rákosi sitze, so kann ich auch dem Friseur sitzen.«

Meine Mutter konnte mich in diesem Hause zweimal besuchen. Sie kam zum Weißen Sonntag und zum zweiten Mal Anfang August auf 24 Stunden. Sie durfte aber weder mit dem mir zugeordneten Priester noch gar mit mir selbst unter vier Augen sprechen. Sogar als sie sich mit mir in meiner Kapelle befand, wollte der Stellvertreter des Kommandanten mit hinein. Ich wies ihn aber zurück, und er entfernte sich, weil er wohl fürchtete, daß meine Mutter von seinen Zudringlichkeiten im Lande draußen erzählen könne. Im ganzen wurde die Behandlung zusehends unfreundlicher. Man begegnete uns mit einer kalten Höflichkeit. Vor der Übersiedelung war mir gesagt worden, daß der Arzt Dr. Sugár hin und wieder von Budapest herüberkommen werde. Er tat es aber nur einmal. An Medikamenten litt ich dagegen keinen Mangel. Ich sollte sie jedoch vor Zeugen einnehmen, was ich verweigerte.

Es lag nahe, daß ich mich fragte, was mit dem Besitzer des Gebäudes Graf Almássy geschehen sei. Ich erfuhr, daß er irgendwo auf dem Lande in einem einzigen Zimmer mit Lehmboden hause. Sein Kastell wurde vor der Öffentlichkeit als »kirchliches Gebäude« bezeichnet. Es war aber keins, wenn auch kirchliche Gefangene darin gehalten wurden. Die Kirche gehörte ja selbst zu den Beraubten und nicht zu den Räubern.

Die Ordnung im Haus war militärisch. Ich fand deshalb während drei Monaten nicht mehr die Möglichkeit wie in Püspökszentlászlo, meinen Mitgefangenen Erzbischof Grősz aufzusuchen. Zwischen seinem und meinem Zimmer lag ein Vorraum, in dem sich die Wachstube der Geheimpolizisten befand. Der Verwalter hatte angeordnet, daß meine Zeit zum Spaziergang täglich um zwölf Uhr sei. Vom Fenster aus sah ich, daß immer um elf Uhr, also eine Stunde vorher, Erzbischof Grősz allein im Garten ging. Ich hörte ihn hinausgehen und auch zurückkommen. Einmal bemerkte ich, daß er schon um dreiviertel zwölf den Garten verließ, um anschließend im Vorraum ein wenig dem Kartenspiel der Wache zuzusehen und auch seinen Kommentar dazu abzugeben. Als ich ihn so reden hörte, hoffte ich auf die Möglichkeit eines Zusammentreffens. Ich ging in den Vorraum, grüßte und sagte: »Nun, auch mein Bruder hält sich hier auf?« Die Polizisten sprangen hoch und warfen die Karten zusammen. Als ich darauf vom Spaziergang zurückkehrte, suchte mich der Stellvertreter des Kommandanten auf und zeigte sich sehr ungehalten über meine »Disziplinlosigkeit«. »Nur langsam. Mir wurde gesagt, daß ich um zwölf Uhr Spaziergang habe. Wann trat ich aus dem Zimmer?« fragte ich ihn: »Mir wurde nie gesagt, daß es keinen Spaziergang gebe, wenn die Polizisten Karten spielen und dabei sogar Zuschauer anwesend sind.«

Der Mann verstummte und verließ mein Zimmer.

Petény ist ein geschichtlicher Ort, vor vier Jahrhunderten war er im Besitz des berühmten Rechtsgelehrten Werbőczy gewesen, der hier das erste systematische Rechtsbuch unseres Vaterlandes geschrieben hat: Ius Tripartitum.

Im Kastell Petény legte man vom November 1955 die folgenden Zeitungen zum Lesen auf meinen Tisch:
Täglich »Szabad Nép, »Magyar Nemzet«, jede Woche »Uj Em-

ber« und »Kereszt« (»Der neue Mensch«, »Das Kreuz«) und jeden Monat die Exemplare der »Statistischen Rundschau«. Man erwartete offenbar eine Reaktion von mir. Zu Anfang lenkte der Verwalter auch meine Aufmerksamkeit auf den einen und anderen Artikel. Er kam zu mir herein und versuchte zu erfahren, welche Wirkung die Lektüre auf mich gehabt habe. Das Regime hätte mein Lob, meine Anerkennung, meine Zustimmung sicher gut gebrauchen können, um die Öffentlichkeit vom wirtschaftlichen und politischen Elend abzulenken.

Eines Tages erschien auch ein hochgestellter Mann mit einem Begleiter bei mir. Man sah es ihm an, obwohl er sich weder mit Namen noch Stellung vorstellte. Er erklärte, György Parragi, ein Abgeordneter und Mann der Vaterländischen Volksfront, Chefredakteur der Zeitung »Magyar Nemzet«, habe sich von der Regierung die Erlaubnis erbeten, mich in Petény besuchen und Fragen an mich stellen zu dürfen, deren Beantwortung er dann in seiner Zeitung veröffentlichen würde. Den Plan mußte sich das Regime selbst ausgedacht haben. So antwortete ich schriftlich gleich an den Justizminister, indem ich ihm darlegte, daß es völlig unmöglich sei, mir nach zwei Wochen Zeitunglesen ein Bild über die vergangenen informationslosen sieben Jahre zu machen. Ich sei also zur Antwort nicht genügend gerüstet.

Zehn Tage später kam der betreffende Mann mit einem anderen Begleiter abermals. Beide waren sehr ungehalten und erklärten, daß meine Antwort dem Minister sehr mißfallen habe.

Noch etwas später, am 19. Januar 1956, erlebten wir dann geradezu den Überfall einer Untersuchungs-Karawane auf unser Haus. Unter dem Vorwand, mein Verhalten habe die Regierung beleidigt, wurde eine allgemeine Hausdurchsuchung abgehalten. Danach hieß es, ich hätte mich in den Besitz vertraulicher Schriftstücke gesetzt, die ich tatsächlich in meinem Gepäck vorfand. Da sie in Püspökszentlászló nicht mit Beschlag belegt worden waren, protestierte ich und weigerte mich, ein Protokoll zu unterschreiben. Die Schriften, die stets offen dagelegen hatten, ebenso wie all meine Manuskripte nahmen sie an sich. Am Nachmittag wurde ich von zwei Herren ins Verhör genommen. Obwohl ich nach ihren Namen fragte, stellten sie sich nicht vor, versuchten jedoch, durch Überheblichkeit Eindruck auf mich zu machen.

Sie warfen mir die Entwendung ›vertraulicher‹ Schriften im Gefangenenspital, deren Zurückbehalten und Mitnahme nach Szentlászló vor. Als ob ich im Spital der Archivar gewesen wäre oder doch Zutritt zu ihrem Archiv gehabt hätte. Es bestand kein Zweifel, daß es sich um eine neue Taktik handelte. Die fünf Pakete, die man mir auf die Reise mitgegeben hatte, waren ja von der Polizei selbst in ihrem Magazin zusammengestellt worden. Schriften, die jetzt dabeilagen, konnten mich wenig interessieren, am ehesten noch die Krankenpapiere, die feststellten, daß der Zustand meiner Lunge besorgniserregend sei und sich eine Kaverne gebildet habe. Vielleicht handelte es sich hier aber auch gar nicht um meinen eigenen Röntgenbefund, sondern um eine Finte, die mich, sobald ich das gelesen hätte, bewegen sollte, um einen Sanatoriumsaufenthalt oder gar um meine Freilassung zu bitten, um daran wieder Bedingungen knüpfen zu können.

Der mir zugeordnete Geistliche war bei Beginn dieser Untersuchungen weggeschickt worden mit dem Vorwand, daß er längst Urlaub brauche. So sah er von diesem ganzen Unternehmen nur die Autokarawane. Meine gute Miene zum bösen Spiel war zu Ende, und ich beschloß, aus Protest einen Hungerstreik zu beginnen. Ich aß zuerst mittags, dann abends nichts mehr. Einer der Untersuchungsbeamten erschien und fragte mich, ob es mir geschmeckt habe. »So wie am Mittag«, antwortete ich ihm. »Warum essen Sie nicht?« – »Ich war schon vor dem Mittagessen satt.« Am nächsten Tag hielt ich es in gleicher Weise, ebenso am dritten. Nun wurde die Lage allen im Hause unangenehm. Unser Dienstmädchen konnte seine Tränen kaum mehr zurückhalten. Morgens, am vierten Tage, erschien mein Priester und flehte mich an, doch wieder zu essen. Ich dachte bei mir: »Du bist 64 Jahre alt, hast sieben Jahre Kerker hinter dir, bist abgemagert, die Lunge ist wahrscheinlich angegriffen. Wenn du nicht sterben willst, laß es genug sein.« So beendete ich nach 75 Stunden um die Mittagszeit mein Fasten. Jeder grüßt mit dem Hut, den er hat: Das Regime mit der Gewalt, der Gefangene – auf eigene Kosten – mit Fasten.

Der Schutzengel meines Gefängnisses

Ein Jahrzehnt vor meiner dritten Gefangenschaft schrieb ich folgende Worte über Mutterliebe: »Du wirst vergessen werden von deinen Oberen, nachdem du sie bedient hast, von deinen Untergebenen, wenn sie deine Macht nicht mehr fühlen, von deinen Freunden, wenn du in Schwierigkeiten geraten bist ... Am Gefängnistor wartet nur deine Mutter auf dich. In der Tiefe der Strafanstalt hast du nur deine dich liebende Mutter. Sie allein steigt mit dir dort hinunter. Bist du noch tiefer als im Kerker, im Abgrund des Zuchthauses, des Armesünderhauses, schrickt allein sie davor nicht zurück ...«

Als ich das Buch schrieb, dachte ich nicht daran, daß meine greise Mutter der einzige Stern an dem dunklen Himmel meiner Haft sein und sie allein mich besuchen und mich umarmen werde während der acht Jahre meines Strafanstaltaufenthaltes in der Einzelhaft.

Wer ist meine Mutter? Eine Frau mit sechs Kindern, die in ihrem 85. Lebensjahr von vierzehn Enkeln und ebensoviel Urenkeln mit Achtung und Liebe umgeben in ihrem Heim in Mindszent lebte. Zur Zeit meiner Verhaftung und als ich in den Schmutz gezerrt wurde, war sie 74 Jahre alt und seit zwei Jahren Witwe. Aus einer einfachen, dörflichen Umgebung eilte sie mir zu Hilfe, mit Intelligenz und Geschicklichkeit stand sie mir bei bis zu ihrem Tode. Sie wußte mich in dieser grausamen Welt des kommunistischen Gefängnisses zu finden. Niemals hatte sie vorher ein Ministerium betreten. Jetzt aber ging sie zu den Parteioberhäuptern, die wider Recht und Gesetz an die Macht gelangt waren. Das bedeutete für sie ein hartes Kreuz. Aber wo immer sie erschien, im Ministerium, im Gefängnis, in der Strafanstalt, wurde ihre Haltung zum Zeugnis ihrer Seelenstärke.

Als ich zum Fürstprimas ernannt wurde, sagten viele zu ihr: »Was für eine glückliche Mutter«; überall in Ungarn und im Ausland baten Menschen darum, von ihr gleichsam als geistliche Söhne und geistliche Töchter angenommen zu werden. Als die Bischöfe Badalik und Rogács die alte, bescheidene Frau in ihrer einfachen, ländlichen Wohnung besuchten, wertete ich das als besondere Ehrenbezeigung. Während der letzten, unter meinem Vorsitz gehaltenen Bischofskonferenz in Esztergom war sie am 16. Dezember 1948 zusammen mit den Bischöfen und Erzbischöfen beim Mittagsmahl anwesend. Sie saß zu meiner Rechten. Sie wurde wegen ihrer bescheidenen Haltung von allen Oberhirten geehrt.

Vom 26. Dezember 1948 an, dem Tag meiner Verhaftung, senkte sich eine dunkle Nacht über die strahlende Güte und die leuchtende Menschenfreundlichkeit dieser Frau.

Schon seit dem 19. November hatte sie sich bei mir aufgehalten und war dadurch Zeuge meiner Verhaftung geworden. Sie wollte mit mir gehen, was ihr natürlich verwehrt wurde. Aber schon am nächsten Tag kam sie in die Hauptstadt, um einen Verteidiger für mich zu suchen. Sie erfuhr daheim in tiefer Trauer und Sorge von den Ereignissen in der Andrássystraße 60, in der Markóstraße und vernahm mit Entsetzen das Urteil. Die Flut der Verleumdungen machte vor ihr nicht halt. Sie wäre bereit gewesen, ihr Leben zu opfern, um den gefangenen Sohn zu retten, aber es war niemand da, der ein solches Opfer angenommen hätte.

Sie mußte es erleben, daß viele Treue sich schließlich mehr und mehr von ihr zurückzogen, daß Briefe und Besuche ausblieben. Bekannte und sogar Verwandte trafen sich mit ihr nur noch außerhalb ihres Hauses.

Sie konnte mich zuerst im Sammelgefängnis besuchen und dann erst wieder nach neun Monaten am 17. Juni 1950. Sie durfte aber »mein Zimmer« nicht sehen und nur unter Bewachung mit mir in Vác reden. Ihre Pakete, in denen sie mir Backwaren, Trauben und Fleisch mitbrachte, wurden aufgemacht und untersucht.

Wir durften zwar nur über Familienangelegenheiten sprechen, aber sie wußte mich trotzdem immer wieder wenigstens in großen Zügen über den Gang der Dinge in Land und Welt zu unterrichten. Sie berichtete über die »Bischöfe mit Bart«, über Priester, die zu Mitläufern geworden waren, über Helden und Schwächlinge; über gefolterte Klosterfrauen und Ordensleute, über verfolgte und eingekerkerte Priester aus Zalaegerszeg und Szombathely, über das Schicksal der anderen Bischöfe. Dazwischen machte sie Bemerkungen und Mitteilungen, die uns nicht verboten waren, indem sie von Todesfällen in der Familie, von Eheschließungen, von der Ankunft ihrer Urenkel sprach. Sie erzählte von meinem Neffen, dem Oberamtmann Josef Légrády und dessen Familie und dem Leidensweg, den diese Verwandten meinetwegen nun gehen mußten. Durch die Mutter erfuhr ich auch, daß Stalin gestorben und über seiner Erbschaft Gegensätze und Spannungen ausgebrochen waren. Beim Abschied waren ihre letzten Worte immer vom Glauben getragen. Wir fragten uns jedesmal ohne Worte, aber doch für beide Teile spürbar, ob wir uns im irdischen Leben noch einmal wiedersehen würden.

Ihr Mutterauge durchschaute sofort die Täuschung, als man mich ihr in Vác immer im schwarzen Anzug statt im Sträflingskleid, das ich sonst trug, vorführte. Sie erkannte meine Schwäche und meinen Gesundheitszerfall. Als ich zu 44 Kilo abgemagert wie ein Toter aussah, schrie sie auf und fuhr den Oberst an, daß ihm die Antwort in der Kehle steckenblieb. Als man sie ermahnte, daß sie nicht politisieren dürfe, antwortete sie überlegen: 80jährige, unwissende Dorffrauen verstehen nichts von Politik, man braucht sich vor ihnen also auch nicht zu fürchten.

Ihre größte Freude während dieser Haftjahre war es, daß sie einmal in Püspökszentlászló die heilige Kommunion wieder aus der Hand ihres Sohnes empfangen durfte.

Mein Buch »Die Mutter« ist von ihrer Gestalt geprägt worden.

Vielleicht ist in Ungarn von diesem Buch kein Blatt mehr übriggeblieben. Zerstörungswut und Haß werden wohl das letzte Exemplar vernichtet haben. Was ich mir jedoch in diesem Werk von der Seele schrieb, wurde durch meine Mutter, durch ihr Leben, für mich erhalten. Sie war für mich das schönste Geschenk der Vorsehung. Ich kann Gott nicht genug danken, daß er sie mir gegeben und für die schwersten Zeiten meines Lebens mir auch erhalten hat. Im Jahre 1948 bat sie mich, nicht im Lande zu bleiben, sondern ins Ausland zu gehen. Da ich das aber nicht tun konnte, fügte sie sich meinem Entschluß. Wäre ich später den leichteren Weg gegangen, hätte sie einen solchen Verrat sicher gefühlt. Wir haben Gottes Willen, wie immer er uns entgegentritt, zu erfüllen. Zugleich sind wir auf unseren Wegen aber auch immer in Gottes Hand. Das wußte sie nicht weniger klar als ich.

Die Orte, wo sich ihr Leben abspielte, waren die Kirche, das Familienhaus mit ihrer Tochter, mit den Enkelkindern und Urenkeln, der Friedhof, der Weinberg und das Haus ihrer zweiten Tochter; dazu auch mein Amtssitz Esztergom und seit Weihnachten 1948 das Gefängnis.

Oft blickte sie vom Weinberg auf den Friedhof hinunter, wo mein Vater, die Eltern meiner Eltern, die Verwandten, die Pfarrer des Ortes und die Lehrer ruhten und wo man auch sie erwartete. Prälat Dr. Gyula Géfin und Professor Dr. József Vecsey umgaben sie nach meiner Verhaftung mit viel Liebe, der letztere begleitete sie bei ihrem Besuch zu mir nach Budapest. Der Dechant und Kaplan des Dorfes und der Kantor halfen ihr im Weinberge bei der Weinlese und bei Feldarbeiten. Die vielen Reisekosten verbrauchten ihr bißchen Geld; ihr kleines Vermögen war mit Steuern überlastet. Trotzdem half sie gern jungen Seminaristen, den zukünftigen Arbeitern der Kirche, und ließ immer wieder Messen für ihren Sohn lesen.

Über acht Jahre hin durften wir keine Briefe wechseln. Auch von der amerikanischen Gesandtschaft aus ging das nicht. Erst im April des Jahres 1959 gelangte der dritte Band der Mindszenty-Dokumentation in meine Hände, und ich fand in dessen Anhang neunzehn Briefe meiner Mutter, die sie während meiner Gefangenschaft ihrer geistlichen Tochter und Wohltäterin Eva Treffner in New York geschrieben hatte. Aus diesen Briefen konnte ich vieles, das ich nicht gewußt hatte, erfahren: Sie war nach Budapest gereist, als ich Gefangener der Andrássystraße war. Sie hatte mit vielen Bemühungen einen Verteidiger für mich gesucht. Wenn sie mich nicht besuchen konnte, lag es nicht an ihr. Desgleichen, wenn sie an den Verhandlungen nicht teilnehmen konnte. Ich hatte davon erfahren, daß sie am 23. Februar 1949 von Herodes zu

Pilatus gegangen war, um eine Begegnung zwischen uns zu ermöglichen. Sie ist dreizehnmal ohne Erfolg in der Hauptstadt gewesen. Im Refrain aller ihrer Briefe heißt es: »Ich bin zu Tode betrübt, ich werde wie Auswurf behandelt. Ich finde auf Erden keinen Trost mehr.«

Sie rief auch Erzbischof Grősz und die Bischöfe zu Hilfe, die von den Behörden die Antwort bekamen, daß »die Mutter immer das Recht hat, ihren Sohn zu besuchen . . .« Dieses Recht stand aber nur auf dem Papier.

Im Mai 1950 ließ sie sich für mich fotografieren und schrieb eine Widmung auf das Bild und sandte es dem Minister mit der Bitte, es ihrem gefangenen Sohn zu übermitteln. Auch dieser menschliche Wunsch wurde nicht erfüllt. Ich erhielt das Bild erst fünf Jahre später am 16. Juli 1955 mit dem Inventar. Es war außer einer Fotografie von Papst Pius XII. mein einziges Bild aus der Welt. Ich stellte es auf meinen Tisch und küßte es jeden Abend. Während meiner Gefangenschaft betete ich täglich einen Teil des Rosenkranzes für meine Mutter.

Versuche eines Abkommens

Am 25. April 1956 verstarb nach langer Krankheit der Erzbischof von Eger, Dr. Gyula Czapik. Nach meiner Gefangennahme war er vorübergehend das Oberhaupt der ungarischen Bischofskonferenz. Er wollte keinesfalls ins Gefängnis kommen. (Diese Äußerung tat er Erzbischof Grősz gegenüber.) Ein Urteil darüber steht nur Gott, nicht uns Menschen zu. Den Kerker kann auch eine eiserne Gesundheit nur schwer ertragen, und seine schwache, kränkliche Konstitution war sicher nicht dafür geschaffen.

Die Machthaber zeigten sich sehr pietätvoll bei dem Begräbnis in Eger. Auch die kommunistische Presse nahm seinen Tod zur Kenntnis. Die kirchenpolitische Situation blieb jedoch sehr verworren: Zwei Erzbischöfe, einer das rechtmäßige Haupt des Episkopats, waren im Gefängnis. Lajos Shvoy von Székesfehérvár, der rangälteste Bischof, zeigte sich, wie ich hörte, nicht geneigt, den Vorsitz der Bischofskonferenz während meiner Abwesenheit zu übernehmen. Das Regime hätte dies nicht gerne gesehen, da er als »Anhänger Mindszentys« galt. So hatte ich den Eindruck, daß nun die Freilassung eines Erzbischofs folgen werde. Das kritische Ausland sollte nicht sagen können, daß von drei ungarischen Erzbischöfen einer gestorben sei und die zwei andern im Gefängnis steckten. Obwohl der mir beigegebene Pfarrer Tóth für mich zuversichtlich war, war ich es nicht. Auch die andern Bischöfe zweifelten, ob man mich ohne irgendwelche unerfüllbaren Bedingungen aus der Haft entlassen werde.

Von Erzbischof József Grősz wußte ich, daß er in Püspökszentlászló mit den Kommunisten verhandelt hatte. Mitte Februar 1956 brachte man ihn deshalb von mir weg in eine Pfarrei in der Diözese Vác, Tószeg. Dort durfte er Kontakte aufnehmen, er konnte reisen und sich ungehindert bewegen. Ausländischen Journalisten gegenüber hat er sich später dahingehend geäußert, daß er dem Beispiel des verstorbenen Erzbischofs Czapik zu folgen beabsichtige. So etwas hatte man natürlich von ihm ausdrücklich gefordert. Er hat sich dann auch über mich geäußert und Gerüchte, die von der Weltpresse verbreitet wurden, daß ich von neuem eingekerkert worden sei, dementiert. Der jederzeit gütige und treue Erzbischof Grősz hat es auf seine Weise versucht, das Schiff der ungarischen Kirche durch die Klippen zu lenken. Die »Friedenspriester«, die 1951, zur Zeit seiner Verurteilung, sich noch zu seinen Verleumdern und Gegnern gesellten, gehörten nun sehr bald zu seinen Verehrern.

Offenbar schwieg er zu manchem Unrecht, aber er bemühte sich auch, die Kirche vor weiterem Unheil und neuen Prozessen zu bewahren. Es war aber unter den gegebenen Umständen auf längere Sicht nicht möglich. So hat sein zauderndes Verhalten seine eigene Stellung mehr geschwächt als gesichert. Bald sahen sich die »Friedenspriester« in der Lage, den Gesamtepiskopat und die kirchentreuen Priester zu umgehen und weiteren Schaden in der Kirche zu stiften.

Nach dem Weggang von Erzbischof Grősz besuchte mich während sieben Monaten niemand mehr aus Budapest. Das bedrückte mich zwar nicht, obwohl man als Grund meiner Überführung nach Petény gerade angegeben hatte, daß dieser Ort nahe bei der Hauptstadt liege und damit eine wesentlich günstigere Besuchsgelegenheit geschaffen sei. Der Verwalter hatte Pfarrer Tóth gegenüber öfter geäußert, sofern ich eine Besprechung wünsche, werde jederzeit jemand zu mir kommen; ich müßte nur telefonisch darum bitten. Diese Bitte versagte ich mir und meinen Widersachern. – Im Sommer erhielt ich Berichte über politische Versammlungen. In Csepel hatte der Vorsitzende des Ministerrates, András Hegedüs, gesagt: »Jeder ehrenhafte Ungar, der für das ungarische Volk arbeiten will und loyal zur Regierung steht, kann die Freiheit zurückerhalten.« Wir schrieben den 20. August 1956. Unerwartet erschien bei mir eine hochgestellte Persönlichkeit, angeblich der Vertreter des Ministers, und fragte:

– »Wie geht es Ihnen?«

– »Danke, gefängnismäßig! Wie einem alten Baum auf engem Raum; ich prahle nicht und weine auch nicht.«

– »Sie sind kein Gefangener mehr.«

– »Und der Stacheldraht, die Geheimpolizisten und die Hunde?«

– »Auch in Esztergom gibt es einen Zaun.«

– »Das ist wahr, aber der hat nur einmal Geld gekostet und ist gegen die, die draußen sind, und nicht gegen die, die drinnen sind, errichtet. Außerdem ist er nicht Stacheldraht.«

– »Das neunmonatige Zeitungslesen bot Ihnen sicher genug Gelegenheit, sich gründlicher über unsere Lage zu orientieren.«

– »Nun, die neun Monate waren länger als die vorangegangenen zwei Wochen. Aber jetzt liegt das Übel anderswo. Die beiden mir hier zum Lesen gegebenen Tagesblätter bekennen jetzt, daß sie vorher Unwahrheiten verbreitet hätten. Soll ich glauben, daß jetzt die Wahrheit gesagt werde? Das Blatt der Friedenspriester, »Kereszt«, ist eingegangen, offenbar ist ihre Sache schiefgegangen. Auf öffentlichen Diskussionsabenden soll unter Beifall ein Redner gesagt haben, daß nicht einmal die statistischen Angaben der Wirklichkeit entsprächen. Woran soll man sich also orientieren?«

– »Es gibt aber auch Erfolge zugunsten des Volkes.«

– »Welche? Die Rehabilitierung? Der wirtschaftliche Notstand?«

– »Unsere außenpolitische Situation hat sich gebessert.«

– »Ja, sie haben Tito teuer bezahlen müssen. Während der hundertjährigen Geschichte des ungarischen Parlamentarismus hat noch kein ungarischer Ministerpräsident in so kriecherischer Weise um Entschuldigung gebeten, wie dies András Hegedüs in Nagykanizsa bei Tito getan hat.

Hätten Sie das in meinen bischöflichen Rundschreiben oft zitierte Naturrecht, dazu die Menschenrechte beachtet, wären die Gewalttätigkeiten, die jetzt bereut werden, nicht verübt worden; die gesetzeswidrige Deportation der Deutschen wäre unterblieben, ebenso die schmähliche Zwangsumsiedelung und der Bevölkerungsaustausch in Oberungarn. Wir wüßten heute auch nichts von einem wirtschaftlichen und moralischen Zusammenbruch, nichts von der Erniedrigung vor Tito. Wir müßten nicht Massenmorde beklagen und das Geständnis über Lügen mit anhören. Man spricht jetzt von Legalität. Aber was und wo ist sie? Weder 1945 noch 1948 stand man auf einer legalen Basis. Ich weiß nicht, wie viele Gesetzeswidrigkeiten damals begangen und zugelassen wurden. Wenn man heute Legalität verkündet und verspricht, dann kann das folgerichtig nur bedeuten, daß das ungarische Volk bis jetzt nicht in Legalität gelebt hat. Welche Neuerungen haben wir nun zu erwarten? Bisher sind doch noch alle Ihre ›Gesetze‹ gültig. Die im Staat maßgebenden Personen sind mit wenigen Ausnahmen die gleichen geblieben. Solche Männer lassen schwerlich Änderungen erhoffen. Sie haben sogar das Gesetz von neuem verletzt, als sie den Hauptübeltäter Rákosi laufenließen.«

»Wir haben mit ihm gebrochen«, sagte der Besucher, »nur Ihre Haltung ist unverändert; da liegt die Schwierigkeit«, und er ging.

Es näherte sich der 2. September 1956, der hundertste Jahrestag der Einweihung der Basilika in Esztergom. Die Einweihung war damals ein großes Ereignis gewesen und ein Zeichen des Ausgleichs zwischen König und Nation im Jahre 1867. Seit ich in Esztergom residierte, hatte ich für das Jubiläum ein Fest der religiösen und nationalen Erweckung des ganzen Landes geplant. Man wußte davon und wünschte, daß der Oberhirte beim Jubiläum anwesend sein sollte. »Der Primas kann den Festgottesdienst und die Festpredigt halten, wenn er darum bittet. Nicht wir halten ihn gefangen. Er ist es, der nicht hinaus will«, gab der Aufseher meinem Priester zu verstehen.

Mein Entschluß stand jedoch fest, daß die Basilika mich an ihrem Festtag unter den gegebenen Bedingungen nicht sehen werde.

Ich dachte an die Einweihungsfeierlichkeiten von 1856 zurück: Damals erschienen König Franz Josef mit den Erzherzögen, die Kardinal-Erzbischöfe Rauscher aus Wien und Haulik aus Zagreb, weitere sechs in- und ausländische Erzbischöfe, neunzehn Bischöfe, zahlreiche Priester, Aristokraten, militärische und zivile Honoratioren, darunter Franz Liszt, der aktiv an den Feierlichkeiten teilnahm, und Zehntausende Gläubige. Ein repräsentativer Teil der Bevölkerung des ganzen Landes war anwesend, betete und hoffte, daß das Kreuz der nationalen Unterdrückung nun nicht mehr lange dauern werde. Der damalige Primas Scitovszky bat, mit den Unterschriften von 124 Vertretern des Adels, den Nachfolger auf dem apostolischen Thron um Wiederherstellung eines verfassungsmäßigen staatlichen Lebens. (Franz Josef wurde damals noch nicht zum König gekrönt.) Die Einweihung der Basilika war gleichsam das Aufspringen der Knospen unserer nationalen Freiheit, ein Freudenfest.

Jetzt im Jahre 1956 aber hatte es keine ausländischen Gäste gegeben. Der Episkopat war nicht in voller Zahl erschienen, ein einziger Erzbischof und zwei Bischöfe. Die Schar der Gläubigen war bescheiden. Eine Pilgerfahrt nach der anderen wurde abgesagt. Hingegen zeigte sich das »staatliche Amt für kirchliche Angelegenheiten« in diesem Dom, der das Herz der ungarischen Kirche ist.

Sollte ich da »begnadigt« zurückkehren und, durch diese Gnadenketten gefesselt, wirken? Fürstprimas Scitovszky hatte damals mit andern Mitteln die Ketten der nationalen Unfreiheit gebrochen. Sollte dieses Jubiläum eine Nacht der Trostlosigkeit, ein definitives Sich-Abfinden mit den schrecklichsten aller Ketten bringen? Sollte ich vielleicht in erzwungenen Erklärungen oder gar auf der Kanzel nach acht Jahren Schmähung und Leiden Dankeshymnen auf das Regime erklingen lassen? Sollte ich nicht der Zeuge Christi, sondern des Antichristen sein?

Verbum Dei est alligatum. Bin ich nicht an Gottes Wort gebunden? Ich darf mich nicht an den gleichen Tisch setzen mit dem Vertreter des Staatsamtes für kirchliche Angelegenheiten, während vor hundert Jahren Ferenc Deák sich nicht einmal mit dem noch nicht gekrönten Franz Josef an einen Tisch gesetzt hat, sondern ihm ferngeblieben ist. Die Frommen – sowohl im Klerus wie unter den Laien – müßten voll Zweifel auf ihren Hirten blicken; die Kommunisten aber würden mich schon halb und halb als einen der Ihren betrachten. Sollte ich hingehen und in der »Freude« des Jubiläums erfahren, was aus Esztergom inzwischen geworden ist, und sollte ich das alles gutheißen? Sollte ich vielleicht nach den ersten vier Wappensprüchen der Basilika (coepit, continuavit, consummavit, conservavit) einen fünften anfertigen lassen, der da lautet: Iubilavit in abominatione desolationis? Er jubilierte in Greueln der Verwüstung. Nein, ich könnte nicht ohne Schmerz neben der Basilika stehen, vor dem riesigen Seminargebäude, vor der Lehrerbildungsanstalt, die alle jetzt ihrer einstigen Bestimmung entfremdet sind.

Die St.-Laurentius-Straße gehört nun nicht mehr dem wirklichen alten Märtyrer, sondern bloß noch »den Märtyrern«. Wer sind sie aber? Einer ist Tibor Szamuelly und Korvin-Klein der andere. Inzwischen wurden in Esztergom Straßen und Plätze nach Lenin, Woroschilow, Makarenko, László Rudas, Tolbuchin u. a. benannt. Soll ich auf den Straßen solcher Leute jubilieren? Soll ich an Ort und Stelle die Erniedrigung Esztergoms betrachten? Es war Komitatshauptort; die Stadt wurde ihres Ranges beraubt. Sie durfte nicht einmal mehr Bezirkshauptstadt bleiben; sie wurde Dorog unterstellt. Die ehemalige Hauptstadt Ungarns verlor alle Bedeutung, die sie einmal in der Geschichte besessen hatte.

Es schien mir weit besser, in der Wildnis des Börzsönygebirges zu weilen und Gedanken festzuhalten, für die Ferenc Deák vor hundert Jahren die Formel geprägt hat: »Ich gebe nichts auf von dem, was man nicht aufgeben kann und auch nicht aufgeben darf.«

Eine Woche später hörte Pfarrer Tóth vom Kommandanten, man erwarte, daß ich um Amnestierung bitten werde. Ich schrieb jedoch kein solches Gesuch; nicht Gnade, sondern Gerechtigkeit wünschte ich. Ich sagte mir: Eine Bitte um Amnestie wird meine Gegner nur ermutigen, mir ihre Bedingungen bekanntzugeben, die wahrscheinlich auf die Bestätigung folgender Punkte hinausliefen:

1. Ein Abkommen über eine offizielle Anerkennung des Staatsamtes für kirchliche Angelegenheiten und die Friedenspriesterbewegung.

2. Eine Erklärung zur Unterstützung der sogenannten Weltfriedensbewegung und der Kollektivierung der Betriebe und Bauernschaften.

3. Die Leistung eines Staatseides.

4. Ein Huldigungsbesuch beim Staatspräsidenten Dobi und bei Hegedüs und Gerő.

5. Bereitschaft zur Kenntnisnahme und uneingeschränkten Annahme alles dessen, was bisher in Ungarn und mit mir geschehen ist.

6. Annahme meiner Besoldung von der Regierung.

In der Strafanstalt wäre ich vielleicht eher geneigt gewesen, einige dieser Bedingungen als Wege zur Freiheit zu überdenken und anzunehmen.

Ich hatte aber inzwischen meine seelischen und geistigen Kräfte wiedererlangt, und so war mein Entschluß unerschütterlich: Bei der Alternative, Tod im Gefängnis oder Freiheit um den Preis eines üblen Kompromisses, werde ich lieber den ersten wählen.

Der einzige Priester, der in dieser Zeit an meiner Seite lebte, suchte mich immer wieder für die »Freiheit« zu gewinnen. Daß ihm kein Erfolg beschieden war, mag sich nachteilig für ihn ausgewirkt haben.

So schrieb ich schließlich ein Gesuch an den Justizminister. Ich erbat darin aber nichts, sondern machte Vorschläge, und diese nicht in meiner Angelegenheit. Die Bedingungen für eine allgemeine Amnestie faßte ich folgendermaßen zusammen:

1. Alle Gefangenen über 70 Jahre sollen freigelassen werden.

2. Die kranken Gefangenen schon dann, wenn sie über 65 Jahre alt sind.

3. Alle Ordensfrauen sollen bedingungslos sofort auf freien Fuß gesetzt werden.

4. Der versprochene, aber nie durchgeführte Wiederaufbau der abgerissenen Pfarrkirche Regnum Marianum soll beschleunigt und damit ein Landes- und Weltskandal beseitigt werden.

5. Alle Urteile müssen so rasch wie möglich noch einmal überprüft werden.

Das Schreiben sandte ich in der ersten Hälfte des Septembers ab. Die zwei folgenden Monate brachten aber weder eine mündliche noch eine schriftliche Antwort. Zusammen mit vielen anderen Gläubigen zerbrachen sich auch die wenigen Pilger in Esztergom den Kopf darüber, weshalb denn der Primas sein Gefängnis nicht verlasse, nachdem ihm, wie die Presse geschrieben hatte, die Regierung doch die Freiheit gewähre. Meine Gründe konnte ich ihnen nicht mitteilen.

Meine Befreiung

In der Frühe des 24. Oktobers 1956 stürzte atemlos Pfarrer Tóth in mein Zimmer und rief: »In Budapest ist Revolution!« Wir gingen erschüttert zur hl. Messe. In den beiden Mementos gedachte ich aller Söhne Ungarns, der lebenden und der toten. Mein junger Priester war nach der Messe nicht mehr zu treffen und ließ mich in Ungewißheit über die Vorgänge in der Hauptstadt. Ahnungen bedrängten mich. Ich wollte aber niemanden fragen. Kein Radio gab Auskunft und keine Zeitung. Vom Dorf her hörte man nur Gejohle junger Burschen. Sie sangen:

> »Hurra, jetzt ist Frühlingszeit!
> Für Rákosi ist der Strick bereit!
> Brot verlangen unsre Leut!«

Im Hause zeigten sich besorgte Gesichter. Man fühlte es, daß sich in der Nähe weltgeschichtliche Vorgänge ereigneten. Es geschah aber vorerst nichts. Vier Tage später erschien am Abend der Kommandant und sagte nervös: »Machen Sie sich sofort reisefertig. Ziehen Sie sich gut an. Wir fahren weg, denn vor dem Mob hier sind Sie nicht sicher. Der Pöbel hat schon wiederholt in diesen Tagen ›Mindszenty‹ geschrien. Vor diesem Gesindel müssen wir Sie bewahren.«

»Wohin soll es denn gehen?«

»Nach Budapest. Aber stellen Sie mir keine Fragen, in einer Viertelstunde brechen wir auf.« Er eilte davon.

Ich setzte mich hin und dachte nach: Der Pöbel, der nach Mindszenty schreit, dürfte mir kaum gefährlich werden.

Eine halbe Stunde später stürmte der Verwalter in mein Zimmer. Bestürzt fragte er mich: »Warum bereiten Sie sich nicht für die Abreise vor?«

85. Ankunft in Rom.
28. September 1971,
rechts Mgr. Casaroli.

86. Begrüßung
durch Papst Paul VI.

87. Bei der Eröffnung der
Bischofssynode.

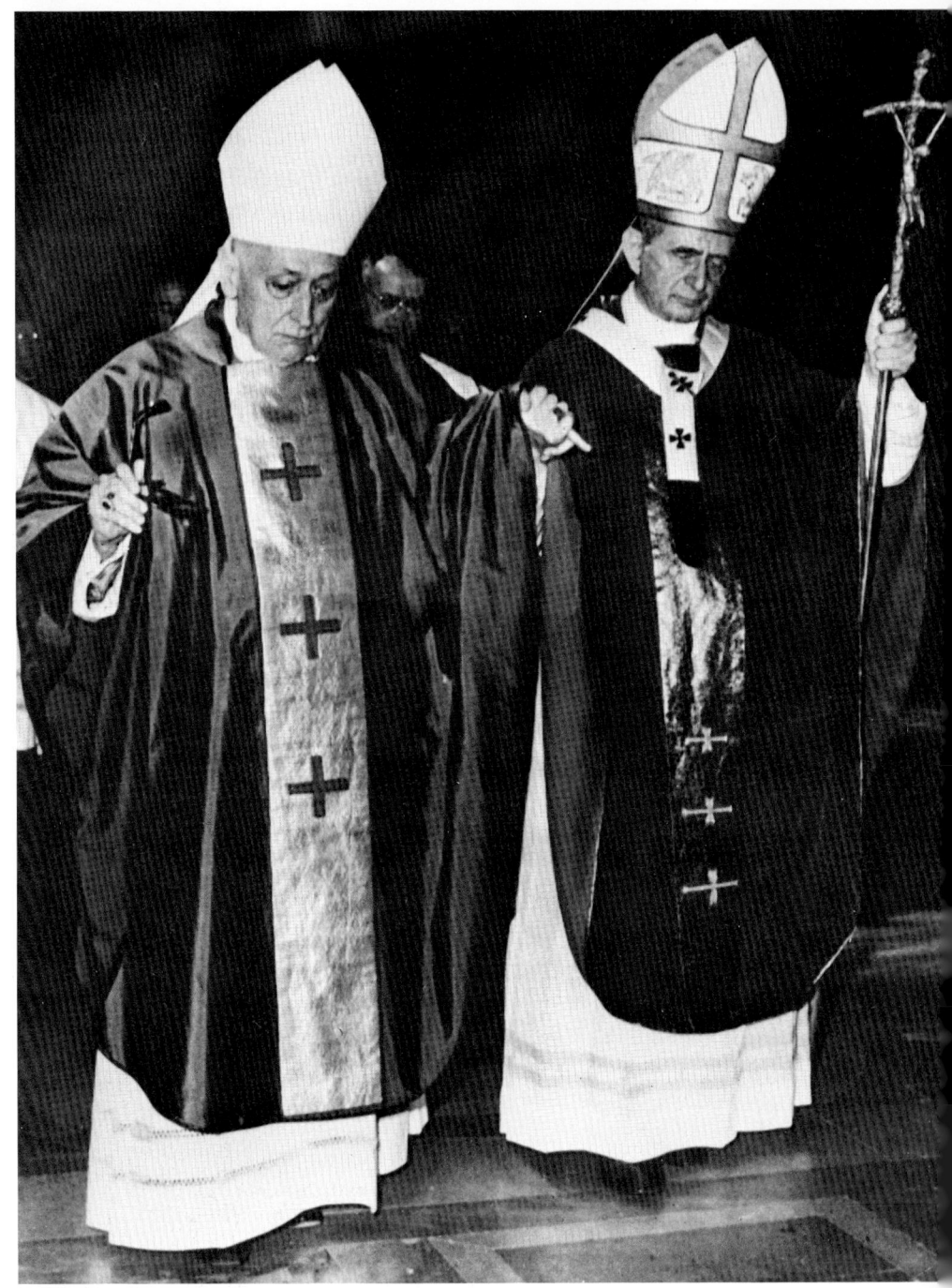

88. Nach der Eröffnung der
Bischofssynode verlassen
der Papst und Kardinal
Mindszenty Hand in Hand
die Sixtinische Kapelle.

»Pfarrer Tóth soll kommen; erst wenn ich mit ihm unter vier Augen gesprochen habe, werde ich vielleicht sagen, was ich tue.«

»Auch dann nur vielleicht? Er ist unten im Wagen und wartet schon geraume Zeit auf Sie; außerdem dürfen Sie mit ihm nur in meiner Gegenwart sprechen.«

»Ich spreche nur unter vier Augen mit ihm.«

»Ziehen Sie sich an!«

»Nein! Ich habe keinen Grund, mich vor dem ungarischen Volk zu fürchten. Ich bin kein Massenmörder, auch kein Lügner, kein Räuber oder Ausbeuter. Jederzeit würde ich allein durch Budapest und durch das ganze Land gehen.«

»Sie kommen also nicht?«

»Nein!«

»Dann wende ich Gewalt an!«

»Ich stelle mich ihr!«

Er stürzte hinaus; es erschien aber nicht die Gewalt, sondern der Pfarrer, ganz allein und reisefertig.

»Waren Sie hier?«

»Ja, aber man hat mir nicht erlaubt, zu Ihnen zu kommen.«

»Was tut sich in Budapest?«

Er erzählte mir, was er aus Radiomeldungen, die voller Widersprüche waren, hatte entnehmen können.

Ich sagte: »Man gibt vor, mich in Sicherheit bringen zu wollen, aber ich gehe nicht.«

Der Pfarrer wurde wieder hinausgerufen, und es erschien von neuem der Kommandant und schrie:

»Machen Sie sich endlich reisefertig!«

Ich erwiderte: »Das tue ich nicht!« Da erklärte er: »Dann werde ich Gewalt anwenden!«, und es erschienen drei Polizisten. Wieder gab es Rede und Gegenrede.

»Wo ist Ihr Wintermantel?«

»Ich brauche ihn nicht, denn ich gehe nicht weg.«

»Dann nehmen wir Sie ohne Wintermantel mit.«

»Ich mache Sie darauf aufmerksam, daß sich jeder Katholik, der mit Gewalt einen Bischof angreift, eine kirchliche Strafe zuzieht.«

Sie stutzten einen Augenblick, dann zeigten sie sich jedoch als AVO-Polizisten, die sie waren. Zwei hoben mich von meinem Sessel herunter, ich machte mich steif. Der Talar zerriß. Die Männer schimpften und keuchten, sie vermochten mich aber nicht hinauszuschleppen.

So entfernten sie sich, um zuerst einmal Verstärkung zu holen.

Ich setzte mich wieder auf meinen früheren Platz und begann zu lesen, nahm aber nur wenig von dem auf, was ich las, obwohl es mich interessierte. Es vergingen zehn, es vergingen zwanzig, es vergingen dreißig Minuten, ich blieb immer noch allein. Plötzlich erschien wieder der Kommandant. Er teilte mir mit, daß ein Abtransport heute nicht mehr möglich sei. Erstaunlicherweise brachte er mir auch meinen erzbischöflichen Talar, den man mir vor acht Jahren ausgezogen und den ich seither nie mehr gesehen hatte.

Ich sagte zu ihm: »Morgen früh zelebriere ich. Ich wünsche, daß der Priester ständig bei mir sein soll.«

»Ja, natürlich, ich habe ihn nur ferngehalten, um Ihnen Ungestörtheit zu sichern.«

»So, so?«

»Wir beschützen Ihr Leben auch um den Preis unseres eigenen. Wenn uns das aber nicht gelingt, weil Sie sich widersetzen, lehnen wir jede Verantwortung für Sie ab.«

Am nächsten Tag, am Vormittag des 29. Oktober, schickte mir der Verwalter, der ein linientreuer Kommunist war, erstaunlicherweise ein Band in den ungarischen Nationalfarben. Um drei Uhr nachmittags kam er persönlich und berichtete mir, daß János Horváth, der Vorsitzende des Staatlichen Amtes für kirchliche Angelegenheiten, bei mir vorsprechen wolle.

»Er möge kommen!«

Ein kleiner, gedrungener Mann trat ein, müde und gebrochen. Er erklärte, er sei von der neuen nationalen Regierung beauftragt worden, mich in diesen gefahrvollen Tagen an einen Ort zu führen, wo ich Schutz und Sicherheit genießen könne. Zudem möchte er mir Gelegenheit geben, unsere künftige Zusammenarbeit zu besprechen.

Ich war erstaunt, daß die Nationalregierung, sofern er wirklich ihr Abgesandter war, gleich den Vorsitzenden des verrufenen Amtes zu mir schickte, und erklärte ihm daher:

»Sie haben bestimmt schon gehört, daß ich mich von hier nicht entferne. Die Regierung hat mich in diesen Jahren an sieben verschiedene Orte gebracht. Ich habe kein Lust mehr, diesen Platz hier wieder mit einem anderen zu vertauschen, zudem bin ich keineswegs in Gefahr. Wenn ich weggehe, dann nur nach Buda oder Esztergom. Außerdem kann ein Gefangener keine verbindlichen Besprechungen abhalten. Wären Sie doch zu mir gekommen, um mir zuerst zu sagen, ich sei frei, dann könnten wir jetzt verhandeln.«

Er entschuldigte sich für eine kleine Zeit, weil er über das, was ich gesagt hatte, telefonisch mit der Regierung sprechen wolle. Im Laufe des Tages ließ er mir dreimal sagen, die Unterredung sei nicht möglich gewesen, weil die Verbindung nicht zustande gekommen sei, vielleicht, daß es in der Nacht eher gelinge.

Am Morgen des 30. Oktober brachte ich wie gewohnt die hl. Messe dar und wartete danach auf eine Nachricht über das Ergebnis des Ferngesprächs. Sie kam aber nicht. Gegen Mittag ging ich in den Hof hinaus. Vor unserem Gebäude stand ein Panzerwagen mit einer roten Fahne. Ich betrachtete mir das Fahrzeug näher. Beim Steuersitz lag ein großes Stück Brot. Ich habe schon die verschiedensten Arten Brot gesehen: Armeleutebrot, Sträflingsbrot, Kommißbrot, Kriegsbrot; solch ein Brot aber noch nicht. »Wem gehört dieses Brot?« fragte ich drei Polizisten, die hinzutraten.

»Einem russischen Panzermann.«

»Das Paradies bringt solches Brot hervor?« war meine ein wenig ironische Frage.

Die Verbindung mit Budapest kam immer noch nicht zustande. Als ich im Garten spazierenging, gesellte sich endlich wieder Pfarrer Tóth zu mir. Wir wunderten uns beide, weshalb der Kommissar Horváth immer noch weiter warte, aber nichts tue.

Endlich zeigte er sich und behauptete, er habe gestern abend und auch jetzt am Vormittag mit Budapest gesprochen. In der Regierung werde eine wichtige Sitzung abgehalten, er selbst fahre jetzt in die Hauptstadt, um meine Antwort zu überbringen. Dann machte er den überraschenden Vorschlag, daß ich doch meine Mutter besuchen solle, man würde mich sogleich zu ihr hinbringen. Das war ein verdächtiges Angebot, das mir nicht gefiel. So erwiderte ich:

»Ich kann in dieser Stunde nicht nach Mindszent fahren; mich rufen andere Pflichten.«

Darauf verschwand Horváth. Wir hörten noch seinen Wagen davonbrausen: Die kommen wohl nicht wieder.

So blieben wir vorerst weiter im ungewissen, was geschehen war.

Eine Stunde später erschien eine Delegation der Einwohner von Petény. Die Bevölkerung wußte natürlich von meiner Haft in ihrem Dorf. Im Herbst und Winter, wenn die Hecke um den Garten durchsichtig geworden war, hatte während meiner Spaziergänge schon öfter die eine oder andere Frau ihren schweren Korb vom Rücken genommen, war stehengeblieben und hatte nach dem Spaziergänger im Talar gespäht. Was in den Seelen der Menschen vorgegangen war, die mich anstaunten, konnte ich nur ahnen.

Jetzt drängten sie sich aufgeregt am Tor und Zaun. Sie durften aber nicht hereinkommen, denn sie waren ja das »Gesindel«, vor dem man mich in den vergangenen Tagen hatte schützen wollen. Ihr Fordern wurde jedoch immer lauter, und schließlich sah sich die Wache gezwungen, einer Delegation den Eintritt zu erlauben. Diese verlangte sofort, mich als erstes einmal zu sehen, um feststellen zu können, ob ich noch hier sei oder ob man mich vielleicht wieder verschleppt habe. Die Leute hatten den Panzer, bewaffnete Russen und AVO-Polizei gesehen.

Meine lieben, unvergleichlich treuen Ungarn! Euer warmes Herz, eure Rührung, eure Anhänglichkeit, euer tausendjähriges hartes Schicksal dringt mir tief in die Seele! Sechs Jahre hatte ich nicht mehr geweint, jetzt ließ ich meinen Tränen freien Lauf. Womit soll ich die Güte dieser Dörfler und der ungarischen Erde vergelten? Ich nahm die zwei mir teuersten Bilder von der Wand: das Bild des Heiligen Vaters und das meiner Mutter. Die guten Leute weinten mit mir. Sie weinten mit einem Kardinal, obschon sie fast alle Lutheraner oder Baptisten waren.

Um achtzehn Uhr erschien dann sogar eine Fünfer-Delegation der Wache unter der Führung des Kommandanten. Er erklärte, die Wache und das gesamte Personal hätten im eigenen Kreis einen Revolutionsrat gebildet, der festgestellt habe, daß die Inhaftierung des Fürstprimas illegal, also rechtswidrig sei. Sie würden sich nicht mehr als meine Wache betrachten; ich sei frei.

»Der Herr hatte meine Fesseln gelöst, er führte mich hinaus ins weite Feld.«

Ich entschloß mich sogleich, nach Buda zu reisen, aber es gab keine Fahrgelegenheit. Mit dem einzigen hier stationierten Auto waren Horváth und seine Genossen abgebraust, ihre Rückkehr konnte wohl lange auf sich warten lassen. Auch das Abendessen ließ lange auf sich warten. Die Lebensmittelvorräte des Hauses waren aufgebraucht, von Budapest war keine Zufuhr mehr zu erhoffen. In später Stunde brachte jemand aus dem Dorfe ein Huhn.

Plötzlich hallte draußen im Gang der Tritt schwerer Stiefel. Die Türe wurde aufgerissen. Eine Abteilung Offiziere der Honvéds von Rétság trat ein. Major Pallavicini meldete: »Sie sind frei. Wir können uns sofort auf den Weg nach Budapest begeben. Transportmittel, Koffer, Kisten, alles, was nötig ist, steht zu Ihrer Verfügung.«

Die treuen Honvéds! Ich weiß nicht, wer mehr gerührt war, sie oder ich, als ich ihnen den Segen erteilte.

Die Pforten der Hölle sind bei Dante mit den Worten: »Lasciate ogni speranza!« gekennzeichnet. »Laßt alle Hoffnung fahren!« Über dem Fegefeuer jedoch liegt der Schimmer froher Zuversicht. Auch die Gefangenschaft ist nichts anderes als ein Warten im Fegefeuer. Der Häftling wartet immer. Solange er wartet, hat er noch Kraft. Inzwischen verstehe ich, warum Carlyle die Hoffnung preist: »Oh, gesegnete Hoffnung, einziges Heil des sterblichen Menschen! Welche schönen weiten Landschaften malst du auf die engen Wände seines Kerkers und schickst Segensstrahlen sogar in die Nacht des Todes! Du bist der unverlierbare Besitz aller Menschen auf Gottes weiter Welt; du bist die Konstantin-Flagge, unter der man siegen wird.«

Und der gefangene hl. Paulus, der die Hoffnung gegen alles Hoffen betont: »Ich hoffe, daß mich Gott auf euer Gebet hin euch wieder schenkt. Im Vertrauen darauf weiß ich, daß ich bleiben und bei euch ausharren werde, um euch im Glauben zu stärken und zu erfreuen« (Phil. 1, 25).

Das Gebet meiner Mutter und aller Gläubigen hat gewiß auch meine Befreiung aus einer vor einigen Monaten noch hoffnungslos scheinenden Lage möglich gemacht. Und zum Gebet kam der Heldenmut der Arbeiter, der Land- und Stadtjugend und vieler anderer Bevölkerungskreise.

Wer könnte die gesegnete Ruhe des ersten freien Tages beschreiben? »Ich verlasse die Hölle«, singt der Dichter. Etwas Derartiges fühlt jeder Gefangene, obwohl ein gläubiger Mensch nicht voreilig eschatologische Begriffe gebraucht. Unbeschreiblich süß ist nach langen Jahren das Bewußtsein der Freiheit.

Rückkehr nach Buda

Das Tor der Bálványos-Burg stand also offen. Das Volk strömte herbei, um den Primas des Landes zu sehen. Man wollte es nicht glauben, daß er von den russischen Panzereinheiten nicht verschleppt worden war. Man betastete mich sogar, küßte meine Kleider, bat in einem fort um meinen Segen.

Geführt von ihrem Pastor kamen auch die Evangelischen mit aufrichtiger Freude, hernach die katholischen Minderheiten und die Baptisten: Burschen, Mädchen, alte Männer. Seit langem hatte ich keine so große Freude auf ungarischen Gesichtern mehr gesehen. Das also war der sogenannte »Mob«, vor dem mich Kádár, Münnich und meine Wächter zu schützen vorgaben.

Sie umringten mich, sie wollten mich nicht gehen lassen. Immer kamen noch neue Leute herzu, zuletzt war eine weit größere Menge versammelt, als das Dorf überhaupt Bewohner zählte. Es wurde finster. Ich segnete sie alle; dann machten wir uns auf den Weg. In der Allerseelennacht des vergangenen Jahres hatte man mich auf demselben Weg hergebracht, den ich jetzt zurückfuhr. In Bánk und in den benachbarten Dörfern mußte ich aussteigen. Ich besuchte die Pfarrer. Die Freude des Volkes war unbeschreiblich; ich fragte mich, wie ich noch zeitig nach Buda kommen sollte. In der Tat kam ich an diesem Tag nur bis Rétság, und zwar deshalb, weil es die ungarischen »Roten Soldaten« von Rétság gewesen waren, die mich befreit hatten. Sie und ihr Kommandant baten mich nun, noch bei ihnen zu bleiben, weil mich hier noch viele andere Menschen begrüßen wollten. So erschienen bald Studenten, die zu den Freiheitskämpfern gestoßen waren, Matrosen, Arbeiter, die sich auch auf den Weg gemacht hatten, um mich zu befreien. Sie kamen zwar zu spät, aber sie beschlossen, mir bis Buda das Geleit zu geben. Daher fragte ich sie:

»Werden die Russen nicht behaupten, ich hätte es nur unter bewaffnetem Geleit gewagt, nach Buda zurückzukehren?«

Alle lachten laut auf!

Gegen Mitternacht kam der Weihbischof Vince Kovács aus Vác mit seinem Sekretär. Auch sie begrüßten mich und luden mich zur Übernachtung in Vác ein. Ich verbrachte die Nacht jedoch lieber bei meinen Befreiern, den Honvéden. Es war aber unmöglich, zur Ruhe zu kommen. Offiziere kamen und gingen, dazu viele Familienangehörige der Honvéds. Ich mußte bis vier Uhr früh Autogramme geben.

Dann erst legte ich mich erschöpft hin, konnte aber nicht schlafen. Ich betete: Wie gut bist Du, mein Gott! Wie gütig ist Deine Vorsehung! Wieviel Drangsal und Kummer wurden mir zuteil: Du ließest Not über mich kommen, große und bittere. Doch belebe mich neu, aus den Tiefen der Erde führe mich wieder hinauf! (Ps. 70, 20).

Es ist wahr: das Blutopfer der Freiheitskämpfer in der Hauptstadt und die Panzereinheit der Honvéds von Rétság haben mir das Tor aus der Unterwelt zum Leben geöffnet. Gottes Hand spielte auf der Orgel der Weltgeschichte – wenn auch durch menschliche Hände. Er löste auch meine Fesseln. »Der Herr läßt die Gefangenen frei« (Ps. 145, 7). Ich war wie die Apostel, deren Fesseln durch Engelshilfe von den Händen abfielen.

Was ich im Gefängnis nicht mehr zu hoffen gewagt hatte, war geschehen: Ich war wieder in Freiheit und fühlte mich gesund und schaffensfreudig. Die Bitte kam immer von neuem über meine Lippen, daß mein Leiden und die Not dieser Jahre dem Evangelium den Weg bereiten mögen.

Am 31. Oktober brachen wir dann in Rétság auf. Vorher in den tiefsten Abgrund gestürzt, fuhr ich jetzt zwischen den Reihen einer jubelnden Menschenmenge. Der Zug war überwältigend, sogar Panzerwagen und Sturmgeschütze waren dabei. Major Pallavicini-Pálinkás und die Leutnants Spitz und Tóth nahmen in meinem Wagen Platz. Der Wagenführer hieß Ruhoczki.

Imre Nagy dementierte angeblich später, daß die Feierlichkeit meines Einzugs auf Wunsch der Regierung organisiert worden sei. Den Behauptungen der Kommunisten nach soll Tildy, der Vertreter des Ministerpräsidenten, dazu die Anweisung gegeben haben. Wer aber hier Befehle erteilte, war nicht ich, wußte es nicht und wünschte es auch nicht. Ich hatte noch während der Nacht in Esztergom oder in Buda sein wollen und war nur auf Wunsch der Soldaten in Rétság geblieben.

Die Dörfer durchfuhren wir langsam. Die Glocken läuteten; es wurden uns Blumen zugeworfen. Tief ergriffen erteilte ich den harrenden Menschen den Segen. Froh und hoffnungsvoll blickten alle in die Zukunft. Zwischen Ruinen, zerstörten russischen Denkmälern und stillgelegten Fabriken schien für Ungarn eine neue Zeit anzubrechen. Welch schwere Kämpfe waren hier ausgefochten worden!

In der Hauptstadt eilte eine gewaltige Menschenmenge zum Palast des Primas; Soldaten, Studenten, Arbeiter und Mütter mit Kindern jubelten und weinten. Wir alle vergossen Tränen in der Freude des Wiedersehens und nach den Schmerzen eines Jahrzehnts. Ich segnete die kniende Schar und trat dann in das Haus, das ich seit acht Jahren nicht mehr gesehen hatte.

Am 23. Oktober hatte eine Kundgebung stattgefunden. Die Demonstranten waren zuerst unbewaffnet. Als Minister Gerő von AVO-Polizisten in die Menge schießen ließ, suchten die Demonstranten sich zu bewaffnen; es kam zu einer Schlacht zwischen dem Volke und der Polizei, in die sich auch die Russen einmischten. Die Aufständischen leisteten erbitterten Widerstand und blieben vorerst Sieger.

Ungarn war nie ein Herdenvolk gewesen; in ihm galt immer die Einzelperson, die Familie, der Stamm.

Dieses Ungarn wurde von Moskau und seinem Handlanger Rákosi nur mit Gewalt und List unterdrückt. Aber sein Charakter, dazu sein Christentum, sein Freiheitsdrang, sein Stolz wurden auch in der Unterdrückung nicht gebrochen. Ungarn wurde zwar gezwungen, die Herrschaft Moskaus zur Kenntnis zu nehmen, aber Verbundenheit, Achtung voreinander oder gar Liebe sind daraus nie erwachsen. Die Ungarn konnten ihre Abneigungen nur nicht zeigen, weil ein offener Widerstand unmöglich war.

Die Chronik der Ereignisse des ungarischen Aufstandes sei kurz notiert:

Am 24. Februar 1956 wird auf dem XX. Kommunistischen Parteikongreß in Moskau der Stalinismus verurteilt. Stalin ist tot, das ungarische Volk interessierte aber mehr sein eigener noch lebender Stalin, Rákosi. Im Mai setzt die Kritik an Rákosi auch in der kommunistischen Parteipresse ein.

Am 18. Juli erfolgt der Sturz Rákosis.

Am 6. Oktober wird der hingerichtete László Rajk rehabilitiert und für ihn ein Staatsbegräbnis angeordnet, zu dem 200 000 Menschen erscheinen, die ihre Unzufriedenheit und ihren Unmut über das Regime deutlich äußern.

Am 13. Oktober wird Imre Nagy, der im Januar des Vorjahres aus der Kommunistischen Partei ausgestoßen worden war, wieder in sie aufgenommen.

Das war ein erstes Wetterleuchten im moskowitischen Satellitenbereich. Trotzdem wäre jeder verlacht worden, der die Behauptung gewagt hätte, daß in zehn Tagen die Revolution ausbrechen werde. Die Vermutung ist nicht unberechtigt, daß Moskau selbst den offenen Aufstand insgeheim gefördert hat, um die Lage zum Eingreifen mit offener Gewalt reif werden zu lassen und jede Gegnerschaft in Blut zu ersticken. Mit dieser Falle haben die Ungarn nicht gerechnet.

Der Kreuzweg des ungarischen Katholizismus

Über die Leiden der katholischen Kirche, die in der Zwischenzeit immer mehr zugenommen hatten, konnte ich mir im Gefängnis kein richtiges Bild machen; nur aus vorsichtigen Bemerkungen meiner Mutter und aus den Antworten, die sie mir auf meine verhüllten Fragen gab, konnte ich in schmerzlicher Sorge schließen, wieweit die Kommunisten das religiöse Leben unterdrückten. Über die Lage, die nach meiner Verhaftung entstanden war, erhielt ich erste Informationen im Gefängnisspital durch Dr. Béla Ispánki und später in meiner Einsamkeit in Püspökszentlászló durch Pfarrer János Tóth. Von den Heimsuchungen und den Leiden der andern Bischöfe erfuhr ich erst, als auch Erzbischof József Grősz als Gefangener nach Püspökszentlászló gebracht wurde.

344

Aber erst während des Freiheitskampfes erschloß sich mir die Lage des ungarischen Katholizismus in ihrer vollen Schwere. Die weiteren fünfzehn Jahre meines Zwangsaufenthaltes in der amerikanischen Gesandtschaft konnte ich das Schicksal der Kirche besser verfolgen und dabei auch Daten und Tatsachen über die vorangegangene Kirchenverfolgung sammeln. Im Rahmen dieses Erinnerungsbuches ist es nicht möglich, auf viele dramatische Einzelheiten einzugehen. Ich muß mich damit begnügen, die Verfolgung, die während der acht Jahre meiner Gefangenschaft herrschte, in großen Umrissen darzustellen.

Der schwerste Schlag, der die Kirche noch vor meiner Verhaftung getroffen hatte, war die Verstaatlichung der katholischen Schulen. Sie wurde durchgeführt, um die Jugend der Religion besser entfremden zu können. In Kenntnis dieser Gefahr suchten wir die geeignetsten Priester in die Staatsschulen abzuordnen, um die sittlich-religiöse Erziehung der Jugend in der neuen Lage auf der Höhe zu halten. Das Regime begann aber sehr bald, die von uns erwählten Jugendseelsorger aus den Schulen hinauszudrängen, obwohl zur Beruhigung der Eltern wiederholt das Versprechen gegeben wurde, daß der obligatorische Religionsunterricht in den verstaatlichten Schulen erhalten bleibe und seine Erteilung ungestört erfolgen solle. Schon ein Jahr nach der Schließung der konfessionellen Schulen wurde aber der fakultative Religionsunterricht auf Grund neuer Verordnungen eingeführt.

Jeder, der die Religionsfreiheit im westlichen Sinne auffaßt, wird diese Veränderung für unbedeutend halten und sich darüber keine Gedanken machen. Wie soll ein Übelstand vorhanden sein, wenn der Wille der Eltern respektiert wird? Im kommunistischen System kommt aber gerade der Wille religiöser Eltern nicht zur Geltung, obwohl in den Grundgesetzen diese Elternrechte feierlich niedergelegt wurden. § 54 der volksdemokratischen Verfassung sichert jedem Staatsbürger freie Religionsausübung und der Kirche ihre Unabhängigkeit mit folgenden Worten zu: »Die ungarische Volksdemokratie sichert den Bürgern die Gewissensfreiheit und das Recht der freien Religionsausübung zu. Im Interesse der Gewissensfreiheit trennt die Ungarische Volksrepublik Kirche und Staat.« Zu Beginn des neuen Schuljahres 1949/50 wurde dann wieder im »Interesse der Gewissensfreiheit« statt des obligatorischen Religionsunterrichtes der fakultative eingeführt und den Eltern vorgeschrieben, für ihre schulpflichtigen Kinder entweder persönlich oder schriftlich Religionsunterricht zu verlangen. Das Regime hoffte, den Eltern auf diese Weise Unannehmlichkeiten zu bereiten.

Die Bischöfe handelten rasch; in einem gemeinsamen Hirtenbrief mahnten sie die Eltern an die Pflicht ihren Kindern gegenüber. Das Regime war überrascht und erbittert zugleich, daß daraufhin 95 Prozent der Eltern für ihre schulpflichtigen Kinder auch weiterhin Religionsunterricht in der Schule verlangten. Die Ideologen der Kommunistischen Partei schrieben diesen Erfolg dem »die Gewissensfreiheit verletzenden« und »Drohungen aufweisenden« Ton des erwähnten Hirtenbriefes zu und eröffneten sofort einen Gegenangriff auf die »verletzende« kirchliche Propaganda. Die Schulbehörden und auch die Lehrer erhielten Anweisung, die Zahl der für Religionsunterricht angemeldeten Kinder mit allen Mitteln zu senken. Auf die Schüler wurde Druck ausgeübt, indem man ihnen Stipendien entzog, sie am Aufstieg in die Oberstufe hinderte, ihre Aufnahme an Hochschule oder Universität unmöglich machte. Dazu wurden auch die Eltern ständig unter Druck gesetzt und verängstigt. Vor allem aber ließ man es die Religionslehrer fühlen, daß ihre Anwesenheit in der neuen demokratischen Gesellschaft unerwünscht sei. In vielen Schulen wurden Demonstrationen gegen sie veranstaltet, die Presse forderte ihre Entfernung von der Schule, da sie die Jugend »reaktionär« und »volksfeindlich«, d. h. »antidemokratisch« erziehen und beeinflussen.

In dieser künstlich erzeugten, gespannten Atmosphäre hatten in der Tat zu Beginn des nächsten Schuljahres viele Eltern Angst, ihre Kinder noch für den Religionsunterricht anzumelden, andere nahmen die Kinder unter dem Einfluß der fortwährenden Belästigungen im Schuljahr wieder vom Religionsunterricht weg. So hat der fakultative Religionsunterricht innerhalb eines Jahres die Zahl der Schüler, die noch daran teilnahmen, um 25 bis 30 Prozent vermindert. In den folgenden Jahren hörte der Religionsunterricht praktisch ganz auf. Die Einführung des fakultativen Religionsunterrichtes war nur der Übergang zur vollständigen Aufhebung der sittlich-religiösen Erziehung der Jugend. Ich möchte den Leser daran erinnern, daß wir bereits 1947 Gewißheit über diese Gefahr hatten und allein deshalb den Bestrebungen der damaligen Parteipolitik, den fakultativen Religionsunterricht einzuführen, soviel Widerstand entgegensetzten. Auf diese Gefahr, die dann während meiner Gefangenschaft durch die Einführung des fakultativen Religionsunterrichtes tatsächlich auch eingetreten ist, habe ich in meinem Hirtenbrief vom 12. April 1947 mit folgenden Zeilen hingewiesen: »Ich befürchte, daß in der Frage des Religionsunterrichtes bei vielen die Absicht besteht, zuerst fakultativen Religionsunterricht einzuführen, dann gar keinen Religionsunterricht zu erteilen und schließlich Unterricht in der materialistischen Weltanschauung zu geben. Wir fühlen uns daher, im Geist des uns von Gott zugeteilten Amtes verpflichtet, dagegen gleich zu Beginn unsere Stimme zu erheben, damit uns die weiteren Angriffe gegen die christliche Erziehung nicht unvorbereitet treffen und unsere Kinder ihren Fuß gar nicht erst auf den Abhang setzen, der in die Glaubenslosigkeit führt.«

In gleicher Weise haben die Kommunisten auch in den Kirchen und Familien die religiöse Erziehung der Jugend unterdrückt. Zur Not kann eine intakte Familie die religiöse Erziehung des Kindes immer noch sichern. Aber jetzt wurde die Jugend systematisch auch dem Familienkreis entzogen. Den unerfahrenen Jungen und Mädchen wurde in der Schule die Ansicht beigebracht, daß die Eltern rückständig, Gefangene alten Aberglaubens und nichts als Reaktionäre seien. Eine abgrundtiefe Kluft wurde zwischen Eltern und Kindern aufgerissen und der elterlichen Autorität tödliche Wunden geschlagen. Sämtliche Jugendverbände arbeiteten in dieser Richtung, ebenso die Parteipresse und die Jugendliteratur. An Sonntagen wurde die Zeit der Jugendlichen vollständig mit Beschlag belegt, so daß die Eltern ihre Kinder weder am Vormittag noch am Abend in die Kirche zur hl. Messe mitnehmen konnten. Außerdem spähten geheime Beauftragte nach Kirchgängern, beobachteten alle, die zur Beichte und zur Kommunion gingen, überhaupt ihren Glauben praktizierten, vor allem wenn es sich um Lehrer und Erzieher handelte. Wer seinen Glauben bekannte, konnte mit dem Verlust seines Arbeitsplatzes und somit seines Lebensunterhaltes, oft genug auch mit Verhaftung, Zwangsarbeit und Gefängnis rechnen.

Die nächste schwere Wunde wurde der Kirche während meiner Gefangenschaft durch die Auflösung der religiösen Orden geschlagen. Diese Maßnahme haben die Parteiideologen während der lang andauernden Verhandlungen mit den Bischöfen damit begründet, daß in einem sozialistischen Staat die Aufgabenbereiche der religiösen Orden von staatlichen Organen übernommen würden. Es wurde nicht in Betracht gezogen, daß zur Zeit der Auflösung alle Ordensangehörigen ohnehin nur noch auf dem Gebiet der Seelsorge arbeiteten. Die Bischöfe hatten sie nämlich gleich, als die Kommunisten sie aus den Schulen herausdrängten und aus den sozialen Einrichtungen entfernten, in den Dienst der Diözese und der Pfarreien eingeschaltet. Dank dieser Tätigkeit blühte das religiöse Leben sogar wieder auf. Das Regime hetzte jedoch, wo es konnte, die Polizei auf sie, um sie in ihrer Arbeit zu behindern. Systematisch wurden besondere Härtegesetze gegen Ordensangehörige eingeführt. Das war der Grund dafür, daß sich die Ordensoberen am 15. April 1950 in einer gemeinsamen Eingabe an die Regierung wandten

347

und wegen dieses Unrechtes um Abhilfe baten. Unter ihren Klagen brachten sie auch die folgende vor: »... Gebäudeteile von Klöstern werden beschlagnahmt, die zur Klausur gehören, ebenso Höfe, Gärten, kleine Obstgärten, Möbel und Gebrauchsgegenstände; man beraubt uns unserer Kapellen, Exerzitienhäuser, unserer Kultureinrichtungen und Druckereien; auf Schritt und Tritt werden wir an der Abhaltung von Volksmissionen, Exerzitien, kirchlichen Wallfahrten, am Besuch von Kranken und Familien zum Zweck religiöser Betreuung gehindert; man belegt Seminare und Noviziate mit Beschlag; Ordensleute werden unter grundlosem Verdacht in ihrer Bewegungsfreiheit gehindert (z. B. beim Einkassieren der Kirchensteuer); uns werden Berufe verboten, die sonst jedem Bürger erlaubt sind; Ordensschwestern, die Krankenpflegerinnen sind, werden – entgegen dem Wunsch der Ärzte und der Kranken – scharenweise aus den Spitälern entlassen; nicht selten geschieht dies mit dem Angebot, daß sie ihre Stelle behalten dürfen, ja sogar eine Belohnung erhielten, wenn sie aus dem Orden austreten.«

Auf diese Eingabe erfolgte nie eine Antwort, aber die Belästigungen nahmen zu, die Bedrängnis wurde immer schwerer, schließlich wurden in einer Nacht, vom 9. auf den 10. Juni 1950, sämtliche Ordensleute aus ihren Klöstern vertrieben. Erzbischof Grősz von Kalocsa erhielt von den Ordensoberen über die ersten Verschleppungen folgende Nachricht: »... in den südlichen Landesteilen ... ist das Ordensleben de facto ausgelöscht. Alle männlichen und weiblichen Ordensangehörigen, unter ihnen 80- bis 85jährige Kranke, Körperbehinderte und streng klausurierte Nonnen – im ganzen ungefähr tausend Menschen, wurden unter dem Hinweis, daß ihr ›Aufenthalt dort mit Rücksicht auf die öffentliche Ordnung und Sicherheit bedenklich‹ sei, aus ihrem Wohnort ausgewiesen ... gewaltsam verschleppt und zwangsweise in weiter nördlich gelegenen Landesteilen in alten Klöstern und Bischofspalästen zusammengepfercht. Ohne Erlaubnis durften sie diese neu zugewiesenen Wohnplätze nicht verlassen. In sehr vielen Häusern wurden Ordensleute mit den schon vorhandenen Bewohnern wie in einem Ghetto gehalten. Niemand kümmerte sich um ihre Unterbringung und ihre Verpflegung, an vielen Orten fehlten selbst die elementarsten Lebensbedingungen. Da die Ausweisung und der Abtransport immer in der Nacht erfolgten, überfallartig, stand für die Vorbereitung nur ganz kurze Zeit zur Verfügung: eine Viertelstunde, manchmal sogar nur Minuten. In dieser Hast konnten sie nur die allernötigsten Dinge mit sich nehmen, viele nicht einmal diese, ja, manche hatten keine Zeit, sich vollständig anzukleiden. Ihre Behandlung war an vielen Orten, auch dann, wenn sie keinerlei Widerstand an den Tag legten, grob und grausam, die Menschenwürde und das Schamgefühl der Frauen wurden schwer verletzt. Als das Volk am nächsten Tag von den Geschehnissen während der Nacht erfuhr, sammelten sich hie und da protestierende Menschengruppen an, die Parteifunktionäre jedoch streuten unqualifizierbare Verleumdungen über die Ordensleute unter das Volk . . .«

Während der zweiten nächtlichen Verschleppung, am 18. Juni 1950, war die Zahl der vertriebenen und verschleppten Ordensleute noch größer als bei der ersten, und die Behandlung, die sie erfuhren, noch grausamer. Die Lage wurde noch gespannter und schwieriger durch die Verbreitung des Gerüchts, daß die Ordensleute nach Sibirien verschleppt würden, wenn die Bischöfe nicht geneigt seien, mit den Kommunisten Verhandlungen aufzunehmen. Die Oberhirten wollten natürlich unter solchem Zwang nicht verhandeln, da sie wußten, daß man ihnen ein »Abkommen« nach sowjetischem Muster abverlangen würde. Schließlich setzten sich die Bischöfe aber doch in der künstlich erzeugten Spannung und in Sorge um das Los mehrerer tausend Ordensleute mit den Kommunisten an den Verhandlungstisch.

Aufgrund der Informationen durch Erzbischof Grősz weiß ich, daß sie nur über die Lage der Ordensleute und das ihnen zugefügte Unrecht verhandeln wollten, daß aber Rákosi, der die Verhandlungen persönlich leitete, die Angelegenheit der Ordensleute als eine Nebensächlichkeit auffaßte und sie nur unter der Bedingung in das Programm aufnahm, daß nach ihrer Erledigung die Verhandlungen über ein Abkommen zwischen Kirche und Staat fortgesetzt würden. Diese Verhandlungen dauerten volle zwei Monate. Unterdessen wurde das Problem der Ordensleute fünf bis sechs Wochen lang behandelt. Die Besprechungen führten dann zu folgenden Ergebnissen:

1. Die Bischöfe nehmen die Auflösung der religiösen Orden zur Kenntnis, obwohl sie gegen einen derartigen Plan protestieren, und helfen nach dem Inkrafttreten der dahinlautenden Verordnung bei ihrer Durchführung. (Als Gegenleistung nahm Rákosi seine Forderung nach Ausübung des königlichen Patronatsrechtes von der Tagesordnung.)

2. Die Kommunisten willigen ein, daß von den 2500 männlichen Ordensangehörigen 400 in den Diözesandienst treten.

3. Das Regime gibt der Kirche bzw. vier Lehrorden acht verstaatlichte Schulen zurück und, um diese mit entsprechenden Lehrern zu versehen, erlaubt es, daß in diesen je fünfundzwanzig Mitglieder folgender Orden wirken: Benediktiner, Piaristen, Franziskaner und Schulschwestern.

4. Das Regime erlaubt, daß nach der Auflösung zwei bis drei Ordensleute miteinander leben und einen gemeinsamen Haushalt führen dürfen.

5. Das Regime ist bereit, für die alten und arbeitsunfähigen Ordensleute soziale Heime zu errichten und zu erhalten.

Der Auflösung fielen 187 männliche und 456 weibliche Ordenshäuser mit ungefähr 11 000 Mitgliedern zum Opfer. Mit Ausnahme der 200 belassenen Ordenslehrer haben bis 31. Dezember 1950 alle Ordensmitglieder ihre Klöster verlassen. Die Gebäude gingen mit sämtlichem Inventar, Bibliotheken und Archive eingeschlossen, in Staatsbesitz über.

Die Ordensleute selbst wurden unter die Bevölkerung zerstreut, die meisten nahmen ganz einfache Arbeit an. Natürlich gab es auch welche, die die Prüfungen dieser schweren Situation nicht bestanden, aber der größte Teil von ihnen leistete in den Massenquartieren und Armenasylen fruchtbare Seelsorgearbeit bei den Insassen, desgleichen in Fabriken und an verschiedenen anderen Stellen des Landes, wo die Not Menschen an den Rand der Gesellschaft gedrückt hatte. Als die »Friedenspriester« alle hohen kirchlichen Stellen beherrschten und durch ihren Lebenswandel das Vertrauen der Gläubigen ins Wanken gebracht hatten, bestand für das ungarische Volk doch noch die Möglichkeit, diese in aller Stille betenden und »illegal« wirkenden Ordensleute in kirchlichen Fragen aufzusuchen.

Die Verstaatlichung der Schulen, die Einstellung des Religionsunterrichtes und die Auflösung der Orden ließen von dem reichen, blühenden Organismus der ungarischen katholischen Kirche nur das Skelett der Diözesen noch bestehen. Die Diözesanämter und die unter der Aufsicht und Leitung des Oberhirten arbeitenden Pfarreien konnten nicht einfach durch Verordnungen mit der Begründung aufgelöst werden, daß sie unwesentliche Bestandteile und Einrichtungen der Kirche seien. Sie blieben zwar bestehen, aber es wurde dafür gesorgt, daß ihre Tätigkeit durch die Kommunistische Partei überwacht und von ihr dirigiert werden konnte. Dies ist allein mit dem Abkommen gelungen, um das die Kommunisten vorher vergeblich gekämpft hatten. Unter meiner Leitung hatte die Bischofskonferenz dieses Abkommen nach sowjetischem Muster entschieden abgelehnt. Den Hauptgrund für meine Verhaftung hat vor allem mein Widerstand auf diesem Gebiet geliefert. Die Bischöfe haben auch 1950 noch den Gedanken eines Abkommens zurückgewiesen. Das Regime hat sein Vorhaben trotzdem durchgesetzt, weil es mit einem geschickten Schachzug zugleich mit der Aufforderung zu den Verhandlungen die Ordensleute zu internieren begann. Diese Verschleppungen hielten genausolange an, bis die Mehrzahl der Bischöfe bereit war, den Gedanken eines Abkommens anzunehmen. Diejenigen aber, die harten Widerstand leisteten, wie z. B. der Bischof von Vác, József Pétery, versuchte man mit nächtlichen Hausdurchsuchungen weich zu machen.

In dieser künstlich erzeugten Spannung und im Interesse der 11 000 mit der Verbannung nach Sibirien bedrohten Ordensleute nahm der Episkopat den Vertrag schließlich an. Er wurde am 30. August 1950 von József Grősz, dem Erzbischof von Kalocsa, unterschrieben. Ich halte es für wichtig, diesen Vertrag in seinem ganzen Umfang hier mitzuteilen:

»Die Regierung der Ungarischen Volksrepublik und der ungarische Episkopat haben, geleitet von dem Wunsch nach einer friedlichen Koexistenz von Staat und katholischer Kirche und um den Aufbau, die Einheit des ungarischen Volkes und auch die friedliche Entwicklung des Vaterlandes zu fördern, miteinander Verhandlungen geführt und folgende Vereinbarungen getroffen:

I.

1. Der Episkopat anerkennt und unterstützt – entsprechend seinen bürgerlichen Pflichten – die durch die Ungarische Volksrepublik und ihre Verfassung geschaffene Ordnung. Der Episkopat erklärt, daß er, den kirchlichen Gesetzen entsprechend, gegen jene Mitglieder des Klerus Vorkehrungen treffen werde, die gegen die gesetzliche Ordnung und die aufbauende Arbeit der Ungarischen Volksrepublik verstoßen.

2. Der Episkopat verurteilt mit Entschiedenheit jede umstürzlerische Tätigkeit, von welcher Seite immer sie kommen mag, die gegen die öffentliche und soziale Ordnung der Ungarischen Volksrepublik gerichtet ist. Er erklärt, es nicht zulassen zu wollen, daß die religiöse Gesinnung der Gläubigen und die katholische Kirche zu staatsfeindlichen politischen Zwecken mißbraucht werden.

3. Der Episkopat lädt die katholischen Gläubigen als Staatsbürger und Patrioten ein, mit allen Kräften an dem von der Regierung der Volksrepublik geleiteten großen Werk teilzunehmen, um den Fünfjahresplan (Erhöhung des Lebensstandards und Sicherheit der sozialen Gerechtigkeit) zu verwirklichen. Der Episkopat ruft insbesondere die Pfarrer auf, sich der Bewegung zur kooperativen landwirtschaftlichen Erzeugung nicht zu widersetzen, da diese ein freier Zusammenschluß ist, der auf dem moralischen Prinzip der menschlichen Solidarität basiert.

Der Episkopat unterstützt die Friedensbewegung. Er billigt die Bemühungen des ungarischen Volkes und der Regierung der Volksrepublik um die Sicherung des Friedens und verurteilt jede Aufwiegelung zum Kriege. Der Episkopat erklärt sich gegen die Verwendung der Atombombe und bezeichnet diejenige Regierung, die als erste die Atombombe verwenden sollte, als Verbrecher gegen die Menschlichkeit.

II.

1. Die Regierung der Ungarischen Volksrepublik garantiert in Übereinstimmung mit der Verfassung der Volksrepublik die volle Freiheit des Kultes für die katholischen Gläubigen, desgleichen die Freiheit des Wirkens der katholischen Kirche.

2. Die Regierung der Ungarischen Volksrepublik ist damit einverstanden, daß der katholischen Kirche acht Schulen (sechs für Knaben und zwei für Mädchen) zurückerstattet werden, und erlaubt, daß sie fortfahre, eine entsprechende Anzahl von Ordensmännern und Ordensfrauen, die für die konfessionellen Schulen benötigt werden, zu unterhalten.

3. Die Regierung der Ungarischen Volksrepublik wird, in Angleichung an die Vereinbarungen mit anderen Konfessionen, für die materiellen Bedürfnisse der katholischen Kirche durch Zuschüsse für eine Periode von 18 Jahren aufkommen, d. h. bis die katholische Kirche imstande sein wird, dafür selbst zu sorgen. Die Höhe solcher Zuschüsse für die Bedürfnisse der katholischen Kirche wird fortschreitend vermindert, und zwar durch Kürzungen in Abschnitten von drei oder fünf Jahren. Die Regierung der Ungarischen Volksrepublik wünscht ganz besonders, im Rahmen solcher Zuschüsse das Existenzminimum des in der Seelsorge tätigen Klerus zu sichern.

Eine paritätische Kommission, zusammengesetzt aus Delegierten der Regierung der Volksrepublik und des Episkopates, überwacht die Erfüllung dieser Vereinbarung.

Budapest, 30. August 1950.

Im Namen des ungarischen katholischen Episkopates
gez. József Grősz, Erzbischof von Kalocsa.

Im Namen des Minsterrates der Ungarischen Volksrepublik
gez. József Darvas,

Minister für Kultur und öffentlichen Unterricht.«

Das Abkommen bedeutete für die Kirche eine tiefe Demütigung, die die Oberhirten nur auf sich genommen hatten, um die Ordensleute zu retten. Diese Demütigung war natürlich in den Plänen der Kommuni-

Ankunft in Wien,
Oktober 1971.

Empfang bei Kardinal
̇nig, Erzbischof von Wien;
̇ts der österreichische
ßenminister Kirch-
läger.

91. Bei der Arbeit an den
Memoiren.

. und 93. Erstes Pontifikal-
nt im Wiener Stephans-
om, rechts vom Kardinal
r. József Vecsey.

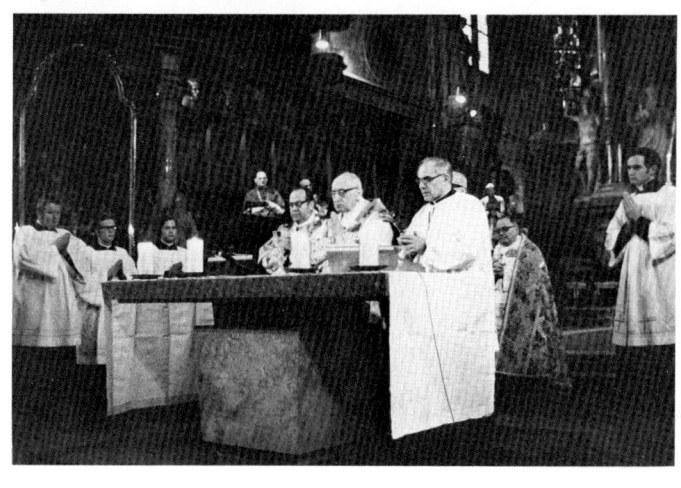

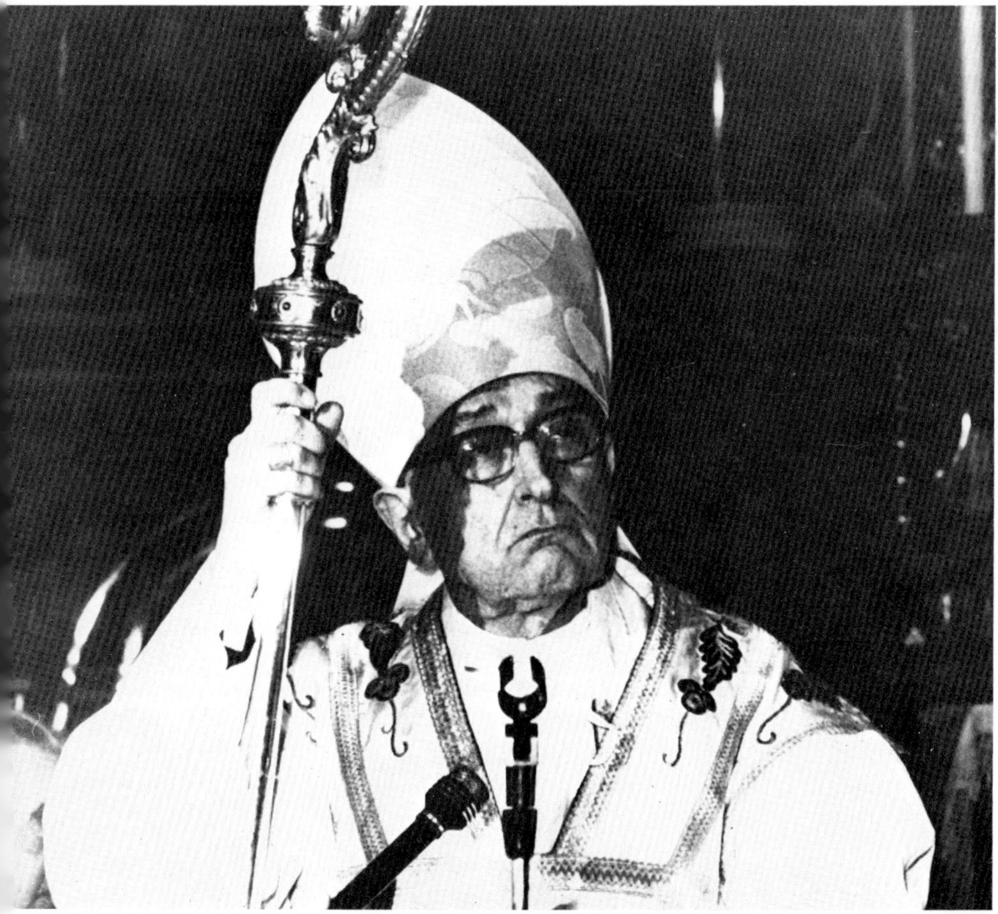

94. Die Kapelle des Priesterseminars Pazmaneum,
des Wohnsitzes Kardinal
Mindszentys in Wien.

95. Am Grab eines
ungarischen Landsmannes
in Deutsch-Altenburg.

96. Begrüßung durch die
Schüler des ungarischen
Gymnasiums
in Kastl bei Amberg.

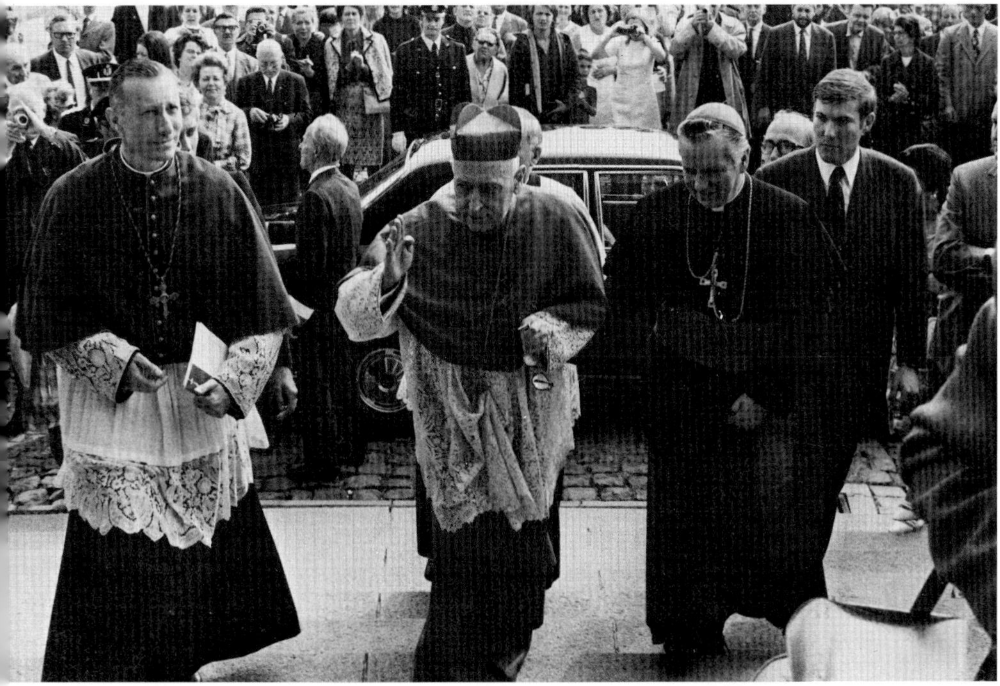

In Brüssel, August 1972;
~~~en Mindszenty
~~~ntius Cardinale.

98. Hl. Messe im Frank-
furter Dom, Mai 1972.

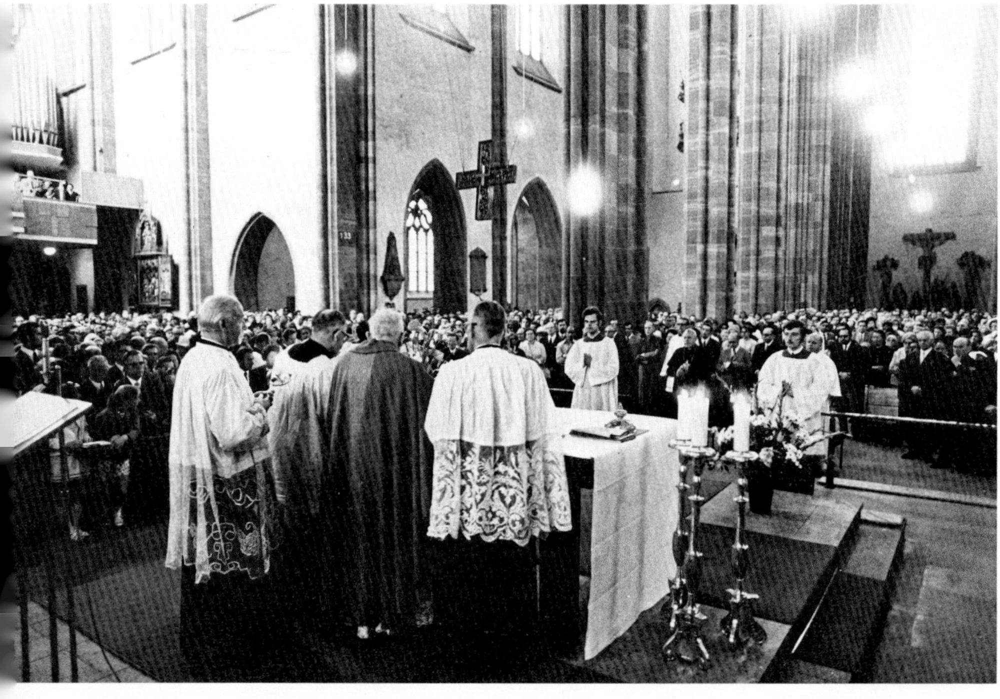

99. Begegnung mit
Kardinal Frings in Köln.

100. Mit Kardinal Döpfner.

sten beabsichtigt, nur so konnten sie das ungewöhnliche Ansehen, das die Kirche besaß, erschüttern; vor allem auch bei jenen Leuten, die bisher unter Opfern dem Atheismus und den fremden Kolonisationsbestrebungen energisch Widerstand geleistet hatten. Am meisten stieß sich die öffentliche Meinung aber daran, daß die Priester gezwungen waren, jetzt auch solche Staatsbürger, die in ihrem nationalen Selbstgefühl verletzt und auf heimtückische Weise verfolgt und in der eigenen Heimat zum Schweigen verurteilt waren, zur Zusammenarbeit mit den Atheisten aufzufordern. Das Regime, das meine Hirtenbriefe als unzuständige Einmischung in staatliche Angelegenheiten betrachtete und beanstandete, forderte jetzt vom Klerus, daß er alle verhaßten politischen und wirtschaftlichen Maßnahmen, Kollektivierung, Ablieferungen usw. fortan von der Kanzel empfehle. (Jene Hirtenbriefe und Predigten, die die Pfarrer unter Berufung auf das Abkommen vorzulesen gezwungen waren, können in Wahrheit nur als religiöse Karikaturen bezeichnet werden.)

Die Kommunisten brachen den Widerstand der Seelsorger aber auch dadurch, daß sie mit Zwang und Täuschung eine dissidente Priestergruppe organisierten. Da man diese in der Öffentlichkeit vor allem bei Friedensversammlungen auftreten ließ, nannte sie das Volk »Friedenspriester«. Ihre Rolle bestand aber eigentlich nur darin, daß sie die Einheit und Kraft der Kirche von innen her nach den Anweisungen der Kommunisten und nach deren Richtlinien unterhöhlten. Ich meine, daß die schädliche Wirkung dieser fünften Kolonne besser verständlich wird, wenn ich die Ereignisse nach dem Abkommen jetzt der Reihe nach anführe.

Bis dahin war das Bestreben der ungarischen Kommunisten, eine progressive katholische Gruppe zur Unterstützung ihrer Angelegenheiten auf die Beine zu bringen, jedesmal am energischen Widerstand der Bischöfe gescheitert. Auch nach meiner Verhaftung gab es längere Zeit nur wenige Priester, die das Regime bei Friedensveranstaltungen im Namen der Kirche oder des Klerus auftreten lassen konnte. Die Presse bejubelte sie als regimetreue Seelsorger, und es wurde der Plan ausgeheckt, unter dem Titel »Das Kreuz« ein Blatt der Friedenspriester herauszubringen. Dieser Plan wurde aber zunächst vereitelt, da der als Redakteur ausersehene Priester selbst vor seiner Judasrolle erschrak und auf der Flucht ins Ausland durch die Kugel einer Grenzwache sein Leben eingebüßt hatte. Daraufhin verhandelte man mit Dr. Miklós Beresztóczy, einem Kanoniker aus Esztergom, der mehrere Monate in der Andrássystraße 60 in Haft verbracht hatte. Die entsetzlichen Quälereien hatten ihn so sehr gebrochen, daß er auf das Angebot seiner Freilassung hin sich bereit erklärt hatte, die Organisation und Führung der Friedenspriester zu übernehmen.

Die Werbung, die im ganzen Land mit großem Schwung durchgeführt wurde, hatte aber nur geringen Erfolg. Noch nach einem Jahr lagen die Verhältnisse so, daß zu der konstituierenden Generalversammlung Einladungen nur im Namen von fünfunddreißig Friedenspriestern verschickt werden konnten. Zu der Sitzung, die dann am 1. August 1950 abgehalten wurde, erschienen nur wenige Priester aus freiem Entschluß. Von den 7500 angeschriebenen Priestern erschienen im ganzen rund 150, und auch sie waren zum Teil mit Hinterlist und Gewalt in die Hauptstadt geschleppt worden.

Nach dem Abkommen veränderte sich nun aber die Lage. Die Funktionäre der Polizei, durch die die Kommunisten die Anwerbung von Friedenspriestern durchführen ließen, betrachteten jetzt das Fernbleiben von der Bewegung als eine staatsfeindliche Aktion. Sie beriefen sich auf das Abkommen, in dem sich die Bischöfe verpflichteten, »die Bewegung für den Frieden zu unterstützen«. Die Oberhirten konnten diese hinterlistige Interpretation des Textes aber nicht annehmen und verboten ihren Priestern auch weiterhin den Beitritt zu der Bewegung. Daher wurden sie in dem Blatt »Das Kreuz«, das am 1. November 1950 zu erscheinen begann, scharf angegriffen. Zugleich bemühte man sich mit hinterlistigen Mitteln, das Ansehen der Friedenspriesterbewegung zu heben. Es wurde durchgesetzt, daß in den Diözesen Esztergom und Eger einige bedeutsame Pfarreien mit Friedenspriestern besetzt wurden. Im Frühjahr 1951 verhandelte das Kultusministerium mit ihnen über die Besoldung der Priester, und als Folge dieser Verhandlungen wurde für alle Priester ein höheres Gehalt angesetzt.

Dies alles erwies sich gleichwohl als ziemlich erfolglos, weil die Mehrzahl der Priester sich an das Verbot der Bischöfe hielt und die Bewegung der Friedenspriester verurteilte. Die Kommunisten stießen also auf harten Widerstand, den sie nur mit Gewalt aus dem Wege räumen konnten.

Die Beharrlichkeit des Episkopats und der Seelsorger brachen sie daher am 15. Mai 1951 durch die Verhaftung des Erzbischofs József Grősz aus Kalocsa, der daraufhin in einem dem meinen ähnlichen Schauprozeß zu fünfzehn Jahren Gefängnis verurteilt wurde. Zugleich mit der Verhaftung des Erzbischofs ließ das Regime über den Gesetzesartikel I aus dem Jahre 1951 abstimmen, durch den ein Staatliches Amt für kirchliche Angelegenheiten ins Leben gerufen wurde; es sollte zur »Behandlung aller Angelegenheiten zwischen Staat und Konfessionen, vor allem zur Durchführung der mit den einzelnen Konfessionen geschlossenen Abkommen und Vereinbarungen« dienen. Am zweiten Tag der Hauptverhandlung im Prozeß Grősz, am 23. Juni 1951, wurden die Bischöfe Endre Hamvas von Csanád, Bertalan Badalik von Veszprém, József Pétery von Vác und Lajos Shvoy von Székesfehérvár unter Hausarrest gestellt. Die Polizei und die Funktionäre des Staatlichen Amtes für kirchliche Angelegenheiten zwangen die genannten Bischöfe, die Stellen ihrer Generalvikare und Kanzleidirektoren mit Friedenspriestern zu besetzen, die von der Polizei empfohlen wurden. Daher hat Bischof Hamvas, der damalige Administrator meiner Diözese, Dr. Miklós Beresztóczy zum Generalvikar der Diözese Esztergom ernannt.

Inzwischen versammelten sich die Oberhirten am 3. Juli 1951 unter dem Vorsitz des Erzbischofs von Eger, Gyula Czapik, zu einer Konferenz. Natürlich fehlten die vier unter Hausarrest gehaltenen Bischöfe. An ihrer Stelle erschienen bereits die Friedenspriester-Generalvikare. Die so gestaltete Bischofskonferenz beteuerte ihre vorbehaltlose Loyalität der Regierung gegenüber im Namen des ganzen ungarischen Katholizismus und übernahm die Verpflichtung, »im Geiste des Abkommens« die Friedensbewegung zu unterstützen. In der Praxis bedeutete dies natürlich die Anerkennung und Approbation der Friedenspriester. Die Kommunisten hatten somit ihr Ziel erreicht: sie erhielten freie Hand in der Demoralisierung der kirchlichen Disziplin und des Glaubens.

Den höchsten Grad der Demütigung und den Sieg der kommunistischen Taktik zeigt vor allem die Tatsache, daß an dem gleichen Tag, an dem der Friedenspriesterbewegung die Hindernisse aus dem Weg geräumt worden waren, das Regime die neue Regelung für die Besetzung der kirchlichen Ämter veröffentlichte. Im Sinne dieser Neuordnung ist für die Gültigkeit der Besetzung von leitenden kirchlichen Ämtern die Bestätigung durch den Staat notwendig, und zwar rückwirkend bis 1. Januar 1946. Die Kommunisten geruhten, jene Ernennungen, die ohne ihre Befragung erfolgt waren, unter der Bedingung anzuerkennen, daß alle Bischöfe, Ordensoberen und Generalvikare feierlich den Staatseid leisteten. Dies geschah am 21. Juli 1951 unter der allgemeinen Entrüstung des christlichen Volkes.

All dies ereignete sich schon unter dem Vorsitz des Erzbischofs Gyula Czapik, der mit seiner Nachgiebigkeit zu retten versuchte, was noch zu retten war. Die Kirche verzichtete sogar auf passiven Widerstand und löste von nun an alle ihre Institutionen, die zur Auflösung verurteilt wurden, wie z. B. das Knabenseminar und ein großer Teil der theologischen Hochschulen, selber auf. Ohne Widerstand übernahmen die Friedenspriester in allen Diözesen die Bischofskanzleien neben der Führung und der Kontrolle durch die Vertrauensmänner des Staatlichen Amtes für kirchliche Angelegenheiten. Diese zogen also in die bischöflichen Residenzen ein und nahmen als Zeichen ihrer Macht das Amtssiegel, die Schlüssel der Kasse und der Archive an sich. Sie kontrollierten die aus- und eingehende Post. Ohne ihre Erlaubnis durften weder Priester noch Gläubige den Bischof aufsuchen. Sie bestimmten, wer in den wenigen noch vorhandenen Seminarien sich auf den Priesterberuf vorbereiten durfte, wer zum Priester geweiht werden durfte und auf welchen Posten ein Neupriester kommen konnte. Das Volk nannte sie »die bärtigen Bischöfe«. Von ihnen hing es ab, wer ein Gehalt bekam, wem die Erlaubnis für den Religionsunterricht erteilt wurde, welcher Priester an eine wichtige und einträglichere Stelle versetzt werden sollte. Eifrige, beim Volk beliebte Pfarrer wurden von ihren blühenden Pfarrgemeinden entfernt, damit ein Friedenspriester als sein Nachfolger die Saat vernichten könne. Gut ausgebildete und begabte Priester kamen auf unbedeutende Posten, aber es war auch keine Seltenheit, daß sie der Bischof aus der Diözese überhaupt entließ – bestenfalls noch mit einer Pension. Auch kirchliche Auszeichnungen sollten nur Friedenspriestern gegeben werden, und zwar »für ihre Bemühungen um den Aufbau des Sozialismus«. Die Verdienste der Ausgezeichneten waren im allgemeinen um so größer, je mehr sie der Kirche und dem religiösen Leben der Gläubigen geschadet haben. (Als Bischof Pétery nicht geneigt war, so zweifelhafte Verdienste zu belohnen, wurde er in Hejce interniert, von wo er erst nach dem Freiheitskampf 1956 für kurze Zeit an seinen Bischofssitz zurückkehren durfte.)

Alle bischöflichen Ämter wurden nur Ausführungsorgane des Staatlichen Amtes für kirchliche Angelegenheiten. Dieses berüchtigte Amt ist zwar formell dem Kultusministerium unterstellt, bekommt jedoch seine Weisungen vom Innenminister, und die Beamten stammen aus den Reihen der Polizei für Staatssicherheit (AVO). Diese Geheimpolizei überwacht somit jede kirchliche Verfügung und verändert diese mit Geschick zu einem Mittel der Kirchenverfolgung. Wer die Lage nicht aus nächster Nähe kennt, ist nicht imstande, sich von dieser demütigenden und perversen Situation ein getreues Bild zu machen, zu dem natürlich die Servilität der Friedenspriester, ihre Gewissenslosigkeit und Verantwortungslosigkeit gehören. Auch soweit sie anfangs vielleicht von keiner schlechten Absicht geleitet waren, verloren sie später als die intimsten Mitarbeiter der glaubensfeindlichen Vertrauensleute des Staatlichen Amtes für kirchliche Angelegenheiten, als Teilnehmer an Unterhaltungen, die sich für einen Priester absolut nicht schicken, vor allem aber unter vollständiger Vernachlässigung ihres Gebetslebens, den Glauben selber. In dieser zweifelhaften Rolle versuchten sie die Stimme des Gewissens zu ersticken und richteten sich höchstens noch nach einer individuellen Glaubensauffassung. Aber es gab unter ihnen sogar Parteimitglieder und Parteifunktionäre höheren Ranges, die eine Parteischule oder gar eine Parteiakademie absolviert hatten, oder auch AVO-Offiziere; lauter Dinge, die natürlich geheimgehalten wurden, aber während der Revolution ans Tageslicht kamen. Auch ihre Ausbildung für besondere Aufgaben geschah im geheimen, als abtrünnige Priester kamen sie in eine fremde Diözese und übernahmen dort das Amt des Generalvikars oder des Kanzleidirektors.

Mit ihren Auslandsreisen und mit ihrem Auftreten auf Kongressen dienten sie ebenfalls den Interessen des Bolschewismus. Bei solchen Gelegenheiten war es ihre Aufgabe, den Christen der freien Welt falsche Informationen über das Verhältnis zwischen Kirche und Kommunismus zu geben. Zumeist nahmen sie Bischöfe oder Priester mit, die Verbindungen mit dem Ausland besaßen und die dann, natürlich in Gegenwart jener Beauftragten, ihren Bekannten von »normalen« Verhältnissen und Zuständen im kirchlichen Leben Ungarns erzählten. Es ist aber auch vorgekommen, daß Personen in hohen kirchlichen Positionen ohne solche Begleiter im Ausland die vorgeschriebenen Informationen über eine »normale« Situation der Kirche in Ungarn zum besten gaben.

Meine Maßnahmen und mein Aufruf im Radio

Vom Morgen des 31. Okt. 1956 an empfing ich in Buda eine lange Reihe kirchlicher und weltlicher Besucher aus dem Ausland. Alle kamen von sich aus und mit Freude, um mich zu sehen und zu begrüßen. Nur die Friedenspriester wollte ich nicht gleich am Anfang empfangen. Diese Besprechungen benützte ich, um mich über die mit dem Freiheitskampf entstandene politische und religiöse Situation möglichst gut zu informieren. Auf kirchlichem Gebiet schien es das Dringlichste zu sein, die Tätigkeit der Friedenspriester durch ein Verbot zu beenden. Mit dieser Maßnahme wartete ich aber noch, da ich für den 2. November den Erzbischof József Grősz sowie die Bischöfe Lajos Shvoy von Székesfehérvár und József Pétery aus Vác zu einer intimeren Besprechung

357

eingeladen hatte. Nach unseren Beratungen forderte ich die einzelnen Ordinarien der Diözesen auf, die Friedenspriester, die zu ihrem Rechtsbereich gehörten, in die eigene Diözese zurückzubeordern und selber alle Friedenspriester aus leitenden Stellen zu entlassen. Da die Lage in Budapest am schlimmsten war, schloß auch ich sofort alle fremden Friedenspriester aus meiner Erzdiözese aus.

Die neue, während der Revolution gebildete nationale Regierung informierte mich von Zeit zu Zeit über das Schicksal des Landes und die politische Situation. So wußte ich aus persönlichen Informationen des Stellvertreters des Ministerpräsidenten, Zoltán Tildy, von Besprechungen, die mit den Russen geführt wurden. Er kam, wenn ich mich richtig erinnere, dreimal in mein Haus zu Besuch. Das erstemal suchte er mich am 1. November auf, in Begleitung von Maléter und zwei Stabsoffizieren. Maléter, der legendäre Soldat des Freiheitskampfes, hat auf mich einen guten Eindruck gemacht. Mit den Offizieren hingegen konnte ich nicht sprechen, da sie Tildy sehr bald wieder wegschickte. Er wollte mit mir allein bleiben, um das, was jetzt im Lande zu tun sei, in aller Ruhe besprechen zu können. Er war nicht sehr optimistisch, und ich sagte geradeheraus, daß man den Bolschewisten nicht trauen könne und es daher am allerwichtigsten sei, so schnell wie möglich die Intervention der Vereinten Nationen zu erbitten und zu erwirken.

Tildy begann davon zu sprechen, daß seine Mutter auch katholisch sei. Wahrscheinlich ist er als Gefangener der Kommunisten darauf gekommen, wie sehr er selbst früher durch verfehltes politisches Verhalten der Kirche und dem Volk geschadet hat. Vielleicht hat er auch deshalb die Militärparade zu meinem Einzug in die Hauptstadt befohlen. Vielleicht hat er das als eine Wiedergutmachung aufgefaßt. Plötzlich sank er im Sitzen zusammen und flüsterte: »Mir ist übel.« Ich lief rasch auf den Gang hinaus und kam mit einem Glas frischen Wassers zurück, gab ihm zu trinken und wischte ihm den Schweiß von Gesicht und Stirne. Er dankte mir für meine Gefälligkeit und verabschiedete sich.

Tildy hatte im Zusammenhang mit meinem Aufruf im Rundfunk zwei Wünsche: ich möge die Frage des Grundbesitzes nicht berühren und über die Russen rücksichtsvoll sprechen. Auch ohne seinen Rat hatten wir schon auf diese beiden Gesichtspunkte unser besonderes Augenmerk gerichtet. Ohne Beeinflussung Tildys und der Regierung stand im Text, daß wir »die gesunde Entwicklung des Landes in allem fördern wollen« und »uns dem durch die Geschichte bestätigten Gang der Dinge nicht widersetzen« würden.

Als ich am 3. November 1956 um 8 Uhr abends im Rundfunk meinen Aufruf an die Nation verlas, saß der Vertreter des Ministerpräsidenten, Zoltán Tildy, neben mir. Er hatte Tränen in den Augen und dankte am Ende im Namen von Imre Nagy und seinen Ministern für die »große Hilfe«, die ich der neuen nationalen Regierung durch meine Rede geleistet habe. Ganz besonders dankte er für meinen Aufruf zur Arbeit, für die Gutheißung und Forderung der Neutralität, für die Verurteilung jeder Privatrache, für die Hervorhebung der Zuständigkeit parteiloser Richter und für die Verurteilung aller Parteilichkeit.

Nach meiner Rundfunkansprache erwiderte ich Tildy den Besuch in seiner Wohnung im Parlament. Er freute sich sehr über meinen Besuch. Wenn seine Frau und mein Begleiter Dr. Egon Turchányi nicht bei uns gewesen wären, hätte ihn wohl wieder die Rührung überwältigt wie vorher bei mir im Palais des Primas. Nach dem Besuch eilte ich in meine Wohnung in der Uri-Straße zurück, während der Rundfunk bereits in allen Weltsprachen Teile meines Aufrufes ausstrahlte. Den authentischen Text meines oft angegriffenen und hinterlistig verfälschten Aufrufs veröffentliche ich im folgenden:

»Wenn heute jemand eine Erklärung abgibt, so betont er meistens, daß er mit der Vergangenheit gebrochen habe und nun aufrichtig spreche. Ich kann diese Äußerung nicht tun, denn ich brauche mit meiner Vergangenheit nicht zu brechen; durch Gottes Barmherzigkeit bin ich derselbe, der ich vor meiner Einkerkerung gewesen bin. Ich halte mit derselben physischen und psychischen Kraft an meinen Überzeugungen fest wie vor acht Jahren, obwohl mich die Haft sehr mitgenommen hat.

Ich kann auch nicht sagen, daß ich diesmal erst aufrichtig spreche, denn ich habe immer aufrichtig gesprochen, stets ohne Umschweife gesagt, was ich für wahr und richtig gehalten habe. Dies tue ich auch jetzt, da ich meine Worte unmittelbar und persönlich, also nicht durch irgendeine Tonbandaufnahme, an die ganze Welt und an das ungarische Volk richte.

In unserer ungemein schweren Lage müssen wir sowohl in bezug auf das Ausland als auch das Inland Umschau halten. Ich wünsche daher meine Feststellungen aus einer Perspektive zu machen, die eine Übersicht gewährt, aber sie sollen so an unser eigenes Schicksal gebunden sein, daß alles, was ich zu sagen habe, für uns alle praktischen Wert gewinnt.

Ich bin heute das erstemal in der Lage, dem Ausland für all das, was es für uns getan hat, mit lebendigem Wort zu danken. Vor allem will ich dem Heiligen Vater, Papst Pius XII., meinen persönlichen Dank dafür aussprechen, daß er des Oberhauptes der ungarischen katholischen Kirche so oft gedachte. Weiter übermittele ich meinen tief gefühlten Dank den Staatsoberhäuptern, den Leitern der katholischen Kirche, den verschiedenen Regierungen und Parlamenten, allen Vertretern des öffentlichen und privaten Lebens, die während der Zeit meiner Gefangenschaft für meine Heimat und für mein eigenes Schicksal Teilnahme und Hilfsbereitschaft an den Tag gelegt haben. Gott möge es ihnen vergelten! Dankbarkeit erfüllt mich auch gegenüber den Vertretern der Weltpresse und des Rundfunks, dessen Wellen die eigentliche Luftmacht der Menschen darstellen. Ich freue mich, dies endlich offen sagen zu dürfen.

Andererseits möchte ich davon sprechen, daß die ganze Kulturwelt, das ganze Ausland sozusagen ungeteilt auf unserer Seite steht und uns hilft. Dies ist für uns eine weit größere Kraft, als wir selbst sie besitzen. Wir sind nur eine kleine Nation, ein kleines Land auf dem Erdball. In einer Beziehung stehen wir aber doch an erster Stelle: es gibt keine Nation, die im Laufe ihrer tausendjährigen Geschichte mehr gelitten hätte als die unsere, als wir. Seit der Regierung unseres ersten Königs, Stephans des Heiligen, wuchsen wir zu einer großen Nation heran. Nach dem Sieg bei Nándorfehérvár, dessen fünfhundertjähriges Gedenken wir eben jetzt begehen, war unsere Bevölkerungszahl derjenigen des damaligen England gleich. Aber wir waren gezwungen, immer wieder Freiheitskriege zu führen und meistens zur Verteidigung der westlichen Länder Europas. Diese Kämpfe warfen das Land jedesmal zurück, und wir mußten uns bemühen, aus eigenen Kräften wieder hochzukommen.

Im Laufe seiner Geschichte genießt Ungarn jetzt zum erstenmal eine wirksame Sympathie der übrigen Kulturvölker. Wir alle sind dadurch tief gerührt. Jedes einzelne Mitglied unserer kleinen Nation freut sich von Herzen darüber, daß die übrigen Völker unsere Sache, unseren Freiheitswillen unterstützen. Wir sehen darin eine durch die Solidarität des Auslandes mit uns verwirklichte Vorsehung, wie es in unserer Nationalhymne heißt: ›Gott, segne den Magyaren – reich ihm Deinen schützenden Arm!‹ Die Hymne fügt hinzu: ›Wenn er mit seinen Feinden kämpft.‹ Wir möchten aber sogar in unserer äußerst heiklen Lage hoffen, daß wir keine wirklichen Feinde haben; wir sind nämlich niemandem feindlich gesinnt. Wir wollen mit jedem Volk, mit jedem Land in Freundschaft leben. Unsere Zeit ist bei allen Völkern durch eine gemeinsame Entwicklungsrichtung gekennzeichnet. Veralteter Nationalismus muß überall umgewertet werden. Das nationale Gefühl darf nicht mehr zu Kämpfen zwischen den Nationen führen, es muß vielmehr auf dem Fundament der Gerechtigkeit zum Pfad eines friedlichen Zusammenlebens werden. Das nationale Gefühl soll in der ganzen Welt auf dem Gebiet kultureller Werte blühen, die einen gemeinsamen Schatz aller Völker bilden. So wird der Fortschritt des einen Landes auch das andere fördern.

Aus vielen Gründen sind die Völker auch durch ihre physischen Lebensbedingungen aufeinander angewiesen. Wir Ungarn wollen als Bannerträger eines echten Friedens der europäischen Völkerfamilie leben und handeln, nicht in künstlich proklamierter, sondern in wahrer Freundschaft. Wir wünschen als kleine Nation, sowohl mit den großen Vereinigten Staaten von Amerika als auch mit dem mächtigen russischen Reich Freundschaft, auf ungestörter, friedlicher, gegenseitiger Achtung fußend, zu pflegen. Wir wünschen ein gutnachbarliches Verhältnis mit Prag, Bukarest, Warschau und Belgrad. Hier muß ich auch Österreich erwähnen, das wegen seiner brüderlichen Haltung während unseres schmerzvollen Ringens bereits tief in das Herz jedes einzelnen Ungarn eingeschlossen ist.

Unsere ganze Lage wird aber jetzt durch die Frage entschieden: Was beabsichtigt das Zweihundertmillionenvolk der Russen innerhalb unserer Grenzen mit seiner militärischen Macht? Radiomeldungen berichten über ein ständiges Anwachsen dieser Kräfte. Wir sind neutral, wir geben dem russischen Reich keinen Anlaß zum Blutvergießen. Sind die Führer des russischen Reiches noch nicht auf den Gedanken gekommen, daß wir das russische Volk weit mehr achten würden, wenn es uns nicht unterjochte? Sonst pflegt nur ein angegriffenes Volk über das ihm feindliche Volk herzufallen. Wir aber haben Rußland nicht angegriffen und hoffen fest auf einen baldigen Abzug der russischen Streitkräfte aus unserem Lande.

Unsere innere Lage ist aber auch dadurch kritisch geworden, daß die Arbeit, die Produktion zum Stillstand gekommen ist. Der Freiheitskampf wurde von einer bis auf die Knochen abgemagerten Nation geführt. Deshalb muß die Produktion, müssen Instandsetzungsarbeiten sofort und überall aufgenommen werden, im Interesse der Gesamtheit, im Interesse unserer Nation. Dies ist für die Fortsetzung unseres nationalen Lebens unbedingt notwendig und duldet keinen Aufschub.

Sobald wir dabei sind, dies zu tun, wollen wir nicht vergessen, jeder einzelne im Land soll es wissen, daß der ausgefochtene Kampf keine Revolution, sondern allein ein Freiheitskampf war. Das bisherige Regime, das durch seine eigenen Kinder mit dem heißen Stempel der

Verneinung, der Verachtung, des Ekels und der Verurteilung gebrandmarkt ist, wurde 1945 nach einem verlorenen, für uns zweck- und sinnlosen Krieg mit Gewalt aufgebaut. Nun ist es durch die Gesamtheit der ungarischen Nation hinweggefegt worden. Es war ein beispielloser Freiheitskampf, mit der jungen Generation an der Spitze. Der Freiheitskampf wurde geführt, weil die Nation frei über ihr eigenes Leben entscheiden wollte. Sie will frei über ihr Schicksal, über die Verwaltung ihres Staates, über die Verwertung der Früchte ihrer Arbeit entscheiden. Eine Verdrehung dieser Tatsachen zu irgendwelchen Nebenzwecken im Interesse nicht legitimierter Kräfte wird das Volk niemals zulassen. Wir brauchen neue, vor jedem Mißbrauch gesicherte Wahlen, an denen sich jede Partei beteiligen kann. Die Wahlen sollten unter internationaler Kontrolle durchgeführt werden. Ich für meine Person stehe außerhalb und kraft meines Amtes auch über den Parteien und werde mich dementsprechend verhalten. Von diesem meinem Amt aus rufe ich allen Ungarn zu, nach der wundervollen Einigkeit in den Oktobertagen keine Parteizwistigkeiten und keine Uneinigkeit mehr aufkommen zu lassen. Das Land benötigt heute vieles, aber möglichst wenig Parteien und Parteiführer. Politisieren selbst ist heute zweitrangig; unsere Sorgen gelten der Existenz der Nation und dem täglichen Brot.

Die bisherigen rückblickenden Enthüllungen der Kinder des gestürzten Regimes haben uns gezeigt, daß die Schuldigen auf gesetzlichem Wege und durch unabhängige und unparteiische Gerichtshöfe zur Verantwortung gezogen werden müssen. Individuelle Racheakte müssen vermieden und unmöglich gemacht werden. Die Nutznießer und Erben des gestürzten Regimes tragen eine besondere Verantwortung aufgrund ihrer Aktivität und ihrer Versäumnisse für jeden Aufschub oder für etwaige unrichtige Verordnungen. Ich wünsche keinerlei Feststellungen zu den enthüllenden Geständnissen hinzuzufügen; dies würde auch den Wiederaufbau nur behindern. Das gehört ja auch nicht zu unserem Aufgabenbereich, vorausgesetzt allerdings, daß sich die Geschehnisse in normaler Weise, den gegebenen Versprechen gemäß, entfalten.

Ich muß aber auf Objektivität dringen. Wir leben in einem Rechtsstaat, in einer klassenlosen Gesellschaft; wir sind dabei, uns demokratische Errungenschaften zu eigen zu machen; wir stehen auf der Basis eines durch soziale Interessen richtig und gerecht beschränkten Privateigentums, denn wir wollen eine ausschließlich von kulturnationalistischem Geist durchdrungene Nation sein. Dies ist der Wille des ganzen ungarischen Volkes. Andererseits kann ich als Oberhaupt der ungarischen römisch-katholischen Kirche erklären, daß wir, wie es die Bischöfe schon

1945 in ihrem gemeinsamen Rundschreiben erklärt haben, dem gerechtfertigten Weg des geschichtlichen Fortschrittes nicht widersprechen, sondern eine gesunde Entwicklung in jeder Hinsicht fördern wollen. Das ungarische Volk wird es für selbstverständlich halten, daß wir für wertvolle Institutionen, die auf eine große Vergangenheit zurückblicken können, Sorge tragen müssen. Weiterhin muß ich in dieser meiner Eigenschaft und zur Orientierung der 6,2 Millionen katholischen Gläubigen im Lande erwähnen, daß wir in kirchlichen Fragen gegen alle Reste von Gewalt und Tücke als Überbleibsel des gestürzten Regimes Stellung nehmen werden. Das ist bei uns eine Selbstverständlichkeit, die sich aus unserer Glaubens- und Sittenlehre und aus den mit der Kirche gleichaltrigen Rechtslehren ergibt.

In meiner heutigen Ansprache an die Nation habe ich Einzelheiten bewußt vermieden, weil das, was ich gesagt habe, klar ist und vorerst genügt.

Eine Frage muß am Schluß aber doch noch gestellt werden: Was denken nun die Erben des gestürzten Regimes? Wenn ihre durch sie selbst gebrandmarkten Vorgänger eine sittlich-religiöse Grundlage besessen hätten, würden sie all das, dessen Konsequenzen sie jetzt in die Flucht treibt, fertiggebracht haben? Wir erwarten deshalb mit gutem Recht die Wiederherstellung der Freiheit des christlichen Religionsunterrichtes, die Rückgabe der Institutionen der katholischen Kirche, darunter auch die der katholischen Presse.

Wir werden von diesem Augenblick an sorgsam darauf achten, daß Versprechungen und Taten in Einklang bleiben. Was heute durchgeführt werden kann, soll von niemandem auf morgen verschoben werden. Wir, die wir auf das Wohl des ganzen Volkes bedacht sind, vertrauen auf die göttliche Vorsehung – und sicher nicht vergebens!«

Die Fragen, die das Verhältnis zwischen Kirche und Staat berühren, habe ich in dieser Radiorede nur knapp erwähnt. Aber auch aus meinen kurzen Bemerkungen ging schon hervor, daß der Episkopat jede offene Frage auf dem Verhandlungswege zu bereinigen wünschte. Nur die Liquidierung der Friedenspriesterbewegung haben wir in unserem eigenen Wirkungsbereich selbst durchgeführt. Die Unterbindung des durch sie verursachten Verderbs erachteten wir als eine innere kirchliche Angelegenheit, somit nur unserem eigenen Rechtsbereich zukommend. Die Kommunisten hatten in unbefugter Weise, einfach in zerstörerischer Absicht, die Machinationen der Friedenspriester der Kirche aufgezwungen. Darum nannte ich die Friedenspriesterbewegung »den Zwang und Betrug des gestürzten Regimes«.

Auch nach dem Zusammenbruch des Freiheitskampfes setzte Imre Szabó, ein geweihter Bischof und mein erzbischöflicher Generalvikar, die Durchführung meiner kirchlichen Verfügungen fort und entfernte die Friedenspriester von ihren Posten. Alle gehorchten, mit Ausnahme eines Ordensgeistlichen, den jedoch auf Befehl Papst Pius XII. die Konzilskongregation exkommuniziert hatte. Der Heilige Stuhl hat in einem weiteren Dekret alle Friedenspriester für die Übernahme von leitenden Posten der Kirche als ungeeignet (inhabiles) erklärt. Als diese Verordnung aus Rom in jeder Diözese durchgeführt worden war, wurde die Leitung der Kirche wieder frei, und die Friedenspriesterbewegung war de facto aufgelöst.

Die durch Moskau dann zur Macht gelangte Kádár-Regierung sah sich gezwungen, diese Situation zur Kenntnis zu nehmen, ja, mit unehrlicher Taktik hat sie, um den Episkopat und die öffentliche Meinung zu täuschen, am 29. Dez. 1956 sogar das Staatliche Amt für kirchliche Angelegenheiten formell aufgelöst.

Flucht in die amerikanische Gesandtschaft

Am 3. November hielt ich im Parlament meine hier wiedergegebene durch Radio übertragene Ansprache. Erst gegen Mitternacht kehrte ich todmüde heim und legte mich gleich nieder zur Ruhe; doch schrillte schon nach kurzer Zeit das Telefon. Tildy bat mich, ins Parlament zurückzukommen; die Sowjettruppen hatten das Feuer eröffnet, Hunderte von Geschützen erdröhnten und beschossen die Stadt. Gespensterhaft flammte und leuchtete es auf am Himmel. Zunächst begab ich mich in den Keller, dann aber fuhr ich, nur vom Chauffeur begleitet, im Auto zum Parlament.

Hier hörte ich, daß Kriegsminister Maléter, Minister Ferenc Erdei, Generalstabschef István Kovács und Oberst Miklós Szücs, die in Tököl, im russischen Generalstabsquartier, über die technische Abwicklung eines Rückzuges der russischen Besatzungsarmee verhandelten, gegen Mitternacht in hinterlistiger Weise verhaftet worden seien. Kein Geringerer als General Serow selbst war aus Moskau hergereist, um diese Angelegenheit zu erledigen.

Im Parlament traf ich die Minister Zoltán Tildy, B. Szabó, István Bibó. Es erschien auch Zoltán Vas und erklärte, er bleibe an der Seite des ungarischen Volkes. Nun wollte Tildy Imre Nagy aufsuchen, er fand ihn jedoch nicht. Überall wurde nach Weisungen gefragt, das

Militär bat um Befehle – es gab ja keinen Kriegsminister und keinen Generalstabschef mehr. Daher entschloß sich Tildy, selbst Maßnahmen zu treffen; er entließ in der allgemeinen Verwirrung die Militärs ohne Anordnungen und hißte auf dem Parlamentsgebäude die weiße Fahne. Ich konnte diese Kopflosigkeit nicht länger ertragen und ging auf den Gang hinaus. Dort traf ich Dr. Egon Turchányi, der sich mir in den vorangegangenen Tagen als Helfer angeboten hatte. Ich wünschte heimzukehren, um die hl. Messe zu zelebrieren. Turchányi jedoch erklärte mir, daß mein Wagen inzwischen verschwunden sei. Wir gedachten jetzt zu Fuß zu gehen, hörten aber, daß auch das nicht mehr möglich sei, weil die Brücken gesperrt wären und vom Militär benützt würden; auch die Zugänge zum Parlamentsgebäude seien von den Russen bereits abgeriegelt. So erkundigte ich mich rasch nach der nächsten Gesandtschaft. Irgend jemand sagte, es sei dies die amerikanische. So beschlossen wir, uns eilends dorthin zu begeben. Wir nahmen die Talare unter die Mäntel. Zwischen Reihen russischer Panzer hindurch gelangten wir so zum Freiheitsplatz und von dort zur Gesandtschaft der Vereinigten Staaten.

Minister Edward Thompson Wailes empfing mich herzlich im Treppenhaus, als »Symbol der Freiheit«. Nach acht Jahren Gefangenschaft, als Schiffbrüchiger einer dreieinhalbtägigen Freiheit bestieg ich das rettende Schiffsdeck der USA in der Gesandtschaft, um einer Verschleppung in die Sowjetunion zu entgehen und auf den Tag zu warten, der mir erneut ein Wirken für die Heimat gestatten würde. Etwas Ähnliches sagte auch ein sympathischer Offizier, Major oder Oberst, der sich mir, noch ehe wir die Gesandtschaft erreicht hatten, unerwartet zugesellte. Er trug die Uniform der nationalen Armee.

Es verstrich nur eine knappe halbe Stunde, bis vom Präsidenten Eisenhower telegraphisch die Erlaubnis eintraf, mich aufzunehmen. Nach weiteren vier Stunden wurde auch für Dr. Turchányi Zuflucht gewährt. Dem eben zum zweiten Male gewählten amerikanischen Präsidenten sandte ich sogleich ein Glückwunschtelegramm und dankte ihm. Es hat mich zunächst etwas überrascht, daß meine Sache so unverzüglich behandelt worden war.

Einige Tage später las ich aber in ausländischen Zeitungen, Imre Nagy habe schon am vorhergegangenen Tag für mich bei den Amerikanern um Asyl gebeten. Der Offizier hat mich also in amtlichem Auftrag begleitet. Wenn Imre Nagy also wirklich für mich in Washington um Asyl nachgesucht hat, wäre sein Handeln Zeugnis einer noblen Haltung und ein Beweis dafür, daß er vielleicht einmal Kommunist gewesen ist, es aber zu diesem Zeitpunkt nicht mehr war.

Während wir im Erdgeschoß noch auf die Aufenthaltserlaubnis für Turchányi warteten, wurden in der Nähe Kanonen aufgefahren. Ihre Rohre richteten sich drohend auf das Gesandtschaftsgebäude. Plötzlich rief jemand: »Ein Luftangriff ist zu befürchten, rasch hinab in den Schutzraum!« Unten traf ich Béla Kovács, den ehemaligen Generalsekretär der Kleinlandwirtepartei. Er war krank und gebrochen aus sibirischer Gefangenschaft zurückgekehrt. Zusammen mit vier anderen Politikern hatte auch er sich hierher geflüchtet. Wir kamen ins Gespräch; er erwähnte jedoch mit keinem Wort, daß er ebenfalls um Asyl gebeten hatte. Als ich ihn am andern Tag suchte, wurde mir gesagt, er habe kein Asyl erhalten, sondern sei in sein Dorf nach Baranya gegangen. So bangte ich um sein Schicksal. Kádár ließ ihn aber nicht einsperren; später hat man, als er krank im Spital zu Pécs lag, seinen Namen bei einem Werbefeldzug für Kolchosen mißbraucht.

Die National Catholic Welfare Conference erbot sich, für meinen Unterhalt jährlich tausend Dollar beizusteuern. Wahrscheinlich wollte Kardinal Spellman damit verhindern, daß in Amerika die unbefristete Aufnahme eines Priesters in die Gesandtschaft doch irgendwie beanstandet werde. In der öffentlichen Meinung in den Vereinigten Staaten sind jedoch nie Vorwürfe in dieser Richtung laut geworden.

In großzügiger Weise bot mir der Gesandte seine eigene Kanzlei als Arbeitsraum an. Es rührte mich deshalb besonders, weil ich wußte, daß er selbst sie ebenso benötigte, zumal er sich noch nicht zu Hause fühlen konnte, weil er eben erst angekommen war und seine Gemahlin sich noch gar nicht in Budapest befand.

Alle ungarischen Angestellten blieben während der Nacht im Gesandtschaftsgebäude. Sie hatten Angst, verhaftet zu werden. Man verbrannte auch vertrauliche Schriftstücke, weil niemand wissen konnte, was alles die nächsten Stunden noch bringen würden. Ich zelebrierte die heilige Messe auf dem Bürotisch des Gesandten um dreizehn Uhr in seiner und aller Angestellten Gegenwart. Wir hatten zwar kein Kreuz, aber wir hatten Hausbrot und Wein, und als Kelch diente ein Champagnerglas. Ein Amerikaner ungarischer Herkunft begleitete uns hernach hinauf in unsere Schlafräume.

In den Tagen, da Dr. Turchányi noch hier weilte, diente er mir bei der hl. Messe. Durch die gütige Vermittlung eines amerikanischen Armeegeistlichen erhielt ich auch die zum Zelebrieren nötigen Gefäße, Gewänder und Bücher.

Ich feierte – in der Gesandtschaft – das hl. Opfer fortan immer in meinem Zimmer. Das Amtspersonal, die Familienangehörigen und die ungarischen Angestellten nahmen zuerst daran teil. Später durften die letzteren aber nicht mehr zum Gottesdienst kommen, weil das den Vorschriften des Asylrechts widersprochen hätte.

Zu meiner großen Überraschung erschien am zweiten Tag meines Aufenthaltes abends mein Sekretär, um mich zu bitten, ins Erdgeschoß zu kommen, ich würde dort von Journalisten erwartet. Ich ließ mir mein Erstaunen nicht anmerken, sprach auch die Frage nicht aus, die mir durch den Kopf ging, ob mir denn hier noch soviel Freiheit und Kontaktmöglichkeit gewährt werde. Dann stand ich einem wahren Trommelfeuer von Journalistenfragen gegenüber. Für die Amerikaner fungierte Dr. Turchányi als Dolmetscher. Der ehemalige Politiker und schlagfertige Abgeordnete verstand sich gut auf eine derartige Rolle.

Die erste Frage lautete: »Was sagen Sie zu der russischen Aggression?«

»Ich verurteile sie unbedingt.«

Die zweite Frage: »Welches ist die legale Regierung Ungarns? Die Kádár- oder die Nagy-Regierung?«

»Obwohl an der Nagy-Regierung auch Kádár beteiligt war, betrachte ich allein die Regierung von Imre Nagy als legale Regierung Ungarns. Kádár wurde von Fremden eingesetzt, ich lehne ihn als illegal ab.«

Es gab noch viele andere Fragen, von allen aber waren diese zwei die wichtigsten.

Die Pressekonferenz wurde von der Regierung Kádárs totgeschwiegen. Sie werden es wissen, warum. Wir wissen es auch.

Hier eine Liste meiner amerikanischen Gastgeber von 1956 bis 1971

Edward T. Wailes, Minister		1956–1957
A. Spencer Barnes, Chargé d'Affaires		I. 1957
Garret G. Ackerson Jr.	„	1957–1961
Horace G. Torbert	„	1961–1962
Owen T. Jodes	„	1962–1964
Turner B. Shelton	„	1964
Elim O'Shaugnessy	„	1964–1966
Richard W. Tims	„	1966–1967
Martin J. Hillenbrand, Botschafter		1967–1969
Alfred Puhan	„	1969–1971, 23. Sept.

Schon acht Tage dauerte jetzt der ungleiche Widerstandskampf des Landes und der Hauptstadt gegen die Macht des Ostens an. Das ungarische Militär leistete Widerstand, aber ohne Führung. Über Budapest senkte sich allmählich die Stille eines Friedhofs. Hunderte von Toten und Verwundeten lagen auf den Straßen herum. Nach unkontrollierten Nachrichten hat die Zahl der Toten in diesen acht Tagen 5000 betragen, die Zahl der Verwundeten gegen 20 000. Deportationszüge fuhren in Richtung Sibirien; viele der Abtransportierten waren Jugendliche zwischen zehn und achtzehn Jahren, Mädchen und Knaben, die beschriebene Blätter aus den fahrenden Zügen warfen. Heftige Kämpfe wurden auch in der Provinz ausgefochten. Die Zeitungen des Regimes aber veröffentlichten Falschmeldungen über die Kämpfe, obwohl man beim Begräbnis Rajks eben noch feierlich versprochen hatte: »Keine Lügen mehr!«

Ungarn war in den Jahren zwischen 1944 und dem 23. Oktober 1956 ein Kerker-Ungarn. Wir durften elf Tage lang (ich selbst nur vier Tage) frei atmen. Nach dem 4. November ist das Land wieder ein Gefängnis geworden.

Die sittliche Kraft, die Solidarität, die Zähigkeit des ungarischen Volkes boten ein erhabenes Bild. Das Mitgefühl der weiten Welt war uns ein großer Trost.

Was wurde aber aus der Saat, die man ausgestreut hatte? Man versprach den Völkern dieser unglücklichen Erde Freiheit, Gleichheit, Wohlstand, und es entstanden Terror, ausgeübt von einer Minderheit, Elend und Blutbäder. Dreimal hintereinander erhielten die Völker in Europa Feuer aus Maschinengewehren und Panzern: in Berlin, in Poznan, in Budapest und den ungarischen Industriegebieten. In Poznan mußte man aus der Menge, die nach Brot rief, 53 Tote und viele hundert Verwundete wegtragen. Und bei uns vermochte man die Opfer überhaupt nicht mehr zu zählen. Die Solidarität der westlichen Welt mit meiner kämpfenden Nation stand außer Zweifel und äußerte sich in großartigen Worten, aber wir empfanden es bitter, daß unseren Hilferufen keine Antwort in Taten zuteil wurde.

Die Großmächte der Welt fürchteten sich vor der Sowjetmacht, die von Schulkindern Rumpfungarns in den Straßen von Budapest während einer Woche beschämt worden war.

Der belgische Politiker Spaak, Generalsekretär des Atlantikpaktes, erklärte: »Wenn der Westen Ungarn auch gerne helfen möchte, er ist im

Grunde machtlos.« In dem französischen Parlament geißelte Bidault die Schwäche und Hilflosigkeit des Westens in der ungarischen Frage. Der Außenminister Pineau äußerte sich über die »große Hilflosigkeit« der Vereinten Nationen. Bei der Sitzung des Europarates vom 11. Januar 1957 sagte der französische Minister: »Nur die Westmächte nehmen die Beschlüsse der Vereinten Nationen ernst, die Sowjets lachen sich darüber ins Fäustchen.« Die zwei Verlierer der ungarischen Freiheitskämpfe waren der moralisch tief angeschlagene Weltkommunismus auf der einen Seite und die Machtlosigkeit des Westens zusammen mit den Vereinten Nationen auf der anderen Seite. Aber der Westen war nicht nur machtlos, er war auch blind. Mit dem Versprechen einer neuen Politik waren die Bolschewiken sogar an Königshöfen salonfähig geworden. Sie durften in ehrwürdigen Kirchen an den Gräbern berühmter Männer Kränze niederlegen. Ministerpräsidenten und Außenminister des Westens kämpften um das Privileg, früher als andere in Moskau anzukommen. Die Völker der Welt marschierten am Gängelband Moskaus. Es wurde in diesen Jahren immer deutlicher: im gleichen Maße, wie die Völker hinter dem Eisernen Vorhang die sowjetische Welt und deren Geist verabscheuten, wuchs der russische Einfluß in den westlichen Staaten. Ein Meer ungarischen Blutes brauchte es, um dem Westen wieder etwas die Augen zu öffnen. Aber alle Anstrengungen blieben ohne Erfolg.

Ganz anders war die Haltung Papst Pius' XII. Er setzte alle ihm zur Verfügung stehenden Mittel ein und wandte sich an einem einzigen Tag im Interesse Ungarns dreimal an die ganze Welt. Seine Freude am 2. November war ebenso groß wie sein Schmerz, als die ungarischen Freiheitskämpfer von der Tyrannei wieder unterdrückt wurden. Wie ein Vater seine bedrohten Kinder beschützt, verteidigte er in seiner Radioansprache am 10. November im Namen des Glaubens, der Zivilisation und der menschlichen Gerechtigkeit unser Volk gegen die »brutale und illegale Unterdrückung«. Er sagte sogar im Blick auf die Großmächte, daß ein Verteidigungskrieg in diesem Falle gerecht wäre. Er stellte die Frage: »Darf die Welt gleichgültig bleiben, wenn soviel Blut unschuldig vergossen wurde? Wenn wieder soviel Trauer und soviel Mord verursacht wurden?«

Die Haltung des Papstes ist auch der Standpunkt der Kirche. Sein Staatssekretär, der spätere Erzbischof und Kardinal Montini, der dann sein zweiter Nachfolger wurde, trug in Mailand während eines Fackelzuges in einer Prozession ein Kreuz auf seinen Schultern, als Symbol des von neuem unterjochten Ungarn. Er wollte auf diese Weise im Gegensatz zu den Großmächten – die die Rolle eines Simon von Cyrene nicht auf sich nahmen – sein Mitgefühl mit unserer Nation, die unter dem Kreuze zusammengebrochen war, bezeugen. Die gleiche Solidarität und das gleiche Mitgefühl zeigte auch Kardinal Spellman in New York.

Wie der Papst, so sprachen auch seine Legaten.

Während des Eucharistischen Kongresses (1956) in Manila, wies der päpstliche Legat auf die neuen traurigen ungarischen Ereignisse hin und verurteilte scharf die sowjetische Intervention und die Unterdrückung des Freiheitskampfes.

Die Presse in Manila war damals ganz von heftiger Kritik erfüllt.

Nach einigen Tagen erfuhr ich, daß nun auch Dr. Egon Turchányi verhaftet worden sei. Die Ungarn in der Gesandtschaft verdächtigten seinen ungarischen Reisegefährten. Ich teile aber diese Auffassung nicht. In der Kádár-Presse erschienen scharfe Angriffe gegen mich und gegen Dr. Turchányi. Auch er wurde in einem Schauprozeß dann zu lebenslänglicher Haft verurteilt.

Ich vernahm erst 1960 aus dem Buch seines Reisegefährten, daß seine Verhaftung bei Tatabánya an einer Straßenkreuzung geschehen war. Auf der Hauptstraße wurde er von Polizisten in Zivilkleidung aufgehalten und aus dem Wagen gezerrt. Er stürzte zu Boden. Das Herz versagte; er fiel ohnmächtig auf die Erde. Die AVO-Polizisten packten ihn an den Füßen und warfen ihn auf einen Lastwagen. Während der Nacht wurde sein Reisegefährte in dasselbe Gebäude gebracht, wo auch Turchányi war, jedoch nicht in dasselbe Zimmer. Um ein Uhr nach Mitternacht hörte er Schmerzensschreie.

Ich mußte an die gefallenen Helden, an die Verwundeten, an die Deportierten, an die Hungernden und Heimatlosen denken und vor allem an den Strom der Flüchtlinge. Ich fragte mich: Werden die braven Honvéds von Rétság für meine Befreiung nicht büßen müssen? Ihre »Sünde« ist ja schwer. Strafe drohte auch darum, weil unter den vielen Gruppen, die zu meiner Befreiung herbeieilten, sie die ersten gewesen waren und mir eine Ehrenwache gestellt hatten.

Ich intervenierte bei der USA-Gesandtschaft in Belgrad im Interesse der Flüchtlinge, damit sie aus Jugoslawien in die USA reisen könnten. Meiner Intervention war auch der gewünschte Erfolg beschieden. Die Hinrichtung des Majors Palavicini hat mich tief erschüttert. Er mußte für mich sein Leben lassen. Es ist aber auch möglich, daß ihn die Rache auch ohne seine Verbindung zu mir ereilt hätte.

Die Mitglieder der Revolutionären Kommission von Ujpest wurden von der Kádár-Regierung verhaftet. Man beschuldigte sie »volksfeindlicher Haltung« und behauptete, sie hätten János Horváth, den Präsidenten des Amtes für Kirchliche Angelegenheiten, zum Tode verurteilt.

Das Schicksal meines Volkes quälte mich furchtbar. Die Massenflucht, die jetzt einsetzte, konnte ich zwar nicht gutheißen, auch wenn in unmenschlicher Weise Rache geübt wurde. Doch hätte die Flucht der bewaffneten Freiheitskämpfer genügt.

Als der USA-Gesandte bei der Kádár-Regierung keinen Höflichkeitsbesuch machte, wurde ihm das Exequatur verweigert. Später wurde auch die Personenzahl der Gesandtschaft auf ein Drittel vermindert, um weniger »Spione« im Lande zu haben. Es wurden natürlich in erster Linie die Ungarn entlassen.

Meine Verbindung mit der Außenwelt

Meine Angehörigen waren der Ansicht, ich sei hier in keiner ungünstigeren Lage als im kommunistischen Kerker. Deswegen erlaubte man meiner Mutter – solange sie noch lebte –, jedes Vierteljahr zu mir zu kommen, ebenso meinem Beichtvater. Weil meine Mutter in ihrem 80. Lebensjahr nicht mehr allein reisen konnte, wurde sie von der einen oder von der anderen meiner Schwestern begleitet. Nach dem Tod meiner Mutter durften mich die zwei Schwestern, allein oder zusammen, besuchen. Seit Herbst 1964 gestattete man, daß meine jüngere Schwester von ihrem ältesten Sohn begleitet wurde. Es gab jedoch auch keine Schwierigkeiten, wenn drei bis vier Familienmitglieder zusammen kamen. Aber dies war selten der Fall. Als mein Neffe in New York unerwartet verschied, durfte mich auch seine in Budapest lebende Witwe aufsuchen. Einmal gelang es ihrer Tochter, die ich zuletzt 1947 gesehen hatte – sie war damals 4 Jahre alt –, durch eigene Geschicklichkeit und List, sich zu mir hinaufführen zu lassen.

Ich konnte auch das Mitglied des Amerikanischen Kongresses, Feighan, den großen Freund der Ungarn, empfangen. Als Nixon, der damalige Vizepräsident, Ungarn besuchte, kam er in die Gesandtschaft. Er verhandelte im benachbarten Saal, trat jedoch nicht bei mir ein. Während der Präsidentschaft Kennedys weilten dessen zwei Schwestern hier; sie nahmen nur an der heiligen Messe und Predigt teil. Bei dem hl. Opfer anwesend zu sein, war eher möglich, als einen direkten Besuch abzustatten.

In bezug auf Besuche bei mir verhielt man sich sonst sehr streng. Missionare, amerikanische Rabbiner, katholische Priester oder Touristen waren daher höchst erstaunt, als sie sich zurückgewiesen sahen. Es gab auch welche, die immer wieder versuchten, vorgelassen zu werden, aber es war immer umsonst.

Verwandte oder Familienmitglieder des Gesandtschaftspersonals dagegen durften mich ohne weiteres besuchen. Ihre Besuche widersprachen nicht dem Asylrecht; mein Vetter aber fand bei meinem goldenen Priesterjubiläum geschlossene Türen. Ich verstand es nicht, daß viele meiner Briefe ohne Antwort blieben, und beklagte mich deshalb im Hause, ohne daß mir eine Erklärung gegeben werden konnte.

Im Auftrag der Päpste Johannes XXIII. und Paul VI. suchte mich nach 1963 mehrmals der Wiener Kardinal-Erzbischof König auf. Ohne Druck ausüben zu wollen, erkundigte sich Papst Johannes XXIII. danach, ob ich nicht nach Rom kommen wolle, um dort ein kuriales Amt zu übernehmen. Er könne dann vielleicht die vakant gewordenen Bischofssitze wieder besetzen. Ich gab ihm zur Antwort, daß ich seine Pläne guthieße, wenn er dadurch die Freiheit der Kirche fördern würde. Das Außenministerium der USA erlaubte von nun an einen Briefwechsel auf diplomatischem Wege zwischen dem Vatikan und mir. Es war für mich die einzige Möglichkeit, mit der Außenwelt schriftlich Kontakt aufzunehmen. Am 12. Juni 1965 erschien Kardinal König zu meinem goldenen Priesterjubiläum. Er überbrachte mir vom Heiligen Vater einen herzlichen Brief und einen goldenen Kelch. Ich bin meinem Kardinal-Nachbarn auch dafür dankbar, daß er bei dieser Gelegenheit auch seinen eignen damaligen Gast, den Kardinal Valerian Gracias, Erzbischof von Bombay, für eine Viertelstunde zu mir heraufführte.

Mein goldenes Jubiläum verlief aber trotzdem nicht in froher Stimmung, nur meine beiden Schwestern, drei Neffen und mein Beichtvater durften daran teilnehmen. Die Gesandtschaft wußte nicht, daß sich mein Jubiläum näherte, und ich selbst hatte nichts vorbereitet. Mit Rücksicht auf die Mehrheit der Teilnehmer predigte ich in englischer Sprache. Daraus zitiere ich jetzt einige Stellen:

»Feiert die Kirche ein goldenes Priesterjubiläum, dann betont sie weniger die Person oder das Amt, als vielmehr die Würde des Sakramentes und den Stand des Priesters . . . Das heutige Jubiläum wird unter besonderen Umständen gefeiert. Es gibt keinen Festredner, und der Jubilar kann weder in die Kirche seiner Primiz noch in die Basilika von Esztergom gehen. Im Jahre 1886 nahm am goldenen Priesterjubiläum von Primas Simor der apostolische König, der Monarch einer Großmacht, teil. Beim goldenen Jubiläum des Primas Csernoch im Jahre 1924 waren der Reichsverweser, das Parlament und die Wissenschaftliche Akademie anwesend. Der berühmte Bischof Prohászka war der Festredner. Er sagte bei dieser Gelegenheit: Vor langer Zeit machten sich zwei slowakische Knaben auf den Weg nach Esztergom. Einer ist heute der Festredner, der andere ist der Kardinal-Fürstprimas von Ungarn. Wir sind zwei lebendige Beweise dafür, daß die Unterdrückung der Minderheiten in Ungarn eine Lüge ist.

Heute ist die Führerschicht in Ungarn entweder hingerichtet oder deportiert oder auf der Flucht, und die Gläubigen sind auch weit von uns entfernt. Aber der Jubilar weiß, daß sein Schicksal das Schicksal der Nation ist.«

Mit den Beamten der Gesandtschaft durfte ich im Gebäude nach den Amtsstunden Kontakte aufnehmen; einer von ihnen begleitete mich immer bei meinen Abendspaziergängen auf dem Hof. Hie und da kamen die Chefs und Beamten anderer Gesandtschaften mit ihren Gemahlinnen. Dagegen hatte man nichts einzuwenden. Solange ich sozusagen in der Mode war – also zur Zeit des kalten Krieges –, erschienen sie häufiger. Vor allem bin ich den Gesandten von Frankreich, Italien und Argentinien und ihren Familien zu Dank verpflichtet. Der Wunsch nach politisch-ideologischer Koexistenz veränderte später meine Lage auch in dieser Hinsicht.

Die Zahl der Besucher der Sonntags- und Feiertagsmessen hing stets davon ab, wieviel Katholiken gerade in der Gesandtschaft tätig waren. Die Zahl zeigte eine steigende Tendenz. Die Frömmigkeit der amerikanischen Katholiken war vorbildlich. Fast ebenso viele gingen zur heiligen Kommunion, wie es Messebesucher gab. Aber es kamen auch andere Christen und sogar Israeliten und Ungläubige.

Die Beamten der Gesandtschaft wurden ungefähr alle zwei Jahre ausgewechselt. Im Laufe von zehn Jahren ergab sich dadurch ein nicht geringer Bekanntenkreis. Mit manchen von ihnen konnte ich die Verbindung aufrechterhalten. Sie kamen später wieder vorbei, und wir schrieben einander Briefe.

Der Gesandte und sein Stellvertreter besuchten mich wöchentlich einmal. Mein Tisch und mein Altar wurden stets reichlich mit Blumen geschmückt. Ein Ehepaar brachte mir im Frühling, weil ich die Jahreszeiten kaum miterleben konnte und Sonne fast nur im Obstsaft genoß, einen großen, blühenden Ast von seinem Kirschbaum und stellte ihn in die Mitte meines Zimmers. Ähnliche Aufmerksamkeiten wurden mir oft zuteil.

Mit aufrichtiger Dankbarkeit erinnere ich mich der Leitung, der Beamten und des Personals der Gesandtschaft. Danken möchte ich auch den Herren Attachés, die meine Angelegenheiten (Einkäufe, Reparaturen usw.) neben ihren nicht unbedeutenden amtlichen Geschäften erledigten. Mein Halbgefängnis wurde durch die Herren Géza Katona, Lajos Toplovszky, Tivadar Papendorp, Gheshinka, David Beltz, Robert Jackson, Mr. Flood, Titus Ross erträglicher gemacht. Ich war zwar nie bettlägerig, doch litt und kränkelte ich hin und wieder infolge meiner Gefängnisjahre. Ich wurde in diesem Fall immer sorgfältig betreut. Es erschien zunächst aus Bukarest, später aus Belgrad der Botschaftsarzt der USA. In der ersten Zeit war dies ein Dr. Linsky, der sich sehr gewissenhaft meiner annahm, dann kam, mit einem ganzen Untersuchungslaboratorium, der Chefarzt des Militärspitals der USA aus Landshut in Bayern, Lt. Col. Forrest W. Pitts, der einen Tag bei mir verbrachte. Später wurde Col. Seiberth mein behandelnder Arzt.

Eine besondere Wohltat war für mich die Bibliothek der Gesandtschaft mit ihrem Reichtum an Büchern, Zeitungen und Zeitschriften. Obwohl bei mir das Selbststudium schon seit meinen Gymnasialjahren eine große Rolle gespielt hatte, besaß ich doch nur über das germanische Europa genauere Kenntnisse. Jetzt konnte ich die anglo-amerikanische Welt aus ihrer Presse, ihren Veröffentlichungen, aus ihrer kirchlichen und weltlichen Literatur kennenlernen. Wenn mir diese Möglichkeit auch erst am Ende meines Lebens zufiel, bin ich dafür doch sehr dankbar. Ich hatte früher gemeint, die lateinische und die deutsche Sprache seien ausreichend, um eine höhere Allgemeinbildung zu erwerben. Jetzt erfuhr ich, daß die kirchliche Literatur ohne die Werke in englischer Sprache eines großen Reichtums beraubt wäre.

Ich vermochte auch den Katholizismus der Vereinigten Staaten jetzt besser einzuschätzen und wertete ihn höher als früher. Unzulänglichkeiten gibt es überall, wo Menschen leben. Erstaunlich für mich war aber, daß die Katholiken in den Vereinigten Staaten keine eigene Tageszeitung hatten, während sie sehr gute Wochen- und Monatsblätter in Millionenauflagen herausgaben. Große Sorge lassen sie aber dem katholischen Schulwesen angedeihen. Diese Mühe lohnt sich, denn die Schule ist und bleibt gerade im Zeitalter des schwindenden Glaubens ein Fundament des katholischen Lebens.

Auf den Gebieten der organisierten Caritas und der religiösen Verbände verzeichnete die amerikanische Kirche bedeutende Fortschritte. Kardinal Cushing hat in zweiundzwanzig Jahren 1400 Millionen Dollar gesammelt und 85 Pfarreien, viele Waisenhäuser und Krankenhäuser gegründet. Kardinal Spellman gründete 373 neue Pfarreien. Das sind gewaltige Zahlen: 46 Millionen Katholiken der USA haben rund elftausend Elementarschulen, 2400 Mittelschulen und mehr als dreihundert Universitäten.

Ich studierte auch das geschichtliche Dokumentationsmaterial des amerikanischen Außenministeriums und ließ mir die Protokolle der Hearings kommen. Ich wollte über die Motive der amerikanischen Haltung im I. und II. Weltkrieg, über die Präsidenten Wilson und Franklin Roosevelt eine klare Vorstellung bekommen. All dies wurde durch die Memoirenliteratur der Welt ergänzt. Ich legte mir auch eine kleine Privatbibliothek an, die immerhin das enthielt, was für mich wichtig war.

Auch wenn ich müde war, ging ich täglich noch die ungarischen kommunistischen Tageszeitungen und die Wochenblätter durch, dazu die neue Literatur, wennschon meistens mit nicht geringem Schmerz und großer Langeweile.

Auch das Fenster schuf einen Kontakt zur Außenwelt. Da gab es vor der Gesandtschaft Festaufmärsche mit viel Aufwand. Der 4. April, das »Fest der Befreiung«, wurde jährlich begangen, die »Feier« weckte bittere Erinnerungen.

Gegenüber, im Garten des Partisanenclubs, tanzten jeweils an Samstagen und Sonntagen »ungarische« Frauen und Männer lärmige Negertänze zu Jazz. Sie kreischten gewöhnlich bis elf Uhr nachts. Wie oft habe ich kälteres Wetter gewünscht, damit diese Unterhaltung ein Ende finde.

Vor der Gesandtschaft auf dem Freiheitsplatz spielten am Vor- und Nachmittag Kinder aus den Kindergärten und den Schulen. Früher sangen sie ernste Lieder, zum Lob der Mütter; diese Lieder waren seit Jahren verstummt. Das am meisten wiederholte Kinderwort lautete »Du Blödian!« Die größeren Mittelschüler spielten gegen Abend Fußball. Sie riefen sich oft Obszönitäten zu. Es waren dieselben, die der Chefarzt des Sammelgefängnisses während meines ersten Aufenthalts gebrauchte.

Blickte ich auf die Straße hinunter, sah ich nur wenige Kinderwagen, noch weniger ein zweites oder drittes Kind neben dem Wagen. Unglückseliges Budapest!

Ich erlebte aber auch zwei bedeutende Massenkundgebungen: den Aufmarsch der Frauen vor der Gesandtschaft und die internationale farbige und rote Demonstration gegen die Gesandtschaft. Zwischen ihnen gähnte ein Abgrund.

Nach dem 4. November 1956 demonstrierten die Arbeiter für acht bis zehn Tage, weil die Jugend in die Sowjetunion deportiert worden war. Die AVO zerschlug die Demonstration der Männer. Darum beschlossen die Arbeiter, daß nun die Frauen und Mädchen demonstrieren sollten. Sie taten es mit verwundeten Herzen, obwohl Deportation, Verhaftung, ja Tod drohten. Am 23. November kamen sie aus verschiedenen Richtungen in großen Scharen auf dem Freiheitsplatz vor der Gesandtschaft zusammen. Sie sangen – unter der Nationalfahne, die erst hier entrollt wurde – die Nationalhymne, dann wiederholten sie von neuem und immer wieder den Ruf an das ohnmächtige Schiedsamt der Welt: »Die Vereinten Nationen sollen helfen! Die Vereinten Nationen sollen helfen!« Ihre Delegation ersuchte auch den USA-Gesandten um Hilfe. Hinter heruntergelassenen Jalousien litt ich in meinem Zimmer. Als sie wieder und wieder ihre Rufe ertönen ließen, ging die Polizei dazwischen, nahm ihnen ihre Fahnen weg und zerstreute die Masse der Demonstranten. Ihre abgerissenen Rufe waren noch lange aus verschiedenen Richtungen zu hören. Aber die Vereinten Nationen halfen uns nicht. Die Vereinten Nationen gaben sich mit Rhetorik zufrieden. Arme ungarische Frauen! Armes Ungarn!

Am 13. Februar 1965 erhielt die Gesandtschaft vom Außenministerium einen Bericht über die Vorbereitung einer Demonstration afrikanischer und asiatischer Studenten. Das konnte eine Höflichkeit sein, aber zugleich auch das Zeichen einer offiziell organisierten Demonstration.

Unter dem Vorwand »Vietnam« erschienen zweihundert farbige Studenten mit Schmähschriften und wollten in die Gesandtschaft eindringen. Am Haupteingang kamen sie nicht weit. Daher gingen sie auf die hintere Seite, wo sie ins Erdgeschoß eindringen und die Cafeteria und das Filmarchiv zertrümmern konnten. In der Küche vernichteten sie Lebensmittel und zerschlugen Geschirr. Schließlich stürzten sie sich auf die Wagen, die vor der Gesandtschaft standen, und demolierten sie.

Selbstverständlich protestierte der Geschäftsträger beim Außenministerium. Am nächsten Tag erschien der stellvertretende Minister und drückte sein Bedauern aus.

Am 6. Februar 1957 schrieb das Parteiorgan, daß ich meine Gefangenschaft eigenmächtig unterbrochen habe (ich galt also als ein durchgebrannter Zuchthäusler). Von diesem Tag an wurde die Gesandtschaft, die mir Asyl gewährt hatte, ebenso wie ich selbst täglich in der Presse angegriffen. Auch hier tauchte der Plan einer Flucht auf. Er stammte nur nicht von meiner Seite.

1970 brachte den 25. Jahrestag meiner Ernennung zum Primas und meiner Installierung. Die Patrioten schwiegen. Nur in dem Blatt der ungarischen Emigranten »Életünk«, das mir regelmäßig zugeschickt wurde, schrieb mein ehemaliger Kaplan, der Redaktor Dr. József Vecsey, eine herzliche Erinnerung. Er wies darauf hin, daß ich trotz eines schweren Schicksals mit einem langen Leben belohnt sei: von den 78 ungarischen Kirchenfürsten hat allein János Kanizsay mit seinen 31 Jahren als Primas von Ungarn länger dieses Amt verwaltet. Der Titel des Leitartikels lautete mit einer gewissen Bitterkeit: »Ein vergessener Jahrestag.«

Rückkehr der Friedenspriester

Im Frühling 1957, ein halbes Jahr, nachdem der Freiheitskampf von den Russen in Blut erstickt worden war, antwortete das Kádár-Regime, da es sich nun in seiner Existenz schon sicherer fühlte, auf die gegen die Friedenspriester von den Bischöfen erlassenen Verfügungen. Es erneuerte die früheren Verordnungen, durch die der Religionsunterricht und die Besetzung von kirchlichen Stellen geregelt worden waren, und sandte auch die »bärtigen Bischöfe« an die Bischofssitze zurück. Aber vorerst kamen die alten Verordnungen weder in den Schulen noch bei den kirchlichen Ernennungen zum Zuge. Der Religionsunterricht konnte den 80 bis 85 Prozent dafür eingeschriebenen Schülern ohne jedes Hindernis erteilt werden, und auch die Oberhirten konnten die kirchlichen Stellen mit den dazu geeigneten Priestern in aller Freiheit besetzen.

Dann stellte sich aber heraus, daß das Regime die Verordnungen nur zum Zwecke der Erpressung erneuert hatte. Man wollte die Bischöfe bei jenen Verhandlungen beeinflussen, die beantragt waren, um für die unehrliche Friedensbewegung die Unterstützung der Kirche zu gewinnen. Es war genausosehr Heuchelei wie die Hetze, die 1950 durch die doppelzüngige Interpretation des Textes im Abkommen gegen den Seelsorgeklerus eröffnet worden war. Nach Erfüllung von drei Bedingungen erklärten sich die Bischöfe jetzt bereit, den »Kampf um den Weltfrieden« zu unterstützen:

1. daß sie selbst die Friedensarbeit leiten,
2. daß das Regime die alte Friedenspriesterbewegung auch offiziell liquidiere,
3. daß das von Rom indizierte Wochenblatt »Kreuz«, das die Kirche in zügelloser Weise verunglimpft hatte, nicht wieder erscheinen dürfte.

Inzwischen hatten die Bischöfe aber auch eine Erklärung veröffentlicht, in der es hieß, daß sie mit Vertrauen die Bemühungen der Regierung verfolgten, die auf eine Beseitigung von Fehlern der Vergangenheit und auf die Gutmachung von Unrecht gerichtet seien. Sie unterstützten die Regierung in ihren Bestrebungen, die Wohlfahrt des ungarischen Volkes zu heben und den Weltfrieden zu fördern.

So wurde die Katholische Landesfriedensrat-Kommission begründet, das »Opus Pacis«. In die Leitung kamen auch Vertreter der früheren Friedenspriester hinein. Beresztóczy, Abgeordneter im Landtag, erklärte diese Wendung in einer Wortmeldung so, daß der Episkopat die Kádár-Regierung anerkenne, ihre Arbeit gutheiße und unterstütze. Daraufhin gab der Heilige Stuhl abermals ein Dekret heraus, in dem er den Priestern in Ungarn unter Strafandrohung der Exkommunikation die Annahme eines Abgeordnetenmandats verbot. Die Berichte der aus fünf Mitgliedern bestehenden UNO-Kommission zur Untersuchung der ungarischen Angelegenheiten kamen ebenfalls im Sommer 1957 an die Öffentlichkeit. Die Kommunisten haben diese Berichte als ein Attentat auf den Weltfrieden aufgefaßt, und das Kádár-Regime ordnete an, daß der Landesfriedensrat gegen die Fünfer-Kommission protestiere, da sie eine friedensstörende Tätigkeit entfalte. Diese Verpflichtung bezog sich auch auf die Abteilung »Opus Pacis«, und so erschien am 29. August 1957 die Erklärung, in der die Bischöfe, nachdem sie festgestellt hatten, »daß das gegenseitige Vertrauen als Voraussetzung der friedlichen Zusammenarbeit zwischen Kirche und Staat in den letzten Monaten sich wieder eingestellt habe«, ihre Sorge wegen des Berichtes der Fünfer-Kommission der UNO zum Ausdruck brachten, »weil er wegen seiner Einseitigkeit geeignet sei, die internationale Spannung zu steigern und die wahren Interessen unseres Landes zu gefährden. Der Episkopat könne daher die von den Vereinten Nationen geplante Behandlung der ungarischen Frage auf der Grundlage eines solchen Berichtes nicht gutheißen.«

An der Spitze des Bischofskollegiums stand damals József Grősz, der Erzbischof von Kalocsa, der nach seinem Schauprozeß die Gefängnisse der Kommunisten kennengelernt hatte und mit ihren schonungslosen Methoden wohl vertraut war. Der Beweggrund für seine Nachgiebigkeit lag dennoch nicht in dieser Richtung, sondern eher in der Hoffnung, auf diese Weise die Erhaltung des in der Schule so gefährdeten Religionsunterrichtes zu sichern und die noch größere Gefahr abzuwenden, daß die Friedenspriester in ihre Stellungen zurückkehrten.

Erzbischof Grősz hat sich jedoch in seinen Hoffnungen getäuscht, denn die Kommunisten erneuerten bald nach der Erklärung der Bischöfe die alte Verordnung über den Religionsunterricht mit einer zusätzlichen Durchführungsbestimmung, die dem Kádár-Regime die Möglichkeiten für groben Mißbrauch bot. Die Eltern mußten ihre Kinder an einem einzigen bestimmten Tag für den Religionsunterricht einschreiben lassen, eine nochmalige Gelegenheit gab es nicht. Die Kinder privat in Religion unterrichten zu lassen, war verboten. Nur im Anschluß an die übrigen Unterrichtsgegenstände, wenn die Kinder schon müde waren, durfte Religionsunterricht abgehalten werden. Die Tätigkeit des Religionslehrers wurde vom Direktor streng überwacht. Die Religionsstunde wurde öfter auch gestört. Der Bischof konnte nur mit Zustimmung des Staates einen Religionslehrer ernennen, dem aber der Staat zu jeder Zeit die Arbeitserlaubnis wieder entziehen konnte. Auch die Religionsbücher mußten vom Staat genehmigt werden. Der Religionslehrer durfte sich nur während der Religionsstunde im Schulgebäude aufhalten, außerhalb der Schule war ihm jeder Kontakt mit seinen Schülern verboten.

Der Episkopat konnte also mit der Erklärung, die sein Ansehen sehr geschädigt hat, den Religionsunterricht in der Schule doch nicht retten. Erzbischof Grősz hoffte aber noch immer, wenigstens die Rückkehr der Friedenspriester verhindern zu können, wenn der Staat von der Anwendung der Verordnung, die die Besetzung von kirchlichen Stellen regelte, absehe. Diese enthält nämlich folgende Verfügungen:

§ 1: Auf dem Gebiet der Ungarischen Volksrepublik ist für alle Ernennungen auf Posten und Titel der röm.-katholischen Kirche sowie für alle Ämter, die nach den Rechtsvorschriften der Kirche in den Wirkungsbereich des Papstes in Rom gehören, sowie für die Tätigkeit dieser Personen in ihrem Amt die vorherige Zustimmung des Präsidialrates der Volksrepublik erforderlich. Diese Vorschrift ist auch bei Versetzungen oder Entfernungen anzuwenden.

§ 2: Für die Gültigkeit von Ernennungen, Versetzungen oder Entfernungen ist die vorangehende Zustimmung des Ministers für Kultur und Bildung erforderlich, und zwar bei folgenden Stellen:

a) Stellen, die von der Ernennung der römisch-katholischen Diözesanbischöfe abhängig sind, wie Mitglieder des Domkapitels, bischöfliche Generalvikare, Kanzleidirektoren der bischöflichen Kanzleien, Dechanten sowie Pfarrer in Städten und in Bezirkshauptorten;

b) die Rektoren aller religionswissenschaftlichen Akademien (Hochschulen), Dekane, Direktoren und Professoren, ferner die Direktoren der kirchlichen Mittelschulen.

Der § 3 der Verordnung verfügt, daß nach der Übereinkunft zwischen der Regierung und der Kirche Fall für Fall die erforderliche Zustimmung so lange eingeholt werden muß, bis die Modalitäten der Stellenbesetzung durch das Zustandekommen von Verträgen zwischen dem Staat und den Kirchen endgültig geregelt werden. In § 4 wurde die Gültigkeit dieser Verfügung rückwirkend bis 1. Oktober 1956 ausgedehnt.

Die Bischöfe mußten also fürchten, daß sie die Priester, die bei dem Freiheitskampf wieder auf ihre Posten zurückgekehrt waren, von neuem entlassen müßten, damit an ihre Stelle wieder Friedenspriester kommen könnten. Das bedeutete für sie eine so schwerwiegende Drohung, daß sie die gewünschte Erklärung herausgaben. Wenn wir hier auf die Drohungen hinweisen, so dürfen wir auch nicht außer acht lassen, daß József Pétery, Bischof von Vác, der mit dem Freiheitskampf die Leitung seiner Diözese wieder übernommen hatte, schon früher, und Bertalan Badalik, der Bischof von Veszprém, noch vor der Herausgabe der Erklärung in Hejce interniert worden waren. Für das Verhalten der Bischöfe haben außerdem die Friedenspriester auch insofern eine Rolle gespielt, daß sie nicht nur durch Überredung, sondern auch durch Hinweise auf Drohungen der Kommunisten die Oberhirten beeinflußt haben. Ein ehrgeiziger Mitläufer der Friedensbewegung war Pál Brezanóczy. Bei dessen Wahl zum Kapitelvikar im Domkapitel von Eger, nach dem Tode des Erzbischofs Czapik (1956), hatte das Staatliche Amt für kirchliche Angelegenheiten tatkräftig »mitgewirkt«. Auf diese Weise brachte das Regime seinen ersten Mann in die Bischofskonferenz. Nach der Verhaftung des Bischofs Badalik wurde noch ein Generalvikar, der Friedenspriester war, und zwar Sándor Klempa, ordentliches Mitglied der Bischofskonferenz.

Unter dem Vorsitz von Erzbischof Grősz, dem das Kádár-Regime inzwischen den Fahnenorden der Volksrepublik verliehen hatte, waren die Bischöfe sehr darauf bedacht, daß das »gute Verhältnis«, das sich zwischen Staat und Kirche herausgebildet hatte, nicht wieder ruiniert werde. Sie sorgten dafür, daß das Regime am Verhalten der Priester nichts auszusetzen habe. Außer der Tätigkeit im Opus Pacis kann als Zeichen der Zusammenarbeit und des »guten« Verhältnisses auch der Umstand angesehen werden, daß die frei gewordenen kirchlichen Stellen nur aufgrund einer Absprache mit dem Vertrauensmann bei der Kulturabteilung des Komitates besetzt werden durften. Als Gegendienst duldete das Regime, daß der Episkopat bei der Besetzung der führenden kirchlichen Stellen die früheren Friedenspriester übergehen konnte. Aber diese Situation hielt sich nur bis Sommer 1958.

Am 18. April 1958 erklärte Ministerpräsident Kállai Gyula offiziell folgendes:

»Wir unterstützen die durch den Episkopat angeregte Bewegung Opus Pacis. Unserer Meinung nach kann aber Opus Pacis nur dann eine starke, erfolgreiche Friedensbewegung sein, wenn sie sich nicht nur auf den engen Kreis der höheren Geistlichkeit, sondern auf die möglichst breite Masse der demokratisch gesinnten Geistlichkeit stützt. Das Opus Pacis kann der mit dem Volk verschmolzenen Massenbewegung der demokratischen Priester nicht entgegengestellt werden. Wenn der Episkopat die Zusammenarbeit mit dem Staat aufrichtig wünscht, muß er sich in seiner Tätigkeit auf jene Priester stützen, die Jahre hindurch mit ihrer Arbeit bewiesen haben, daß sie mit den Massen des Volkes für den Frieden und den Aufbau des Sozialismus kämpfen. Auf dieser Grundlage sollen sie jetzt auch die gute Zusammenarbeit zwischen Kirche und Staat entwickeln ... Das Verhältnis zwischen Staat und Kirche muß auf einen festen prinzipiellen Grund gestellt werden, damit es nicht nur ein friedliches, aber passives Nebeneinanderleben sei, sondern ein Verhältnis des aktiven, positiven Zusammenarbeitens werde, dessen Rahmen und Inhalt die Forderungen für den Ausbau des Sozialismus bestimmen.« Ausbau des Sozialismus hieß in ihrer Sprache natürlich die Festigung der atheistischen Atmosphäre.

Die Erklärung Kállais bedeutete nichts anderes, als daß die Bischöfe die Friedenspriester abermals in die führenden kirchlichen Stellen einsetzen sollten, natürlich nicht um »des Friedens und des Aufbaues des Sozialismus« willen, sondern damit – ähnlich dem stalinistischen Vorgänger – auch das Kádár-Regime das kirchliche Leben fest unter seine Kontrolle und Lenkung bringen konnte. Danach geschah es, daß im Sommer auf Einladung des russischen Staatlichen Kirchenrates eine ungarische kirchliche Delegation, die zum größten Teil aus Friedenspriestern bestand, in die Sowjetunion reiste, und zwar unter Führung des Bischofs Hamvas, des späteren Erzbischofs von Kalocsa und Apostolischen Leiters von Esztergom, der für die Erzdiözese den höchsten Friedenspriester als Generalvikar ernannt hatte. Diese Leute führte man nach ihrer Heimkunft von Diözese zu Diözese, damit sie von ihren sowjetischen Erlebnissen und Erfahrungen berichten konnten. Die Vorträge veranstaltete der Landesfriedensrat mit viel Aufwand und benützte diese Gelegenheit auch dazu, von Ort zu Ort eine Abteilung des Opus Pacis zu gründen. Außer durch Propaganda wurde durch Druck der Polizei dafür gesorgt, daß sich die Priester in voller Zahl einfanden und ohne Widerstand die aus ehemaligen Friedenspriestern zusammengestellte Führung der lokalen katholischen Kommissionen genehmigten. So ist es gelungen, die Leitung der sogenannten »Friedensarbeit« vom Episkopat weg in die Hände der Friedenspriester hinüberzuspielen. An die Stelle des Opus Pacis trat die Friedenspriesterbewegung schlechten Angedenkens, der sich jetzt, im Gegensatz zur Situation vor dem Freiheitskampf, mit den Oberhirten an der Spitze sämtliche Priester anschlossen. Vom 24. August 1958 an erschien das Wochenblatt der Bewegung, »Das katholische Wort«, das von nun an die gleiche schädigende Tätigkeit entfaltete wie sein Vorgänger »Das Kreuz«, das der Heilige Stuhl drei Jahre vorher auf den Index gesetzt hatte.

Meinen erzbischöflichen Vikar, den geweihten Bischof Imre Szabó, zwangen die Kommunisten abzudanken. Daraufhin betraute Erzbischof Grősz auf Grund einer Bevollmächtigung aus Rom den Weihbischof Mihály Endrey aus Eger mit der Leitung meiner Erzdiözese. Von diesem forderte das Kádár-Regime im Sommer 1958, an die Spitze von drei Pfarreien in der Hauptstadt Friedenspriester zu setzen. Er tat es, aber er war nicht geneigt, weitere Versetzungen zugunsten der Friedenspriester durchzuführen. Deshalb wurde er in einem entlegenen Dorf, Vámosmikola, interniert. Mit den gebräuchlichen bolschewistischen Methoden wurde dann der Widerstand auch in den übrigen Diözesen gebrochen, und nach Ablauf von kaum drei Jahren hatte das Regime – trotz des Verbotes aus Rom – die Friedenspriester in die leitenden Stellen zurückgebracht. Die Lage der Kirche gestaltete sich in vieler Hinsicht noch schlechter, als sie in den Jahren vor dem Freiheitskampf gewesen war.

Inzwischen wurden Koexistenz und Entspannung Zauberworte in der internationalen Politik. Auch die gebrandmarkten bolschewistischen Diktaturen benötigten internationales Ansehen, vor allem dafür, daß die öffentliche Meinung des Westens die beginnenden Abrüstungs-, Wirtschafts- und Handelsbesprechungen mit dem Sowjetblock nicht mit Widerstand aufnehme. Das Ansehen des Kádár-Regimes hatte einen besonderen Tiefstand erreicht. Es war um diese Zeit durch die Organisation der Vereinten Nationen wiederholt (im ganzen zwanzigmal) verurteilt worden.

Wer konnte aber einer kommunistischen, religionsfeindlichen Diktatur am ehesten zu internationaler Anerkennung verhelfen, wenn nicht der Vatikan selbst? Wenn ihr sichtbare Erfolge haben wollt, sucht die Verbindung mit der Römischen Kirche, mag der Weltkommunismus dem Kádár-Regime vielleicht geraten haben. So erschien János Kádár unter einer Friedensmaske und ging die ersten Schritte Rom entgegen.

Am 6. April 1959 ließ er die wie ein Damoklesschwert über der Kirche schwebende Verordnung, die die Besetzung der kirchlichen Ämter regelte, mit nachstehender Schlußklausel in Kraft treten:

»Wenn eine kirchliche Stelle frei wird und das zuständige kirchliche Amt nicht für deren Besetzung sorgt, wird bei Stellen, die unter § 1 der gesetzlichen Verordnung fallen, 90 Tage nach dem Freiwerden und bei den unter § 2 der gesetzlichen Verordnung aufgezählten Stellen 60 Tage nach dem Freiwerden von der zuständigen staatlichen Behörde aus zur Sicherung des seelsorglichen Dienstes, der kirchlichen Leitung und im Interesse der ordentlichen Priesterausbildung die notwendige Verfügung getroffen.«

Zwei Monate später, am 2. Juni 1959, wurde die Aufnahme der Arbeit des »zuständigen staatlichen Organs«, nämlich des Staatlichen Amtes für kirchliche Angelegenheiten, gefordert. Als dann zweieinhalb Jahre später Msgr. Agostino Casaroli von seiten des Vatikans Verhandlungen mit dem Kádár-Regime aufnahm, hatte dieses mit seinen Friedenspriestern und dem Staatlichen Amt für kirchliche Angelegenheiten die wahre ungarische Kirche bereits vollständig zum Schweigen gebracht. Daher hörte der Diplomat des Vatikans das Wort des ungarischen Katholizismus kaum mehr, und daher geschah es auch, daß sich nach meinem Urteil die Diplomatie des Vatikans ohne genaue Kenntnis der Lage auf Verhandlungen einließ, die nur Vorteile für die Kommunisten und schwere Nachteile für den ungarischen Katholizismus brachten.

Meine Mutter während meines Asyls

In mein Asyl in der USA-Botschaft kam jedes Vierteljahr, zu Weihnachten, zu Ostern, im Sommer zu Peter und Paul und im Herbst zur Zeit der Weinlese meine Mutter, mit Erlaubnis der Kommunisten. Zu Weihnachten war sie bei der Christmette anwesend und kommunizierte. Das war für sie Freude und Opfer zugleich, denn hier konnten keine ungarischen Weihnachtslieder gesungen werden. Ich las ihr und meiner Schwester, die sie begleitete, wenigstens das Evangelium und die Heilige Schrift auf ungarisch vor. Sie blieben drei Tage und durften über Nacht in der Gesandtschaft wohnen.

Sie war für mich auch hier in der Halbgefangenschaft der wahre Sonnenschein. In ihrer tiefen Herzensklugheit erzählte sie mir viel über das religiöse Leben im Dorfe, den Religionsunterricht, den Kirchenbesuch.

Sie wurde meistens von einer ihrer Töchter begleitet. Weihnachten kam einmal auch einer ihrer Enkel mit. Nach diesem Besuch bekam er an seinem Arbeitsplatz die Kündigung, weil er – wie ihm mündlich als Grund mitgeteilt wurde – jemanden zum Tor der amerikanischen Botschaft gebracht habe. Damals kehrte sie im Wagen der Botschaft in ihr Dorf zurück. Zu Ostern des Jahres 1959 wurden beide Wege mit dem Wagen gemacht, so daß sie allein kommen konnte. Wir verbrachten 48 Stunden zusammen, wie einst in meiner Wohnung in Zalaegerszeg oder in Veszprém oder in Esztergom. Die Mutter gestand mir, daß sie immer schwächer werde. Für die Zeit, die ihr noch bleibe, habe sie nur einen Wunsch: mit mir noch einmal in Esztergom und bei ihr daheim zusammen zu sein. Ich glaube, sie wünschte dies eher mir als sich selbst.

Die Erde benötigt solche treuen, tiefgläubigen Mütter diesseits wie jenseits des Eisernen Vorhangs.

Einige Teile meiner Erinnerungen waren schon Weihnachten 1956 fertig geschrieben. Ich übergab ihr mehrere Kapitel zum Lesen. Sie ging sie genau durch und mit verhaltenem Atem, denn sie fand Tatsachen, die ihr unbekannt waren oder die sie nur geahnt hatte. Ich sah es ihrem Gesicht an, wie sehr sie jedes Kapitel bewegte.

Meine Mutter hatte aber auch glückliche Tage, wie aus ihren eigenen Erzählungen hervorging. Die Mutter des Kardinal-Primas blieb in der Kirche auf ihrem alten Platz in der dritten Bank, dem Platz all ihrer Vorgängerinnen. Während meiner Gefangenschaft ließ ihr das Dorf eine spezielle Bank im Chor aufstellen.

Von ihr erfuhr ich, wie sich der Freiheitskampf in unserem Heimatdorf auswirkte und was sich in der Familie ereignete. Am 4. November 1956, dem Kirchtag des Dorfes, zogen die Bewohner von Mindszent und vom benachbarten Mikosszéplak vor unser Haus. Sie grüßten und sangen ungarische Lieder. Meine Mutter empfing die Glückwünsche der einzelnen und der Gruppen. Die Herzlichkeit der Leute ließ sie allen Schmerz vergessen. Was ihr Sohn, der Primas, am Vorabend im Radio aussprach, übernahm am nächsten Morgen seine Mutter im Dorf: »die Vergebung«. Sie ermahnte die ganze Verwandtschaft: »Vergeßt nicht, daß ihr Verwandte des Primas seid, und was ihr dem Primas und euch selbst schuldet! Alles soll vergeben und vergessen werden.«

Das ganze Dorf schloß sich den Aufständischen an. Sogar Kommunisten bekehrten sich. Eine kleinere Schlägerei ausgenommen, ereignete sich nichts Böses. Und auch diese, die einer unbeliebten Amtsperson galt, wurde von einem Zugezogenen angezettelt. Der Amtmann war gewalttätig, rücksichtslos und linientreu gewesen. Die ehemalige Gutsherrin, eine Witwe und Tochter eines Husarenobersts, deren Schloß und Güter

. In Bamberg, Mai 1972.

. Am Rande der
haristie-Feier 1973
ugsburg. Gespräch mit
ntius Bafile.

103. Segnung der Kranken
in Fatima.

104. Begegnung mit
Kardinal Heenan in
London.

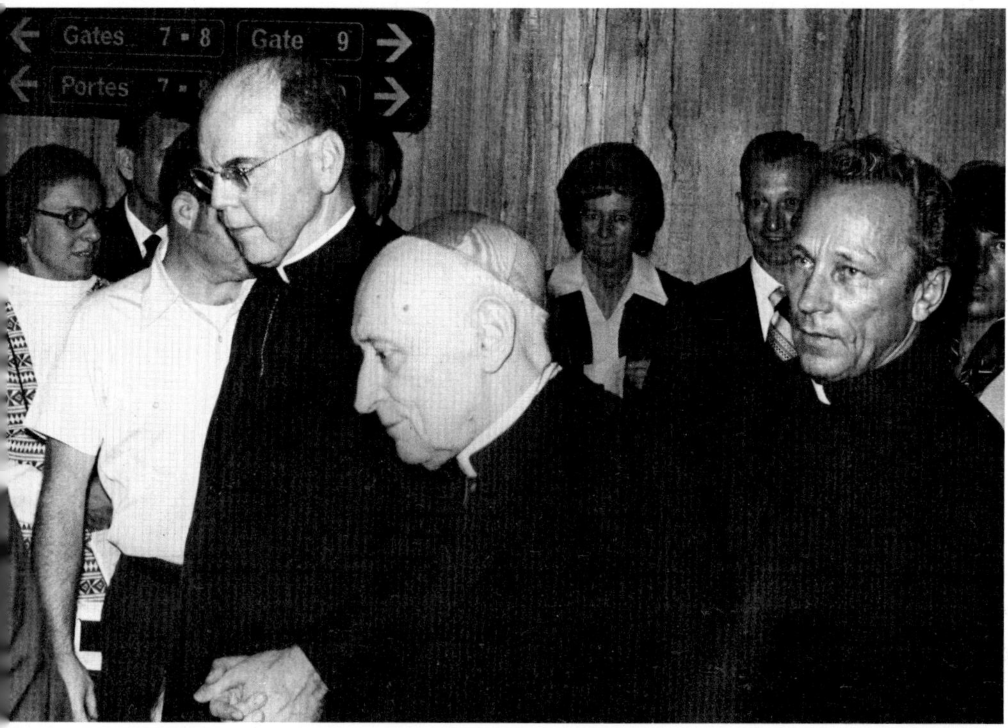

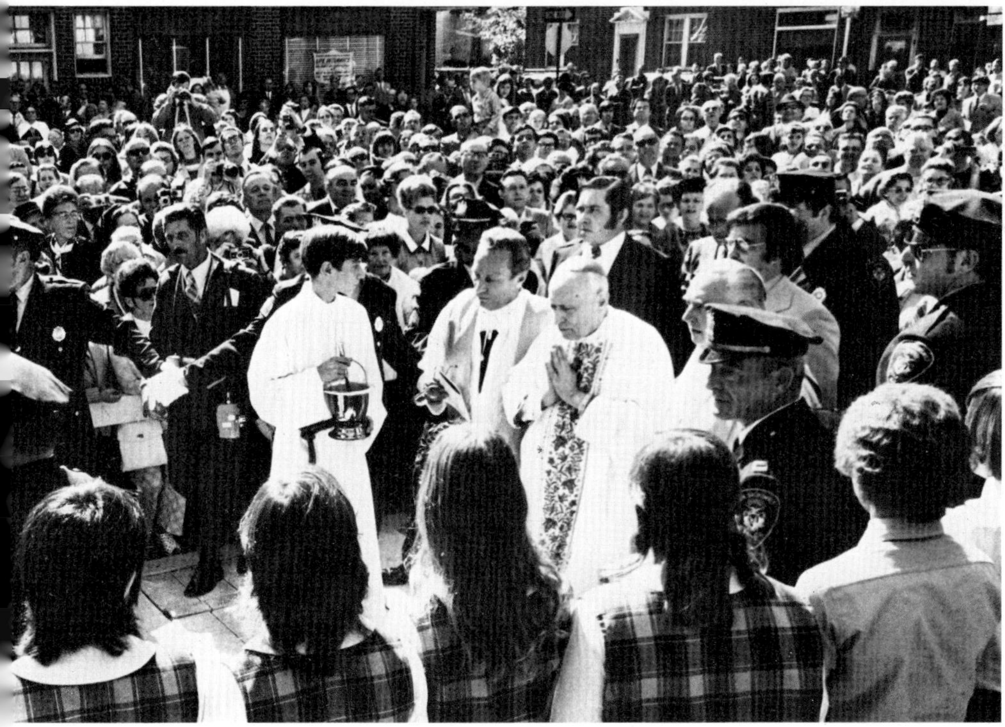

5. Kardinal Cooke, zbischof von New York, grüßt Kardinal Mindszenty auf dem John-F.-Kennedy-Flughafen.

106. Einweihung der St.-Ladislaus-Kirche in New Brunswick.

107. Toronto.

konfisziert und die später auch noch aus der Wohnung ihrer Diener-
schaft ausgewiesen worden war, hatte sich um die Organistenstelle beworben. Sie wäre ihr auch zugesprochen worden, aber der kommunistische Amtmann verbot, gänzlich unbefugt, ihre Wahl und bespuckte die
Bewerberin vor dem ganzen Dorf.

Auch dieser Amtsvorsteher überstand völlig ungefährdet die Tage
des Freiheitskampfes. Die Kolchosen wurden wieder aufgelöst. In mehreren Ortschaften waren sie schwer verschuldet, so daß die Schulden-
last jetzt auf die neuen Einzelbesitzer überging. Die Statue Stalins, die
ihren Platz im neuen Kulturhaus gehabt hatte, wurde in den Straßen-
graben geworfen. Täter waren ehemalige Landarbeiter, an die man
1945 zunächst das Land ausgeteilt hatte, um sie später in die Kolchosen
hineinzuzwingen. Hier waren es Gutsarbeiter, in der Hauptstadt In-
dustriearbeiter, die das Symbol der Stalinzeit zerschlugen.

Jetzt zitterten auch die, die mit ihrer Unterschrift gegen mich votiert
hatten. Man munkelte, sie sollten in einem Schandmarsch durchs Dorf
geführt werden. Dieser Plan wurde aber, auf Bitten meiner Mutter,
fallengelassen.

Welch furchtbare Dinge aber waren geschehen! Wie entsetzt waren
doch meine Mutter und meine Schwester, als ich erzählte, daß während
des Slansky-Prozesses (1952) das minderjährige Kind eines Angeklagten dem Gericht einen Brief schrieb, in dem es für seinen Vater den Tod
erbat, weil er sich gegen den großen Stalin so schwer versündigt habe.
Als Chruschtschow seine Rede hielt, in der er alle Sünden Stalins an die
Öffentlichkeit brachte, beging dann dieser junge Mensch Selbstmord.

Meine Mutter besuchte mich zweiundzwanzigmal in der Gefangenschaft. Von den sieben Örtlichkeiten meiner Gefangenschaft sah sie
drei: das Gefängnisspital, Püspökszentlászló und Felsöpetény. An vier
Orte durfte sie nicht kommen: Andrássystraße, Markóstraße, Zuchthaus und Inquisitionsspital. Für diese Reisen hat sie eine Entfernung
von rund 12 000 Kilometern zurückgelegt.

Aber ihr gefangener Sohn durfte, als sie von Gott aus dem Leben abberufen wurde, nicht einmal an ihrem Begräbnis teilnehmen, um so viele
Mühe und Opfer ein wenig vergelten zu können.

Zu Weihnachten 1959 war sie das letzte Mal bei mir mit meiner
jüngeren Schwester. Die Gesandtschaft der Vereinigten Staaten konnte
diesmal kein Auto nach Mindszent senden. Graf Franco, der italienische Gesandte, schickte den Wagen, um sie abzuholen. Sie verbrachten
drei Tage mit mir. Dabei erfuhr ich, daß sie an jedem Rorate teilgenommen hatte. Nach meiner heiligen Messe wurde sie von den Teilnehmern

385

und von den Beamten der Gesandtschaft während der drei Tage ihres Aufenthaltes umsorgt.

Sie war über die erneut bevorstehende Kollektivierung der Weinberge, Felder, Wiesen und Wälder unserer Familie sehr betrübt. Nicht die materiellen Verluste schmerzten sie in erster Linie, sondern die damit verbundenen inneren Werte lebenslanger Anhänglichkeit an das eigene Stück Erde. Die Unabhängigkeit der Familien ging zugrunde, darunter mußten die Kindererziehung und die Heiligung der Sonn- und Feiertage leiden.

Mein Trost, daß die Kollektivierung ein Schlag sei, der doch das ganze Land treffe, konnte ihr nicht viel helfen.

Ich erhoffte von ihr noch einen Besuch zu Ostern. Aber sie sagte: »Dieser Weihnachtsbesuch wird der letzte sein.« In diesem Winter war ihr Befinden schlechter als in früheren Jahren.

Zwei Wochen nach ihrer Heimkehr sandte sie mir Polster mit Überzügen, weil sie gehört hatte, daß ich sie durch meine Schwester kaufen lassen wollte.

Am 5. Februar 1960 gingen meine Augengläser entzwei und ließen sich in der Klausur nicht sogleich ersetzen. Daher konnte ich nur noch den Rosenkranz beten. Den Meßtext mußte ich mit einer Lupe lesen. Wie immer nannte ich die Mutter im Memento der Lebenden, ich hätte sie damals aber schon in das für die Toten einschließen müssen. Um elf Uhr desselben Tages trat der Sekretär der Gesandtschaft mit einem Telegramm bei mir ein. Er hatte es noch nicht einmal auf den Tisch gelegt, als ich wußte: Meine Mutter ist gestorben.

Das Telegramm enthielt in der Tat diese Nachricht, auch der Zeitpunkt des Begräbnisses war angegeben.

Ich wurde nun noch ärmer. Jetzt fehlte mir der liebste Mensch auch an meinen Feiertagen. Bischof Prohászka schreibt zum Tod seiner Mutter: »Der kostbare Kelch zerbrach, das Gefäß deiner wunderbaren Seele, die Gott uns gab.« Dem Bischof Virág von Pécs brannte, als er noch Propstpfarrer von Szekszárd war, die Kirche nieder, und zu gleicher Zeit starb seine Mutter. Er sagte: »Zwei Heiligtümer wurden zu Asche.« Meine Mutter war ein Stern in harten und verworrenen Zeiten. Gott hatte sie nun zum Leben in der Ewigkeit abberufen.

Ich brauchte an diesem schwarzen Tage kein Essen und auch kein Buch; der Tod hatte mich aufgewühlt. Ich betete ihr Lieblingsgebet, den Rosenkranz. Ich weinte über ihren Verlust, dann wurde ich ruhiger. Mein Dank, sie im Leben gehabt zu haben, mußte größer sein als meine Trauer über ihren Heimgang.

Mr. Garret Ackerson, Chargé d'affaires der Gesandtschaft, kam herein und tröstete mich liebevoll. Wegen der Seele meiner Mutter war ich ganz ruhig. Ich vertraute auf die unermeßliche göttliche Barmherzigkeit. Ihr irdisches Leben war stets eine Vorbereitung auf das ewige gewesen. Sie suchte immer gern die Sterbenden auf und betete mit ihnen. Ihre Grundstimmung war immer hoffnungsvoll, ohne seelische Unruhe.

Die Tage in Ostia und die Tränen des schon dem Christentum angehörenden Augustinus um seine Mutter beschäftigten mich in diesen Stunden.

Am 24. Januar war sie zuletzt bei der hl. Messe gewesen. Am 28. Januar war der 69. Jahrestag ihrer Hochzeit.

Von diesem Tag an war sie schon mehr drüben als hier auf der Erde.

Am 31. Januar machte sie sich bei einem orkanartigen Sturm auf den Weg in die Kirche. Die Familie wollte sie abhalten. Man rief den Arzt. Er kam und sprach der Familie Mut zu, das Herz sei noch gut. In Gottes Urteil ist es sicherlich noch besser gewesen.

Zu Maria Lichtmeß empfing sie die Sterbesakramente. Mit größter Ruhe betete sie laut mit. Sie fürchtete sich nicht vor dem Tod. Für sie war die Ewigkeit kein Schrecken.

Zu Beginn der folgenden Woche machte sie dann ihr Testament und bestimmte die Enkelkinder zu ihren Erben. Es ging aber noch nicht ans Sterben.

Noch am 4. Februar hielt sie einen ihrer Urenkel auf dem Schoß, öffnete das Tor für den heimkehrenden Wagen, körnte Kukuruz ab und betete, ihrer täglichen Gewohnheit entsprechend, den Rosenkranz. Weil sie schon länger nicht mehr im Weinberg gewesen war, machte sie sich am nächsten Tag auf den Weg dorthin. Die Familie bat, es zu unterlassen, weil die Wege um diese Jahreszeit schlecht sind, und vertröstete sie auf den Frühling. In der Nacht bemerkte meine Schwester eine Veränderung an ihr. Der Pfarrer wurde rasch gerufen. Meine Mutter wußte, daß sie nun sterben werde. In ihrer Hand brannte die Sterbekerze.

Eine letzte Freude war es ihr, daß ich ihr von Papst Johannes XXIII. den Segen in ihrer Krankheit erbeten hatte. Die Segensbotschaft war an die Adresse des Pfarrers von Mindszent gekommen und schon am 2. Januar 1960 dort eingetroffen. Sie war von Kardinal Tardini unterzeichnet.

In den letzten Viertelstunden betete die Mutter andächtig mit den Angehörigen und schlummerte dann ohne Agonie in die Ewigkeit hinüber.

Sie, die das Herz Jesu so tief verehrt hatte und als junge Frau am

Herz-Jesu-Fest immer wieder die Pilgerfahrt nach Egyházashetye unternommen hatte, wo der Pfarrer die Verehrung des Heiligsten Herzens pflegte, verschied an einem Ersten Freitag um drei Uhr nach Mitternacht.

Am Sarg meiner Mutter rief eine achtzigjährige Frau, bei deren Hochzeit meine verewigte Mutter Brautjungfrau gewesen war, mit lauter Stimme, sie doch mitzunehmen, weil die Welt so kalt und böse geworden sei. Sie wurde eine Woche später selbst auch begraben.

Zu ihrem Sarg zog ein Strom von Menschen, um sich von ihr zu verabschieden. Sie kamen nicht aus Neugierde oder bloß weil es so Brauch ist, sondern aus echter Anteilnahme. Alle standen an ihrem Sarg mit Tränen in den Augen und sprachen Gebete. Ein Kaufmann, selbst schon 68 Jahre alt, dankte eigens dafür, daß die Verewigte ihn das Confiteor gelehrt hatte, um ministrieren zu können. Der Kreisarzt, der sie Jahrzehnte hindurch behandelt hatte, erschien und fiel neben ihr auf die Knie und betete unter Tränen. Schließlich erschienen auch alle Enkel und Urenkel. Neben ihren Sarg stellte man das Bild ihres Sohnes. Es war der treu gehütete Schatz ihres Zimmers gewesen.

Sie wurde am 7. Februar begraben. Wenn überhaupt jemand, so hätte ich bei diesem Begräbnis dabeisein müssen. Ich konnte mich aber nicht den Händen meiner Verfolger ausliefern, es wäre Vermessenheit, ein Versuchen Gottes gewesen.

Der Geschäftsführer der Gesandtschaft, Mr. Ackerson, wollte mit seinen beiden Sekretären nach Mindszent fahren, erhielt aber keine Erlaubnis dazu. Die Reise wurde ihm einfach untersagt. Der italienische Botschafter und seine Gemahlin, der französische Botschafter mit Gemahlin gingen zum Begräbnis meiner Mutter. Sie nahmen meinen Kranz mit, der die Aufschrift trug: Mit Dankbarkeit und tiefem Schmerz in der Hoffnung auf ein Wiedersehen!

Die Familie lebte dabei in ständiger Angst, daß ich vielleicht doch noch kommen könnte. Meine Angehörigen fühlten sich sehr erleichtert, als nur der Kranz und ein Gruß eintrafen. Bereits am Samstag waren im Dorf Geheimpolizisten erschienen. Sie hielten überall Nachschau, sogar in der Kirche. Es verbreitete sich die Kunde, daß ich sofort verhaftet würde, falls ich aus dem Wagen steigen sollte. Der große Polizeiaufmarsch hatte aber gegenteilige Auswirkungen.

Das bischöfliche Requiem unterblieb, weil der Diözesanbischof, der meinen Vater zu Grabe geleitet hatte, krank darnieder lag. Außer den zwei Ortspriestern nahmen fünf andere Geistliche an dem Begräbnis teil. Die Schulkinder waren da, es fehlte aber der Lehrer. Einer der Priester hatte das Begräbnis so würdig gestaltet, daß die Diplomaten beeindruckt darüber berichteten, als sie mir die Bestattungsfeierlichkeiten schilderten.

Die Mitglieder des Rosenkranzvereines gingen betend, mit brennenden Kerzen in Händen, neben dem Sarg. Es gab sehr viele Blumen und Kränze. Der Dechant betete nach der Zeremonie für alle Mütter, die für die Kirche einen Priester geboren hatten, zu Gott.

Papst Johannes XXIII. drückte der Familie persönlich seine Anteilnahme aus.

Zu Weihnachten 1960 brachten dann meine Schwestern die Fotos vom Grab und erzählten über die Beobachtungen der Bewohner, die in der Nähe des Friedhofs wohnten. Wagen und Autos von auswärts hielten an, die Reisenden stiegen aus, gingen zum Grab und beteten still. – Im Jahre 1971 fand man auf meiner Mutter Grab das Bild eines Seminaristen aus Esztergom, der ein Treuegelöbnis für den gefangenen Primas darauf geschrieben hatte. Zu seinem Glück fanden meine Schwestern das Bild noch vor der Polizei.

Meine Mutter pflegte alljährlich gemeinsam mit ihren Freundinnen, den Frauen aus dem Dorf, die Ostervigil betend auf dem Friedhof in der Welt der Gräber zu verbringen. Sie kehrte dann erst in der Morgendämmerung heim, um die Osterspeisen für die Segnung vorzubereiten. In ihrem Herzen war der Glaube an die Auferstehung der Toten tief verwurzelt. Für sie waren die Auferstehung Christi und die Auferstehung allen Fleisches zusammengehörige Glaubenssätze der Lehre des Apostels Paulus gemäß. Sie wußte, wem sie glaubte, und darum wird sie nicht zuschanden werden; das ist meine feste Überzeugung.

Daheim schwiegen die Blätter; aber in der ausländischen Presse wurde auch meine Mutter betrauert, so in »Katolikus Szemle« in Rom und in der schweizerischen Kirchenzeitung, in der József Vecsey schrieb.

In Fairfield/Conn. in den USA wurde den heimatlosen Ungarn noch zur Zeit, da ich Pfarrer in Zalaegerszeg war, eine schöne, künstlerisch ausgestattete Kirche errichtet. Zum Silberjubiläum dieser Kirche stellten die Franziskaner aus Ungarn, die Seelsorger in dieser Kirche waren, darin die Statue unserer Lieben Frau von Ungarn auf. Die Gestalt meiner Mutter hatte das Modell für die Muttergottes abgegeben: Sie hält als einfache Frau aus dem Dorfe das Jesukind an der Hand. Gott möge die Künstlerin Bertha Hellebrandt segnen, aber auch die edlen Patres und auch denjenigen, der ihnen diese Idee eingab. Eine Schwester aus Ungarn hatte das Bild meiner Mutter mit sich in die USA genommen, und nach ihm wurde die Statue geschaffen.

Wie oft dachte ich: »... wenn sie einmal tot unter der Erde liegt, werde ich erst ihren Wert, die unermeßliche Gnade, die ich an ihr besessen habe, wahrhaft erkennen.«

Heute fühle ich mich nicht nur arm, sondern ich fühle jenem Grab gegenüber, das ich nie besuchen durfte und das ich wahrscheinlich auch nie sehen werde, eine tiefe Dankesschuld.

Meine Mutter war wie eine Heilige. Ich habe weder an ihr noch um sie jemals etwas Schlechtes gesehen, aber desto mehr Gutes und Schönes. Ich glaube fest daran, daß meine Mutter in der Ewigkeit glücklich ist, und hier in diesem Jammertal sehne ich mich nach einem frohen Wiedersehen mit ihr.

IM EXIL

Am 23. Juni 1971 teilte mir Kardinal König mit, Prälat József Zágon aus Rom werde mich besuchen. Als persönlicher Beauftragter des Heiligen Vaters kam er, von Mgr. Giovanni Cheli begleitet, am 25. Juni, 10 Uhr vormittags, bei mir an. Cheli übergab mir als Geschenk des Papstes den ersten Band des neuen Breviers und verabschiedete sich wieder, nachdem er mir die Grüße des Kardinal-Staatssekretärs übermittelt hatte.

Als wir nun zu zweit waren, wies Mgr. Zágon auf die Besorgtheit des Heiligen Vaters hin; der Papst meine, es wäre doch besser, wenn ich mich jetzt zum Verlassen der amerikanischen Botschaft entschließen könnte. Er trug mir die Gründe vor, die Seine Heiligkeit zu dieser Ansicht bewogen.

Ich hatte dabei den Eindruck, daß auch die Regierung der Vereinigten Staaten, die veränderte Lage und mein Alter berücksichtigend, ein Verlassen der Botschaft inzwischen für wünschenswert halte. Mgr. Zágon erwähnte auch meine Erkrankung, mein vielleicht irgendwann bevorstehendes Lebensende und die daraus sich ergebenden Schwierigkeiten, dann fuhr er fort: »Darum denkt der Heilige Vater eine Lösung herbeizuführen, die das Opfer Eurer Eminenz in ein neues Licht rücken soll, damit Sie mit Ihrem moralischen Beispiel vor der Weltöffentlichkeit noch wachsen, von Ihren Verdiensten nichts verlieren und der ganzen Kirche als Vorbild dienen können. In diesem Interesse möchte der Papst das ihm mögliche unternehmen.« Der persönliche Beauftragte des Heiligen Vaters betonte auch, mit einer Rettung und späteren Veröffentlichung meiner Memoiren sei nur dann zu rechnen, wenn ich meine Manuskripte ins Ausland bringen und selbst für ihre Veröffentlichung sorgen könne. So könnte ich der ungarischen Kirche und Nation anläßlich der Tausendjahrfeiern des ungarischen Katholizismus einen wertvollen Dienst erweisen. Meine Teilnahme als Primas an den Feierlichkeiten der ungarischen Emigration werde sehr viel zur Erneuerung des sittlichen und religiösen Lebens der Ungarn im Ausland beitragen. Ich erklärte dagegen, daß ich meine Gläubigen und die Kirche in ihrer schwierigen Lage nicht im Stich lassen könne. Auch mein Leben möchte ich in der Heimat, in der Mitte meiner Gläubigen beenden. Meine Entfernung würde nur den Interessen des Regimes dienen, der Kirche jedoch schaden. Es sei bestimmt damit zu rechnen, daß die Kommunisten eine Veränderung meiner Lage für ihre Propaganda auszunützen versuchten. Darum wünsche ich, daß der Heilige Stuhl als Gegenleistung für meine Entfernung, noch vor meiner endgültigen Entscheidung, von dem Regime die Wiedergutmachung der Schäden, die der Kirche zugefügt wurden, verlange. Mgr. Zágon versicherte mir daraufhin, daß der Heilige Stuhl selber dafür Sorge tragen werde, daß die Kommunisten mein Verlassen des Landes nicht für propagandistische Zwecke ausnützen könnten. Für die Wiedergutmachung des erlittenen Unrechts werde der Vatikan während der Verhandlungen mit Ausdauer kämpfen, und wie es scheine, bestehe in mancher Hinsicht bereits Hoffnung auf Entspannung. Ich selbst forderte vor allem die Auflösung der Bewegung der Friedenspriester und die Zusicherung der Freiheit des Religionsunterrichtes. Aber der Beauftragte des Papstes erwartete gerade auf diesen beiden wichtigen Gebieten keinerlei Entspannung.

Nach dem Mittagessen setzten wir unsere Besprechungen fort. Ich dankte dem Heiligen Vater für sein Wohlwollen der katholischen Kirche Ungarns und meiner Person gegenüber. Im Zusammenhang mit seinen Wünschen erbat ich mir eine Bedenkzeit, um meine Entscheidung unter gewissenhafter Erwägung aller Umstände treffen zu können. Ich war es der ungarischen Kirche und meinem Vaterlande schuldig, in dieser so wichtigen Angelegenheit erst nach reiflicher Überlegung zu entscheiden. Außerdem mußte ich für den Transport meiner Sachen sorgen und auch die Familienangelegenheiten mit meiner Schwester, die eben in einem Spital krank darniederlag, ordnen, was nicht von einem Tag auf den anderen geschehen konnte. All dies nahm eine gewisse Zeit in Anspruch. Aber ich versprach, daß ich meine Entscheidung nicht auf ein Jahr hinausschieben wolle. Ich drückte meine Bereitschaft aus, auch jetzt meine persönlichen Interessen dem Wohl der Kirche unterzuordnen, fragte jedoch nach den Bedingungen, unter welchen ich die Gesandtschaft und vielleicht auch mein Vaterland verlassen müßte. Diese Bedingungen faßte Zágon folgendermaßen zusammen:

1. Die Eigenschaft als Erzbischof und Primas werde nicht angetastet, aber die Rechte und Pflichten, die mit der Ausübung des Amtes in der

Heimat verbunden sind, würden aufgehoben, und statt meiner werde ein von Rom ernannter Apostolischer Administrator meine Diözese verwalten. Ich wünschte, daß das Pazmaneum, in dem ich mich niederzulassen beabsichtigte, meiner Jurisdiktion zugewiesen werde und im Päpstlichen Jahrbuch neben meinem Namen, wie dies seit 1949 üblich war, der Vermerk »impeditus« auch weiterhin bestehenbleibe.

2. Die zweite Bedingung bezog sich darauf, daß ich weder Erklärungen noch Rundschreiben veröffentlichen dürfe, sondern das Land »in aller Stille« zu verlassen habe. Diese Bedingung habe ich in der ausgesprochenen Erwartung angenommen, daß der Heilige Stuhl selber die Öffentlichkeit der Wahrheit gemäß über die Ursachen und Umstände meiner Entfernung benachrichtige. Zágon machte mir den Vorschlag, daß ich die Motive und Umstände meines Fortganges in einem Brief zusammenfassen solle. Das Vatikanische Pressebüro könnte dann, mit meinem Brief als Unterlage, alle großen Presseagenturen der Welt informieren und damit allen falschen Interpretationen vorbeugen.

3. Die dritte Bedingung gab mir Anlaß zu schweren Bedenken. Man wünschte von mir nicht weniger, als daß ich im Ausland keinerlei Erklärungen abgebe, welche »die Beziehungen des Apostolischen Stuhles zur ungarischen Regierung stören könnten oder für die ungarische Regierung oder die Volksrepublik verletzend wären«. Entschieden und eindeutig erklärte ich, und das wurde auch ins Protokoll aufgenommen, daß ich das kommunistische ungarische Regime, das den Untergang der ungarischen Kirche und der Nation verursache, nicht als Richter über meine Äußerungen annehmen könne. Solche Bedingungen wies ich entschieden zurück. Das einzige, worauf ich dem Regime gegenüber Anspruch erhebe, sei meine vollkommene Rehabilitierung nach dem »Justizmord«. Die Beurteilung dessen, fügte ich noch hinzu, ob meine eventuellen Äußerungen dem Verhältnis zwischen dem Heiligen Stuhl und dem ungarischen Regime schädlich seien, gehöre ausschließlich in die Kompetenz des Heiligen Stuhles. – Diese Bemerkung wurde später von einigen vatikanischen Kreisen als Annahme auch der dritten Bedingung gewertet.

4. Die vierte Bedingung berührte meine »Erinnerungen«. Man wollte mich verpflichten, meine Memoiren geheimzuhalten und sie nicht zu veröffentlichen; meine Manuskripte sollte ich testamentarisch dem Heiligen Stuhl vermachen, der dann im geeigneten Zeitpunkt für ihre Veröffentlichung Sorge tragen werde. Ich zeigte mich überaus erstaunt; es war ja vorher von Zágon unter den Vorteilen meiner Entfernung auch die Möglichkeit der Veröffentlichung meiner Memoiren genannt worden.

Nach Durchsicht meiner Manuskripte erklärte er daraufhin, und dies wurde auch zu Protokoll genommen, er sehe keine Schwierigkeit, daß meine Memoiren, »wenigstens in wesentlichen Teilen, noch zu Lebzeiten veröffentlicht werden«. Er fügte hinzu, daß ich die Manuskripte bei mir behalten und sie im Falle meines Ablebens einem Priester übergeben könne, der mein Vertrauen und auch das des Heiligen Stuhles genieße. Er versprach sogar die Besoldung der nötigen Schreibkräfte von seiten des Vatikans.

Unsere Besprechungen dauerten drei Tage. Inzwischen schrieb ich den vorgeschlagenen Brief an den Heiligen Vater, in dem ich in einigen Zeilen meine Leiden erwähnte und Stellung nahm zu der Anschuldigung, die mich als »größtes Hindernis für ein normales Verhältnis zwischen Kirche und Staat« bezeichnete. Dann setzte ich den Brief folgendermaßen fort:

»Damit ich diesen mir gegenüber vorgebrachten Vorwand beseitigen und die Wahrheit der Tatsachen noch besser beleuchten kann und den Lasten und Unannehmlichkeiten einer langen und großzügigen Gastfreundschaft ein Ende setze, möchte ich Eure Heiligkeit versichern, daß ich auch jetzt nicht zögere, wie ich dies auch in der Vergangenheit stets getan habe, mein eigenes Schicksal den Interessen der Kirche unterzuordnen. In diesem Geiste und nach gewissenhafter Erwägung meiner Pflichten als Oberhirte, aber auch als Bezeugung meiner selbstlosen Liebe der Kirche gegenüber bin ich zu dem Entschluß gelangt, das Gebäude der amerikanischen Gesandtschaft zu verlassen. Den Rest meines Lebens möchte ich auf ungarischem Boden, inmitten meines geliebten Volkes verbringen, unbeschadet der äußeren Umstände, die mich erwarten. Sollten jedoch die Leidenschaften, die gegen mich genährt werden, oder vom Standpunkt der Kirche aus gesehen, schwerwiegende Gründe dies nicht ermöglichen, so nehme ich dies schwerste Kreuz meines Lebens auf mich: Ich bin bereit, mein Vaterland zu verlassen, um in der Verbannung für die Kirche und für mein Volk zu sühnen. In Demut lege ich dieses Opfer zu Füßen Eurer Heiligkeit. Ich bin überzeugt, daß auch das größte persönliche Opfer zur Bedeutungslosigkeit zusammenschrumpft, wenn es um die Sache Gottes und der Kirche geht.«

Mgr. József Zágon, der persönliche Beauftragte des Heiligen Vaters, verfaßte ein Protokoll unserer Verhandlungen und bat um meine Unterschrift. Ich konnte sie ihm für dieses Dokument aber nicht geben, weil mir vor allem der Schlußsatz des Protokolls, in dem der Beauftragte Seiner Heiligkeit als Ergebnis unserer Unterredungen zusammenfaßte, daß ich »ausgenommen die Bedingungen, die in den Punkten 1–4 enthalten sind«, als freier Mann, durch keine einschränkende Auflage gebunden, ins Ausland gehen könne, kaum annehmbar erschien.

Zágon drängte in dieser Angelegenheit abermals auf meine Entscheidung, doch ich blieb dabei, daß ich Bedenkzeit brauche.

Nach der Abreise Zágons informierte ich Präsident Nixon in einem Brief über meine Lage und fragte an, ob es nicht möglich wäre, auch weiterhin in der amerikanischen Gesandtschaft zu verbleiben. Seine Antwort traf unerwartet schnell ein. Er empfahl mir, mich in mein Schicksal zu fügen. Aus diesem in höflichem Ton gehaltenen Schreiben des Präsidenten wurde mir klar, daß ich tatsächlich von jetzt an ein unerwünschter Gast in der Gesandtschaft sei. Nach all dem konnte ich also nur zwischen zwei Möglichkeiten wählen: Verlassen der Botschaft und zugleich Selbstauslieferung an die Politische Polizei oder Ausreise in den Westen gemäß dem Wunsch des Papstes.

Hätte ich gewußt, daß man mich ins Gefängnis oder in einen Hausarrest, wie jenen in Felsőpetény, bringen werde, wäre ich gerne daheim geblieben. Voll Angst dachte ich jedoch daran, daß das Regime mir das Schicksal Kardinals Stepinac zudiktieren werde, den Tito »gnädigst« in seinem Heimatdorf internieren ließ. Ein amerikanischer Journalist hatte mir nämlich in den Jahren nach dem Freiheitskampf einen Bericht über das Leben dieses Kardinals gebracht. Der Journalist hatte an einem Sonntag meiner Messe beigewohnt; nachher blieb er im Zimmer, stellte sich vor und übergab mir eine »wichtige Botschaft« des Kardinals Stepinac. Mein Bruder Kardinal, der bereits am Rande des Grabes stand, forderte mich auf, mich zu weigern, in meinem Heimatdorf in Hausarrest zu gehen. Er warnte mich, damit nicht auch ich in die erbärmliche Situation gerate wie er. Mit ihm waren nämlich sechzehn Polizisten in sein Heimatdorf bei Zagreb gekommen. Seine verwitwete Schwester übergab ihr einziges Zimmer ihrem Kardinal-Bruder. Sie selbst zog sich mit ihren Kindern in die Küche zurück. Auch die Kammer wurde wohnlich eingerichtet, und in diese zog das Wachpersonal des Gefangenen ein. Wenn er in die Kirche ging, um die Messe zu feiern, wurde er von den Polizisten begleitet. Aber das wäre nicht das Schlimmste gewesen ... Eine Gruppe von Polizisten brachte den ältesten Sohn der Schwester, der noch nicht wehrpflichtig war, in eine entlegene Kaserne. Erst nach zwei Monaten wurde er seiner Mutter zurückgeschickt, aber sein Verstand war in der Kaserne geblieben. Er war zu Hause nun arbeitsscheu und trieb sich Tag und Nacht in den Wäldern, auf den Feldern, den Wiesen und auf der Straße herum. Die Bewohner des Dorfes und der Umgebung betrachteten mitleidig und nachdenklich das große Übel und den schweren Schlag, den die verwandtschaftliche Verbundenheit mit dem Kardinal dieser armen Familie gebracht hatte.

Soweit der Bericht des Journalisten. Ich zweifelte zunächst nicht an der Richtigkeit der Mitteilungen dieses wohlwollenden Besuchers. Im Exil allerdings erfuhr ich dann, daß die Schilderungen des ausländischen Zeitungsmannes nicht ganz zutrafen. So hielt sich – beispielsweise – der Kardinal gar nicht im Hause seiner Schwester, sondern im Pfarrhaus seines Heimatdorfes auf.

Mit Schrecken dachte ich daran, daß auch Kádár diese Szene organisieren könnte, um Eindruck zu machen, sobald ich aus dem Tor der amerikanischen Gesandtschaft treten würde, denn auch ich besaß ja in meinem Heimatdorf eine verwitwete Schwester, Mutter mehrerer Kinder. Sie litten an meinem Schicksal schon genug. Durfte ich ihnen auch weiterhin etwas von meinem schweren Kreuz zumuten? In Mindszent lebten in den Familien meiner beiden jüngeren Schwestern 14 Kinder und mehrere Enkelkinder. Durfte ich diese dem Schicksal aussetzen, das dem Neffen des kroatischen Kardinals beschieden war? Die Botschaft und die Mahnung meines Kardinal-Bruders hütete ich als heiliges Vermächtnis, und dies war schließlich ausschlaggebend, daß ich nicht einfachhin das Verlassen der Gesandtschaft wählte, sondern die Verbannung.

Ich wußte wohl, daß ich in der Gesandtschaft nicht nur wegen meiner Krankheit ein unerwünschter Gast war, sondern daß ich der Entspannungspolitik im Wege stand. Es ist allerdings auch wahr, daß meine früheren Krankheiten wieder akut wurden. Seit 1960 zeigte sich abermals meine Basedow-Erkrankung, begleitet von hohem Blutdruck und Herzinsuffizienz. 1964 traten Magenbeschwerden auf, und ein Jahr später zeigte sich abermals die von den Ärzten in der Klinik von Pécs als geheilt erklärte Lungentuberkulose. Man schickte natürlich dem Weißen Haus Berichte über meinen Gesundheitszustand. Sie wurden wahrscheinlich an den Vatikan weitergeleitet. Ein irischer Katholik, O'Shaughnessy, selber ein kränklicher Mann, wurde zu dieser Zeit der Geschäftsträger der Gesandtschaft. An einem Abend des Jahres 1965 suchte er mich mit dem ärztlichen Gutachten auf und wollte mich dazu bringen, in ein Krankenhaus der Hauptstadt zu gehen, um mich dort behandeln zu lassen. Mit ruhiger Stimme erwiderte ich ihm, daß ich kein bolschewistisches Krankenhaus betrete; ich habe meine Gründe dafür. Sollte man jedoch wegen einer eventuellen Infektion um die Gesundheit des Personals besorgt sein, so möge man mir das Essen

einfach vor die Türe stellen. Ich werde von dort das Geschirr herein-
nehmen und es nach dem Essen wieder zurückstellen. Derart könnten
wir uns verhalten, erklärte ich dem Geschäftsträger, bis zu meiner Ge-
nesung oder, so Gott will, bis zu meinem Tode. In diesem Sinne traf
er seine Anordnungen; ich bekam daher gleich schon am Abend das
Essen in der vorgeschlagenen Weise und dann noch während weiterer
vier, fünf Wochen.

Der Arzt der Gesandtschaft, Dr. Linsky, bat mich sehr taktvoll, während meiner Krankheit die hl. Kommunion nicht auszuteilen. Da die
Gläubigen am folgenden Sonntag noch damit rechneten, daß ich die
hl. Kommunion austeile, erlaubte er dies zwar, allerdings erst nach einer
Händewaschung. Während dieser hl. Messe gab ich bekannt, daß ich
wegen meiner Krankheit die hl. Kommunion nicht spenden könne. Gott
sei Dank verschwand die Krankheit nach einigen Wochen. 1966 kam
O'Shaughnessy schwer erkrankt in ein Krankenhaus der Hauptstadt,
und zu meinem größten Bedauern starb er dort nach einigen Tagen.

Meine Krankheit zwischen 1960 und 1965 bot den Befürwortern der
sogenannten Entspannungspolitik eine gute Gelegenheit, meine Angele-
genheit ständig auf der Tagesordnung zu behalten. Daran änderte auch die
Tatsache nichts, daß ich inzwischen wieder ganz genesen war. Dafür möchte
ich auch hier den achtsamen und erfolgreichen Botschaftsärzten meinen
innigsten Dank aussprechen. Meine behandelnden Ärzte waren in den
Jahren 1965–1971 Lt. Col. Forrest W. Pitts, Col. William Dunnington,
Dr. James E. Linsky, Dr. Richard Rushmore, Lt. Col. James J. Lane,
Lt. Col. Jay Seibert, Dr. Charles E. Klontz, Dr. Donald McIntyre. Die
Gefäßverengung an meinen Beinen, an der ich auch 1971 litt, war nicht
gefährlich, obwohl meine Füße immer geschwollen waren. Das Übel verschwand ganz, als ich im Ausland mehr Bewegung hatte und eine inten-
sivere ärztliche Betreuung erhielt. 1971 wurden geflissentlich Nachrichten über meine schwere Erkrankung vorbereitet, um die Aufmerksamkeit von den wahren Ursachen meiner Entfernung aus der Gesandtschaft
abzulenken und um sagen zu können, daß ich mit »meiner Krankheit«
dem Personal der Gesandtschaft zur Last falle.

Nach dem Schreiben des Präsidenten Nixon erhielt ich sehr bald auch
den Brief des Heiligen Vaters vom 10. Juli 1971. Er hatte zur Kenntnis
genommen, daß ich bereit sei, die Gesandtschaft zu verlassen und bat
mich durch seinen persönlichen Beauftragten, der vom 14. Juli an wieder vier Tage in Budapest verbrachte, wenigstens zur Eröffnung der
Bischofssynode im September in Rom einzutreffen. Mgr. Zágon bereitete meine Abreise vor. Wir kamen überein, daß ich einen vatikani-

schen Diplomatenreisepaß erhalte und er selbst und Mgr. Cheli mich zusammen mit dem Nuntius von Wien mit zwei Personenwagen abholen und von Budapest nach Wien geleiten würden. Die notwendigsten und wichtigsten meiner Sachen wollten wir mit uns nehmen; alles, was zurückbliebe, darunter auch die Manuskripte meiner Memoiren, sollte dann mit diplomatischer Kurierpost an die amerikanische Gesandtschaft in Wien gesandt werden. Die Ausreise fand schließlich am 28. September 1971 statt.

Um 8 Uhr 30 stieg ich die Treppe, die von den Angestellten der Gesandtschaft gesäumt war, vom ersten Stockwerk hinunter. Mit dem Gesandten Puhan trat ich durch das Tor hinaus auf den Freiheitsplatz. Ich reichte ihm die Hand, dann segnete ich mit ausgebreiteten Armen die Hauptstadt und das ganze Land. Ich stieg mit in den Wagen des Nuntius von Wien, Mgr. Rossi; im anderen Wagen saßen ein Arzt und Mgr. Cheli. In den beiden von Geheimpolizisten begleiteten Wagen verließen wir wortlos Budapest. In Richtung Győr fahrend, erreichten wir die Grenze. Bei Hegyeshalom betrachtete ich – allerdings nur durch das Fenster des Autos – erschüttert den »Eisernen Vorhang«. Im Jahrhundert der Freiheit und der Demokratie ist der Anblick einer solchen Landesgrenze wirklich traurig.

Der Nuntius ließ den Wagen auf den Flugplatz von Wien lenken. Wir bestiegen um 13 Uhr die planmäßige Maschine nach Rom. Hier schloß sich uns Erzbischof Casaroli an. In Rom wurde ich vom Staatssekretär Kardinal Villot empfangen und vom Flugplatz in den Vatikan geleitet. Dort erwartete mich am Eingang des Torre di S. Giovanni, wo man mich fürstlich unterbrachte, Papst Paul VI. Er umarmte mich, nahm sein Brustkreuz, hängte es mir um, bot mir den Arm und führte mich in das Gebäude. Er fuhr mit mir im Lift hinauf und führte mich durch das ganze herrliche Appartement, das mir zur Verfügung gestellt wurde. Vor mir hatte Patriarch Athenagoras darin gewohnt. Auch später gab mir der Papst fast täglich Zeichen seines väterlichen Wohlwollens. Tief ergriffen war ich, als mir erlaubt wurde, bei der hl. Messe anläßlich der Eröffnung der Bischofssynode zu seiner Rechten zu konzelebrieren. In seiner Ansprache befaßte der Papst sich auch mit dem ungarischen Katholizismus und mit meiner Person. Er sagte:

»Unter uns befindet sich unser hochwürdiger Bruder, József Kardinal Mindszenty, Erzbischof von Esztergom, der nach vielen Jahren erzwungener Abwesenheit in diesen Tagen nach Rom gekommen ist. Er ist ein sehnsüchtig erwarteter Gast, der als ruhmreiches Symbol jener Einheit, in der die ungarische Kirche seit tausend Jahren mit dem

Apostolischen Stuhl lebt, mit uns konzelebriert. Er ist aber auch ein Symbol für die geistige Verbindung mit jenen Brüdern, die daran gehindert sind, mit ihren Glaubensbrüdern und mit Uns normale Verbindungen zu pflegen. Er ist ein Sinnbild der unerschütterlichen Stärke, die im Glauben und in der selbstlosen Hingabe an die Kirche wurzelt. Er hat dies zuerst durch seine unermüdliche Tätigkeit und wachsame Liebe, hierauf durch Gebet und langes Leiden bewiesen. Loben wir den Herrn und sagen wir gemeinsam ein ehrfürchtiges, herzhaftes ›Ave‹ diesem verbannten und hochangesehenen Oberhirten!«

Nach der Messe nahm mich der Papst an der Hand und geleitete mich unter dem Beifall der Erzbischöfe und Bischöfe aus der Sixtinischen Kapelle.

Während meines kurzen Aufenthaltes in Rom wurde ich von vielen besucht. Unter meinen Besuchern befanden sich Kardinäle, Oberhirten, hohe Beamte der Kurie, Priester und Laien. Der Heilige Vater lud mich zu seinem Tisch und sandte öfter seine Sekretäre mit Botschaften oder Geschenken zu mir. Auch ich besuchte mehrere Kardinäle, einige römische Kongregationen und das Staatssekretariat. In der Ritenkongregation interessierte ich mich für die ungarischen Seligsprechungsprozesse. Ich besuchte auch meine Titularkirche, S. Stefano Rotondo, das ungarische Pilgerheim und die vier großen Basiliken. In der St.-Paulus-Basilika gesellte sich ein Priester zu mir, ergriff meine Hand, küßte sie, bedankte sich für meine Leiden für die Kirche und sagte schließlich: »Ich bin Kardinal Siri.« Tiefen Eindruck hinterließen bei mir die Begegnungen mit den Kardinälen Tisserant, Ottaviani, Wyszynski, Cicognani, Seper, Wright, Döpfner, Höffner, Cooke u. a. In dankbarem Andenken zelebrierte ich in St. Peter am Grab Papst Pius XII.

Die Post brachte mir täglich eine große Menge von Briefen und Telegrammen aus aller Welt. In den Briefen vieler Nichtkatholiken überraschte mich die Hochachtung und Verehrung für die katholische Kirche. Die Briefe meiner Landsleute offenbarten eine besonders wohltuende Gesinnung. Ich empfand es als Beruhigung, zu sehen, daß der geschichtliche ungarische Geist, der Glaube und die Treue zur Kirche und zum Vaterland lebendig geblieben waren. Für mich ist dies in meiner Verbannung immer großer Trost, Licht und Hoffnung zugleich.

Auch die Weltpresse schenkte der Lage der katholischen Kirche in Ungarn und meiner Angelegenheit besondere Aufmerksamkeit. Die meisten Zeitungen schrieben mit Wohlwollen und Objektivität. Natürlich gab es auch dissonante Stimmen. Am 28. September kommentierte sogar der Osservatore Romano meine Abreise aus Ungarn so, als wäre mit meiner Entfernung ein Hindernis aus dem Wege geräumt worden, das das gute Verhältnis zwischen Kirche und Staat belaste. Das war für mich die erste bittere Erfahrung: Ich mußte erleben, daß vatikanische Kreise meine diesbezügliche Bedingung, die in Budapest zu Protokoll genommen worden war, kaum beachteten. Die zweite Enttäuschung erlebte ich, als ich aus Zeitungen erfuhr, daß der Heilige Stuhl die exkommunizierten Friedenspriester zwei Wochen nach meiner Abreise von ihrer Strafe entbunden habe. Ich mußte meinen Angelegenheiten gegenüber auch Gleichgültigkeit erfahren. Ich hatte schon im Juni bestimmt, daß ich im Ausland im Pazmaneum wohnen möchte und nahm an, daß die vatikanische Diplomatie dies der österreichischen Regierung zur Kenntnis bringen werde. Aber das geschah wahrscheinlich nicht. Sogar der Bundeskanzler soll mein Vorhaben aus den Zeitungen erfahren haben. Meine Beschwerden wurden in einem Memorandum dem Kardinal-Staatssekretär übergeben.

Nach drei Wochen hatte ich die Absicht, mich an meinen ständigen Aufenthaltsort, das Pazmaneum in Wien, zu begeben. Viele waren gegen diesen Plan, denn wegen der größeren Sicherheit zogen sie Rom vor. Aber ich beharrte auf meinem ursprünglichen Plan. Auf meine Bitte hin leitete Mgr. Zágon die Vorbereitungen für meine Übersiedlung ein. Daraufhin besuchte mich der österreichische Gesandte beim Heiligen Stuhl und wollte mich zur Verzögerung meiner Abreise bewegen. Trotzdem bestimmte ich den 23. Oktober als Tag meiner Abreise in die österreichische Hauptstadt. An diesem Tag zelebrierte ich mit dem Heiligen Vater. Die ungarischen Priester und Ordensleute in Rom nahmen an der hl. Messe teil, wobei sie ungarische Kirchenlieder sangen. Als wir nach der hl. Messe in die Sakristei gingen, ließ der Papst alle dort Anwesenden entfernen, wandte sich an mich und sagte in lateinischer Sprache: »Du bist und bleibst Erzbischof von Esztergom und Primas von Ungarn. Arbeite weiter, und wenn Du Schwierigkeiten hast, wende Dich immer mit Vertrauen an Uns!« Dann rief er Mgr. Zágon herbei, dem er noch in meiner Anwesenheit in italienischer Sprache unter anderem folgendes erklärte:

»Ich schenke Sr. Eminenz meinen Kardinalmantel, damit er ihn in dem kühlen Lande vor Kälte schütze und ihn erinnere an die Liebe und Hochachtung, die ich für ihn hege.«

Mgr. Zágon wurde beauftragt, mir im Namen des Hl. Vaters zu versichern, daß mein Schicksal in keiner Weise anderen Zielen untergeordnet werde. »Der Kardinal wird immer Erzbischof von Esztergom und Primas von Ungarn bleiben.«

Ich brach spät am Abend in Begleitung von Mgr. Zágon aus Rom nach Wien auf. Am Flugplatz war Erzbischof Casaroli anwesend, um mich in Vertretung des Vatikans zu verabschieden. Noch vor Mitternacht kam ich in Wien im Pazmaneum an und zog in die Wohnung des Rektors ein.

Als ich mich in die Verbannung begab, fand ich einen schwachen Trost in dem Gedanken, daß ich, wenn mir Gott Leben und Kraft schenke, auch im Ausland drei wertvollen ungarischen Zielen dienen könne, nämlich: als ungarischer Primas die vielen hunderttausend heimatlosen Katholiken unter meine oberhirtliche Obhut zu nehmen, mit der Veröffentlichung meiner Memoiren die Aufmerksamkeit der Weltöffentlichkeit auf die Gefahr des Bolschewismus zu lenken und vielleicht hin und wieder mich des tragischen Schicksals meines Volkes anzunehmen.

Über das religiöse und geistige Leben der ins Ausland verschlagenen Ungarn bekam ich bereits in Rom Informationen. In Wien sammelte ich dann systematisch die Rechenschaftsberichte über die religiösen und kulturellen Verhältnisse meiner Landsleute in aller Welt. Eine ausführliche Orientierung erhielt ich aus Briefen und den Gesprächen mit meinen Besuchern. Ohne Zweifel gibt es erfreuliche Tatsachen und trostvolle Erscheinungen, aber viel größer sind die Mängel und die Nachteile, die sich aus der Emigration ergeben. Vor allem fehlt es an Seelsorgern, da sich der größte Teil unserer Priester in den Dienst fremder Institutionen und Diözesen begibt. Kirchen, die aus den ersparten Hellern unserer Gläubigen errichtet wurden, gehen verloren, wie z. B. in Amerika, und dabei haben große ungarische Volksgruppen keine Pfarrei, keinen Pfarrer, keine Schule und auch keine Ordenshäuser oder Altersheime. Auch jetzt, nach dem II. Vatikanischen Konzil, ist die Seelsorge in der Muttersprache noch an vielen Orten sehr erschwert.

Die Mängel auf dem Gebiet der ungarischen Seelsorge haben ihren Ursprung ohne Zweifel auch darin, daß Rom, und zwar mit Recht, dem ungarischen Episkopat, der dem kommunistischen Regime vollständig unterworfen ist, die Möglichkeit genommen hat, den ungarischen Katholiken, die im Ausland leben, Seelsorger zu schicken.

In Anbetracht dieser außerordentlichen Situation bat ich Ende 1971 den Heiligen Stuhl, es mir zu ermöglichen, ausnahmsweise an Stelle der ungarischen Hierarchie, als das rechtliche Haupt dieser Hierarchie und als Primas von Ungarn, eine Organisation ins Leben zu rufen, welche in der Seelsorge der Auslandsungarn die Aufgabe des fehlenden ungarischen Episkopats und die Repräsentation der ungarischen Katholiken in allen Ländern übernehmen könnte. Zugleich ersuchte ich, auch den anderthalb Millionen ungarischen Katholiken, die im Ausland leben, Weihbischöfe zu geben.

Meiner Bitte wurde nicht entsprochen. Offensichtlich war sich der Vatikan darüber im klaren, daß meine seelsorgerische Tätigkeit das Regime in Budapest verärgern könnte, da es nicht ohne Grund fürchtete, daß eine von mir geleitete Seelsorge auf die Emigranten einen nachhaltigen Einfluß ausüben und sich in ihrer gesellschaftlichen, politischen und kulturellen Tätigkeit bemerkbar machen würde. Das ist wahrscheinlich der Hauptgrund dafür, daß das Regime auch jetzt, da ich im Exil bin, seine Taktik nicht ändert; es will glaubhaft machen – auch gegenüber dem Vatikan –, daß ich unter dem Vorwand der Seelsorge »politisiere«. Darum wurde 1971 auch mein Adventhirtenbrief angegriffen, in dem ich neben meinem Gefängnis auch den »Eisernen Vorhang«, der unser Vaterland umgibt, erwähnt hatte. Man vermochte in Österreich einige Amtspersonen zu beeinflussen und »progressive Katholiken« aufzuhetzen. Die künstlich entfachte Pressekampagne nahm erst ein Ende, als der österreichische Bundeskanzler im Parlament, in seiner Antwort auf Interpellationen, erklärte, daß ich in meinem Hirtenbrief nicht über den Verlauf der österreichisch-ungarischen Grenze geschrieben habe, sondern daß der Text sich auf den Eisernen Vorhang beziehe.

Der angegriffene Satz lautete folgendermaßen: »Mit Glauben und in der Hoffnung auf Gott überschritten wir die Schwelle des Gefängnisses und die provisorische, todbringende Grenze.« Mein Sekretariat hat der Presse gegenüber gleich zu Beginn der Angriffe erklärt, daß die provisorische und todbringende Grenze, an der das Leben vieler Menschen ausgelöscht werde, nicht die österreichisch-ungarische Grenze bedeute, sondern den Eisernen Vorhang. Dieser ist für jeden Ungarn, der treu zu seinem Vaterland hält, nur »provisorisch«. Während dieser offensichtlich der realen Grundlage entbehrenden Pressekampagne hat keine einzige amtliche kirchliche Stelle sich zu meinen Gunsten eingesetzt. Im Gegenteil: Aus Rom wurde mir mitgeteilt, daß ich in Zukunft jede meiner Äußerungen, sogar meine Predigten, dem Heiligen Stuhl zur Approbation vorlegen müsse. Nach Verhandlungen und einigen Briefen erklärte ich mich bereit, meine Äußerungen dem Heiligen Vater zu unterbreiten, aber nur ihm allein und wenn er es von mir ausdrücklich verlange.

In Ermangelung eines Weihbischofs machte ich mich auf, selber pastorale Reisen zu den Ungarn zu unternehmen. Zuerst suchte ich die ungarischen Katholiken in Europa auf, dann ging ich nach Kanada, in die Vereinigten Staaten von Amerika und nach Südafrika. Anläßlich meiner Reisen nahm ich natürlich überall die Verbindung mit den zuständigen Oberhirten auf, um mit ihnen die Probleme der ungarischen Gläubigen und ihrer Seelsorger zu besprechen. Mein erster Weg führte mich am 20. Mai 1972 in die Bundesrepublik Deutschland. In München war ich Gast des Kardinals Döpfner, dem ich im Namen des ungarischen Volkes meinen Dank für jene großzügigen und großartigen Hilfsaktionen aussprach, die in den Nachkriegsjahren den notleidenden Ungarn in der Heimat und im Ausland von den deutschen Katholiken zuteil geworden waren. Am 21. Mai, am Pfingstsonntag, nahm ich in Bamberg an den Feierlichkeiten zu Ehren des hl. Stephan teil, die von den ungarischen Katholiken in Deutschland organisiert worden waren. 3500 Pilger nahmen an diesem ersten ungarischen Treffen im Ausland teil. Ich bat sie in meiner Ansprache, die sittliche und kulturelle Tradition des katholischen Ungarn auch im Ausland zu wahren. Ich beanstandete das ungarische Abtreibungsgesetz und zeigte dessen traurige und tragische Folgen auf. Die Versammlung der Pfadfinder gereichte mir zu großem Trost, und mit Freude nahm ich am Nachmittag an der St.-Stephans-Festsitzung teil. Am nächsten Tag zelebrierte ich auf Bitten der Ackermann-Gemeinde die hl. Messe im Dom zu Frankfurt und predigte auch. Nachmittags besuchte ich den Bischof von Würzburg. Am letzten Tag, am 22. Mai, besuchte ich in München ein von ungarischen Ordensschwestern geführtes Altersheim.

Während meiner zweiten Reise in die Bundesrepublik besuchte ich das ungarische Gymnasium in Kastl. Ich kam am 14. Juni 1972, anläßlich der Feierlichkeiten zum 15jährigen Bestehen der Anstalt. Ich bedankte mich beim Bischof von Eichstätt und mehreren staatlichen Vertretern für die wertvolle Unterstützung, die sie unserer Jugend Jahr für Jahr gewähren.

Am 26. August 1972 flog ich nach Brüssel, wo ich vier Tage verweilte. Ich genoß eine unvergeßlich herzliche Gastfreundschaft beim Apostolischen Nuntius Mgr. Iginio Cardinale. Am ersten Tag meines Besuches hatte ich eine Begegnung mit den Repräsentanten der sozialen und karitativen Institutionen der drei Benelux-Staaten. Am zweiten Tag konzelebrierte ich mit mehreren Bischöfen, ungarischen, holländischen und belgischen Priestern und mit Seelsorgern, die aus Skandinavien und England gekommen waren, in der riesigen Herz-Jesu-Basilika. Nach allgemeiner Schätzung nahmen an der hl. Messe, bei der die Ungarn das große Mittelschiff der Basilika füllten, etwa 7000 Gläubige teil. Am Nachmittag konnte der Organisationsausschuß die Teilnehmer an der Festsitzung in dem großen Saal, der 3000 Personen fassen kann, kaum unterbringen. Am dritten Tag fuhr ich nach Lüttich, Tongerlo, Banneux und Aachen. Am 4. Tag nahm ich an der Konferenz der ungarischen Oberseelsorger in Europa teil.

Am 17. September 1972 feierten wir in Mariazell mit Bischof Stefan László, mit 50 ungarischen Seelsorgern und ungefähr 1500 ungarischen Pilgern das Millenium des hl. Stephan. Bei dieser Wallfahrt zelebrierte ich die hl. Messe und predigte auch.

In allen meinen Ansprachen, in den Radio- und Fernsehsendungen beschäftigte ich mich mit der schweren Lage der ungarischen Kirche und mit dem Schicksal unseres vielgeprüften Volkes. Es hat mich daher nicht überrascht, als ich erfahren mußte, daß das ungarische kommunistische Regime die Feierlichkeiten sehr kritisch beobachtete, gegen meine Äußerungen beim Vatikan Protest erhob und Maßnahmen gegen mich forderte. Später erschienen nicht selten auch Bischöfe aus Ungarn beim Heiligen Stuhl, um sich, den Weisungen des Staatlichen Amtes für kirchliche Angelegenheiten entsprechend, über meine »schädliche« Rolle im Ausland zu beschweren. Sie erwähnten als schädliche Folge meiner Tätigkeit die Rache des Regimes an der ganzen katholischen Kirche. Sie forderten, mich vollständig zum Schweigen zu bringen.

Im Vatikan wurden die Proteste entgegengenommen, und am 10. Oktober 1972 wurde mir – im dreizehnten Monat meiner Verbannung – durch den päpstlichen Nuntius von Wien zur Kenntnis gebracht, daß der Heilige Stuhl dem kommunistischen ungarischen Regime im Sommer des Jahres 1971 das Garantie-Versprechen gegeben habe, daß ich im Ausland nichts unternehmen oder sagen werde, was dem ungarischen kommunistischen Regime mißfallen könnte. Darauf antwortete ich, daß bei den Verhandlungen, die vom 25. bis 28. Juni 1971 zwischen mir und dem persönlichen Gesandten des Heiligen Vaters stattgefunden hatten, dieser mich so schwer treffende Umstand nicht erwähnt worden sei. Hätte ich von einem derartigen Versprechen gewußt, ich hätte ohne Zweifel, erschrocken über die Erteilung einer solchen Garantie und über ein derartiges Abkommen, den Heiligen Vater gebeten, alle Vorkehrungen, die für meine Ausreise getroffen worden waren, wieder rückgängig zu machen. Es war doch eine allgemein bekannte Tatsache, daß ich im Kreise meines leidenden Volkes bleiben und dort sterben wollte. Ich bat den Nuntius, den zuständigen vatikanischen Stellen mitzuteilen, daß nun zu Hause beängstigende Grabesstille herrsche und ich vor dem Gedanken zurückschrecke, auch in der freien Welt schweigen zu müssen.

Diese Ermahnung erhielt ich vor meiner Reise nach Fatima, die am nächsten Tag begann. Aber der Heilige Vater wünschte trotz allem nicht, daß ich ihm meine für Fatima vorbereitete Ansprache vorlege, jedoch die Nuntiatur von Lissabon zensurierte sie hinter meinem Rücken in der Druckerei. Es wurde ein ganzer Absatz gestrichen, darin z. B. auch folgende Sätze: »Der Osten verkündet, daß dort sogar die Abtrünnigsten zu sanften Lämmern wurden. Glaubt nicht daran! An den Früchten erkennt man den Baum. Es ist möglich, daß es dort mehr Kirchgänger gibt als in manchen westlichen Ländern, aber das ist nicht das Verdienst des dortigen Regimes, sondern das jener Christen, die unter der Last des Kreuzes gebeugt einhergehen.«

Am 11. Oktober 1972 kam ich in Portugal an. Auf dem Flugplatz empfingen mich der Patriarch, mehrere Bischöfe und zahlreiche führende weltliche und kirchliche Persönlichkeiten. Am Abend des 12. Oktober nahm ich an der Lichtprozession in Fatima teil, am nächsten Tag in der Frühe an der Rosenkranzprozession. Ich konzelebrierte die hl. Messe mit Patriarch Ribeira, mit den Mitgliedern des portugiesischen Episkopats und vielen europäischen und amerikanischen, aber auch afrikanischen Priestern. Ich besuchte eine der Visionärinnen von Fatima, Schwester Lucia, am 14. Oktober in Coimbra. Am 15. vormittags beteten wir den Kreuzweg auf dem ungarischen Kalvarienberg und ich zelebrierte die hl. Messe in der St.-Stepahns-Kapelle. Am Nachmittag flogen wir nach Madeira. In Funchal am Grabe Kaiser Karls IV., dessen Leichnam gerade dieses Jahr zur Einleitung des Seligsprechungsprozesses exhumiert wurde, zelebrierte ich die hl. Messe für Ungarn. Das Thema meiner Ansprache war: Das traurige Schicksal des letzten ungarischen Königs und die Zerteilung unseres Landes lenken die Aufmerksamkeit auf die fast unerträglichen Leiden des ungarischen Volkes. – Am nächsten Tag betete ich am Grab des Reichsverwesers Horthy Miklós und seiner Gemahlin in Lissabon.

1973 unternahm ich weitere pastorale Reisen: Vom 15. bis 19. März war ich in Innsbruck, vom 28. April bis 1. Mai in Köln, am 30. Juni traf ich in Augsburg mit mehreren tausend ungarischen Gläubigen zusammen. Die Oberhirten empfingen mich überall mit großer Herzlichkeit und nahmen meine Vorschläge zur seelsorgerischen Tätigkeit im Interesse der Ungarn mit großem Wohlwollen entgegen. Für immer wird mir die Güte der Kardinäle Frings und Höffner für unsere Gläubigen und ihre brüderliche Liebe in Erinnerung bleiben. Dasselbe kann ich auch von Mgr. Paul Rusch, dem Bischof von Tirol, sagen. Zu den Tausendjahrfeierlichkeiten zu Ehren des hl. Ulrich kamen ungefähr 1300 ungarische Pilger zusammen, die am 30. Juni meiner hl. Messe beiwohnten. In meiner Ansprache wies ich auf die vielen Opfer hin, die von den Ungarn in der Verteidigung der Christenheit durch tausend Jahre hindurch gebracht worden waren. Nach der hl. Messe besuchte ich den Diözesanbischof und den päpstlichen Legaten Kardinal Suenens. Dann eilte ich zur Tausendjahrfeier zu Ehren des hl. Stephan von Ungarn. Nach Beendigung dieser Feier empfing ich die Delegationen ungarischer Verbände in Europa.

Im selben Jahr 1973 unternahm ich drei weitere große pastorale Reisen. Die erste führte mich vom 13. bis 17. Juli nach England, die zweite vom 18. September bis 4. Oktober nach Kanada und in die Vereinigten Staaten, die dritte vom 22. November bis 5. Dezember in die Südafrikanische Union. Während zweier Jahre legte ich im Wagen, im Zug und im Flugzeug insgesamt 58 000 Kilometer zurück. Gerne nahm ich die Beschwerden dieser Reisen auf mich, um den Ungarn in der Fremde Trost und Ermunterung zu bringen.

Über meine Reise nach England will ich nur kurz berichten. Im Juli besuchte ich dort die Ungarn. In London empfing mich Kardinal Heenan mit brüderlicher Liebe und Gastfreundschaft. Zweimal überließ er uns seine Kathedrale: am ersten Tag wurde sie von den ungarischen Gläubigen, am zweiten von Engländern gefüllt. Die Ansprache meines Gastgebers fand bei den Kommunisten keinen Beifall. Unter anderem sagte er: »Solange Kardinal Mindszenty in der Verbannung lebt, kann es die Welt nicht vergessen, daß der Kommunismus ein unerbittlicher Feind der Religion ist. Wir, die wir in Freiheit leben, dürfen uns damit nicht abfinden, daß Männer und Frauen ihres Glaubens wegen Verfolgung leiden müssen. Wenn der Weltkommunismus wirklich ehrlich den Wunsch nach Weltfrieden hegt, dann möge er dies in erster Linie dadurch beweisen, daß er die Verfolgung einstellt. Er möge den Kardinal-Primas in sein Land unter seine Gläubigen zurückrufen, für die er Vater und Held ist.«

Ich besuchte auch die Ungarn in Manchester und Bedford. In Manchester zelebrierte ich die hl. Messe mit dem Bischof von Salford, mit zwei Weihbischöfen, den Mitgliedern des Domkapitels und 120 Priestern in Anwesenheit von ungefähr 2000 Menschen, welche die Kathedrale füllten. In Bedford nahmen wir an der Anbetung des Allerheiligsten teil und am Ende erteilte ich den sakramentalen Segen.

Am letzten Tag meines Aufenthaltes in England nahm ich die Einladung führender Engländer an, im Parlamentsgebäude an einem Festessen teilzunehmen. 130 Abgeordnete veröffentlichten folgende Erklärung: »Großbritannien begrüßt Kardinal Mindszenty herzlich als den hervorragendsten Kämpfer für die Freiheit Europas, der sich der nazistischen und kommunistischen Unterdrückung furchtlos widersetzte und dafür Kerker und Verfolgung erlitten hatte.« Ohne Zweifel wurde das ungarische kommunistische Regime durch die Ansprache des englischen Kardinals und durch die obige Erklärung noch mehr gereizt. Daher kam es, daß der Vatikan nach meiner englischen Reise von Budapest offensichtlich noch mehr gedrängt wurde, mich abzusetzen und zu maßregeln. Die Angelegenheit meiner Memoiren wurde auch in diese Ereignisse eingeschaltet.

Meine Memoiren lagen im Sommer 1973 in ungarischer und deutscher Sprache für den Druck bereit. Im Juli sandte ich das Manuskript an den Heiligen Vater. Nachdem er es durchgelesen hatte, schrieb er mir am 30. August, daß er das Manuskript mit großem Interesse und mit Erschütterung gelesen habe. Er sei dankbar für die Übermittlung, weil er dadurch meine »wertvolle« und schmerzhafte Biographie kennenlernen konnte. Er meinte, die Schrift sei wirklich wertvoll, mitreißend, überwältigend. Der Leser gewinne Einblick in mein Schicksal, es werde Bewunderung und Mitleid erweckt und die Überzeugung gefestigt, daß so viel Heimsuchung und Leid vor Gott nicht umsonst sein könne.

Der Papst beanstandete den Text also nicht und erhob auch keinen Einwand. Allerdings machte er mich darauf aufmerksam, daß das ungarische kommunistische Regime auf zweierlei Weise Rache nehmen könnte: Es könnte die Verleumdungen gegen mich auffrischen und sich an der ganzen Kirche Ungarns rächen.

Darauf antwortete ich dem Heiligen Vater unter anderem folgendes:

1. Ich bin die unaufhörlichen Verleumdungen durch die Feinde der Kirche schon gewohnt und habe mich auch mit dem Gedanken abgefunden, daß mich gemeinsam mit diesen auch die sogenannten progressiven und linken Katholiken systematisch angreifen. Es ist aber mein menschliches Recht und als Bischof ist es sogar meine Pflicht, die Verleumdungen, wenn ich es in aller Freiheit tun kann, zurückzuweisen. Abgesehen davon, daß ich meinen Feinden vergeben habe, schildere ich in meinen Memoiren nur Tatsachen und es fehlt, wie sich auch der Heilige Vater davon überzeugen konnte, der provokatorische oder polemische Ton, der zu einer gemeinen Rache gegen meine Person oder gegen die Kirche Anlaß geben könnte.

2. Die Geschichte des Bolschewismus, die schon älter als ein halbes Jahrhundert ist, zeigt, daß die Kirche ihm gegenüber einfach keine entgegenkommende Geste machen darf in der Erwartung, er werde deswegen

seine Religionsverfolgung aufgeben. Dies folgt aus dem Wesen und der inneren Natur seiner Ideologie. Nicht einmal der russisch-orthodoxen Kirche ist es gelungen, der Verfolgung zu entgehen, weder zur Zeit vorbehaltloser Zusammenarbeit noch in der Periode der Koexistenz und auch nicht zur Zeit der Unterwürfigkeit. Die Erfahrungen aus den Verhandlungen zwischen Budapest und dem Vatikan beweisen dasselbe, denn obwohl seit 1964 die Diplomaten des Vatikans über Friedenspriester, Religionsunterricht und ungehinderte Seelsorgetätigkeit verhandelten, ist gerade in diesen Jahren die Bewegung der Friedenspriester neu aufgeblüht, der Religionsunterricht in den Städten, aber auch in manchen Dörfern völlig unterdrückt worden. Auch wurden die fähigen und frommen Seelsorger fast ohne Ausnahme von ihren Gläubigen getrennt. Die spektakulären und von den Kommunisten für Propagandazwecke ausgenützten Verhandlungen haben als einziges Ergebnis jene Bischöfe gebracht, die zum großen Schaden der kirchlichen Disziplin und des religiösen Lebens durch das staatliche Amt für Kirchliche Angelegenheiten meistens aus den Reihen der Friedenspriester gewählt wurden.

Dann berichtete ich dem Heiligen Vater, daß wir noch im Herbst die Rechte der Herausgabe meiner Memoiren einem großen europäischen oder amerikanischen Verlag übergeben würden. Ich berief mich darauf, daß auf die Veröffentlichung meiner Memoiren aus allen Teilen der Welt, von Katholiken und Nichtkatholiken, gedrängt werde. Nach meiner Ankunft im Ausland gründete ich mit Hilfe einiger Wohltäter die sogenannte »Kardinal Mindszenty-Stiftung«. Diese Stiftung verwendet gemäß Statuten ihre Gelder zu gemeinnützigen Zwecken. Dieser Stiftung nun übergab ich sämtliche Rechte an meinen »Memoiren«. Der Stiftungsrat schloß dann mit dem Berliner Propyläen-Verlag einen Vertrag ab.

Aus all dem, was nachher geschah, kann ich mit aller Wahrscheinlichkeit darauf schließen, daß der Papst dem Ansturm des Budapester Regimes, das sich auf das Vatikanische Garantieversprechen berief, nicht mehr widerstehen konnte. Am 1. November wurde ich aufgefordert, meinem erzbischöflichen Amt zu entsagen. Der Papst verlange dies von mir mit »bitterem Widerwillen«, da er gar wohl wisse, daß er damit von mir ein neues Opfer fordere und »zu den Leiden, die mir bisher zuteil geworden, noch weitere hinzufüge«. Aber er müsse »den pastoralen Nöten« der seit 25 Jahren verwaisten Erzdiözese von Esztergom Rechnung tragen; diese würde sonst auch weiterhin »ohne unmittelbare und persönliche Leitung eines Oberhirten bleiben«, es würde dadurch »den Seelen und der ungarischen Kirche großer Schaden zugefügt«. Der Brief schloß mit der Bemerkung, daß ich nach meiner Abdankung über die Veröffentlichung meiner Memoiren »freier« verfügen könne.

Auf diesen päpstlichen Brief antwortete ich nach meiner südafrikanischen Reise, die vom 22. November bis 5. Dezember dauerte, nach reiflicher Überlegung am 8. Dezember 1973. Mit aller Ehrfurcht berichtete ich dem Hl. Vater, daß ich bei dem gegenwärtigen Zustand der katholischen Kirche in Ungarn von meinem erzbischöflichen Amt nicht zurücktreten könne. Ich schickte ihm eine lange Abhandlung über die schädliche Tätigkeit der Friedenspriester, über das gewaltsam organisierte staatlich-kirchliche System und erwähnte alle negativen Ergebnisse der vatikanischen Verhandlungen, die seit zehn Jahren mit den Kommunisten geführt wurden.

Ich befürchtete, daß ich mit meiner Abdankung und der darauffolgenden Besetzung des höchsten kirchlichen Amtes in Ungarn unter Zustimmung des Staatlichen Amtes für kirchliche Angelegenheiten auch selbst dazu beitrage, daß die gegenwärtigen katastrophalen kirchlichen Verhältnisse »legitimiert« würden. Ich zählte alle Schäden und Nachteile auf, die aus meiner Abdankung für die Ungarn im Ausland resultieren könnten, deren Seelsorge in Ermangelung eines Weihbischofs von mir selbst übernommen wurde. Schließlich wies ich den Heiligen Vater auf die Möglichkeit hin, daß im Falle meiner Amtsenthebung auch gegen seine Person Angriffe erfolgen könnten.

Nach all dem empfing ich mit Schmerz gerade am 25. Jahrestag meiner Verhaftung einen vom 18. Dezember 1973 datierten Brief des Heiligen Vaters, in dem mir Seine Heiligkeit mit anerkennenden und dankenden Worten bekanntgab, der erzbischöfliche Sitz von Esztergom werde für vakant erklärt. In einem Brief vom 7. Januar 1974 drückte ich zwar meinen tiefen Schmerz aus, aber ich teilte dem Papst mit: Nicht der persönliche Schmerz und nicht die Anklammerung an das Amt sind der Grund dafür, daß ich die Entscheidung nicht annehmen kann, sondern ich kann es nicht tun, weil diese Maßnahmen die schwere Lage der ungarischen Kirche noch mehr erschweren, dem Glaubensleben schaden und in der Seele der glaubenstreuen Katholiken und kirchentreuen Priester Verwirrung auslösen. Ich bat ihn, diese Entscheidung zu widerrufen. Aber es geschah nichts dergleichen, sondern eben am 25. Jahrestag meines Schauprozesses, am 5. Februar 1974, wurde meine Entfernung vom erzbischöflichen Sitz in Esztergom bekanntgegeben. Am nächsten Tag sah ich mich zu meinem tiefsten Schmerz gezwungen, durch mein Sekretariat der Presse folgende Erklärung zu übergeben:

»Einige Nachrichtenagenturen gaben den Beschluß des Vatikans so weiter, daß der Eindruck entstand, József Kardinal Mindszenty habe sich freiwillig in den Ruhestand zurückgezogen. Die Nachrichtenagenturen hoben ferner hervor, daß vor dem päpstlichen Beschluß ein intensiver Briefwechsel zwischen dem Vatikan und dem in Wien lebenden Kardinal-Primas und Erzbischof erfolgt sei. Manche zogen daraus den Schluß, daß über diese Entscheidung zwischen dem Vatikan und dem ungarischen Oberhirten eine Übereinstimmung erzielt worden sei. Im Interesse der Wahrheit bevollmächtigt Kardinal Mindszenty sein Sekretariat, folgende Erklärung abzugeben:

Kardinal Mindszenty hat weder von seinem erzbischöflichen Amt noch von seiner Würde als Primas von Ungarn abgedankt. Die Entscheidung wurde vom Heiligen Stuhl allein getroffen.

Der Kardinal begründete seine in dieser Frage eingenommene Haltung nach langen, gewissenhaften Überlegungen wie folgt:

1. Ungarn und die katholische Kirche Ungarns sind nicht frei.

2. Die Leitung der Diözesen liegt in Händen einer vom kommunistischen Regime aufgebauten und kontrollierten kirchlichen Verwaltung.

3. Kein einziger Erzbischof, Bischof oder Apostolischer Administrator ist in der Lage, an der Zusammensetzung oder an dem Funktionieren der oben erwähnten kirchlichen Verwaltung irgend etwas zu ändern.

4. Das Regime entscheidet darüber, wer kirchliche Posten besetzen soll und wie lange die dafür Ernannten auf ihren Posten bleiben sollen. – Weiterhin entscheidet das Regime auch darüber, wen die Bischöfe zum Priester weihen dürfen.

5. Die in der Verfassung garantierte Gewissens- und Religionsfreiheit wird in der Praxis unterdrückt. – Der fakultative Religionsunterricht wurde aus den Schulen der Städten und größeren Ortschaften verbannt. – Gegenwärtig geht der Kampf um den fakultativen Religionsunterricht in den Schulen kleinerer Gemeinden weiter. – Die Jugend wird gegen den Willen der Eltern ausschließlich in einem atheistischen Geist erzogen. – Gläubige werden auf vielen Gebieten des täglichen Lebens diskriminiert. – Die gläubigen Lehrer und Lehrerinnen wurden erst kürzlich vor die Alternative gestellt, zwischen ihrem Beruf oder ihrem Glauben zu wählen.

6. Die Ernennung von Bischöfen bzw. Apostolischen Administratoren ohne die Beseitigung der oben erwähnten Mißstände löst die Probleme der ungarischen Kirche nicht. Die Einsetzung von ›Friedenspriestern‹ in wichtige kirchliche Ämter erschüttert das Vertrauen der

kirchentreuen Priester und Gläubigen in die oberste Kirchenleitung. Unter diesen schwerwiegenden Umständen konnte Kardinal Mindszenty nicht abdanken.«

So ging ich den Weg in die Abgeschlossenheit einer totalen Verbannung.

CHRONOLOGIE DER EREIGNISSE

1944

3. März

József Mindszenty wird Bischof von Veszprém.

19. März

Militärische Besetzung Ungarns durch die Deutschen. Damit soll Ungarn an einem Separatfriedensschluß mit den Alliierten gehindert werden.

25. März

Fürstprimas Jusztinián Serédi weiht József Mindszenty zum Bischof.

Juni

Die Sztójay-Regierung läßt die Juden in Ghettos einsperren, wogegen die ungarischen Bischöfe in einem Rundschreiben energisch protestieren.

Juli

Reichsverweser Horthy bildet eine Militär-Regierung.

August — Oktober

Nachdem der östliche Teil Ungarns verloren ist, sucht der Reichsverweser Miklós Horthy beim sowjetischen Oberkommando um Waffenstillstand nach und ruft am 15. Oktober seine Truppen über den Rundfunk zur Einstellung der Feindseligkeiten auf. Der Oberbefehlshaber der 1. ungarischen Armee, Béla Dálnoki Miklós, läuft zu den sowjetischen Truppen über. Die Deutschen nehmen Horthy fest und zwingen ihn, die Macht an Ferenc Szálasi, den Führer der »Pfeilkreuzler«, abzutreten.

31. Oktober

Protestmemorandum der westungarischen Bischöfe an den Pfeilkreuzler-Ministerpräsidenten.

27. November

Bischof Mindszenty wird verhaftet.

417

21. Dezember

In Debrecen wird eine provisorische Nationalversammlung einberufen; sie ernennt eine provisorische Regierung. Die Ministerien werden durch Vertreter einer sogenannten Unabhängigkeitsfront repräsentiert, in welcher sich die folgenden Parteien vereinigen: die Kleinlandwirtepartei, die Bauernpartei, die Kommunisten, die Sozialdemokraten und die Liberalen Demokraten. Die Gründung einer neuen christlich-sozialen Partei wird verhindert.

24. Dezember

Die sowjetischen Truppen beginnen mit der Belagerung Budapests. Bischof Mindszenty wird in die Strafanstalt von Kőhida gebracht.

1945

18. Januar

Die sowjetischen Truppen besetzen das linke Donauufer und nehmen den östlichen Teil der Hauptstadt.

20. Januar

Eine ungarische Regierungskommission unterzeichnet in Moskau den Waffenstillstand, den auf russischer Seite Woroschilow für die Alliierten paraphiert.

30. Januar

Mátyás Rákosi, Erster Sekretär der Kommunistischen Partei, trifft in Ungarn ein.

13. Februar

Die sowjetischen Truppen besetzen Buda, den westlichen Teil der Hauptstadt.

15. März

Die Provisorische Regierung verabschiedet das Gesetz über die Agrarreform. 3 200 000 ha von insgesamt 9 390 000 ha Ackerland werden von dieser Reform betroffen. Auf diese Weise ist in Ungarn der kleine Grundbesitz von 5 bis 25 hold[1] zur Regel geworden.

29. März

Tod des Fürstprimas Jusztinian Serédi in Esztergom. Der Apostolische Nuntius Angelo Rotta muß das Land verlassen.

4. April

Die letzten deutschen Truppen verlassen das Land, das seither unter sowjetischer Besatzung steht.

April

Die Regierung verlegt ihren Sitz nach Budapest, wo das Leben wieder seinen gewohnten Gang zu nehmen beginnt. Die wirtschaftlichen Schwierigkeiten führen zur Inflation.

---

[1] 1 hold = ungar. Joch = 0,57 Hektar.

24. Mai

Der erste Nachkriegshirtenbrief des ungarischen Episkopates.

17. Juli

Beginn der Potsdamer Konferenz.

September

Statt der bisherigen verschiedenen Elementarschultypen wird eine Einheitsschule von acht Klassen eingerichtet, in der Kinder bis zum 14. Lebensjahr ausgebildet werden.

16. September

Papst Pius XII. ernennt József Mindszenty zum Erzbischof von Esztergom und Fürstprimas von Ungarn.

7. Oktober

Der neue Fürstprimas wird in Esztergom inthronisiert.

17. Oktober

In einem Hirtenbrief setzt sich das Bischofskollegium für die Verschleppten, Kriegsgefangenen und Internierten ein und protestiert gegen die kollektiven Vergeltungsmaßnahmen, die gegenüber den Deutschen in Ungarn angewendet werden.

1. November

Im Zusammenhang mit den Wahlen wird im Lande der Hirtenbrief der Bischöfe verlesen.

4. November

Bei den allgemeinen Wahlen erringt die Partei der Kleinlandwirte 57,7 % der Stimmen, die Sozialdemokratische Partei 17,4 %, die Kommunistische Partei 17 % und die Bauernpartei rund 8 %. Die Parteien bilden eine Koalitionsregierung, der praktisch keine Opposition (3 %) gegenübersteht. Ministerpräsident wird Zoltán Tildy, Vorsitzender der Partei der Kleinlandwirte. Von den 16 Ministern sind 7 Kleinlandwirte, 4 Sozialdemokraten, 4 Kommunisten und einer Vertreter der Bauernpartei. Mátyás Rákosi und Árpád Szakasits werden stellvertretende Ministerpräsidenten. Ernő Gerő wird Verkehrsminister, Imre Nagy Innenminister.

30. November

Fürstprimas Mindszenty reist nach Rom.

1946

1. Januar

Die Kohlenzechen, 48 % der Kraftwerke und die daran angeschlossenen chemischen Betriebe werden staatlicher Kontrolle unterstellt.

1. Februar

Das Parlament ruft die Republik aus und wählt Zoltán Tildy zum Präsidenten der Republik.

21. Februar

Fürstprimas Mindszenty empfängt in der Peterskirche von Papst Pius XII. den Kardinalshut.

12. März

Es wird das Gesetz über den »strafrechtlichen Schutz der demokratischen Staatsordnung und der Republik« (Henkergesetz) erlassen.

Kommunisten, Sozialdemokraten und Bauernpartei bilden innerhalb der Koalition einen sogenannten »Block der Linken« und organisieren eine Kundgebung gegen die Deputierten des rechten Flügels der Partei der Kleinlandwirte. Unter dem Druck dieser Kundgebung schließt die Partei der Kleinlandwirte 23 Abgeordnete aus ihren Reihen aus. Die ausgeschlossenen Mitglieder gründen unter dem Vorsitz von Dezső Sulyok eine neue, oppositionelle Partei, die Ungarische Freiheitspartei.

23. März

Die Kommunistische Partei enthebt Imre Nagy wegen »mangelnder Tatkraft« seines Amtes als Innenminister und ernennt László Rajk zu seinem Nachfolger. Rajk beginnt eine Kampagne gegen die katholischen Schulen.

1. August

Durch die Einführung einer neuen Währungseinheit, des Forint, durch drastische Senkung der Arbeitslöhne und verstärkte Einziehung der in Privatbesitz befindlichen Goldvorräte gelingt es, die gewaltigste Inflation der Geschichte aufzuhalten, die seit 1945 das größte wirtschaftliche Problem des Landes darstellte.

Herbst

Der Staatssicherheitsdienst deckt eine »Verschwörung« auf, die angeblich den Sturz der Republik zum Ziel hatte. Einige Teilnehmer stammen, wie sich herausstellt, aus den Reihen der Kleinlandwirte. Die Entlarvung der Verschwörung zielt auf die Schwächung der Partei der Kleinlandwirte, die jetzt gezwungen ist, weitere Mitglieder auszuschließen.

16. November

Beginn der Deportierung der Ungarn aus der Slowakei ins Sudetenland.

1947

10. Februar

Die ungarische Delegation, mit Ernő Gerő an der Spitze, unterzeichnet in Paris den Friedensvertrag.

Februar

Um weitere Verstaatlichungen vornehmen zu können, unternimmt die Kommunistische Partei neue Angriffe gegen die Partei der Kleinlandwirte. Sie verwickelt deren Generalsekretär Béla Kovács in die aufgedeckte Verschwörung. Das Parlament lehnt es jedoch ab, die Immunität von Béla Kovács aufzuheben.

21. Februar

Die sowjetische Kontrollkommission verhaftet Béla Kovács unter der Anschuldigung antisowjetischer Umtriebe.

März

Im Prozeß gegen die »Verschwörer« werden die Anführer zum Tode verurteilt, die anderen erhalten schwere Gefängnisstrafen.

28. Mai
Verstaatlichung der drei größten Banken des Landes.

30. Mai
Unter Berufung auf Geständnisse, die Béla Kovács abgenötigt wurden, erklärt die sowjetische Kontrollkommission, daß die Verschwörung von Ministerpräsident Ferenc Nagy persönlich angezettelt worden sei. Nagy, der sich zu diesem Zeitpunkt auf Urlaub in der Schweiz befindet, tritt zurück. Neuer Ministerpräsident wird Lajos Dinnyés.

13. Juni — 11. Juli
Reise Kardinal Mindszentys nach Ottawa zum Marianischen Weltkongreß.

22. Juli
Kurz vor den Wahlen löst der Innenminister die Ungarische Freiheitspartei auf.

29. Juli
Einige Abgeordnete der Freiheitspartei und der Partei der Kleinlandwirte gründen unter dem Vorsitz von Zoltán Pfeifer eine neue Oppositionspartei, die Ungarische Unabhängige Partei.

15. August
Eröffnung des »Marienjahres« in Esztergom.

31. August
Allgemeine Wahlen, bei denen 60,2 % der Stimmen auf die Regierungskoalition entfallen, davon 21,5 % auf die Kommunistische Partei, 14,8 % auf die Partei der Sozialdemokraten, 15,2 % auf die Partei der Kleinlandwirte und 8,7 % auf die Bauernpartei. Von den Oppositionsparteien erhalten die christlich orientierte Demokratische Volkspartei unter István Barankovics 16,1 % und die Partei Pfeifers 14,4 % der Stimmen.

15. September
Die Alliierte Kontrollkommission stellt ihre Tätigkeit ein. Unter dem Vorwand, die Verbindung mit den sowjetischen Besatzungstruppen in Österreich sicherzustellen, bleiben die sowjetischen Truppen in Ungarn stationiert.

24. Oktober
Kardinal Mindszenty protestiert in einem Schreiben an den Ministerpräsidenten Dinnyés gegen die Beeinträchtigung der Gewissensfreiheit.

8. Dezember
Tito besucht Ungarn. Die beiden Länder unterzeichnen einen Freundschaftsvertrag.

1948

18. Februar
Unterzeichnung des ungarisch-sowjetischen Freundschaftsvertrags in Moskau. Bei diesem Anlaß bringt Stalin einen Trinkspruch auf die Gleichberechtigung der kleinen Völker aus.

2. März

Unter dem Druck der Kommunistischen Partei, die einen Zusammenschluß der beiden Arbeiterparteien anstrebt, schließt die Sozialdemokratische Partei einige ihrer führenden Mitglieder (Szélig, Bán) aus, die sich einer solchen Fusion widersetzen.

25. März

Verstaatlichung der Unternehmen mit über hundert Arbeitern.

12.—14. Juni

Die Sozialdemokratische Partei und die Kommunistische Partei beschließen auf getrennten Kongressen ihre Fusion. Ein gemeinsamer Kongreß bestätigt das neue Programm und die neuen Statuten, nach denen die Sozialdemokratische Partei faktisch in der Kommunistischen Partei aufgeht.

16. Juni

Das Parlament beschließt die Verstaatlichung der Schulen. Das Gesetz tritt am 1. Juli in Kraft.

28. Juni

Erklärung der Kominform gegen Tito.

30. Juli

Rücktritt Zoltán Tildys, der bis 1956 in seiner Villa unter Hausarrest stehen sollte. Am 3. August wird er durch Árpád Szakasits ersetzt.

5. August

Der bisherige Innenminister László Rajk wird Außenminister. Sein Nachfolger im Innenministerium wird János Kádár.

20. August

Rákosi kündigt in seiner Rede von Kecskemét die Unterstützung des Staates bei der Bildung von Produktionsgenossenschaften an; faktisch bedeutet das die Kollektivierung.

September

Verstärkte Reorganisation des höheren Schul- und Universitätswesens; in einer Resolution der Kommunistischen Partei wird nicht nur die Organisation der Volkskollegien, sondern auch der »Nationalismus« der bäuerlichen Jugend und die von ihr vertretene kleinbürgerliche Ideologie kritisiert.

September 1948 — März 1949

Großangelegte Säuberung, verbunden mit einer Kontrolle aller Mitglieder der Kommunistischen Partei, die zum Ausschluß von etwa hunderttausend Mitgliedern, »ehemaligen Sozialdemokraten oder unzuverlässigen Elementen«, führt.

26. Dezember

Verhaftung von József Kardinal Mindszenty in Esztergom, der des Hochverrats beschuldigt wird. Einlieferung in das Untersuchungsgefängnis Andrássystraße 60 in Budapest.

1949

3.—5. Februar

Prozeß gegen Kardinal Mindszenty.

8. Februar
Ungarns Fürstprimas wird zu lebenslänglicher Haft verurteilt.

15. März
Kongreß der Unabhängigkeitsfront; sie wird in Volksfront umbenannt. Ihr Generalsekretär wird László Rajk. Entlang der Westgrenze werden Drahtverhaue (Eiserner Vorhang) gezogen.

April
Verhaftung des amerikanischen Journalisten Noel Field, der bezichtigt wird, Agent des US-Geheimdienstes zu sein. Der Zweck seiner Verhaftung ist, Geständnisse zu bekommen, die László Rajk kompromittieren.

9. April
Mátyás Rákosi veröffentlicht in der »Szabad Nép« einen Artikel über den wahren Charakter der Volksdemokratie. Damit erklärt er theoretisch und praktisch die Diktatur des Proletariats.

15. Mai
Allgemeine Wahlen unter dem Zeichen der Volksfront. Die Einheitsliste erhält fast 100 % der Stimmen.

30. Mai
Verhaftung László Rajks.

6. Juli
Das Appellationsgericht billigt das gegen Kardinal Mindszenty erlassene Urteil.

20. August
Verabschiedung einer neuen Verfassung, die der sowjetischen Verfassung getreu nachgebildet ist.

5. September
Der obligatorische Religionsunterricht wird in den Schulen aufgehoben.

15.—26. September
Prozeß gegen Rajk. Er dient dazu, die Angriffe gegen Jugoslawien zu rechtfertigen und ermöglicht auf dem innenpolitischen Sektor die Konsolidierung der uneingeschränkten Herrschaft Rákosis.

22. Oktober
Wahl der Distriktsräte über Einheitsliste unter dem Zeichen der Volksfront. Das Resultat ergibt wie in allen folgenden Wahlen fast 100 % der Stimmen.
Produktionswettbewerb anläßlich des bevorstehenden 70. Geburtstags von Stalin. Im Verlauf dieses Wettbewerbs entwickelt sich das Stachanow-System in Ungarn. Zu Beginn des folgenden Jahres hat dies eine Heraufsetzung der Normen zur Folge, die ihrerseits eine Beschleunigung des Arbeitstempos und eine entsprechende Verringerung der Arbeitslöhne mit sich bringt.

21. Dezember
Pompöse Feierlichkeiten zu Stalins 70. Geburtstag.

28. Dezember
Verstaatlichung der Unternehmen mit mehr als 10 Arbeitern. Die Industrie befindet sich nun völlig in der Hand des Staates.

1950

1. Januar

Inkrafttreten des 1. Fünfjahresplans. Er konzentriert sich auf die Entwicklung der Schwerindustrie, zielt dabei jedoch weit über die Kapazitäten und Ressourcen des Landes hinaus. Er ist mit der Hintansetzung der landwirtschaftlichen Techniken und einer verstärkten Kollektivierung verbunden.

24. April

Árpád Szakasits, ehemaliger Führer der Sozialdemokraten und Präsident der Republik, wird verhaftet und zum Rücktritt gezwungen.

Mai — August

Eine Welle von Verhaftungen ehemaliger Sozialdemokraten. Am 9. Juni beginnt auch die Massendeportation der Ordensleute.

30. August

Das katholische Bischofskollegium gelangt zu einer Verständigung mit dem Staat; es bezieht Zuschüsse und erhält einige Schulen zurück.

7. September

Auflösung der Mönchsorden.

1951

25. Februar — 2. März

Zweiter Kongreß der Ungarischen Kommunistischen Partei. Erhöhung des Plansolls weit über die Kapazitäten des Landes hinaus. Eine baldige Verwirklichung der vollständigen Kollektivierung wird angekündigt.

15. April

Einführung von Brotkarten. Ernsthafte wirtschaftliche Schwierigkeiten zeichnen sich ab.

19. Mai

Annahme des Gesetzentwurfes, wonach das berüchtigte staatliche Amt für kirchliche Angelegenheiten ins Leben gerufen wird.

22.—26. Mai

Auf der Tagung des Zentralkomitees der Partei werden neuerlich heftige Angriffe gegen den Feind im Innern der Partei geführt. Seit März sind von der politischen Bühne insbesondere János Kádár, Géza Losonczy, Gyula Kállai, Sándor Zöld u. a. verschwunden; die meisten werden in Geheimprozessen verurteilt.

15. Juni

Beginn der Zwangsdeportierung von »klassenfeindlichen« Elementen aus Budapest und Westungarn in die östlichen Landesteile.

22. Juni

Prozeß gegen József Grősz, den Erzbischof von Kalocsa und Vorsitzenden des Bischofskollegiums nach der Verhaftung Mindszentys. Wegen Spionage und Verschwörung wird er zu 15 Jahren Zuchthaus verurteilt.

21. Juli

Das katholische Bischofskollegium leistet den Verfassungseid. Die Priesterseminarien werden aufgehoben.

20.—30. November

Durch drastische Preiserhöhungen, die in keinem Verhältnis zu den Arbeitslöhnen stehen, wälzt das Zentralkomitee die Folgen der wirtschaftlichen Situation auf die Verbraucher ab. Gleichzeitig wird das System der Lebensmittelkarten abgeschafft, das immerhin noch die Beschaffung der wichtigsten Konsumgüter zu mäßigen Preisen erlaubt hatte.

1952

9. März

Sechzigster Geburtstag von Rákosi. Pompöse Feierlichkeiten zu Ehren des »Vaters des Volkes«, des ungarischen Stalin.

27.—28. Juni

Das Zentralkomitee der Partei sieht sich gezwungen, die wirtschaftlichen Schwierigkeiten zuzugeben, lädt jedoch gleichzeitig die Verantwortung auf die Bevölkerung ab, indem es an deren Opfergeist appelliert und die Sündenböcke in den Saboteuren sucht.

15. August

Rákosi erreicht den Gipfel seiner Macht. Er läßt sich zum Ministerpräsidenten wählen.

5.—14. Oktober

19. Kongreß der Kommunistischen Partei der UdSSR. Stalin bezeichnet Ungarn als Avantgarde des Sozialismus.

Dezember

Bischof József Pétery von Vác wird verhaftet.

1953

Februar

Geheime Verhaftung von Péter Gábor, dem Chef der Geheimpolizei AVO.

3. März

Tod Stalins.

15. Mai

Wahlen. Voller Sieg der Einheitsliste.

16.—20. Juni

Weltkongreß der Friedensbewegung in Budapest im Zeichen der Taube von Picasso. Große Feierlichkeiten.

17. Juni

Aufstand in der DDR.

27.—28. Juni

Tagung des Zentralkomitees, auf der neue Direktiven angenommen werden, die eine gewisse Liberalisierung erkennen lassen. Diese Tagung schwächt Rákosis Machtposition.

2.—6. Juli

Rücktritt der Regierung. Rákosi stellt das Amt des Ministerpräsidenten zur Verfügung. Sein Nachfolger wird Imre Nagy, dessen Antrittsrede großes Aufsehen erregt. Neben der Reorganisierung des Wirtschaftslebens kündigt Imre Nagy Maßnahmen zur politischen Liberalisierung an. Er brandmarkt den Terror, die Internierungen und Deportationen und verspricht, ihnen ein Ende zu setzen. Die Bauern sollen von nun an aus den Genossenschaften austreten dürfen.

26. Juli

Den Bauern werden Steuererleichterungen zugesagt.

30. Juli

Krediterleichterungen für die Landwirtschaft.

20. August

Generalamnestie, Beendigung der Deportationen und neuerliche Krediterleichterungen für die Landwirtschaft.

28. August

Erstes, die Grenzzwischenfälle betreffendes Abkommen mit Jugoslawien.

13. Dezember

Erleichterungen der Abgaben in der Landwirtschaft; Schulden können langfristig abgezahlt werden.

1954

Frühjahr

Der schwerkranke Kardinal Mindszenty wird aus dem Gefängnis in der Conti-Gasse in das Häftlingsspital im Budapester Sammelgefängnis überstellt.

13. März

Die Verurteilung Péter Gábors und seiner Komplicen – ihre Namen werden nicht genannt — wegen »Verletzung der sozialistischen Gesetzlichkeit« wird bekanntgegeben.

24.—29. Mai

Dritter Kongreß der Ungarischen Kommunistischen Partei. Nach dem Referat von Rákosi, in dem von Demokratisierung, nicht aber von Bereitschaft zu Konzessionen die Rede ist, kündigt Imre Nagy die Umgestaltung des Verwaltungsapparats und die Bildung einer Neuen Volksfront an. Er versichert, daß sie nach demokratischen Prinzipien organisiert werden soll.

Juni

Freilassung von János Kádár, Géza Losonczy, Frau László Rajk, Gyula Kállai und anderen kommunistischen Führern. Schließung der Straflager.

12. August

Eine neue Vaterländische Volksfront wird gebildet.

September

Rationalisierungskampagne. Reduzierung der Beschäftigten in der Verwaltung und in einigen Betrieben. Das geschieht in Form eines Überraschungscoups, der allgemeine Panik auslöst; darüber hinaus wirkt sich die beträchtliche Arbeitslosigkeit allmählich als Belastung aus.

23.—24. Oktober
Kongreß der Vaterländischen Volksfront.

26.—27. Oktober
Auf der Tagung des Zentralkomitees trägt Imre Nagy vorübergehend einen neuen Sieg über die Vertreter der früheren Wirtschaftspolitik davon.

28. Oktober
In einem Artikel in »Szabad Nép« kündigt Imre Nagy die verstärkte Demokratisierung und die Freilassung weiterer Unschuldiger an, die noch in Haft sind. Er verurteilt die Methoden der Rationalisierung und den Zeitpunkt, der für sie gewählt wurde.

21. Dezember
Auf dem 10. Jahrestag der Provisorischen Regierung richtet Rákosi heftige Angriffe »gegen die Linie des Juni«.

1955

22. Januar
Auf der Sitzung des Präsidiums der Volksfront erklärt Rákosi, daß die Rechtsabweichler für das Land die größte Gefahr darstellen.

6. Februar
Rücktritt Malenkows.

Februar
Die theoretische Parteizeitschrift »Társadalmi Szemle« kritisiert in ihrem Leitartikel die politische Linie Imre Nagys.

2.—4. März
Das Zentralkomitee verurteilt den Kurs von Imre Nagy. An der Tagung nimmt der Vorsitzende des Außenpolitischen Ausschusses der KPdSU, Suslow, teil.

18. April
Imre Nagy wird aus dem Zentralkomitee ausgeschlossen und aller seiner Ämter enthoben. Sein Nachfolger im Amt des Ministerpräsidenten wird András Hegedüs, ein Gefolgsmann Rákosis.

14. Mai
Unterzeichnung des Warschauer Paktes. Ungarn wird durch András Hegedüs vertreten. Der Pakt legt fest, daß die sowjetischen Truppen auch nach der Räumung Österreichs in Ungarn verbleiben, aber sich nicht in die inneren Angelegenheiten Ungarns einmischen dürfen.

Juli
Kardinal Mindszenty wird nach Püspökszentlászló gebracht.

17. Juli
Straferlaß für Mindszenty. (In Wirklichkeit wird er weiterhin in einem Schloß unter Aufsicht gehalten.) Beginn der Genfer Konferenz.

14. Oktober
Erzbischof Grősz wird nach Püspökszentlászló gebracht.

427

2. November

Primas Mindszenty und Erzbischof Grősz werden nach Felsőpetény überstellt.

6. Dezember

Erlaß des Zentralkomitees gegen die Schriftsteller. Ihre Haltung wird als Rechts-abweichung gewertet.

1956

14.—25. Februar

XX. Kongreß der KPdSU.

21. Februar

Rehabilitierung Béla Kuns, des Führers der ungarischen Kommunisten (1918/19), der in der Zeit der großen Prozesse in der UdSSR hingerichtet worden war.

12. März

Rákosi berichtet dem Zentralkomitee über den 20. Kongreß. Die Resolution des Ungarischen Zentralkomitees rufe allgemeine Unzufriedenheit hervor, da sie den Beschlüssen des 20. Kongresses nicht Rechnung trage.

27. März

Auf einer Sitzung der kommunistischen Parteisektion des 13. Budapester Stadt-bezirks (Angyalföld, ein wichtiges Arbeiterviertel) erkennt Rákosi öffentlich Rajks Unschuld an. György Litván, ein junger Lehrer, fordert ihn offen auf, von der politischen Bühne abzutreten.

1. Mai

Mißerfolg der Demonstration: Nur die Hälfte der sonst üblichen Menschenmenge ist da.

April—Mai

Lebhafte Diskussionen im Petőfi-Kreis, der im Vorjahr gegründet wurde. Die erste wichtige Debatte handelt von wirtschaftlichen Fragen.

Mai

Freilassung Zoltán Tildys, Béla Kovács' und sozialdemokratischer Führer.

11. Mai

Amnestie für József Grősz, den Erzbischof von Kalocsa, der das Haupt der katholischen Kirche Ungarns wird.

18. Mai

Rákosi übt öffentliche Selbstkritik, ohne damit die öffentliche Meinung zufrieden-zustellen.

20. Mai

Wiederanhebung der niedrigsten Arbeitslöhne.

16. Juni

Philosophische Debatte im Petőfi-Kreis. György Lukács verurteilt den stalinisti-schen Dogmatismus.

27. Juni

Debatte im Petőfi-Kreis über die Presse. Die Vertreter des Zentralkomitees, die an der Versammlung teilnehmen, versuchen zu antworten, erleiden aber eine Schlappe.

28.—29. Juni

Die Ereignisse von Posen.

30. Juni

Resolution des Zentralkomitees gegen den Petőfi-Kreis.

17.—23. Juli

Tagung des Zentralkomitees in Anwesenheit Mikojans. Rücktritt Rákosis. Ernő Gerő wird sein Nachfolger als Generalsekretär der Partei. Teilweise Umbesetzung des Politbüros und des Zentralkomitees, in das einige rehabilitierte Politiker aufgenommen werden. Verringerung des Personalbestands der Armee. Mihály Farkas wird aus der Partei ausgeschlossen – ein erstes Anzeichen für die mögliche Wiederaufnahme Imre Nagys.

6. Oktober

Staatsbegräbnis für László Rajk und seine drei hingerichteten Genossen.

13. Oktober

Landwirtschaftsdebatte im Petőfi-Kreis. Die forcierte Kollektivierung der Landwirtschaft wird verworfen. Notwendigkeit von Genossenschaften auf der Basis der freiwilligen Mitgliedschaft. Die Rückkehr Imre Nagys an die Macht wird gefordert.

14. Oktober

Imre Nagy wird wieder in die Partei aufgenommen.

16. Oktober

Die Studenten von Szeged organisieren sich erneut im autonomen Studentenverband MEFESZ, der in der kommunistischen Jugendorganisation DISZ aufgegangen war.

15.—23. Oktober

Besuch einer von Ernő Gerő geführten Delegation in Jugoslawien. Zu ihren Mitgliedern gehören János Kádár, István Kovács, Antal Ápró.

19.—21. Oktober

Die Ereignisse in Polen.

Dienstag, 23. Oktober

Das Zentralorgan der Kommunistischen Partei, »Szabad Nép«, unterstützt an diesem Morgen lebhaft die polnischen Bestrebungen. »Szabad Ifjuság«, die Zeitung der kommunistischen Jugend, erscheint als Flugblatt, das ebenfalls die Forderungen Polens befürwortet. Auch der Verband der Universitätsjugend, MEFESZ, gibt eine Zeitung heraus, die den größten Teil der am Vorabend angenommenen sechzehn Punkte enthält (es fehlt die Forderung nach Abzug der sowjetischen Truppen).
Zunächst Verbot, dann Genehmigung der Kundgebung durch das Innenministerium. Aufmarsch der Demonstranten vor den Denkmälern der beiden Revolutionäre von 1848, Petőfi und Bem, dem Aufständischen polnischer Abstammung. Gewaltige Menschenansammlungen in den Hauptstraßen und vor dem Parlament. Ansprache Gerős. Nagy erscheint kurz auf dem Balkon des Parlaments. Um 22 Uhr gibt die AVO vor dem Rundfunkgebäude die ersten Schüsse auf die Demonstranten ab. Zu gleicher Zeit finden Kundgebungen in den großen Provinzstädten Szeged, Debrecen, Miskolc, Győr u. a. statt.

429

Das Zentralkomitee hält nachts eine Sitzung ab und beschließt Umbesetzungen in Regierung und Parteiführung. Der wieder ins ZK aufgenommene Imre Nagy nimmt an dieser Sitzung nicht teil.

Mittwoch, 24. Oktober

Der Rundfunk berichtet über die Ereignisse in der Nacht und über die personellen Veränderungen in der politischen Führung. Die Aufständischen werden als Faschisten bezeichnet, die Straßenkämpfe werden heruntergespielt. Die Arbeiter treten in den Streik. Die Regierung verhängt den Ausnahmezustand. Imre Nagy hält eine Rundfunkansprache, in der er die Einstellung der Kampfhandlungen fordert.

Verschiedene Persönlichkeiten, darunter János Kádár und der Erzbischof József Grősz, appellieren an die Bevölkerung, die Ordnung wiederherzustellen.

Donnerstag, 25. Oktober

Die Kämpfe sind abgeflaut. Die Regierung fordert die Wiederaufnahme der Arbeit, doch statt an ihre Arbeitsplätze zurückzukehren, gehen die Menschen auf die Straße.

Im Laufe des Vormittags findet eine am Vorabend durch Flugblätter angekündigte Kundgebung statt. Auf ihr wird dagegen protestiert, daß Gerő, der für das Blutvergießen verantwortlich gemacht wird, weiter im Amt bleibt. Die Einheiten der ungarischen Armee schreiten nicht ein, z. T. unterstützen sie die Aufständischen. Teile der sowjetischen Truppen fraternisieren, andere halten sich passiv abseits.

Auf Betreiben Mikojans tritt Gerő zurück. Er wird von János Kádár abgelöst. Die Rundfunkappelle Kádárs und Imre Nagys können den Aufstand, der immer größere Ausmaße annimmt, nicht eindämmen.

Auch in den großen Provinzstädten weitet sich der Kampf aus. Der Rundfunksender von Miskolc ist in den Händen der Aufständischen und beginnt mit seinen Sendungen.

Freitag, 26. Oktober

Delegationen aus Budapest und allen Teilen des Landes strömen ins Parlament und drängen Imre Nagy, neue Maßnahmen zur Befreiung des Landes zu ergreifen.

Die Kämpfe in Budapest und in der Provinz dauern fort. Im ganzen Land werden Revolutionskomitees gegründet, die die Situation so rasch wie möglich unter Kontrolle bringen sollen. Vom Lande setzen sich Proviantkonvois in Richtung Hauptstadt in Bewegung: Die Bauern versuchen, die Aufständischen mit Lebensmitteln zu versorgen. In den Betrieben werden Arbeiterräte gebildet, die den Kampf organisieren und die Einhaltung des Generalstreiks überwachen. Bis zum Abzug der Russen soll die Arbeit verweigert werden.

Samstag, 27. Oktober

Der Rundfunk gibt die Bildung einer neuen Regierung bekannt, aus der die berüchtigsten Stalinisten ausgeschlossen und in der auch Nichtkommunisten vertreten sind. Die öffentliche Meinung ist damit dennoch nicht zufriedengestellt.

Der Arbeiterrat des Distrikts Borsod gibt bekannt, daß er den ganzen Bezirk in der Gewalt hat; die AVO sei aufgelöst, sowjetische Truppen seien nicht eingeschritten.

Ähnliches meldet der Arbeiterrat von Győr.

Sonntag, 28. Oktober

Die Revolutionskomitees, die gebildet werden, gewinnen immer mehr die Oberhand; zwischen den einzelnen Zentren des Widerstands werden Verbindungen hergestellt.

Durch eine Reihe von Kompromissen auf lokaler Ebene flauen die Kämpfe ab.

In einer Rundfunkerklärung gibt Imre Nagy den Befehl der Regierung zur Feuereinstellung bekannt. Er anerkennt den demokratischen und nationalen Charakter des Aufstandes, stellt die Auflösung der AVO in Aussicht und verspricht den Abzug der sowjetischen Truppen.

Montag, 29. Oktober

Nach der Feuereinstellung organisieren sich Revolutionskomitees in Behörden und öffentlichen Einrichtungen.

Die sowjetischen Truppen beginnen mit dem Abzug aus Budapest.

Dienstag, 30. Oktober

Neuerliche Regierungsumbildung. In einem gemischten Kabinett sind neben Kommunisten auch Mitglieder der neugegründeten Partei der Kleinlandwirte und Mitglieder der ebenfalls wieder ins Leben gerufenen Bauernpartei vertreten. Die Regierung will das Koalitionsprinzip wieder einführen. Die Sozialdemokraten haben sich über eine mögliche Teilnahme noch nicht geäußert.

Imre Nagy läßt verlauten, daß er Gespräche über einen vollständigen Rückzug der sowjetischen Truppen aufgenommen hat.

Im Kern der ungarischen Honvéd-Armee wird ein Revolutionskomitee gebildet.

Kardinal Mindszenty wird befreit.

Die Vertreter der Nationalräte Transdanubiens versammeln sich in Győr und gründen einen autonomen Nationalrat, der sich an Ort und Stelle etabliert. Er tritt in Verhandlungen mit der Regierung in Budapest, um die revolutionären Forderungen durchzusetzen.

Erklärung der Sowjetregierung, in der die Überprüfung der Beziehungen zwischen der UdSSR und den Volksdemokratien angekündigt wird.

Mittwoch, 31. Oktober

Eine Reihe neuer Zeitungen erscheint als Beweis für die vollständige Pressefreiheit.

Wiederzulassung der Sozialdemokratischen Partei.

Die Regierung gibt ihre Absicht bekannt, aus dem Warschauer Pakt auszutreten, und nimmt diesbezügliche Verhandlungen mit der sowjetischen Regierung auf.

Der militärische Leiter des Aufstandes, Pál Maléter, wird zum stellvertretenden Kriegsminister ernannt. Die politischen Häftlinge werden aus den Gefängnissen befreit. Das Revolutionskomitee der Universitätsjugend ergreift auf Flugblättern für Imre Nagy Partei.

Nach mündlich weitergegebenen Informationen der Eisenbahner, die von den Rundfunkstationen in den Städten Westungarns verbreitet werden, rollen sowjetische Konvois auf die Hauptstadt zu. Währenddessen verlassen die letzten sowjetischen Truppen Budapest.

Donnerstag, 1. November

Eine neue Radiostation wird ins Leben gerufen. Sie nennt sich Radio Rajk, bezeichnet sich als kommunistisch und kritisiert sowohl die Politik der Regierung als auch die der Russen.

Imre Nagy übernimmt das Amt des Außenministers.

Angesichts der Tatsache, daß die Sowjetunion durch die Entsendung von Truppen nach Ungarn den Warschauer Pakt gebrochen hat, kündigt die Regierung den Pakt auf, erklärt die Neutralität des Landes und appelliert an die Großmächte und an die UNO, diese Neutralität zu garantieren.

János Kádár gibt die Auflösung der Ungarischen Kommunistischen Partei MDP und die Gründung einer Ungarischen Sozialistischen Arbeiterpartei bekannt. In seiner Erklärung billigt er rückhaltlos die Revolution und begrüßt ihren Sieg.

Freitag, 2. November

Der Arbeiterrat von Borsod fordert die Gründung eines Nationalen Revolutionskomitees, das das Parlament ersetzen soll.

Der Nationale Arbeiterrat ruft zur Beendigung der Streiks auf. Die Regierung protestiert von neuem gegen den massierten Aufmarsch sowjetischer Truppen und beauftragt einen militärischen Ausschuß, mit den Russen über den Rückzug ihrer Truppen zu verhandeln.

Samstag, 3. November

In weiten Teilen des Landes wird ebenso wie in der Hauptstadt die Arbeit wiederaufgenommen.

Ungeachtet der Verhandlungen zwischen der Regierung Nagy und den sowjetischen Vertretern halten die sowjetischen Truppenbewegungen an.

Die ungarische Verhandlungsdelegation unter Pál Maléter wird von den sowjetischen Behörden verhaftet.

Am Abend richtet Kardinal Mindszenty einen Aufruf an das ungarische Volk und an die Welt.

Sonntag, 4. November

Generalangriff der sowjetischen Truppen. Unterstützt von Fallschirmjägern, besetzen sie gleichzeitig alle strategisch wichtigen Punkte des Landes.

Imre Nagy protestiert bei den Vereinten Nationen. Über einen neuen Rundfunksender verkünden Ferenc Münnich, János Kádár und andere, sie hätten eine neue Regierung gebildet und die sowjetische Armee zur Niederwerfung der Konterrevolution zu Hilfe gerufen. Morgens um 7 Uhr 30 verstummt Radio Kossuth, die Stimme der Regierung Nagy.

Um 22 Uhr des gleichen Tages beginnt der Sender, die Kommuniqués der Regierung Kádár auszustrahlen.

5. November

Papst Pius XII. richtet in der Angelegenheit des ungarischen Volkes ein Apostolisches Rundschreiben an die Bischöfe der Welt.

Die Vollversammlung der Vereinten Nationen verurteilt die Sowjetunion.

PERSONENREGISTER

Kursive Ziffern verweisen auf die Nummern der Abbildungen

437

438

BILDNACHWEIS

Associated Press, Frankfurt/M. 19, 30, 39, 40, 41, 42, 44, 50, 52, 56, 59, 63, 64, 69, 70, 71, 73, 74, 76, 102 · Basch, Wien 80 · Belga, Brüssel 97 · Deutsche Presse Agentur, Frankfurt/M.–Berlin 38, 45, 55, 65, 66, 75, 79, 85, 93 · Ernst Hausknost, Wien 91 · International News Photos, London 49 · Katholische Nachrichtenagentur Pressebild, Frankfurt/M. 68, 86, 87, 98, 99 · Nürnberger Nachrichten, Bilderdienst, Nürnberg 96 · Süddeutscher Verlag, Bilderdienst, München 17, 18, 20, 21, 22, 23, 24, 35, 51, 57, 58, 60, 61, 62, 72, 77, 78, 81, 88, 89 · Thomson Newspapers, London 104 · Ullstein Bilderdienst, Berlin 16, 25, 26, 27, 36, 37, 47, 48 · Alle übrigen Fotos stammen aus dem Privatbesitz des Kardinals Mindszenty.